# COMMUNAUTÉ EUROPÉENE: 1992

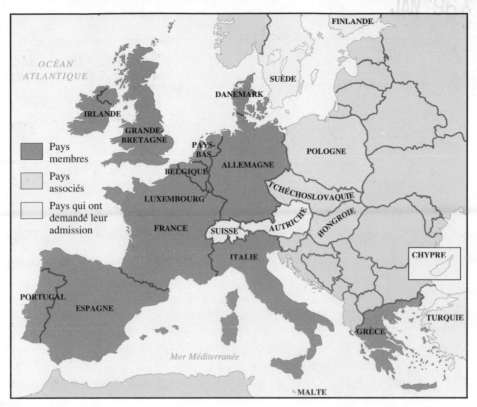

OCÉAN ATLANTIQUE

FINLANDE

SUÈDE

DANEMARK

IRLANDE

GRANDE-BRETAGNE

PAYS-BAS

POLOGNE

BELGIQUE

ALLEMAGNE

LUXEMBOURG

TCHÉCOSLOVAQUIE

FRANCE

SUISSE

AUTRICHE

HONGROIE

ITALIE

CHYPRE

PORTUGAL

ESPAGNE

TURQUIE

GRÈCE

Mer Méditerranée

MALTE

Pays membres

Pays associés

Pays qui ont demandé leur admission

# DÉPARTEMENTS ET TERRITOIRES D'OUTRE-MER

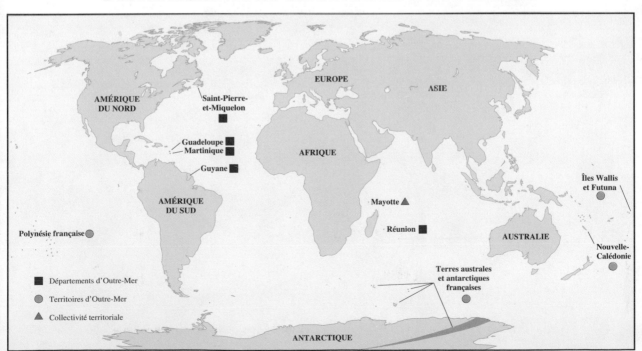

AMÉRIQUE DU NORD

EUROPE

ASIE

Saint-Pierre-et-Miquelon

Guadeloupe
Martinique

AFRIQUE

Guyane

Îles Wallis et Futuna

AMÉRIQUE DU SUD

Mayotte

Réunion

AUSTRALIE

Polynésie française

Nouvelle-Calédonie

Terres australes et antarctiques françaises

■ Départements d'Outre-Mer

● Territoires d'Outre-Mer

▲ Collectivité territoriale

ANTARCTIQUE

# CONTACTS

*FIFTH EDITION*

# CONTACTS

## *Langue et culture françaises*

Jean-Paul Valette

Rebecca M. Valette
*Boston College*

**HOUGHTON MIFFLIN COMPANY**    **Boston   Toronto**

Geneva, Illinois    Palo Alto    Princeton, New Jersey

Components of CONTACTS, Fifth Edition:

Student Text
Instructor's Annotated Edition
*Cahier d'activités:* Workbook/Lab Manual/Video Workbook
Instructor's Manual with Tapescript, Transparency Masters, and Answer Keys
Computerized Study Modules (IBM)
Audiocassettes, Parts I and II
Test Bank
*Pas de problème* Video
*Télématin* Video
*Téléguide* Video Workbook


**Sponsoring Editor:** Diane Gifford
**Senior Development Editor:** Katherine Gilbert
**Project Editor:** Amy Lawler
**Senior Production/Design Coordinator:** Karen Rappaport
**Manufacturing Coordinator:** Sharon Pearson
**Marketing Manager:** George Kane


Cover image by Van Gogh, Vincent. *Café-terrace at night.* Rijksmuseum Kroller-Muller, Otterlo, Netherlands. Erich Lessing/Art Resource, N.Y.
Illustrations by Penny Carter and Milo

Credits for photos, text, and realia are found following the Index at the end of the book.

Printed in the U.S.A.

Library of Congress Catalog Card Number: 92-72403

Student Text ISBN: 0-395-63793-7

Instructor's Annotated Edition ISBN: 0-395-63794-5

3456789-DC-96  95  94

# Contents

# 3.  Problèmes d'argent

# 4.  Chez les français

# 7. Hier et aujourd'hui

# Introduction

*Contacts, Fifth Edition* is an introductory French program designed for use at both two-year and four-year colleges and universities. The student text is supplemented by a coordinated *Cahier d'activités* (workbook/lab manual/video workbook) and a two-part audiotape program, all available for student purchase.

The cultural content of *Contacts* has been updated in this fifth edition. In addition, *Contacts, Fifth Edition,* features new end-of-lesson sections called **Communication.** Students are challenged to build their communicative skills and to use the language they have learned in creative self-expression.

The updated *Contacts* ancillary package contains a new video program, *Pas de problème!,* shot entirely on location in France. The video workbook to accompany *Pas de problème!* is included in the *Cahier d'activités.*

The aim of *Contacts* is to help students develop proficiency in the four language skills. Students who have completed *Contacts* will have mastered the basic vocabulary and structures of the French language, achieved an appreciation of the breadth of the French-speaking world, and become familiar with contemporary French life. They will have mastered the structures and vocabulary necessary to function in the everyday situations they would encounter traveling or living in France.

## Organization of the Student Text

The student text is divided into eleven units plus a brief *Unité préliminaire.* Each unit is built around a main cultural theme, such as daily life, the university, or attitudes and values. There are three lessons in each unit. Special sections called **Vivre en France** round out each unit.

A typical lesson is composed of the following sections:

## Présentation

1. **Presentation text.** Each lesson begins with an opening text that combines previously learned material with the new structures and vocabulary of the lesson. The text may be a narrative, a descriptive passage, an interview, or a dialogue. The opening text is printed against a blue background.
2. **Notes/Lectures culturelles.** In Units 1 and 2, short reading selections in English (**Notes culturelles**) elaborate on cultural references in the presentation text. Beginning with Unit 3, they are replaced by **Lectures culturelles,** written in French. The cultural readings are printed inside of a blue box.

## Structure et Vocabulaire

3. Approximately four new structures are presented in each lesson. The presentation of each **Structure** begins with examples, followed by succinct charts and comments on usage. Major verb conjugations and structures are boxed with a yellow screen for quick reference. Important grammar rules are highlighted by a light blue screen.
4. The **Notes linguistiques** are included periodically. They provide brief insights into the workings of the French and English languages.
5. **Vocabulaire** sections, printed on a green background, are thematic lists of basic words and expressions for student mastery. These word sets and expressions are organized by parts of speech or in other logical groupings. They are often presented in sentence context. English equivalents are provided where needed. The lists are often followed by **Notes de vocabulaire,** which clarify points of usage.
6. Special, short vocabulary sections called **Expressions pour la conversation,** also screened in green, appear at intervals when appropriate. They provide students with the idiomatic

expressions essential for engaging in authentic speech. Students can put these expressions to immediate use in the exercises that follow.

7. The **Exercices** are progressive. They all provide an opportunity for students to practice the new vocabulary and structures in meaningful contexts. Some exercises concentrate on using one discrete structure for preliminary mastery. Others are situationalized role-play exercises, to be done in pairs. Still others allow students to demonstrate that they have indeed mastered lexical and grammatical items and can use them in a directed communicative setting. Finally, communication exercises encourage students to use what they have learned in an original way by answering personal questions, giving opinions, or exchanging information.

## Communication

Each lesson ends with a new section entitled **Communication,** which contains suggested guidelines in English for two to four situational conversations. The students can perform these conversations in class extemporaneously, or they can prepare them as homework. These activities help the students review the material they have learned and use French creatively for guided self-expression.

## Vivre en France

The **Vivre en France** sections at the end of every unit develop the students' oral proficiency and broaden their awareness of the French-speaking world. The **Vocabulaire pratique** components of each section teach the vocabulary that students will need to function in a section's stated context (for example, using a French telephone, reserving hotel rooms, or shopping for clothes with metric sizes). Each **Vocabulaire pratique** is followed by task-oriented activities that give students hands-on experience in realistic situations. These enrichment sections provide students with the skills needed for living or traveling in France.

## Appendices

The final part of the text is a reference section. It contains a list of useful expressions for the class, the International Phonetic Alphabet with sound-symbol correspondences, verb charts, French-English and English-French end vocabularies, and an index.

## Cahier d'activités: Workbook/ Lab Manual/Video Workbook

The three parts of the *Cahier d'activités* have been designed to accompany *Contacts, Fifth Edition.* Each part is coordinated with the preliminary unit and the 33 lessons.

1. **The Workbook** contains exercises that reinforce reading and writing skills and supplement vocabulary practice. For easy review, the exercises are keyed to correspond to the **Structure** and **Vocabulaire** sections of the student text. Each workbook lesson ends with a personalized **Communication** activity that encourages students to express their opinions or to answer personal questions using the vocabulary and structures presented in the lesson.

   The Workbook also contains four self-tests, or **Révisions,** which appear after lessons 9, 15, 24, and 33. These self-tests help students prepare for midterm and final examinations. Students can check their answers in the answer key at the end of the *Cahier d'activités.*

2. **The Lab Manual** provides written activities keyed to the audiocassettes. In order to increase students' ability to link pronunciation and comprehension to visual stimuli, many art-based activities are included. Phonetic exercises are also included; the phonetic explanations are highlighted for easy reference. At the end of each unit is a **Vivre en France** section, corresponding to the **Vivre en France** sections in the text. These task-oriented activities help students build proficiency in listening

comprehension. Students first listen to a series of questions and choose the best response to each from the possibilities listed. They then listen to a short conversation. Finally they complete items such as a currency exchange slip or a hotel registration form based on what they hear.

3. **The Video Workbook** is intended to be used in conjunction with the *Pas de problème!* video. *Pas de problème!* consists of twelve modules corresponding to the units in the student text. There are a variety of pre-viewing, viewing, and post-viewing activities designed to guide the student through each video segment. The video program has a problem solving format. Students learn about daily life in France and are then challenged to apply what they have learned to realistic situations that they might actually encounter while in France or other French-speaking countries. The video was shot on location in France.

## Audiocassettes

**Audiocassettes Part 1 and Part 2.** Low-cost cassettes, packaged in two parts, are available for · student purchase to aid the development of aural/oral skills. There are approximately 30 minutes of recorded material for each lesson plus 30 minutes for each **Vivre en France** section.

The recording program supplements the student text and provides out-of-class opportunity for practicing spoken French and for listening. It begins with a reading of the presentation material and continues with exercises on key vocabulary items and basic grammar patterns from the **Structure et Vocabulaire** section of the lesson. A **Phonétique** section provides short, clear explanations of key features of spoken French, followed by sample words and sentences. In the new **Dialogue** section, students listen to a conversation; they then take the information they have acquired and apply it to comprehension activities based on authentic documents or on other illustrations. A short **Dictée** provides more listening comprehension practice. Each lesson ends with a reading of the **Lecture culturelle** from the text, followed by comprehension questions.

# Acknowledgments

The authors and publisher would like to thank the many users of *Contacts* who responded to our questionnaire on the third edition. Their comments and suggestions were invaluable in preparing *Contacts, Fifth Edition*. In addition, special thanks are due to the following people for their in-depth reviews of portions of the manuscript:

Nicole Amon, *San Jose City College, California*
Teresa Cortey, *Glendale Community College, California*
Kay Dalstrom, *University of Nebraska—Omaha*
Nicole Fouletier-Smith, *University of Nebraska—Lincoln, Nebraska*
Frank Friedman, *Mott Community College, Michigan*
Sara Hart, *Shoreline Community College, Washington*
Willie Hartnack, *College of the Redwoods, California*
Joe James, *Francis Marion College, South Carolina*
John Klee, *Foothill College, California*
Marie-Noëlle Little, *Utica College of Syracuse University, New York*
Janine Randal, *Angelo State University, Texas*
Margaret Rowland, *Palo Alto College, Texas*
Susan Schunk, *University of Akron, Ohio*
James Vest, *Rhodes College, Tennessee*
William Wrage, *Ohio University—Athens, Ohio*
Mary Zang, *San Antonio College, Texas*

# ▶ CONTACTS

# Rencontres

## Unité Préliminaire

▶▶ À l'Institut de Touraine

▶▶ Au Café de l'Univers

# À l'Institut de Touraine

The **Institut de Touraine** *is well known to thousands of American students and teachers who have studied French there. It is one of the many schools in France that offer language and civilization courses for foreign students. The* **Institut** *is located in Tours, the main city of Touraine, a region in central France known for its beautiful landscape and its picturesque* **châteaux.** *People say that the purest French is spoken in Touraine.*

*Today is the first day of class.*

Voici Marc.

Voici Anne et voilà Monique.

Voilà Madame Lacoste.

—Qui est-ce?
—C'est Philippe.

—Bonjour, Anne.
—Bonjour, Philippe.

—Comment vous appelez-vous?
—Je m'appelle Anne Bissette.
—Bonjour, Anne.
—Bonjour, Madame.

Au revoir, Monique.
—Au revoir, Philippe.

—Au revoir, Anne.
—Au revoir, Monique.
    À bientôt.

—Au revoir, Anne.
—Au revoir, Madame.

## Vocabulaire: *Bonjour!*

| | | |
|---|---|---|
| **Voici ...** | *Here is ..., here comes ...*<br>*Here are ..., here come ...*<br>*This is ..., these are ...* | **Voici** Philippe. **Voici** le taxi.<br>**Voici** Marc et Michèle.<br>**Voici** le cinéma. |
| **Voilà ...** | *There is ..., there comes ...*<br>*There are ..., there come ...*<br>*That is ..., those are ...* | **Voilà** Anne. **Voilà** l'autobus.<br>**Voilà** Monique et Alice.<br>**Voilà** l'hôtel Novotel. |
| **Bonjour!**<br>**Au revoir!**<br>**À bientôt!** | *Hello!*<br>*Good-by!*<br>*See you soon!* | **Bonjour,** Jacqueline!<br>**Au revoir,** Sylvie!<br>**À bientôt,** Thomas! |
| **Comment vous appelez-vous?** | *What's your name?* | **Comment vous appelez-vous,**<br>    Mademoiselle? |
| **Je m'appelle ...** | *My name is ...* | **Je m'appelle** Annette. |
| **Qui est-ce?**<br>**C'est ...** | *Who is that? Who is it?*<br>*That's ..., it's ...* | **Qui est-ce?**<br>**C'est** Madame Lamy. |

## NOTE DE VOCABULAIRE

**Voici** and **voilà** may be used interchangeably to introduce
or point out people or things.

# *Voilà Paris!*

## A.   Comment comprendre une langue
### (How to understand a language)

The languages of French and English are not parallel "codes" in which words are interchangeable at will. For example, to introduce themselves, the French say **Je m'appelle ...** which corresponds to the English phrase *My name is ...*, but which literally means *I call myself ...*

To take another example, the closest equivalent to the English word *university* is **université.** Although these two words are roughly equivalent, the linguistic fit between them is not absolutely perfect. When French students talk about their **université,** they have essentially the academic buildings in mind. To American students, the word *university* also encompasses bookstores, sports facilities, dormitories, dining halls, and student activity centers.

Languages reflect the ways in which different people express the "reality" they perceive. Thus, when reading and listening to French, you should try to understand the idea that is expressed and avoid making word-for-word correspondences that are often awkward and sometimes meaningless.

## B.   Introduction à la phonétique française

While French and English show many similarities in their written forms, they are very different in their spoken forms. If you have ever heard French spoken, you will have noticed that not only are the words pronounced differently, but the overall impression of the language is not the same.

| | | |
|---|---|---|
| | Spoken French differs from English. | |
| *tenseness* | ENGLISH is a very RELAXED language. Vowels are often glided. Some consonants may also be prolonged.<br><br>*Madam, Michele, café* | FRENCH is a very TENSE language. Vowels are short and clipped: they do *not* glide. Consonants are short and distinctly pronounced.<br><br>Madame, Michèle, café |
| *rhythm* | ENGLISH rhythm is SING-SONGY. Some syllables are short and others are long.<br>    Good **morn**ing.<br>    Good **morn**ing, **Emily**.<br>    My **name** is **Paul**. | FRENCH rhythm is VERY EVEN. Only the *last* syllable of a group of words is longer than the others.<br>    Bon**jour**.<br>    Bonjour, Émi**lie**.<br>    Je m'appelle **Paul**. |
| *linking* | In spoken ENGLISH, words are usually SEPARATED. Your vocal cords may even stop vibrating an instant between words.<br>    Good-by / Eric.<br>    Paul / arrives / at the / hotel. | In spoken FRENCH, words are NOT SEPARATED. In fact, within a group of words, all syllables are LINKED OR CONNECTED together.<br>    Au revoir Éric.<br>    Paul‿arrive à l'hôtel. |
| *syllables* | In spoken ENGLISH, many words and syllables end on a CONSONANT SOUND.<br>    *This is Paris.* | In spoken FRENCH, syllables end on a VOWEL SOUND wherever possible.<br>    Voi-ci Pa-ris. |

**1. Présentations** *(Introductions)* Introduce yourself to the students next to you.

- *Je m'appelle Catherine.*
- *Je m'appelle Daniel.*

**2. Bonjour!** Imagine that you are studying at the Institut de Touraine. Say hello to the following people.

- Anne      *Bonjour, Anne!*

| | | | |
|---|---|---|---|
| 1. Paul | 4. Annie | 7. Michel | 10. Isabelle |
| 2. Sylvie | 5. Patrick | 8. Monique | 11. Émilie |
| 3. Philippe | 6. Pascal | 9. Valérie | 12. Dominique |

## C.    Les mots apparentés (Cognates)

Can you understand the following sentences?

Le train arrive à Paris à 3 heures.
Jacqueline dîne au restaurant.
Philippe visite le musée d'Art moderne.
Madame Masson est professeur à l'Université de Grenoble.
Le professeur est intelligent et dynamique.

Even if you have not had any French before, it is quite likely that you were able to guess the meanings of the above sentences.

Words that look alike in French and English and have similar meanings are called COGNATES, or **mots apparentés.**

▶ Often cognates are spelled differently in the two languages.

l'université      *university*
le musée       *museum*
le professeur    *professor*

▶ The meanings of cognates are often somewhat different. We have already seen that a French **université** is not quite like an American *university*. Note also these words:

le cinéma      *movie theater*
le collège      *junior high school (**not** college)*
la librairie     *bookstore (**not** library)*

▶ Cognates are never pronounced the same way in French and English. Chances are that if you had never heard French before, you might not have been able to understand the meanings of the preceding examples when spoken by a French person.

**3. En ville (In town)**    You are showing your city to a group of French exchange students.

▢  l'hôtel      *Voici l'hôtel.*

1. le café                     6. le musée
2. la poste *(post office)*      7. la pharmacie
3. le parc                     8. l'hôpital
4. le garage                   9. l'université
5. le cinéma                  10. la discothèque

**4. Ici (Here)**   Your instructor is looking for the following things. Point them out. Be sure to pronounce each syllable very distinctly. Note: **où est** = *where*.

▢  la photo        INSTRUCTOR:   ***Où est la photo?***
                   STUDENT:   ***Voici la photo!***

1. la radio          3. la cassette      5. le téléphone
2. le disque *(record)*   4. le taxi      6. l'autobus

# D.   Intonation

As you speak, your voice rises and falls; this is called INTONATION. In French, as in English, your voice falls at the end of a declarative sentence. However, in French the voice rises after each group of words within a longer sentence, whereas in English it either falls or stays on the same pitch.

Voici.                          Voilà.
Voici Annette.                  Voilà l'auto.
Voici Annette Vidal.            Voilà l'automobile.

Voilà.                          Voilà l'automobile de Paul.
Voilà Michel.                   Voilà l'automobile de Pauline.
Voilà Michel et Dominique.      Voilà l'automobile de Pauline Duval.

**5. À Paris**   You are working as a tour guide in Paris. Point out the following places to the tourists in your group.

▢  l'hôtel Napoléon        ***Voilà l'hôtel Napoléon.***

1. l'Opéra               5. la pyramide du Louvre   9. la place de la Bastille
2. la Madeleine          6. le parc de la Villette  10. l'avenue Victor Hugo
3. la Sorbonne           7. la Tour Eiffel          11. le boulevard Saint Michel
4. le musée d'Orsay  8. le café Bonaparte       12. le boulevard Raspail

# Au Café de l'Univers

The **Café de l'Univers** is a popular meeting place in the center of Tours. Students, tourists, shoppers, doctors, and business people stop by with friends and associates to talk and have something to drink.

—Bonjour, Monsieur.
—Bonjour, Madame. Comment allez-vous?
—Très bien, merci. Et vous?
—Pas mal, merci.

—Salut, Marc!
—Salut, Nathalie! Ça va?
—Ça va bien. Et toi?
—Ça va!

—Un chocolat, s'il vous plaît.
—Oui, Mademoiselle.
  Et pour (for) Monsieur?
—Un café.

—Voici un chocolat pour Mademoiselle.
—Merci.
—Et un café pour Monsieur.
—Merci bien!
—À votre service!

# Vocabulaire:  *Salutations (Greetings)*

| *Formal* | | *Informal* | |
|---|---|---|---|
| **Bonjour, Monsieur.** | *Hello (Sir).* | | |
| **Bonjour, Madame.** | *Hello (Ma'am).* | **Salut!** | *Hi!* |
| **Bonjour, Mademoiselle.** | *Hello (Miss).* | | |
| **Comment allez-vous?** | *How are you?* | **Ça va?** | *How are you?* |
| **Et vous?** | *And you?* | **Et toi?** | *And you?* |
| **Je vais ...** | *I am ...* | **Ça va ...** | *Things are going ...* |

| **très bien** | **bien** | **pas mal** | **comme ci, comme ça** | **mal** |
|---|---|---|---|---|
| *very well* | *fine* | *not bad* | *not too bad* | *not great, badly* |

### Expressions de politesse

| **S'il vous plaît!** | *Please.* | **Pardon.** | *Sorry.* |
|---|---|---|---|
| **Merci!** | *Thanks.* | **Excusez-moi!** | *Excuse me.* |
| **Merci bien!** | *Thank you very much.* | **Il n'y a pas de mal.** | *There's no harm done.* |
| **De rien.** | *You're welcome. (It's nothing.)* | | |
| **Il n'y a pas de quoi!** | *You're welcome. (It's nothing.)* | | |
| **À votre service!** | *At your service.* | | |

## NOTE DE VOCABULAIRE

The following abbreviations are often used in writing:

**M.** for **Monsieur**     **Mlle** for **Mademoiselle**     **Mme** for **Madame**

# E. Formalisme et niveaux de langue
## (Formality and levels of language)

Different societies have different patterns of social exchanges. On the whole, the French tend to be more formal than the Americans. Levels of formality are reflected in levels of language. Among adults, acquaintances are simply addressed as **Monsieur, Madame,** or **Mademoiselle.** Greetings are almost always followed by a form of address **(Bonjour, Monsieur!)** or a title **(Au revoir, Docteur!).** Last names are normally not used.

Students tend toward more informality; they address each other with first names and use expressions such as **Salut!** and **Ça va?,** which are characteristic of casual speech. When addressing their professors, however, they use more formal expressions such as **Bonjour!** and **Comment allez-vous?**

As you will learn in Lesson 1, the French use two different forms of address, depending on the degree of formality or informality existing between them and the persons to whom they are talking. Given the French tendency toward formality, it is a good idea for American students abroad to adopt a formal level of language with everyone except classmates, close friends, and young children.

**6. Dans la rue** *(On the street)*    As Hélène walks down the street, she meets the following people. Play the role of Hélène, greeting them formally or informally as appropriate.

⬛ (Jacques, a classmate)            *Salut, Jacques! Ça va?*
⬛ (Monsieur Dupont, a professor)    *Bonjour, Monsieur! Comment allez-vous?*

1. (Sylvie, her cousin)                5. (Monsieur Bellamy, a neighbor)
2. (Madame Bouvier, the pharmacist)    6. (Mademoiselle Lucas, a neighbor)
3. (Paul, another classmate)           7. (Monsieur Dumas, the mailman)
4. (Cécile, a neighbor's daughter)     8. (Philippe, the son of the grocer)

**7. Dialogues**    The following people meet each other in the street and stop to talk. Compose short opening dialogues for each encounter.

⬛ (a) Éric (16 years old / has just found a summer job)
   (b) Mélanie (17 years old / is on her way to the dentist with a bad toothache)

ÉRIC: *Salut, Mélanie!*          ÉRIC: *Ça va très bien. Et toi?*
MÉLANIE: *Salut, Éric! Ça va?*    MÉLANIE: *Ça va mal!*

1. (a) Jean-Pierre (17 years old / just got a "C" on his English exam)
   (b) Caroline (a classmate / 16 years old / just got an "A")
2. (a) Pauline (18 years old / has just won 1,000 francs in a photo contest)
   (b) Robert (her cousin / 19 years old / has just broken up with his girlfriend)
3. (a) Mademoiselle Durand (a salesperson / has just gotten a raise)
   (b) Madame Dupont (a neighbor / is recovering from the flu)
4. (a) Monsieur Moreau (a bank teller / is returning from a week's vacation)
   (b) Madame Dumoulin (Monsieur Moreau's boss / is leaving on vacation)

**8. Que dire?** *(What to say?)*   You are spending the summer at the Institut de Touraine. What would you say in the following situations?

1. At the pool you meet Ingrid, a Danish classmate. How do you greet her?
   a. Bonjour, Mademoiselle.
   b. Comment allez-vous?
   c. Salut! Ça va?

2. You step on someone's foot while getting on the bus. What do you say?
   a. Merci.
   b. Pardon.
   c. Il n'y a pas de mal.

3. Once on the bus, you give up your seat to an elderly passenger. She thanks you. How do you respond?
   a. Merci beaucoup.
   b. Il n'y a pas de quoi.
   c. Excusez-moi.

4. You are in a restaurant and want to get the attention of the waitress. What do you say?
   a. S'il vous plaît, Mademoiselle.
   b. Merci.
   c. À votre service.

## F.   Les lettres muettes (Silent letters)

Some letters in French are not pronounced, especially when they come at the end of a word. The following letters are usually silent:

| | |
|---|---|
| *final -e* | Philipp**e̸**   Sylvi**e̸**   Anni**e̸** |
| *final -s* | Loui**s̸**   Nicola**s̸**   Charle**s̸** |
| *other final consonants* <br> EXCEPT **-c, -f, -l, -k** <br> *and usually* **-r** | Richar**d̸**   Rober**t̸** <br> Mar**c**   che**f**   Pau**l**   Patric**k** <br> Victo**r**   BUT: Roge**r̸**   Olivie**r̸** |
| ***h*** *in all positions* | **H̸**enri   T**h̸**omas   Nat**h̸**alie |

**9. Photos**   You're showing a friend pictures of the French students you met last summer. Tell your friend who they are.

▢   T**h̸**oma**s̸**       *C'est Thomas.*

1. Éric
2. Yve**s̸**
3. Nat**h̸**ali**e̸**
4. Loui**s̸**
5. Louis**e̸**

6. Nicola**s̸** Rober**t̸**
7. **H̸**élèn**e̸** Deni**s̸**
8. Mat**h̸**ild**e̸** Vidal
9. Édit**h̸** **H̸**amel
10. Ann**e̸**-Mari**e̸** Ledou**x̸**

11. Mart**h̸**e Thibau**d̸**
12. Alber**t̸** Leca**s̸**
13. T**h̸**oma**s̸** Castel
14. Michel Leduc
15. Isabell**e̸** Leba**s̸**

# un bon café

## G.   Les marques orthographiques (Spelling marks)

Accents and spelling marks are part of the spelling of a word and cannot be left out.

| Accents and spelling marks | With the letters | Examples |
|---|---|---|
| ´ l'accent aigu (*acute accent*) | **é** | Cécile, Frédéric, café |
| ` l'accent grave (*grave accent*) | **è, à, ù** | Michèle, voilà, où |
| ^ l'accent circonflexe (*circumflex*) | **â, ê, î, ô, û** | mâle, forêt, dîner, hôtel, sûr |
| ¨ le tréma (*dieresis*) | **ë, ï** | Noël, naïf |
| ¸ la cédille (*cedilla*) | **ç** | François, français, garçon |

## NOTES DE PRONONCIATION

1. **é** is pronounced /e/*
   **è** and **ê** are pronounced /ɛ/
   **ô** is pronounced /o/
   **ç** is pronounced /s/
2. The circumflex accent usually does not indicate a change in pronunciation of **a, i,** or **u.**
3. The **tréma** is used on the second of two consecutive vowels to indicate that the vowels are pronounced separately.

**10. Salut!**   Greet the following students according to the model.

▢   François       *Salut, François! Ça va?*

1. Mélanie      4. Léon        7. Hélène
2. Michèle      5. Noëlle      8. Thérèse
3. Cécile       6. Joël        9. Jérôme

# H.   L'alphabet français

| | | | | | | | | | |
|---|---|---|---|---|---|---|---|---|---|
| **A** | /a/ | **G** | /ʒe/ | **M** | /ɛm/ | **S** | /ɛs/ | **Y** | /i grɛk/ |
| **B** | /be/ | **H** | /aʃ/ | **N** | /ɛn/ | **T** | /te/ | **Z** | /zɛd/ |
| **C** | /se/ | **I** | /i/ | **O** | /o/ | **U** | /y/ | | |
| **D** | /de/ | **J** | /ʒi/ | **P** | /pe/ | **V** | /ve/ | | |
| **E** | /ə/ | **K** | /ka/ | **Q** | /ky/ | **W** | /dublə ve/ | | |
| **F** | /ɛf/ | **L** | /ɛl/ | **R** | /ɛr/ | **X** | /iks/ | | |

▶   Note how the following letters are spelled aloud:

**A**   A majuscule        **é**   E accent aigu        **ê**   E accent circonflexe        **ss**   deux S
**a**   A minuscule        **è**   E accent grave       **ç**   C cédille

**11. À l'auberge de la jeunesse *(At the youth hostel)***   The following students are registering at the youth hostel. Each one spells his or her last name.

▢   Philippe Vallée       *Je m'appelle Philippe Vallée: V · A · deux L · E accent aigu · E*

1. Jacques Dubost       4. Anne Azziza       7. André Lefèvre
2. Henri Maréchal       5. Thomas Smith      8. Ahmed Khalès
3. Sylvie Camus         6. Jennifer Kelley

---

\* A letter between slash lines, such as /e/, /ɛ/, is a symbol of the International Phonetic Alphabet (IPA). These IPA symbols are used to identify the specific sounds of the French language. They are listed, together with the French system of sound-symbol correspondence, in Appendix II.

# Vivre en France:
## *En classe*

---

## Vocabulaire pratique: *Expressions pour la classe*

| Le professeur: | *The teacher:* |
|---|---|
| **Écoutez!** | *Listen.* |
| **Regardez!** | *Look.* |
| **Répétez!** | *Repeat.* |
| **Répondez!** | *Answer.* |
| **Lisez!** | *Read.* |
| **Écrivez!** | *Write.* |
| | |
| **Faites l'exercice!** | *Do the exercise.* |
| **Faites attention!** | *Pay attention.* |
| **Ouvrez vos livres!** | *Open your books.* |
| **Fermez vos livres!** | *Close your books.* |
| **Prenez une feuille de papier!** | *Take a sheet of paper.* |

| | |
|---|---|
| **Très bien.** | *Very good.* |
| **Bien.** | *Good.* |
| **Oui, c'est ça.** | *Yes, that's it.* |
| **Non, ce n'est pas ça.** | *No, that's not it.* |
| | |
| **Encore une fois.** | *Once more. Again.* |
| **Attention!** | *Careful!* |
| **Savez-vous ...?** | *Do you know ...?* |
| **Comprenez-vous ...?** | *Do you understand ...?* |

| Les étudiants: | *The students:* |
|---|---|
| **Je sais.** | *I know.* |
| **Je ne sais pas.** | *I don't know.* |
| | |
| **Oui, je comprends.** | *Yes, I understand.* |
| **Non, je ne comprends pas.** | *No, I don't understand.* |
| | |
| **Je n'ai pas compris.** | *I did not understand.* |
| **Pouvez-vous répéter?** | *Can you repeat?* |
| | |
| **Comment dit-on ...?** | *How do you say ...?* |
| **Que signifie ...?** | *What is the meaning of ...?* |
| | *What does ... mean?* |
| | |
| **S'il vous plaît.** | *Please (to the teacher).* |
| **S'il te plaît.** | *Please (to a classmate).* |

---

## Situations: *En France*

Although you have just begun learning French, you already know several expressions that will allow you to express yourself in many different situations. Imagine that you are in Paris. How would you respond in the following circumstances?

1. A child is about to cross the street. You notice a car approaching quickly. What would you tell the child?
   A. **Lisez!**
   B. **Attention!**
   C. **C'est ça!**
2. You are in a fast-food restaurant with a French friend. You want to order French fries but don't know the French expression. What would you say to your friend?
   A. **Que signifie «French fries»?**
   B. **Comment dit-on «French fries»?**
   C. **«French fries», s'il vous plaît!**
3. As you are walking down the street, a Belgian tourist mistakes you for a Parisian and asks you where the nearest post office is. You understand the question but have no idea where the post office is located. What would you say?
   A. **Je ne sais pas.**
   B. **Répétez, s'il vous plaît!**
   C. **Comprenez-vous?**
4. As you are walking through the Tuileries Gardens, you notice a huge advertising balloon floating over the Louvre Museum. What would you say to the French friends who are with you?
   A. **Écoutez!**
   B. **Regardez!**
   C. **Répétez!**
5. You come back to your hotel and find the main entrance locked. You knock on the door and say:
   A. **Ouvrez, s'il vous plaît!**
   B. **Fermez la porte** (*door*)**!**
   C. **Faites attention!**

## Vocabulaire pratique:    *Les présentations* (introductions)

*To introduce a friend to someone you address as* vous:
**Je vous présente ...**

*To introduce a friend to someone you address as* tu:
**Je te présente ...**

*To acknowledge an introduction:*
**Enchanté!**    *Pleased to meet you! (said by a man)*
**Enchantée!**    *Pleased to meet you! (said by a woman)*

## CONVERSATIONS: *Présentations*

A. *Michel présente Georges à Marie.*

B. *Michel présente Marie à Monsieur Dumas, le professeur de français.*

**MICHEL:** Marie, je te présente Georges.
**MARIE:** Enchantée. *(shaking hands with Georges)*
**GEORGES:** Enchanté.

**MICHEL:** Monsieur Dumas, je vous présente Marie.
**M. DUMAS:** Enchanté, Mademoiselle.
**MARIE:** Enchantée, Monsieur.

## Dialogues: *En classe*

1. Introduce the student on your left to the student on your right.
2. Introduce the student in front of you to your teacher.

# Qui parle français?

1

# Au Canada

*Paul Lavoie, a French-Canadian student, talks about himself and two of his friends.*

Bonjour!
Je m'appelle Paul Lavoie.
J'habite° à Montréal.                           *I live*

Voici Monique.
Elle habite à Montréal aussi°.                  *also*
Elle parle° français.                           *speaks*
Elle parle anglais° aussi.                       *English*
Elle est bilingue°!                             *bilingual*

Voici Philippe.
Il n'habite pas à Montréal.
Il habite à Québec.
Philippe n'est pas bilingue.
Il ne parle pas anglais.
Il parle uniquement° français.                  *only*

Et vous? Parlez-vous° français?                 *Do you speak*

## Note culturelle: *Le français en Amérique*

In today's world, French is the native language of about 100 million people. These French speakers are located on every continent. In the Americas, French is spoken principally in Canada, Haïti, and, to a much lesser extent, in the United States.

In Canada, French is spoken by the descendants of the French settlers who came to the New World in the seventeenth and eighteenth centuries. Today, French-speaking Canadians number seven million. [They live primarily in the province of Québec, where they constitute the majority of the population.] Montréal is the second largest French-speaking city in the world, after Paris.

French Canadians have immigrated in large numbers to the United States. In the eighteenth century, many of them moved south to Louisiana. In the nineteenth and twentieth centuries they settled mainly in New England. There are now about two million Franco-Americans in the United States. In the past twenty years, there has been a noticeable revival of French in certain Franco-American communities, especially in southern Louisiana, where this movement is sponsored at the state level by CODOFIL (Council for the Development of French in Louisiana).

French is also spoken on certain islands that have remained part of the French national territory: Martinique and Guadeloupe in the Caribbean, and Saint Pierre and Miquelon off the coast of Newfoundland.

# Structure et Vocabulaire

### NOTE LINGUISTIQUE: *L'accord du sujet et du verbe*

Read the following sentences, paying attention to the underlined subjects and the forms of the verb **parler** (*to speak*).

Je **parle** français.          *I **speak** French.*
Nous **parlons** français en classe.     *We **speak** French in class.*
Éric et Alice **parlent** anglais.       *Éric and Alice **speak** English.*

In French, verbs (like **parler**) have different forms. In a sentence the form of the verb (**parle, parlons, parlent**) is determined by the subject (**je, nous, Éric et Alice**). Verbs are said to AGREE with the subject. This is called SUBJECT-VERB AGREEMENT.

A CONJUGATION chart shows the various verb forms that correspond to the different subjects.

# A.  Le présent des verbes en -er et les pronoms sujets

## LE PRÉSENT DES VERBES EN -ER

French verbs can be classified according to their infinitive endings. Many French verbs end in **-er** in the infinitive. Most of these verbs are conjugated like **visiter** (*to visit*) and **parler** (*to speak*). Such verbs are called REGULAR **-er** verbs because their conjugation patterns are predictable.

| infinitive | **visiter** | **parler** | |
|---|---|---|---|
| stem | visit- | parl- | endings |
| present tense | Je **visite** Paris. | Je **parle** français. | -e |
| | Tu **visites** Montréal. | Tu **parles** français. | -es |
| | Marc **visite** New York. | Il **parle** anglais. | } -e |
| | Hélène **visite** Boston. | Elle **parle** anglais. | |
| | Nous **visitons** Mexico. | Nous **parlons** espagnol. | -ons |
| | Vous **visitez** Moscou. | Vous **parlez** russe. | -ez |
| | Paul et Jacques **visitent** Québec. | Ils **parlent** français. | } -ent |
| | Anne et Sylvie **visitent** Toronto. | Elles **parlent** anglais. | |

▶ The present tense of regular **-er** verbs is formed as follows:

> stem + endings

▶ The STEM remains the same for all verb forms. It is the infinitive minus **-er**.

| Infinitive | Stem |
|---|---|
| **visiter** | **visit-** |
| **parler** | **parl-** |

▶ The ENDINGS change to agree with the subject.

| je | -e | nous | -ons |
|---|---|---|---|
| tu | -es | vous | -ez |
| il/elle | -e | ils/elles | -ent |

The endings **-e, -es,** and **-ent** are silent.

► The French present tense corresponds to three English forms:

Paul **parle** français.
$$\begin{cases} Paul \ \textbf{\textit{speaks}} \ French. \\ Paul \ is \ \textbf{\textit{speaking}} \ French. \\ Paul \ does \ \textbf{\textit{speak}} \ French. \end{cases}$$

## LES PRONOMS SUJETS

In French there are eight personal SUBJECT PRONOUNS.

| Singular | | Plural | |
|----------|------|--------|------|
| **je** | *I* | **nous** | *we* |
| **tu** | *you* | **vous** | *you* |
| **il** | *he* | **ils** | *they* (masculine) |
| **elle** | *she* | **elles** | *they* (feminine) |

► **Tu** vs. **vous**

When talking to ONE person, use:

• **tu** (the familiar form) to address a close friend, a child, or a member of the family.

**Tu** parles anglais, Sylvie?

• **vous** (the formal form) to address someone older or a person who is not a close friend.

**Vous** parlez anglais, Madame?

When talking to TWO or more people, use:

• **vous** (both familiar and formal)

**Vous** parlez anglais, Anne et Philippe?

NOTE: **Vous** always requires a plural verb, even if it refers to one person.

► **Ils** vs. **elles**

When talking about two or more people, use:

• **ils** when at least ONE member of the group is MALE.
• **elles** when the ENTIRE group is FEMALE.

| | |
|---|---|
| Voici Paul et Philippe. | **Ils** parlent français. |
| Et Monique et Suzanne? | **Elles** parlent français. |
| Et Marc et Christine? | **Ils** parlent français et anglais. |

**1. Français ou anglais?**  The following people are traveling. Say which cities they are visiting and whether they are speaking French (**français**) or English (**anglais**). Use subject pronouns and the appropriate forms of the verbs **visiter** and **parler.**

▯  Paul (Paris)    *Il visite Paris. Il parle français.*

1. Louis (San Francisco)
2. Hélène et Sylvie (Québec)
3. Jacqueline (Chicago)
4. Jacques et Albert (Genève)
5. Louis et Thomas (Dallas)
6. M. et Mme Dupont (Los Angeles)
7. Charles et Louise (Bordeaux)
8. Nathalie (Paris)

**2. Qui parle français?**  Ask the following people whether they speak French. Use **tu** or **vous,** as appropriate.

▯  Annette Tremblay (a student from Montréal)    *Tu parles français?*
▯  Monsieur Tremblay (Annette's father)    *Vous parlez français?*

1. Hélène Duval (a student from Paris)
2. Alain Duval (Hélène's younger brother)
3. Madame Duval (Hélène's mother)
4. Monsieur Lacroix (your English teacher)
5. Pierre et André (Monsieur Lacroix's young children)
6. Sylvie Leblanc (an employee at the reservation desk of Air Canada)
7. Paul Bouchard (a student on the hockey team)
8. Albert Lafleur and Jacques Boudreau (Paul's roommates)
9. Lucien Lambert (the coach of the hockey team)

# Vocabulaire:   *Quelques activités (Some activities)*

Verbes en **-er**

| | | |
|---|---|---|
| **détester** | *to dislike, to hate* | Paul **déteste** Paris. |
| **dîner** | *to have dinner* | Roger **dîne** avec Nicole. |
| **jouer (au tennis)** | *to play (tennis)* | Nous **jouons au tennis.** |
| **parler** | *to speak, to talk* | Jacques **parle** français. |
| **regarder** | *to look at, to look* | Nous **regardons** Suzanne. |
| | *to watch* | Tu **regardes** la télévision. |
| **rentrer** | *to return, to go back* | Je **rentre** à Montréal. |
| **téléphoner (à)** | *to phone, to call* | Vous **téléphonez à** Sylvie. |
| **travailler** | *to work* | Pierre **travaille à** Montréal. |
| **visiter** | *to visit (a place)* | Nous **visitons** Québec. |

Expressions

| | | |
|---|---|---|
| **à** | *to* | Jacques parle **à** Henri. |
| | *at* | Tu travailles **à** l'hôtel Méridien. |
| | *in (+ city)* | Ils travaillent **à** Montréal. |
| **de** | *from* | Vous téléphonez **de** New York |
| | *of, about* | Nous parlons **de** Michèle. |
| **avec** | *with* | Tu joues au tennis **avec** Monique. |
| **pour** | *for* | Elle travaille **pour** Air Canada. |
| **et** | *and* | Voici Guy **et** Hélène. |
| **ou** | *or* | Jean parle français **ou** anglais. |
| **mais** | *but* | Je joue au tennis, **mais** vous jouez au golf. |

## NOTE DE VOCABULAIRE

In English, certain verbs are followed by prepositions (*to look at*). This is also the case in French (**téléphoner à**). However, French and English do not always follow the same patterns. Contrast:

| Je | **regarde** | – | Monique. | Tu | **téléphones** | **à** | Paul. |
|---|---|---|---|---|---|---|---|
| *I* | *am looking* | *at* | *Monique.* | *You* | *are phoning* | – | *Paul.* |

**3. Au téléphone**   The participants at an international convention are calling home. Tell which city they call and which language they are speaking. Use the verbs **téléphoner à** and **parler.**

Henri (Paris / français)     *Henri téléphone à Paris. Il parle français.*

1. nous (New York / anglais)
2. vous (Mexico / espagnol)
3. Marc (Québec / français)
4. Christine (Montréal / anglais)
5. je (San Francisco / anglais)
6. tu (Moscou / russe)

**4. Activités**   Describe what the following people are doing.

▐  Cécile / jouer au tennis    ***Cécile joue au tennis.***

1. nous / jouer au volleyball
2. vous / travailler
3. Philippe / téléphoner à Sylvie
4. Pierre et Paul / dîner
5. tu / regarder la télévision
6. Louise et Jacqueline / rentrer à l'hôtel
7. Anne / dîner avec Éric
8. je / téléphoner à Monique

---

NOTE LINGUISTIQUE: *Élision et Liaison*

**Elision**   The final **-e** of a few short words, like **je** and **de,** is dropped when the next word begins with a vowel sound, that is, with a mute **h** or a VOWEL. This is called ELISION. In written French, elision is marked by an apostrophe.

**Je** travaille à Paris. (*no elision*)        **J'**habite à Paris. (*elision*)
Nous parlons **de** Jacques. (*no elision*)    Nous parlons **d'**Albert. (*elision*)

**Liaison**   When a French word ends in a consonant, this consonant is almost always silent. In certain words, however, the final consonant is pronounced when the next word begins with a vowel sound. This is called LIAISON and occurs between words that are closely linked in meaning, such as a subject pronoun and its verb. Note the liaison after **nous, vous, ils,** and **elles.**

Ils‿invitent Philippe.        Nous‿invitons Marie.
Vous‿habitez à New York.      Elles‿habitent à Montréal.

• The liaison consonant (in the above examples, the final **-s,** which represents the sound /z/) is always pronounced as if it were the first sound of the following word.
• The sign ‿ will be used to indicate when liaison is required with a new word or expression.

---

# Vocabulaire:   *Quelques verbes en -er*

| | | |
|---|---|---|
| **aimer** | *to like, to love* | Paul **aime** Paris. |
| **arriver** | *to arrive* | Nous **arrivons** de Bordeaux. |
| **écouter** | *to listen to* | Vous **écoutez** la radio. |
| **étudier** | *to study* | Ils **étudient** avec Sophie. |
| **habiter** | *to live* | Barbara **habite** à Boston. |
| **inviter** | *to invite* | Elle **invite** Robert. |

**5. Au Canada**   The following people are Canadians. Say where they live and that they like their hometowns. Use subject pronouns and the appropriate forms of **habiter à** and **aimer.**

▢   Jacqueline (Québec)     *Elle habite à Québec. Elle aime Québec.*

1. nous (Montréal)
2. je (Toronto)
3. vous (Ottawa)
4. tu (Moncton)
5. Monsieur et Madame Lafleur (Halifax)
6. Monique et Nicole (Québec)
7. Paul et Robert (Baie-Comeau)
8. Roger (Montréal)

**6. Non!**   Émilie wants to know what Thomas and his friends do. Play both roles according to the model.

▢   habiter à Montréal (Québec)
   ÉMILIE:   *Vous habitez à Montréal?*
   THOMAS:   *Non, nous habitons à Québec.*

1. arriver de la classe de français (de la cafétéria)
2. étudier la physique (l'économie)
3. inviter Christine (Annette)
4. écouter Michael Jackson (Paula Abdul)
5. aimer le jazz (le rock)

# B.   La négation

Compare the affirmative and negative sentences below.

| | | |
|---|---|---|
| Je parle français. | Je **ne** parle **pas** anglais. | *I **don't** speak English.* |
| Nous jouons au volleyball. | Nous **ne** jouons **pas** au tennis. | *We are **not** playing tennis.* |
| Paul habite à Montréal. | Il **n'**habite **pas** à Québec. | *He **doesn't** live in Québec.* |

---

Negative sentences are formed as follows:

| subject + **ne (n')** + verb + **pas** ... | Marc **ne** visite **pas** Paris.<br>Anne **n'**invite **pas** Éric. |
|---|---|

**7. Vive la différence!**   Jacques does not do what Pierre does. Play the two roles according to the model.

▢   jouer au tennis     PIERRE:   *Je joue au tennis.*
                   JACQUES:   *Je ne joue pas au tennis.*

1. parler italien
2. habiter à Bordeaux
3. étudier la médecine
4. regarder la télévision
5. aimer les westerns
6. travailler pour un hôpital

**8. Oui et non**  Read what the following people are doing, then say what they are not doing. Use the expression in parentheses in the negative sentence.

  Je parle français. (italien)    *Je ne parle pas italien.*

1. Nous parlons français. (espagnol)
2. Vous habitez à Paris. (à Montréal)
3. Je joue au tennis. (au football)
4. Éric téléphone à Jacqueline. (à Nicole)
5. Tu invites Monique. (Albert)
6. Vous travaillez pour Air Canada. (pour Air France)
7. Thomas étudie la physique. (la biologie)
8. J'écoute Sylvie. (Christine)

**9. Conversation**  Get acquainted with your classmates. Talk to the person next to you and ask if he/she does the following.

  parler italien?
    —*Tu parles italien?*
    —*Oui, je parle italien.*
  ou: —*Non, je ne parle pas italien.*

1. parler russe?
2. étudier la physique?
3. travailler le week-end *(on weekends)?*
4. jouer au basket?
5. aimer le jazz?
6. aimer la musique classique?
7. regarder la télé?
8. habiter à Boston?

Le Saint-Laurent et le chateau Frontenac, Québec

## C.   Les nombres de **0 à 12**

Numbers are often used alone, as in counting. When they introduce nouns, they may be pronounced somewhat differently.

| Numbers from **0** to **12**, used alone and with nouns: | | |
|---|---|---|
| **Alone** | **Before a consonant sound** | **Before a vowel sound** |
| 0   zéro | | |
| 1   un | { dans /z/un moment (*in a moment*)<br>{ dans /z/une minute | dans /z/un /n/instant<br>dans /z/une heure (*hour*) |
| 2   deux | dans deux minutes | dans deux /z/heures |
| 3   trois | dans trois minutes | dans trois /z/heures |
| 4   quatre | dans quatre minutes | dans quatre heures |
| 5   cinq | dans cinq minutes | dans cinq /k/heures |
| 6   six | dans six minutes | dans six /z/heures |
| 7   sept | dans sept minutes | dans sept heures |
| 8   huit | dans huit minutes | dans huit heures |
| 9   neuf | dans neuf minutes | dans neuf /v/heures |
| 10   dix | dans dix minutes | dans dix /z/heures |
| 11   onze | dans onze minutes | dans onze heures |
| 12   douze | dans douze minutes | dans douze heures |

**10. L'ordinateur (*The computer*)**   The following numbers are listed on a computer printout. Read each series aloud.

1.   1, 3, 5, 7, 9, 11  
2.   0, 2, 4, 6, 8, 10, 12  
3.   1, 5, 2, 7, 9, 11, 12  

4.   3, 2, 0, 4, 8, 2, 5  
5.   0, 12, 4, 11, 8, 5, 7

**11. Au café (At the café)**   You are working as a waiter or a waitress in a French café. Relay the following orders to the bar.

▢  6 cafés (coffees)     **Six cafés ... six!**

1. 3 cafés
2. 6 thés (teas)
3. 8 coca-colas
4. 9 cafés

5. 10 thés
6. 2 sandwichs
7. 12 sandwichs
8. 2 orangeades

9. 6 orangeades
10. 10 orangeades
11. 2 express (espressos)
12. 7 express

# Vocabulaire: *L'heure (Time)*

**Quelle heure est-il?**   *What time is it?*

  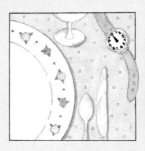 

**Il est une heure.**      **Il est dix heures.**      **Il est midi.**      **Il est minuit.**

| | | |
|---|---|---|
| **À quelle heure?** | *At what time?* | **À quelle heure** est le concert? |
| **À ...** | *At ...* | **À** huit heures. |
| **Dans ...** | *In ...* | **Dans** dix minutes. |
| **J'ai rendez-vous.** | *I have a date (an appointment).* | **J'ai rendez-vous** avec Janine à deux heures. |

## NOTE DE VOCABULAIRE

In English, the expression *o'clock* may be left out when giving the time. In French, the word **heure** or **heures** (abbreviated as **h**) may NEVER be omitted.

**12. Quand il est midi à Paris ... (When it is noon in Paris ...)**   Give the time in other cities when it is noon in Paris.

▢  New York: 6 h     **À New York, il est six heures.**

1. Boston: 6 h
2. Chicago: 5 h
3. Denver: 4 h
4. Los Angeles: 3 h

5. Québec: 6 h
6. Madrid: 12 h
7. Moscou: 2 h
8. Tel Aviv: 1 h

9. Mexico: 5 h
10. Beijing: 7 h
11. Tokio: 8 h
12. Honolulu: 1 h

**13. À quelle heure?**  Say at what time you do the following things.

 arriver à l'université

*J'arrive à l'université à huit heures (à neuf heures ...).*

1. écouter la radio
2. étudier
3. dîner
4. travailler
5. regarder la télévision

## Communication

Choose a partner who will play the role of the other person in the conversation.

---

1. At the International Club, you meet a French student whom you would like to invite out. But first you want to know what he/she is interested in.

Ask your partner . . .

- if he/she plays tennis
- if he/she plays basketball (**au basket**)
- if he/she likes music (**la musique**)
- if he/she likes movies (**le cinéma**)

—**Tu joues au tennis?**
—**Oui, je joue au tennis.**
(**Non, je ne joue pas
au tennis.**)

---

2. On a trip, you meet a person from Québec and start up a conversation. (Use the polite **vous** form.)

Ask your partner . . .

- if he/she speaks French
- if he/she speaks English
- if he/she lives in Montréal

# À Dakar

*Lamine, a student from Sénégal, introduces herself and her friend Hamadi.*

Bonjour!
Je m'appelle Lamine.
Je ne suis pas française.
Je suis sénégalaise°.                                      from Senegal
Je suis étudiante° à l'Université de Dakar.               a student
J'étudie l'architecture.
J'aime étudier, mais je n'étudie pas tout le temps°.      all the time
J'aime la musique et j'aime danser.
J'aime aussi° les sports.                                 also
Je nage° et je joue au volley.                            swim

Et vous, est-ce que vous aimez les sports?
Est-ce que vous aimez jouer au volley?

Voici Hamadi.
Il est étudiant aussi, mais il n'est pas très sportif°.                                    *athletic*
Est-ce qu'il nage bien?
Non, il n'aime pas nager.
Est-ce qu'il joue au volley?
Non, il déteste jouer au volley!

Hamadi et moi, nous sommes différents, mais nous sommes amis°.          *friends*
C'est l'essentiel°, n'est-ce pas?                                                              *what counts*

## Note culturelle: *Le français en Afrique*

French is widely spoken in Western and Central Africa. The use of French as a common language is a factor of national integration and cohesion in countries where different ethnic groups have traditionally spoken different languages. Twenty African countries use French as their official language. Among the most important French-speaking countries in Africa are the Malagasy Republic (**Madagascar**), Zaïre, Sénégal (whose capital, Dakar, is one of the most modern cities in Africa), Mali, and the Ivory Coast (**Côte d'Ivoire**). Formerly French or Belgian colonies, these countries became independent nations in the early 1960's. French is also spoken by large segments of the population in the northern African countries of Morocco, Algeria, and Tunisia (**Maroc, Algérie** et **Tunisie).**

# Structure et Vocabulaire

## Vocabulaire:  *Activités*

Verbes en *-er*

| | | |
|---|---|---|
| **chanter** | *to sing* | Jean et Claire **chantent.** |
| **danser** | *to dance* | Jeanne et Richard **dansent.** |
| **nager** | *to swim* | Vous ne **nagez** pas. |
| **voyager** | *to travel* | Paul ne **voyage** pas. |

Adverbes

| | | |
|---|---|---|
| **assez** | *enough* | Tu ne travailles pas **assez.** |
| **aussi** | *also, too* | J'invite Paul. J'invite Sylvie **aussi.** |
| **beaucoup** | *a lot, (very) much* | Nous aimons **beaucoup** Dakar. |
| **maintenant** | *now* | Il travaille pour Air Afrique **maintenant.** |
| **toujours** | *always* | Ils parlent **toujours** français en classe. |
| **souvent** | *often* | Michèle ne voyage pas **souvent.** |
| **bien** | *well* | Tu chantes **bien.** |
| **mal** | *badly, poorly* | Je chante **mal.** |
| **assez** | *rather* | Vous dansez **assez** bien! |
| **très** | *very* | Anne ne nage pas **très** souvent. |

## NOTES DE VOCABULAIRE

1. The **nous**-form of verbs in **-ger,** like **nager** and **voyager,** ends in **-geons.**

   Nous **nageons** bien.    Nous ne **voyageons** pas très souvent.

2. In French, adverbs usually come immediately AFTER the verb, or after **pas** if the verb is in the negative. Adverbs NEVER come between the subject and the verb.

   Je joue **souvent** au tennis.          *I **often** play tennis.*
   Vous ne voyagez pas **beaucoup.**    *You don't travel **very much.***

**1. Expression personnelle**   Say how well or how frequently you do the following things. Use one or two of the following adverbs in affirmative or negative sentences: **bien, mal, beaucoup, souvent, toujours, assez, très.**

▢ jouer au tennis       *Je joue très bien au tennis.*
                        ou: *Je joue assez mal au tennis.*
                        ou: *Je ne joue pas souvent au tennis.*

1. parler français      4. voyager        7. jouer au ping-pong
2. travailler           5. danser         8. jouer au Frisbee
3. étudier              6. chanter        9. nager

## A.  Le verbe *être*

The present tense of **être** *(to be)* is irregular.

| infinitive | **être** | *to be* | |
|---|---|---|---|
| present | je **suis** | *I am* | Je **suis** à Québec. |
|  | tu **es** | *you are* | Tu **es** à l'université. |
|  | il/elle **est** | *he/she/it is* | Il n'**est** pas avec Nathalie. |
|  | nous **sommes** | *we are* | Nous ne **sommes** pas en classe. |
|  | vous **êtes** | *you are* | Vous **êtes** de New York. |
|  | ils/elles **sont** | *they are* | Elles ne **sont** pas à Paris. |

▶ Liaison is required in **vous êtes.**

▶ There is often liaison after **est** and **sont: Il est à Dakar.**

**2. En voyage (*On a trip*)**   The following people are travelling. Say where they are and which language they are speaking: **français** or **anglais.**

▢ Philippe (Québec)       *Philippe est à Québec. Il parle français.*

1. nous (Paris)
2. je (Montréal)
3. Nathalie (New York)
4. Louis et Paul (Miami)
5. tu (Bordeaux)
6. vous (Marseille)
7. Jacques et Denise (Dakar)
8. Monsieur et Madame Denis (Strasbourg)

JEUNE AFRIQUE
lire

**3. Où sont-ils?** *(Where are they?)*   What we are doing usually gives a good indication of where we are. For each person in column A, select an activity from column B. Then say where that person is, using a location from column C. Be logical.

▢ *Nicole travaille pour les Nations Unies. Elle est à New York.*

| A | B | C |
|---|---|---|
| Jacques | dîner | à Paris |
| Nicole | danser | à New York |
| Henri et Hélène | étudier | en Égypte |
| M. et Mme Duval | écouter «Carmen» | à l'opéra |
| nous | regarder un film | au cinéma |
| vous | visiter le Louvre | à la discothèque |
| je | admirer les Pyramides | à l'université |
| tu | travailler pour les Nations Unies | à la cafétéria |

# B.   La construction infinitive

Note the use of the infinitives in the following sentences.

| | | |
|---|---|---|
| Lamine aime **voyager.** | *Lamine likes **to travel.*** | *(Lamine likes **travelling.**)* |
| Je déteste **étudier.** | *I hate **to study.*** | *(I hate **studying.**)* |
| Tu n'aimes pas **travailler.** | *You do not like **to work.*** | *(You do not like **working.**)* |

> The INFINITIVE is often used after a main verb like **aimer** and **détester.**

subject + **(ne)** + main verb + **(pas)** + infinitive ...

| | |
|---|---|
| Michèle **aime écouter** la radio. | *Michèle **likes to listen** to the radio.* |
| Elle **n'aime pas regarder** la télévision. | *She **does not like to watch** television.* |

▶ In French, the infinitive consists of one word, whereas in English the verb is preceded by the word *to*.

▶ French often uses an infinitive where the equivalent English sentence contains a verb in *-ing*.

**4. Expression personnelle**   Say whether or not you like the following activities.

▢ parler français   *J'aime parler français.*   ou: *Je n'aime pas parler français.*

1. parler en public
2. voyager en autobus
3. jouer au baseball
4. nager dans l'océan
5. chanter
6. regarder la télévision après *(after)* minuit
7. organiser des fêtes *(parties)*
8. dîner à la cafétéria

**5. Une bonne raison** *(A good reason)*   Read what the following people are doing or not doing and explain why. Use the construction **aimer** + *infinitive* in affirmative or negative sentences.

▯  Philippe téléphone à Michèle.      *Philippe aime téléphoner à Michèle.*
▯  Marc n'étudie pas.                  *Marc n'aime pas étudier.*

1. Nous travaillons.
2. Vous étudiez.
3. Tu nages.
4. Pierre et Annie dansent.
5. Linda joue au volley.
6. Nous voyageons.
7. Je ne travaille pas le week-end.
8. Je ne regarde pas la télévision.
9. Paul et Marc n'écoutent pas la radio.
10. Tu ne chantes pas.
11. Monsieur Moreau ne voyage pas en bus.
12. Vous ne dînez pas à la cafétéria.

## C.   Questions à réponse affirmative ou négative

Questions that can be answered affirmatively or negatively are called YES/NO QUESTIONS. Compare the statements and the questions below.

| | | |
|---|---|---|
| Marc joue au tennis. | **Est-ce que** Marc joue au tennis? | *Does Marc play tennis?* |
| Vous voyagez souvent. | **Est-ce que** vous voyagez souvent? | *Do you travel often?* |
| Elle aime chanter. | **Est-ce qu'**elle aime chanter? | *Does she like to sing?* |

> YES/NO QUESTIONS are commonly formed as follows:

**est-ce que** + subject + verb ...      **Est-ce que** Marc habite à Paris?

▶  Note the elision: **est-ce que → est-ce qu'** before a vowel sound.

   **Est-ce qu'**Alice habite à Paris aussi?

▶  Your voice rises at the end of a yes/no question.

▶  In conversational French, yes/no questions may also be formed:

by letting your voice rise at the end of the sentence

Marc habite à Paris.    Marc habite à Paris?

by adding the tag expression **n'est-ce pas** at the end of the sentence

| | | |
|---|---|---|
| Tu habites à Dakar. | Tu habites à Dakar, **n'est-ce pas?** | *You live in Dakar, **don't you?*** |
| Vous êtes français. | Vous êtes français, **n'est-ce pas?** | *You're French, **aren't you?*** |

NOTE: In tag questions, the speaker expects a yes answer.

**6. Tennis?**   You are looking for a tennis partner. Ask if the following people play tennis. Begin your questions with **est-ce que (est-ce qu').**

▯   Anne       *Est-ce qu'Anne joue au tennis?*

1. vous                4. Michèle et Marc
2. Philippe            5. Isabelle
3. Alain et Roger      6. tu

**7. Dialogue**   Why not get better acquainted with your classmates? Ask them questions based on the following cues.

▯   jouer au volleyball?
        —*Est-ce que tu joues au volleyball?*
        —*Oui. Je joue au volleyball!*
     ou: —*Non. Je ne joue pas au volleyball!*

1. habiter à New York?
2. parler espagnol?
3. être optimiste?
4. être de San Francisco?
5. voyager beaucoup?
6. chanter dans une chorale?
7. danser bien?
8. nager souvent?
9. regarder souvent la télévision?

**8. À la Maison des Jeunes** *(At the youth center)*   Imagine that you are the director of a French youth center. Ask if the following people do the activities mentioned. Use subject pronouns.

▯   Michèle: danser bien?
    *Est-ce qu'elle danse bien?*

1. Pierre: jouer au tennis?
2. Sylvie: nager?
3. Hélène: chanter avec la chorale?
4. Marc: parler anglais?

5. Jacques et Antoine: jouer au basketball?
6. Paul et Philippe: nager bien?
7. Claire et Suzanne: jouer au volleyball?
8. Henri et Annie: danser le rock?

**9. Conversation**    On a separate sheet of paper, make a list of four things you like to do. Then talk to several classmates asking them if they also like to do these things. Try to find someone who likes at least three of your favorite activities.

—*Robert, est-ce que tu aimes danser?*
—*Non, je n'aime pas danser.*
—*Est-ce que tu aimes voyager?*
—*Oui, j'aime voyager, etc.*

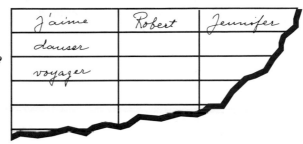

| J'aime | Robert | Jennifer |
|--------|--------|----------|
| danser |        |          |
| voyager |       |          |
|        |        |          |
|        |        |          |

## *Expressions pour la conversation*

*To answer a yes/no question:*

| **Oui!** | *Yes!* | **Non!** | *No!* |
|----------|--------|----------|-------|
| **Mais oui!** | *Why yes! Yes of course!* | **Mais non!** | *Why no! Of course not!* |
| **Bien sûr!** | *Of course!* | **Pas du tout!** | *Not at all!* |
| **D'accord!** | *OK! All right! Agreed!* | **Bien sûr que non!** | *Of course not!* |

*To ask people if they want to do certain things:*

**Est-ce que tu veux ...**
**Est-ce que vous voulez ...** } *Do you want ...*

  **Je veux ...**    *I want ...*

  **Je voudrais ...**    *I would like ...*

**Est-ce que tu veux** jouer au tennis?
**Est-ce que vous voulez** étudier?
Oui, **je veux** jouer au tennis.
Non, **je ne veux pas** étudier.
**Je voudrais** voyager.

*To ask people if they can do certain things:*

**Est-ce que tu peux ...**
**Est-ce que vous pouvez ...** } *Can you ...*

  **Je peux ...**    *I can ...*

  **Je dois ...**    *I must ...*

**Est-ce que tu peux** dîner avec nous?
**Est-ce que vous pouvez** dîner avec Marthe?
Oui, **je peux** dîner avec vous.
Non, **je ne peux pas** dîner avec elle.
**Je dois** étudier.

## NOTES DE VOCABULAIRE

1. The verbs in the preceding constructions are followed directly by an infinitive.
2. The expression **être d'accord** means *to agree.*

   Est-ce que **vous êtes d'accord** avec Anne?    *Do **you agree** with Anne?*
   Non, **je ne suis pas d'accord.**    *No, **I don't agree.** (I disagree.)*

**10. Interviews**   A French international company is recruiting a sales representative in Europe. Play the roles of the head of personnel and the candidates.
The candidates may answer in the affirmative or negative, as appropriate.

  être dynamique      LE DIRECTEUR:  *Est-ce que vous êtes dynamique?*
                           LE CANDIDAT:   *Bien sûr, je suis dynamique.*

1. être optimiste        5. aimer voyager
2. être timide           6. aimer travailler en groupe
3. parler anglais        7. détester parler en public
4. parler espagnol       8. détester travailler le week-end

**11. Dialogue**   Ask a classmate if he/she wants to do certain things.
Your classmate will turn down your invitation and give you an
excuse.

| INVITATIONS |
| --- |
| • jouer au tennis |
| • nager |
| • regarder la télévision |
| • jouer au bridge |
| • visiter le musée |

| EXCUSES |
| --- |
| • étudier |
| • travailler |
| • préparer l'examen |
| • dîner |
| • rentrer à la maison (home) |

—*Est-ce que tu veux jouer au tennis?*
—*Je ne peux pas. Je dois rentrer à la maison.*

# D.   Les nombres de 13 à 99

NUMBERS from 13 to 99 are formed as follows:

| | | | | | | | |
|---|---|---|---|---|---|---|---|
| 13 | **treize** | 30 | **trente** | 60 | **soixante** | 80 | **quatre-vingts** |
| 14 | **quatorze** | 31 | **trente et un** | 61 | **soixante et un** | 81 | **quatre-vingt-un** |
| 15 | **quinze** | 32 | **trente-deux** | 62 | **soixante-deux** | 82 | **quatre-vingt-deux** |
| 16 | **seize** | | ... | 63 | **soixante-trois** | 83 | **quatre-vingt-trois** |
| 17 | **dix-sept** | | | 64 | **soixante-quatre** | 84 | **quatre-vingt-quatre** |
| 18 | **dix-huit** | 40 | **quarante** | | ... | | ... |
| 19 | **dix-neuf** | 41 | **quarante et un** | 69 | **soixante-neuf** | 89 | **quatre-vingt-neuf** |
| | | 42 | **quarante-deux** | | | | |
| 20 | **vingt** | | ... | 70 | **soixante-dix** | 90 | **quatre-vingt-dix** |
| 21 | **vingt et un** | | | 71 | **soixante et onze** | 91 | **quatre-vingt-onze** |
| 22 | **vingt-deux** | 50 | **cinquante** | 72 | **soixante-douze** | 92 | **quatre-vingt-douze** |
| 23 | **vingt-trois** | 51 | **cinquante et un** | 73 | **soixante-treize** | 93 | **quatre-vingt-treize** |
| 24 | **vingt-quatre** | 52 | **cinquante-deux** | | ... | | ... |
| | ... | | ... | 79 | **soixante-dix-neuf** | 99 | **quatre-vingt-dix-neuf** |

▶ Note that **et** is used in the numbers 21, 31, 41, 51, 61 and 71, but not in the numbers 22, 23, etc., and not with 81 and 91. There is no hyphen when **et** is used. (There is never liaison after **et.**)

▶ Note that **quatre-vingts** takes an **-s** when it is used by itself or is followed by a noun. It does not take an **-s** when it is followed by another number.

**12. Le Loto**   Call out the following numbers at a French Loto game.

▢   28      *vingt-huit*

| | | | |
|---|---|---|---|
| 1. 23 | 5. 75 | 9. 14 | 13. 19 |
| 2. 18 | 6. 83 | 10. 41 | 14. 15 |
| 3. 68 | 7. 31 | 11. 95 | 15. 71 |
| 4. 55 | 8. 66 | 12. 17 | 16. 99 |

**13. Numéros de téléphone**   You would like to phone the following people. Ask the operator to connect you with the numbers below. Note: In French, phone numbers are given in groups of two digits.

▢   Durant   23.41.16.71
    *Le vingt-trois, quarante et un, seize, soixante et onze, s'il vous plaît.*

| | | | | |
|---|---|---|---|---|
| 1. Doucet | 21.61.52.13 | | 5. Lévêque | 38.20.13.66 |
| 2. Poly | 48.22.33.71 | | 6. Simon | 75.34.96.18 |
| 3. Lebel | 80.58.62.72 | | 7. Vidal | 16.67.44.86 |
| 4. Lassalle | 42.19.70.91 | | 8. Roche | 61.14.92.73 |

## Vocabulaire:  *Les divisions de l'heure*

**Il est huit heures et quart.**

**Il est neuf heures et demie.**

**Il est midi moins le quart.**

**Il est une heure cinq.**

**Il est deux heures vingt.**

**Il est trois heures moins cinq (deux heures cinquante-cinq).**

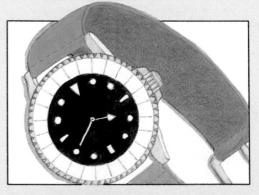
**Il est quatre heures moins vingt (trois heures quarante).**

## NOTES DE VOCABULAIRE

1. When there is a need to differentiate between A.M. and P.M., the French use the following expressions:

| | | |
|---|---|---|
| **du matin** | A.M. *(in the morning)* | Il est dix heures et demie **du matin.** |
| **de l'après-midi** | P.M. *(in the afternoon)* | Il est deux heures **de l'après-midi.** |
| **du soir** | P.M. *(in the evening)* | Il est neuf heures **du soir.** |

2. Official time, which uses a 24-hour clock, is used to give arrival and departure times of planes, buses, and trains; to show times of plays and films; and to make public announcements. On the official clock, the hours from 12 to 24 correspond to P.M. Any fraction of the hour is recorded in terms of minutes past the hour.

| *Official time* | | *Conversational French* |
|---|---|---|
| 11 h 00 | onze heures | onze heures (du matin) |
| 11 h 50 | onze heures cinquante | midi moins dix |
| 20 h 15 | vingt heures quinze | huit heures et quart (du soir) |
| 23 h 45 | vingt-trois heures quarante-cinq | minuit moins le quart |

**14. La journée de Françoise**   Describe Françoise's day, saying at which time she does certain things.

▢   arriver à l'université   ▢ **8:45**        *Elle arrive à l'université à neuf heures moins le quart.*

1. arriver à la cafétéria   ▢ **12:30**        4. arriver au cinéma   ▢ **8:15**

2. arriver en classe   ▢ **1:45**        5. rentrer   ▢ **11:45**

3. dîner   ▢ **6:30**

**15. À la gare** *(At the station)*   People are waiting for their friends at the Gare d'Austerlitz in Paris. They are at the information desk asking when certain trains are arriving. Play both roles according to the model.

▢   Toulouse?        *—S'il vous plaît, à quelle heure arrive le train de Toulouse?*
                     *—À huit heures quarante, Monsieur (Mademoiselle).*

1. Tours?        3. Bordeaux?        5. Limoges?
2. Orléans?      4. Nantes?          6. La Rochelle?

| ARRIVÉES | | | |
|---|---|---|---|
| TOULOUSE | 8:40 | NANTES | 11:50 |
| TOURS | 9:23 | LIMOGES | 13:25 |
| ORLÉANS | 10:14 | LA ROCHELLE | 14:38 |
| BORDEAUX | 11:35 | | |

**16. Et vous?**   Say at what times you do the following things.

1. En général, j'arrive à l'université à ...
2. Le professeur arrive à ...
3. La classe de français commence à ...
4. Je quitte *(leave)* l'université à ...
5. Je rentre à la maison *(home)* à ...
6. Je dîne à ...

# Communication

Choose a partner who will play the role of the other person in the conversation.

---

**1. You are at the library with a French friend. It is between 6 and 7 P.M.**

Ask your partner . . .

- what time it is
- if he/she is studying
- if he/she wants to have dinner now

---

**2. You are spending your vacation in Cannes on the French Riviera. On the beach, you meet another student.**

Ask your partner . . .

- if he/she speaks French
- if he/she likes to swim
- if he/she likes to play volleyball **(au volley)**
- if he/she wants to play

---

**3. You are at the tennis court looking for a partner. You see someone with a tennis racket sitting on a bench and begin a conversation.**

Ask your partner . . .

- if he/she likes to play tennis
- if he/she plays well
- if he/she plays often
- if he/she wants to play now

You partner will accept or refuse your invitation. In case of refusal, he/she will offer an excuse.

---

# À Paris, à l'Alliance Française

The Alliance Française is the largest educational institution devoted to the teaching of French language and civilization. Headquartered in Paris, it has many branches outside of France and enrolls about 300,000 students around the world.

Today, two new students meet after class at the Alliance Française in Paris.

—Bonjour, je m'appelle Janet. Je suis anglaise. Et toi?
—Moi, je m'appelle Claire. Je suis suisse°.
—On° parle français en Suisse°, n'est-ce pas?
—Ça° dépend! On parle français à Genève et à Lausanne, mais moi j'habite à Zurich. Là-bas° on ne parle pas français.
—Ah bon? Qu'est-ce qu'°on parle alors°?
—On parle allemand.

Swiss
People / Switzerland
That
There
What / then

—Pourquoi° est-ce que tu étudies le français?                                                   *Why*
—Parce que° pour nous c'est une langue° très importante dans le commerce° et      *Because / language / business*
l'industrie.
—Qu'est-ce que tu veux faire° plus tard°?                                                       *to do / later*
—Je voudrais° travailler pour une compagnie internationale.                                 *would like*
—Tu aimes voyager?
—J'adore voyager. Et toi?
—Moi aussi!

## Note culturelle: *Le français en Europe et ailleurs*

In Europe, the domain of the French language extends beyond the boundaries of France. French is an official language in Belgium, Luxembourg, and Switzerland, which all have sizeable French-speaking populations.

The use of French is not limited to the French-speaking nations. In many countries, especially in Europe and the Americas, French language, literature, and culture are widely studied. For many millions of non-native speakers, French is the main language of communication. Moreover, it is one of the five official languages of the United Nations and is, along with English, its working language.

• Belgium **(la Belgique)** is a country of 10 million people. It has two official languages, French and Flemish. Its capital, Brussels **(Bruxelles),** is the seat of the executive branch of the European Community **(CE: Communauté européenne).**

• Luxembourg **(le Luxembourg)** is a small country of about 300,000 inhabitants. French is used as its administrative language and German is also spoken. Its capital, Luxembourg, is the seat of the judicial branch of the European Community.

• Switzerland **(la Suisse)** is a country of 7 million people with four official languages. French is spoken mainly in the eastern cantons. Geneva **(Genève),** the largest French-speaking city in Switzerland, is the seat of the International Red Cross **(la Croix Rouge Internationale)** and several agencies of the United Nations.

Un restaurant à Bruxelles

# Structure et Vocabulaire

## A.   Le pronom *on*

Note the use of the subject pronoun **on** in the following sentences.

| | |
|---|---|
| Est-ce qu'**on** étudie beaucoup à l'université? | *Does **one** study a lot at the university (in college)?* |
| Oui, **on** étudie beaucoup. | *Yes, **you** study a lot.* |
| Est-ce qu'**on** parle allemand à Genève? | *Do **people** speak German in Geneva?* |
| Non, **on** ne parle pas allemand. | *No, **they** do not speak German.* |
| **On** parle français. | ***They** speak French.* |

> The pronoun **on** is used in GENERAL statements.

| | | |
|---|---|---|
| **on + il/elle** verb form | **On** aime voyager. | ***One** likes to travel.*<br>***People** like to travel.*<br>***You** like to travel.*<br>***They** like to travel.* |

▶ In conversational style, **on** is often used instead of **nous.**

| | |
|---|---|
| Est-ce qu'**on** dîne maintenant? | *Are **we** having dinner now?* |
| Non, **on** dîne à sept heures. | *No, **we** are having dinner at seven.* |

▶ Sometimes **on** is used in sentences where in English a passive construction is preferred.

**On parle français** ici.    *French is spoken here.*

PROVERBE:  *On est comme on est.*

---

**1. Quelle langue *(Which language)?***   Of the two languages in parentheses, say which one is spoken and which one is not spoken in the following cities.

▢   à Mexico (anglais / espagnol)
  *À Mexico, on ne parle pas anglais. On parle espagnol.*

1. à Rome (italien / espagnol)
2. à Genève (français / anglais)
3. à Québec (espagnol / français)
4. à Berlin (allemand / espagnol)
5. à Lausanne (italien / français)
6. à Tokyo (français / japonais)

**2. En Amérique**  A French student is asking an American if people do the following things in the United States. Play both roles. Note that the American may answer affirmatively or negatively.

▢  travailler?
   LE(LA) FRANÇAIS(E):  *Est-ce qu'on travaille beaucoup en Amérique?*
   L'AMÉRICAIN(E):  *Bien sûr, on travaille beaucoup.*
      ou:  *Non, on ne travaille pas beaucoup.*

1. parler anglais?
2. parler espagnol?
3. jouer au baseball?
4. jouer au hockey?
5. dîner souvent au restaurant?
6. écouter souvent la radio?
7. regarder souvent la télé?
8. être optimiste?
9. être patriote *(patriotic)*?
10. aimer travailler?

# B.  Questions d'information

The questions below cannot be answered by yes or no. They request specific information and are therefore called INFORMATION QUESTIONS. Note that the questions begin with interrogative expressions which define the information that is sought.

|  | Questions | Answers |
|---|---|---|
| (where) | **Où** est-ce que tu habites? | J'habite à Genève. |
| (with whom) | **Avec qui** est-ce que vous voyagez? | Je voyage avec Paul. |
| (when) | **Quand** est-ce que vous visitez Paris? | Nous visitons Paris en septembre. |
| (why) | **Pourquoi** est-ce que tu étudies le français? | Parce que je veux travailler en France. |
| (whom) | **Qui** est-ce que tu invites? | J'invite Jacqueline. |
| (at what time) | **À quelle heure** est-ce qu'on dîne? | On dîne à huit heures. |

INFORMATION QUESTIONS can be formed as follows:

interrogative expression + **est-ce que** + subject + verb ...?

**Où (Quand, Pourquoi) est-ce que** vous travaillez?

▶  Information questions containing only a noun subject and a verb are sometimes formed by INVERSION, that is, by having the verb come before the subject.

Où **habite Anne-Marie?**  *Where does Anne-Marie live?*
Avec qui **travaille Charles?**  *With whom does Charles work?*

# Vocabulaire:  *Expressions interrogatives*

| | | |
|---|---|---|
| **comment?** | *how?* | **Comment** est-ce que vous voyagez? En auto ou en bus? |
| **où?** | *where?* | **Où** est-ce que tu habites? |
| **quand?** | *when?* | **Quand** est-ce que vous étudiez? |
| **à quelle heure?** | *at what time?* | **À quelle heure** est-ce qu'il arrive? |
| **pourquoi?** | *why?* | **Pourquoi** est-ce que tu étudies les maths? |
|   **parce que** | *because* | **Parce que** je veux être architecte! |

## NOTES DE VOCABULAIRE

1. Note the elision: the **que** of **parce que** becomes **qu'** before a vowel sound.

   Jacques invite Anne à la discothèque parce **qu'**elle aime danser.

2. Many of the interrogative expressions are also used in statements.

   | | |
   |---|---|
   | J'écoute la radio **quand** j'étudie. | *I listen to the radio **when** I study.* |
   | Voici le village **où** Paul habite. | *Here is the village **where** Paul lives.* |

**3. Pourquoi?**   Ask why the following people do what they are doing. Use subject pronouns.

▮   Hélène voyage.    ***Pourquoi est-ce qu'elle voyage?***

1. Philippe étudie beaucoup.
2. Monique parle avec Marc.
3. Jean-Claude invite Isabelle.
4. Henri travaille à Genève.
5. Alain et Paul regardent la télévision.
6. Suzanne et Louise téléphonent à Jean.
7. Pierre et Robert ne chantent pas.
8. Thomas et Lucie n'écoutent pas la radio.

**4. Conversation dans le train**   Caroline and Annick, two French students, have struck up a conversation in a train. Recreate their dialogue according to the model.

▮   où / habiter (à Lausanne)    CAROLINE:  ***Où est-ce que tu habites?***
                                           ANNICK:  ***J'habite à Lausanne.***

1. à quelle heure / arriver à Lausanne (à 9 heures)
2. où / étudier (à l'Institut américain)
3. comment / parler anglais (assez bien)
4. pourquoi / étudier l'anglais (parce que je veux travailler à New York)
5. où / jouer au tennis (au Tennis-Club)
6. quand / jouer (le samedi: *on Saturdays*)
7. comment / jouer (bien)

# Vocabulaire:    *D'autres expressions interrogatives*

| | | |
|---|---|---|
| **qui?** | *whom?* | **Qui** est-ce que vous invitez? |
| **à qui?** | *to whom?* | **À qui** est-ce que tu parles? |
| **avec qui?** | *with whom?* | **Avec qui** est-ce que Jacques joue au tennis? |
| **pour qui?** | *for whom?* | **Pour qui** est-ce que vous travaillez? |
| **que (qu')?** | *what?* | **Qu'**est-ce que vous étudiez? |

## NOTES DE VOCABULAIRE

1. **Qui** *(who)* can also be used as the subject of the sentence. The word order is: **qui** + verb + rest of sentence.

   **Qui** joue au tennis?     *Who plays tennis?*

2. Note the elision of **que** before **est-ce que** in **qu'est-ce que.** Since **que** is often followed by **est-ce que,** it may be easier to think of the expression **qu'est-ce que** as meaning *what.*

**5. Conversation**     Get better acquainted with your classmates by asking them a few questions. You may use the suggestions given below.

□ avec qui? (étudier)
   —*Avec qui est-ce que tu étudies?*
   —*J'étudie avec Sylvie.*

- où? (habiter)
- à quelle heure? (arriver à l'université)
- à quelle heure? (dîner)
- avec qui? (parler français)
- avec qui? (jouer au tennis)
- comment? (chanter)
- à qui? (téléphoner le soir: *in the evening*)
- qu'est-ce que? (regarder à la télé en semaine: *during the week*)
- qu'est-ce que? (regarder à la télé le dimanche: *on Sundays*)

## C.  Les pronoms accentués

In the sentences below, the pronouns in heavy print are stress pronouns. Compare these pronouns with the corresponding subject pronouns.

**Moi,** je travaille pour **moi.**       **Nous,** nous travaillons pour **nous.**
**Toi,** tu travailles pour **toi.**       **Vous,** vous travaillez pour **vous.**
**Lui,** il travaille pour **lui.**        **Eux,** ils travaillent pour **eux.**
**Elle,** elle travaille pour **elle.**     **Elles,** elles travaillent pour **elles.**

| STRESS PRONOUNS have the following forms: | | | |
|---|---|---|---|
| *singular* | **moi** | **toi** | **lui** | **elle** |
| *plural* | **nous** | **vous** | **eux** | **elles** |

▶ Note the uses of STRESS PRONOUNS.

1. They occur ALONE or in short sentences with no verb.

   —Qui parle français?              *Who speaks French?*
   —**Moi! Toi** aussi, n'est-ce pas?   *Me! You too, don't you?*

2. They are used to EMPHASIZE a noun or another pronoun.

   **Moi,** j'aime voyager.        Philippe, **lui,** déteste voyager.

3. They are used AFTER PREPOSITIONS (like **de, avec, pour**).

   Voici Henri.                Nous parlons souvent *de lui.*
   Voici Marc et Paul.         Je joue au volleyball *avec eux.*
   Voici Monsieur Lucas.       Nous travaillons *pour lui.*

4. They are used BEFORE and AFTER et *(and)* and ou *(or)*.

   Qui joue au volley avec nous? **Toi *ou* lui?**
   **Elle *et* moi,** nous jouons souvent au tennis.

5. They are used after c'est *(it is)* and ce n'est pas *(it isn't)*.

   C'est Jacques?    Non, *ce n'est pas* lui.

**6. Qui joue au volley?** Say that the following people all play volleyball. Use the appropriate stress pronoun, according to the model.

▢  Caroline joue au volley. Et Henri?      *Lui aussi!*

1. Et Charles?              5. Et Jean-Louis Dumas?
2. Et Béatrice?            6. Et Mademoiselle Dupont?
3. Et Isabelle et Louise?   7. Et Monique et Patrick?
4. Et Jacques et Daniel?    8. Et Albert et Nicolas?

**7. Bien sûr que non!**  Lucie asks Sylvie if she does the following things. Sylvie answers negatively, using stress pronouns.

▢ étudier avec Patrick?

LUCIE: *Tu étudies avec Patrick?*

SYLVIE: *Non, je n'étudie pas avec lui.*

1. jouer au tennis avec Charles?
2. jouer au golf avec Hélène?
3. dîner avec Thomas et Denis?
4. étudier avec Claire et Chantal?
5. travailler pour Madame Duval?
6. travailler avec Jean-Claude?
7. voyager avec Henri et Philippe?
8. regarder la télé avec Isabelle et Sophie?

**8. Dialogues**  Ask your classmates if they want to do the following things with you. They will answer affirmatively or negatively.

▢ étudier

—*Est-ce que tu veux étudier avec moi?*

—*Mais oui, je veux bien étudier avec toi.*

ou: —*Non, merci. Je ne peux pas étudier avec toi.*

1. dîner
2. parler français
3. jouer au basket
4. regarder la télé
5. voyager en France
6. visiter Paris
7. préparer l'examen (test)
8. écouter la radio

---

*Expressions pour la conversation*

To indicate agreement with a positive statement:

**Moi aussi**  *Me too, I do too*     —J'aime voyager.
                                    —**Moi aussi.**

To indicate agreement with a negative statement:

**Moi non plus**  *Me neither, I don't either*     —Je n'aime pas voyager.
                                                  —**Moi non plus.**

---

**9. Dialogue**  Say whether or not you do the following things. Then ask your classmates if they agree with you.

▢ chanter bien

—*Je chante bien. Et toi?*

—*Moi aussi, je chante bien.*

ou: —*Moi, je ne chante pas bien.*

—*Je ne chante pas bien. Et toi?*

—*Moi non plus, je ne chante pas bien.*

ou: —*Moi, je chante bien.*

1. voyager souvent
2. étudier beaucoup
3. jouer au tennis
4. parler espagnol
5. jouer au basket
6. danser très bien

# D.   La date

Note how dates are expressed in French.

Nous arrivons à Dakar **le trois septembre.**
Claire arrive à Paris **le premier avril.**
On ne travaille pas **le vingt-cinq décembre.**

> DATES are expressed with cardinal numbers (that is, numbers used in counting). The day always precedes the month.

| le + number + month | le 5 (cinq) octobre |
|---|---|

▶ EXCEPTION: The first of the month is **le premier.**

le premier avril

▶ Dates are abbreviated by giving the day before the month.

7/4 = le 7 avril     5/10 = le 5 octobre

## Vocabulaire:  *La date*

Les jours de la semaine *(The days of the week)*

| | | | |
|---|---|---|---|
| **lundi** | *Monday* | **vendredi** | *Friday* |
| **mardi** | *Tuesday* | **samedi** | *Saturday* |
| **mercredi** | *Wednesday* | **dimanche** | *Sunday* |
| **jeudi** | *Thursday* | | |

Expressions

**Quel jour est-ce?**
**Quel jour sommes-nous?** } *What day is it?*

| **aujourd'hui** | *today* | **Aujourd'hui,** nous sommes lundi. |
|---|---|---|
| **demain** | *tomorrow* | **Demain,** c'est mardi. |

Les mois de l'année *(The months of the year)*

| | | | |
|---|---|---|---|
| **janvier** | **avril** | **juillet** | **octobre** |
| **février** | **mai** | **août** | **novembre** |
| **mars** | **juin** | **septembre** | **décembre** |

Expressions

| **Quelle est la date?** | *What's the date?* |
|---|---|
| **C'est le premier avril.** | *It's April first.* |
| **Mon anniversaire est le 3 mai.** | *My birthday is on May 3.* |
| **J'ai rendez-vous le 5 juin.** | *I have a date/appointment June 5.* |

**10. Dates**  Complete the following sentences with the appropriate dates.

1. Aujourd'hui, nous sommes ...
2. Demain, c'est ...
3. Mon anniversaire est ...
4. Noël est ...

5. La fête nationale *(national holiday)* est ...
6. L'examen de français est ...
7. Les vacances *(vacation)* commencent ...
8. J'ai rendez-vous avec le dentiste ...

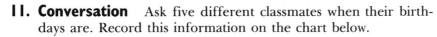

**11. Conversation**  Ask five different classmates when their birthdays are. Record this information on the chart below.

—*Paula, quand est-ce ton anniversaire?*
—*C'est le 21 octobre.*

| **NOM** | Paula | | | | |
|---|---|---|---|---|---|
| **ANNIVERSAIRE** | le 21 octobre | | | | |

## Communication

Choose a partner who will play the role of the other person in the conversation.

1. A French friend has invited you to go to a concert two days from now, but you are a bit confused about dates.

Ask your partner ...

- what day it is today
- what the date is
- when the concert **(le concert)** is

2. You are at a party and have just been introduced to an exchange student from France who is spending a semester at a nearby university. Continue your conversation with this student.

Ask your partner ...

- where he/she lives
- where he/she studies
- what he/she is studying **(l'anglais? les maths? l'histoire? les sciences politiques? l'informatique** *[computer science]* **?)**
- when he/she is going back to France **(rentrer en France)**
- if he/she wants to have dinner with you Saturday

# Vivre en France:
# *L'identité*

## Vocabulaire pratique:  *L'identité*

Le nom et le prénom *(Last name and first name):*
Comment vous appelez-vous?
> Je m'appelle Éric Dupont (Sylvie Lacour).

L'adresse:
Où habitez-vous?
> J'habite à Tours.
> J'habite 24, **rue** *(street)* Voltaire.

Le numéro de téléphone:
Quel est votre numéro de téléphone?
> C'est **le** 47.05.24.12.*

La date de naissance *(Date of birth):*
**Où et quand êtes-vous né(e)** *(born)?*
> **Je suis né(e)** à Paris le 2 juin 1973 **(dix-neuf cent soixante-treize).**

La nationalité:
Quelle est votre nationalité?
> Je suis français(e).
> Je ne suis pas américain(e).

La profession:
Quelle est votre profession?
**Qu'est-ce que vous faites?** *(What do you do?)*
> Je suis journaliste.

La situation de famille:
Êtes-vous **marié(e)** ou **célibataire** *(single)?*
> Je suis célibataire.

---

* Outside of the Paris area, the first two digits of a French phone number are the department code
and the last six are the local number. Paris-area phone numbers have eight digits; the area code
prefix for Paris is 1.

### Note culturelle: La carte orange

The **carte orange** is a monthly or yearly pass which allows the holder unlimited travel on Paris subways and buses. It is personalized and bears the name, signature, and photograph of its bearer. Because the **carte orange** is relatively inexpensive, it is widely used by those who frequently travel by public transportation.

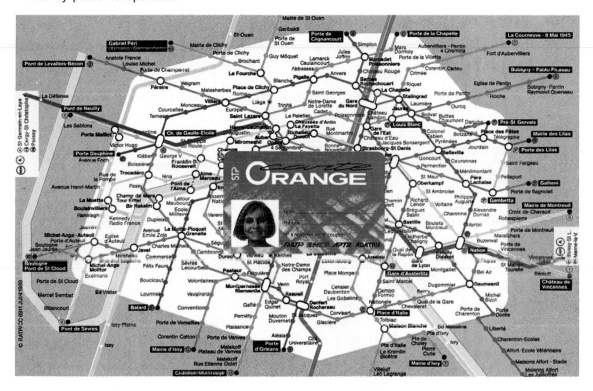

### Situation: *Demande d'emploi*

Imagine that you are working in the personnel department of a large French company. A classmate is applying for a job. Ask for the following information:

- nom et prénom
- adresse
- numéro de téléphone
- date de naissance *(date of birth)*
- lieu de naissance *(place of birth)*
- nationalité
- profession
- situation de famille

## Vocabulaire pratique: *Au téléphone*

| | |
|---|---|
| **Allô!** | *Hello!* |
| **Ici ...** | *This is ...* |
| **Qui est à l'appareil?** | *Who is calling?* |
| **Est-ce que je peux parler à ...** | *May I speak to ...* |
| **Un moment ...** | *Just a moment ...* |
| **Ne quittez pas, s'il vous plaît.** | *Please hold.* |
| **Au revoir!** | *Good-by.* |
| **À lundi!** | *See you (on) Monday.* |
| **À bientôt!** | *See you soon.* |

## Situations: *Réactions*

Imagine that you are in the following situations. Indicate how you would respond.

1. You are phoning your French friend, Béatrice, and her father, Monsieur Rousseau, answers the phone. What would you say to introduce yourself?
   A. **Allô, c'est moi!**
   B. **Salut, ça va?**
   C. **Ici** (+ *your name*).

2. You answer the phone but you do not recognize the voice of the caller. What would you say?
   A. **Ne quittez pas.**
   B. **Qui est à l'appareil?**
   C. **À bientôt!**

3. You answer the phone in a French home. The call is for your hostess, who is in the kitchen. What do you say to the caller?
   A. **Un moment, ne quittez pas.**
   B. **Allô!**
   C. **Ici Madame Dubois.**

4. You have agreed to meet a friend at eight. What will you say to confirm the time?
   A. **Il est huit heures.**
   B. **À huit heures.**
   C. **Pardon!**

> **Note culturelle: La télécarte**
>
> In France, most public pay phones work with a **télécarte** rather than with coins. The **télécarte** is a debit electronic "smart" card which can be purchased in any post office.

# CONVERSATION: *Au téléphone*

*Jean-Paul is inviting Brigitte out for dinner.*

**JEAN-PAUL:** Allô!
**BRIGITTE:** Allô? Qui est à l'appareil?
**JEAN-PAUL:** C'est moi, Jean-Paul.
**BRIGITTE:** Ah, c'est toi! Ça va?
**JEAN-PAUL:** Oui, ça va. Dis, Brigitte, tu veux dîner avec moi?
**BRIGITTE:** Quand?
**JEAN-PAUL:** Mercredi.
**BRIGITTE:** Mercredi? D'accord! À quelle heure?
**JEAN-PAUL:** À huit heures?
**BRIGITTE:** Très bien! Alors *(so)*, à mercredi, huit heures.
**JEAN-PAUL:** C'est ça *(Agreed)*! Au revoir, Brigitte.
**BRIGITTE:** Au revoir, Jean-Paul.

## Dialogues: *Invitations*

Invite your classmates to do various things. Compose appropriate dialogues using the above conversation as a model.

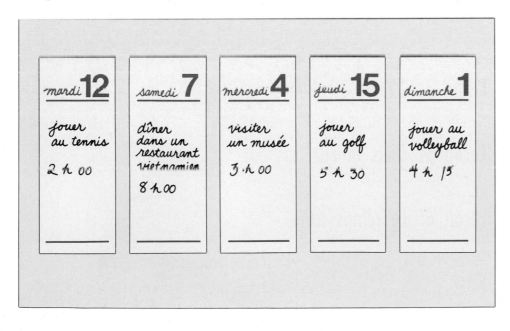

mardi **12**

jouer
au tennis

2 h 00

samedi **7**

dîner
dans un
restaurant
vietnamien

8 h 00

mercredi **4**

visiter
un musée

3 h 00

jeudi **15**

jouer
au golf

5 h 30

dimanche **1**

jouer au
volleyball

4 h 15

# Images
# de la vie

# 2

# La vie est belle!

*Caroline habite à Paris où elle est étudiante en pharmacie. Elle parle de sa vie°.*     *her life*

Est-ce que vous avez une voiture°?     *car*
Moi, je n'ai pas de voiture,
    mais j'ai une mobylette° ...     *moped*
    et j'ai une camarade de chambre° qui a une voiture.     *roommate*
Je n'ai pas de téléviseur°,     *TV set*
    mais j'ai une chaîne-stéréo° et des disques°.     *stereo / records*
Je n'ai pas d'appartement,
    mais j'ai une chambre° à la Cité Universitaire.     *room*
Ma° chambre n'est pas grande°,     *My / big*
    mais elle est claire° et confortable     *well lit*
    et il y a° des plantes partout°.     *there are / everywhere*
J'ai des amis, beaucoup d'amis.
J'ai aussi un copain°.     *boyfriend*
En général, je n'ai pas de problèmes. La vie est belle°, n'est-ce pas?     *Life is beautiful*

## Notes culturelles: *La mobylette*

Because of the very high cost of gas, few French students can afford the luxury of owning and maintaining a car. Instead, many own **un deux roues** (literally, *a "two-wheeler"*), such as a motorbike **(un vélomoteur),** a motorscooter **(un scooter),** or a motorcycle **(une moto).** The most popular **deux roues** is the **mobylette** *(moped),* which French young people refer to as **une mob.** Another popular bicycle is the **VTT** or **vélo tout terrain** *(mountain bike)*, which can be used recreationally in town as well as in the country.

As a mode of transportation, the **deux roues** is not only much more economical than the automobile, it is often much faster since the riders are not slowed down by congested traffic and do not face the parking problems which plague car owners in most French cities. And according to many young people, riding a motorbike or motorcycle is simply a lot of fun.

## La Cité Universitaire

For centuries, French universities catered only to the educational needs of the students, and their buildings were exclusively academic ones. As the number of university students increased—more than sevenfold between 1950 and 1989—student residences **(cités universitaires)** were added. In many parts of France, the newer **cités universi-taires** were built in the suburbs where land is less expensive, while the academic buildings remained in the center of town. In Paris, for example, the **Cité Universitaire** is located several miles from the academic **Quartier latin.** This creates a serious transportation problem for the students, who must often commute long distances.

# Structure et Vocabulaire

## A.  Le verbe *avoir*

The present tense of **avoir** *(to have)* is irregular.

| infinitive | **avoir**  *to have* | |
|---|---|---|
| *present* | j' **ai**          *I have* <br> tu **as**         *you have* <br> il/elle/on **a**   *he/she/one has* | J'**ai** une bicyclette. <br> Est-ce que tu **as** une auto? <br> Philippe **a** une guitare. |
| | nous **avons**   *we have* <br> vous **avez**    *you have* <br> ils/elles **ont**  *they have* | Nous **avons** une Renault. <br> Vous **avez** une Fiat. <br> Elles **ont** une Toyota. |

▶  Liaison is required in **nous avons, vous avez, ils ont,** and **elles ont.**

**1. Autos**  Say which types of cars the following people have. Use subject pronouns.

>  Sylvie (une Ford)            *Elle a une Ford.*
>  Pierre et moi (une Fiat)     *Nous avons une Fiat.*

1. Paul (une Renault)
2. Jacqueline (une Volvo)
3. je (une Jaguar)
4. M. et Mme Rémi (une Mercédès)
5. Monique et moi (une Saab)
6. tu (une Chevrolet)
7. nous (une Alfa Roméo)
8. vous (une Peugeot)
9. Jean-Luc et François (une Honda)
10. Jacques et toi (une Toyota)

MUSÉE
international de la locomotion

NOTE LINGUISTIQUE: *Le genre des noms*

In French, all nouns, whether they designate people, animals, objects, or abstract concepts, have GENDER. They are either MASCULINE or FEMININE.

| | | |
|---|---|---|
| *Masculine:* | J'ai **un copain.** | *I have **a** (male) friend.* |
| | J'ai **un téléphone.** | *I have **a** telephone.* |
| *Feminine:* | J'ai **une copine.** | *I have **a** (female) friend.* |
| | J'ai **une radio.** | *I have **a** radio.* |

It is important to know the gender of each noun, since the gender determines the forms of the words associated with that noun, such as *articles, adjectives,* and *pronouns.*

Nouns referring to *people* usually have the same gender as the person they designate. There is, however, no systematic way of predicting the gender of nouns designating *objects* and *concepts.*

| | |
|---|---|
| *Masculine:* | **un téléphone, un appartement, un problème** |
| *Feminine:* | **une radio, une auto, une question** |

As you learn nouns in French, learn each one with its article: think of **un télé-phone** (rather than simply **téléphone**), **une radio** (rather than **radio**).

# PEUGEOT 405
## UN TALENT FOU!

VOITURE DE L'ANNÉE

## B.  Le genre des noms; l'article indéfini *un, une*

In the SINGULAR, the INDEFINITE ARTICLE has two forms:

| | | | |
|---|---|---|---|
| *masculine* | **un** | **un** professeur | **un** appartement |
| *feminine* | **une** | **une** dame | **une** auto |

▶ There is liaison after **un** when the next word begins with a vowel sound.

When used as SUBJECTS, nouns may be replaced by the following PRONOUNS:

| | | | | |
|---|---|---|---|---|
| *masculine* | **il** | Voici **un** sofa. | **Il** est confortable. | *It is comfortable.* |
| *feminine* | **elle** | Voici **une** auto. | **Elle** est confortable. | *It is comfortable.* |

# Vocabulaire:  *Les gens (people)*

Noms

| | | | |
|---|---|---|---|
| **un ami** | *friend (male)* | **une amie** | *friend (female)* |
| **un camarade** | *friend (male)* | **une camarade** | *friend (female)* |
| **un camarade de chambre** | *roommate (male)* | **une camarade de chambre** | *roommate (female)* |
| **un copain** | *friend (male)* | **une copine** | *friend (female)* |
| **un étudiant** | *student (male)* | **une étudiante** | *student (female)* |
| **un garçon** | *boy, young man* | **une fille** | *girl, young woman* |
| **un jeune homme** | *young man* | **une jeune fille** | *young woman* |
| **un homme** | *man* | **une femme** | *woman* |
| **un monsieur** | *gentleman* | **une dame** | *lady* |
| **un professeur** | *professor, teacher* | **une personne** | *person* |

Expressions

| | | | |
|---|---|---|---|
| **Qui est-ce?** | *Who is it?* | **Qui est-ce?** | |
| **C'est ...** | *It's ..., That's ...* | **C'est** Paul. **C'est** Louise. | |
| | *He's ..., She's ...* | **C'est** un ami. **C'est** une amie. | |

## NOTES DE VOCABULAIRE

1. In the Vocabulary Sections, all nouns are preceded by articles. Masculine nouns are usually listed on the left and feminine nouns on the right.
2. Note the pronunciation of **femme:** /fam/.
3. The gender of a noun designating a person usually corresponds to that person's sex. Note the following exceptions:

   **Un professeur** is masculine, whether it refers to a male or female teacher.
   **Une personne** is feminine, whether it refers to a man or a woman.

**2. Au café**   Caroline and Pierre are in a café. As people pass by, Pierre asks who they are. Play both roles, as in the model. Be sure to use **un** or **une,** as appropriate.

André Masson / artiste

PIERRE: *Qui est-ce?*
CAROLINE: *C'est André Masson. C'est un artiste.*

1. Jacques / étudiant
2. Jacqueline / amie
3. Jean-Claude / ami
4. Hélène / étudiante
5. Anne-Marie / copine
6. Jean-Pierre / copain
7. Sylvie Motte / artiste
8. Monsieur Simon / journaliste
9. Madame Lasalle / dentiste
10. Mademoiselle Camus / journaliste
11. Monsieur Abadie / professeur d'anglais
12. Madame Rémi / professeur de français

# Vocabulaire:  *Les objets*

Noms

| | | | |
|---|---|---|---|
| **un objet** | *object* | **une chose** | *thing* |

**pour la classe** (*classroom*)

| | | | |
|---|---|---|---|
| **un cahier** | *notebook* | **une calculatrice** | *calculator* |
| **un crayon** | *pencil* | **une montre** | *watch* |
| **un livre** | *book* | | |
| **un stylo** | *pen* | | |

**pour le bureau** (*office*)

| | | | |
|---|---|---|---|
| **un ordinateur** | *computer* | **une machine à écrire** | *typewriter* |
| **un téléphone** | *telephone* | | |

**pour le transport**

| | | | |
|---|---|---|---|
| **un vélo** | *bicycle* | **une bicyclette** | *bicycle* |
| **un vélomoteur** | *motorbike* | **une mobylette** | *moped* |
| **un VTT** | *mountain bike* | **une moto** | *motorcycle* |
| | | **une auto** | *car* |
| | | **une voiture** | *car* |

**l'équipement audio-visuel**

| | | | |
|---|---|---|---|
| **un disque** | *record* | **une cassette** | *cassette* |
| **un compact disque** | *compact disk* | **une chaîne-stéréo** | *stereo* |
| **un CD** | *CD* | **une mini-chaîne** | *compact stereo* |
| **un lecteur de cassettes** | *cassette player* | | |
| **un lecteur de compact disques** | *CD player* | | |
| **un magnétophone** | *tape recorder* | **une radio** | *radio* |
| **un magnétoscope** | *VCR* | **une radio-cassette** | *cassette radio* |
| **un téléviseur** | *TV set* | | |
| **un walkman** | *personal stereo* | | |
| **un appareil-photo** | *camera* | **une caméra** | *movie camera* |
| | | **une photo** | *photograph* |

Verbes

| | | |
|---|---|---|
| **marcher** | *to work, to "run"* | J'ai un téléviseur, mais il ne **marche** pas. |
| **utiliser** | *to use* | Mlle Dupont **utilise** un ordinateur. |

Expressions interrogatives

| | | |
|---|---|---|
| **Qu'est-ce que c'est?** | *What is it? What is that?* | **Qu'est-ce que c'est?** C'est une Renault. |
| **quoi?** | *what?* | De **quoi** est-ce que tu parles? |

## NOTES DE VOCABULAIRE

1. The basic meaning of **marcher** is *to walk:* Moi, je n'aime pas **marcher.**
2. **Quoi** *(what)* is used after prepositions, such as **à, de,** and **avec.** Compare:

**Avec qui** est-ce que tu travailles?     Je travaille **avec Paul.**
**Avec quoi** est-ce que tu travailles?     Je travaille **avec un ordinateur.**

**3. Qu'est-ce que c'est?**    Ask your classmates to identify the following objects.

—*Qu'est-ce que c'est?*
—*C'est une montre.*

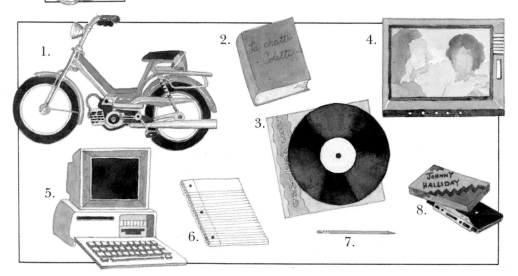

**4. Qu'est-ce qu'ils utilisent?**    In different professions, people use different objects. What are the following people likely to use?

☐ Mlle Marceau est journaliste.
   ***Elle utilise un magnétophone (une machine à écrire, un stylo ...).***

1. Mme Launay est photographe.
2. M. Albert est cinéaste *(moviemaker).*
3. Alice est ingénieur *(engineer).*
4. François est secrétaire.
5. Mlle Minot signe un contrat.
6. M. Lavie est représentant de commerce *(sales representative).*
7. Michèle est étudiante.

**5. Conversation**   Make a list of four things that you would like to have for your birthday, ranking them in order of preference. (Price should not be a consideration.) Compare wish lists with your classmates.

—*Pour mon anniversaire, je voudrais un magnétoscope. Et toi?*
—*Moi, pour mon anniversaire je voudrais ...*

> *Cadeaux d'anniversaire*
> **1.** *un magnétoscope*
> **2.**
> **3.**
> **4.**

**6. Contrôle de qualité**   A supervisor at the consumer bureau is calling to determine whether people are satisfied with the products they buy. The consumers' answers vary. Play the roles, using the appropriate indefinite articles (**un, une**) and pronouns (**il, elle**).

▨ montre / assez bien

LE CONTRÔLEUR: *Est-ce que vous avez une montre?*
LE CLIENT: *Oui, j'ai une montre.*
LE CONTRÔLEUR: *Comment est-ce qu'elle marche?*
LE CLIENT: *Elle marche assez bien.*

1. lecteur de cassettes / bien
2. machine à écrire / assez mal
3. chaîne-stéréo / comme ci, comme ça
4. magnétophone / pas très bien
5. mini-chaîne / très mal
6. VTT / pas bien
7. voiture / mal
8. téléphone / comme ci, comme ça

**7. Dialogue**   For each pair of objects, ask your classmates which one they would prefer to have. Use the appropriate articles.

▨ moto ou auto?     —*Est-ce que tu préfères avoir une moto ou une auto?*
—*Je préfère avoir une auto (une moto).*

1. bicyclette ou vélomoteur?
2. radio ou téléviseur?
3. ordinateur ou calculatrice?
4. appareil-photo ou caméra?
5. machine à écrire ou ordinateur?
6. magnétophone ou magnétoscope?
7. VTT ou bicyclette?
8. walkman ou radio-cassette?
9. mini-chaîne ou radio?

## C.    Le pluriel des noms: l'article indéfini *des*

Nouns are either singular or plural. In the middle column below, the nouns are plural. Note the forms of these nouns as well as the form of the article that introduces each one.

| | | |
|---|---|---|
| Voici un ami. | Voici **des amis.** | *Here are (**some**) friends.* |
| Voici une étudiante. | Voici **des étudiantes.** | *Here are (**some**) students.* |
| J'ai un livre. | Nous avons **des livres.** | *We have (**some**) books.* |
| Est-ce que tu as une cassette? | Est-ce que vous avez **des cassettes?** | *Do you have (**any**) cassettes?* |

> The PLURAL of the INDEFINITE ARTICLES **un** and **une** is **des**.

▶ The indefinite article **des** may correspond to the English *some* or *any*. However, while *some* may often be omitted in English, the article **des** cannot be omitted in French.

▶ There is liaison after **des** when the next word begins with a vowel sound.

> In written French, the PLURAL of a regular NOUN is formed:

> singular noun + **-s**     un professeur → **des** professeu**rs**

▶ The final **-s** of a plural noun is silent in spoken French.

▶ A final **-s** is not added to nouns ending in **-s, -x,** or **-z** in the singular.

**un Français**        **des Français**
**un prix** (*price*)    **des prix**
**un nez** (*nose*)    **des nez**

▶ A few nouns have irregular plurals, that is, plurals that do not follow the preceding pattern. Note: **des appareils-photo, des chaînes-stéréo.** (In the Vocabulary Sections, irregular plurals will be given in parentheses.)

▶ Proper nouns are invariable, that is, they do not take endings.

**une Renault**        **des Renault**
**M. et Mme Martin**    **les Martin**

▶ Certain nouns are used only in the plural.

**des gens** (*people*)

NOTE LINGUISTIQUE: *Le pluriel*

Because the final **-s** of the plural is silent, the singular and plural forms of regular nouns sound the same. However, in spoken French you can usually tell whether a noun is singular or plural by listening to the form of the article:

**un** disque → **des** disques.

**8. Au grand magasin** *(At the department store)*   Philippe is asking the saleswoman in a department store whether she has the following items. She answers yes. Play the two roles, using plural nouns.

⬜ un livre
> PHILIPPE:   *Est-ce que vous avez des livres?*
> LA VENDEUSE.   *Bien sûr, nous avons des livres.*

1. une radio
2. une mini-chaîne
3. une bicyclette
4. une montre
5. un stylo
6. un crayon
7. une lampe
8. une table
9. un compact disque
10. une caméra
11. un cahier
12. un ordinateur

**9. Questions**   Denise asks Nadine with whom or what she does certain activities. Nadine answers using the noun in parentheses and the appropriate indefinite article. **un, une,** or **des.** Play both roles.

⬜ avec qui / dîner (copains)
> DENISE:   *Avec qui est-ce que tu dînes?*
> NADINE:   *Je dîne avec des copains.*

1. avec qui / jouer au tennis (amis)
2. avec qui / voyager (copain)
3. avec qui / habiter (camarades de chambre)
4. avec quoi / étudier le français (cassettes)
5. avec qui / avoir rendez-vous (amis)
6. avec quoi / travailler (ordinateur)

## D.   L'article indéfini dans les phrases négatives

Contrast the following sentences:

Philippe a **un** vélomoteur.        Jacques **n'a pas de** vélomoteur.
Philippe a **une** montre.           Jacques **n'a pas de** montre.
Philippe invite **des** copains.     Jacques **n'invite pas de** copains.
Philippe regarde **des** photos.     Jacques **ne** regarde **pas de** photos.

---

> The indefinite articles **un, une,** and **des** become **de (d')** after a
> NEGATIVE verb.

$$(pas) + \begin{Bmatrix} \textbf{un} \\ \textbf{une} \\ \textbf{des} \end{Bmatrix} \rightarrow \textbf{pas de}$$   J'ai **un** stylo. → Je n'ai pas **de** stylo.

▶ Note the elision: **pas de** becomes **pas d'** before a vowel sound.

J'ai une amie à Paris.     Je n'ai **pas d'**amie à Genève.

▶ The expression **pas de** has several English equivalents:

Nous **n'avons pas de** disques.   $\begin{cases} \textit{We } \textbf{\textit{have no}} \textit{ records.} \\ \textit{We } \textbf{\textit{do not have any}} \textit{ records.} \\ \textit{We } \textbf{\textit{do not have}} \textit{ records.} \end{cases}$

▶ **Un, une,** and **des** do not change when the negative verb is **être.**

Paul **est un** ami.       Philippe **n'est pas un** ami.
**C'est une** Renault?     Non, **ce n'est pas une** Renault!

**10. Vive la différence!**   Henri has the first item mentioned, but not the second.
For Hélène it is the opposite. Play both roles according to the model.

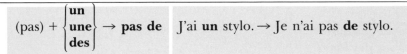 un vélomoteur / une auto
    HENRI:   *J'ai un vélomoteur, mais je n'ai pas d'auto.*
    HÉLÈNE:  *Moi, j'ai une auto, mais je n'ai pas de vélomoteur.*

1. une mini-chaîne / une chaîne-stéréo
2. une machine à écrire / un ordinateur
3. une caméra / un appareil-photo
4. des compact disques / des cassettes
5. un cousin à Paris / un cousin à Québec
6. des amis en France / des amis en Italie

**11. Dialogue**  Ask your classmates if they have any of the following.

 un téléviseur?
> —*Est-ce que tu as un téléviseur?*
> —*Oui, j'ai un téléviseur.*
> ou:  —*Non, je n'ai pas de téléviseur.*

1. une guitare?
2. une Mercédès?
3. une mobylette?
4. un VTT?
5. un lecteur de cassettes?
6. un dictionnaire anglais-français?
7. un appartement?
8. des amis à New York?
9. des copains en France?
10. une amie à Québec?

**12. Conversation**  Ask your classmates about their friends and relatives. Select a person from column A and ask questions about what that person does or likes using expressions from column B. Then, on the basis of this information, try to discover two objects that person may own.

> —*Est-ce que tu as un cousin?*
> —*Oui, j'ai un cousin.*
> —*Est-ce qu'il aime la musique?*
> —*Oui, il aime la musique.*
> —*Est-ce qu'il a des compact disques?*
> —*Oui, il a des compact disques.*
> —*Est-ce qu'il a une mini-chaîne?*
> —*Non, il n'a pas de mini-chaîne.* (etc.)

| A. Personnes | B. Caractéristiques | C. Possessions |
|---|---|---|
| copain / copine | être riche | ??? |
| camarade de chambre | aimer la musique | |
| cousin / cousine | aimer la photo | |
| ami / amie | étudier les maths | |
| | regarder souvent la télé | |
| | aimer voyager | |

# E.   L'expression *il y a*

Note the use of the expression **il y a** in the sentences below.

**Il y a** un vélo dans le garage.       *There is a bicycle in the garage.*
**Il y a** 20 étudiants dans la classe.   *There are 20 students in the class.*

The expression **il y a** is used to state the EXISTENCE of people, things, or facts.

▶ The negative form of **il y a** is **il n'y a pas (de/d')**.

**Il n'y a pas de** cassettes.       *There aren't any cassettes.*
**Il n'y a pas d'**ordinateur.       *There is no computer.*

▶ The interrogative form of **il y a** is **est-ce qu'il y a**.

**Est-ce qu'il y a** une chaîne-stéréo?       *Is there a stereo?*

▶ The expressions **voici** and **voilà** are used only to point out people and things. They are never used in the negative. Compare the use of **voici, voilà,** and **il y a.**

**Voici** un livre.               *Here is a book.*
**Il y a** un livre sur la table.   *There is a book on the table.*

**Voilà** des étudiants.          *Here are (some) students.*
**Il y a** des étudiants au café.   *There are (some) students in the café.*

**13. Dialogue: Votre chambre**  Ask your classmates whether they have the following in their rooms. Use the expression **il y a.**

▢ des disques?          —*Est-ce qu'il y a des disques?*
                        —*Oui, il y a des disques.*
                ou:   —*Non, il n'y a pas de disques.*

 1. un téléviseur?
 2. un téléphone?
 3. des posters?
 4. des photos?
 5. des plantes?
 6. un réfrigérateur?
 7. une chaîne-stéréo?
 8. un balcon?
 9. un poisson rouge (*goldfish*)?
10. un serpent?
11. un ordinateur?
12. des cassettes?

# Communication

Choose a partner who will play the role of the other person in the conversation.

---

1. You are organizing a party for next Saturday, but you need some help with the music.

Ask your partner . . .

- if he/she has records
- if he/she has a stereo
- if he/she has a tape recorder
- if so, if it works well

---

2. Next semester you are going to share an apartment with a French student. Right now you are planning ahead.

Ask your partner . . .

- if he/she has a car
- if he/she has a VCR
- if he/she has cassettes or CDs
- if he/she uses a typewriter or a computer
- if there is a TV set in the apartment (**dans l'appartement**)
- if there is a telephone in each room (**dans chaque chambre**)

# Dans la rue ...

Dans la rue°, il y a un café.                              *street*
Dans le café, il y a une jeune fille.
Un jeune homme passe dans la rue.
Il passe devant° le café.                                  *in front of*
Il regarde la jeune fille.
La jeune fille regarde un magazine.
Elle est grande°.                                          *tall*
Elle est blonde.
Elle est jolie° ...                                        *pretty*
«Qui est-ce?» pense° le jeune homme.                       *thinks*
«C'est probablement une touriste!»

Le jeune homme décide d'entamer° la conversation.          *to strike up*
—Hello, Miss. Vous êtes américaine?
—...
—Anglaise?
—...
—Canadienne?
—Non, je suis française ... comme° vous! Et j'ai rendez-vous avec un     *like*
   ami. Tiens°! Il arrive!                                                 *Look*
—Ah ... Hm ... Bon ... Zut° ... Euh ... Je ... Au revoir, Mademoiselle.   *Darn*
Et le jeune homme continue sa promenade°.                                 *his walk*

## Note culturelle: *Le café*

The café plays an important role in the daily life of the French people. Students go there at any time of day not only to have something to eat **(un croissant, un sandwich)** or drink **(un express, un café, un thé, un chocolat, un jus de fruits),** but also to relax, to read the paper or to listen to music. Since many students live quite a distance from the university, and since the existing libraries are often overcrowded, the café also offers a place to sit and study. For many young people, the café is the ideal spot to meet one's friends or to strike up a casual conversation with other students.

Most French cafés are divided into two parts: **l'intérieur,** the inside section, and **la terrasse,** which extends onto the sidewalk. In spring and summer most customers prefer **la terrasse** where they can enjoy the good weather and observe the people walking by.

# Structure et Vocabulaire

## A.    L'article défini *le, la, les*

The sentences below on the left refer to items that are not specifically identified;
the nouns are introduced by INDEFINITE articles *(a, an)*. The sentences on the
right refer to specific items; the nouns are introduced by DEFINITE articles *(the)*.
Note the forms of these articles.

Voici **un** téléviseur et **un** ordinateur.      Éric regarde **le** téléviseur et **l'**ordinateur.
Voici **une** moto et **une** auto.      Alice regarde **la** moto et **l'**auto.
Voici **des** livres et **des** albums.      Marc regarde **les** livres et **les** albums.

| The form of the DEFINITE ARTICLE depends on the noun it introduces. | | | |
|---|---|---|---|
|  | **Singular** | **Plural** |  |
| *masculine*<br>    *before a consonant sound*<br>    *before a vowel sound* | **le**<br>**l'** | **les** | **le** garçon      **les** garçons<br>**l'**ami      **les** amis |
| *feminine*<br>    *before a consonant sound*<br>    *before a vowel sound* | **la**<br>**l'** | **les** | **la** fille      **les** filles<br>**l'**amie      **les** amies |

▶ There is liaison after **les** when the next word begins with a vowel sound.

*Expressions pour la conversation*

*To attract attention:*
**Dis!**      *Say! Hey!*      **Dis,** Michèle! Où habites-tu?
**Tiens!**      *Look! Hey!*      **Tiens!** Voilà Paul!

**1. Le catalogue**    You are pointing out items from a mail order catalogue to a
friend.

▪ une calculatrice      ***Tiens! Regarde la calculatrice!***

1. un album                4. des téléviseurs
2. un appareil-photo     5. une chaîne-stéréo
3. une montre            6. des raquettes de tennis

**2. Au café**    Paul is at a café. Say that he is watching what is going on in the street.

▢ voitures    *Il y a des voitures. Paul regarde les voitures.*

1. étudiante    3. vélo    5. touristes    7. jeunes filles
2. étudiant    4. auto    6. dame    8. motos

# B.    La forme des adjectifs de description

Adjectives are used to describe or modify nouns and pronouns. Read the sentences below, paying attention to the forms of the adjectives.

Jean-Paul est **patient** et **optimiste.**    Jacqueline est **patiente** et **optimiste.**
Paul et Marc sont **patients** et **optimistes.**    Louise et Renée sont **patientes** et **optimistes.**

Adjectives agree in GENDER (masculine or feminine) and NUMBER (singular or plural) with the nouns or pronouns they modify.

REGULAR ADJECTIVES take the following written endings.

|  | Masculine | Feminine |  |  |
|---|---|---|---|---|
| *singular* | — | -e | patient | patient**e** |
| *plural* | -s | -es | patient**s** | patient**es** |

▶ In written French, the FEMININE form of a regular adjective is formed by adding **-e** to the masculine. If the masculine form already ends in **-e,** the masculine and feminine forms are identical.

Robert est **intelligent.**    Sophie est **intelligente.**
Jacques est **calme.**    Michèle est **calme.**

▶ Adjectives that do not follow the above pattern are irregular.

Marc est **heureux** *(happy).*    Marie est **heureuse.**

Irregular forms of adjectives will be given in the Vocabulary Sections.

▶ In written French, the PLURAL form of a regular adjective is formed by adding an **-s** to the singular form. If the masculine singular form ends in **-s** or **-x,** the masculine singular and the plural forms are identical.

Michel et Guy sont **intelligents.**    Anne et Alice sont **intelligentes.**
Philippe est **français.**    Pierre et Louis sont **français.**
Richard est **heureux.**    Alain et Marc sont **heureux.**

## NOTES DE PRONONCIATION

▶ In spoken French, if a regular adjective ends in a silent consonant in the masculine, this consonant is pronounced in the feminine.

Paul est intelligent.    Sylvie est intelligente.

▶ In spoken French, regular adjectives that do not end in a silent consonant in the masculine sound the same in the masculine and feminine.

Luis est espagnol.    Luisa est espagnole.
Il est timide et réservé.    Elle est timide et réservée.

▶ Since the final **s** is not pronounced, regular adjectives sound the same in the singular and the plural.

une amie **intelligente**    des amies **intelligentes**
un garçon **espagnol**    des garçons **espagnols**

---

# Vocabulaire:  *Quelques adjectifs réguliers*

*Ending in -e*
| | |
|---|---|
| **calme** | *calm* |
| **conformiste** | *conformist* |
| **dynamique** | *dynamic, vigorous* |
| **égoïste** | *selfish* |
| **énergique** | *energetic* |
| **honnête** | *honest* |
| **idéaliste** | *idealistic* |
| **individualiste** | *individualistic* |
| **optimiste** | *optimistic* |
| **pessimiste** | *pessimistic* |
| **réaliste** | *realistic* |
| **riche** | *rich* |
| **sociable** | *sociable, friendly* |
| **timide** | *timid* |

*Ending in another vowel*
| | |
|---|---|
| **poli** | *polite* |
| **réservé** | *reserved* |

*Ending in a consonant*
| | |
|---|---|
| **brillant** | *brilliant* |
| **compétent** | *competent* |
| **content** | *content* |
| **indépendant** | *independent* |
| **patient** | *patient* |
| **impatient** | *impatient* |

## NOTE DE VOCABULAIRE

Adjectives that end in **-é** in the masculine end in **-ée** in the feminine.

Marc est **réservé**.    Alice est **réservée**.

**3. Les amis**   The following people have friends with similar personality traits. Describe these friends.

▌  Marc est brillant. Et Anne-Marie?       *Elle est brillante aussi.*
▌  Nicole est élégante. Et Thomas?         *Il est élégant aussi.*

1. Jacques est idéaliste. Et Monique?
2. Claire est optimiste. Et Olivier?
3. François est timide et réservé. Et Nathalie?
4. Suzanne est individualiste et indépendante. Et Jean-Louis?
5. Albert est riche mais distant. Et Thérèse?
6. Yves et Luc sont polis et patients. Et Anne et Marie?
7. Sylvie et Claudine sont très contentes. Et Robert et Paul?
8. Charles et Denis sont idéalistes. Et Isabelle et Marianne?
9. Colette et Lucie sont intelligentes. Et Philippe et Alain?
10. Jean-Paul et André sont impatients et égoïstes. Et Yvette et Alice?
11. Le président est compétent, dynamique et énergique. Et la secrétaire?

**4. Expression personnelle**   Describe yourself and other people by completing the following sentences with adjectives from the Vocabulary Section.

1. En général, je suis ...
2. Je ne suis pas ...
3. J'ai une cousine. Elle est ...
4. J'ai des amis. Ils sont ...
5. J'ai un copain. Il n'est pas ...
6. J'ai des professeurs. Ils sont ...
7. J'ai une amie. Elle n'est pas ...

# Vocabulaire:  *La description*

**les gens**    *people*

La description des gens

| | | | |
|---|---|---|---|
| **blond** | *blond* | **brun** | *dark-haired* |
| **fort** | *strong* | **faible** | *weak* |
| **grand** | *tall* | **petit** | *short* |
| **heureux (heureuse)** | *happy* | **triste** | *sad* |
| **intelligent** | *intelligent* | **idiot** | *stupid* |
| **intéressant** | *interesting* ⎤ | | |
| **amusant** | *amusing* ⎬ | **pénible** | *boring* |
| **drôle** | *funny* ⎦ | | |
| **sympathique** | *nice* | **désagréable** | *unpleasant* |
| **marié** | *married* | **célibataire** | *single, unmarried* |

La nationalité

| | | | |
|---|---|---|---|
| **allemand** | *German* | **français** | *French* |
| **américain** | *American* | **italien (italienne)** | *Italian* |
| **anglais** | *English* | **japonais** | *Japanese* |
| **canadien (canadienne)** | *Canadian* | **mexicain** | *Mexican* |
| **espagnol** | *Spanish* | **suisse** | *Swiss* |

La description des choses

| | | | |
|---|---|---|---|
| **lent** | *slow* | **rapide** | *fast* |
| **confortable** | *comfortable* | **moderne** | *modern* |

## NOTE DE VOCABULAIRE

In French, adjectives of nationality are not capitalized. Nouns of nationality are capitalized, however. Compare:

Voici un étudiant **français.**    Voici **un Français** *(a Frenchman).*
Voici des touristes **anglaises.**    Voici **des Anglaises** *(English women).*

**5. C'est évident!** *(It's obvious!)*   Read the description of the following people and then say what they are *not* like, using the appropriate forms of the adjectives with opposite meanings.

▢   Charlotte est blonde.    *Elle n'est pas brune!*

1. Lucie est brune.
2. Charles et Henri sont forts.
3. Catherine est grande.
4. Philippe est pénible.
5. Suzanne et Anne-Marie sont amusantes.
6. Sylvie et Nathalie sont intelligentes.
7. Robert est sympathique.
8. Denise et Claire sont mariées.
9. Michèle et Sophie sont heureuses.
10. Paul et Denis sont tristes.

**6. Descriptions**  Describe the following people or characters in two sentences, using adjectives from the Vocabulary Section. Your sentences may be affirmative or negative.

▯ King Kong    *Il est fort. Il n'est pas sympathique.*

1. Lucy
2. Charlie Brown
3. Bart Simpson

4. Madonna
5. Tom Cruise
6. Arsenio Hall

7. Oprah Winfrey
8. Roseanne Arnold
9. le président

# C.  La place des adjectifs

Read the sentences below, paying attention to the adjectives in relation to the nouns they describe.

| | |
|---|---|
| Paul est un garçon **sympathique.** | *Paul is a **nice** boy.* |
| Hélène est une fille **intelligente.** | *Hélène is an **intelligent** girl.* |
| Voici des disques **français.** | *Here are some **French** records.* |

> Most DESCRIPTIVE ADJECTIVES come AFTER the noun.
>
> article + noun + adjective    un disque **anglais**

**7. Nationalités**  Give the nationalities of the following people and things. Use complete sentences with the appropriate adjective of nationality.

▯ les Toyota / des voitures    *Les Toyota sont des voitures japonaises.*

1. Meryl Streep / une actrice
2. Picasso / un artiste
3. les Rolling Stones / des musiciens
4. Berlioz et Debussy / des compositeurs

5. les Fiat / des voitures
6. Québec / une ville *(city)*
7. la Normandie / une province
8. le champagne / un vin *(wine)*

**8. Ressemblances**  The following people have relatives and acquaintances with similar personality traits. Express this according to the model.

▯ Jacques est optimiste. (des amis)    *Il a des amis optimistes.*
▯ Pauline est impatiente. (un cousin)    *Elle a un cousin impatient.*

1. Henri est amusant. (des amies)
2. Philippe est intelligent. (une amie)
3. Catherine est sympathique. (un copain)
4. Paul est blond. (une copine)
5. Nathalie est brune. (une cousine)
6. Robert est intéressant. (des parents)
7. Francine est indépendante. (des amis)
8. Le professeur est brillant. (des étudiants)

A few very common adjectives like **grand** *(big)* and **petit** *(small)* come
BEFORE the noun.

| article + adjective + noun | une **grande** voiture<br>une **petite** bicyclette |
|---|---|

## Vocabulaire:  *Adjectifs qui précèdent le nom*

| bon (bonne) | *good* | J'ai un très **bon** appareil-photo. |
|---|---|---|
| mauvais | *bad, poor* | Nous n'avons pas de **mauvais** professeurs. |
| grand | *big, large* | Mélanie a une **grande** voiture. |
| petit | *small* | Paul et Anne ont un **petit** téléviseur. |
| joli | *pretty* | Suzanne est une **jolie** fille. |
| jeune | *young* | Qui est le **jeune** homme avec qui vous parlez? |
| vrai | *true, real* | Vous êtes de **vrais** amis. |

### NOTES DE VOCABULAIRE

1. There is liaison after **bon, mauvais, grand,** and **petit** when the next
   word begins with a vowel sound.

   un mauvais accident    un bon ami    un grand appartement    un petit appareil-photo

2. In general, the indefinite article **des** becomes **de (d')** when it is followed by an adjective. Compare:

   Vous êtes **des** étudiants brillants.     Vous êtes **de** bons étudiants.
   Vous êtes **des** amies sincères.     Vous êtes **de** vraies amies.

**9. Aux Galeries Lafayette**  The Galeries Lafayette is a well-known department
store in Paris. Play the roles of the salespersons **(les vendeurs/les vendeuses)**
and the customers according to the model. In the customers' statements,
make sure the adjectives are in the proper position and agree with the nouns
they modify. (NOTE: **Je voudrais** = *I would like.*)

   une caméra (japonais)
   LE VENDEUR/LA VENDEUSE:  *Vous voulez une caméra, Monsieur?*
   LE CLIENT:  *Oui, je voudrais une caméra japonaise.*

1. un walkman (japonais)
2. une machine à écrire (petit)
3. un téléviseur (moderne)
4. un téléviseur (grand)
5. une chaîne-stéréo (petit)
6. un magnétophone (bon)
7. une bicyclette (anglais)
8. des livres (amusant)
9. un appareil-photo (allemand)
10. une calculatrice (bon)
11. des cassettes (récent)
12. des disques (intéressant)

**10. Madame Hulot a de la chance!**   Madame Hulot, a French businesswoman, is a lucky person. Explain why in complete sentences using the elements below. Be sure to insert the adjectives in parentheses in their proper position and to use the correct endings.

▢ Mme Hulot / travailler / pour une compagnie (international)
*Madame Hulot travaille pour une compagnie internationale.*

1. elle / avoir / une secrétaire (compétent)
2. elle / travailler / avec des collègues (sympathique)
3. elle / avoir / un salaire (bon)
4. elle / avoir / des employés (dynamique)

5. elle / travailler / dans un bureau (grand)
6. elle / habiter / dans un appartement (joli)
7. elle / avoir / des amies (vrai)
8. elle / avoir / une voiture (rapide)

# D.   *Il est* ou *c'est?*

> The two constructions **il/elle est** and **c'est** are both used to refer to PEOPLE and THINGS. The choice of construction depends on the words that follow.

|  | People | Things |
|---|---|---|
| **c'est** + NOUN<br>*(the noun may be used alone or with an adjective)* | C'est **Nathalie.**<br>C'est **une amie.** *(She is ...)*<br>C'est **une fille intelligente.**<br>C'est **une bonne étudiante.** | C'est **une Toyota.**<br>C'est **une auto.** *(It is ...)*<br>C'est **une auto japonaise.**<br>C'est **une petite auto.** |
| **il/elle est** + ADJECTIVE | Elle est **sympathique.** *(She is ...)* | Elle est **rapide.** *(It is ...)* |

▶ **C'est**

Note the forms of **c'est:**

|  | *Affirmative* | *Negative* |
|---|---|---|
| *Singular:* | **C'est** Jacques. | **Ce n'est pas** Henri. |
| *Plural:* | **Ce sont** des motos. | **Ce ne sont pas** des vélomoteurs. |

**C'est** is also used in the following constructions:

• **c'est** + STRESS PRONOUN
      C'est Paul?      Non, ce n'est pas **lui.**
• **c'est** + ADJECTIVE (to refer to a general idea or situation)
      Oh là là! C'est **difficile!**

▶ **Il/elle est**

**Il/elle est** is used to indicate location.
      Où est Christine?      Elle est **ici.**
      Où est la voiture?      Elle est **dans le garage.**

▶ Names of professions

With names of professions, two constructions are possible:

| | | |
|---|---|---|
| **il/elle est** + NOUN | Voici Isabelle. | Elle est **étudiante.** |
| **c'est + un(e)** + NOUN | Voici Alice. | C'est **une étudiante.** |

**11. Descriptions** Complete the descriptions of the following people and things with the appropriate forms of **il est** or **c'est.**

1. Voici une fille. _____ Michèle. _____ une amie. _____ sympathique.
   _____ aussi une étudiante brillante.
2. Voici M. Masson. _____ journaliste. _____ impartial.
   _____ un journaliste honnête et indépendant.
3. Voici des étudiants. _____ des touristes. _____ américains.
   _____ à Paris pour les vacances *(vacation)*.
4. Voici un ordinateur. _____ américain. _____ un ordinateur IBM. _____ un assez bon ordinateur.
5. Voici une voiture. _____ une voiture française. _____ une Renault.
   _____ assez lente mais _____ confortable.
6. Voici des cassettes. _____ des cassettes de musique classique.
   _____ extraordinaires!

**12. Opinions personnelles** Express your opinions about the following people and things. Make up at least two sentences using the appropriate forms of **c'est** or **il est.** Your sentences may be affirmative or negative.

Paul Newman? (un acteur: bon? jeune?)
***C'est un bon acteur. (Ce n'est pas un bon acteur.) Il n'est pas jeune.***

1. Eddie Murphy? (un comédien: anglais? drôle? bon? mauvais?)
2. Shirley MacLaine? (une actrice: français? bon? joli? mauvais? jeune? brillant?)
3. le président? (un homme: sincère? honnête? compétent? intelligent?)
4. *Newsweek?* (un magazine: intelligent? bon? mauvais? libéral?)
5. les Toyota? (des voitures: japonais? bon? petit? confortable? lent?)
6. les Cadillac? (des voitures: français? rapide? grand? bon?)
7. Paris? (une ville *(city)*: moderne? joli? intéressant? touristique?)
8. les Français (des gens: cosmopolite? sympathique? timide? réservé? individualiste? égoïste? indépendant?)

**13. Conversation** Describe two or three things that you own to a partner. You may mention their brand, their country of origin, their size, or other characteristics.

***J'ai un téléviseur.***
***C'est un Sony.***
***Il est japonais. (C'est un téléviseur japonais.)***
***Il est petit. (C'est un petit téléviseur.)***

# Communication

Choose a partner who will play the role of the other person in the conversation.

---

1. You have heard that your partner has a (female) cousin studying in Paris. Since you are going to Paris this summer, you would like to know more about this cousin.

Ask your partner . . .

- if his/her cousin (ta cousine) is French or American
- if she is an interesting person
- if she is a good student
- if she has French friends
- if she is single or married

---

2. Your partner has bought a new car and you want to know more about it.

Ask your partner . . .

- if it is an American or a Japanese car
- if it is small or big
- if it is a fast car
- if it is comfortable

# Le temps libre

Vous travaillez beaucoup, n'est-ce pas? Mais vous ne travaillez pas tout le temps° ... Où *all the time*
est-ce que vous allez° quand vous avez un moment de libre°? Voici la réponse de cinq jeunes *go / free time*
Français:

**MICHÈLE** *(20 ans, étudiante en sciences politiques)*
J'adore le cinéma. Quand j'ai un moment de libre, je vais° au cinéma. Ce soir°, *go / tonight*
par exemple, je vais aller voir° un film d'aventure avec un copain ... *going to go see*

**HENRI** *(19 ans, étudiant en psychologie)*
Moi aussi, j'aime le cinéma mais je n'aime pas les films d'aventure parce que je
déteste la violence. Je préfère les comédies ... Quand j'ai un moment de libre, je
reste° chez moi°. J'écoute des disques. J'adore la musique, surtout° la musique *stay / home / especially*
classique.

**JEAN-FRANÇOIS** *(22 ans, mécanicien°)*
Le cinéma, la musique ... d'accord! Mais moi, je ne suis pas un intellectuel. Je préfère aller au café avec les copains!

*mechanic*

**PATRICE** *(20 ans, étudiant en médecine)*
J'adore le sport, surtout le football° et le rugby. Quand il y a un match à la télé, je reste chez moi. Samedi, je vais regarder le match France-Espagne!

*soccer*

**NATHALIE** *(22 ans, secrétaire)*
Patrice aime le sport ... à la télé. Moi, je suis un peu plus° active. Quand j'ai le temps°, je vais au Club des Sports, et je joue au tennis. Je ne suis pas une championne, mais je joue assez bien. Et vous?

*more*
*time*

## Note culturelle: *Le cinéma en France*

Going to the movies is by far the favorite leisure activity of French young people. To please its audience, a film must provide fun and excitement. According to a recent survey, the movies that French young people enjoy most are comedies **(les films comiques),** adventure movies, science fiction films, and detective movies **(les films policiers).**

The success of a movie depends not only on its theme, but also on its cast of actors. Today's roster of French stars **(les vedettes)** includes Gérard Depardieu, Catherine Deneuve, and Isabelle Adjani. France has a large public of serious movie-goers **(les cinéphiles)** for whom film is above all an art form: **le septième art** *(the seventh art).* After seeing a movie, French people are likely to debate at length its merits and flaws, focussing their discussion on the plot, the acting **(le jeu des acteurs),** and the directing **(la mise en scène).**

Because tickets to newly released movies **(les films en exclusivité)** are relatively expensive, many students go to the local theaters **(les cinémas de quartier** or **ciné-clubs)** to see reruns of old favorites, both French and foreign, especially American. Always popular are the classics of Charlie Chaplin and Humphrey Bogart, and the more modern comedies of Woody Allen.

The biggest film event of the year is the *Festival de Cannes* which takes place in May. At this festival, the best films produced in the world compete for the top award known as the **Palme d'or** *(Golden Palm).*

L'actrice Catherine Deneuve

# Structure et Vocabulaire

## A.  L'usage de l'article défini dans le sens général

Note the use of the definite article in the following sentences.

| | |
|---|---|
| J'aime **les** sports. | *I like sports (**in general**).* |
| **Le** tennis est un sport intéressant. | *Tennis (**in general**) is an interesting sport.* |
| **Les** Français aiment **le** cinéma. | *(**Generally speaking**), French people like movies.* |
| **Les** étudiants détestent **la** violence. | *(**Generally speaking**), students hate violence.* |

The DEFINITE ARTICLES **(le, la, les)** are used to introduce ABSTRACT nouns and nouns used in a GENERAL or COLLECTIVE sense.

► This usage of the definite article is unlike English which uses no article in such cases. Compare:

| | |
|---|---|
| Nous regardons **la télé.** | *We watch **TV.*** |
| Paul étudie **l'espagnol.** | *Paul studies **Spanish.*** |

### 1. Questions personnelles

1. Aimez-vous les sports? le tennis? le baseball? le golf? le hockey? le basketball?
2. Aimez-vous la musique? la musique classique? le jazz? les blues? la musique pop?
3. Aimez-vous l'art? l'art moderne? l'art abstrait? l'art oriental?
4. Admirez-vous les acteurs? les poètes? les inventeurs? les athlètes? les musiciens?
5. Respectez-vous l'autorité? la justice? le gouvernement? les opinions adverses? les intellectuels?
6. Étudiez-vous la biologie? l'anglais? l'histoire? la psychologie? les maths? les sciences?

### 2. Une question d'opinion  Express the opinions of the people below in affirmative or negative sentences.

▯  les étudiants: aimer les examens?     ***Les étudiants aiment les examens.***
                              ou: ***Les étudiants n'aiment pas les examens.***

1. les écologistes: aimer la nature?
2. les pacifistes: admirer la violence?
3. les femmes: être pour l'egalité des sexes?
4. les Américains: être contre (*against*) la justice sociale?
5. je: être contre l'énergie nucléaire?

## Vocabulaire:    *Les loisirs*

Un sport
**Le tennis, le football** *(soccer)*, **le volleyball, le basketball** sont des sports.

Un spectacle *(show)*
**Le cinéma** *(movies)*, **le théâtre, la télévision** sont des spectacles.

Un passe-temps *(hobby)*
**La cuisine** *(cooking)*, **la danse** et **la photo** *(photography)* sont des passe-temps.

Un art
**La musique, la peinture** *(painting)* sont des arts.

Un jeu *(game)*
**Le bridge, le poker, les dames** (f.) *(checkers)*, **les échecs** (m.) *(chess)*,
**les cartes** (f.) *(cards)* sont des jeux.

### NOTE DE VOCABULAIRE

In conversational French, the names of sports such as **le football, le volley-ball,** and **le basketball** are often shortened to **le foot, le volley, le basket.** Similarly, **la télévision** becomes **la télé.**

**3. Dialogue**   Ask your classmates about their preferences.

☐  cinéma ou théâtre?
  —*Est-ce que tu préfères le cinéma ou le théâtre?*
  —*Je préfère le théâtre (le cinéma).*

1. cinéma ou télévision?
2. volley ou basket?
3. tennis ou football?
4. bridge ou poker?
5. dames ou échecs?
6. photo ou peinture?
7. cuisine française ou cuisine américaine?
8. restaurants français ou restaurants italiens?
9. musique classique ou musique moderne?
10. danse classique ou danse moderne?

# B.    Les contractions de l'article défini avec *à* et *de*

Note the forms of the definite article after the prepositions **à** and **de**.

|  | parler **à** *(to talk to)* | parler **de** *(to talk about)* |
|---|---|---|
| Voici le garçon. | Paul parle **au** garçon. | François parle **du** garçon. |
| Voici la fille. | Paul parle **à la** fille. | François parle **de la** fille. |
| Voici l'étudiant. | Paul parle **à l'**étudiant. | François parle **de l'**étudiant. |
| Voici les étudiants. | Paul parle **aux** étudiants. | François parle **des** étudiants. |

> The definite articles **le** and **les** contract with **à** and **de** to form single words.

| à | | de | |
|---|---|---|---|
| à + le → **au** <br> à + les → **aux** | **au** garçon <br> **aux** filles | de + le → **du** <br> de + les → **des** | **du** garçon <br> **des** filles |

▶ The articles **la** and **l'** do not contract.

▶ There is liaison after **aux** and **des** when the next word begins with a vowel sound.

▶ Remember, the prepositions **à** and **de** have several meanings:

| **à** | *at* | Le docteur Mercier arrive **à** l'hôpital. |
|---|---|---|
| | *to* | Il parle **à** l'infirmière *(nurse)*. |
| **de** | *of* | Qui est le président **de** l'université? |
| | *from* | Tu rentres **de** la pharmacie. |
| | *about* | Nous parlons **d'**un projet important. |

**4. Oui ou non?**  Express your agreement or disagreement with the following by making slogans beginning with **Oui à** or **Non à.**

⬚ les examens          *Oui aux examens!*
                  ou: *Non aux examens!*

1. la justice
2. l'injustice
3. le racisme
4. le socialisme
5. le féminisme
6. le sexisme
7. le service militaire
8. l'énergie nucléaire
9. les libertés individuelles
10. les inégalités sociales

**5. Sujets de discussion** (*Topics for discussion*)  Say whether or not you talk about the following topics with your friends.

◻ les examens          *Oui, nous parlons souvent des examens.*
                  ou: *Non, nous ne parlons pas souvent des examens.*

1. les vacances (*vacation*)          5. le professeur
2. la situation internationale        6. les autres (*other*) étudiants
3. la classe de français              7. le problème de l'emploi
4. les problèmes métaphysiques        8. l'avenir (*future*)

**6. Non!**  André asks if certain persons are doing certain things. Yvette tells him no and explains what they are doing. Play both roles according to the model.

◻ Suzanne / être à / le musée? (la poste)     ANDRÉ:  *Est-ce que Suzanne est au musée?*
                                     YVETTE:  *Mais non! Elle est à la poste!*

1. Jean-Louis / dîner à / la cafétéria? (le restaurant)
2. Daniel et Vincent / étudier à / la Sorbonne? (l'Université de Tours)
3. Jacqueline / rentrer de / le concert? (le film)
4. le professeur / parler de / la grammaire? (les examens)
5. la secrétaire / parler à / l'étudiante japonaise? (les étudiants mexicains)
6. Maman / arriver de / le restaurant? (la banque)
7. Papa / téléphoner à / les clients américains? (la cliente anglaise)
8. le président / parler de / la situation internationale? (le problème de l'énergie)

## Vocabulaire:  *Deux verbes en -er*

| | | |
|---|---|---|
| **jouer** | *to play* | Je voudrais **jouer** avec vous. |
| **jouer à** | *to play* (a sport or game) | Je **joue au** tennis mais je ne **joue** pas **aux** cartes. |
| **jouer de** | *to play* (a musical instrument) | Je **joue du** piano mais je ne **joue** pas **de la** guitare. |
| | | |
| **penser** | *to think, to believe* | Je **pense,** donc (*therefore*) je suis. |
| **penser à** | *to think about* (to direct one's thoughts toward) | Je ne **pense** pas à l'examen. À qui **penses**-tu? Je **pense à** Michel. |

### NOTES DE VOCABULAIRE

To ask someone's opinion on a given topic, the French use the following questions:

**Qu'est-ce que tu penses de** ...     *What do you think of* ...     Qu'est-ce que tu penses du concert?
**Qu'est-ce que vous pensez de** ...                        Qu'est-ce que vous pensez du film?

To respond, they use **penser que.**

**Je pense qu'**il est excellent!   *I think (that) it is excellent!*

Note that unlike English, the conjunction **que** (*that*) cannot be omitted in French.

**7. Dialogue**  Ask your classmates whether they play the following games or instruments. Use **jouer à** and **jouer de,** as appropriate.

▢ le golf        —*Est-ce que tu joues au golf?*
                 —*Oui, je joue au golf.*
      ou:  —*Non, je ne joue pas au golf.*

1. le tennis     4. le foot      7. les dames     10. les cartes
2. le piano      5. la guitare   8. le violon     11. la batterie *(drums)*
3. les échecs    6. le bridge    9. la clarinette 12. le clavier *(keyboard)*

**8. Interview**  Imagine that you are asking French exchange students about the following subjects. Your classmates will play the role of the French students, using the suggested adjectives in affirmative or negative sentences.

▢ les étudiants américains (intelligents?)

      VOUS: *Qu'est-ce que vous pensez des étudiants américains?*
LES FRANÇAIS: *Nous pensons qu'ils sont intelligents.*
      ou: *Nous pensons qu'ils ne sont pas très intelligents.*

1. le cinéma américain (intéressant?)        6. l'humour américain (amusant?)
2. les Américains (sympathiques?)            7. le football américain (très violent?)
3. les Américaines (sympathiques?)           8. les restaurants américains
4. la cuisine américaine (bonne?)               (extraordinaires?)
5. l'hospitalité américaine
   (remarquable?)

## C.  Le verbe *aller;*
## le futur proche avec *aller* + infinitif

The verb **aller** *(to go)* is irregular.

| infinitive | **aller** | J'aime **aller** au théâtre. |
|---|---|---|
| present | je **vais**<br>tu **vas**<br>il/elle/on **va** | Je **vais** à Paris.<br>Tu **vas** à l'université.<br>Anne **va** à Québec. |
|  | nous **allons**<br>vous **allez**<br>ils/elles **vont** | Nous **allons** à Nice.<br>Vous **allez** au restaurant.<br>Elles **vont** au musée. |

▶ The verb **aller** (unlike the verb *to go* in English) cannot be used alone.

- It can be used with an adverb: **Comment** allez-vous? Je vais **bien.**
- It can be used with an expression of location: Nous allons **au théâtre.**

To refer to events or actions that are going to take place in the NEAR FUTURE, the construction is:

| **aller** + infinitive | Nous **allons inviter** des amis.<br>Paul **va voyager.** | *We are going to invite some friends.*<br>*Paul is going to travel.* |
|---|---|---|

▶ Note that in negative sentences, the negative expression **ne ... pas** goes around the verb **aller.**

Je **ne vais pas** étudier.     *I am not going to study.*

**9. Bon voyage!**  This summer the following students are going to travel. Say to which city they are going and what they are going to visit there.

▢  Paul (Paris / le musée d'Orsay)     *Paul va à Paris.*
                                         *Il va visiter le musée d'Orsay.*

1. Jacques et Henri (Londres / la cathédrale de Westminster)
2. nous (Rome / le Colisée)
3. tu (New York / le musée d'Art Moderne)
4. je (Paris / Notre Dame)
5. vous (Moscou / le Kremlin)
6. Isabelle (New York / les Nations Unies)
7. Albert et Nicolas (Québec / la Citadelle)
8. Marc et moi (Munich / le zoo)

# Vocabulaire: *Où* et *comment*

## Noms

| | | | |
|---|---|---|---|
| un aéroport | airport | une bibliothèque | library |
| un bureau | office | une école | school |
| un café | café | une église | church |
| un cinéma | movie theater | une fête | party |
| un hôpital | hospital | une gare | (train) station |
| un laboratoire | laboratory | une maison | house |
| un magasin | store | une piscine | swimming pool |
| un musée | museum | une plage | beach |
| un restaurant | restaurant | une poste | post office |
| un stade | stadium | une université | university |
| un supermarché | supermarket | | |
| un théâtre | theater | | |

## Verbes

| | | |
|---|---|---|
| entrer (dans) | to enter | Nous **entrons dans** le magasin. |
| passer (par) | to pass, to go (through) | Est-ce que vous **passez par** Paris? |
| passer | to spend (time) | Je **passe** une heure au café. |
| rester | to stay | Paul et Suzanne **restent** à Cannes. |

## Expressions

| | | |
|---|---|---|
| ici | here | On travaille beaucoup **ici.** |
| là | there, here | Paul n'est pas **là.** Il est à la plage. |
| là-bas | over there | Qui est la fille **là-bas?** |
| à pied | on foot | Nous allons à l'université **à pied.** |
| à vélo | by bicycle | Je vais à la plage **à vélo.** |
| en voiture | by car | Henri va à Chicago **en voiture.** |
| en avion (un avion) | by plane | Nous allons en France **en avion.** |
| en train | by train | On va à Nice **en train.** |
| en bus (un bus) | by bus | J'aime voyager **en bus.** |
| en métro (un métro) | by subway | Je vais aller au musée d'Orsay **en métro.** |

10. **Lieux de travail** (*Places of work*)  Say where each of the following people goes to work. Use place names from the Vocabulary Section.

le professeur　　*Le professeur va à l'école (à l'université).*

1. l'athlète
2. l'actrice
3. les étudiants
4. le pilote
5. la serveuse (*waitress*)
6. la chimiste (*chemist*)
7. les secrétaires
8. les infirmières (*nurses*)
9. le facteur (*mailman*)

*Expressions pour la conversation*

To react to new information:

**Ah bon?**   *Really?*   —Je vais aller au cinéma.
                         —**Ah bon?** Avec qui?

**Ah bon!**   *Okay!*    —Le film est à neuf heures!
                         —**Ah bon!**

11. **Dialogue**   You meet a friend. Ask your friend where he/she is going and what he/she is going to do there. (NOTE: **comme ça** = *like that;* **faire** = *to do.*)

▢ piscine / nager
   —*Où est-ce que tu vas comme ça?*
   —*Je vais à la piscine.*
   —*Ah bon? Et qu'est-ce que tu vas faire là-bas?*
   —*Je vais nager!*

1. restaurant / dîner avec une copine
2. discothèque / danser avec des amis
3. bibliothèque / regarder les magazines français
4. gare / réserver les billets (*tickets*) de train
5. bureau / travailler
6. musée / regarder les peintures
7. café / jouer aux cartes
8. supermarché / acheter (*to buy*) des fruits

# D.   La préposition *chez*

Note the use of **chez** in the following sentences, and compare it with the English equivalents.

| | |
|---|---|
| Je suis **chez moi.** | *I am (at) home.* |
| Philippe n'est pas **chez lui.** | *Philippe is not home (at his house, at his place).* |
| | |
| Tu vas **chez toi?** | *Are you going home?* |
| Je vais **chez Louise.** | *I am going to Louise's (house, room, apartment).* |
| | |
| Michèle va **chez le docteur.** | *Michèle is going to the doctor's (office).* |
| Elle habite **chez des cousins.** | *She lives at her cousins' (house).* |
| On mange bien **chez les Renaud.** | *You eat well at the Renauds'.* |

To indicate someone's home, residence, or place of work, the French use the expression:

| | | |
|---|---|---|
| **chez** + | { noun | **chez** Marie, **chez** une amie |
| | { stress pronoun | **chez** elle |

▶ Note the use of the interrogative expression **chez qui.**

**Chez qui** est Paul?          *At whose place* *is Paul?*
**Chez qui** est-ce que vous allez?     *To whose place* *are you going?*

▶ Note that while the preposition **à** is used with *names of places*, the preposition **chez** is used with *people.*

Je vais **à la pharmacie.**      *I am going **to the pharmacy.***
Je vais **chez le pharmacien.**   *I am going **to the pharmacist's.***

**12. Où sont-ils?** Tonight everyone is visiting friends. Say at whose home the following people are. Say also that they are not at home.

☐ Béatrice / étudier / Alain     ***Béatrice étudie chez Alain.***
                               ***Elle n'est pas chez elle.***

1. je / être / un cousin
2. nous / regarder la télé / des amis
3. les Martin / dîner / les Dupont
4. Jacques et Louis / jouer au bridge / des étudiants américains
5. Paul / écouter des disques / Nicole
6. les étudiantes / préparer l'examen / des camarades de classe
7. M. Marin / travailler / un collègue
8. tu / jouer du piano / Amélie
9. vous / passer la soirée *(evening)* / des cousins

**13. Week-end** Read what the following people usually do on weekends. Say that they are going to do these things and indicate whether or not they are going to stay home.

☐ Nous jouons au tennis.
   ***Nous allons jouer au tennis. Nous n'allons pas rester chez nous.***

1. M. Lefèvre regarde la télé.          4. Nous organisons une fête.
2. Les Thomas dînent au restaurant.     5. Hélène et François dansent.
3. Tu invites des amis.                 6. Philippe étudie.

**14. Projets (Plans)** Say where you go and what you do (or do not do) in the following circumstances.

☐ Vous avez une heure de libre *(a free hour).*
   ***Je reste chez moi. Je ne vais pas étudier. Je vais regarder la télé.***

1. Vous avez cinq heures de libre.
2. Vous avez un week-end de libre.
3. Vous avez un mois de libre.
4. Vous êtes triste.
5. C'est votre *(your)* anniversaire.
6. C'est l'anniversaire d'un ami.

# E.    Les questions avec inversion

There are several ways of formulating questions in French. In the questions below, the subjects are PRONOUNS. Each pair of questions illustrates two ways of requesting the same information. Compare the position of the subject pronouns:

*With **est-ce que***                                      *With inversion*

|        | Est-ce que tu as | une auto? |        | As-tu | une auto? |
|--------|------------------|-----------|--------|-------|-----------|
| Où     | est-ce que vous allez | dîner? | Où  | allez-vous | dîner? |
| Quand  | est-ce que tu rentres | chez toi? | Quand | rentres-tu | chez toi? |

> QUESTIONS with pronoun subjects may be formed by INVERTING the subject pronoun and the verb according to the following patterns:

verb + hyphen + subject pronoun (+ rest of sentence)?

**Vas-tu** au cinéma?

interrogative expression + verb + hyphen + subject pronoun (+ rest of sentence)?

**Quand vas-tu** au cinéma?

▶ In inverted questions, the pronoun and the verb are joined with a hyphen (-).

▶ In inverted questions, the sound /t/ is heard between the verb and the subject pronouns **il, elle, on, ils,** and **elles.** Since all third person *plural* verbs end in -t, that letter is pronounced in liaison.

Voici mes amis.    **Sont-ils** français?    **Habitent-ils** à Paris?

In the third person *singular,* the letter -t- is inserted between the verb and the pronoun if the verb ends in a vowel.

Voici Paul.       **A-t-il** une moto?                **Où va-t-il?**
Voici Nicole.     **Va-t-elle** à la bibliothèque?    Pourquoi **étudie-t-elle?**
                  À quelle heure **dîne-t-on?**        **Va-t-on** à la cafétéria?

▶ In infinitive constructions, the subject pronoun is linked to the conjugated verb.

**Aimez-vous** voyager?      Où **vas-tu** aller demain?

▶ With the interrogative expression **que** *(what),* the construction **qu'est-ce que** is much more common than **que** + *inversion,* although both are correct.

**Qu'est-ce que** vous regardez?    (= **Que** regardez-vous?)
**Qu'est-ce que** tu veux écouter?    (= **Que** veux-tu écouter?)

▶ In information questions containing only a noun subject and a simple verb, inversion is common. In these cases, the noun subject comes last.

Où habite **Paul?**    À quelle heure passe **le bus?**

**15. Précisions**  Read about the following people and ask more specific questions, based on the model. Use the appropriate subject pronouns.

◻ Jacques a une moto. (japonaise)
***Ah bon? A-t-il une moto japonaise?***

1. Marc a une voiture. (française?)
2. Anne-Marie va dans une université. (publique?)
3. Mlle Tessier habite dans un appartement. (confortable?)
4. Hélène est à la bibliothèque. (municipale?)
5. Antoine et Marc dînent dans un restaurant. (chinois?)
6. Michèle et Thérèse aiment la musique. (classique?)
7. Les Dupont ont des amis. (sympathiques?)
8. Antoine voyage. (en avion?)

**16. Questions et réponses**  Read about the following people and ask questions about them using the corresponding subject pronouns. A classmate will answer you.

◻ Robert dîne. (où? dans un restaurant chinois)
***—Où dîne-t-il?***
***—Il dîne dans un restaurant chinois.***

1. Mélanie parle. (à qui? à François)
2. La secrétaire téléphone. (à qui? à un client canadien)
3. Albert et François dînent. (chez qui? chez des amis)
4. Les touristes visitent Paris. (comment? en autobus)
5. Jacqueline aime jouer au tennis. (avec qui? avec nous)
6. M. Dumont va arriver au bureau. (à quelle heure? à neuf heures)
7. Thomas va visiter Québec. (quand? en octobre)
8. Jim et Tom vont étudier le français. (où? à l'Alliance Française)
9. On va à Chartres. (comment? en train)

▶▶ **17. Conversation**  Ask your classmates questions using the following expressions. The first five questions are yes/no questions; the second five questions are information questions that begin with the expression in parentheses.

◻ avoir un vélo?        ***—As-tu un vélo?***
                        ***—Oui, j'ai un vélo.***   ou:***—Non, je n'ai pas de vélo.***

◻ (où) étudier?         ***—Où étudies-tu?***
                        ***—J'étudie à la bibliothèque (à la maison ...).***

• avoir des amis français?          • (où) habiter?
• être optimiste?                   • (où) passer le week-end?
• voyager souvent?                  • (à quelle heure) dîner?
• aller souvent au théâtre?         • (quand) aller au cinéma?
• aimer la musique classique?       • (comment) aller à l'université?

# Communication

Choose a partner who will play the role of the other person in the conversation.

---

1. You have just moved to this neighborhood. You are talking to one of your new neighbors and would like to know what the area has to offer.

Ask your partner . . .

- if there is a movie theater
- if there are cafés
- if there is a French restaurant
- if there are interesting stores
- where the post office is

---

2. As a reporter for *France-Spectacles*, you are conducting a survey on what American students do on weekends.

Ask your partner . . .

- if he/she often goes to the movies
- if he/she is going to the movies Saturday (and if so, with whom)
- if he/she prefers **(tu préfères)** to go to the movies or to the theater
- what he/she is going to watch on TV tonight **(ce soir)**

---

3. It is Saturday afternoon. As you are walking downtown, you meet a French friend.

Ask your partner . . .

- where he/she is going
- what he/she is going to do **(faire)** there
- if he/she wants to go to a restaurant with you afterwards **(après)**
- if so, if he/she likes Mexican food **(la cuisine mexicaine)**

---

4. Thanksgiving vacation is a few weeks away. You meet a friend in the library and begin talking about vacation plans.

Ask your partner . . .

- where he/she is going
- how he/she is going to travel
- to whose place he/she is going
- how long **(combien de temps)** he/she is going to stay there
- what he/she is going to do
- when he/she is going to come back

# Vivre en France:
## *En ville*

---

## Vocabulaire pratique: *Comment demander son chemin (How to ask for directions)*

Quelques endroits *(Some places)*
**Je cherche** *(I am looking for)* ...

| | |
|---|---|
| **une pharmacie.** | **l'arrêt d'autobus** *(bus stop).* |
| **une librairie** *(bookstore).* | **la station de métro** *(subway station).* |
| **un marchand de journaux** *(newsstand).* | **le commissariat de police** *(police station).* |
| **une station service.** | **la poste.** |

Comment attirer l'attention *(How to attract attention)*

**Pardon,**
**S'il vous plaît,** | Monsieur/Madame/Mademoiselle.
**Excusez-moi,**

Comment demander un renseignement *(How to ask for information)*

**Savez-vous** *(Do you know)* | où est l'hôtel Métropole?
**Pouvez-vous me dire** *(Can you tell me)* | où **se trouve** *(is located)* l'Opéra?
**Pourriez-vous me dire** *(Could you tell me)*

S'il vous plaît, est-ce qu'il y a une pharmacie **près d'ici** *(near here)*?

Oui, il y a une pharmacie | (dans la) rue Jacob.
| (sur le) boulevard Raspail.
| (dans l') avenue du Maine.

Est-ce que c'est **loin** *(far)*?

C'est | **tout près** *(nearby).*
| **à 100 mètres.**
| **à un kilomètre.**
| **à dix minutes** | **à pied.**
| | **en voiture.**

Comment remercier *(How to say thank you)*
**Merci.**
**Je vous remercie** *(I thank you).*

## **Activité:** *Qu'est-ce qu'ils cherchent?*

Les touristes suivants sont à Paris. Dites ce que chacun *(each one)* cherche.

▐▌ Maurice needs Band-Aids.
   ***Il cherche une pharmacie.***

1. Linda wants to get to the other side of the city.
2. Mrs. Smith has lost her passport.
3. Bill wants to buy a map of Paris.
4. Phil wants to know what movies are playing today.
5. Mr. Collins needs to buy gas.

# Pas de problème,
# La Poste est là.

## **Situations:** *Renseignements*

Les personnes suivantes cherchent certains endroits. Des piétons *(pedestrians)* les renseignent *(give them the information)*. Composez des dialogues suivant le modèle. Jouez ces dialogues avec vos camarades de classe.

▐▌ Pierre cherche la pharmacie Durand. (rue du Four / à cinq minutes à pied)
   —*Pardon, Monsieur! Pourriez-vous me dire où se trouve la pharmacie*
   *Durand?*
   —*La pharmacie Durand? C'est dans la rue du Four.*
   —*Est-ce que c'est loin d'ici?*
   —*Non, c'est à cinq minutes à pied.*
   —*Merci, Monsieur.*

1. Marguerite cherche l'arrêt d'autobus. (avenue Victor Hugo / à cinquante mètres)
2. Sophie cherche la poste. (rue de la République / à dix minutes à pied)
3. Jean-Philippe cherche la station service Antar. (avenue de Dijon / à cinq minutes en voiture)
4. Madame Valois cherche le restaurant Lutèce. (boulevard Raspail / à 100 mètres)
5. Monsieur Bertrand cherche l'hôtel Mercure. (le boulevard Périphérique / à dix minutes en voiture)
6. Jacques cherche le commissariat de police. (rue Vavin / tout près)

# Vocabulaire pratique:  *Les directions*

Où est-ce?

C'est | **tout droit** *(straight ahead)*.
**à droite** *(on the right)*.
**à gauche** *(on the left)*.

| **près** *(nearby)*. | **près de** *(near)* la gare. |
| **loin** *(far)*. | **loin de** *(far from)* l'arrêt d'autobus). |

| **devant** *(in front)*. | **devant** *(in front of)* la pharmacie. |
| **derrière** *(in back)*. | **derrière** *(in back of)* l'hôtel Ibis. |

| **à côté** *(nearby)*. | **à côté de** *(next to)* la poste. |
| **en face** *(across the street)*. | **en face de** *(opposite)* la librairie. |

C'est dans **quelle direction?**

C'est | **à l'ouest.**
**à l'est.**
**au nord.**
**au sud.**

Comment est-ce que je peux aller là-bas?

Vous **devez** *(should)* | **continuer** tout droit.
**tourner** | à droite.
à gauche.
**traverser** *(cross)* la rue Saint Jacques.

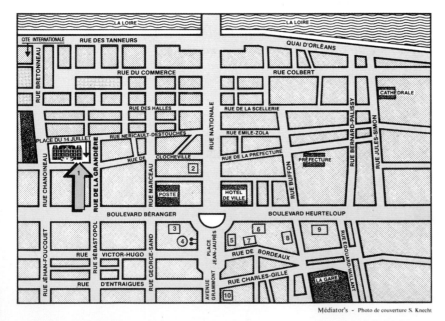

1. INSTITUT DE TOURAINE

2. LES NOUVELLES GALERIES

3. BANQUE DE L'OUEST

4. ARRÊT D'AUTOBUS

5. CAFÉ DE L'UNIVERS

6. HÔTEL DE L'UNIVERS

7. SUPERMARCHÉ LEFROID

8. HÔTEL DE BORDEAUX

9. SYNDICAT D'INITIATIVE

10. GARAGE CITROËN

Médiator's  -  Photo de couverture S. Knecht

## Situations: *Au Syndicat d'Initiative*

Des touristes sont au Syndicat d'Initiative *(tourist office)* de Tours. Ils demandent des renseignements. Les employés répondent *(answer)*, mais de façon différente *(differently)*. Jouez le rôle des touristes et des employés. Utilisez la carte *(map)*.

▫ le Café de l'Univers?

TOURISTE: *S'il vous plaît?*

EMPLOYÉ 1: *Oui, Mademoiselle (Monsieur ...)?*

TOURISTE: *Pourriez-vous me dire où se trouve le Café de l'Univers?*

EMPLOYÉ 1: *C'est dans l'avenue de Grammont.*

EMPLOYÉE 2: *C'est à côté de la place Jean Jaurès.*

EMPLOYÉ 3: *C'est près de l'hôtel de l'Univers.*

EMPLOYÉE 4: *C'est en face de l'arrêt d'autobus.*

1. la Banque de l'Ouest?
2. la poste?
3. l'hôtel de Bordeaux?
4. le supermarché Lefroid?

## Situations: *En ville*

D'autres *(other)* touristes sont dans le centre de Tours. Ils demandent *(ask)* à des piétons *(pedestrians)* comment on peut aller à certains endroits. Créez les dialogues d'après le modèle.

▫ Monsieur Arnaud est aux Nouvelles Galeries. (le garage Citroën)

M. ARNAUD: *Pardon, Monsieur. Comment est-ce que je peux aller au garage Citroën?*

LE PIÉTON: *C'est simple. Vous tournez à droite dans la rue Nationale. Vous traversez la place Jean Jaurès. Vous continuez tout droit dans l'avenue de Grammont. Le garage Citroën est à gauche.*

1. Madame Duroc est au garage Citroën. (la gare)
2. Mademoiselle Thomas est à la gare. (l'hôtel de l'Univers)
3. Monsieur Labat est à l'hôtel de l'Univers. (la poste)
4. Mademoiselle Denis est à la poste. (l'Institut de Touraine)
5. Elizabeth Jones est à l'Institut de Touraine. (l'hôtel de Bordeaux)

# Problèmes d'argent

# 3

# Le budget de Philippe

Philippe est étudiant en sciences économiques à l'Université de Tours. Il n'habite plus° chez ses parents. Il a une chambre° à la Cité Universitaire.

    Tous les mois°, Philippe prépare son budget. (Il est bien obligé! Ses dépenses° ont une irrésistible tendance à dépasser° ses ressources.) Voici comment il dépense° son argent°:

*no longer / room*

*Every month*

*expenses / to exceed*

*spends / money*

| Dépenses | |
|---|---|
| Logement° | 1200 francs |
| Repas° | 800 francs |
| Vêtements° | 400 francs |
| Livres | 250 francs |
| Spectacles | 200 francs |
| Transports | 150 francs |
| Dépenses diverses | 300 francs |
| Total | 3.300 francs |

*housing*

*meals*

*clothes*

Et vous, avez-vous un budget? Combien dépensez-vous pour votre logement? et pour vos repas? Combien dépensez-vous pour vos loisirs?

### Lecture culturelle: *Le budget des étudiants*

Analysez attentivement le budget de Philippe. Vous remarquez qu'il ne paie pas de scolarité[1]. En France, les principales universités sont des universités publiques et les études[2] sont pratiquement gratuites[3]. Un grand nombre d'étudiants (75 pour cent des étudiants des universités publiques) reçoivent[4] des bourses[5] pour payer leur[6] logement, leurs repas, etc. ... Le montant[7] de ces[8] bourses varie avec les revenus de leurs parents et la situation familiale.

Les étudiants français ont d'autres[9] avantages financiers. Par exemple, avec leurs cartes d'étudiants[10], ils ont des réductions dans beaucoup de cinémas, de théâtres, de musées, etc. ... Autre[11] avantage important: quand ils sont malades[12] ou quand ils vont à l'hôpital, leurs frais médicaux[13] sont remboursés[14].

1 tuition   2 studies   3 free   4 receive   5 scholarships
6 their   7 amount   8 these   9 other   10 student ID cards
11 another   12 sick   13 medical expenses   14 reimbursed

# Structure et Vocabulaire

## Vocabulaire:   *Les finances personnelles*

Noms

| l'argent | *money* | une bourse | *scholarship* |
|---|---|---|---|
| le logement | *housing* | une dépense | *expense* |
| les loisirs | *leisure activities* | la scolarité | *tuition* |
| le loyer | *rent* | les vacances | *vacation* |
| un prix | *price* | | |
| un projet | *plan* | | |
| un repas | *meal* | | |
| les transports | *transportation* | | |

Verbes

| coûter | *to cost* | L'appartement **coûte** 600 (six cents) dollars par mois. |
|---|---|---|
| dépenser | *to spend* | Combien **dépensez**-vous pour les repas? |
| gagner | *to earn* | Combien d'argent **gagnez**-vous? |
| | *to win* | Qui va **gagner** ce match de tennis? |

Expressions

| par jour | *per day* | Je dépense 10 dollars **par jour** pour les repas. |
|---|---|---|
| par semaine | *per week* | Je gagne mille (1.000) francs **par semaine.** |
| par mois | *per month* | Combien dépenses-tu **par mois** pour ton logement? |
| combien | *how much?* | **Combien** coûtent les cassettes? |
| combien de + noun | *how much?* | **Combien** d'argent as-tu? |
| | *how many?* | **Combien de** copains vas-tu inviter? |

## 1. Questions personnelles

1. Avez-vous un budget? Est-ce que vous préparez ce budget tous les mois (*every month*)?
2. Avez-vous un job? Où travaillez-vous? Combien d'argent gagnez-vous par semaine?
3. Avez-vous des projets pour les vacances? Allez-vous travailler? Où? Combien d'argent allez-vous gagner par semaine?
4. Est-ce que la scolarité de l'université où vous allez est élevée (*high*)?
5. Combien coûtent les repas à la cafétéria de l'université?
6. Dépensez-vous beaucoup d'argent pour le logement? pour les livres? pour les loisirs?
7. Quel (*what*) est le prix d'un repas dans un bon restaurant?
8. Combien d'argent avez-vous sur (*on*) vous?

# A.   Les nombres de 100 à l'infini

NUMBERS over 100 are formed as follows:

| | | | |
|---|---|---|---|
| 100 | **cent** | 1.000 | **mille** |
| 101 | **cent un** | 1.001 | **mille un** |
| 102 | **cent deux** | | ... |
| 103 | **cent trois** | 1.100 | **mille cent (onze cents)** |
| 110 | **cent dix** | 1.200 | **mille deux cents (douze cents)** |
| 150 | **cent cinquante** | 1.300 | **mille trois cents (treize cents)** |
| | ... | | ... |
| 200 | **deux cents** | 2.000 | **deux mille** |
| 201 | **deux cent un** | 2.100 | **deux mille cent** |
| 202 | **deux cent deux** | 2.200 | **deux mille deux cents** |
| | ... | | ... |
| 300 | **trois cents** | 10.000 | **dix mille** |
| 301 | **trois cent un** | | ... |
| | ... | 100.000 | **cent mille** |
| 400 | **quatre cents** | | ... |
| | ... | 1.000.000 | **un million** |
| 900 | **neuf cents** | 2.000.000 | **deux millions** |

▶ In writing numbers, French uses periods where English uses commas, and vice versa.

French: 2.531,25    English: 2,531.25

► In the plural, the word **cent** *(hundred)* does not take an **-s** if it is followed by another number.

deux **cents,** *but* deux **cent** quatre

► The word **mille** *(thousand)* never takes an **-s.**

► When introducing a noun, **million(s)** is followed by **de (d').**

La région parisienne a **dix millions d'**habitants.

**2. Combien?**   You are shopping with your classmates in a large department store in Paris. Ask them how much the following things cost.

—*Combien coûte le téléviseur?*
—*Il coûte trois mille francs.*

**3. Le nombre exact**  Complete the following sentences with the appropriate number. (You may check your answers at the end of the exercise.)

1. La Tour Eiffel a une hauteur *(height)* de ... (combien de mètres?)
   a. 150      b. 320      c. 875
2. La distance Paris–New York est de ... (combien de kilomètres?)
   a. 2.400      b. 5.800      c. 15.800
3. L'Alliance Française, la plus grande *(largest)* école de français du monde *(in the world)* a ... (combien d'étudiants?)
   a. 8.000      b. 14.000      c. 260.000
4. Le prix record pour une bouteille *(bottle)* de vin *(wine)* français est de ... (combien de dollars?)
   a. 110      b. 10.000      c. 100.000
5. La France a une population de ... (combien d'habitants?)
   a. 55.000.000      b. 76.000.000      c. 120.000.000

# B.   Le verbe *payer*

*Voici les réponses:* 1.b,
2.b, 3.c, 4.c, 5.a

> Note the forms of the verb **payer** *(to pay, to pay for)* in the present tense.

| infinitive | **payer** | |
|---|---|---|
| present | je **paie** | Je **paie** le restaurant. |
| | tu **paies** | Tu **paies** le logement. |
| | il/elle/on **paie** | Christiane **paie** la scolarité. |
| | nous **payons** | Comment **payons**-nous? |
| | vous **payez** | Vous **payez** en francs. |
| | ils/elles **paient** | Les Américains **paient** en dollars. |

▶ Verbs like **payer** that end in **-yer** have the following stem change in the present tense:

> **y → i**   in the **je, tu, il/elle/on,** and **ils/elles** forms

**4. Le prix du logement**  Say how much the following people pay for their rent.

▫  Marie (800 francs)      *Marie paie huit cents francs par mois.*

1. nous (750 francs)
2. Jacques (1.000 francs)
3. je (875 francs)
4. tu (1.500 francs)
5. les étudiants (980 francs)
6. vous (2.200 francs)
7. Georges (775 francs)
8. M. et Mme Moulin (5.000 francs)

## Vocabulaire:     *Verbes conjugués comme* payer

| | | |
|---|---|---|
| **payer** | *to pay, pay for* | Nous **payons** la scolarité. |
| **employer** | *to employ, hire* | Le magasin **emploie** des étudiants. |
| | *to use* | J'**emploie** un ordinateur. |
| **envoyer** | *to send* | Paul **envoie** un télégramme à Patrick. |
| **nettoyer** | *to clean* | Tu **nettoies** l'appartement. |

**5. La fin du mois** *(The end of the month)*   Say what the following people or companies do at the end of the month.

▪ je / nettoyer / l'appartement     *Je nettoie l'appartement.*

1. Mme Rousseau / payer / le loyer
2. Jean-Louis / envoyer / une lettre à Christine
3. tu / nettoyer / le garage
4. nous / payer / le téléphone
5. les étudiants / payer / la scolarité
6. la compagnie / employer / des employés temporaires
7. les magasins / envoyer / les notes *(bills)* aux clients
8. vous / nettoyer / la maison
9. je / employer / une carte de crédit pour payer les repas
10. les employés / nettoyer / le bureau

## C.    L'expression *être à*

Note the use of the expression **être à** in the sentences below.

| | |
|---|---|
| Est-ce que le vélo **est à Philippe?** | *Does the bike **belong to Philippe?*** |
| Oui, il **est à lui.** | *Yes, it **belongs to him.*** |
| Est-ce que la voiture **est à toi?** | *Does the car **belong to you?*** |
| Non, elle **n'est pas à moi.** | *No, it **doesn't belong to me.*** |
| **À qui sont** les livres? | ***Who(m)** do the books **belong to?*** |
| Ils **sont au professeur.** | *They **belong to the teacher.*** |

> The expression **être à** *(to belong to)* is used to indicate POSSESSION.

| | | |
|---|---|---|
| **être à** + | noun or name | La cassette **est à Paul.** |
| | stress pronoun | Le disque n'**est** pas **à lui.** |

▶ To ask about ownership, the following interrogative pattern is used:

> **à qui est/sont** + name of object?

| | |
|---|---|
| **À qui est** le livre? | ***Whose** book **is** this?* |
| **À qui sont** les cassettes? | ***Whose** cassettes **are** these?* |

---

### *Expression pour la conversation*

*To indicate uncertainty:*
**peut-être**    *maybe*    —Où est Daniel?
                           —Il est **peut-être** à la bibliothèque.

---

**6. À qui est-ce?**    Antoine asks who owns the following things. Suzanne thinks they belong to certain people but André claims they belong to someone else. Play the three roles according to the model.

☐ les cahiers (Pierre / Philippe)
  ANTOINE: *À qui sont les cahiers?*
  SUZANNE: *Ils sont peut-être à Pierre.*
    ANDRÉ: *Mais non, ils ne sont pas à lui. Ils sont à Philippe.*

1. le vélo (Denise / Stéphanie)
2. l'ordinateur (Pauline / Charles)
3. l'appareil-photo (Jean-Claude / Béatrice)
4. l'auto (M. Dupont / Mme Leblanc)

5. le magnétophone (le professeur / l'étudiant)
6. la machine à écrire (la secrétaire / le journaliste)
7. les notes (les étudiants / le reporter)
8. la Cadillac (le président de la compagnie / moi)

# D.   La possession avec *de*

Read the following sentences, paying attention to word order in the expressions in heavy print.

Voici **l'appartement de Philippe.**     Here is *Philippe's apartment.*
Voilà **la voiture de Michèle.**     There is *Michèle's car.*
Où sont **les livres du professeur?**     Where are the *professor's books?*

---

The preposition **de** *(of)* is used to show POSSESSION.

| noun + **de (d')** + | name<br>article + noun | le vélo **de Pierre**<br>la voiture **de la dame** | *Pierre's* bike<br>*the lady's* car |

▶ The above construction is also used to express relationship.

Voici **l'ami de Christine.**     ... *Christine's friend.*
Voilà **la cousine de Jacques.**     ... *Jacques' cousin.*

**7. Emprunts *(Borrowed items)*** The people below are using things that belong to other people. Express this according to the model.

▢ Paul / regarder / les livres (Élisabeth)     ***Paul regarde les livres d'Élisabeth.***

1. je / écouter / les compact disques (Patrick)
2. Robert / employer / l'appareil-photo (Denise)
3. Jean-Paul / utiliser / la machine à écrire (une copine)
4. vous / regarder / le livre (le professeur)
5. tu / habiter dans / l'appartement (les amis de Claire)
6. nous / employer / le magnétophone (le journaliste)
7. les étudiants / utiliser / la voiture (l'amie de Catherine)
8. M. Berton / travailler / dans *(in)* le bureau (une collègue)

**8. Curiosité** You want to know more about the friends and acquaintances of the people below. Ask questions, using the expressions in parentheses.

▢ Paul a une copine. (parler français?)
***Est-ce que la copine de Paul parle français?***

1. Anne a un copain. (être sympathique?)
2. Janine a des cousins. (habiter à Genève?)
3. Sylvie a des amies. (avoir un appartement à Nice?)
4. Mme Martin a un secrétaire. (utiliser un ordinateur?)
5. Le dentiste a une assistante. (être compétente?)
6. Le professeur de français a des étudiants. (étudier beaucoup?)
7. Les étudiants canadiens ont un ami. (parler français?)
8. La secrétaire a des collègues. (travailler beaucoup?)

# E.   Les adjectifs possessifs

In the sentences below, the words in heavy print are POSSESSIVE ADJECTIVES.
They refer to Philippe's belongings. Note the form of the possessive adjectives in
the following sentences.

| | | |
|---|---|---|
| C'est la montre de Philippe? | Oui, c'est **sa** montre. | *Yes, it's **his** watch.* |
| C'est le vélo de Philippe? | Oui, c'est **son** vélo. | *Yes, it's **his** bike.* |
| Ce sont les livres de Philippe? | Oui, ce sont **ses** livres. | *Yes, they're **his** books.* |

POSSESSIVE ADJECTIVES agree with the NOUNS they introduce.

| Possessor | | Singular | | Plural | | | |
|---|---|---|---|---|---|---|---|
| | | *masculine* | *feminine* | | | | |
| (je) | *my* | **mon** | **ma (mon)** | **mes** | **mon** vélo | **ma** moto | **mes** disques |
| (tu) | *your* | **ton** | **ta (ton)** | **tes** | **ton** vélo | **ta** moto | **tes** disques |
| (il/elle) | *his, her, its* | **son** | **sa (son)** | **ses** | **son** vélo | **sa** moto | **ses** disques |
| (nous) | *our* | **notre** | | **nos** | **notre** vélo | **notre** moto | **nos** disques |
| (vous) | *your* | **votre** | | **vos** | **votre** vélo | **votre** moto | **vos** disques |
| (ils/elles) | *their* | **leur** | | **leurs** | **leur** vélo | **leur** moto | **leurs** disques |

▶ There is liaison after **mon, ton, son, mes, tes, ses, nos, vos,** and **leurs**
when the next word begins with a vowel sound.

   Philippe est mon‿ami.   Vos‿amis sont mes‿amis.

▶ **Mon, ton, son** are used instead of **ma, ta, sa** to introduce *feminine* nouns
when the next word begins with a vowel sound.

| | |
|---|---|
| Voici **mon‿amie** Christine. | *but:* C'est **ma** meilleure amie. |
| Où est **ton‿auto?** | Où est **ta** petite auto? |

▶ The choice between **son, sa,** and **ses** depends only on the gender and
number of the noun that follows and not on the gender and the number
of the owner.

| | | |
|---|---|---|
| C'est la voiture de Paul? | Oui, c'est **sa** voiture. | ***his** car* |
| C'est la voiture de Michèle? | Oui, c'est **sa** voiture. | ***her** car* |
| Ce sont les disques de Paul? | Oui, ce sont **ses** disques. | ***his** records* |
| Ce sont les disques de Michèle? | Oui, ce sont **ses** disques. | ***her** records* |

To clarify who the owner is, the construction **à** + *stress pronoun* is sometimes used after the noun.

Voici Jacques.   Voici **sa** voiture **à lui.**     Voici Nicole.   Voici **sa** voiture **à elle.**

**9. Un millionnaire**  Pretend that you are a millionaire. Show off some of your possessions, as in the model.

▢  l'avion     *Voici mon avion.*

1. les chevaux *(horses)*
2. la piscine
3. les autos
4. la Mercédès
5. la Jaguar
6. l'Alfa Roméo
7. le chalet à Chamonix
8. l'appartement à Paris
9. la villa à Monaco

**10. Dialogue**  You are looking for some of your things. Ask your roommate (played by a classmate) if he/she has them. Your roommate will answer affirmatively or negatively.

▢  la raquette (non)

PHILIPPE:  *Dis, Mélanie. As-tu ma raquette?*
MÉLANIE:  *Non, je n'ai pas ta raquette.*

1. la guitare (oui)
2. le stylo (non)
3. les cahiers (oui)
4. la caméra (non)
5. l'appareil-photo (oui)
6. le lecteur de cassettes (non)

**11. À qui est-ce?**  Ask your classmates if the following objects belong to the persons in parentheses. They will answer affirmatively or negatively according to the model.

▢  la raquette (Charles? oui)

—*C'est la raquette de Charles?*
—*Oui, c'est sa raquette.*

▢  les disques (Pauline? non)

—*Ce sont les disques de Pauline?*
—*Non, ce ne sont pas ses disques.*

1. la mobylette (Isabelle? oui)
2. les cahiers (Henri? non)
3. le magnétophone (la journaliste? oui)
4. la machine à écrire (Monsieur Voisin? non)
5. l'appartement (la copine de Thomas? oui)
6. le stylo (l'étudiant espagnol? non)
7. les livres (Jacqueline? oui)
8. les cassettes (Philippe? non)

**12. Oui ou non?**  Read about the following people. On the basis of this information, say whether or not they do the things in parentheses. Use the appropriate possessive adjectives in affirmative or negative sentences.

▢  Vous êtes consciencieux. (préparer les examens?)
*Oui, vous préparez vos examens.*

1. Catherine aime l'ordre. (nettoyer l'appartement?)
2. Les clients sont honnêtes. (payer les dettes?)
3. Tu es avare *(stingy)*. (dépenser l'argent?)
4. Vous n'êtes pas sociable. (inviter souvent les amis?)
5. Les étudiantes sont indépendantes. (aimer l'indépendance?)
6. Nous détestons nager. (passer les week-ends à la plage?)
7. J'aime voyager. (passer les vacances en Italie?)

# Vocabulaire: *La famille et les relations personnelles*

| | | | |
|---|---|---|---|
| **la famille** | *(family)* | | |
| **les parents** | *(parents)* | | |
| **le mari** | *husband* | **la femme** | *wife* |
| **le père** | *father* | **la mère** | *mother* |
| **le beau-père** | *stepfather* | **la belle-mère** | *stepmother* |
| **les enfants** | *(children)* | | |
| **le fils** | *son* | **la fille** | *daughter* |
| **le frère** | *brother* | **la sœur** | *sister* |
| **le demi-frère** | *half brother* | **la demi-sœur** | *half sister* |
| **les grands-parents** | *(grandparents)* | | |
| **le grand-père** | *grandfather* | **la grand-mère** | *grandmother* |
| **les petits-enfants** | *(grandchildren)* | | |
| **le petit-fils** | *grandson* | **la petite-fille** | *granddaughter* |
| **les parents** | *(relatives)* | | |
| **l'oncle** | *uncle* | **la tante** | *aunt* |
| **le cousin** | *cousin (male)* | **la cousine** | *cousin (female)* |
| **les voisins** | *(neighbors)* | | |
| **le voisin** | *neighbor (male)* | **la voisine** | *neighbor (female)* |

## NOTE DE VOCABULAIRE

Note the pronunciation of the following words:

**la femme**   /fam/    **le fils**   /fis/

## 13. Questions personnelles

1. Avez-vous des frères et des sœurs? Combien de frères? Combien de sœurs? Où est-ce qu'ils habitent?
2. Avez-vous des cousins? des cousines? Où habitent vos cousins et vos cousines?
3. Où habitent vos grands-parents?
4. Combien d'enfants ont vos grands-parents? Combien de petits-enfants?
5. Dans votre famille, est-ce qu'il y a souvent des réunions de famille? Allez-vous à ces *(these)* réunions? Qui va à ces réunions?
6. Avez-vous des voisins sympathiques? Est-ce qu'ils ont des enfants? Combien? Est-ce que les enfants de vos voisins vont aussi à l'université?

## Communication

Choose a partner who will play the role of the other person in the conversation.

---

1. You have to find a new place to live next semester. Your French friend is telling you about a vacancy in the apartment he/she shares with some other students. You would like some more details.

Ask your partner . . .

- how much he/she pays for rent
- how much he/she spends on (**dépenser pour**) meals per week
- how many people there are in the apartment
- if the neighbors are nice

---

2. You have just been introduced to a French guest at a party. You want to get to know this person better.

Ask your partner . . .

- how many brothers he/she has
- where his/her parents live
- if he/she has cousins in France
- if his/her cousins speak English
- if he/she is going to his/her cousins' place this summer (**cet été**)

---

3. You are working as claims adjuster for an insurance company. There has been a fire in your neighbor's apartment and you are looking into replacement costs. (Address your client formally with **vous.**)

Ask your partner . . .

- how much his/her TV set is going to cost
- how much his/her records are going to cost
- How much his/her stereo is going to cost

# Un tee-shirt qui coûte cher

**SCÈNE 1. UNE AFFAIRE°**                                                    *bargain*

*Carole et Monique sont dans un grand magasin°. Ce° magasin s'appelle° «les Nouvelles*     *department store / This / is*
*Galeries». Carole et Monique regardent les tee-shirts.*                      *called*

**MONIQUE:** Regarde ce tee-shirt!
**CAROLE:** Quel tee-shirt?
**MONIQUE:** Ce tee-shirt bleu!
**CAROLE:** Moi, je préfère ce tee-shirt rouge. Il est plus joli°.            *prettier*
**MONIQUE:** D'accord! Mais il est plus cher°.                                 *more expensive*
**CAROLE:** Ah bon? Combien coûte le tee-shirt bleu?
**MONIQUE:** Seulement° cinquante francs! C'est une affaire!                   *Only*

## SCÈNE 2. UNE AFFAIRE QUI° N'EST PAS UNE AFFAIRE

*Monique achète le tee-shirt. Puis°, elle sort° du magasin avec Carole.*

**CAROLE:** Dis°, Monique! Regarde le flic° là-bas!
**MONIQUE:** Quel flic?
**CAROLE:** Le flic qui note le numéro de ta voiture.
**MONIQUE:** Zut°!

*Monique va parler à l'agent de police°.*

**MONIQUE:** Mais, Monsieur l'agent ... Qu'est-ce que j'ai fait°?
**L'AGENT:** Et ce panneau°?
**MONIQUE:** Quel panneau?
**L'AGENT:** Ce panneau-là! «Interdiction de stationner°.»
Désolé°, mais c'est deux cents francs, Mademoiselle ...
**CAROLE:** Cinquante francs pour le tee-shirt et deux cents francs pour la contravention°. Cette affaire, ce n'est pas exactement une affaire!
**MONIQUE:** Toi, tais-toi°!

| | |
|---|---|
| | *which* |
| | *Then / leaves* |
| | *Hey / cop* |
| | *Darn* |
| | *policeman* |
| | *What did I do?* |
| | *sign* |
| | *no parking* |
| | *Sorry* |
| | *ticket* |
| | *Oh, be quiet!* |

---

# Lecture culturelle: *Le shopping*

En France, comme[1] aux États-Unis[2], le shopping n'est pas seulement[3] une nécessité. C'est aussi une forme de récréation. Pour les vêtements[4], les Français ont le choix[5] entre[6] un grand nombre de magasins: la «boutique», le «grand magasin», la «grande surface»...

La boutique est un magasin spécialisé dans une catégorie de vêtements: chemises[7], vêtements masculins, vêtements féminins, chaussures[8], etc... Généralement les boutiques vendent[9] des vêtements qui sont de bonne qualité (les «grandes marques[10]») mais relativement chers[11].

Le grand magasin est un magasin qui[12] vend toutes sortes[13] de vêtements. La qualité de ces vêtements, et par conséquent le prix, est variable. En général, les grands magasins sont situés dans le centre des grandes villes[14]: Les Galeries Lafayette, le Printemps, Au Bon Marché à Paris, les Nouvelles Galeries en province.

La grande surface ou centre commercial est située généralement à l'extérieur[15] des villes. Ces grandes surfaces vendent une grande variété de produits[16]: des vêtements, mais aussi des produits alimentaires[17], des appareils ménagers[18], des outils[19] ... à des prix relativement bas[20]. Inexistantes il y a vingt ans[21], ces grandes surfaces sont aujourd'hui très populaires.

1 *like*  2 *United States*  3 *only*  4 *clothing*  5 *choice*
6 *between*  7 *shirts*  8 *shoes*  9 *sell*  10 *designer labels*
11 *expensive*  12 *that*  13 *all kinds*  14 *cities*  15 *outside*
16 *products*  17 *food*  18 *appliances*  19 *tools*  20 *low*
21 *twenty years ago*

# Structure et Vocabulaire

## Vocabulaire:    *Quelques vêtements*

### Noms

| | | | |
|---|---|---|---|
| **un anorak** | *parka* | **des bottes** | *boots* |
| **des bas** | *stockings* | **une chemise** | *shirt* |
| **un chapeau** | *hat* | **des chaussettes** | *socks* |
| **un chemisier** | *blouse* | **des chaussures** | *shoes* |
| **un costume** | *(man's) suit* | **une cravate** | *tie* |
| **un imperméable** | *raincoat* | **une jupe** | *skirt* |
| **un jean** | *jeans* | **des lunettes** | *glasses* |
| **un maillot de bain** | *swimming suit* | **des lunettes de soleil** | *sunglasses* |
| **un manteau** | *coat* | **une robe** | *dress* |
| **un pantalon** | *pants* | **un sweat** | *sweatshirt* |
| **un pull (pull-over)** | *sweater* | **une veste** | *jacket* |
| **un short** | *shorts* | | |
| **un tailleur** | *(woman's) suit* | | |
| **un tee-shirt** | *T-shirt* | | |
| **un vêtement** | *(piece of) clothing* | | |

### Adjectifs de couleur

**De quelle couleur ...?**   *What color ...?*

| | | | | | |
|---|---|---|---|---|---|
| **orange** | *orange* | **marron** | *brown* | | |
| **noir** | *black* | **gris** | *gray* | **blanc (blanche)** | *white* |
| **bleu** | *blue* | **vert** | *green* | **jaune** | *yellow* |
| **rose** | *pink* | **rouge** | *red* | **violet (violette)** | *purple* |

### Autres adjectifs

| | | |
|---|---|---|
| **cher (chère)** | *expensive* | Ces chaussures sont très **chères.** |
| **bon marché** | *inexpensive, cheap* | Les chaussettes sont **bon marché.** |

### Verbe

| | | |
|---|---|---|
| **porter** | *to wear* | Je **porte** un pantalon bleu et une chemise verte. |
| | *to carry* | Je **porte** mes livres dans mon sac. |

### NOTES DE VOCABULAIRE

1. Adjectives of color agree with the nouns they modify. The adjectives **orange** and **marron,** however, are invariable; they do not take regular adjective endings.

   J'ai **une chemise** marron et **des chaussures** orange.

2. Nouns that end in **-eau** in the singular end in **-eaux** in the plural.

   un manteau → des **manteaux**    un chapeau → des **chapeaux**

3. The expression **bon marché** is invariable and does not take adjective endings.

**1. Aujourd'hui** *(Today)*   Describe the clothes worn by the following people today. Give the colors for each item.

1. Aujourd'hui, je porte ...
2. L'étudiant(e) à ma droite *(to my right)* porte ...
3. L'étudiant(e) à ma gauche *(to my left)* porte ...
4. Le professeur porte ...

**2. Vêtements pour chaque occasion** *(Clothes for every occasion)*   What we wear often depends on the circumstances in which we find ourselves. Complete the following sentences by indicating the items of clothing these people are likely to wear.

1. Jacques va à une entrevue *(interview)* professionnelle. Il porte ...
2. Monique va à une entrevue professionnelle. Elle porte ...
3. Je vais à la campagne *(country)*. Je porte ...
4. Mlle Castel va dans un restaurant très élégant. Elle porte ...
5. Tu vas à la plage. Tu portes ...
6. Henri va jouer au tennis. Il porte ...
7. Oh là là, il pleut *(it's raining)*. Vous allez porter ...

**3. Une question de goût** *(A matter of taste)*   What goes well with the following items of clothing?

1. Un blazer bleu va bien avec ...
2. Un pull gris va bien avec ...
3. Des chaussettes noires vont bien avec ...
4. Une chemise jaune va bien avec ...
5. Une cravate orange et marron va bien avec ...

---

NOTE LINGUISTIQUE: *Mots empruntés à l'anglais*

Over the past hundred years, the French have been borrowing words from the English language. Borrowed nouns have more or less maintained their English pronunciation and are usually masculine.

Sports: **le golf, le tennis, le basketball, le rugby**
Clothing: **le short, le tee-shirt, un jean, le pull-over, le sweat-shirt**
Business: **le marketing, le business, le management, le shopping**
Fast foods: **le bar, le grill, le snack (le snack-bar), le self-service**

---

## A.   Les verbes comme *acheter* et *préférer*

The infinitive stems of **acheter** *(to buy)* and **préférer** *(to prefer)* are **achet-** and **préfér-**. These stems end in **e** or **é** + CONSONANT. Note the forms of **acheter** and **préférer** in the present.

| infinitive | **acheter** | **préférer** |
|---|---|---|
| present | j' achète | je préfère |
| | tu achètes | tu préfères |
| | il/elle/on achète | il/elle/on préfère |
| | nous achetons | nous préférons |
| | vous achetez | vous préférez |
| | ils/elles achètent | ils/elles préfèrent |

▶ Most verbs like **acheter** and all verbs like **préférer** have the following stem change in the present tense:

> **e, é → è** in the **je, tu, il/elle/on,** and **ils/elles** forms

## Vocabulaire:   *Verbes conjugués comme* acheter *et* préférer

Verbes conjugués comme *acheter*

| | | |
|---|---|---|
| **acheter** | *to buy* | Est-ce qu'on **achète** ces *(these)* tee-shirts? |
| **amener** | *to bring, to take (along)* | Philippe **amène** Monique au concert. |

Verbes conjugués comme *préférer*

| | | |
|---|---|---|
| **célébrer** | *to celebrate* | Françoise **célèbre** son *(her)* anniversaire le 3 mai. |
| **considérer** | *to consider* | Je **considère** Paul comme *(as)* un ami. |
| **espérer** | *to hope* | Est-ce que tu **espères** avoir un «A» en français? |
| **posséder** | *to own* | Vous ne **possédez** pas de voiture? |
| **préférer** | *to prefer* | Je **préfère** la veste bleue. Et toi? |
| **répéter** | *to repeat* | Le professeur **répète** la question. |

**4. Joyeux anniversaire! *(Happy birthday!)***   The people below are taking their friends out on their birthday. Say where, using the verb **amener.**

▢ tu / Annie / le restaurant     *Tu amènes Annie au restaurant.*

1. Charles / Monique / le théâtre
2. nous / Henri / le concert
3. vous / vos amies / le cinéma
4. Robert et Jacques / Carole / la discothèque
5. je / mon amie / le bowling
6. Thomas / Denise / le restaurant chinois

**5. Espérances**   State that the following people hope to buy things they do not now own. Use the verbs **espérer** and **posséder,** according to the model.

▪ Luc (une moto)   *Luc espère acheter une moto. Il ne possède pas de moto.*

1. je (une chaîne-stéréo)
2. tu (un VTT)
3. André (une machine à écrire)
4. vous (un appartement)
5. M. et Mme Tremblay (une voiture)
6. nous (un ordinateur)

**6. Conversation**   You have received 100, 500, and 1.000 dollars. Make a list of three things you are going to buy with each of these sums. Compare your list with those of your classmates.

| 100 dollars | 500 dollars | 1.000 dollars |
|---|---|---|
| • un CD de Michael Jackson<br>• un chapeau rouge<br>• des lunettes de soleil | •<br>•<br>• | •<br>•<br>• |

—*Avec cent dollars, je vais acheter un CD de Michael Jackson, un chapeau rouge et des lunettes de soleil. Et toi?*
—*Moi, avec cent dollars, je vais acheter  ...*

**7. Questions personnelles**

1. Quand est-ce que vous célébrez votre anniversaire? Comment célébrez-vous votre anniversaire? Est-ce que vous amenez vos amis au restaurant quand ils célèbrent leur anniversaire?
2. Est-ce que vous achetez souvent des livres? des disques? des cassettes? des CD? des vêtements? Qu'est-ce que vous achetez aussi avec votre argent?
3. Quand vous allez à une fête, est-ce que vous amenez vos amis? Qui amenez-vous?
4. Est-ce que vous considérez vos professeurs comme des amis? Pourquoi?
5. Est-ce que vous espérez aller en France un jour? Quand? Est-ce que vous espérez être très riche? Pourquoi?
6. Possédez-vous une mini-chaîne? une radio? un appareil-photo? De quelles marques *(brands)*?
7. Est-ce que vous considérez l'avenir *(future)* avec optimisme? Pourquoi (pas)?

# B.    L'adjectif interrogatif *quel*

In the following exchanges, the words in heavy print are INTERROGATIVE ADJECTIVES. Note the forms of the interrogative adjective **quel.**

Monique:

Je vais acheter ce livre et cette montre.

Je veux inviter des garçons et des filles.

Carole:

**Quel** livre?    **Quelle** montre?

**Quels** garçons?    **Quelles** filles?

---

The INTERROGATIVE ADJECTIVE **quel** *(which, what)* has four written forms.

|  | Singular | Plural |  |  |
|---|---|---|---|---|
| *masculine* | **quel** | **quels** | **quel** garçon? | **quels** amis? |
| *feminine* | **quelle** | **quelles** | **quelle** fille? | **quelles** amies? |

---

▶ There is liaison after **quels** and **quelles** when the next word begins with a vowel sound.

▶ **Quel** may be separated from the noun it modifies by the verb **être.**

**Quelle** est la **date?**           *What is the date?*

**Quel** est le **prix** de cette jupe?    *What is the price of this skirt?*

---

**8. La boutique**    You're walking around the duty-free shop at the Paris international airport with a friend. Whenever you point out something, your friend asks you to be more specific. Play both roles according to the model.

☐ les vestes (bleu)    —*Regarde les vestes!*
                        —*Quelles vestes?*
                        —*Les vestes bleues.*

1. la caméra (japonais)
2. les lunettes (italien)
3. le pantalon (blanc)
4. l'anorak (rouge)
5. les montres (suisse)
6. la radio (allemand)
7. le parfum (français)
8. les cravates (jaune)
9. le maillot de bain (bleu)
10. le stylo (noir)

BOUCHERON
PARIS

# C.  L'adjectif démonstratif *ce*

In the sentences below, the words in heavy print are DEMONSTRATIVE ADJECTIVES.

| | |
|---|---|
| J'achète **ce** pull et **cet** anorak. | *I am buying **this** sweater and **this** parka.* |
| Nadine préfère **cette** robe. | *Nadine prefers **that** dress.* |
| Aimes-tu **ces** cravates et **ces** chemises? | *Do you like **these** ties and **those** shirts?* |

The demonstrative adjective **ce** *(this, that)* has four written forms.

| | Singular | Plural | | |
|---|---|---|---|---|
| *masculine* | **ce** <br> **cet** (+ vowel sound) | **ces** | **ce** garçon <br> **cet** homme | **ces** garçons <br> **ces** hommes |
| *feminine* | **cette** | **ces** | **cette** fille <br> **cette** amie | **ces** filles <br> **ces** amies |

► There is liaison after **cet** and **ces** when the next word begins with a vowel sound.

► The demonstrative adjective **ce** corresponds to both *this* and *that*.

Tu achètes **ce** disque?   { *Are you buying **this** record?* <br> { *Are you buying **that** record?*

► The meaning of the demonstrative adjective may be reinforced by adding **-ci** or **-là** to the noun.

| | |
|---|---|
| **Cette** veste**-ci** est jolie. | ***This** jacket **(over here)** is pretty.* |
| **Cette** veste**-là** est chère. | ***That** jacket **(over there)** is expensive.* |

**9. Critiques**   There are times when you can find fault with everything. Criticize the following people and things, using the suggested adjectives in affirmative or negative sentences, as in the model. Do not forget the noun/adjective agreement.

| | |
|---|---|
| ▯ la veste: joli? | *Cette veste n'est pas jolie.* |
| ▯ les cassettes: mauvais? | *Ces cassettes sont mauvaises.* |

1. la voiture: confortable?
2. les chaussures: élégant?
3. l'appareil-photo: bon?
4. les livres: stupide?
5. le film: ridicule?
6. les étudiantes: brillant?
7. le professeur: patient?
8. la secrétaire: compétent?
9. les personnes: désagréable?
10. l'ami: sympathique?

*Expression pour la conversation*

*To introduce a reaction:*
**Eh bien ...**    *Well . . .*        —J'aime ces jupes blanches.
                                —**Eh bien,** moi, je préfère les jupes grises.

**10. Désaccord (Disagreement)**    Philippe and Sylvie are at a department store.
They disagree on what they prefer. Play the two roles.

une caméra
PHILIPPE:    *Quelle caméra préfères-tu?*
   SYLVIE:    *Je préfère cette caméra-ci.*
PHILIPPE:    *Eh bien, moi, je préfère cette caméra-là.*

1. un walkman        5. une bicyclette      9. un anorak
2. des cassettes     6. une moto           10. un tailleur
3. un ordinateur     7. des livres         11. des chaussures
4. une cravate       8. des pantalons      12. des lunettes

# D.   Le comparatif des adjectifs

Note how comparisons are expressed in the sentences below.

La robe est **plus chère que** la jupe.        *The dress is **more expensive than** the skirt.*
La veste est **plus jolie que** le pull.        *The jacket is **prettier than** the sweater.*

Pauline est **moins riche qu'**Éric.            *Pauline is **less rich than** Eric.*
Mais elle est **moins égoïste que** lui.        *But she is **less selfish than** he (is).*

Je suis **aussi sérieux que** toi.              *I am **as serious as** you (are).*
Tu n'es pas **aussi brillant que** moi.         *You are not **as brilliant as** I (am).*

---

COMPARISONS with ADJECTIVES are expressed according to the following patterns:

| [+] **plus** | | **plus cher (que)** | *more expensive (than)* |
|---|---|---|---|
| [−] **moins** | + adjective (**+ que ...**) | **moins cher (que)** | *less expensive (than)* |
| [=] **aussi** | | **aussi cher (que)** | *as expensive (as)* |

► There is a liaison after **plus** and **moins** before a vowel sound.

   Ce livre est plus‿intéressant.        Ces étudiants sont moins‿idéalistes.

► In comparisons with people, STRESS PRONOUNS are used after **que**.
   NOTE: **que → qu'** before a vowel sound.

   Anne est plus petite **que moi**.    Je suis plus grande **qu'elle**.

▶ The COMPARATIVE of **bon** (good) is **meilleur** (better).
▶ **Meilleur** agrees with the noun it modifies.

Ce disque-ci est **bon.**          Ce disque-là est **meilleur.**
Ces étudiantes-ci sont **bonnes**  Ces étudiantes-là sont **meilleures.**
   en français.

**11. Comparaisons** Compare the following objects and people using the suggested adjectives. Do not forget to make adjectives agree in number and gender.

▢ les voitures japonaises / les voitures américaines (économique)
*Les voitures japonaises sont plus (moins, aussi) économiques que les voitures américaines.*

1. les Mercédès / les Ford (confortable)
2. les Volkswagen / les Jaguar (rapide)
3. la cuisine française / la cuisine américaine (bon)
4. le français / l'espagnol (difficile)
5. l'argent / l'amitié *[friendship]* (important)
6. les étudiants / leurs parents (idéaliste)
7. les femmes / les hommes (capable)
8. les Yankees / les Red Sox (bon)
9. Tarzan / King Kong (fort)
10. Boris Becker / Ivan Lendl (bon)

**12. Comparaisons personnelles** Ask your classmates to compare themselves to other people. They will use stress pronouns in their answers.

▢ optimiste / tes amis
   —*Es-tu plus optimiste que tes amis?*
   —*Oui (Non), je suis plus (moins) optimiste qu'eux.*
ou: —*Non, mais je suis aussi optimiste qu'eux.*

1. grand(e) / ton copain
2. riche / tes voisins
3. individualiste / ton frère
4. énergique / ta sœur
5. jeune / ton cousin
6. bon(ne) en français /
   les étudiants de la classe
7. bon(ne) en tennis / tes copains
8. idéaliste / tes parents

**13. Expression orale**   Talk with your classmates about the pictures below. Ask
for their preferences and make comparisons. You may want to use some of
the following adjectives:

| | | |
|---|---|---|
| bon | économique | petit |
| bon marché | élégant | pratique |
| cher | grand | rapide |
| confortable | joli | utile (useful) |

—*Quelle voiture préfères-tu?*
—*Je préfère la voiture noire.*
—*Ah bon? Pourquoi est-ce que tu préfères
  cette voiture?*
—*Parce qu'elle est plus petite que
  la voiture blanche.*
—*Oui, mais elle n'est pas aussi rapide.*
—*D'accord! Mais elle est moins chère!*

1.
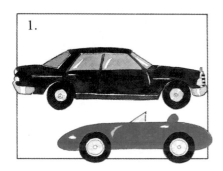

2.

3.

4.
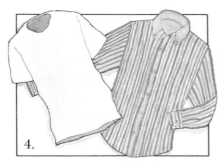

5.

6.

# Communication

Choose a partner who will play the role of the other person in the conversation.

---

1.  Your friend has been invited to a formal party. You want to find out more details.

Ask your partner . . .

- when the party **(la soirée)** is
- whom he/she is going to bring along
- what clothes he/she is going to wear

---

2. You are in a shopping mall conducting a survey for *La Mode,* a French fashion magazine. You are talking to a shopper, whom you address as **vous.**

Ask your partner . . .

- what colors he/she prefers
- where he/she buys his/her clothes
- where he/she buys his/her shoes
- what clothes he/she is going to buy for the summer **(pour l'été)**
- what clothes he/she is going to buy for the winter **(pour l'hiver)**

---

3. You are in a shop with a friend looking at clothes. You have been comparing articles of different styles and colors and have each decided to buy two things.

With your partner . . .

- discuss what each of you is going to buy
- explain the reason for each of your choices
- compare your selection to other items you did not choose; perhaps it is more comfortable or more practical or prettier, etc. (suggested adjectives: **confortable, pratique, joli, élégant, bon marché**)

# Le rêve et la réalité

Michèle a une chambre° relativement spacieuse avec des meubles° assez modernes: une chaîne-stéréo, une table avec des plantes vertes, des chaises°, un bureau°, un lit° confortable ... Est-ce le logement idéal pour une étudiante?

«Oui!» pensent les parents de Michèle.

«Non! pense Michèle, parce que finalement cette chambre n'est pas à moi.» Michèle, en effet°, habite chez ses parents, et chez ses parents elle n'est pas totalement indépendante.

Voilà pourquoi Michèle cherche° un appartement. Michèle regarde le journal°. Est-ce qu'elle va trouver° ce qu'°elle cherche?

«Tiens°, voilà une annonce° intéressante.»

room / furniture

chairs

desk / bed

as a matter of fact

is looking for

newspaper / to find / what

Hey / ad

QUARTIER LATIN
Studio avec cuisine°
et salle de bains°:
3.000 Francs par mois

kitchen

bathroom

Trois mille francs par mois! C'est beaucoup pour le modeste budget de Michèle. Et puis, cet été°, Michèle veut faire un voyage° en Grèce avec ses copains. Si elle veut faire ce voyage, elle doit faire des économies°. Alors? Alors, Michèle ferme° le journal ... Sa chambre n'est peut-être pas la plus confortable, mais pour le moment, c'est la moins° chère.

*summer / wants to take a trip*
*has to save money*
*closes*
*least*

---

## Lectures culturelles: *Le Quartier latin*

Le Quartier latin est le centre de la vie estudiantine[1] à Paris. C'est un quartier très animé[2] où il y a beaucoup de cinémas, de théâtres, de cafés et de boutiques.

### Le logement des étudiants

Pour les étudiants français, le logement représente un problème majeur. Les universités sont en effet situées dans des grandes villes[3] où les appartements sont très chers. Comment les étudiants résolvent-ils le problème du logement?

Certains[4] habitent avec leurs parents. Ce n'est pas la solution idéale pour les étudiants qui aiment être indépendants. En plus[5], cette solution est impossible pour les milliers[6] d'étudiants qui n'habitent pas dans une ville universitaire. Beaucoup louent[7] une «chambre d'étudiant»[8]. Ces chambres sont relativement bon marché, mais elles ne sont pas très confortables. Elles n'ont pratiquement jamais[9] le téléphone et certaines n'ont pas l'eau courante[10]. Souvent, la meilleure solution est d'avoir une chambre à la Cité Universitaire ... Malheureusement[11], cette solution n'est pas toujours possible. Les demandes[12] sont en effet nombreuses[13] et excèdent les disponibilités[14].

1 student  2 full of life  3 cities  4 some  5 moreover
6 thousands  7 rent  8 student room  9 never  10 running
water  11 unfortunately  12 requests  13 numerous
14 number available

# Vocabulaire:  *Le logement*

## Noms

| | | | |
|---|---|---|---|
| un appartement | *apartment* | une maison | *house, home* |
| un studio | *studio apartment* | une résidence | *dormitory* |
| un cabinet de toilette | *bathroom* | une chambre | *(bed)room* |
| un garage | *garage* | une cuisine | *kitchen* |
| le jardin | *garden* | une fenêtre | *window* |
| un mur | *wall* | une pièce | *room (of a house)* |
| un salon | *(formal) living room* | une porte | *door* |
| les WC | *toilet(s)* | une salle à manger | *dining room* |
| | | une salle de séjour | *living room* |
| | | une salle de bains | *bathroom* |
| | | les toilettes | *toilets* |

| | | | |
|---|---|---|---|
| un bureau | *desk* | une chaise | *chair* |
| un fauteuil | *armchair* | une lampe | *lamp* |
| un lit | *bed* | une table | *table* |
| un meuble | *piece of furniture* | | |
| un sofa | *sofa* | | |

## Verbes

| | | |
|---|---|---|
| chercher | *to look for* | Jacques **cherche** un appartement. |
| louer | *to rent* | Je vais **louer** une chambre. |
| trouver | *to find* | Éric espère **trouver** un studio dans le Quartier latin. |

## Expressions

| | | |
|---|---|---|
| pendant | *during* | Où vas-tu habiter **pendant** les vacances? |
| si | *if* | **Si** je fais des économies, je vais louer un studio. |

## NOTES DE VOCABULAIRE

1. When a noun is used to describe another noun, the French use the following construction: ***main noun* + de + *descriptive noun*.**

| | |
|---|---|
| **une salle de bains** | *a bathroom* |
| **une table de nuit** | *a night table* |
| **un(e) camarade de chambre** | *a roommate* |

2. **Si** becomes **s'** before **il** and **ils** (but not before **elle, elles,** or **on**).

   **S'il** va à Paris, Jacques va louer un studio.

**4. Questions personnelles**

1. Où habitez-vous? dans une résidence? dans un appartement? chez vos parents?
2. Comment s'appellent les principales résidences de l'université? Si vous habitez dans une résidence, comment s'appelle cette résidence? Avez-vous une chambre confortable? Avez-vous une chambre moderne?
3. Si vous habitez dans un appartement, est-ce un grand appartement? Est-ce un appartement confortable? Est-ce qu'il y a une cuisine moderne? Combien de personnes habitent dans cet appartement?
4. Quand vous êtes chez vos parents, est-ce que vous avez une chambre indépendante? Combien de pièces est-ce qu'il y a chez eux? Combien de chambres est-ce qu'il y a? Est-ce que la salle de séjour est grande? Est-ce qu'il y a un jardin?
5. Quels meubles est-ce qu'il y a dans votre chambre? Sont-ils modernes? Quels meubles est-ce qu'il y a dans le salon? dans la salle à manger?
6. Quand vous allez en vacances, est-ce que vous louez un appartement? une voiture? un vélo?
7. Est-ce que les meubles de votre chambre à l'université sont plus confortables que les meubles de votre chambre chez vous?
8. Est-ce que vous préférez votre chambre chez vous ou votre chambre à l'université? Pourquoi?

*Expressions pour la conversation*

*To reinforce a statement, an explanation, or a question:*

**Alors?**  *So?*       —Je n'habite pas avec mes parents.
                        —**Alors,** où habites-tu?

**alors**  *therefore, then, so*   Je ne suis pas riche. **Alors,** je n'ai pas de voiture.

**5. Où sont-ils?**   Read what the following people are doing and say where you think each one is.

Jacques répare la voiture.
*Alors, il est dans le garage.*

1. Albert regarde la télévision.
2. Marie-Noëlle fait ses devoirs.
3. Henri joue du piano.
4. Nous dînons.
5. Vous faites la vaisselle.
6. Tu es sur ton lit.
7. Monique est à son bureau.
8. Jean-Marc se lave *(washes up)*.
9. Suzanne fait des sandwichs.
10. Mme Martin regarde les roses.

## Vocabulaire:    *Les prépositions de lieu* (place)

| | | |
|---|---|---|
| **dans** | *in* | Le téléviseur est **dans** la salle de séjour. |
| **par** | *through, by* | Je passe **par** la cuisine pour aller au garage. |
| **entre** | *between* | Lyon est **entre** Paris et Nice. |
| **sur** | *on* | Il y a une lampe **sur** mon bureau. |
| **sous** | *under* | Mes chaussettes sont **sous** le lit. |
| **devant** | *in front of* | Le chaise est **devant** le bureau. |
| **derrière** | *in back of, behind* | Le jardin est **derrière** la maison. |
| ***près de** | *near* | J'habite **près de** l'université. |
| ***loin de** | *far from* | Habitez-vous **loin du** campus? |
| ***à côté de** | *next to* | Il y a un café **à côté du** cinéma. |
| ***en face de** | *across from, opposite* | **En face du** cinéma, il y a un restaurant. |
| ***à droite de** | *to the right of* | La salle de bains est **à droite de** la chambre. |
| ***à gauche de** | *to the left of* | La cuisine est **à gauche du** salon. |

### NOTE DE VOCABULAIRE

The expressions marked with an asterisk are used without **de** when they are not followed by a noun. Compare:

| | |
|---|---|
| J'habite **à côté.** | *I live **nearby**.* |
| J'habite **à côté de** l'université. | *I live **next to** the university.* |

### 6. Questions personnelles

1. Habitez-vous loin ou près de l'université?
2. Qui habite à côté de chez vous?
3. Qui habite en face de chez vous?
4. Est-ce qu'il y a des magasins entre l'université et votre maison? Quels magasins?
5. Est-ce qu'il y a un parc dans votre ville? Est-ce que vous passez souvent par ce parc?
6. Est-ce que votre maison a un jardin? Est-ce qu'il est devant ou derrière la maison?
7. Comment s'appelle l'étudiant(e) à votre droite? Comment s'appelle l'étudiant(e) à votre gauche?
8. Qu'est-ce qu'il y a sur votre bureau?

**7. Dialogue**   You are sometimes disorganized. Right now you are looking for the following items. Ask a classmate to help you.

—*Où est mon manteau?*
—*Il est à côté de la fenêtre (à gauche de la fenêtre).*

1. mes livres
2. ma guitare
3. ma raquette de tennis
4. ma veste
5. mes chaussures
6. mon téléviseur
7. la radio
8. mes chaussettes
9. le chat *(cat)*

## B.    Les adjectifs *beau, nouveau, vieux*

The irregular adjectives **beau** (*pretty, handsome, beautiful*), **nouveau** (*new*), and **vieux** (*old*) usually come BEFORE the noun they modify.

| *singular* | | | |
|---|---|---|---|
| *masculine + consonant* | un **beau** costume | un **nouveau** vélo | un **vieux** livre |
| *masculine + vowel sound* | un **bel** homme | un **nouvel** ami | un **vieil** ami |
| *feminine* | une **belle** robe | une **nouvelle** moto | une **vieille** dame |
| *plural* | | | |
| *masculine* | les **beaux** meubles | les **nouveaux** pulls | les **vieux** lits |
| *feminine* | les **belles** jupes | les **nouvelles** robes | les **vieilles** lampes |

▶  In the plural, note the liaison before a vowel sound:

les vieux amis      les nouvelles écoles

▶  **Vieil** and **vieille** are pronounced the same: /vjɛj/.

**8. Janine et Albert**  Janine and Albert have different life styles. Janine likes older things and Albert likes what is new. Describe them both, according to the model.

▯  habiter dans un studio      *Janine habite dans un vieux studio.*
*Albert habite dans un nouveau studio.*

1. avoir une auto
2. acheter des meubles
3. chercher un appartement
4. employer une machine à écrire
5. porter un anorak
6. utiliser un ordinateur
7. écouter des cassettes
8. louer une voiture

**9. L'appartement**  Jacqueline and Robert have just gotten married and are looking for a place to live. Describe the apartment they are visiting. Begin each sentence with **il y a** and replace the underlined adjectives by the appropriate form of **beau, nouveau,** or **vieux.**

▯  une cuisine moderne      *Il y a une nouvelle cuisine.*

1. une jolie salle à manger
2. une salle de bains ancienne
3. des chambres bien décorées
4. un réfrigérateur ancien
5. de jolis meubles
6. un fauteuil moderne
7. une vue *(view)* magnifique sur Paris
8. un joli jardin derrière la maison

# C. Le superlatif

In superlative constructions, one or several persons or things are compared to the rest of a group. Note the superlative constructions in heavy print in the following sentences.

| | |
|---|---|
| C'est la chambre **la plus confortable** de la maison. | It is **the most comfortable** room in the house. |
| Voici les robes **les plus chères** du magasin. | Here are **the most expensive** dresses in the store. |
| Où est l'hôtel **le moins cher** de la ville? | Where is **the least expensive** hotel in the city? |
| Vous êtes les étudiants **les moins sérieux** de la classe. | You are **the least serious** students in the class. |

SUPERLATIVE constructions with ADJECTIVES follow the pattern:

| | | | |
|---|---|---|---|
| [+] | le, la, les $\left\{\begin{array}{l}\textbf{plus} \\ \textbf{moins}\end{array}\right\}$ + adjective | **le (la) plus confortable** | **les plus confortables** |
| [−] | | **le (la) moins confortable** | **les moins confortables** |

In a superlative construction, the POSITION of the adjective is usually the SAME as in a simple construction.

Compare:

- the adjective precedes the noun:
    une **grande** ville   Montréal est **la plus grande** ville du Canada.
- the adjective follows the noun:
    une ville **ancienne**   Montréal n'est pas la ville **la plus ancienne.**

▶ Note that when the superlative construction follows the noun, the definite article (**le, la, les**) is repeated.

Voici **le** restaurant **le** plus cher.
Voici **les** maisons **les** moins chères.

The superlative of **bon, bonne** (*good*) is **le meilleur, la meilleure** (*the best*).

| | |
|---|---|
| Vous êtes **les meilleures** étudiantes de la classe. | You are **the best** students in the class. |

The preposition **de** is used after a superlative construction.

▶ In English, the preposition *in* is used. Compare:

> Voici le plus grand hôtel **de** Paris.    *This is the largest hotel **in** Paris.*

**10. Conversation**    Name your candidates in the following categories. Then compare your choices with those of your classmates.

1. la plus grande université américaine ...
2. la meilleure université ...
3. le plus grand bâtiment (*building*) du campus ...
4. la résidence la plus confortable ...
5. la résidence la moins confortable ...
6. le restaurant le plus cher de la ville ...
7. la plus jolie ville des États-Unis (*United States*) ...
8. le meilleur acteur ...
9. la meilleure actrice ...
10. le comédien le plus drôle ...
11. la comédienne la plus drôle ...
12. le meilleur film de l'année (*year*) ...

**11. Tourisme à Paris**    You are visiting Paris. Ask where you can find the best the city has to offer.

▯ un musée intéressant
  *Où est le musée le plus intéressant?*

▯ une grande piscine
  *Où est la plus grande piscine?*

1. un hôtel confortable
2. un bon restaurant
3. un grand parc
4. des jolies maisons
5. des magasins modernes
6. un café populaire
7. des boutiques chères
8. une bonne pâtisserie (*pastry shop*)

**12. Bien sûr!**    Nicole is commenting about certain people or things. Albert agrees, saying that they are the best in their categories. Play both roles.

▯ une pièce confortable / la maison
  NICOLE:  *C'est une pièce confortable, n'est-ce pas?*
  ALBERT:  *Bien sûr! C'est la pièce la plus confortable de la maison.*

1. des beaux meubles / le salon
2. une grande table / la cuisine
3. des vêtements chers / le magasin
4. un joli jardin / la ville
5. un bon restaurant / la région
6. des copains sympathiques / notre groupe
7. des filles intelligentes / la classe
8. des bons professeurs / l'université

# D.   Le temps

Note which verb is used in the following sentences about the weather.

Quel temps **fait-il?**     *How is the weather?*
**Il fait** beau.           *It's beautiful.*

▶ Many expressions of weather contain the impersonal expression **il fait.**

## Vocabulaire:   *Le temps et les saisons*

Le temps *(weather)*

| | |
|---|---|
| **Quelle température fait-il?** | *What's the temperature?* |
| **Il fait 18 degrés.** | *It's 18° (centigrade).* |

**Quel temps fait-il?**     *How is the weather? (What's the weather?)*

| | |
|---|---|
| **Aujourd'hui, ...** | *Today ...* |
| il fait beau. | *it is beautiful.* |
| il fait mauvais. | *it is bad.* |
| il fait chaud. | *it is warm, hot.* |
| il fait bon. | *it is nice (out).* |
| il fait froid. | *it is cold.* |
| il fait du vent. | *it is windy.* |
| il fait un temps épouvantable. | *the weather is awful.* |
| il pleut. | *it is raining.* |
| il neige. | *it is snowing.* |

| | |
|---|---|
| **Demain, ...** | *Tomorrow ...* |
| il va faire beau. | *it's going to be nice.* |
| il va pleuvoir. | *it's going to rain.* |
| il va neiger. | *it's going to snow.* |

| | | | |
|---|---|---|---|
| 30 | 86 | | |
| 29 | 84 | | |
| 21 | 70 | | |
| 20 | 68 | | |
| 17 | 62 | | |
| 15 | 59 | | |
| 10 | 50 | | |
| 0 | 32 | | |

°C          °F

Les saisons *(seasons)*

| | | | |
|---|---|---|---|
| **le printemps** | *spring* | **au printemps** | *in spring* |
| **l'été** | *summer* | **en été** | *in summer* |
| **l'automne** | *fall* | **en automne** | *in fall* |
| **l'hiver** | *winter* | **en hiver** | *in winter* |

## NOTE DE VOCABULAIRE

**Le temps** can also mean *time.*

Je n'ai pas **le temps** de téléphoner.     *I don't have the **time** to phone.*

### 13. Conversation

- Quel temps fait-il aujourd'hui? Quelle température fait-il?
- Quel temps va-t-il faire demain?
- En vacances, qu'est-ce que vous faites quand il fait beau? quand il fait mauvais? quand il pleut?
- Est-ce qu'il neige dans la région où vous habitez? Est-ce qu'il pleut souvent? En quelle saison?
- Quel temps fait-il en hiver? en été? en automne? au printemps?
- Est-ce que vous utilisez votre voiture quand il neige?
- Quelle est votre saison préférée? Pourquoi?

**14. Dialogue**  With a friend, discuss your plans as a function of the weather. For each situation, use as many expressions with **faire** as you can.

—*Quel temps fait-il aujourd'hui?*
—*Il fait beau!*
—*Qu'est-ce tu vas faire?*
—*Je vais faire une promenade à pied avec des amis.*
—*Où est-ce que vous pensez aller?*
—*Nous allons aller dans le parc.*

# Communication

Choose a partner who will play the role of the other person in the conversation.

---

1. You are going for a walk with a French friend but you are wondering about the weather.

Ask your partner . . .

- what the weather is like
- if it is going to rain
- what he/she is going to wear
- at what time you are going to go on your walk

---

2. You are sharing an apartment with a roommate who is very nice but not well organized. In fact, the apartment is getting rather messy.

Ask your partner . . .

- if he/she is going to do his/her homework tonight
- when he/she is going to do the dishes
- when he/she is going to do the housecleaning
- if he/she is going to clean (**nettoyer**) the kitchen

---

3. You have just arrived in Strasbourg where you will be studying for several months. You phone a real estate agency to try to find a furnished apartment. You are in luck because the agent has just what you are looking for.

Find out from your partner . . .

- if the apartment is near or far from the university
- how many rooms it has
- if it has a large bathroom
- if it has a modern kitchen
- what furniture there is in the bedroom
- what furniture there is in the living room
- how much the rent is

# Vivre en France:
# *L'argent français*

## Vocabulaire pratique:  *L'argent*

| Pour payer, on utilise | des **billets** (*bills*).<br>des **pièces** (*coins*). | On peut payer | **avec un chèque** (*check*).<br>**avec une carte de crédit.**<br>**en espèces** (*cash*). |

Les billets français

**cinq cents francs**

**deux cents francs**

**cent francs**

**cinquante francs**

**vingt francs**

Les pièces françaises

**un franc     cinq francs     dix francs**

**cinq<br>centimes     dix<br>centimes     vingt<br>centimes     cinquante<br>centimes**

À la caisse (*At the cash register*)
Combien coûte cette cravate?
    Elle coûte soixante francs.

**C'est combien?**
**Ça fait combien?**
**Je vous dois** (*I owe you*) **combien?**
    Quatre-vingts francs.
    **Ça fait** quatre-vingts francs.

Voilà un billet de cent francs.
    Voici **la monnaie** (*change*).

---

## Situations: *Au Printemps*

Imaginez que vous êtes au Printemps, un grand magasin de Paris. Vous voulez acheter les vêtements suivants. Composez des dialogues avec le vendeur/la vendeuse (*the salesperson*) suivant le modèle. Jouez ces dialogues avec vos camarades de classe.

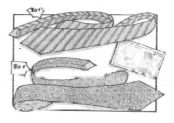

VENDEUR:   *Vous désirez, Monsieur (Mademoiselle)?*
VOUS:   *Je voudrais ces deux cravates.*
        *Je vous dois combien?*
VENDEUR:   *Ça fait cent soixante francs.*
VOUS:   *Voici un billet de deux cents francs.*
VENDEUR:   *Merci, et voilà votre monnaie, quarante francs.*

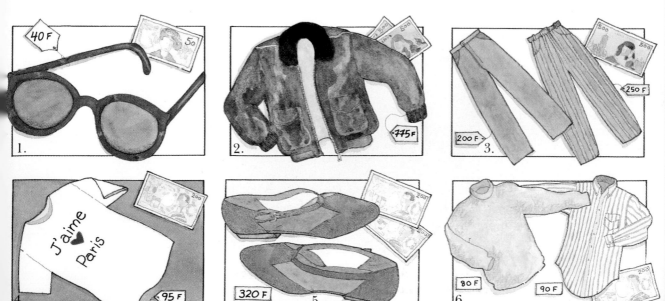

## Vocabulaire pratique:  *Pour changer son argent*

On peut aller | **dans une banque** *(bank).*
| **dans un bureau de change** *(currency exchange office).*

**À combien est** le dollar aujourd'hui?
**Quel est le cours** *(exchange rate)* du dollar?
    **Il est à** 5 francs 60.

**J'aimerais** *(would like)* | **changer** des dollars.
| acheter **des chèques de voyage** *(traveler's checks).*

Avez-vous **une pièce d'identité** *(proof of identity)?*
    Oui, voici | **ma carte d'identité** *(ID card).*
| **mon passeport.**
| **mon permis de conduire** *(driver's license).*

Quelques devises *(Several currencies)*
États-Unis: **le dollar**
Canada: **le dollar canadien**
Allemagne: **le mark**
Japon: **le yen**
Angleterre: **la livre** *(pound)* **sterling**
Belgique: **le franc belge**
Suisse: **le franc suisse**
Italie: **la lire**
Espagne: **la peseta**
Mexique: **le peso mexicain**

# CONVERSATION: *Au Crédit Lyonnais*

*Elizabeth Thompson passe au service des changes du Crédit Lyonnais pour changer des dollars.*

**EMPLOYÉ:** Bonjour, Mademoiselle. Vous désirez?

**ELIZABETH:** Bonjour, Monsieur. J'aimerais savoir *(to know)* quel est le cours du dollar aujourd'hui.

**EMPLOYÉ:** Le dollar est à 5 francs 60.

**ELIZABETH:** Merci ... Je voudrais *(would like)* changer 400 dollars.

**EMPLOYÉ:** Avez-vous votre argent en billets ou en chèques de voyage?

**ELIZABETH:** En chèques de voyage.

**EMPLOYÉ:** Très bien. Avez-vous une pièce d'identité?

**ELIZABETH:** Oui, voici mon passeport.

**EMPLOYÉ:** Merci, Mademoiselle. Voici votre argent, 2.240 francs.

**ELIZABETH:** Merci, Monsieur.

## Dialogues: *On change de l'argent*

Les personnes suivantes veulent *(want)* changer de l'argent. Composez les dialogues. Pour cela, utilisez la conversation comme modèle. Consultez les cours des changes du tableau *(table)*.

1. Marielle Gagnon est une étudiante canadienne. Elle a 100 dollars canadiens en billets. Elle a un passeport.
2. Mike Stewart est un journaliste anglais. Il veut changer 200 livres sterling en chèques de voyage. Il a une carte d'identité.
3. Ingrid Schmidt est une étudiante allemande. Elle a 1.000 marks en chèques de voyage. Elle a un permis de conduire.
4. Moshe Hermann est un touriste israélien. Il a 10.000 shekels en chèques de voyage. Il a un passeport.
5. Kumi Tanaka est une femme d'affaires *(businesswoman)* japonaise. Elle a 100.000 yens en chèques de voyage. Elle a un passeport.
6. Didier Boivin est un étudiant suisse. Il a 2.000 francs suisses. Il a une carte d'identité.

### COURS DES CHANGES

| | | |
|---|---|---|
| 🇺🇸 | 1 dollar US | 4 F 80 |
| 🇨🇦 | 1 dollar canadien | 4 F 20 |
| 🇬🇧 | 1 livre sterling | 9 F 60 |
| | 1 mark | 3 F 40 |
| 🇨🇭 | 1 franc suisse | 3 F 80 |
| 🇯🇵 | 100 yen | 5 F 90 |
| 🇮🇱 | 1 shekel | 3 F 50 |

# Chez les français

# 4

# Les problèmes
# de l'existence

*Dans la vie°, nous avons tous nos petits problèmes: problèmes sentimentaux, problèmes d'argent, problèmes de santé°, etc... Heureusement°, ces problèmes ont souvent une solution.*

    *Jean-Claude et Carole parlent de leurs problèmes dans le* Magazine des Étudiants. *Voici leurs questions et voici comment le magazine répond° à ces questions.*

life

health / Fortunately

answers

Chère amie des étudiants,

    J'ai dix-neuf ans° et je suis étudiant. En ce moment j'ai un problème difficile à résoudre°.

    Ce problème, c'est mon camarade de chambre. Lui et moi, nous sommes complètement incompatibles! Quand j'ai envie° de regarder un film à la télé, lui, il a envie de regarder le match de foot.... Quand j'ai besoin° d'étudier, il a envie de jouer de la guitare ou d'écouter ses disques.... Quand j'ai sommeil°, il a soudain besoin de téléphoner à ses amis.... Et, bien sûr, quand j'ai besoin de lui pour nettoyer la chambre, il n'est pas là.... Est-ce qu'il y a une solution à cette situation?

I'm 19 years old

to solve

feel like

need

am sleepy

*Jean-Claude*

Cher Jean-Claude,

  Oui, il y a une solution très simple: Choisissez° un autre camarade de chambre!

*l'amie des étudiants*

° Choose

Chère amie des étudiants,

  J'ai dix-huit ans. J'ai des problèmes très sérieux avec mes études. Je suis en première° année° d'université. J'étudie jour° et nuit° et pourtant° je ne réussis pas à° mes examens. J'ai l'impression que je perds° mon temps ici. Parfois°, j'ai envie de quitter° l'université.

*Carole*

° first / year / day / night / however
° don't pass / am wasting / Sometimes
° to leave

Chère Carole,

  Réfléchissez° avant de prendre° une décision aussi° importante. Vous êtes seulement° en première année d'université et vous êtes une étudiante sérieuse. Alors, ne soyez pas° aussi impatiente et soyez plus optimiste. Ce n'est pas nécessairement parce qu'on étudie jour et nuit qu'on réussit à ses examens. Changez vos habitudes° de travail. Étudiez moins mais étudiez plus rationnellement et vous allez réussir°!

*l'amie des étudiants*

° Think / before making / so
° only
° don't be
° habits
° to succeed

## Lecture culturelle: *Le bonheur et les Français*

Êtes-vous heureux? Et en quoi consiste le bonheur[1]? Quelle importance attribuez-vous à l'argent? à la sécurité? au confort? Un magazine français, *L'Express*, a organisé un sondage[2] d'opinion sur ce sujet. Les résultats de ce sondage révèlent comment les Français conçoivent[3] le bonheur.

Question. Est-ce que les éléments suivants[4] sont essentiels au bonheur?

|  | oui |
| --- | --- |
| la santé[5] | 90% |
| l'amour[6] | 80% |
| la liberté | 75% |
| la famille | 74% |
| la justice | 65% |
| le travail | 63% |
| l'argent | 52% |
| la sécurité | 51% |
| les loisirs | 50% |
| le confort | 40% |
| le succès personnel | 34% |
| la religion | 33% |

1 *what does happiness consist of*   2 *poll*   3 *view*   4 *following*
5 *health*   6 *love*

# Structure et Vocabulaire

## A. Expressions avec *avoir*

The verb **avoir** is used in many idiomatic expressions where English does NOT use the verb *to have*. Compare the verbs in the sentences below.

| | |
|---|---|
| Nous **avons soif.** | *We **are thirsty.*** |
| Nathalie **a 20 ans.** | *Nathalie **is 20 (years old).*** |
| **Avez-vous besoin d'**argent? | ***Do you need** money?* |

## Vocabulaire: *Expressions avec* avoir

| | | |
|---|---|---|
| **avoir ... ans** | *to be ... (years old)* | Pierre **a dix-neuf ans.** |
| **avoir faim / soif** | *to be hungry / thirsty* | J'**ai faim,** mais je n'**ai** pas **soif.** |
| **avoir chaud / froid** | *to be hot (warm) / cold* | Il n'**a** pas **froid.** Il **a chaud.** |
| **avoir raison / tort** | *to be right / wrong* | Paul **a tort.** Marie **a raison.** |
| **avoir sommeil** | *to be sleepy* | Il est une heure du matin. J'**ai sommeil.** |
| **avoir peur (de)** | *to be afraid (of)* | Pourquoi **as-**tu **peur?** **As-**tu **peur de** l'examen? |
| **avoir besoin de** | *to need* | J'**ai besoin d'**une nouvelle veste. |
| | *to need, to have to* | J'**ai besoin d'**acheter une veste. |
| **avoir envie de** | *to want, to feel like* | J'**ai envie d'**un sandwich, mais je n'**ai** pas **envie d'**aller au restaurant. |
| **avoir l'intention de** | *to intend, to plan* | **As-**tu **l'intention de** faire un voyage? |

### NOTES DE VOCABULAIRE

1. To ask how old someone is, you say **Quel âge avez-vous?** or **Quel âge as-tu?** Note that when giving someone's age, the word **ans** is NEVER omitted in French: J'ai dix-huit **ans.**
2. The expressions **avoir envie de** and **avoir besoin de** may be followed by either a noun or an infinitive.

J'ai envie d'aller à la symphonie, mais j'ai besoin d'argent

**1. Quel âge ont ils?**   L'année de naissance *(birth year)* des personnes suivantes est indiquée entre parenthèses. Dites quel âge ont ces personnes.

▯  Émilie (1970)        *Émilie a [vingt-cinq] ans.*

1. Jean-Claude (1975)
2. Paul et Jacques (1976)
3. la sœur de Thomas (1980)
4. le père de Cécile (1950)
5. vous (1980)
6. la grand-mère de Thérèse (1930)
7. mon oncle (1942)
8. Mademoiselle Pascal (1965)

**2. L'examen**   Il y a un examen demain, mais les étudiants suivants n'ont pas envie d'étudier. Exprimez *(Express)* cela et dites aussi ce qu'ils ont l'intention de faire, d'après le modèle.

▯  Pierre (aller au cinéma)      *Pierre n'a pas envie d'étudier.*
                                 *Il a l'intention d'aller au cinéma.*

1. nous (regarder la télé)        4. je (inviter des amis)
2. vous (jouer aux cartes)        5. tu (organiser une fête)
3. Jacqueline (aller danser)      6. Paul et Louis (nettoyer leur appartement)

**3. Pourquoi?**   Complétez les phrases suivantes. Pour cela, utilisez l'expression avec **avoir** qui convient logiquement.

■ 'Paul va au restaurant parce qu'il ... *a faim.*

1. Jacqueline achète un coca-cola parce qu'elle ...
2. Nous allons à la cafétéria parce que nous ...
3. Philippe porte un pull parce qu'il ...
4. Isabelle enlève *(takes off)* sa veste parce qu'elle ...
5. Vous pensez que Paris est la capitale de la France: vous ...
6. Albert pense que New York est la capitale des États-Unis: il ...
7. Il est minuit. Charlotte bâille *(yawns):* elle ...
8. Tu n'aimes pas les risques. Tu détestes le danger: tu ...

**4. Expression pesonnelle**   Complétez les phrases suivantes avec l'une des expressions entre parenthèses ou avec une expression de votre choix.

1. En ce moment, j'ai besoin ...  (d'argent? de loisirs? d'encouragement? ... )
2. J'ai peur ...  (des examens? du professeur? de la solitude? de l'avenir *[future]*? ... )
3. J'ai besoin ...  (d'étudier beaucoup? de travailler? d'aller en vacances? ... )
4. Ce soir, je n'ai pas envie ...  (de faire mes devoirs? d'aller à la bibliothèque? de regarder la télé? ... )
5. Ce week-end, j'ai envie ...  (d'aller au cinéma? de faire une promenade à vélo? de dîner dans un restaurant chinois? ... )
6. Cet été, j'ai l'intention ...  (de travailler? de visiter Québec? d'aller en France? ... )
7. Avec mon argent, j'ai envie ...  (d'acheter un ordinateur? d'acheter un VTT? de faire un voyage? ... )
8. Après l'université, j'ai l'intention ...  (de trouver un job? de rester chez mes parents? de me marier *[to get married]*? ... )

# B.   Les verbes réguliers en -ir

Some French verbs end in **-ir** in the infinitive. Many of these verbs are conjugated like **finir** (to finish). Note the present-tense forms of **finir** in the chart below, paying special attention to the endings.

| | | | stem | ending |
|---|---|---|---|---|
| *infinitive* | **finir** | Je vais **finir** à deux heures. | **fin-** | |
| *present* | je **finis** | Je **finis** l'examen. | | -is |
| | tu **finis** | Tu **finis** la leçon. | | -is |
| | il/elle/on **finit** | Elle **finit** le livre. | | -it |
| | nous **finissons** | Nous **finissons** à cinq heures. | | -issons |
| | vous **finissez** | Quand **finissez**-vous? | | -issez |
| | ils/elles **finissent** | Ils **finissent** le match. | | -issent |

▶ The present tense of regular **-ir** verbs is formed as follows:

> stem (infinitive minus **-ir**) + endings

▶ In the singular, the forms of the present tense sound the same.

## Vocabulaire:   *Verbes réguliers en -ir*

| | | |
|---|---|---|
| **choisir** | *to choose, select* | Qu'est-ce que vous **choisissez?** Ce livre-ci? |
| **finir** | *to finish, end* | Le programme **finit** à deux heures. |
| **réfléchir (à)** | *to think (about)* | Nous **réfléchissons à** cette question. |
| **réussir** | *to be successful* | Vas-tu **réussir** dans tes projets? |
| **réussir (à)** | *to pass (an exam)* | Les bons étudiants **réussissent** toujours **à** leurs examens. |
| **grossir** | *to gain weight (to get fat)* | Je ne **grossis** pas parce que je fais attention à mon régime *(diet)*. |
| **maigrir** | *to lose weight (to get thin)* | Est-ce que vous **maigrissez?** |

**5. À la bibliothèque**   Dites quel magazine les étudiants suivants choisissent.

▢ Paul (*L'Express*)     ***Paul choisit* L'Express.**

1. nous (*Paris Match*)
2. vous (*Le Point*)
3. je (*Vogue*)
4. tu (*Elle*)
5. Jacques (*Réalités*)
6. Suzanne et Jacqueline (*Jours de France*)

### 6. Questions personnelles

1. À quelle heure finit la classe de français?
2. À quelle heure finit votre dernière *(last)* classe aujourd'hui?
3. Si vous regardez la télé aujourd'hui, quel programme allez-vous choisir?
4. Quels cours allez-vous choisir le semestre prochain *(next)*?
5. Quand vous allez au restaurant avec des amis, est-ce que vous choisissez le menu?
6. Quand vous êtes en vacances, est-ce que vous maigrissez ou est-ce que vous grossissez?
7. Quand vous êtes à l'université, est-ce que vous maigrissez?
8. Est-ce que vous maigrissez quand vous étudiez beaucoup? quand vous jouez au tennis?
9. Est-ce que vous réfléchissez souvent aux problèmes de la société? à votre avenir *(future)*? à la politique?
10. Est-ce que vous allez réussir à l'examen de français? Qu'est-ce que vous allez faire si vous ne réussissez pas?

## C. Les verbes réguliers en -re

Some French verbs end in **-re** in the infinitive. Many of these verbs are conjugated like **attendre** *(to wait for)*. Note the present-tense forms of **attendre,** paying special attention to the endings.

| | | | stem | endings |
|---|---|---|---|---|
| *infinitive* | **attendre** | Je déteste **attendre.** | **attend-** | |
| *present* | j'**attends** | J'**attends** le bus. | | **-s** |
| | tu **attends** | Tu **attends** tes amis. | | **-s** |
| | il/elle/on **attend** | Paul **attend** Suzanne. | | — |
| | nous **attendons** | Nous **attendons** le professeur. | | **-ons** |
| | vous **attendez** | Qui est-ce que vous **attendez?** | | **-ez** |
| | ils/elles **attendent** | Qu'est-ce qu'elles **attendent?** | | **-ent** |

▶ The present tense of regular **-re** verbs is formed as follows:

> stem (infinitive minus **-re**) + endings

▶ The **-d** of the stem is silent in the singular forms of the present tense. It is pronounced in the plural forms.

▶ In inverted questions, the final **-d** is pronounced /t/ before **il** and **elle.**

Paul attend une amie. **Attend-il** Suzanne?

## Vocabulaire:  *Verbes réguliers en -re*

| | | |
|---|---|---|
| **attendre** | *to wait (for)* | **J'attends** un ami. |
| **entendre** | *to hear* | **Entendez**-vous le professeur? |
| **perdre** | *to lose* | Pourquoi est-ce que vous **perdez** patience? |
| **perdre (son) temps** | *to waste (one's) time* | Je n'aime pas **perdre mon temps.** |
| **rendre** | *to give back* | Je **rends** les disques à Pierre. |
| **rendre visite (à)** | *to visit (someone)* | Nous **rendons visite** à nos amis. |
| **répondre (à)** | *to answer* | Je vais **répondre à** ta lettre. |
| **vendre** | *to sell* | Jacques **vend** sa guitare à Antoine. |

### NOTES DE VOCABULAIRE

1. Note the lack of correspondence between French and English in the
   following constructions. Where one language uses a preposition after
   the verb, the other does not, and vice versa.

| **J' attends** | **–** | **Jacques.** | | |
|---|---|---|---|---|
| *I am waiting* | *for* | *Jacques.* | | |

| **Je réponds** | **à** | **Marie.** | **Je rends visite** | **à** | **Paul.** |
|---|---|---|---|---|---|
| *I am answering* | *–* | *Marie.* | *I am visiting* | *–* | *Paul.* |

2. There are two French verbs that correspond to the English verb *to
   visit.*

   | | |
   |---|---|
   | **visiter** + *(places)* | Nous **visitons** Paris. |
   | **rendre visite à** + *(people)* | Nous **rendons visite à** M. Dumas. |

---

7. **Problèmes d'argent**  Les étudiants suivants ont besoin d'argent. Dites ce que
   chacun *(each one)* vend.

▌ Jacqueline (sa guitare)    ***Jacqueline vend sa guitare.***

1. Paul (son VTT)
2. je (mon téléviseur)
3. tu (tes compact disques)
4. nous (nos livres de français)
5. vous (votre appareil-photo)
6. mes cousins (leur chaîne-stéréo)
7. Sylvie (son ordinateur)
8. Albert et Roger (leurs skis)

**8. Oui ou non?** Informez-vous sur les personnes suivantes et dites si oui ou non elles font les choses entre parenthèses.

▢ Jacques est impatient. (attendre ses amis?)    *Il n'attend pas ses amis.*

1. Vous êtes des étudiants sérieux. (étudier? réussir à l'examen? répondre aux questions du professeur?)
2. Toi, tu n'es pas sérieux! (finir tes devoirs? réfléchir? parler français en classe?)
3. Cet employé est compétent. (travailler bien? perdre son temps? répondre aux questions des clients?)
4. Jacqueline est une championne de tennis. (jouer bien? gagner ses matchs? perdre souvent?)
5. Paul et Étienne n'ont pas d'appétit. (grossir? maigrir? acheter des sandwichs? perdre 5 kilos?)
6. Je suis à la gare. (attendre un ami? entendre les trains? regarder les avions?)
7. Stéphanie et Claire achètent des chaussures pour l'été. (choisir des sandales? choisir des bottes? dépenser leur argent?)
8. Nous sommes en vacances à Paris. (visiter la Tour Eiffel? rendre visite à nos amis français? dîner dans un bon restaurant?)

# D.    L'impératif

The imperative is used to give orders, advice, and hints. Note the imperative forms in heavy type.

| | | |
|---|---|---|
| *À Pierre* | **Nettoie** ta chambre! | *Clean your room!* |
| | **Ne reste pas** ici! | *Don't stay here!* |
| *À M. Dumas* | **Vendez** votre maison! | *Sell your house!* |
| | **N'achetez pas** cette auto! | *Don't buy that car!* |
| *À mes amis* | **Finissons** les devoirs! | *Let's finish the homework!* |
| | **N'attendons pas** Michel! | *Let's not wait for Michel!* |

> For all regular and most irregular verbs, the IMPERATIVE forms are the same as the present tense, except that for all **-er** verbs, the final **-s** of the **tu** form is dropped. Note that subject pronouns are not used in the imperative.

| *infinitive* | **jouer** | **finir** | **attendre** | **faire** |
|---|---|---|---|---|
| *imperative* | | | | |
| (tu) | **joue** | **finis** | **attends** | **fais** |
| (vous) | **jouez** | **finissez** | **attendez** | **faites** |
| (nous) | **jouons** | **finissons** | **attendons** | **faisons** |

▶ The imperative of **aller** is formed like that of the regular **-er** verbs.

Tu **vas** au supermarché.     **Va** aussi à la poste.

▶ The **nous**-form corresponds to the English construction with *let's*.

**Dînons** au restaurant.     *Let's have dinner at the restaurant.*

▶ The negative form is obtained by putting **ne (n') ... pas** around the verb.

**Ne choisis pas** ce disque!     *Don't choose that record!*
**Ne vendez pas** vos livres!     *Don't sell your books!*
**N'allons pas** en classe!     *Let's not go to class!*

---

The verbs **être** and **avoir** have irregular imperative forms.

| être | avoir | | |
|------|-------|---|---|
| sois | aie | **Sois** un étudiant sérieux. | **Aie** tes livres avec toi! |
| soyez | ayez | **Soyez** à l'aéroport à midi! | **Ayez** vos passeports! |
| soyons | ayons | **Soyons** courageux! | **N'ayons** pas peur! |

**9. Les camarades de chambre**   Vous louez un appartement à Paris avec un(e) camarade. Demandez à votre camarade de chambre de faire les choses suivantes. Il/Elle va accepter.

▯ écouter ce disque   —*Écoute ce disque!*
              —*D'accord, je vais écouter ce disque.*

1. inviter des amis
2. nettoyer la chambre
3. payer le loyer
4. acheter le journal *(paper)*
5. aller au supermarché
6. faire les courses *(to go shopping)*
7. répondre au téléphone
8. attendre nos copains
9. finir ce livre
10. choisir un programme de télé

**10. Chez le médecin (*At the doctor's*)**   Imaginez que vous pratiquez la médecine en France. Un de vos patients est un homme d'affaires *(businessman)* de cinquante ans. Il est obèse et ne fait pas assez d'exercices. Dites-lui de faire ou de ne pas faire les choses suivantes.

▯ jouer au tennis   *Jouez au tennis!*

1. travailler le week-end
2. rester chez vous
3. maigrir
4. grossir
5. perdre dix kilos
6. aller à la piscine
7. acheter un vélo
8. avoir peur de faire des exercices
9. faire des promenades à vélo
10. être calme
11. être nerveux
12. choisir des activités intéressantes

**11. Projets de week-end** Nos projets de week-end dépendent souvent du temps. Un(e) camarade vous parle du temps. Proposez alors de faire ou de ne pas faire les choses entre parenthèses.

▢ Il fait beau.    (rester à la maison?)
—*Il fait beau.*
—*Bon alors, ne restons pas à la maison!*

1. Il fait très beau.   (faire une promenade à vélo? aller au cinéma?)
2. Il fait chaud.   (regarder la télé? aller à la plage? jouer au tennis?)
3. Il fait froid.   (aller à la piscine? nager?)
4. Il pleut.   (rendre visite à des amis? rentrer à la maison? jouer aux cartes?)
5. Il neige.   (louer des skis? skier? faire les devoirs?)
6. Il fait un temps épouvantable.   (faire une promenade à pied? aller au théâtre? jouer au football?)

**12. Bons conseils!** Certaines personnes aiment donner des conseils (*to give advice*). Exprimez les conseils des personnes suivantes. Pour cela, utilisez l'impératif des expressions entre parenthèses dans des phrases affirmatives ou négatives.

▢ Madame Chartier parle à son fils qui n'a pas assez d'argent pour acheter un vélo. (chercher un job?)    *Cherche un job!*

1. Le professeur parle aux étudiants. (réfléchir à la question? réussir à l'examen? répondre bien? avoir peur de l'examen?)
2. Le médecin parle à un patient. (grossir? maigrir? choisir un sport? aller en vacances?)
3. La directrice parle à son assistant. (finir votre travail? répondre à cette lettre? être impoli avec les clients?)
4. Le professeur d'art dramatique parle à un jeune acteur. (parler distinctement? être nerveux? avoir peur?)
5. M. Moreau parle à sa fille qui va en voyage. (envoyer une lettre à ta grand-mère? faire attention? dépenser tout [all] ton argent?)
6. Jacqueline parle à son partenaire pendant le match de tennis. (être impatient? faire attention? perdre ta concentration?)

*Belles de Match*

**GAGNEZ**
## UN SÉJOUR À L'US OPEN

*à New York
pour
2 personnes*

# Communication

Choose a partner who will play the role of the other person in the conversation.

---

1. You are visiting Paris with a French friend. It is a hot day and you are exhausted.

Ask your partner . . .

- if he/she is warm
- if he/she is thirsty
- if he/she feels like going to a café
- what he/she is going to choose (**un Perrier? une limonade?**)
- what he/she intends to do afterwards (**après**)

---

2. You are visiting Tours and have been invited to stay at the apartment of a French friend. You are wondering whether it is all right to do certain things.

Ask your partner (who will accept or refuse) . . .

- if you can phone the train station
- if you can watch TV
- if you can listen to his/her CDs
- if you can use his/her computer
- if you can look at his/her pictures

—**Je peux téléphoner à la gare?**
—**Oui, téléphone à la gare.**
(**Non, ne téléphone pas à la gare.**)

---

3. It is Saturday. You and a French friend don't have any specific plans and are talking about what you might do.

Discuss plans with your partner . . .

- make two or three suggestions which your partner will accept or refuse
- let your partner make two or three suggestions which you will accept or refuse

—**Dînons dans un restaurant mexicain.**
—**Bonne idée! J'adore la cuisine mexicaine.**
   (**Non, merci, je n'ai pas faim. Et je n'aime pas la cuisine mexicaine.**)

# Un mois à Paris

L'été dernier°, trois étudiants américains, Kevin, Jennifer et Bob, ont passé° un mois à Paris. Maintenant, ils parlent de leur voyage.

*Last*
*spent*

**KEVIN:**

J'ai suivi° des cours à l'Alliance Française. Là, j'ai beaucoup parlé français et j'ai rencontré° des étudiants de toutes° les nationalités. En particulier, j'ai fait° la connaissance° d'une charmante° étudiante italienne ...

*took*
*met*
*all / made*
*acquaintance / charming*

**JENNIFER:**

J'ai travaillé dans une banque où j'ai fait un stage° de quatre semaines. Après° mon stage, j'ai voyagé. Pendant° mon séjour°, j'ai rencontré beaucoup de gens très sympathiques. J'ai l'intention de retourner en France l'année prochaine°.

*internship*
*After / During*
*stay*
*next*

**BOB:**

J'ai fait beaucoup de tourisme. J'ai visité° Notre Dame, le musée d'Orsay, le Louvre et le Musée Picasso ... Évidemment°, j'ai aussi visité les magasins et les petits restaurants. Pendant mon séjour, j'ai rencontré quelques° étudiants français ... et beaucoup d'étudiants américains. Alors, je n'ai pas tellement° parlé français!

*visited*
*Of course*
*a few*
*that much*

# Lecture culturelle: *Paris*

Paris, qu'est-ce que c'est? Pour les touristes, Paris est une ville-monument, une ville-musée: Notre Dame, l'Opéra, le Louvre, la Tour Eiffel, le Centre Pompidou. C'est aussi une ville où l'on s'amuse[1], une ville de plaisirs: Montmartre, le Quartier latin, les Champs-Élysées.

Pour les Français, Paris est la capitale de la France, son centre politique, économique, culturel. C'est aussi le symbole du gigantisme administratif, de la bureaucratie, de la centralisation. Tout[2] passe par Paris, tout part[3] de Paris: les trains, les autoroutes, les émissions[4] de télévision, les nouveaux films, la publicité, la mode[5], les décisions ministérielles qui influencent l'existence de 55 millions de Français.

Et pour les quatre millions de Parisiens? Paris est une ville où chaque[6] jour des gens naissent[7], vivent[8], travaillent, s'amusent, meurent[9].... Paris est une ville comme les autres[10], avec ses problèmes: problème de la pollution, problème du logement, problème des transports, problèmes de la criminalité et de la violence....

Dans les trente dernières années[11], un énorme effort a été fait[12] pour transformer Paris, pour adapter la ville aux conditions d'aujourd'hui. Des réalisations architecturales comme[13] le musée d'Orsay, la pyramide du Louvre, l'Opéra de la Bastille, l'Arche de la Défense attestent[14] la vitalité du nouveau Paris. Maintenant Paris est une ville très moderne. Trop moderne! disent certains[15].

*1 one has fun  2 everything  3 leaves  4 programs  5 fashion 6 every  7 are born  8 live  9 die  10 like others  11 last 30 years  12 has been made  13 like  14 prove  15 say some people*

# Structure et Vocabulaire

## A.   Le passé composé avec *avoir*

Read the following sentences carefully. The sentences on the left express actions occurring in the present; the verbs are in the present tense. The sentences on the right express actions that occurred in the past; the verbs are in the PASSÉ COMPOSÉ.

| Present | Passé composé | |
|---|---|---|
| Je **voyage.** | L'été dernier aussi, j'**ai voyagé.** | *Last summer, too, I **traveled.*** |
| Nous **visitons** Paris. | En mars, nous **avons visité** Rome. | *In March, we **visited** Rome.* |
| Tu **attends** le bus. | Hier aussi, tu **as attendu** le bus. | *Yesterday, too, you **waited** for the bus.* |

### FORMS

Note the PASSÉ COMPOSÉ forms of **voyager** and **visiter.**

| infinitive | **voyager** | **visiter** |
|---|---|---|
| *passé composé* | J' **ai voyagé.** | J' **ai visité** Paris. |
| | Tu **as voyagé.** | Tu **as visité** Lyon. |
| | Il/Elle/On **a voyagé.** | Il/Elle/On **a visité** Nice. |
| | Nous **avons voyagé.** | Nous **avons visité** Marseille. |
| | Vous **avez voyagé.** | Vous **avez visité** Grenoble. |
| | Ils/Elles **ont voyagé.** | Ils/Elles **ont visité** Bordeaux. |

As its name indicates, the passé composé is a compound past tense. It is formed as follows:

> **passé composé** = present of auxiliary verb + past participle

▶   The passé composé of most verbs is formed with the present tense of **avoir** as the auxiliary verb.

For regular verbs, the PAST PARTICIPLE is formed by replacing the infinitive endings with the corresponding past participle endings.

| Infinitive Ending | Past Participle Ending | | |
|---|---|---|---|
| **-er** | **-é** | voyag**er** → voyag**é** | Nous **avons voyagé** en France. |
| **-ir** | **-i** | chois**ir** → chois**i** | Louise **a choisi** ce pull. |
| **-re** | **-u** | vend**re** → vend**u** | Ils **ont vendu** leur auto. |

## USES

The passé composé is used to describe what HAPPENED IN THE PAST. It has several English equivalents.

**J'ai visité** Paris. 
{ *I visited Paris.*
*I have visited Paris.*
*I did visit Paris.* }

---

**NOTE LINGUISTIQUE:** *La description du passé*

In French, several different PAST TENSES are used to describe PAST events and situations.

- The PASSÉ COMPOSÉ is used to tell WHAT HAPPENED.
- The IMPERFECT is used to describe WHAT CONDITIONS WERE or WHAT WAS GOING ON.
- The PLUPERFECT is used to describe WHAT HAD HAPPENED before another past event.

The choice of which tense to use depends on how the speaker views the past events or situations.
You will learn how to use the passé composé in Lessons 11 and 12.
You will learn how to use the imperfect and the pluperfect in Lessons 20 and 21.

---

**1. À Paris**   Dites quels monuments ou quels endroits les personnes suivantes ont visités hier. Utilisez le passé composé de **visiter**.

▢ Paul / le Louvre     ***Hier Paul a visité le Louvre.***

1. Sylvia / le musée Picasso
2. nous / le Quartier latin
3. vous / la Sorbonne
4. mes amis / le Centre Pompidou
5. je / Notre Dame
6. tu / le musée d'Orsay
7. Charles et Louis / la Tour Eiffel
8. Hélène et Suzanne / l'UNESCO

**2. Achats et ventes (Buying and selling)**    Avant les vacances, les personnes suivantes ont vendu certaines de leurs affaires. Avec l'argent, elles ont acheté d'autres objets. Exprimez cela en utilisant le passé composé de **vendre** et le passé composé de **choisir**.

▢    Charles (sa guitare / une radio)    *Charles a vendu sa guitare.*
                                         *Il a choisi une radio.*

1. mon oncle (sa maison / un appartement)
2. je (mon livre de français / des lunettes de soleil)
3. tu (ta caméra / une bicyclette)
4. nous (nos disques / une raquette)
5. vous (votre chaîne-stéréo / des skis nautiques: *water skis*)
6. mes amis (leur calculatrice / un appareil-photo)

**3. Avant le départ**    C'est la fin *(end)* du trimestre. Dites ce que les étudiants suivants ont fait.

▢    André / téléphoner à ses parents    *André a téléphoné à ses parents.*

 1. Alice / finir ses examens
 2. nous / nettoyer notre chambre
 3. tu / envoyer un télégramme à ton cousin
 4. vous / rendre les livres à la bibliothèque
 5. je / chercher un appartement pour septembre
 6. ces étudiants / attendre les résultats *(results)* de l'examen
 7. Amélie / vendre ses vieux livres
 8. Robert / choisir un cadeau *(gift)* pour sa copine
 9. Jacques et Henri / payer la note *(bill)* de téléphone
10. vous / chercher un job pour l'été

**4. Les nouvelles (The news)**    Imaginez que vous travaillez comme journaliste à la télévision française. Votre assistant a préparé les notes suivantes au sujet des principaux événements de la journée. Annoncez ces événements.

▢    le président / parler / à la radio    *Le président a parlé à la radio.*

1. des bandits / attaquer / le train Paris-Nice
2. le musée du Louvre / vendre / la Mona Lisa / au Metropolitan Museum of Art
3. les sénateurs / voter / le budget
4. la femme du président / inaugurer / l'exposition *(exhibit)* Picasso
5. les Américains / lancer *(launch)* / un satellite géant
6. un chimiste russe / inventer / un nouveau textile artificiel

# B.   Le passé composé dans les phrases négatives

Compare the verbs in each set of sentences.

| *Affirmative* | *Negative* |
|---|---|
| J'ai visité Québec. | Je **n'**ai **pas** visité Montréal. |
| Nous avons voyagé en bus. | Nous **n'**avons **pas** voyagé en train. |
| Paul a choisi ce livre-ci. | Il **n'**a **pas** choisi ce livre-là. |
| Tu as vendu tes compact disques. | Tu **n'**as **pas** vendu ta chaîne-stéréo. |

The NEGATIVE form of the PASSÉ COMPOSÉ follows the pattern:

**ne** + auxiliary verb + **pas** + past participle

Je **n'**ai **pas** répondu.     *I didn't answer.   I haven't answered.*

**5. Expression personnelle**   Dites si oui ou non vous avez fait les choses suivantes au cours du mois dernier *(last month)*.

▪ voyager en train?          ***Oui, j'ai voyagé en train.***
ou: ***Non, je n'ai pas voyagé en train.***

1. jouer au hockey?
2. acheter une auto?
3. vendre mon livre de français?
4. maigrir?
5. grossir?
6. perdre 20 kilos?
7. parler au président de l'université?
8. rendre visite à mes grands-parents?
9. dîner dans un restaurant français?
10. organiser une fête?
11. gagner à la loterie?
12. trouver un trésor *(treasure)*?

**6. Faute d'argent (For lack of money)**   Les personnes suivantes n'ont pas eu assez d'argent pour réaliser leurs projets. Lisez ce qu'elles ont fait et dites ce qu'elles n'ont pas fait.

▪ Philippe a loué un vélo. (une mobylette)     ***Il n'a pas loué de mobylette.***

1. Mes cousins ont voyagé en bus. (en avion)
2. Jacques a visité Genève. (Paris)
3. J'ai dîné à la cafétéria. (au restaurant)
4. Mes parents ont loué un appartement. (une villa)
5. Tu as loué un studio. (une grande maison)
6. Vous avez choisi une chemise. (une veste)
7. Nous avons acheté un appareil-photo. (une caméra)
8. On a choisi un hôtel bon marché. (un hôtel cher)

**7. Pourquoi pas?**  Dites que les personnes suivantes n'ont pas fait certaines choses. Expliquez pourquoi. Utilisez les expressions entre parenthèses dans des phrases affirmatives ou négatives.

▢ André / réussir à l'examen (étudier?)
*André n'a pas réussi à l'examen parce qu'il n'a pas étudié.*

▢ nous / téléphoner à Jacques (perdre son numéro de téléphone?)
*Nous n'avons pas téléphoné à Jacques parce que nous avons perdu son numéro de téléphone.*

1. tu / répondre au professeur (entendre la question?)
2. vous / rendre visite à Françoise (perdre son adresse?)
3. les étudiants / trouver la solution du problème (réfléchir?)
4. ces touristes / voyager en train (louer une voiture?)
5. nous / gagner beaucoup d'argent (travailler?)
6. Émilie / finir ses devoirs (regarder la télé?)
7. je / dépenser beaucoup d'argent dans cette boutique (choisir des vêtements chers?)
8. les Dumont / acheter une nouvelle maison (vendre leur appartement?)

## C.    Les questions au passé composé

Note how questions are formed in the passé composé.

| Statements | Questions |
|---|---|
| Il a visité Paris. | { **Est-ce qu'il a visité** Marseille aussi?<br>{ **A-t-il visité** Marseille aussi? |
| Tu as parlé à Philippe. | { Pourquoi **est-ce que tu as parlé** à Philippe?<br>{ Quand **as-tu parlé** à Philippe? |

QUESTIONS in the PASSÉ COMPOSÉ are formed as follows:

interrogative form of auxiliary verb + past participle

- with **est-ce que:**    **Où est-ce qu'il a étudié?**
- with inversion:    **Où a-t-il étudié?**

► Statements in the passé composé may be transformed into yes/no questions by using a rising intonation.

Elle a étudié aussi?

**8. Dialogue**   Demandez à vos amis s'ils ont fait les choses suivantes pendant les vacances.

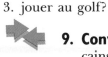 voyager?   —*Est-ce que tu as voyagé pendant les vacances?*
—*Oui, j'ai voyagé.*
ou: —*Non, je n'ai pas voyagé.*

1. visiter Paris?
2. nager?
3. jouer au golf?
4. envoyer beaucoup de lettres?
5. répondre aux lettres de tes amis?
6. rendre visite à tes cousins?
7. étudier?
8. travailler?

**9. Conversation**   Vous voulez savoir ce que font les étudiants américains après les classes. Choisissez trois camarades et posez-leur les questions suivantes sur ce qu'ils ont fait hier soir. Inscrivez les résultats de votre enquête.

- à quelle heure / dîner?
- combien de temps *(how long)* / étudier?
- quel programme / regarder à la télé?

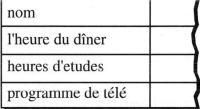

| nom | |
|---|---|
| l'heure du dîner | |
| heures d'etudes | |
| programme de télé | |

---

*Expression pour la conversation*

*To express surprise:*
**vraiment?**   *really?*   **Vraiment?** Tu as visité Katmandou?

---

**10. Curiosité**   Béatrice décrit ce que ses amis ont fait. Paul veut avoir des précisions. Jouez le rôle de Béatrice et de Paul suivant le modèle.

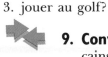 Jacques / voyager (quand? en septembre)
BÉATRICE:   *Jacques a voyagé.*
PAUL:   *Vraiment? Quand a-t-il voyagé?*
BÉATRICE:   *Il a voyagé en septembre.*

1. Alice / visiter Bordeaux (quand? en juin)
2. Albert / travailler (où? dans une banque internationale)
3. Jacques / étudier le chinois (pourquoi? pour travailler dans une firme internationale)
4. Monsieur Lebrun / téléphoner (à qui? à un client mexicain)
5. Denise / attendre (qui? son copain américain)
6. Cécile et Anne / dîner ensemble *(together)* (où? dans un restaurant japonais)
7. mes cousins / voyager (comment? en train)
8. Mademoiselle Dupont / acheter un tailleur (où? aux Galeries Lafayette)

## Vocabulaire:    *Quand?*

Noms

| | | | |
|---|---|---|---|
| **un an** | *year* | **une année** | *(whole) year* |
| **un anniversaire** | *birthday* | **une date** | *date* |
| **un jour** | *day* | **une journée** | *(whole) day* |
| **un mois** | *month* | **une saison** | *season* |
| **un week-end** | *weekend* | **une semaine** | *week* |

| | | | |
|---|---|---|---|
| **un matin** | *morning* | | |
| **un après-midi** | *afternoon* | **une nuit** | *night* |
| **un soir** | *evening* | **une soirée** | *(whole) evening* |

Adjectifs

| | | |
|---|---|---|
| **premier (première)** | *first* | Lundi est le **premier** jour de la semaine. |
| **prochain** | *next* | Où vas-tu la semaine **prochaine?** |
| **dernier (dernière)** | *last* | La semaine **dernière,** nous avons dîné au restaurant. |

Expressions

| | | |
|---|---|---|
| **avant** | *before* | Nettoie ta chambre **avant** le week-end. |
| **après** | *after* | Je vais étudier **après** le dîner. |
| **pendant** | *during* | J'ai travaillé **pendant** les vacances. |

| Maintenant | Avant | Après |
|---|---|---|
| **aujourd'hui** | **hier** *(yesterday)* | **demain** |
| | **avant-hier** *(the day before yesterday)* | **après-demain** *(the day after tomorrow)* |
| **ce matin** | **hier matin** | **demain matin** |
| **cet après-midi** | **hier après-midi** | **demain après-midi** |
| **ce soir** | **hier soir** | **demain soir** |
| **mardi** | **mardi dernier** | **mardi prochain** |
| **le 8 janvier** | **le 8 janvier dernier** | **le 8 janvier prochain** |
| **en mars** | **en mars dernier** | **en mars prochain** |
| **cette semaine** | **la semaine dernière** | **la semaine prochaine** |
| **ce week-end** | **le week-end dernier** | **le week-end prochain** |
| **ce mois-ci** | **le mois dernier** | **le mois prochain** |
| **cet été** | **l'été dernier** | **l'été prochain** |
| **cette année** | **l'année dernière** | **l'année prochaine** |

BONNE ANNÉE!

## NOTES DE VOCABULAIRE

1. **Premier** usually comes BEFORE the noun.
2. **Dernier** and **prochain** usually come AFTER the noun with expressions of time, such as **mois, semaine,** etc.

   le mois **dernier**    la semaine **prochaine**

3. The construction **le** + *day of the week* is used to express repeated events.

   | | | |
   |---|---|---|
   | *Repeated occurrence* | **Le samedi,** je vais au cinéma. | *(On) Saturdays...* |
   | *One occurrence* | **Samedi,** je vais au théâtre avec Paul. | *(On/This) Saturday...* |

**11. Dialogue**    Demandez à vos amis quand ils ont fait les choses suivantes. Ils vont répondre en utilisant une expression du Vocabulaire.

   célébrer ton anniversaire
   —*Quand as-tu célébré ton anniversaire?*
   —*J'ai célébré mon anniversaire en juin dernier (le mois dernier).*

1. jouer au tennis
2. téléphoner à tes grands-parents
3. écouter un disque de musique classique
4. nettoyer ta chambre
5. rendre visite à ton oncle
6. voyager en bus
7. amener un(e) ami(e) au cinéma
8. choisir un cadeau *(gift)* pour un(e) ami(e)
9. rendre un livre à la bibliothèque

**12. Tout change!**    Lisez ce que font les personnes suivantes. Dites qu'elles n'ont pas fait ces choses avant. Décrivez ce qu'elles ont fait.

   Cet été nous visitons Québec. (Montréal)
   *L'été dernier nous n'avons pas visité Québec, mais nous avons visité Montréal.*

1. Ce week-end Philippe invite Christine. (Amélie)
2. Cet été Pierre et André travaillent dans un café. (dans une banque)
3. Cette semaine tu rends visite à tes cousins. (ta tante Stéphanie)
4. En juillet, Monsieur Rimbaud loue un appartement à Nice. (un châlet dans les Alpes)
5. Cette semaine nous réussissons à l'examen de maths. (à l'examen de français)
6. Cette année Thérèse choisit un maillot de bain bleu. (un maillot de bain jaune)

# D.  Les participes passés irréguliers

Some irregular verbs have IRREGULAR PAST PARTICIPLES:

| Infinitive | Past participle | Passé composé |
|---|---|---|
| avoir | eu | Nous **avons eu** une bonne surprise. |
| être | été | Jacqueline **a été** en France en juin. |
| faire | fait | Mes parents **ont fait** un voyage au Canada. |

▶ Note the two possible meanings of **être** in the passé composé:

Paul **a été** malade.     *Paul **has been** sick.*
Il **a été** à l'hôpital.     *He **went** to the hospital.*

IMPERSONAL EXPRESSIONS may be used in the passé composé:

| Present | Passé composé | |
|---|---|---|
| il neige | il a neigé | **Il a neigé** en janvier. |
| il pleut | il a plu | Hier, **il a plu.** |
| il y a | il y a eu | **Il y a eu** un accident. |

**13. Dialogue**    Demandez à vos amis s'ils ont fait les choses suivantes aux moments indiqués.

▯ faire une promenade ce matin?
   —*Est-ce que tu as fait une promenade ce matin?*
   —*Oui, j'ai fait une promenade ce matin.*
ou: —*Non, je n'ai pas fait de promenade ce matin.*

1. faire tes devoirs hier soir?
2. faire des économies le mois dernier?
3. avoir la grippe *(flu)* l'hiver dernier?
4. avoir un rendez-vous *(date)* samedi dernier?
5. avoir des amis chez toi le week-end dernier?
6. être au cinéma la semaine dernière?
7. être en France l'été dernier?

**14. Oui ou non?**   Informez-vous sur les personnes suivantes et dites si oui ou non elles ont fait les choses entre parenthèses.

▢ Jacques est très impatient. (attendre ses amis?)
   *Il n'a pas attendu ses amis.*

1. Tu n'es pas prudent *(careful)*. (faire attention? avoir un accident?)
2. Ces étudiants ne sont pas sérieux. (répondre correctement aux questions du professeur? avoir une bonne note *(grade)* à l'examen?)
3. Élisabeth est la championne de notre club. (perdre le championnat *(championship)*? avoir le premier prix *(prize)*?)
4. Oh là là! J'ai une très mauvaise grippe! (être malade *(sick)*? avoir envie d'aller au cinéma?)
5. Cet ingénieur électronicien est très compétent. (faire des erreurs dans le programme? avoir des problèmes avec l'ordinateur?)
6. Philippe est très heureux. (avoir un rendez-vous avec Isabelle? être avec elle dans une discothèque?)
7. Nous voulons aller en France cet été. (faire des économies? avoir besoin de travailler?)

# Communication

Choose a partner who will play the role of the other person in the conversation.

---

1. Your roommate has just come in, carrying a large shopping bag. You are curious.

Ask your partner . . .

- where he/she has been
- what he/she has bought
- how much money he/she spent

---

2. Your best friend has just returned from a month in France. You want to know more about his/her trip.

Ask your partner . . .

- if he/she liked Paris
- which monuments he/she visited
- if he/she had dinner in good restaurants
- which other cities (**autres villes**) he/she visited
- if he/she visited his/her friends in Marseille
- how he/she traveled (**en bus? en train? en voiture?**)
- what souvenirs (**quels souvenirs**) he/she bought

# Séjour en France

*Pierre est un étudiant français qui passe une année dans une université américaine. Il a rencontré° Linda au Club International.*    *met*

**PIERRE:** Tu es canadienne?

 **LINDA:** Non, je suis américaine!

**PIERRE:** Tu parles français vraiment° très bien. Tu es déjà allée° en France?    *really / have you ever gone*

 **LINDA:** Oui, je suis allée° à l'université de Grenoble.    *I went*

**PIERRE:** Combien de temps es-tu restée° là-bas?    *did you stay*

 **LINDA:** Dix mois! Je suis arrivée à Grenoble en septembre et je suis rentrée à Boston en juillet.

**PIERRE:** Tu as aimé ton séjour°?    *stay*

 **LINDA:** Oui, j'ai beaucoup aimé ... mais les débuts° ont été difficiles.    *beginnings*

**PIERRE:** Pourquoi?

**LINDA:** À l'université j'ai rencontré d'autres° étudiants américains mais je *other*
n'ai pas fait la connaissance° d'étudiants français. Ainsi°, les trois *didn't meet / Thus*
premiers mois, je n'ai pas parlé français! Heureusement, j'ai eu un
accident et tout° a changé! *everything*

**PIERRE:** Un accident? Explique°! *Explain*

**LINDA:** Eh bien, à Noël°, je suis allée faire du ski°. Le deuxième jour, je *Christmas / skiing*
suis tombée° et je me suis cassé la jambe° ... Je suis restée une se- *fell / broke my leg*
maine à l'hôpital. À l'hôpital, j'ai rencontré un garçon très sympa.
Il m'a présentée° à ses amis. À partir de° ce moment-là, j'ai été *introduced me / From*
adoptée par tout le monde°. *everyone*

**PIERRE:** Qu'est-ce que tu as fait quand tu es rentrée à Grenoble?

**LINDA:** Eh bien, j'ai vraiment profité de mon séjour. Je suis beaucoup sor-
tie°. J'ai beaucoup parlé français et j'ai un peu oublié° mes études°. *went out / forgot / studies*

---

## Lecture culturelle: *Les étudiants étrangers en France*

La France attire[1] un très grand nombre d'étudiants étrangers[2]. Aujourd'hui, plus de[3] 100.000 (cent mille) étudiants étrangers fréquentent[4] les universités françaises.

Qui sont ces étudiants étrangers? Beaucoup viennent[5] des pays° d'Afrique du Nord[7] (l'Algérie, la Tunisie, le Maroc) et d'Afrique Noire (le Cameroun, la Côte d'Ivoire[8], le Sénégal).

Il y a aussi beaucoup d'étudiants américains. Chaque[9] année, 4.000 (quatre mille) étudiants américains s'ins-crivent[10] dans les universités françaises, à Paris, mais aussi à Grenoble, à Montpellier, à Aix-en-Provence. Qu'est-ce qu'ils étudient? Les lettres et les sciences, la médecine, le droit[11] ... et bien sûr, le français!

1 attracts  2 foreign  3 more than  4 attend  5 come
6 countries  7 north  8 Ivory Coast  9 each  10 register
11 law

# Structure et Vocabulaire

## Vocabulaire: *Vive les vacances!*

### Noms

| | | | |
|---|---|---|---|
| **un endroit** | *place* | **la campagne** | *country, countryside* |
| **le journal** | *newspaper* | **la mer** | *sea* |
| **le séjour** | *stay* | **la montagne** | *mountain* |
| **le soleil** | *sun* | **les vacances** | *vacation* |
| **le voyage** | *trip* | **une valise** | *suitcase* |

### Verbes

| | | |
|---|---|---|
| **oublier** | *to forget* | Zut! J'**ai oublié** mon passeport! |
| **quitter** | *to leave* | Nous **quittons** Lausanne le 15 août. |
| **rencontrer** | *to meet* | J'**ai rencontré** Paul à Grenoble. |
| **faire la connaissance de** | *to meet* | Cet été j'**ai fait la connaissance d'**Alice. |
| **faire les valises** | *to pack* | As-tu **fait les valises**? |
| **faire un séjour** | *to reside, to spend time* | J'**ai fait un séjour** à Nice cet été. |

### Expressions

| | | |
|---|---|---|
| **à l'étranger** | *abroad* | Je vais passer mes vacances **à l'étranger**. |
| **en vacances** | *on vacation* | Quand allez-vous **en vacances**? |
| **quelqu'un** | *someone* | Est-ce que **quelqu'un** a téléphoné? |
| **quelque chose** | *something* | Est-ce que tu as apporté **quelque chose**? |

### NOTES DE VOCABULAIRE

1. The plural of **le journal** is **les journaux**.

   Quand nous sommes à l'étranger nous achetons **les journaux** du pays.

2. Both **faire la connaissance (de)** and **rencontrer** correspond to the English *to meet*. Usually **faire la connaissance** means *to meet for the first time, to make the acquaintance of*, whereas **rencontrer** means *to meet, to run into, to see (by chance)*.

   | | |
   |---|---|
   | J'**ai fait la connaissance d'**Anne à un mariage. | *I **met** Anne at a wedding.* |
   | J'**ai rencontré** Paul dans la rue ce matin. | *I **saw** Paul in the street this morning.* |

## 1. Questions personnelles

1. Aimez-vous aller à la campagne pendant le week-end?
2. Aimez-vous le soleil? Portez-vous souvent des lunettes de soleil?
3. Avez-vous envie d'aller à l'étranger après l'université? Où? Pourquoi?

4. Avez-vous une bonne mémoire ou oubliez-vous les choses importantes? Allez-vous oublier votre français après l'université?
5. Est-ce que vous rencontrez vos amis après les classes? Où?
6. Quand allez-vous quitter l'université? (l'année prochaine? dans deux ans?) Qu'est-ce que vous allez faire après?
7. Est-ce qu'il y a des étudiants étrangers *(foreign)* à votre université? Avez-vous fait la connaissance de ces étudiants? Où et quand?

### 2. Vacances et voyages

1. Préférez-vous aller à la mer ou à la montagne pendant les vacances?
2. Dans quel endroit passez-vous vos vacances en général? Est-ce que c'est un endroit intéressant? Pourquoi?
3. Où allez-vous passer vos vacances l'été prochain?
4. Quand vous voyagez, est-ce que vous aimez faire la connaissance d'autres *(other)* gens?
5. Avez-vous fait la connaissance de personnes intéressantes l'été dernier? De qui?
6. Aimez-vous voyager avec beaucoup de valises? Quand vous voyagez avec votre famille, qui fait les valises?

## A.  Les verbes *sortir, partir* et *dormir*

The verbs **sortir** *(to go out)*, **partir** *(to leave)*, and **dormir** *(to sleep)* are irregular in the present tense.

| infinitive | sortir | partir | dormir | endings |
|---|---|---|---|---|
| present | Je **sors** avec Marc.<br>Tu **sors** maintenant.<br>Il **sort** avec Anne. | Je **pars** maintenant.<br>Tu **pars** avec Paul?<br>On **part** avant le dîner. | Je **dors** peu.<br>Tu **dors** trop.<br>Elle **dort** en classe. | -s<br>-s<br>-t |
|  | Nous **sortons** ce soir.<br>Vous **sortez** demain?<br>Ils **sortent** souvent. | Nous **partons** à une heure.<br>Vous **partez** en voiture.<br>Elles **partent** à six heures. | Nous **dormons** mal.<br>Vous **dormez** bien.<br>Ils **dorment.** | -ons<br>-ez<br>-ent |
| past participle | **sorti** | **parti** | **dormi** |  |

▶ The above verbs have two stems in the present:

• The plural stem is the infinitive minus **-ir.**

   **sort (-ir)    part (-ir)    dorm (-ir)**

• The singular stem is the plural stem minus the last consonant.

   **sor (-t)    par (-t)    dor (-m)**

## Vocabulaire: *Verbes conjugués comme* sortir, partir *et* dormir

| | | |
|---|---|---|
| **sortir** | *to go out, leave* | Nous **sortons** maintenant. |
| **sortir avec** | *to go out with, to date* | Jean-Pierre **sort avec** Caroline. |
| **partir** | *to leave* | Nous **partons** à huit heures. |
| **dormir** | *to sleep* | Est-ce que vous **dormez** bien? |
| **sentir** | *to smell* | **Sentez**-vous ce parfum? |
| | *to feel* | Je **sens** que j'ai la grippe *(flu)*. |

### NOTE DE VOCABULAIRE

The verbs **sortir, partir,** and **quitter** all mean *to leave,* but they are not interchangeable. Compare:

| | | (alone) | + places | + people |
|---|---|---|---|---|
| **partir (de)** | *to leave, go away* | Je **pars.** | Je **pars de** Nice demain. | — |
| **sortir (de)** | *to leave, go out (of)* | Je **sors.** | Je **sors de** la cuisine. | — |
| **quitter** | *to leave (behind)* | — | Je **quitte** Paris. | Je **quitte** mes amis. |

**3. Bonne nuit?** Informez-vous sur les personnes suivantes et dites si oui ou non elles dorment bien.

▮ Philippe est nerveux. *Il ne dort pas bien.*

1. Nous avons un examen très important demain matin.
2. Vous avez des cauchemars *(nightmares)*.
3. Je n'ai pas de problèmes.
4. M. Lenormand est une personne très calme.
5. Tu as une très mauvaise grippe *(flu)*.
6. Il y a beaucoup de bruit *(noise)* dans notre résidence.
7. Jacqueline est en vacances à la campagne.

### 4. Questions personnelles

1. Sortez-vous souvent? Avec qui? Quand? Où allez-vous?
2. Allez-vous sortir le week-end prochain? Avec qui?
3. Si vous n'habitez pas sur le campus, à quelle heure quittez-vous votre campus? Où allez-vous?
4. Le week-end, quittez-vous votre campus? Où allez-vous?
5. À quelle heure partez-vous de chez vous le lundi? le vendredi?
6. En général, dormez-vous bien? Combien d'heures dormez-vous par nuit? Combien d'heures avez-vous dormi la nuit dernière? Qu'est-ce que vous faites quand vous ne dormez pas?
7. Est-ce que vous sentez que vous faites des progrès en français? Pourquoi (pas)?

## B.    Le passé composé avec *être*

In the sentences below, the verb **aller** is used in the passé composé. Note the auxiliary verb and the forms of the past participle.

Robert **est allé** à Paris.          Paul et David **sont allés** à Bordeaux.
Linda **est allée** à Paris aussi.    Martine et Lucie **sont allées** à Nice.

Certain verbs of movement form the PASSÉ COMPOSÉ with **être**:

present of **être** + past participle

When a verb like **aller** is conjugated with **être** in the passé composé, the PAST PARTICIPLE agrees with the SUBJECT in gender and number.

|            | Masculine | Feminine |
|------------|-----------|----------|
| *singular* | je **suis allé**<br>tu **es allé**<br>il/on **est allé** | je **suis allée**<br>tu **es allée**<br>elle **est allée** |
| *plural*   | nous **sommes allés**<br>vous **êtes allé(s)**<br>ils **sont allés** | nous **sommes allées**<br>vous **êtes allée(s)**<br>elles **sont allées** |

▶ Note the negative forms.

   Paul **n'est pas allé** à Paris.    Anne **n'est pas allée** à Nice.

▶ Note the interrogative forms.

   Où **est-ce qu'il est allé**?    Où **est-ce qu'elle est allée**?
   Où **est-il allé**?              Où **est-elle allée**?

Chère Laurie,
    Je suis allée à la
plage aujourd'hui.


    Je t'embrasse,
        Maman

# Vocabulaire:    *Quelques verbes conjugués avec* être

Most verbs conjugated with **être** in the passé composé are VERBS OF MOTION. They indicate movement to, in, from, and so on. Note the past participles of these verbs.

| | | |
|---|---|---|
| **aller** | *to go* | **Êtes**-vous **allés** en France? |
| **arriver** | *to arrive, to come* | Quand **est**-elle **arrivée** à Grenoble? |
| **partir** | *to leave* | Nous **sommes partis** d'Annecy le 5 octobre. |
| **entrer** | *to enter, to come in* | Je **suis entré** dans l'appartement. |
| **sortir** | *to go out* | Avec qui Linda **est**-elle **sortie?** |
| **monter** | *to go up, to climb* | **Êtes**-vous **montés** à la Tour Eiffel? |
| | *to get on* | Nous **sommes montés** dans le bus. |
| **descendre** | *to go down, to get off* | Nous **sommes descendus** du train à Orléans. |
| | *to stop (at a place)* | Mon père **est descendu** à cet hôtel. |
| **tomber** | *to fall* | Je **suis tombé** de bicyclette. |
| **passer** | *to pass, to go (by)* | Nous **sommes passés** par Toulouse. |
| **rester** | *to stay, to remain* | Ils ne **sont** pas **restés** à Marseille. |
| **rentrer** | *to go back, to get back* | Pierre **est rentré** chez lui. |
| **retourner** | *to return, to go back* | Nous **sommes retournés** à Québec. |
| **naître** | *to be born* | Mon frère **est né** à Strasbourg. |
| **mourir** | *to die* | Mon grand-père **est mort** en juin dernier. |

## NOTES DE VOCABULAIRE

1. When names of places are used with verbs of motion they are always introduced by a preposition such as **à, de, en, dans, par** *(by, through)*, **pour, chez,** etc.

   Je suis entré **dans** l'appartement.     *I entered the apartment.*
   Paul est rentré **chez** lui.     *Paul returned home.*

2. When **passer** means *to spend time*, it is conjugated with **avoir:**
   **J'ai passé** un mois en France.

**5. Rencontres (Encounters)**   Dites où sont allées les personnes suivantes. Dites aussi qui elles ont rencontré. Utilisez le passé composé des verbes **aller** et **rencontrer**.

▢ Paul (au café / ses copains)
*Paul est allé au café. Il a rencontré ses copains.*

1. Janine (à la plage / ses amies)
2. les étudiants (à l'université / le professeur de français)
3. vous (au supermarché / vos voisins)
4. je (à Paris / mes cousins)
5. tu (à Québec / tes amis canadiens)

**6. Sorties?**   Dites ce que les personnes suivantes ont fait hier et dites si oui ou non elles sont sorties.

▢ Jacques / regarder la télé      *Jacques a regardé la télé. Il n'est pas sorti.*

1. nous / faire un match de tennis
2. M. Bernard / faire le ménage
3. je / nettoyer mon appartement
4. tu / rendre visite à un ami
5. Béatrice et Denise / faire une promenade
6. les étudiants / préparer l'examen
7. vous / nager
8. Mme Moreau / inviter des amis

**7. Conversation**   Choisissez trois camarades de classe et demandez-leur s'ils ont fait les choses suivantes le week-end dernier. Inscrivez les résultats de votre enquête.

—*Julie, est-ce que tu es sortie avec un copain?*
—*Oui, je suis sortie avec un copain.*
—*Est-ce que tu es sortie avec une copine?*
—*Non, je ne suis pas sortie avec une copine.* etc.

| | | | |
|---|---|---|---|
| • sortir avec un copain | | | |
| • sortir avec une copine | | | |
| • aller au cinéma | | | |
| • aller à un concert | | | |
| • rester chez toi | | | |

**8. Un accident qui finit bien**   Racontez l'accident de Jean-Claude au passé composé.

▢ pendant les vacances, aller en Normandie
*Pendant les vacances, Jean-Claude est allé en Normandie.*

1. un jour, louer une mobylette
2. faire une promenade dans la campagne
3. avoir un accident
4. tomber dans un ravin (*ditch*)
5. être blessé (*hurt*)
6. aller à l'hôpital
7. rester deux jours là-bas
8. faire la connaissance d'une jeune infirmière (*nurse*)
9. tomber amoureux (*in love*) d'elle
10. avoir des rendez-vous avec elle
11. passer d'excellentes vacances

**9. Oui ou non?** Dites si oui ou non les personnes suivantes ont fait les choses entre parenthèses. Utilisez le passé composé à la forme affirmative ou négative.

 Je n'ai pas d'argent. (aller au restaurant?)
*Alors, je ne suis pas allé(e) au restaurant.*

1. Catherine a une pneumonie. (sortir? rester chez elle?)
2. J'ai la grippe. (rentrer à la maison? rester à l'université?)
3. Nous désirons avoir une belle vue *(view)* sur Paris. (monter à la Tour Eiffel? admirer le panorama?)
4. Anne et Lise sont françaises. (naître en France? étudier le français à l'Alliance Française?)
5. Vous faites des économies. (descendre dans un hôtel de luxe? dîner dans un restaurant très cher?)
6. Martine invite des amis à dîner chez elle. (rentrer à la maison? nettoyer la salle à manger?)

**10. Conversation**    Demandez à un(e) camarade de décrire un voyage (réel ou imaginaire). Vous pouvez utiliser les suggestions suivantes.

- où / aller?
- quand / partir?
- combien de temps / rester là-bas?
- qu'est-ce que / visiter?
- qu'est-ce que / faire?
- qui / rencontrer?
- quand / rentrer?

—*Où est-ce que tu es allé(e)?*
—*Je suis allé(e) à Tahiti.*
—*Quand est-ce que tu es parti(e)?* etc.

Femmes tahitiennes au marché

## C.   La date et l'année

Note how dates are expressed in the following sentences.

Je suis né **le 24 juin 1975.**          *I was born **(on) June 24, 1975.***
Ma mère est née **le premier mars 1947.**   *My mother was born **(on) March 1, 1947.***
Mon grand-père est né **en 1918.**       *My grandfather was born **in 1918.***

To express ON WHAT DATE or IN WHAT YEAR, the following patterns are used:

| | |
|---|---|
| **le** + number + month + year | **le 3 mai 1986**   *on May 3, 1986* |
| **en** + year | **en 1987**   *in 1987* |

▶ The first day of the month is **le premier** (abbreviated **le 1<sup>er</sup>**).

▶ Years can be expressed in two ways. (NOTE: The word **cent** cannot be omitted.)

1,991    mille neuf cent quatre-vingt-onze
19,91    dix-neuf cent quatre-vingt-onze

**11. Dates historiques**   Donnez la date des événements historiques suivants.

1. les Américains / signer la Déclaration d'Indépendance (le 4/7/1776)
2. les Parisiens / attaquer la Bastille (le 14/7/1789)
3. Martin Luther King / naître (le 15/1/1929)
4. John Kennedy / mourir (le 22/11/1963)
5. Les premiers astronautes américains / marcher sur la lune *(moon)* (le 21/7/1969)

**12. Une vie**   Béatrice décrit la vie de son grand-père en précisant les dates. Jouez le rôle de Béatrice.

▢ naître (1915)   ***Mon grand-père est né en 1915.***

1. aller à l'université (1932)
2. faire son service militaire (1936)
3. partir pour le Canada (1938)
4. rencontrer ma grand-mère (1942)
5. avoir son premier enfant (1946)
6. être nommé *(named)* vice-président de sa compagnie (1957)
7. quitter son emploi *(job)* (1978)
8. rentrer en France (1980)
9. mourir (1986)

**13. Date de naissance**   *(date of birth)* Choisissez un(e) camarade et comparez vos dates de naissance.

▢ ***Je suis né(e) le 21 décembre 1974. Et toi?***

# D.   L'usage du passé avec *il y a*

Note the use of the expression **il y a** in the following sentences.

Paul a téléphoné **il y a** dix minutes.       *Paul phoned ten minutes **ago**.*
Suzanne est rentrée **il y a** deux jours.     *Suzanne came back two days **ago**.*

---

To indicate how long AGO an event occurred, the following construction is used:

| passé composé + **il y a** + elapsed time | Marie est partie **il y a une semaine**. |

**14. Quand?**  Dites quand vous avez fait les choses suivantes. Utilisez la construction **il y a** + *temps*.

☐  dîner au restaurant?
*J'ai dîné au restaurant il y a trois jours (une semaine, deux mois, etc.).*

1. aller au cinéma?
2. acheter un journal?
3. sortir avec mes copains?
4. faire un voyage?
5. arriver à cette université?

6. avoir mon diplôme de *high school*?
7. téléphoner à mes grands-parents?
8. nettoyer ma chambre?
9. faire une promenade à bicyclette?

# E.   La place de l'adverbe au passé composé

Note the position of the adverbs **beaucoup** and **bien** in the passé composé.

J'ai **beaucoup aimé** Paris.              *I **liked** Paris **a lot**.*
Je **suis souvent sorti** avec mes amis.   *I **often went out** with my friends.*

---

When ADVERBS OF MANNER like **bien** and **souvent** are used in the passé composé, the word order is:

subject + **(ne)** auxiliary verb **(pas)** + adverb + past participle

J'ai **bien** dormi.       Elle n'est pas **souvent** sortie.

▶ Adverbs of TIME like **hier** and **aujourd'hui,** and adverbs of PLACE like **ici** and **là-bas,** come AFTER the past participle.

François est rentré **hier.**       Nous avons travaillé **ici.**

# Vocabulaire: *Quelques adverbes*

In the passé composé, the following adverbs come between the auxiliary and the past participle.

| | | |
|---|---|---|
| **bien** ≠ **mal** | *well* ≠ *badly* | J'ai **bien** entendu mais j'ai **mal** répondu. |
| **peu** ≠ **beaucoup** | *little* ≠ *much* | Nous avons **peu** travaillé mais nous avons **beaucoup** joué. |
| **assez** ≠ **trop** | *enough* ≠ *too much* | Tu n'as pas **assez** étudié et tu es **trop** sorti. |
| **souvent** ≠ **ne ... jamais** | *often* ≠ *never* | J'ai **souvent** voyagé, mais je **ne** suis **jamais** allé à Grenoble. |
| **déjà** ≠ **ne ... pas encore** | *already* ≠ *not yet* | J'ai **déjà** visité Québec, mais je **n'**ai **pas encore** visité Montréal. |
| **presque** | *almost* | J'ai **presque** fini mon devoir. |
| **rarement** | *rarely, seldom* | Cette année je suis **rarement** allé au cinéma. |
| **vraiment** | *really* | Thomas a **vraiment** aimé le film. |

## NOTES DE VOCABULAIRE

1. With **ne ... jamais** and **ne ... pas encore, ne** comes before the auxiliary.
2. In questions, **déjà** corresponds to the English *ever*.

   Êtes-vous **déjà** allé à Paris?     *Have you **ever** gone to Paris?*

3. Many French adverbs that end in **-ment** correspond to English adverbs in *-ly*.

   **-ment** ↔ *-ly*     rare**ment**     *rarely*

---

**15. Causes et résultats**  Lisez ce que les personnes suivantes ont fait et dites si oui ou non elles ont fait les choses entre parenthèses.

> Les étudiants ont réussi à l'examen. (étudier beaucoup?)
> ***Ils ont beaucoup étudié.***

1. Tu as eu un cauchemar *(nightmare)*. (dormir mal?)
2. Vous avez perdu le match. (jouer bien?)
3. Nous sommes allés dans un excellent restaurant. (dîner bien?)
4. Michelle est fatiguée *(tired)*. (dormir assez?)
5. Pierre a été très malade *(sick)*. (maigrir beaucoup?)
6. Vous n'êtes jamais sortis de chez vous. (voyager peu?)
7. Tu n'as pas trouvé la solution du problème. (chercher assez?)

**16. Dialogue**  Demandez à vos camarades s'ils ont déjà fait les choses suivantes.

☐    visiter Paris?
>      —*Est-ce que tu as déjà visité Paris?*
>      —*Oui, j'ai déjà visité Paris.*
>    ou: —*Non, je n'ai jamais visité Paris.*

1. aller à Québec?
2. faire un voyage en ballon *(balloon)?*
3. monter dans un hélicoptère?
4. descendre dans un sous-marin *(submarine)?*
5. piloter un avion?
6. dîner dans un restaurant vietnamien?

L'Opéra de la Bastille,
Paris

**17. Au bureau**  Madame Mercier demande certaines choses à son assistant. Il répond affirmativement ou négativement. Jouez les deux rôles.

☐    M. Duval / téléphoner? (oui)
>    MME MERCIER:  *Est-ce que M. Duval a téléphoné?*
>    L'ASSISTANT:  *Oui, il a déjà téléphoné.*

☐    les clients / arriver? (non)
>    MME MERCIER:  *Est-ce que les clients sont arrivés?*
>    L'ASSISTANT:  *Non, ils ne sont pas encore arrivés.*

1. Mme Dumas / envoyer un chèque? (non)
2. la dactylo *(typist)* / finir le contrat? (oui)
3. M. Bouvier / rentrer de New York? (non)
4. la secrétaire / partir? (oui)
5. le télex de New York / arriver? (oui)
6. vous / aller à la banque? (oui)
7. vous / envoyer le télégramme? (non)
8. M. Castel / payer la facture *(invoice)?* (non)

# Communication

Choose a partner who will play the role of the other person in the conversation.

---

1. It is Monday morning and you want to know what your partner did during the weekend.

Ask your partner . . .

- if he/she went out Saturday night
- where he/she went and what he/she did
- when he/she came back
- if he/she stayed home Sunday (and if not, where he/she went)
- what he/she did Sunday afternoon
- where he/she had dinner
- when he/she did the homework

---

2. It is the day after spring break. Your partner has come back to school with a very nice tan.

Ask your partner . . .

- where he/she went
- how he/she traveled
- how many days he/she stayed there
- if he/she stayed in a hotel or with friends
- what he/she did
- if he/she met someone interesting (and if so, whom)
- when he/she got back

# Vivre en France:
# À l'hôtel

## Vocabulaire pratique:  *À l'hôtel*

Quand on voyage en France, on peut **rester** dans ...

> **un petit hôtel bon marché mais confortable.**
> **un hôtel de grand luxe.**
> **une auberge** *(inn)* **à la campagne.**
> **une auberge de la jeunesse** *(youth hostel).*
> **une pension** *(boarding house).*

À l'hôtel

**Vous désirez?** *(May I help you?)*

> Je voudrais *(would like)* | une chambre.
> J'aimerais *(would like)* **réserver** |

**Quel genre** *(type)* de chambre désirez-vous?

J'aimerais une chambre

| **pour une personne.** | **avec douche** *(with a shower).* |
| **pour deux personnes.** | **avec salle de bains.** |
| **à un lit.** | **avec le téléphone.** |
| **à deux lits.** | **avec la télévision.** |
| | **avec l'air conditionné.** |
| | **avec une belle vue** *(view).* |

**Combien de temps** *(for how long)* allez-vous rester?

Je vais rester

| **deux nuits.** | **jusqu'à** *(until)* **mardi prochain.** |
| **une semaine.** | **jusqu'au 10 juillet.** |
| **du 2 au 7 août.** | |

Comment allez-vous payer?

Je vais payer

| **en espèces** *(cash).* | **avec des chèques de voyage.** |
| **par chèque.** | **avec une carte de crédit.** |

Je vous **donne** *(give)* la chambre 315.    Voici **la clé** *(key).*

D'autres questions

Est-ce qu'il y a

| **un restaurant?** |
| **un parking?** |
| **un garage?** |

**Quel est le prix** des chambres?

Est-ce que

| **le petit déjeuner** *(breakfast)* | est | **inclus** *(included)* | dans le prix? |
| **le service** *(tips)* | | **compris** *(included)* | |

HOTEL VENDOME
1. PLACE VENDOME
75001 PARIS

## Activité: *En voyage en France*

Les personnes suivantes voyagent en France. Dites quel type de logement (*lodging*) chaque personne va choisir et quelle chambre elle va prendre (*take*).

◨ Monsieur Renaud est représentant de commerce (*salesman*). Quand il voyage, il téléphone à sa femme le soir. Il aime aussi regarder la télévision.
*Il va aller dans un petit hôtel bon marché mais confortable.*
*Il va prendre une chambre pour une personne avec le téléphone et la télévision.*

1. Monsieur Reynolds est un millionnaire texan. Il voyage en France avec sa femme. Pour eux, le confort est très important.
2. Silvia et ses copines Isabel et Teresa sont des étudiantes espagnoles. Elles voyagent en France à bicyclette. Elles n'ont pas beaucoup d'argent.
3. Mademoiselle Clément est présidente d'un club pour la protection de la nature. Elle aime passer ses vacances à la campagne.
4. Dieter Mueller est un étudiant allemand qui va passer un an en France.
5. Lucia Tomasini, une actrice italienne, assiste (*is attending*) au festival de Cannes. Elle passe une semaine en France avec sa fille de douze ans.

## Situations: *À la réception de l'hôtel Beaurivage*

Les personnes suivantes arrivent à l'hôtel Beaurivage. Composez des dialogues avec la réceptionniste suivant le modèle. Ensuite jouez ces dialogues en classe.

◨ Madame Chardon / avec salle de bains / 250 francs / deux nuits / par chèque

RÉCEPTIONNISTE: *Bonjour, Madame.*
MME CHARDON: *Bonjour, Mademoiselle. Je voudrais une chambre.*
RÉCEPTIONNISTE: *Pour combien de personnes?*
MME CHARDON: *Pour une personne, s'il vous plaît.*
RÉCEPTIONNISTE: *Quelle genre de chambre désirez-vous?*
MME CHARDON: *J'aimerais une chambre avec salle de bains. C'est combien?*
RÉCEPTIONNISTE: *C'est 250 francs par nuit.*
MME CHARDON: *Très bien. Je vais prendre (to take) cette chambre.*
RÉCEPTIONNISTE: *Combien de temps allez-vous rester à l'hôtel?*
MME CHARDON: *J'ai l'intention de rester deux nuits.*
RÉCEPTIONNISTE: *Comment allez-vous payer?*
MME CHARDON: *Je vais payer par chèque.*
RÉCEPTIONNISTE: *Parfait. Je vais vous donner la chambre 128. Voici votre clé. Bon séjour (Have a nice stay) à l'hôtel Beaurivage.*

1. Monsieur et Madame Gavin / avec douche / 300 francs / jusqu'à mardi / avec une carte de crédit
2. Mademoiselle Rochette / avec vue sur la plage / 350 francs / une semaine / en espèces
3. Monsieur et Madame Valentin / avec la télévision et l'air conditionné / 400 francs / jusqu'au 15 août / avec des chèques de voyage

## Le Guide Michelin

Le Guide Michelin (guide rouge) est un livre très utile *(useful)* pour les touristes qui visitent la France. Pour chaque *(each)* ville, ce livre présente une liste des principaux *(main)* hôtels. Il donne tous les renseignements *(all the information)* nécessaires pour chaque hôtel: catégorie, éléments de confort, prix, etc....

## Comment lire le Guide Michelin

Pour chaque hôtel, le Guide Michelin donne un certain nombre de renseignements importants.

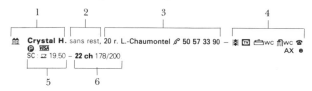

1. **la catégorie**   L'hôtel Crystal est un hôtel confortable. (C'est un hôtel de bon confort.)
2. **le restaurant**   Cet hôtel n'a pas de restaurant. (Il est sans restaurant.)
3. **l'adresse et le numéro de téléphone**   Cet hôtel est situé 20, rue Chaumontel. Son numéro de téléphone est le 50.57.33.90.
4. **les éléments de confort**   Il y a un ascenseur *(elevator)*. Il y a la télévision. Les chambres ont ou une salle de bains ou une douche. Elles ont le téléphone. Il y a un parking. Il n'y a pas de tennis.
5. **le service et le petit déjeuner**   Le service est compris. Le prix du petit déjeuner est de 19 francs 50.
6. **le nombre et le prix des chambres**   Il y a 22 chambres. Le prix des chambres va de 178 à 200 francs par nuit. Ils acceptent la carte de crédit VISA.

| | |
|---|---|
| Grand luxe | XXXXX |
| Grand confort | XXXX |
| Très confortable | XXX |
| De bon confort | XX |
| Assez confortable | X |
| Simple mais convenable | |

| | |
|---|---|
| La table vaut le voyage | |
| La table mérite un détour | |
| Une très bonne table | |
| **R** 70   **Repas soigné à prix modérés** | |
| Petit déjeuner | |
| SC   Service compris | |

Menu à moins de 60 F

| | |
|---|---|
| **Hôtels agréables** | |
| **Restaurants agréables** | |
| **Vue exceptionnelle** | |
| Vue intéressante ou étendue | |
| **Situation très tranquille, isolée** | |
| Situation tranquille | |

| | |
|---|---|
| Repas au jardin ou en terrasse | |
| Piscine en plein air ou couverte | |
| Jardin de repos - Tennis à l'hôtel | |

| | |
|---|---|
| Ascenseur | |
| Air conditionné | |
| Salle de bains et wc privés | |
| Douche et wc privés | |
| Téléphone dans la chambre | |
| Téléphone direct | |
| Accessible aux handicapés physiques | |
| Garage gratuit ou payant | |
| Salles de conférence, séminaire | |
| Accès interdit aux chiens | |

## Activité: *Visite à Annecy*

Imaginez que vous allez passer quelques jours à Annecy. Vous voulez réserver une chambre. Choisissez un hôtel sur la liste. Vous téléphonez à la réception pour obtenir des renseignements *(to get information)*. Un(e) camarade va jouer le rôle du (de la) réceptionniste.

Voici les renseignements que vous pouvez demander:

Quelle est l'adresse de l'hôtel?
Est-ce que les chambres ont une douche / une salle de bains?
Est-ce qu'il y a un parking / un restaurant / une piscine?
Quel est le prix des chambres?
Combien coûte le petit déjeuner?
Est-ce que le service est compris? etc....

**ANNECY** Ⓟ **74000** H.-Savoie **74** ⑥ G. Alpes – 51 593 h. alt. 448.

🏛 **Carlton** sans rest, 5 r. Glières ✆ 50 45 47 75 – 🛗 ☎. AE Ⓞ VISA          AY **g**
SC: ⌸ 25 – **50 ch** 200/300.

🏛 **Splendid H.** sans rest, 4 quai E.-Chappuis ✆ 50 45 20 00, Télex 385233 – 🛗 TV
☎. VISA          BY **s**
SC: ⌸ 25 – **50 ch** 150/320.

🏛 **Faisan Doré,** 34 av. Albigny ✆ 50 23 02 46 – 🛗 ⌷wc ▥wc ☎ – ⚒ 35          CV **e**
SC: **R** *(fermé 1er nov. à fin janv. et dim. hors sais.)* 80/160 – ⌸ 28 – **46 ch** 180/300 –
P 320/340.

🏛 **Crystal H.** sans rest, 20 r. L.-Chaumontel ✆ 50 57 33 90 – 🛗 TV ⌷wc ▥wc ☎
Ⓟ VISA          AX **e**
SC: ⌸ 19,50 – **22 ch** 178/200.

🏛 **Réserve,** 21 av. Albigny ✆ 50 23 50 24, ≼, « Jardin »     TV ⌷wc ▥wc ☎ Ⓟ ⓄD
E VISA          CV **v**
fermé 23 juin au 5 juil. et 20 déc. au 19 janv. – SC: **R** 80/180 ♨ – ⌸ 22 – **12 ch**
200/280 – P 290/310.

🏠 **Semnoz** sans rest, 1 fg Balmettes ✆ 50 45 04 12 – ⌷wc ▥wc ☎. AE E VISA. ⛛
fermé 20 déc. au 15 janv., sam. et dim. en hiver – SC: ⌸ 21 – **24 ch** 190/240.
          AY **b**

🏠 **Ibis** M, 12 r. Gare ✆ 50 45 43 21, Télex 385585 – 🛗 TV ⌷wc ☎ – ⚒ 35. E VISA
SC: **R** carte environ 85 ♨ – ⌸ 20 – **83 ch** 183/245.          AY **a**

🏠 **Parmelan,** 41 av. Romains ✆ 50 57 14 89, ⛵ – ▥wc ☎ Ⓟ. ⛛          BU **d**
Pâques-1er oct. – SC: **R** *(dîner seul.)* 56/84 – ⌸ 19 – **30 ch** 95/190.

🏠 **Parc** sans rest, 43 chemin des Fins, vers le parc des sports ✆ 50 57 02 98, ⛵ –
⌷wc ▥wc ☎ Ⓟ. VISA          BU **r**
fermé 22 au 30 juin et 1er déc. au 5 janv. – SC: ⌸ 18 – **24 ch** 84/139.

🏠 **Paris** sans rest, 15 bd J.-Replat ✆ 50 57 35 98 – ⌷wc ▥wc ☎. AE. ⛛          AX **y**
fermé 15 oct. au 15 nov. – SC: ⌸ 15,50 – **12 ch** 85/160.

🏠 **Coin Fleuri** sans rest, 3 r. Filaterie ✆ 50 45 27 30 – ⌷wc ▥wc ☎          BY **t**
SC: ⌸ 20 – **14 ch** 95/170.

🏠 **d'Aléry** sans rest, 5 av. d'Aléry ✆ 50 45 24 75 – ⌷wc ▥ ☎. E VISA          AY **k**
SC: ⌸ 15,50 – **18 ch** 100/203.

*PETIT LEXIQUE*
**fermé:** *closed*
**hors sais(on):** *off season*
**carte environ:** *menu (prices)*
*approximately*
**Pâques:** *Easter*
**dîner seul:** *only dinner (is*
*served)*

# De jour en jour

# 5

# Pourquoi la France?

*Où allez-vous aller cet été°?*          summer

   *À l'époque° du jet et du charter, les touristes ont un grand choix: le Japon, la Grèce,*          era
*l'Égypte, l'Espagne, ... et bien sûr, la France! Chaque année°, entre° le premier juillet et*          Every year / between
*le trente septembre, des millions de touristes viennent° en France. Pourquoi? Voici la*          come
*réponse de cinq touristes différents.*

**PER ERIKSEN** *(étudiant, 22 ans, danois°)*          Danish
Pourquoi est-ce que je viens en France? Parce que j'ai une copine française. C'est
une raison° suffisante, non?          reason

**SUSAN MORRISON** *(étudiante, 17 ans, américaine)*
Je visite la France avec mon école. Nous venons d'arriver° à Paris. Nous allons          have just arrived
passer deux jours ici. Ensuite° nous allons faire le tour° de la Normandie à          Then / to go around
bicyclette.

**KARIN SCHMIDT** *(photographe, 25 ans, allemande)*
Je viens en France parce que les Français ont une façon° d'être heureux que°     *way / that*
nous n'avons pas en Allemagne. La France, c'est la joie de vivre°. C'est aussi un     *happiness*
pays° où les gens sont intelligents et cultivés°.     *country / cultured*

**ANDREW MITCHELL** *(étudiant, 22 ans, anglais)*
Pourquoi est-ce que je viens en France? Parce que pour moi, la France est vraiment le pays de la liberté.... Bien sûr, il y a les gendarmes°! Mais ce ne sont pas les     *police*
gendarmes qui m'empêchent° de jouer de la guitare et de dormir sur la plage!     *prevent*

**PETER DE JONG** *(employé de banque, 34 ans, hollandais°)*     *Dutch*
Nous sommes venus en France l'année de notre mariage. Depuis°, ma femme et     *Since*
moi, nous revenons° tous les ans°. Pourquoi? Parce que nous adorons la cuisine     *come back / every year*
française! Le beaujolais, la bouillabaisse, le camembert*, nous n'avons pas cela°     *that*
chez nous! Bien sûr, nous allons revenir l'année prochaine°. Ma femme vient de     *next*
réserver° notre hôtel.     *has just reserved*

---

## Lecture culturelle: *La France, un pays touristique*

Chaque[1] année, des millions de touristes visitent la France.
Ces touristes viennent[2] d'Allemagne, de Belgique,
d'Angleterre, de Suisse, mais aussi des États-Unis et du
Canada.

Pourquoi choisissent-ils la France? Pour visiter des
monuments ou pour rencontrer des gens? Pour prendre[3]
contact avec la France d'aujourd'hui ou la France d'hier?
Pour la culture, pour la langue[4] ou pour la cuisine? Chacun[5] a ses raisons.

Chacun a aussi sa méthode de voyager. Beaucoup de
touristes visitent la France avec un voyage organisé. Cette
méthode a l'avantage d'être simple, mais elle ne favorise
pas les contacts humains. Les jeunes, les étudiants en particulier, viennent en France pour rencontrer des Français et
des Françaises de leur âge. Certains[6] s'inscrivent[7] à une
université pour les cours d'été. D'autres[8] passent les vacances dans la famille d'un(e) étudiant(e) français(e) avec
qui ils font un échange[9]. D'autres font du camping[10].
D'autres visitent la France en auto-stop[11]. Et pour les spor-
tifs, il y a toujours le «tour de France[12]» à vélo.

1 every  2 come  3 make  4 language  5 each one  6 some
7 sign up  8 others  9 exchange  10 go camping
11 hitchhiking  12 tour through France

---

* **Beaujolais** is a French red wine; **bouillabaisse** is a soup made from several varieties of fish; **camembert** is a cheese.

# Structure et Vocabulaire

## A.   Le verbe *venir*

The verb **venir** *(to come)* is irregular.

| *infinitive* | **venir** | Quand vont-ils **venir**? |
|---|---|---|
| *present* | je **viens** | Je **viens** de France. |
| | tu **viens** | Tu **viens** avec nous? |
| | il/elle/on **vient** | Elle **vient** chez moi. |
| | nous **venons** | Nous **venons** de chez un ami. |
| | vous **venez** | Vous **venez** à six heures, n'est-ce pas? |
| | ils/elles **viennent** | Elles **viennent** au café avec nous. |
| *passé composé* | je **suis venu(e)** | Elles **sont venues** avec leurs amis. |

▶ The passé composé of **venir** is conjugated with **être**.

▶ Note the interrogative expression **d'où** *(from where)*.
**D'où** venez-vous?      **Where** do you come *from?*

## Vocabulaire:   Verbes conjugués comme *venir*

| venir | *to come* | Marie **vient** demain. |
|---|---|---|
| | | Ses cousins **sont venus** hier. |
| **devenir** | *to become* | Avec l'âge, on **devient** plus patient. |
| | | Cet artiste **est devenu** riche et célèbre *(famous)*. |
| **revenir** | *to come back* | Quand est-ce que tu **reviens**? |
| | | Quand est-ce que ta tante **est revenue** de Paris? |

### NOTE DE VOCABULAIRE

After **devenir**, nouns designating professions are generally used without **un** or **une** (except when these nouns are modified by an adjective).

Après l'université, Pauline est        *After college, Pauline became*
    devenue **architecte**.                *an architect.*

**1. La conférence internationale**  Les étudiants suivants participent à une conférence internationale. Donnez leur nationalité et leur ville d'origine d'après le modèle.

▯  Anne-Marie (française / Marseille)
*Anne-Marie est française. Elle vient de Marseille.*

1. Luis et Carlos (mexicains / Puebla)
2. nous (américains / San Francisco)
3. vous (japonais / Tokyo)
4. je (canadien / Québec)
5. tu (anglais / Londres)
6. Boris (russe / Moscou)
7. ces étudiants (indiens / New Delhi)
8. ces étudiantes (suisses / Genève)

**2. Après l'université**  Dites ce que les personnes suivantes sont devenues après l'université.

▯  Anne-Marie / architecte
*Anne-Marie est devenue architecte.*

1. nous / photographes
2. vous / interprète
3. Cécile / actrice
4. ces étudiants / journalistes
5. je / professeur d'espagnol
6. tu / pianiste
7. Alice et Louise / femmes d'affaires *(businesswomen)*
8. Jean-Claude / pharmacien

**3. Questions personnelles**

1. De quelle ville venez-vous?
2. D'où vient votre père? votre mère? votre meilleur ami? votre meilleure amie?
3. Est-ce que vos amis viennent souvent chez vous? Quand? Pourquoi?
4. Est-ce que le français devient plus facile pour vous?
5. Est-ce que vous devenez plus patient(e)? plus libéral(e)? plus indépendant(e)? plus tolérant(e)? plus optimiste? plus réaliste?
6. Avez-vous l'intention de revenir à cette université l'année prochaine?

# B.   Le passé récent avec *venir de*

The following sentences describe events or actions that HAVE JUST TAKEN PLACE.
Note the constructions in heavy print.

| | |
|---|---|
| Janine **vient de téléphoner.** | *Janine (has) just called.* |
| Nous **venons de rentrer.** | *We just came (have just come) back.* |
| Tes amis **viennent de partir.** | *Your friends (have) just left.* |

To express an action or event that has just happened in the RECENT
PAST the following construction is used:

| | |
|---|---|
| present tense of **venir** + **de** + infinitive | Je **viens de finir** ce livre. |

**4.  D'où viennent-elles?**   Dites d'où reviennent les personnes suivantes. Dites
aussi ce qu'elles viennent de faire.

LES DEUX MAGOTS
*Café Littéraire*

☐   Hélène (la bibliothèque / étudier)

**Hélène revient de la bibliothèque.**
**Elle vient d'étudier.**

1. Paul (le restaurant / dîner)
2. nous (la plage / nager)
3. vous (le stade / jouer au football)
4. Mme Prévost (le bureau / travailler)
5. mes amis (le magasin / acheter des disques)
6. Thérèse (la discothèque / danser)
7. Antoine et Christophe
   (le supermarché / acheter des fruits)
8. tu (le café / parler avec tes amis)
9. je (la poste / envoyer une lettre)

**5.  Ça vient d'arriver *(It just happened)***   Marc veut savoir si ses amis ont fait
certaines choses. Martine répond affirmativement et dit qu'ils viennent de
faire ces choses. Jouez les deux rôles.

☐   Éric / sortir         MARC:   *Est-ce qu'Éric est sorti?*
                  MARTINE:   *Oui, il vient de sortir.*

1. Catherine / téléphoner
2. le professeur / partir
3. nos amis / arriver
4. Thomas / payer le loyer
5. Suzanne et Béatrice / rentrer
6. tes cousines / répondre à ta lettre

**6. Conversation**    Demandez à vos camarades pourquoi ils se sentent ainsi *(feel the way they do)*. Ils vont répondre avec la réponse suggérée ou une réponse de leur choix.

⬜    —*Pourquoi es-tu triste?*
    —*Je viens d'avoir une dispute avec mon copain.*
ou: —*Je viens d'avoir un «C» à l'examen de maths.*

| POURQUOI? | PARCE QUE ... |
|---|---|
| • triste | • avoir une dispute avec un copain |
| • content(e) | • réussir à l'examen de ... |
| • fatigué(e) | • jouer au tennis |
| • heureux/heureuse | • gagner à la loterie |
| • de bonne humeur *(in a good mood)* | • téléphoner à mon copain |
| • de mauvaise humeur | • perdre mon portefeuille *(wallet)* |

# C.   L'usage de l'article défini avec les noms géographiques

Note the use of the definite article with geographical names:

Paris est la capitale de **la** France.          Nous allons visiter **le** Portugal en septembre.
**Le** Massachusetts est un état *(state)* américain.    Béatrice va faire du ski dans **les** Alpes.

> The DEFINITE ARTICLE is used to introduce most GEOGRAPHICAL NAMES: continents, countries, states, provinces, rivers, etc. It is usually not used with names of cities.

| le, la, les + geographical names | *le* **Canada** *la* **France** *les* **Alpes** | BUT: **Paris** |
|---|---|---|

▶ The names of a few countries, especially island countries, are used without articles.

   **Israël, Cuba, Porto Rico, Tahiti, Madagascar**

▶ A few cities have definite articles as part of their name.

   **le Havre, le Caire** *(Cairo),* **la Nouvelle Orléans, la Rochelle**

**LE CROISIC ▶ NANTES ▶ PARIS ▶ POITIERS ▷ LA ROCHELLE**

# Vocabulaire:    *Le monde*

Noms

| | | | |
|---|---|---|---|
| **un état** | *state* | **une capitale** | *capital* |
| **les gens** | *people* | **une langue** | *language* |
| **le monde** | *world* | **une nationalité** | *nationality* |
| **un pays** | *country* | **une ville** | *city, town* |

Pays et nationalités

| | | | |
|---|---|---|---|
| **le Brésil** | **brésilien (brésilienne)** | **l'Allemagne** | **allemand** |
| **le Canada** | **canadien (canadienne)** | **l'Angleterre** | **anglais** |
| **les États-Unis** | **américain** | **la Belgique** | **belge** |
| **le Japon** | **japonais** | **la Chine** | **chinois** |
| **le Mexique** | **mexicain** | **l'Égypte** | **égyptien (égyptienne)** |
| **le Portugal** | **portugais** | **l'Espagne** | **espagnol** |
| | | **la France** | **français** |
| | | **la Grèce** | **grec (grecque)** |
| | | **l'Irlande** | **irlandais** |
| | | **l'Italie** | **italien (italienne)** |
| | | **la Russie** | **russe** |
| | | **la Suisse** | **suisse** |

Directions

**le nord**

**l'ouest**    **l'est**

**le sud**

## NOTES DE VOCABULAIRE

1. Most countries and states that end in **-e** are feminine. Countries and states that do not end in **-e** are masculine.

   | | |
   |---|---|
   | **le Japon** | **la France** |
   | **le Brésil** | **la Suisse** |
   | **le Texas** | **la Floride** |
   | **le Vermont** | **la Californie** |

   *Exceptions:* Note that **le Mexique, le Zaïre,** and **le Maine** are masculine.

2. In French, ADJECTIVES of nationality are not capitalized. However, when these words function as NOUNS to designate the people from that country, they are capitalized. Compare:

   | | | | |
   |---|---|---|---|
   | **un étudiant français** | *a French student* | **un Français** | *a Frenchman* |
   | **une fille anglaise** | *an English girl* | **une Anglaise** | *an English woman* |

3. All names of languages are masculine and are not capitalized.

   **Le français** et **l'espagnol** sont des langues d'origine latine.

**7. Conversation**   Faites une liste de cinq pays que vous voudriez *(would like)* visiter. Choisissez ces pays parmi *(among)* les pays du Vocabulaire et classez-les par ordre de préférence. Ensuite, comparez votre liste avec la liste de vos camarades.

> Je voudrais visiter ...
> 1.
> 2.
> 3.
> 4.
> 5.

**8. Voyages et visites**   Les personnes suivantes voyagent. Les phrases ci-dessous indiquent dans quelles villes sont ces personnes. Utilisez ces renseignements pour dire quel pays chaque personne visite et expliquez pourquoi d'après le modèle.

▢   Paul est à Québec. (avoir une amie)
   ***Paul visite le Canada. Il a une amie canadienne.***

1. Jacqueline est à Acapulco. (avoir des amis)
2. Suzanne est à Madrid. (rendre visite à des étudiants)
3. Jean-François est à Liverpool. (avoir une copine)
4. Je suis à Dublin. (aimer l'hospitalité)
5. Jacques est à Rome. (aimer la cuisine)
6. Mme Bellami est à New York. (faire un article sur la presse)
7. M. Rousseau est à Tokyo. (rendre visite à des clients)
8. M. et Mme Durand sont à Berlin. (acheter une voiture)

Berlin
la nuit

# D.    L'usage des prépositions avec les villes et les pays

> The prepositions **à, au (aux), en,** and **de (des)** are used with place names to express movement and location.

|  | City | Feminine country | Masculine country | Plural country |
|---|---|---|---|---|
|  | J'aime Paris. | J'aime la France. | J'aime le Canada. | J'aime les États-Unis. |
| *to* | Je vais **à** Paris. | Je vais **en** France. | Je vais **au** Canada. | Je vais **aux** États-Unis. |
| *in* | Je suis **à** Paris. | Je suis **en** France. | Je suis **au** Canada. | Je suis **aux** États-Unis. |
| *from* | Je viens **de** Paris. | Je viens **de** France. | Je viens **du** Canada. | Je viens **des** États-Unis. |

▶ With MASCULINE AMERICAN STATES, **dans le** is often used instead of **au** to express location. Compare:

*Feminine*　　　　　　　*Masculine*
J'habite **en** Californie.　　Mon cousin habite **dans le** Vermont.
Je vais **en** Floride.　　　Mes amis vont **dans le** Colorado.

▶ Note how French distinguishes between cities and states having the same name.

Je suis **à** New York.　　　Albany est **dans l'état de** New York.
Tu habites **à** Washington.　Mon cousin habite **dans l'état de** Washington.

**9. Transit à Roissy**   Les voyageurs suivants sont en transit à Roissy, l'aéroport international de Paris. Dites de quels pays ces voyageurs viennent et dans quels pays ils vont.

▢   Paul (le Canada / la Suisse)   *Paul vient du Canada. Il va en Suisse.*

1. nous (le Sénégal / le Canada)
2. vous (les Bermudes / le Japon)
3. Silvia (l'Italie / la Belgique)
4. Jacqueline (le Portugal / l'Angleterre)
5. François (la Suisse / les États-Unis)
6. Antoine et Pierre (les États-Unis / l'Allemagne)

**10. Expression personnelle**   Complétez les phrases suivantes avec le nom d'un pays du Vocabulaire à la page 202. Utilisez la préposition qui convient.

1. J'habite ...
2. Je suis allé(e) ...
3. Je ne suis jamais allé(e) ...
4. Je voudrais passer les vacances ...
5. Je voudrais travailler ...
6. Je n'ai pas envie de travailler ...
7. Je voudrais connaître *(to know)* des étudiants qui viennent ...

# E.   L'usage du présent avec *depuis*

In the following pairs of sentences, the first sentence describes an event that is taking place now. The second sentence describes how long this activity has been going on. Compare the use of tenses in French and English.

| | |
|---|---|
| Anne **habite** à Lyon. | *Anne **lives** in Lyon.* |
| Elle **habite** à Lyon **depuis** septembre. | *She **has been living** in Lyon **since** September.* |
| Nous **sommes** à Paris. | *We **are** in Paris.* |
| Nous **sommes** à Paris **depuis** une semaine. | *We **have been** in Paris **for** a week.* |
| Vous **étudiez** le français. | *You **are studying** French.* |
| Vous **étudiez** le français **depuis** six mois. | *You **have been studying** French **for** six months.* |

> To describe a current action or situation that HAS BEEN GOING ON for or since some time in the past, and is STILL going on, the following construction is used:

| | |
|---|---|
| verb (PRESENT TENSE) + **depuis** + {starting point (since) / length of time (for) | Il **habite** ici **depuis** 1980. <br> Il **habite** ici **depuis** dix ans. |

▶ To ask when an ongoing situation began, the following interrogative expressions are used:

| | | |
|---|---|---|
| **Depuis quand ...?** | *Since when ...?* | —**Depuis quand** êtes-vous à l'université? <br> Depuis septembre. |
| **Depuis combien de temps ...?** | *For how long ...?* | —**Depuis combien de temps** habitez-vous ici? <br> —Depuis deux ans. |

▶ Although both **depuis** and **pendant** are the equivalent of *for* (+ length of time), they have different meanings and are used with different tenses. Compare:

| | |
|---|---|
| Jacques **habite** à Paris **depuis** deux ans. | *Jacques **has been living** in Paris **for** two years.* <br> *(The action is continuing—he still lives there.)* |
| Paul **a habité** à Paris **pendant** deux ans. | *Paul **lived** in Paris **for** two years.* <br> *(The action ended in the past—he no longer lives there.)* |

**NOBILIS**
TISSUS PAPIERS REVETEMENTS MURAUX

L'esprit   maison

depuis

toujours.

**11. En France**    Ces étudiants américains sont en France. Dites depuis quand ils font certaines choses.

□ Robert / habiter à Paris / septembre
*Robert habite à Paris depuis septembre.*

1. Julie / habiter à Toulouse / le 3 mai
2. nous / étudier à l'Alliance Française / octobre
3. Jacqueline et Denise / louer un appartement / le 15 novembre
4. vous / étudier le français / le mois de septembre
5. je / travailler pour une agence de voyage / le printemps
6. Barbara / avoir un copain français / l'été
7. tu / déjeuner au restaurant universitaire / octobre

**12. Dialogue**    Demandez à vos camarades depuis combien de temps ils font les choses suivantes. (Si c'est nécessaire, ils vont inventer une réponse.)

□ être à l'université
*—Depuis combien de temps es-tu à l'université?*
*—Je suis à l'université depuis deux ans (six mois ...).*

1. habiter dans cette ville
2. étudier le français
3. jouer au base-ball
4. avoir un vélo
5. avoir l'âge de voter
6. avoir ton diplôme de *high school*
7. utiliser un ordinateur
8. être dans la salle de classe (*classroom*)
9. faire cet exercice

# Communication

Choose a partner who will play the role of the other person in the conversation.

---

1. Last August your friend traveled around Europe on a Eurailpass. Since you are going to Europe this July, you would like to know more about your friend's trip.

Ask your partner . . .

- in which country he/she started **(commencer)** his/her trip
- which countries he/she visited
- if he/she went to Spain and to Portugal
- which countries he/she preferred
- when he/she came back to the United States

---

2. You are a reporter for the campus paper. Today you are interviewing a famous French rock star who is giving a concert at your university as part of his/her world tour. Of course, you address the rock star as **vous.**

Ask your partner . . .

- where he/she lives
- for how long he/she has been living there
- if he/she often comes to the United States
- if he/she is going to Canada this time **(cette fois)**
- what countries he/she is going to visit after his/her tour **(la tournée)** in the United States

# Pour garder la ligne

*Qu'est-ce que vous faites pour garder° votre ligne°?*          keep / waistline
*Est-ce que vous faites attention aux calories que vous consommez°?*          consume

**MARIE-NOËLLE MARCHAND** *(19 ans, étudiante)*
Je n'ai pas de problème particulier avec ma ligne ... mais c'est parce que je n'ai
pas grand appétit. Quand j'ai faim, je mange° du yaourt°. Quand j'ai soif, je bois°          eat / yogurt / drink
du thé° ou de l'eau° minérale.          tea / water

**JEAN-PHILIPPE BAILLY** *(35 ans, technicien)*
J'ai beaucoup grossi pendant les vacances. Aussi° j'ai adopté un régime très strict.          So
À chaque° repas je prends° uniquement de la viande°, de la salade, de l'eau          each / have / meat
minérale ou du café. Pas de pain°, pas de sucre°, pas de vin°, pas de bière°... C'est          No bread / sugar / wine / beer
atroce°! J'ai toujours faim!          atrocious

**ÉVELYNE IMBERT** *(25 ans, vendeuse)*

Je n'ai pas de régime spécial. Aux repas, je mange modérément°, mais je bois du
vin ou de la bière ... et je ne grossis pas. Mon secret? Je n'ai pas de secret! Mais je
fais du sport! En hiver, je fais du ski. En été, je vais à la piscine. Je fais du jogging
tous les jours° et je fais de la gymnastique rythmique le week-end. Voilà!

*moderately*

*every day*

**RAYMOND LUCAS** *(67 ans, retraité°)*

Je suis en excellente santé°. Mon secret? Je ne fais pas d'excès. Un paquet° de
cigarettes par jour et un petit cognac après° chaque repas.... C'est tout°! Naturel-
lement, je mange bien: de la viande, des pommes de terre°, de la salade, du
fromage° et des fruits à chaque repas. Avec, bien sûr, du pain et du vin. C'est
nécessaire si je veux garder la ligne!

*retired person*

*health / pack*

*after / all*

*potatoes*

*cheese*

---

## Lecture culturelle: *Pour bien vivre*

Connaissez-vous[1] l'expression «bon vivant»? Cette expression est d'origine française. Ce n'est pas un hasard[2]. La
France a la réputation d'être le pays du «bien vivre»[3] et les
Français justifient généralement cette réputation. Ils
adorent la bonne cuisine et consacrent[4] une part importante[5] de leur budget à la nourriture[6]. Ils apprécient aussi
les bons vins[7]. Les vins français, dit-on[8], sont les meilleurs
du monde.

    Mais les Français d'aujourd'hui, spécialement les
jeunes, font aussi attention à leur santé[9]. Dans les vingt
dernières années, leurs habitudes alimentaires[10] ont considérablement changé. Ils mangent moins de pain[11] et
moins de viande[12] et plus de fruits et de légumes[13]. Ils
consomment moins de vin et moins d'alcool et plus de jus
de fruit[14] et d'eau[15] minérale. Ils ont aussi une vie[16] plus
active et pratiquent tous les sports. Ils jouent au tennis,
nagent, skient et font du jogging. De cette façon[17], ils con-
cilient[18] les joies du «bien vivre» avec les impératifs[19]
d'une vie saine[20] et équilibrée[21]

1 do you know   2 accident   3 good living   4 devote
5 = grande   6 food   7 wines   8 it is said   9 health
10 dietary habits   11 bread   12 meat   13 vegetables   14 fruit
juices   15 water   16 life   17 manner   18 reconcile
19 requirements   20 healthy   21 balanced

# Structure et Vocabulaire

## A. Le verbe *prendre*

The verb **prendre** (*to take*) is irregular.

| infinitive | **prendre** | Qu'est-ce que tu vas **prendre?** |
|---|---|---|
| present | je **prends**<br>tu **prends**<br>il/elle/on **prend** | Je **prends** mes disques.<br>**Prends**-tu ta bicyclette?<br>Jacques ne **prend** pas sa voiture. |
| | nous **prenons**<br>vous **prenez**<br>ils/elles **prennent** | Nous **prenons** nos livres.<br>Est-ce que vous **prenez** votre caméra?<br>Mes cousins **prennent** leur appareil-photo. |
| passé composé | j'**ai pris** | Est-ce que tu **as pris** tes cassettes? |

## Vocabulaire: *Verbes conjugués comme* prendre

| | | |
|---|---|---|
| **prendre** | *to take, take along*<br>*to take (transportation)*<br>*to have something to eat or drink* | Nous **prenons** nos cassettes.<br>**Prenez**-vous le bus?<br>Je vais **prendre** un sandwich.<br>Anne **prend** un café. |
| **apprendre** | *to learn* | J'**ai appris** l'italien. |
| **comprendre** | *to understand* | Nous ne **comprenons** pas la question. |

1. **Vacances à l'étranger** *(Vacation abroad)* Les étudiants suivants passent leurs vacances à l'étranger pour apprendre la langue du pays. Lisez où sont ces étudiants et dites quelle langue chacun *(each)* apprend. Utilisez le verbe **apprendre** et les expressions suivantes: **le français, l'espagnol, l'anglais.**

▯ Mes cousins sont à Buenos Aires.

*Ils apprennent l'espagnol.*

1. Annette est à Chicago.
2. Philippe est à Mexico.
3. Nous sommes à Paris.
4. Je suis à Genève.
5. Tu es à Madrid.
6. Henri et Thérèse sont à Dallas.
7. Jacqueline est à San Francisco.
8. Vous êtes à Québec.

**2. Questions personnelles**

1. Prenez-vous beaucoup de notes en classe de français?
2. Comprenez-vous quand le professeur parle français? Est-ce que les autres *(other)* étudiants comprennent?
3. Apprenez-vous une autre *(another)* langue? l'espagnol? le russe? le chinois? l'italien? l'allemand?
4. Comprenez-vous l'espagnol? le russe? l'italien? l'allemand?
5. Avez-vous un appareil-photo? Prenez-vous beaucoup de photos? Avez-vous pris des photos pendant les vacances? De quoi?
6. Prenez-vous le bus quand vous allez à l'université?
7. Prenez-vous le bus, le train ou l'avion quand vous voyagez?
8. Avez-vous pris l'avion récemment *(recently)*? Où êtes-vous allé(e)?

# B.   L'article partitif

The nouns illustrated on the left refer to whole items. They are introduced by INDEFINITE articles. The nouns on the right refer to portions or undetermined quantities of these items. They are introduced by PARTITIVE articles. Note the forms of the PARTITIVE ARTICLE.

Voici …                                              Voilà …

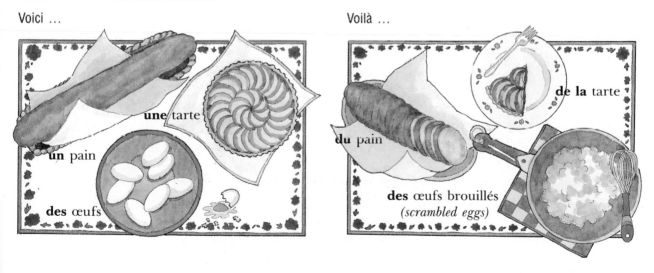

une tarte

un pain

des œufs

de la tarte

du pain

des œufs brouillés
*(scrambled eggs)*

## FORMS

PARTITIVE ARTICLES have the following forms:

|  |  | Before a consonant | Before a vowel |
|---|---|---|---|
| **singular**<br>masculine<br>feminine | **du / de l'**<br>**de la / de l'** | **du** champagne<br>**de la** salade | **de l'**argent<br>**de l'**eau minérale (*mineral water*) |
| **plural** | **des** | **des** spaghetti | **des** œufs brouillés (*scrambled eggs*) |

## USES

Partitive articles are used to refer to a CERTAIN AMOUNT or QUANTITY of something.

Voici **de l'eau minérale.**   *Here is (**some**) mineral water.*
Voilà **du rosbif.**   *Here is (**some**) roast beef.*

▶ The partitive article frequently corresponds to the English *some* and *any*. While *some* or *any* may be omitted in English, the partitive articles must be used in French.

Veux-tu **du** thé ou **du** café?   *Do you want (**some**) tea or (**some**) coffee?*
Prends-tu **de la** salade?   *Are you having (**any**) salad?*
S'il te plaît, donne-moi **du** pain.   *Please give me (**some**) bread.*
Est-ce qu'il y a **de la** bière dans le réfrigérateur?   *Is there (**any**) beer in the refrigerator?*

▶ The partitive article is generally used with singular nouns. The plural form **des** is the same as the plural of the indefinite article **un/une.**

Veux-tu **des** spaghetti?   *Do you want (**any**) spaghetti?*
Voici **des** épinards.   *Here is **some** spinach.*

# Vocabulaire:   *Au menu*

Noms

| | | | |
|---|---|---|---|
| **les hors d'œuvre** | *appetizers* | | |
| **le jambon** | *ham* | | |
| **le saucisson** | *salami* | | |
| | | | |
| **le poisson** | *fish* | | |
| **le saumon** | *salmon* | | |
| **le thon** | *tuna* | **la sole** | *sole* |
| | | | |
| **la viande** | *meat* | | |
| **le bœuf** | *beef* | | |
| **le porc** | *pork* | | |
| **le poulet** | *chicken* | | |
| **le rosbif** | *roast beef* | | |
| | | | |
| **le fromage** | *cheese* | **la salade** | *salad* |
| | | | |
| **le dessert** | *dessert* | | |
| **le gâteau** | *cake* | **la crème** | *custard* |
| **le yaourt** | *yogurt* | **la glace** | *ice cream* |
| | | **la tarte** | *pie* |

**les autres produits** (*other products*)

| | | | |
|---|---|---|---|
| **le beurre** | *butter* | **la confiture** | *jam* |
| **un œuf** | *egg* | **la crème** | *cream* |
| **le pain** | *bread* | **la mayonnaise** | *mayonnaise* |
| **le poivre** | *pepper* | **la moutarde** | *mustard* |
| **le sel** | *salt* | | |
| **le sucre** | *sugar* | | |

Verbe

**manger**   *to eat*   Qu'est-ce que vous **mangez?**

## NOTES DE VOCABULAIRE

1. There is no liaison or elision before the **h** of **hors d'œuvre.** Note also that **hors d'œuvre** is invariable: **un hors d'œuvre, des hors d'œuvre.**
2. The final **-f** of **œuf** and **bœuf** is pronounced in the singular. It is silent in the plural.
3. The final **-c** of **porc** is silent.
4. **Manger** follows the pattern of the other verbs in **-ger:** the **nous**-form ends in **-eons:** nous **mangeons.**

*Expressions pour la conversation*

To reinforce a statement:

**en effet**    *as a matter of fact, indeed*    —Pierre ne mange pas de viande, n'est-ce pas?
                                                —**En effet,** il est végétarien.

**après tout**    *after all*                    **Après tout,** il est en excellente santé *(health)*.

**3. À table**    Offrez à vos camarades les choses suivantes. Ils vont accepter, suivant le modèle.

▯  le café
—*Veux-tu du café?*
—*Oui, après tout. Donne-moi° du café, s'il te plaît.*                                    *Give me*

1. la limonade        5. la tarte
2. la pizza           6. les œufs brouillés *(scrambled)*
3. les spaghetti      7. le dessert
4. le ketchup         8. le melon

**4. Au restaurant**    Vous travaillez dans un restaurant à Québec. Proposez les choses suivantes à vos clients. Vos camarades vont indiquer leur choix.

▯  le poulet ou le rosbif?          VOUS:  *Prenez-vous du poulet ou du rosbif?*
                          VOTRE CLIENT(E):  *Je vais prendre du poulet (du rosbif).*

1. le jambon ou le saucisson?        6. le beurre ou la margarine?
2. le céleri ou le melon?            7. la salade ou le fromage?
3. le rosbif ou le porc?             8. le yaourt ou la glace?
4. le ketchup ou la moutarde?        9. le gâteau ou la tarte?
5. le sel ou le poivre?             10. le sucre ou la crème?

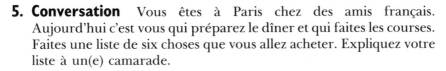

**5. Conversation**    Vous êtes à Paris chez des amis français. Aujourd'hui c'est vous qui préparez le dîner et qui faites les courses. Faites une liste de six choses que vous allez acheter. Expliquez votre liste à un(e) camarade.

*Je vais acheter du pain, ...*

LISTE DES COURSES
1. *pain*
2.
3.
4.
5.
6.

## C.   L'article partitif dans les phrases négatives

Note the forms of the partitive article in the answers to the questions below.

Veux-tu **du** gâteau?                  Non, je ne veux **pas de** gâteau.
As-tu **de l'**argent?                   Non, je n'ai **pas d'**argent.

As-tu pris **de la** salade?             Non, je n'ai **pas** pris **de** salade.
Avez-vous mangé **des** spaghetti?        Non, je n'ai **pas** mangé **de** spaghetti.

---

After NEGATIVE expressions such as **ne ... pas,**

| **du, de la (de l'), des**   become   **de (d')** | Je **ne** prends **pas de** pain.<br>Je **ne** prends **pas d'**eau. |

---

▶ After **ce n'est pas,** however, there is no change. The regular partitive is used.

Est-ce que c'est **du rosbif?** Non, ce n'est pas **du rosbif.**

**6. Une végétarienne**   Nicole est végétarienne. Dites si oui ou non elle mange les choses suivantes.

▯ le pain?          *Oui, elle mange du pain.*
▯ le jambon?        *Non, elle ne mange pas de jambon.*

1. la glace?      3. le porc?      5. le rosbif?      7. le bœuf?
2. la salade?     4. le poulet?    6. le fromage?     8. le saucisson?

**7. Une allergie**   Vous êtes au supermarché avec Sophie qui est allergique aux produits laitiers *(dairy products).* Demandez-lui si elle achète les produits suivants.

▯ glace     VOUS:   *Tu achètes de la glace?*
            SOPHIE: *Non, je n'achète pas de glace.*

▯ pain      VOUS:   *Tu achètes du pain?*
            SOPHIE: *Oui, j'achète du pain.*

1. rosbif     4. saumon     7. yaourt
2. lait       5. crème      8. fromage
3. salade     6. sucre      9. confiture

**8. La cafétéria de l'université**   Dites si oui ou non le restaurant de votre université sert les plats suivants. Commencez vos phrases par les expressions **il y a souvent** ou **il n'y a pas souvent.**

▯ le porc          *Il y a souvent du porc.*      ou: *Il n'y a pas souvent de porc.*

1. la salade     3. le rosbif     5. le poulet     7. le gâteau
2. la sole       4. le jambon     6. la soupe      8. le thon

## D.   Le verbe *boire*

The verb **boire** *(to drink)* is irregular.

| infinitive | **boire** | Qu'est-ce que tu vas **boire?** |
|---|---|---|
| present | je **bois** <br> tu **bois** <br> il/elle/on **boit** | Moi, je **bois** du café. <br> Tu **bois** de la limonade? <br> Jacques **boit** toujours de la bière. |
|  | nous **buvons** <br> vous **buvez** <br> ils/elles **boivent** | Nous ne **buvons** pas de vin. <br> **Buvez**-vous du thé? <br> Mes parents **boivent** du champagne. |
| passé composé | j'**ai bu** | Mes amis **ont bu** du café ce matin. |

**9. Un cocktail**  Vous êtes invité(e) à un cocktail par la famille de vos amis français. Dites ce que chacun boit. (Utilisez l'article partitif.)

☐  Monsieur Dupont / le champagne
   ***Monsier Dupont boit du champagne.***

1. Marc / le Perrier
2. Stéphanie / la limonade
3. mes amis / l'eau minérale
4. vous / le punch
5. nous / le vin blanc
6. je / le jus d'orange
7. tu / la bière
8. Isabelle et Didier / le vin

## Vocabulaire:   *Boissons*

| | | | |
|---|---|---|---|
| **le café** | *coffee* | **la bière** | *beer* |
| **le jus d'orange** | *orange juice* | **la boisson** | *beverage, drink* |
| **le lait** | *milk* | **l'eau** | *water* |
| **le thé** | *tea* | **l'eau minérale** | *mineral water* |
| **le vin** | *wine* | **la limonade** | *lemon soda* |

**10. Dialogue**  Demandez à vos camarades s'ils boivent les choses suivantes.

☐  le lait          —***Bois-tu du lait?***
              —***Oui, je bois du lait.***
        ou: —***Non, je ne bois pas de lait.***

1. le thé
2. le café
3. l'eau
4. l'eau minérale
5. le vin français
6. le vin de Californie
7. la bière
8. le jus d'orange
9. le jus de tomate

**11. Préférences**   Indiquez ce que vous buvez dans les circonstances suivantes.

 Quand j'ai très soif ...
*Quand j'ai très soif, je bois de l'eau (de la limonade, de la bière ... ).*

1. Quand j'étudie ...
2. Quand je suis avec mes amis ...
3. Quand je mange un hamburger ...
4. Quand je mange de la viande ...
5. Quand je mange du poisson ...
6. Quand je suis au café ...
7. Quand j'ai froid ...

**12. Conversation**   Demandez à trois camarades ce qu'ils ont mangé et ce qu'ils ont bu hier pour le dîner. Inscrivez les résultats de votre enquête.

| NOM | Frank | | | |
|---|---|---|---|---|
| PLATS | poulet salade glace | | | |
| BOISSON | lait | | | |

 —*Frank, qu'est-ce que tu as mangé hier?*
—*J'ai mangé du poulet, de la salade et de la glace.*
—*Et qu'est-ce que tu as bu?*
—*J'ai bu du lait.*

## E.   L'emploi idiomatique de *faire*

Note the use of the partitive article in the following expressions
with **faire.**

| | |
|---|---|
| Je **fais du** volleyball. | I **play** volleyball. |
| Nous **faisons de la** gymnastique. | We **practice** gymnastics. (We **are doing** exercises.) |
| | |
| **Faites**-vous **des** maths? | **Are** you **studying** math? |
| **Avez**-vous **fait de l'**italien? | Did you **study (have you studied)** Italian? |
| | |
| J'**ai fait du** théâtre. | I **was active** in the theater. |
| À l'université nous **faisons de la** politique. | In college we **are involved** in politics. |

> The verb **faire** is used in the following construction with several
> meanings: *to practice* or *play (a sport)*, *to study (a subject* or *an instrument)*, *to be active* or *involved in (an activity).*

$$\text{faire} \begin{cases} \textbf{du (de l')} \\ \textbf{de la (de l')} \\ \textbf{des} \end{cases} + \text{noun}$$

**faire du** football
**faire de la** photo
**faire des** maths

► In negative sentences, the noun is introduced by **de (d').**

Nous ne faisons **pas de** sport.
Vous n'avez **jamais** fait **d'**anglais?

**13. Dialogue**   Nous avons tous des occupations et des passe-temps différents.
Demandez à vos camarades s'ils font les choses suivantes.

☐   le tennis        —*Fais-tu du tennis?*
                     —*Oui, je fais du tennis.*
              ou: —*Non, je ne fais pas de tennis.*

| | |
|---|---|
| 1. la gymnastique? | 7. les études scientifiques? |
| 2. le vélo? | 8. le camping? |
| 3. le jogging? | 9. l'autostop *(hitchhiking)*? |
| 4. la politique? | 10. la voile *(sailing)*? |
| 5. le théâtre? | 11. la planche à voile *(windsurfing)*? |
| 6. la biologie? | 12. la plongée sous-marine *(scuba diving)*? |

## Communication

Choose a partner who will play the role of the other person in the conversation.

---

1. You have invited a French exchange student to your place for dinner. Since you want to serve a meal that your classmate will enjoy, you are asking a few questions about his/her food preferences.

Ask your partner . . .

- if he/she eats meat
- if he/she eats cheese
- if he/she drinks beer or wine
- if he/she has **(prendre)** tea or coffee after the meal **(la repas)**

---

2. Your partner went to a nice restaurant last Saturday and you want to know more about the meal.

Ask your partner . . .

- to which restaurant he/she went
- if he/she ate meat or fish (if so, what meat? what fish?)
- if he/she ate cheese
- what he/she had for **(comme)** dessert
- what he/she did after dinner **(après le dîner)**

# Bon appétit!

*Aujourd'hui, c'est l'anniversaire de Corine. Son copain Philippe l'invite° dans un restaurant élégant.*  invites her

SCÈNE 1.  *Philippe et Corinne sont au restaurant. Corinne regarde le menu.*

**PHILIPPE:** Qu'est-ce que tu vas commander° comme hors d'œuvre?  to order

**CORINNE:** Euh, je ne sais pas° ... Une salade de tomates.  I don't know

**PHILIPPE:** Mais Corinne, c'est ton anniversaire aujourd'hui. Alors, prends du caviar ou du saumon fumé°.  smoked

**CORINNE:** Bon, d'accord, je vais prendre du saumon.

**PHILIPPE:** Et comme plat principal°, je recommande le gigot d'agneau°. C'est la spécialité du restaurant.  main dish / leg of lamb

**CORINNE:** Euh, c'est un peu cher, non?

**PHILIPPE:** Écoute, c'est moi qui paie! Et qu'est-ce que tu veux prendre comme vin?

**CORINNE:** Une carafe de vin ordinaire.

**PHILIPPE:** Mais non! Je vais commander du champagne!

SCÈNE 2.  *Philippe et Corinne ont fini le repas.° Le garçon° apporte° l'addition°.*  meal / waiter / brings / check

**LE GARÇON:** Voici l'addition, monsieur!

**PHILIPPE:** Merci.

*Tout d'un coup° Philippe devient très pâle.*

**CORINNE:** Tu es malade°?

**PHILIPPE:** Euh, non.

**CORINNE:** Alors, qu'est-ce qu'il y a?°

**PHILIPPE:** Euh ... Zut! ... J'ai oublié mon portefeuille°. Dis, Corinne, est-ce que tu peux me prêter° 600 francs?

*Suddenly*
*sick*

*What's wrong?*
*wallet*
*lend me*

---

## *Lecture culturelle: Les repas[1] français*

Comme les Américains, les Français prennent trois repas par jour, mais les repas français sont un peu différents des repas américains.

*Le petit déjeuner[2]*
C'est un repas simple. On mange généralement des tartines[3] de pain avec du beurre et de la confiture et on boit du café (café noir ou café au lait).

*Le déjeuner[4]*
C'est le repas le plus abondant[5] de la journée[6]. Il comprend[7] les plats[8] suivants:

    un choix de hors d'œuvre variés
        salade de tomates ou de concombres, radis[9], saucisson, jambon
    un plat principal (viande ou poisson) accompagné de légumes[10]
    une salade verte
    un choix de fromages
    un dessert
        glace ou fruits

*Le dîner*
C'est un repas léger[11] qui comprend généralement:

    un plat principal simple
        biftek, côtelette de porc[12], quiche ou pâtes[13]
    une salade
    un dessert ou un yaourt

Avec leurs repas, les Français boivent généralement de l'eau minérale, du cidre, de la bière et parfois[14] du vin. Les vins de qualité sont réservés pour les grandes occasions.

---

1 meals  2 breakfast  3 slices  4 lunch  5 plentiful  6 day
7 includes  8 dishes  9 radishes  10 vegetables  11 light
12 pork chop  13 pasta  14 sometimes

# Structure et Vocabulaire

## Vocabulaire: *Les repas*

### Noms

| | | | | |
|---|---|---|---|---|
| **un petit déjeuner** | *breakfast* | | **une cantine** | *school cafeteria* |
| **un déjeuner** | *lunch, noon meal* | | **la cuisine** | *cooking, cuisine* |
| **un dîner** | *supper, dinner* | | **la ligne** | *figure, waistline* |
| **un garçon** | *waiter* | | **une serveuse** | *waitress* |
| **un repas** | *meal* | | | |

### Verbes

| | | |
|---|---|---|
| **apporter** | *to bring (things)* | Jean-Claude **a apporté** un gâteau. |
| **commander** | *to order* | Qu'est-ce que tu vas **commander** pour le dîner? |
| **déjeuner** | *to have lunch* | Nous **avons déjeuné** à midi. |
| **dîner** | *to have dinner* | Nous **dînons** à huit heures. |
| **fumer** | *to smoke* | Je ne **fume** pas et je déteste les gens qui **fument**. |
| **garder** | *to keep* | Je veux **garder** la ligne. |
| **préparer** | *to prepare, to make (food)* | Qui **a préparé** ce repas? |
| **servir** | *to serve* | Le garçon **sert** le repas. |

### Expressions

| | | |
|---|---|---|
| **être au régime** | *to be on a diet* | Je **suis au régime** parce que je veux maigrir. |
| **faire les courses** | *to go shopping* | Si tu **fais les courses,** achète du pain. |
| **faire la cuisine** | *to cook, to do the cooking* | Robert adore **faire la cuisine.** |

### NOTES DE VOCABULAIRE

1. Note the difference between **amener** *(to bring, bring along)* and **apporter** *(to bring)*. **Amener** is used with PEOPLE, and **apporter** is used with THINGS.

   Je vais **amener mes amis** au pique-nique.
   Je vais **apporter des sandwichs** pour le pique-nique.

2. The verb **servir** is conjugated like **dormir** (see p. 179).

   Je **sers** le café.   Vous **servez** le dessert.
   J'ai **servi** les clients.   Qu'est-ce que vous **avez servi?**

3. The verb **prendre** is used with meals.

   Nous **prenons** le petit déjeuner à sept heures.     *We **eat (have)** breakfast at seven o'clock.*

**1. Expression personnelle**  Complétez les phrases suivantes.

1. Mon repas préféré est ... (le petit déjeuner? le déjeuner? le dîner?)
2. En général, je prends le petit déjeuner ... (à quelle heure?)
3. Hier soir, j'ai dîné ... (où? avec qui?)
4. Aujourd'hui, j'ai déjeuné / je vais déjeuner ... (où? avec qui?)
5. Je fais les courses ... (dans quel supermarché?)
6. Quand je vais au café, je commande ... (quelle boisson?)
7. Ma cuisine préférée est la cuisine ... (américaine? française? chinoise? ... ?)

**2. Questions personnelles**

1. Aimez-vous faire la cuisine? Avez-vous des spécialités?
2. Travaillez-vous comme garçon? comme serveuse? Dans quel restaurant?
3. Quand vous allez à un pique-nique est-ce que vous amenez vos amis? Qu'est-ce que vous apportez? (des sandwichs? de l'eau minérale? quelles boissons?)
4. Qu'est-ce que vous apportez quand vous êtes invité(e) à dîner chez des amis?
5. Quelles boissons est-ce qu'on sert à la cantine de votre université?
6. Quelles boissons servez-vous quand vous avez des amis chez vous?
7. Êtes-vous au régime? Qu'est-ce que vous mangez? Qu'est-ce que vous ne mangez pas?
8. Fumez-vous? Si vous ne fumez pas, est-ce que vous tolérez les gens qui fument?

# A.  Le verbe *mettre*

The verb **mettre** *(to put, to place)* is irregular.

| infinitive | **mettre** | Je vais **mettre** la télévision. |
|---|---|---|
| present | je **mets** | Je **mets** ma veste. |
| | tu **mets** | Tu **mets** ton pull. |
| | il/elle/on **met** | Elle **met** un tee-shirt. |
| | nous **mettons** | Nous **mettons** un disque de jazz. |
| | vous **mettez** | Vous **mettez** de la musique classique. |
| | ils/elles **mettent** | Ils **mettent** du rock. |
| passé composé | j'**ai mis** | Vous **avez mis** la radio. |

▶ **Mettre** has several English equivalents:

| to put, to place | **Mettez** vos livres ici. |
|---|---|
| to wear, to put on | J'**ai mis** un pull. |
| to turn on | Est-ce que je peux **mettre** la radio? |
| to give (a grade) | Est-ce que le professeur **met** de bonnes notes *(grades)*? |
| to set (the table) | Qui **a mis** la table? |

**3. Chaque chose à sa place *(Everything in its place)*** Dites où les personnes suivantes mettent certaines choses. Utilisez le verbe **mettre.**

☐ Paul / ses livres / sur la table    *Paul met ses livres sur la table.*

1. Vincent / ses chaussures / sous le lit
2. vous / votre argent / à la banque
3. tu / une pellicule *(film)* / dans l'appareil-photo
4. nous / la lettre / à la poste *(mail)*
5. les Américains / du beurre / sur leur pain
6. je / du poivre / sur mon steak

**4. Questions personnelles**

1. Mettez-vous du sucre dans votre café? Mettez-vous de la crème? du lait?
2. Quels vêtements mettez-vous quand il fait froid? quand il fait chaud? quand il pleut? quand vous jouez au tennis? quand vous allez à une entrevue professionnelle?
3. Quels vêtements avez-vous mis aujourd'hui? Et hier?
4. Mettez-vous la radio quand vous étudiez chez vous? Quel programme mettez-vous en général? Quel programme avez-vous mis hier?
5. Quel programme de télévision allez-vous mettre ce soir *(this evening)*? Quel programme avez-vous mis hier soir?

## NOTE LINGUISTIQUE: *Les noms*

▶ Bananas, oranges, and olives are objects that you can count. The nouns that designate such objects are called COUNT NOUNS. They may be singular or plural. In French, count nouns are often introduced by the indefinite article or by a number.

**une** banane, **des** bananes
**une** banane, **deux** oranges, **trois** olives

In English, count nouns in the singular may be introduced by *a* or *an: a* banana, *an* orange.

▶ Cream, mustard, and mayonnaise are things that you cannot count, but of which you can take a certain quantity. The nouns that designate such things are called MASS NOUNS and are usually singular. In French, they are introduced by the partitive article when a specific quantity is not mentioned.

**de la** crème, **de la** moutarde, **de la** mayonnaise

In English, mass nouns cannot be introduced by *a* or *an*. They are frequently used without a determiner, but may be introduced by *some* or *any*, although these words are often omitted:

*Do you want (**any**) cream in your coffee? I put (**some**) mustard on my sandwich.*
*Do you have (**any**) mayonnaise?*

▶ Certain nouns may function as either count nouns or mass nouns, depending on the way in which they are used:

| | |
|---|---|
| Voici **un** fromage. | *Here is **a** cheese (i.e., a whole cheese).* |
| Voici **du** fromage. | *Here is **some** cheese (i.e., a certain quantity of cheese).* |
| J'ai bu **une** bière. | *I drank **a** beer (i.e., a bottle of beer).* |
| J'ai bu **de la** bière. | *I drank beer (i.e., an unspecified quantity of beer).* |

## B.   L'usage de l'article partitif, de l'article défini et de l'article indéfini

In French, nouns are very frequently introduced by ARTICLES. The choice of article depends on the context in which a noun is used.

| These articles ... | introduce ... | for example: |
|---|---|---|
| *definite:* **le** **la** | a SPECIFIC thing | Voici **le** gâteau de ma mère. Je mange **le** fromage. **Le** lait est au réfrigérateur. |
| | a noun used in a GENERAL or COLLECTIVE sense | J'aime **le** fromage. **Le** lait est bon pour les enfants. |
| *indefinite:* **un** **une** | ONE item, a WHOLE item | Voici **un** gâteau. J'achète **un** fromage. Anne commande **une** bière. |
| | a SPECIFIC ONE, ONE OF A KIND | Ce boulanger fait **un** excellent pain. |
| *partitive:* **du** **de la** | SOME, ANY, an UNSPECIFIED QUANTITY of | Voici **du** gâteau. J'achète **du** fromage. Ce magasin vend **du** pain. |

▶ The distinction between the definite, the indefinite, and the partitive articles applies to abstract as well as concrete nouns.

J'admire **la patience.**                    *I admire **patience (in general).***
Le professeur a **une patience** extraordinaire.    *The teacher has extraordinary **patience.***
J'ai **de la patience.**                     *I have **(a certain amount of) patience.***

▶ The DEFINITE article is often used after the following verbs since these verbs introduce nouns taken in a general sense:

> **admirer   adorer   aimer   détester   préférer**

**Aimes**-tu **le** vin?          *Do you **like** wine?*
Non, je **préfère la** bière.     *No, I **prefer** beer.*

**English equivalent:**

*Here is my mother's cake (**the one she baked**).*
*I am eating the cheese (**the one I bought**).*
***The** milk is in the refrigerator.*

*I like (**all kinds of**) cheese.*
*(**In general**) Milk is good for children.*

*Here is a (**whole**) cake.*
*I am buying one cheese (**not two**).*
*Anne is ordering a (**whole glass, bottle of**) beer.*

*That baker makes an excellent bread (**not just any kind of bread**).*

*Here is some cake (**not the whole cake, just a piece**).*
*I am buying (**a limited quantity of**) cheese.*
*This store sells (**a certain amount of**) bread.*

► The PARTITIVE article is often used after the following verbs and expressions:

| | | |
|---|---|---|
| voici | acheter | commander |
| voilà | apporter | manger |
| il y a | boire | prendre |
| je veux | choisir | vendre |
| je voudrais *(I would like)* | | |

Depending on the context, the definite and indefinite articles can also be used. Compare:

J'ai commandé **le** yaourt.     *I ordered **the** yogurt (**on the menu**).*
J'ai commandé **un** yaourt.     *I ordered **a (single serving of)** yogurt.*
J'ai commandé **du** yaourt.     *I ordered **some (quantity of)** yogurt.*

*Expressions pour la conversation*

To indicate that a statement is true:

| | |
|---|---|
| **C'est vrai!** | *It's true!* |
| **Ça, c'est vrai!** | *That's true! That's right!* |
| **Évidemment!** | *Of course! Obviously!* |

To indicate uncertainty:

| | |
|---|---|
| **C'est possible!** | *It's possible!* |

To indicate that a statement is false:

| | |
|---|---|
| **Ce n'est pas vrai!** | *That's not true!* |
| **C'est faux!** | *That's wrong! That's false!* |

**5. Qualités**  Informez-vous sur les personnes suivantes et dites si oui ou non elles ont les qualités entre parenthèses.

☐ Jacques et René détestent attendre. (la patience?)
  ***Ça, c'est vrai. Ils n'ont pas de patience.***

1. Christine est très diplomate. (le tact?)
2. Vous êtes un grand artiste. (le talent?)
3. J'ai oublié *(forgot)* l'adresse de mes amis. (la mémoire?)
4. Mme Masson veut être la présidente de sa compagnie. (l'ambition?)
5. Mon cousin invente toujours des excuses extraordinaires. (l'imagination?)
6. Tu ne fais pas de sport. (l'énergie?)
7. Vous comprenez les secrets de vos amis. (l'intuition?)
8. Je n'ai pas peur de prendre des risques. (le courage?)
9. Vous n'êtes pas très amusant. (l'humour?)

**6. Chacun à son goût (*Each to his/her own taste*)**  Dites que les personnes suivantes aiment les choses entre parenthèses et dites ce qu'elles ont fait.

☐ M. Moreau / boire (le champagne)
  ***M. Moreau aime le champagne. Il a bu du champagne.***

1. vous / prendre (le thé)
2. Charles / acheter (la confiture)
3. ces filles / manger (le rosbif)
4. Alain / apporter (l'eau minérale)
5. je / mettre dans mon café (le sucre)
6. vous / écouter (le jazz)
7. nous / faire (le camping)
8. Pauline / mettre (la musique classique)
9. ces gens / gagner (l'argent)
10. tu / commander (la glace)

ALBERTVILLE 92.

**7. À la douane (*At customs*)**  Un douanier *(customs officer)* demande aux touristes s'ils ont les choses suivantes. Les touristes répondent affirmativement ou négativement. Jouez le rôle du douanier et des touristes en utilisant un article indéfini ou partitif.

▢ (la) caméra?

    LE DOUANIER:   *—Avez-vous une caméra?*

    LE/LA TOURISTE:   *—Oui, j'ai une caméra.*

       ou:   *—Non, je n'ai pas de caméra.*

▢ (l') alcool?

    LE DOUANIER:   *—Avez-vous de l'alcool?*

    LE/LA TOURISTE:   *—Oui, j'ai de l'alcool.*

       ou:   *—Non, je n'ai pas d'alcool.*

1. (le) parfum?
2. (le) visa?
3. (la) carte d'identité?
4. (l') argent français?
5. (le) vin?
6. (l') adresse à Paris?
7. (le) tabac?
8. (l') appareil-photo?

**8. Chez Jeannette**  Vous êtes «Chez Jeannette», une petite auberge *(inn)* de province. Vous entendez des phrases incomplètes. Complétez ces phrases avec les articles définis, indéfinis ou partitifs. (NOTE: **Roquefort** et **champagne** sont masculins.)

1. Aimez-vous _____ fromage? Est-ce qu'il y a _____ fromage au menu? Mais oui, il y a _____ roquefort. _____ roquefort est un fromage du centre de la France. C'est _____ fromage délicieux!
2. D'accord, _____ champagne est _____ vin français, mais moi, je n'aime pas _____ vin. Garçon, s'il vous plaît, est-ce que vous pouvez *(can)* apporter _____ eau minérale? Merci!
3. Madame, voulez-vous _____ thé ou _____ café? Vous préférez _____ café? Très bien. Avec _____ sucre? Et avec _____ crème?
4. _____ glace de ce restaurant est absolument extraordinaire! Garçon, deux glaces, s'il vous plaît, _____ glace au chocolat pour moi et _____ glace à la vanille pour mademoiselle.
5. Comme viande, il y a _____ rosbif et _____ poulet. Moi, je préfère _____ rosbif. Mais toi, tu n'aimes pas _____ viande, n'est-ce pas? Tu peux prendre _____ poisson. _____ poisson est toujours très bon ici.

LE PAPILLON
ROQUEFORT
Toute la vie d'une famille

## Vocabulaire: *Fruits et légumes*

Les fruits (m.) *(fruits)*

| | | | |
|---|---|---|---|
| **un pamplemousse** | *grapefruit* | **une banane** | *banana* |
| | | **une orange** | *orange* |
| | | **une pomme** | *apple* |
| | | **une poire** | *pear* |
| | | **une fraise** | *strawberry* |
| | | **une cerise** | *cherry* |

Les légumes (m.) *(vegetables)*

| | | | |
|---|---|---|---|
| **des haricots** (m.) | *beans* | **une pomme de terre** | *potato* |
| **des petits pois** (m.) | *peas* | **des frites** (f.) | *French fries* |
| | | **une carotte** | *carrot* |
| | | **une tomate** | *tomato* |

**9. À la cuisine**  Vous faites la cuisine. Demandez à un(e) camarade d'acheter les choses nécessaires.

◻  Je vais faire une salade de tomates.        *Achète des tomates.*

1. Je vais faire un «banana split».
2. Je vais faire une salade de fruits.
3. J'ai besoin de fruits pour le petit déjeuner.
4. Je vais faire une tarte.
5. Je vais faire une salade de légumes.
6. Je vais préparer un repas végétarien.
7. J'ai besoin de légumes pour accompagner le rosbif.

## C.   Expressions de quantité

In the sentences on the left, the ADVERBS OF QUANTITY in heavy print modify verbs. In the sentences in the middle, the EXPRESSIONS OF QUANTITY in heavy print introduce nouns. Compare the adverbs and expressions of quantity in each pair of sentences.

| | | |
|---|---|---|
| Tu travailles **beaucoup**. | Tu as **beaucoup de** travail. | *You have **a lot of** work.* |
| Nous étudions **trop**. | Nous avons **trop d'**examens. | *We have **too many** exams.* |

EXPRESSIONS OF QUANTITY are used to introduce nouns, according to the pattern:

| | | |
|---|---|---|
| adverb of quantity + **de (d')** + noun | **trop de** vin | *too much wine* |
| | **assez d'**eau | *enough water* |

► When an expression of quantity introduces a noun, NO article is used. Compare:

Je bois **du** thé.          Je bois **beaucoup de** thé.
Tu manges **de la** glace.    Tu manges **trop de** glace.
Nous avons **des** vacances.  Nous n'avons pas **assez de** vacances.

► When adverbs of quantity modify a verb, **de** is not used. Compare:

Sylvie aime le chocolat.    Elle aime **beaucoup** le chocolat.

Elle mange du chocolat.    Elle mange **beaucoup de** chocolat.

# Vocabulaire:  *Adverbes et expressions de quantité*

| | | |
|---|---|---|
| **combien ...?** | *how much?* | **Combien** coûtent ces disques? |
| **combien de ...?** | *how much? (how many?)* | **Combien de** disques as-tu? |
| **peu** | *little, not much* | Je travaille **peu.** |
| **peu de** | *little (few), not much (not many)* | J'ai **peu d'**argent. |
| **un peu** | *a little* | J'ai mangé **un peu.** |
| **un peu de** | *some, a little (bit of)* | J'ai mangé **un peu de** jambon. |
| **assez** | *enough* | Tu ne voyages pas **assez.** |
| **assez de** | *enough* | Tu n'as pas **assez de** vacances. |
| **beaucoup** | *much, very much, a lot* | Marc aime **beaucoup** le jazz. |
| **beaucoup de** | *much (many), very much (very many), a lot of, lots of* | Il a **beaucoup de** disques de jazz. |
| **trop** | *too much* | Vous jouez **trop.** |
| **trop de** | *too much (too many)* | Vous avez **trop de** loisirs. |
| **beaucoup trop** | *much too much* | Nous étudions **beaucoup trop.** |
| **beaucoup trop de** | *much too much (far too many)* | Nous avons **beaucoup trop d'**examens. |

## NOTE DE VOCABULAIRE

The following expressions of quantity are used in comparisons:

| | | |
|---|---|---|
| **plus de** | *more* | Nous avons **plus de** travail que toi. |
| **moins de** | *less* | J'ai **moins d'**argent que mes amis. |
| **autant de** | *as much (as many)* | Simon n'a pas **autant d'**ambition que sa sœur. |

**10. Dialogue**  Demandez à vos camarades s'ils ont les choses suivantes. Ils vont répondre affirmativement ou négativement en utilisant l'expression de quantité entre parenthèses.

▢  du travail? (beaucoup)
    —*As-tu du travail?*
    —*Oui, j'ai beaucoup de travail.*
ou: —*Non, je n'ai pas beaucoup de travail.*

1. de l'argent? (assez)
2. des examens? (trop)
3. de l'énergie? (beaucoup)
4. de la patience? (assez)
5. du temps libre (*free time*)? (trop)
6. de l'ambition? (assez)
7. des projets (*plans*)? (beaucoup)
8. des problèmes avec tes études? (beaucoup)

**11. Plus, moins ou autant?**  Informez-vous sur les personnes suivantes. Comparez-les à leurs amis en utilisant les phrases entre parenthèses et l'expression de comparaison qui convient.

▢  Gilbert est aussi riche que Suzanne. (avoir de l'argent)
   *Il a autant d'argent qu'elle.*

▢  Marianne est plus économe (*thrifty*) que Raoul. (dépenser de l'argent)
   *Elle dépense moins d'argent que lui.*

1. Robert est plus athlétique que Jacques. (faire du sport)
2. Mireille est plus élégante que sa cousine. (acheter des vêtements)
3. Philippe est plus pauvre (*poor*) que Charles. (gagner de l'argent)
4. Nous sommes aussi sérieux que vous. (faire des efforts)
5. Jean-Claude est moins gros (*fat*) que son frère. (manger des gâteaux)
6. Jacqueline est plus sympathique qu'Antoinette. (avoir des amis)
7. Roland est plus actif que toi. (prendre des vacances)
8. Isabelle est plus intelligente que son frère. (avoir des idées)

**12. Opinions**  Que pensez-vous du monde d'aujourd'hui? Exprimez votre opinion dans des phrases affirmatives ou négatives, en utilisant une expression de quantité.

▢  Il y a de la violence à la télé.
     *Il y a trop (beaucoup, beaucoup trop) de violence à la télé.*
ou: *Il n'y a pas beaucoup de violence à la télé.*

1. Il y a de la violence dans les sports professionnels.
2. Les Américains consomment (*use*) de l'énergie.
3. Nous mangeons des produits artificiels.
4. Les enfants boivent du lait.
5. Les étudiants ont des examens.
6. Les étudiants prennent des vacances.
7. Les jeunes ont des responsabilités.
8. Nous importons du pétrole.
9. Il y a de l'injustice dans la société.
10. Il y a de la pollution dans la ville où j'habite.

# Communication

Choose a partner who will play the role of the other person in the conversation.

1. Over spring vacation, you are going to invite a French friend to your parents' house. Since you want to be a good host/hostess, you are trying to find out about your friend's eating habits.

Ask your partner . . .

- at what time he/she has breakfast
- at what time he/she has lunch
- if he/she is on a diet
- if he/she eats meat
- what fruits and vegetables he/she likes
- what desserts he/she likes
- what he/she drinks for breakfast
- what he/she drinks with meals

2. Next weekend the French club is organizing a light supper. You and your partner are in charge of the shopping. Now you are discussing what you are going to buy.

With your partner, discuss . . .

- what things you need to buy for the sandwiches
- what fruits and vegetables you are buying
- what beverages you are getting

—*Est-ce qu'on achète du rosbif pour les sandwichs?*
—*Le rosbif est bon, mais très cher. Achetons aussi du jambon et du thon.*
—*D'accord, et achetons du fromage aussi. Il y a des étudiants qui ne mangent pas de viande ...*

# Vivre en France:
## *Au café*

---

### Vocabulaire pratique:  *Au café*

| On va au café pour | **boire quelque chose.** | |
|---|---|---|
| | **manger** | **quelque chose de léger** *(light).* |
| | | **un sandwich.** |
| | | **un croque-monsieur** *(grilled ham and cheese).* |
| | | **une omelette.** |
| | | **une glace.** |

Comment attirer l'attention *(How to attract attention)*

| S'il vous plaît, | **garçon** *(waiter)*! |
|---|---|
| | **mademoiselle!** |

Comment commander
Un café, **s'il vous plaît!**
**Donnez-moi** *(Give me)* un café, s'il vous plaît!
**Pouvez-vous m'apporter** un café, s'il vous plaît!

Comment payer
**L'addition** *(check),* s'il vous plaît!
**C'est combien?**
**Je vous dois** *(I owe you)* **combien?**

---

## CONVERSATION: *Au café*

*Marc et Denise sont au café. Marc appelle* (calls) *le garçon.*

**MARC:** Garçon, s'il vous plaît!
**GARÇON:** J'arrive.... Vous désirez, Mademoiselle?
**DENISE:** Un thé-citron, s'il vous plaît.
**GARÇON:** Et pour vous, Monsieur?
**MARC:** Une bière.
**GARÇON:** Bière pression?
**MARC:** Non, une Kronenbourg, s'il vous plaît, et un sandwich au jambon.

*Marc veut payer les consommations.*
**MARC:** Garçon, l'addition.
**GARÇON:** Voilà, Monsieur. Soixante-dix francs, s'il vous plaît.

# LE GRAND TURC

## Tarif des Consommations[1]

### Boissons

| | | | |
|---|---|---|---|
| (un) express | 20 F | (une) bière pression[2] | 25 F |
| (un) café-crème | 22 F | (une) bière en bouteilles | 32 F |
| (un) chocolat | 25 F | (un) jus de pomme | 28 F |
| (un) thé-nature[3] | 22 F | (un) jus de raisin[4] | 28 F |
| (un) thé-citron | 23 F | | |
| | | **Sandwichs** | |
| (un) Coca-Cola | 28 F | | |
| (un) Orangina | 28 F | (un) sandwich au jambon | 34 F |
| (un) Perrier | 27 F | (un) sandwich au fromage | 34 F |
| (un) citron pressé[5] | 30 F | (un) sandwich au pâté | 34 F |

[1] food and beverages
[2] draft beer
[3] plain tea
[4] grape juice
[5] fresh lemonade

## Dialogues: *Au Grand Turc*

Les étudiants suivants sont au café Le Grand Turc. Ils commandent certaines choses et paient l'addition. Composez les dialogues entre le garçon ou la serveuse (*waitress*) et les étudiants. Jouez ces dialogues avec vos camarades.

1. Catherine commande un thé-citron. Elle paie.
2. Robert commande une bière. Jacqueline commande un chocolat. Jean-François commande un jus de pomme. Chacun (*each person*) paie pour soi (*him/herself*).
3. Jean-Claude commande un Perrier. Isabelle commande un Orangina. Henri commande un Perrier. Henri paie pour tout le monde (*everyone*).
4. Marc a soif. Paulette a faim et soif. C'est Paulette qui paie l'addition.

## Au restaurant

Entre fast-food *(fast-food place)* et le grand restaurant à trois étoiles *(stars),* les Français ont un grand choix d'endroits où ils peuvent *(can)* déjeuner ou dîner. Évidemment *(obviously),* la qualité et le prix des repas varient considérablement. Beaucoup de petits restaurants offrent un menu à prix fixe. Pour ce prix fixe, on peut généralement choisir un hors d'œuvre, un plat principal, des légumes, une salade ou un fromage, un dessert et une boisson. Voici le menu à 150 francs du restaurant Le Matador.

# LE MATADOR

*menu à 150 francs*

Hors d'œuvre

|                        | melon             |
| ou salade de concombres | ou saucisson      |
| ou salade de tomates    | ou œufs mayonnaise |
| ou salade de thon       | ou jambon d'Auvergne |

Plat principal

|                      | steak au poivre  |
| ou lapin farci       | ou poulet rôti   |
| ou côtelette de porc | ou filet de sole |

Légumes

|                   | pommes frites  |
| ou haricots verts | ou petits pois |

Salade verte ou Fromage

Dessert

|                  | glace            |
| ou yaourt        | ou fruit         |
| ou crème caramel | ou tarte aux pommes |

Boisson

|                  | vin rouge      |
| ou bière pression | ou vin blanc   |
|                  | ou eau minérale |

Service 15% compris

**une salade de concombres** *sliced cucumbers with vinaigrette*
**des œufs mayonnaise** *hard-boiled eggs with mayonnaise*
**du jambon d'Auvergne** *cured ham from central France*
**du lapin farci** *roast rabbit with stuffing*

**une côtelette de porc** *pork chop*
**une crème caramel** *custard*
**une bière pression** *(glass of) draft beer*

# CONVERSATION: *Au restaurant*

*Marie-Louise va déjeuner au restaurant Le Matador. Le garçon lui apporte le menu.*
*Après quelques minutes, il revient et prend la commande (order).*

**LE GARÇON:** Vous avez choisi?

**MARIE-LOUISE:** Oui. Comme hors d'œuvre, je vais prendre la salade de tomates.

**LE GARÇON:** Et comme plat principal?

**MARIE-LOUISE:** Je vais prendre le steak au poivre.

**LE GARÇON:** Avec des légumes?

**MARIE-LOUISE:** Oui, donnez-moi des frites.

**LE GARÇON:** Et après cela, salade ou fromage?

**MARIE-LOUISE:** Je vais prendre du fromage.

**LE GARÇON:** Et comme dessert?

**MARIE-LOUISE:** Donnez-moi la tarte aux pommes.

**LE GARÇON:** Est-ce que vous allez boire quelque chose?

**MARIE-LOUISE:** Oui, je vais prendre un verre de vin blanc.

**LE GARÇON:** Merci, Mademoiselle.

## Dialogues: *Au Matador*

Les personnes suivantes vont déjeuner au Matador. Composez les dialogues entre le garçon ou la serveuse et les clients. Ensuite, jouez ces dialogues avec vos camarades.

1. Michelle est au régime.
2. Nicole est végétarienne.
3. Madame Leblanc est allergique aux produits laitiers *(dairy products)*.
4. Monsieur Legros adore manger.

## À votre tour: *Dîner au Matador*

Vous allez dîner au Matador. Un(e) camarade de classe va jouer le rôle du garçon (de la serveuse). Commandez votre repas.

# À l'université

## 6

# La course aux diplômes

Quels cours suivez-vous°? Quel diplôme préparez-vous? Qu'est-ce que vous pouvez faire avec ce diplôme? Est-ce qu'il faut° avoir beaucoup de diplômes pour° trouver un travail° intéressant?

   Françoise et Brigitte, deux étudiantes françaises, discutent° de ces problèmes importants.

**FRANÇOISE:** Quel diplôme prépares-tu?

**BRIGITTE:** Je prépare une licence de chimie°.

**FRANÇOISE:** Qu'est-ce que tu veux faire avec cette licence?

**BRIGITTE:** Ta question est mal posée°. La véritable° question n'est pas: «Qu'est-ce que je veux faire?» mais «Qu'est-ce que je peux faire?» Il y a une différence!

**FRANÇOISE:** Bon, d'accord. Qu'est-ce qu'on peut faire avec un diplôme de chimie?

**BRIGITTE:** On peut enseigner° dans un lycéc° ou on peut travailler dans un laboratoire. Personnellement je préfère enseigner. Bien sûr, il y a une condition.

**FRANÇOISE:** Quelle condition?

**BRIGITTE:** D'abord, je dois être reçue à° mes examens!

are you taking

Is it necessary / in order to / job

discuss

chemistry

badly phrased / real

teach / secondary school

I have to pass

# Lecture culturelle: *Les examens et les diplômes français*

Le système des diplômes français est différent du système américain. En France, pour obtenir un diplôme il faut généralement passer[1] un examen ou une série d'examens. Voici comment fonctionne le système des examens et des diplômes en France.

## ÉTUDES SECONDAIRES

À la fin[2] de leurs études[3] secondaires, c'est-à-dire[4] à l'âge de 18 ou de 19 ans, les étudiants français passent le baccalauréat ou «bac». C'est un examen assez difficile. Seulement[5] 70% (soixante-dix pour cent) des candidats sont reçus[6]. C'est aussi un examen important: avec le bac, on peut aller directement à l'université.

Il y a 26 bacs différents. Ces bacs reflètent le type d'études qu'on a faites. Ils sont désignés[7] par une lettre: A (langues), B (sciences économiques et sociales), C (mathématiques et sciences physiques), D (mathématiques et sciences naturelles), etc.... Le bac C est le plus prestigieux, mais aussi le plus difficile.

## ÉTUDES SUPÉRIEURES

Les étudiants qui veulent continuer leurs études après le bac peuvent aller à l'université. Les deux premières années sont assez difficiles. À la fin de chaque année il y a un examen. Si on rate[8] cet examen, on doit «redoubler», c'est-à-dire recommencer une année d'études. Si on rate plusieurs fois[9], on est éliminé. Si on est reçu, on obtient[10] un diplôme et on peut continuer ses études. Voici les principaux diplômes universitaires:

- le DEUG (Diplôme d'Études Universitaires Générales): après deux ans d'université
- la licence: un an après le DEUG
- la maîtrise: un an après la licence
- le DEA (Diplôme d'Études Approfondies[11]) ou le DESS (Diplôme d'Études Supérieures Spécialisées): un an après la maîtrise
- le doctorat: de deux à cinq ans après la maîtrise

1 you generally have to take   2 end   3 studies   4 that is to say
5 only   6 passed   7 identified   8 fails   9 several times
10 receives   11 in depth

# Structure et Vocabulaire

## Vocabulaire:   *Les études*

### Noms

| | | | |
|---|---|---|---|
| **un conseil** | *(piece of) advice* | **une classe** | *class* |
| **un cours** | *course, class* | **des études** | *studies* |
| **un devoir** | *(written) assignment* | **une note** | *grade* |
| **un diplôme** | *diploma, degree* | **des notes** | *(lecture) notes* |

### Adjectifs

| | |
|---|---|
| **facile ≠ difficile** | *easy, simple ≠ hard, difficult* |
| **utile ≠ inutile** | *useful ≠ useless* |
| **gratuit** | *free* |
| **seul** | *alone, only* |

### Verbes

| | |
|---|---|
| **enseigner** | *to teach* |
| **faire des études** | *to study, to go to school* |
| **suivre un cours** | *to take a class* |
| **commencer (par)** | *to begin (by, with)* |
| **faire des progrès** | *to make progress, to improve* |
| **obtenir** | *to obtain, to get* |
| **réussir (à)** | *to succeed, to be successful (in)* |
| **préparer un examen** | *to prepare for an exam, to study for an exam* |
| **passer un examen** | *to take an exam* |
| **être reçu à un examen** | *to pass an exam* |
| **rater un examen** | *to flunk, to fail an exam* |

### Adverbes

| | | |
|---|---|---|
| **ensemble** | *together* | François étudie avec son camarade de chambre. Ils étudient toujours **ensemble.** |
| **seulement** | *only* | Paul est bilingue. Pierre parle **seulement** français. |
| **vite** | *fast* | Ces étudiants apprennent **vite.** |

### Préposition

| | | |
|---|---|---|
| **pour + *infinitive*** | *(in order) to* | Je fais des études **pour obtenir** mon diplôme. |

## NOTES DE VOCABULAIRE

1. In the **nous-**form of the verb **commencer,** the final **c** of the stem becomes **ç** before the ending -**ons.**

   Nous **commençons** la classe à neuf heures.

2. **Obtenir** is conjugated like **venir.** The passé composé, however, uses **avoir** as the auxiliary.

   Est-ce que tu **obtiens** toujours de bonnes notes?     **J'ai obtenu** un «A» hier.

3. Note that **passer un examen** is a false cognate.

   | | |
   |---|---|
   | Hélène **a passé son examen** lundi. | *Hélène **took her exam** Monday.* |
   | Est-ce qu'elle va **être reçue?** | *Is she going **to pass?*** |

4. Note the difference between **seul** and **seulement.**
   **Seul(e)** is an ADJECTIVE and modifies nouns and pronouns.

   | | |
   |---|---|
   | Marie est **seule.** | *Marie is **alone.*** |
   | C'est mon **seul** ami. | *That's my **only** friend.* |

   **Seulement** is an ADVERB and modifies verbs and numbers.

   | | |
   |---|---|
   | Je visite **seulement** Paris. | *I'm visiting **only** Paris.* |
   | Nous avons **seulement** dix dollars. | *We have **only** ten dollars.* |
   | Il n'est pas triste; il est **seulement** fatigué. | *He's not sad; he's **only** tired.* |

**1. Expression personnelle** Complétez les phrases avec l'une des expressions entre parenthèses ou une expression de votre choix.

1. Je vais obtenir mon diplôme ... (cette année, dans deux ans, dans trois ans, ??)
2. Je fais des études ... (littéraires, scientifiques, commerciales, ??)
3. En général, je fais mes devoirs ... (avant de dîner, le soir, juste avant la classe, ??)
4. Pour moi, le cours de français est ... (facile, assez difficile, très difficile, ??)
5. Je pense que le français est une langue ... (assez utile, très utile, inutile, ??)
6. Mes notes sont généralement ... (comme ci comme ça, assez bonnes, très bonnes, ??)
7. Je préfère étudier ... (seul(e), avec un(e) camarade, en groupe, ??)
8. Mon premier cours le matin commence ... (à 8 heures 30, à 9 heures, ??)
9. Pendant la classe de français, le temps (ne) passe (pas) ... (vite, assez vite, trop vite, ??)

**2. Questions personnelles**

1. Est-ce que vous avez fait beaucoup de progrès en français ce semestre?
2. Quand est-ce que vous allez passer un examen? Pensez-vous être reçu(e) à cet examen?
3. Est-ce que vous avez raté un examen le semestre dernier? Quel examen?
4. Le week-end, sortez-vous seul(e) ou avec vos amis? Qu'est-ce que vous faites ensemble?
5. Aux États-Unis, est-ce que les études secondaires sont gratuites? Et les études universitaires?
6. En général, est-ce que vous écoutez les conseils de vos amis? les conseils de vos professeurs? les conseils de vos parents?
7. Avez-vous l'intention d'enseigner? Pourquoi ou pourquoi pas?

**3. Les étudiants modèles** Les étudiants suivants sont des étudiants modèles. Dites si oui ou non ils ont fait les choses suivantes.

▧    Georges / perdre son temps?    *Non, il n'a pas perdu son temps.*

1. Nathalie / choisir seulement des cours faciles?
2. nous / écouter les conseils du professeur?
3. je / obtenir de mauvaises notes?
4. vous / faire des progrès en français?
5. Jacques et Claude / rater leurs examens?
6. tu / obtenir ton diplôme?
7. Suzanne / répondre trop vite à la question du professeur?
8. Marc / être reçu à l'examen?

## A.  Le verbe *suivre*

| | | |
|---|---|---|
| The verb **suivre** *(to follow)* is irregular. | | |
| *infinitive* | **suivre** | Je vais **suivre** un cours d'histoire. |
| *present* | je **suis** | Je **suis** un cours d'anglais. |
| | tu **suis** | Tu **suis** un cours de maths. |
| | il/elle/on **suit** | Elle **suit** un cours de chimie. |
| | nous **suivons** | Nous **suivons** un régime. |
| | vous **suivez** | Vous **suivez** la politique. |
| | ils/elles **suivent** | Elles **suivent** nos conseils. |
| *passé composé* | j'**ai suivi** | J'**ai suivi** un cours de français. |

► Although **suivre** generally means *to follow,* this verb is used in many idiomatic expressions.

| | | |
|---|---|---|
| **suivre un cours** | *to take a class,* | Quels cours **suis**-tu? |
| | *to be enrolled in a class* | |
| **suivre un régime** | *to be on a diet* | Je **suis** un régime parce que je veux maigrir. |
| **suivre (un sujet)** | *to keep abreast of (a topic)* | **Suivez**-vous la politique internationale? |

### 4. Questions personnelles

1. Est-ce que vous suivez les conseils de vos amis? de vos parents? de vos professeurs?
2. Combien de cours suivez-vous ce semestre? Quels cours suivez-vous?
3. Avez-vous suivi un cours de français le semestre dernier? Allez-vous suivre un cours de français le semestre prochain? Pourquoi ou pourquoi pas?
4. Suivez-vous un régime? Qu'est-ce que vous mangez? Qu'est-ce que vous ne mangez pas?
5. Suivez-vous la politique? l'évolution de l'économie? la mode *(fashion)*?
6. L'année dernière, avez-vous suivi les progrès de votre équipe de baseball favorite? Suivez-vous les progrès d'une équipe de football? de quelle équipe?

## SUIVEZ LE GUIDE

Musée d'Orsay petit guide

## B.    Les verbes *vouloir* et *pouvoir*

The verbs **vouloir** *(to want)* and **pouvoir** *(to be able to, can, may)* are irregular.

| infinitive | **vouloir** | **pouvoir** |
|---|---|---|
| present | Je **veux** un livre.<br>Tu **veux** aller en France.<br>Il/Elle/On **veut** gagner de l'argent.<br><br>Nous **voulons** voyager.<br>Vous **voulez** aller en ville.<br>Ils/Elles **veulent** parler français. | Je **peux** prendre ce livre?<br>Tu **peux** travailler pour Air France.<br>Il/Elle/On **peut** travailler cet été.<br><br>Nous **pouvons** aller au Canada.<br>Vous **pouvez** prendre mon auto.<br>Ils/Elles **peuvent** parler avec Jacques. |
| passé composé | J'ai **voulu** voyager. | J'ai **pu** visiter la Suisse. |

▶ Note the uses of **vouloir.**

1. **Vouloir** is usually used with a noun or an infinitive construction.

   Veux-tu du café?              Non, je veux du thé.
   Tu veux être professeur?      Oui, je veux être professeur.
   Voulez-vous étudier ce soir?  Non, nous ne voulons pas étudier.

2. In an answer, the expression **vouloir bien** is often used to accept an invitation or request.

   —Veux-tu aller au cinéma avec moi?
   —Oui, **je veux bien.** *(Yes, I do. Yes, I would.)*

3. **Je veux** expresses a strong will or wish. In a conversation, **je voudrais** *(I would like)* is often used instead to make a request.

   **Je voudrais** aller en Amérique.
   **Je voudrais** un livre sur les États-Unis, s'il vous plaît.

▶ **Pouvoir** has several English equivalents. Note these uses in the present and passé composé.

   **Peux**-tu répondre à la question?        *Can you answer the question?*
   Est-ce que je **peux** partir maintenant?  *May I leave now?*
   Le blessé ne **peut** pas marcher.         *The injured man is not able to walk.*

   Nous **avons pu** finir nos devoirs.       *We were able to finish our homework.*
   Henri n'**a** pas **pu** rester avec nous. *Henri could not stay with us.*

## PROVERBES

*Quand on veut, on peut.*
*Vouloir, c'est pouvoir.*

Where there's a will, there's a way.

**5. Quand on veut ...**     Décrivez ce que veulent faire les personnes suivantes et dites si oui ou non elles veulent faire les choses entre parenthèses. Soyez logique!

▢ Catherine: être indépendante (rester chez ses parents?)
*Catherine veut être indépendante. Elle ne veut pas rester chez ses parents.*

1. Philippe: étudier (sortir ce soir?)
2. nous: avoir une bonne note (rater l'examen?)
3. je: trouver du travail (gagner de l'argent cet été?)
4. vous: faire des économies (dépenser votre argent?)
5. ces étudiants: être professeurs (enseigner?)
6. M. Legros: suivre un régime (grossir?)
7. tu: faire des études scientifiques (être ingénieur?)
8. Isabelle et Bernard: sortir ce soir (faire leurs devoirs?)

**6. Qu'est-ce qu'on peut faire?**     Informez-vous sur les personnes suivantes et dites si oui ou non elles peuvent faire les choses entre parenthèses.

▢ Philippe suit un régime très strict. (manger du pain?)
*Il ne peut pas manger de pain.*

1. Mathilde a un doctorat en littérature. (enseigner?)
2. Je suis très malade. (sortir avec mes copains?)
3. Nous avons nos passeports. (voyager à l'étranger cet été?)
4. Tu viens de rater tous (all) tes examens. (obtenir ton diplôme?)
5. François n'a pas son carnet d'adresses (address book). (téléphoner à Caroline?)
6. Vous avez dix-huit ans. (voter?)
7. Mes copains ont loué des bicyclettes. (faire une promenade dans la campagne?)
8. On a faim. (aller au restaurant?)

**7. Expression personnelle**     Complétez les phrases suivantes. Utilisez votre imagination.

1. Avec mon diplôme de cette université, je peux ...
2. Pendant les vacances, je voudrais ...
3. Un jour, je voudrais ...
4. Un jour, j'ai voulu ...
5. Le week-end dernier, je n'ai pas pu ...

# C.    Le verbe *devoir*

The verb **devoir** (*must, to have, to be supposed to*) is irregular.

| infinitive | **devoir** | |
|---|---|---|
| present | je **dois**<br>tu **dois**<br>il/elle/on **doit** | Je **dois** étudier.<br>Tu **dois** préparer tes examens.<br>On **doit** passer un examen. |
| | nous **devons**<br>vous **devez**<br>ils/elles **doivent** | Nous **devons** rentrer chez nous.<br>Vous **devez** acheter ce livre.<br>Elles **doivent** prendre de l'argent. |
| passé composé | j'**ai dû** | J'**ai dû** téléphoner à mon père. |

▶ The construction **devoir + *infinitive*** is used to express:

1. NECESSITY or OBLIGATION (*must, have to*)

   Je **dois finir** mes devoirs.    *I **must (have to) finish** my homework.*
   Ils **ont dû** beaucoup **étudier.**    *They **had to study** a lot.*

2. PROBABILITY or LIKELIHOOD (*must*)

   Paul n'est pas ici. Il **doit**    *Paul is not here. He **must be** at*
      **être** à la bibliothèque.    *the library.*
   Jacques n'est pas venu. Il **a**    *Jacques did not come. He **must have***
      **dû rester** chez lui.    **stayed** *home.*

3. EXPECTATION (*to be supposed to*)

   Philippe **doit venir** à    *Philippe **is supposed to come***
      huit heures.    *at eight.*

▶ **Devoir + *noun*** means *to owe.*

Je **dois de l'argent** à Paul.    *I **owe** Paul **money.***

**8. Obligations?**   Lisez ce que veulent faire les personnes suivantes et dites si oui ou non elles doivent faire les choses entre parenthèses.

■ Nicole veut obtenir son diplôme. (rater ses examens?)
   *Elle ne doit pas rater ses examens.*

1. Je veux être docteur. (suivre des cours de biologie?)
2. Vous voulez être interprètes. (faire des progrès en français?)
3. Nous voulons réussir à l'examen. (perdre notre temps en classe?)
4. Jean-Pierre veut maigrir. (boire de la bière?)
5. Tu veux suivre un régime végétarien. (manger du poulet?)
6. Monique veut trouver du travail. (regarder les petites annonces *[want ads]* dans le journal?)
7. Ces étudiants veulent organiser une fête. (nettoyer leur appartement?)
8. On veut rester en bonne santé *(health).* (fumer?)

**9. Conversation**   Invitez vos camarades à faire certaines choses avec vous. Ils vont vous demander **quand,** et accepter ou refuser votre invitation. S'ils refusent, ils vont donner une excuse.

—*Tu veux aller au cinéma avec moi?*
—*Quand?*
—*Samedi soir.*
—*D'accord! Je veux bien.*
ou:—*Je voudrais bien, mais je ne peux pas. Je dois dîner chez mon oncle.*

┌─────────────────────────────────┐
LES INVITATIONS
• aller au cinéma
• sortir
• aller au concert
• dîner dans un restaurant chinois
• faire une promenade à vélo
• faire du jogging
• aller dans les magasins
└─────────────────────────────────┘

**10. Conseils**   Donnez des conseils aux personnes suivantes. Dites ce qu'elles doivent faire, ce qu'elles ne doivent pas faire, ce qu'elles peuvent faire.

■ Paul est malade *(sick).*
   *Il doit rester chez lui. Il ne doit pas sortir. S'il veut, il peut regarder la télé.*

1. Ces étudiants français vont passer un an aux États-Unis.
2. Cet étudiant américain va passer l'été en France.
3. Janine veut travailler pour une firme internationale.
4. Nous ne trouvons pas de travail.
5. Vous avez perdu votre passeport.
6. Tu n'as pas été reçu(e) à ton examen de français.
7. Jacques n'aime pas rester seul chez lui.

## D.   L'expression impersonnelle *il faut*

Note the uses of the expression **il faut** in the following sentences.

À l'université, **il faut** travailler.     *At the university **one has to** study.*
Pour être heureux, **il faut** avoir des amis.     *To be happy, **one must** have friends.*

**Est-ce qu'il faut** passer par Paris pour     ***Is it necessary** to pass through*
aller à Nice?     *Paris in order to go to Nice?*

**Il ne faut pas** fumer ici!     ***One must not** smoke here!*

> The expression **il faut** is used to express a GENERAL OBLIGATION or a NECESSARY CONDITION.

| *infinitive* | **falloir** | **Il** va **falloir** travailler. |
| --- | --- | --- |
| *present* | **il faut** | **Il faut** partir maintenant. |
| *passé composé* | **il a fallu** | Il a plu et **il a fallu** rentrer. |

▶ Note the English equivalents of **il faut** and the corresponding negative expressions.

1. TO EXPRESS GENERAL OBLIGATION

En classe, **il faut** étudier.
*In class, **you must (have to)** study.*

TO FORBID AN ACTION

**Il ne faut pas** dormir.
***You must not** sleep.*

2. TO EXPRESS A NECESSARY CONDITION

Dans la vie, **il faut** avoir des amis.
*In life, **one has to (it is necessary to)**
have friends.*

TO EXPRESS A LACK OF NECESSITY

**Il n'est pas nécessaire d'**être riche.
***One does not have to (it is not necessary to)**
be rich.*

**11. Dans le studio d'enregistrement *(In the recording studio)***     Vous êtes le directeur d'un studio d'enregistrement en France. Certaines personnes n'observent pas le règlement *(the rules)* du studio. Dites à ces personnes de ne pas faire ce qu'elles font. Étudiez le modèle.

▢ Quelqu'un fume.     ***Il ne faut pas fumer ici!***

1. Quelqu'un parle fort *(loud)*.
2. Quelqu'un écoute la radio.
3. Un enfant joue.
4. Quelqu'un téléphone.
5. Quelqu'un arrive en retard *(late)*.
6. Quelqu'un fait du bruit *(noise)*.
7. Quelqu'un sort pendant l'enregistrement *(recording)*.

**12. Que faire?**   Dites si certaines choses sont nécessaires ou non pour obtenir certains résultats.

▢   être heureux: avoir de l'argent?
*Pour être heureux, il faut avoir de l'argent.*
*Pour être heureux, il n'est pas nécessaire d'avoir de l'argent.*

1. être journaliste: aller à l'université?
2. trouver du travail: avoir des diplômes?
3. réussir aux examens: étudier?
4. réussir dans la vie *(life):* avoir des relations *(connections)*?
5. réussir dans les affaires *(business):* avoir beaucoup de chance *(luck)*?
6. devenir architecte: suivre des cours de maths?

**13. Expression personnelle**   Dites ce qu'il faut faire pour réaliser les objectifs suivants. Utilisez **il faut** et une expression infinitive de votre choix.

▢   Pour être reçu aux examens, ...
*Pour être reçu aux examens, il faut étudier (être sérieux, travailler beaucoup, apprendre les leçons, inviter le professeur au restaurant ...).*

1. Pour passer un bon week-end, ...
2. Pour passer quatre années agréables à l'université, ...
3. Pour avoir des amis, ...
4. Pour gagner vite de l'argent, ...
5. Pour être heureux, ...
6. Pour avoir un travail intéressant, ...
7. Pour être bien considéré, ...
8. Pour vraiment parler une langue étrangère, ...

## Vocabulaire: *Expressions indéfinies de quantité*

| | | |
|---|---|---|
| **autre** | *other* | |
| **l'autre** | *the other* | **L'autre** jour je suis allée au parc. |
| **les autres** | *the other* | **Les autres** étudiants ne sont pas venus. |
| **un(e) autre** | *another* | Je cherche **un autre** appartement. |
| **d'autres** | *other* | Voulez-vous visiter **d'autres** appartements? |
| **certain** | *certain* | |
| **un(e) certain(e)** | *a certain, a particular* | J'ai besoin d'**un certain** livre. |
| **certain(e)s** | *certain, some* | **Certains** problèmes n'ont pas de solution. |
| **chaque** | *each, every* | **Chaque** banlieue *(suburb)* est différente. |
| **plusieurs** | *several* | Notre ville a **plusieurs** parcs. |
| **quelques** | *some, a few* | Marc a **quelques** magazines français chez lui. |
| **de nombreux (nombreuses)** | *many, numerous* | J'ai **de nombreuses** amies à Paris. |
| **tout** | *all, everything* | Je comprends **tout**. |
| **tout le (toute la)** | *all the, the whole* | Est-ce que **toute la** classe comprend la leçon? |
| **tous les (toutes les)** | *all (the), every* | **Tous les** hommes sont égaux *(equal)*. Nous allons au cinéma **toutes les** semaines. |
| **tout le monde** | *everybody, everyone* | Est-ce que **tout le monde** a compris? |

## NOTES DE VOCABULAIRE

1. The expression **autre** is generally introduced by an article.
2. **Tout le (toute la,** etc.) agrees with the noun it introduces. In the expression **tout le,** the definite article may be replaced by **ce** or a possessive adjective.

Que font **tous ces** gens?    *What are **all those** people doing?*
J'ai perdu **tout mon** argent.    *I lost **all my** money.*

3. When **tout** means *everything*, it is invariable.

J'ai **tout** compris.    *I understood everything.*

## 14. Questions personnelles

1. Allez-vous aller à une autre classe après cette classe? Quelle classe?
2. Avez-vous d'autres cours aujourd'hui? Quels cours?
3. Est-ce que vous préparez bien chaque examen de français?
4. Est-ce que vous comprenez tout quand le professeur parle français? Est-ce que tout le monde répond en français dans votre classe?
5. Est-ce que vous connaissez *(know)* tous les garçons dans la classe? et toutes les filles?
6. Est-ce que vous sortez tous les week-ends?
7. Est-ce que vous avez plusieurs camarades de chambre?
8. De temps en temps *(from time to time)*, avez-vous quelques difficultés avec vos amis? avec vos parents? avec vos études? avec le français?

# Communication

Choose a partner who will play the role of the other person in the conversation.

---

1. You are a transfer student who is thinking of taking French. First, however, you would like to find out more about the class, so you are talking to one of the students.

Ask your partner . . .

- if the class is easy or difficult
- if everybody has to speak French in class
- if it is necessary to study a lot
- if the exams are easy
- if he/she is going to pass the French exam

---

2. Imagine that you are an academic advisor. Today you are talking to one of your student advisees about how he/she is doing. You will address your advisee as **vous.**

Ask your partner . . .

- if he/she is making progress in French
- what grade he/she got on the last exam **(le dernier examen)**
- what other courses he/she is taking
- when he/she is going to get his/her diploma

---

3. It is Saturday afternoon. You want to go out, but you do not want to go alone.

Ask your partner . . .

- if he/she wants to go out
  (your partner will answer in the affirmative)
- where he/she wants to go
- what he/she wants to do after that
- at what time he/she has to be home

# Des notes importantes

*Michèle et Béatrice sont étudiantes à Jussieu\*. Elles sont aussi camarades de chambre. Il est neuf heures du soir et les deux filles sont chez elles. Michèle a l'air° très préoccupée.*　　seems

—Dis, Béatrice, est-ce que tu as mon livre de biologie?

—Ton livre de biologie? Non, je ne l°'ai pas.　　it

—Est-ce que tu l'as vu° quelque part?°　　Have you seen it / anywhere

—Non, je ne l'ai pas vu! Tu le cherches?

—Oui, je le cherche partout et je ne le trouve pas! J'espère que je ne l'ai pas perdu.... Zut°, zut et zut!　　Darn

—Écoute, Michèle, ce n'est pas grave°. Si tu ne trouves pas ton livre de biologie, tu peux prendre le mien°....　　serious / mine

—Merci, Béatrice, mais ce n'est pas seulement mon livre que je cherche. Ce sont aussi les notes qui sont dedans°. Je les ai prises ce matin pendant le cours.... Ce sont des notes très, très importantes.　　inside

—Ah bon, je comprends.... Ce sont tes notes que tu cherches.... Évidemment°, si tu les as perdues, tu vas avoir des difficultés à préparer l'examen.　　Of course

---

\*Jussieu, ou Paris VII, est l'une des 13 universités de Paris.

—Mais non, tu ne comprends pas.... Écoute, tu connais° Jean-Pierre Marin?    *know*
—Jean-Pierre Marin? Je ne le connais pas. Est-ce que c'est un nouvel étudiant?
—Oui, c'est ça!
—Et alors?
—Eh bien, figure-toi° que les notes qui sont dans mon livre, c'est son adresse et    *imagine*
son numéro de téléphone.
—Ah, maintenant je comprends! Eh bien, je vois° que tu ne perds pas ton temps    *see*
pendant le cours de biologie!

## *Lecture culturelle:* *Les études supérieures*

En France, 20% (vingt pour cent) des jeunes gens et des jeunes filles font des études supérieures. Cette proportion est moins élevée qu'[1] aux États-Unis (où elle est de 35%), mais elle est plus importante que[2] dans les autres pays européens. Après le bac, c'est-à-dire[3] après les études secondaires, on a le choix entre l'université ou une grande école.

**L'UNIVERSITÉ:**    On va à l'université pour étudier les lettres[4] et les sciences humaines, le droit[5] et les sciences économiques, les sciences, la médecine et la pharmacie. Il y a 71 universités publiques en France. Treize de ces universités sont situées à Paris ou dans la région parisienne et sont désignées par un numéro: Paris I, Paris II, Paris III, etc. Chaque[6] université est divisée en un certain nombre d'UER (Unités d'Enseignement[7] et de Recherche), qui correspondent à une spécialité: lettres, sciences humaines et sociales, etc. En principe, le bac est suffisant[8] pour aller à l'université.

**LES GRANDES ÉCOLES:**    Les grandes écoles sont des écoles professionnelles spécialisées pour la formation des cadres[9] de la nation. Le bac n'est pas suffisant pour entrer dans une grande école. Il faut être reçu à un examen d'entrée qui est généralement très difficile. Voici quelques-unes[10] des grandes écoles françaises:

**écoles d'administration:**
Sciences-Po (Sciences Politiques)
l'ENA (École Nationale d'Administration)

**écoles commerciales:**
HEC (Hautes Études Commerciales)

**écoles scientifiques et techniques:**
Polytechnique, Centrale

1 *lower than*   2 *greater than*   3 *that is to say*   4 *humanities*
5 *law*   6 *each*   7 *instruction*   8 *sufficient*   9 *top executives*
10 *some*

# Structure et Vocabulaire

## Vocabulaire:    *Les études supérieures*

Les études littéraires, artistiques, scientifiques

| | |
|---|---|
| **les lettres** (f.) *(humanities):* | **la littérature, la philosophie, l'histoire** (f.), **les langues** |
| **les beaux arts** *(fine arts):* | **la peinture, la sculpture, l'architecture** (f.) |
| **les sciences humaines et sociales:** | **l'anthropologie** (f.), **la psychologie, les sciences politiques, les sciences économiques** |
| **les sciences:** | **la chimie, la biologie, la physique, les mathématiques** (f.) |

Les études professionnelles

| | |
|---|---|
| **les études d'ingénieur** *(engineering):* | **l'électronique** (f.), **l'informatique** (f.) *(computer science)* |
| **les études commerciales:** | **la gestion** *(management),* **la publicité** *(advertising),* **le marketing, l'administration** (f.) **des affaires** *(business administration)* |

**la médecine, la pharmacie**
**le droit** *(law)*

Verbes

| | | |
|---|---|---|
| **faire des études de** | *to specialize in* | Il **fait des études de** droit. |
| **faire des recherches** | *to do research* | Le professeur Mayet **fait des recherches** sur le cancer. |

Expressions

| | | |
|---|---|---|
| **comme** | *like, as* | Faites **comme** moi! Étudiez le français! |
| **sans** | *without* | Pierre n'est pas venu. Nous sommes partis **sans** lui. |
| **même** | *even* | Pierre travaille toujours, **même** le week-end. |
| **même si** | *even if* | Je vais voyager cet été, **même si** je n'ai pas beaucoup d'argent. |

## NOTE DE VOCABULAIRE

The indefinite article is usually omitted after **sans.**

Ne sors pas **sans** manteau.        *Don't go out **without a** coat.*

**1. Expression personnelle**  Complétez les phrases suivantes avec une expression qui reflète la réalité.

▢ Je fais mes études à ...    *Je fais mes études à l'Université du Colorado.*

1. Je fais des études de ...
2. Mon meilleur ami fait des études de ...
3. Les meilleurs départements de mon université sont les départements de ...
4. Aux États-Unis, les meilleures écoles d'ingénieurs sont ...
5. À la Business School de Harvard, on peut faire des études de ...
6. Pour être programmeur, il faut faire des études de ...
7. Dans le monde moderne, il faut avoir des notions de ...
8. Si on veut diriger *(to manage)* une entreprise, il faut ...
9. Si on veut avoir un bon salaire après l'université, il faut faire des études de ...
10. On a des difficultés d'emploi si on a fait des études de ...

# A.   Le verbe *voir*

The verb **voir** *(to see)* is irregular.

| infinitive | **voir** | Je vais **voir** un film. |
|---|---|---|
| present | je **vois**<br>tu **vois**<br>il/elle/on **voit** | Je **vois** mes amis le samedi soir.<br>**Vois**-tu souvent tes grands-parents?<br>Éric **voit** souvent ses copains. |
| | nous **voyons**<br>vous **voyez**<br>ils/elles **voient** | Nous **voyons** François ce soir.<br>Est-ce que vous **voyez** bien avec ces lunettes?<br>Ils **voient** un film d'aventures. |
| passé composé | j'**ai vu** | Quel film **as**-tu **vu?** |

▶ **Prévoir** *(to foresee, to forecast)* is conjugated like **voir.**

**2. Questions personnelles**

1. Est-ce que vous voyez bien? Avez-vous besoin de lunettes?
2. Voyez-vous souvent votre famille? vos amis? vos grands-parents?
3. Ce week-end allez-vous voir un film? un match de tennis?
4. Est-ce que vous avez vu un film récemment *(recently)*? Quel film avez-vous vu?
5. Est-ce que vous avez regardé la télé hier? Quel programme avez-vous vu?
6. Avez-vous déjà vu un OVNI *(UFO)*? Où et quand?
7. Quel temps est-ce que la météo *(weather forecast)* prévoit pour aujourd'hui? pour demain? Quel temps a-t-elle prévu le week-end dernier?

## B.  Le verbe *connaître*

The verb **connaître** *(to know, to be acquainted with)* is irregular.

| infinitive | **connaître** | Je dois **connaître** ta tante. |
|---|---|---|
| present | je **connais** | Je **connais** Marc. |
| | tu **connais** | Tu **connais** Martine. |
| | il/elle/on **connaît** | On **connaît** le professeur. |
| | nous **connaissons** | Nous **connaissons** des Français. |
| | vous **connaissez** | Vous **connaissez** un restaurant. |
| | ils/elles **connaissent** | Elles **connaissent** quelqu'un d'intéressant. |
| passé composé | j'**ai connu** | J'**ai connu** ton grand-père. |

### Vocabulaire:  *Verbes conjugués comme* connaître

| | | |
|---|---|---|
| **connaître** | *to know, to be acquainted with, to meet* [passé composé] | Nous **connaissons** votre père. <br> J'**ai connu** vos cousins à Lille. |
| **reconnaître** | *to recognize* | Je n'**ai** pas **reconnu** Lucille hier. |

**3. Qui connaît Paul?**  Paul est un nouvel étudiant. Dites si les personnes suivantes connaissent Paul.

☐  tu (non)    ***Tu ne connais pas Paul.***

1. nous (oui)
2. vous (non)
3. je (oui)
4. Jacqueline (non)
5. le professeur de français (oui)
6. les étudiants français (non)
7. mes amis (oui)
8. tu (non)

---

NOTE LINGUISTIQUE: *Le complément d'objet direct*

The DIRECT OBJECT of a verb answers the question *whom?* or *what?*

**Qui** est-ce que tu vois?          ***Whom*** *do you see?*
   Je vois **Anne-Marie.**              *I see **Anne-Marie.***
   Tu **la** vois?                         *Do you see **her?***

**Qu**'est-ce que tu vois?          ***What*** *do you see?*
   Je vois **sa voiture.**              *I see **her car.***
   Tu **la** vois?                         *Do you see **it?***

A direct object can be a noun or a pronoun. When a direct object is a noun, it usually comes directly after the verb.

---

# C.   Les pronoms *le, la, les*

In the questions below, the nouns in heavy print are the direct objects. Note the forms and position of the pronouns that replace these nouns in the answers.

| | | |
|---|---|---|
| Tu connais **Paul?** | Oui, je **le** connais. | Non, je ne **le** connais pas. |
| Tu connais **cette université?** | Oui, je **la** connais. | Non, je ne **la** connais pas. |
| Tu connais **mes cousins?** | Oui, je **les** connais. | Non, je ne **les** connais pas. |
| Tu invites **le professeur?** | Oui, je **l'**invite. | Non, je ne **l'**invite pas. |
| Tu invites **tes amis?** | Oui, je **les** invite. | Non, je ne **les** invite pas. |

## FORMS

DIRECT-OBJECT PRONOUNS have the following forms:

| | Singular | Plural | | |
|---|---|---|---|---|
| masculine (+ vowel sound) | **le** **l'** | les | *(le livre)* Je **le** prends. Je **l'**achète. | *(les livres)* Je **les** prends. Je **les** achète. |
| feminine (+ vowel sound) | **la** **l'** | | *(la montre)* Je **la** prends. Je **l'**achète. | *(les montres)* Je **les** prends. Je **les** achète. |

## POSITION

The direct-object pronouns normally come immediately BEFORE the verb:

subject + **(ne)** + object pronoun + verb + **(pas)** ...     Je ne **le** vois pas.

► Note the use and position of direct-object pronouns with **voici** and **voilà**.

| | |
|---|---|
| Où est le professeur? | **Le** voici. |
| Où est Michèle? | **La** voilà. |
| Où sont mes livres? | **Les** voici. |

► In the passé composé, the direct-object pronouns come BEFORE the AUXILIARY VERB.

| | |
|---|---|
| As-tu invité Jacques? | Oui, je **l'**ai invité. |
| Et Paul? | Non, je ne **l'**ai pas invité. |

**4. Expression personnelle**    Dites si oui ou non vous connaissez personnellement les gens suivants. Utilisez le pronom qui convient.

▯    Michelle Pfeiffer?          ***Oui, je la connais personnellement.***
                            ou: ***Non, je ne la connais pas personnellement.***

1. Bill Cosby?                                6. les parents de vos amis?
2. Madonna?                                   7. les amis de vos parents?
3. le professeur?                             8. les étudiants de la classe?
4. le(la) secrétaire du département de français?    9. les étudiantes de la classe?
5. le président (la présidente) de l'université?    10. le président des États-Unis?

# Vocabulaire:   *Quelques verbes utilisés avec un complément d'objet direct*

| aider | to help | —**Aides**-tu **tes amis?** |
| | | —Bien sûr, je **les aide.** |
| aimer | to like | —**Aimes**-tu **tes cours?** |
| | | —Non, je ne **les aime** pas. |
| attendre | to wait for | —**Attends**-tu **le professeur?** |
| | | —Non, je ne **l'attends** pas. |
| chercher | to look for, to get | —**Cherches**-tu **ton livre?** |
| | | —Oui, je **le cherche.** |
| écouter | to listen to | —**Écoutes**-tu souvent **tes disques?** |
| | | —Oui, je **les écoute** souvent. |
| regarder | to look at, to watch | —**Regardes**-tu **la télé?** |
| | | —Oui, je **la regarde.** |
| trouver | to find | —Comment **trouves**-tu **ce livre?** |
| | | —Je **le trouve** assez intéressant. |
| voir | to see | —Quand est-ce que tu **vois tes cousins?** |
| | | —Je **les vois** le week-end. |

## NOTE DE VOCABULAIRE

A few French verbs that take a direct object (**attendre, chercher, écouter, regarder**) correspond to English verbs that are used with prepositions *(to wait for, to look for, to listen to, to look at)*.

**5. Dialogue**   Demandez à vos amis ce qu'ils pensent des choses suivantes. Vos camarades vont répondre en utilisant un pronom complément et l'adjectif entre parenthèses.

⬜ la classe (intéressante?)        —*Comment trouves-tu la classe?*
                                    —*Je la trouve intéressante.*
                          ou: —*Je ne la trouve pas intéressante.*

1. le français (facile?)
2. les examens (difficiles?)
3. le campus (joli?)
4. la politique américaine (intelligente?)
5. le président (remarquable?)
6. les Américains (matérialistes?)
7. les Français (snobs?)
8. la cuisine française (délicieuse?)
9. le vin américain (excellent?)
10. la bière américaine (bonne?)

---

### Expression pour la conversation

To answer "yes" to a negative question:
**(Mais) si!**   *(Why) yes!*      —Tu n'as pas déjeuné?
                                   —**Mais si,** j'ai pris un sandwich au jambon!

---

**6. Mais si!**   Dites que vous n'êtes pas d'accord avec les remarques suivantes.

⬜ Les jeunes ne respectent pas les adultes.
   *Mais si, ils les respectent.*

1. Les jeunes ne font pas leurs devoirs.
2. Les jeunes ne comprennent pas la musique classique.
3. Les jeunes n'aiment pas la politique.
4. Les jeunes n'aident pas leurs parents.
5. Les jeunes n'écoutent pas leurs professeurs.
6. Les jeunes ne préparent pas leurs examens.

**7. Le bon étudiant et le mauvais étudiant**    Pierre est un bon étudiant. Jean-Marc est un mauvais étudiant. Dites ce que chacun *(each)* fait ou ne fait pas en utilisant un pronom complément d'objet direct. Soyez logique.

▯    Qui prépare ses examens?
    ***Pierre les prépare, mais Jean-Marc ne les prépare pas.***

1. Qui écoute le professeur?
2. Qui regarde la télé pendant la journée?
3. Qui apprend la grammaire?
4. Qui étudie les verbes irréguliers?

5. Qui aide ses camarades de classe?
6. Qui apporte son livre de français en classe?
7. Qui perd son temps à l'université?

**8. Dialogue**    Demandez à vos camarades s'ils font les choses suivantes.

▯    inviter souvent tes amis?

—***Est-ce que tu invites souvent tes amis?***
—***Oui, je les invite souvent.***
ou: —***Non, je ne les invite pas souvent.***

1. aider tes parents? ton meilleur ami?
2. admirer le président? les gens riches?
3. aimer la musique classique? le rock?
4. perdre ton temps? ton sang-froid *(cool)*?
5. étudier la biologie? le droit?
6. regarder la télé? les films d'horreur?
7. suivre les sports à la télé? la politique internationale?
8. faire la cuisine? les courses?
9. nettoyer souvent ton bureau? ta chambre?
10. voir souvent tes cousins? tes grands-parents?
11. avoir ton permis de conduire *(driver's license)*? ton diplôme d'université?

**9. Questions et réponses**    Claire pose des questions à Julien qui répond en utilisant les expressions entre parenthèses. Jouez les deux rôles d'après le modèle.

quand / faire les courses? (le week-end)
CLAIRE: *Quand est-ce que tu fais les courses?*
JULIEN: *Je les fais le week-end.*

1. quand / regarder la télé? (après le dîner)
2. où / rencontrer tes amis? (au café)
3. quand / voir tes grands-parents? (pendant les vacances)
4. où / acheter tes vêtements? (dans une boutique de soldes: *discount shop*)
5. combien / louer ton appartement? (2.000 francs par mois)
6. depuis quand / connaître ton meilleur ami? (depuis l'année dernière)
7. pourquoi / étudier l'anglais? (pour aller aux États-Unis)
8. depuis combien de temps / suivre ces cours? (depuis trois mois)

**10. Ce matin**    Demandez à vos camarades s'ils ont fait les choses suivantes ce matin.

acheter le journal?       *—As-tu acheté le journal?*
*—Oui, je l'ai acheté.*
ou: *—Non, je ne l'ai pas acheté.*

1. écouter le bulletin d'informations *(news)*?
2. regarder le thermomètre?
3. préparer le petit déjeuner?
4. faire le café?
5. nettoyer ton bureau?
6. regarder ton livre de français?
7. préparer le cours de français?
8. attendre le facteur *(mailman)*?
9. prendre le bus?
10. voir le professeur?

# D.   Les pronoms *le, la, les* à l'infinitif

Note the position of the direct-object pronouns in the answers to the questions below.

| *Questions* | *Answers* |
|---|---|
| Vas-tu inviter Paul? | Oui, je vais **l'**inviter. |
| Devons-nous préparer cette leçon? | Oui, nous devons **la** préparer. |
| Veux-tu acheter ces livres? | Non, je ne veux pas **les** acheter. |

> In most INFINITIVE CONSTRUCTIONS where the conjugated verb is a verb like **aimer, aller, vouloir, devoir, pouvoir,** and **venir de,** the direct-object pronoun comes immediately BEFORE the infinitive according to the pattern:

|  |  |
|---|---|
| subject + (**ne**) + conjugated verb + (**pas**) + | **le (l')** <br> **la (l')** + infinitive ... <br> **les** |

Je vais faire mes devoirs demain.     Je ne vais pas **les** faire ce soir.

**11. Le week-end prochain**   Demandez à vos camarades s'ils vont faire les choses suivantes le week-end prochain. Ils vont répondre affirmativement ou négativement.

☐ faire les courses?
> —*Tu vas faire les courses ce week-end?*
> —*Oui, je vais les faire.*
> ou: —*Non, je ne vais pas les faire.*

1. faire le ménage?
2. dépenser ton argent?
3. écouter tes cassettes?
4. préparer tes cours?
5. inviter ton meilleur ami?
6. voir tes cousins?
7. rencontrer tes copains?
8. aider tes parents?

**12. Procrastination**   Les gens suivants ne font pas certaines choses. Dites qu'ils peuvent les faire plus tard.

☐ Henri ne fait pas la vaisselle. (demain)     *Il peut la faire demain.*

1. Jacqueline ne fait pas ses devoirs. (ce soir)
2. Paul ne nettoie pas sa chambre. (ce week-end)
3. Nous n'invitons pas nos amis. (le week-end prochain)
4. Tu ne prépares pas ton examen. (la semaine prochaine)
5. Vous n'apprenez pas les verbes. (avant l'examen)
6. Les étudiants ne rendent pas les livres à la bibliothèque. (avant les vacances)
7. Je ne suis pas le cours de biologie. (le semestre prochain)

# E.   Passé composé: l'accord du participe passé

In the answers below, the direct-object pronouns are all of different gender and number. Note the form of the past participle in each case.

| | |
|---|---|
| As-tu fini **cet exercice?** | Oui, je **l'**ai **fini.** |
| As-tu fini **la leçon?** | Oui, je **l'**ai **finie.** |
| As-tu fini **tes devoirs?** | Oui, je **les** ai **finis.** |
| As-tu fini **les leçons?** | Non, je ne **les** ai pas **finies.** |

> When a verb in the PASSÉ COMPOSÉ is conjugated with **avoir,** the PAST PARTICIPLE AGREES in gender and number with the DIRECT OBJECT, if that direct object comes BEFORE the verb.

| Position of the direct object | Past participle | |
|---|---|---|
| **after** the verb | *no agreement* | J'ai acheté **ces disques** hier. |
| **before** the verb | *agreement* | **Ces disques?** Je **les** ai acheté**s** hier. |

▶ Most past participles end in a vowel (**-é, -i, -u**) and therefore sound the same in the masculine and feminine forms. For such verbs, the existence or absence of agreement with a preceding direct object cannot be heard. However, if the past participle ends in a consonant (**-s, -t**), the feminine form sounds different from the masculine form.

| | |
|---|---|
| Tu as pris ton livre? | Oui, je l'ai pris. |
| Et ta montre? | Je l'ai prise aussi. |
| Et tes cassettes? | Je les ai prises aussi. |

**13. Les bagages**   Suzanne et Paul partent en vacances. Suzanne demande à Paul s'il a pris les choses suivantes. Il répond affirmativement. Jouez les deux rôles.

▮ ta guitare
SUZANNE:   *As-tu pris ta guitare?*
PAUL:   *Oui, je l'ai prise.*

1. ta radio
2. tes cassettes
3. ton magnétophone
4. ton maillot de bain
5. ta montre
6. ta caméra
7. ton appareil-photo
8. ta raquette de tennis
9. tes chaussures de tennis

**14. Inaction**   Suzanne a fait beaucoup de choses cet après-midi. Paul, lui, est allé au café! Dites qu'il n'a pas fait ce que Suzanne a fait.

☐   Suzanne a étudié la leçon.
   ***Paul ne l'a pas étudiée.***

1. Suzanne a préparé ses exercices.
2. Elle a fini ses devoirs.
3. Elle a écouté la radio.
4. Elle a acheté le journal.
5. Elle a fait les courses.
6. Elle a fait la vaisselle.
7. Elle a appris la leçon.
8. Elle a vu ses amis.

**15. Où est-ce?**   Christine demande à Mélanie, sa camarade de chambre, où sont certains objets. Mélanie dit ce qu'elle a fait avec ces objets. Jouez les deux rôles d'après le modèle.

☐   le livre d'histoire? (rendre à Paul)
   CHRISTINE:   ***Dis, Mélanie, où est le livre d'histoire?***
   MÉLANIE:   ***Je l'ai rendu à Paul.***

1. les livres d'espagnol? (rendre à la bibliothèque)
2. la petite table? (mettre dans ma chambre)
3. les chemises? (apporter à la blanchisserie: *laundry*)
4. les photos? (envoyer à mes parents)
5. le journal? (prendre avec moi ce matin)
6. les lettres? (mettre à la poste)
7. ta voiture? (apporter à la station-service)
8. ta vieille bicyclette? (vendre)

# Communication

Choose a partner who will play the role of the other person in the conversation.

---

1. You are a reporter for the French magazine **L'Etudiant** and you are writing an article on American universities. Right now you are interviewing an American student.

Ask your partner . . .

- to which university he/she goes
- what subjects (**quelles matières**) he/she studies
- if his/her university has a law school
- if one can major (**se spécialiser**) in computer science
- what are the best departments (**un département**)

---

2. Your roommate cannot stop talking about Stéphanie, a French student he/she met last month.

Ask your partner . . .

- where he/she met Stéphanie
- if he/she knows her friends
- if he/she sees her often
- if he/she is going to invite her to the movies next weekend
- if so, what movie (**quel film**) they are going to see

---

3. You live in an apartment off campus and this week it is your housemate's turn to do the chores. Tonight you are bringing a guest to dinner and you are phoning the apartment to find out whether things are ready.

Ask your partner . . .

- if he/she has done the dishes
- if he/she has cleaned the kitchen
- if he/she has done the shopping
- if dinner is ready (**prêt**)

React appropriately to your partner's responses.

# Un contestataire

*Thomas est étudiant en sciences politiques. Jacqueline est étudiante en droit. Je les ai rencontrés dans un café. Nous avons discuté°. Je leur ai demandé° leur opinion sur la vie° universitaire. Voilà ce qu'ils m'ont dit°.*

*talked / asked them / life*
*what they told me*

**THOMAS:**

Tu me demandes mon opinion. Et bien, la voilà. Si je suis à l'université, c'est parce que j'ai besoin d'un diplôme. Ce n'est pas par plaisir°. Qu'est-ce que je reproche° au système? Je pense qu'il est impersonnel et inhumain. Prends par exemple nos relations avec les profs. En classe, nous les écoutons, mais il n'y a pas de dialogue. Ils ne nous parlent pas et nous ne leur parlons pas. On a l'impression qu'ils nous ignorent totalement et qu'ils nous prennent pour des enfants. Demande à Jacqueline si ce n'est pas vrai!

*for fun*
*find wrong with*

**JACQUELINE:**

N'écoute pas Thomas et ne le prends pas au sérieux. C'est un contestataire°. Il *activist*
critique tout. Il dit° que le système est impersonnel. Bien sûr, le contact avec les *says*
profs n'est pas facile, mais ce n'est pas parce qu'ils nous ignorent ou qu'ils nous
prennent pour des idiots. C'est parce que le système est comme ça. Thomas te
parle de ses études, mais il ne te parle pas de sa vie d'étudiant ... les copains, les
sorties°, le cinéma le samedi soir! Demande-lui° si cela° ne compte° pas pour *dates / him / that / count*
lui.... Et maintenant, je vais te dire° quelque chose. Thomas prépare un doctorat. *to tell*
Il a l'intention d'enseigner un jour ... à l'université!

## Lecture culturelle: *L'activisme des étudiants français*

Avez-vous une activité politique? Est-ce que vous votez? Est-ce que vous faites partie[1] d'un club politique? Aux dernières élections, avez-vous participé à la campagne[2] électorale? Est-ce que vous avez travaillé pour un(e) candidat(e)?

Généralement les étudiants français ne sont pas très actifs politiquement. S'ils votent, ils ne participent pas aux campagnes électorales avec la même[3] intensité que les étudiants américains (participation à des débats, travail volontaire[4] pour un candidat, distribution de tracts[5], etc...). Cela[6] ne signifie pas cependant[7] que les étudiants français ne sont pas engagés[8]. Au contraire! Ils prennent souvent parti[9] pour certaines «grandes causes». Pour la paix[10] et pour la justice sociale, contre[11] la faim[12] dans le monde, pour l'écologie, contre le développement de l'énergie nucléaire et des armes atomiques.

Ces dernières années, une cause qui a mobilisé les étudiants français a été la lutte[13] contre le racisme. À cette occasion, ils ont défilé[14] dans les rues pour défendre les droits[15] des travailleurs[16] immigrés et de leurs enfants, et pour leur intégration dans la société française.

Les étudiants français sont aussi extrêmement actifs pour la protection et la défense de leurs droits. En mai 1968, ils ont organisé de grandes manifestations[17] pour protester contre le caractère archaïque et anti-démocratique du système universitaire, et pour demander des réformes. Leur mouvement de protestation a provoqué une mini-révolution générale qui a affecté toute la population française. Cette révolution d'origine estudiantine[18] a causé des changements importants dans les institutions françaises et particulièrement dans les structures universitaires.

En 1986, les étudiants français sont à nouveau[19] descendus dans la rue pour protester contre l'augmentation[20] des frais de scolarité[21]. L'ampleur[22] de ce mouvement a obligé le gouvernement à annuler[23] cette augmentation.

En 1990, les lycéens[24] ont organisé de grandes manifestations dans les grandes villes pour demander de meilleures conditions de travail pour eux et pour leurs professeurs.

Aujourd'hui, comme hier, les étudiants et les lycéens français s'organisent[25] pour défendre leurs intérêts. En s'organisant[26], ils représentent une force politique importante dont[27] le gouvernement doit tenir compte[28].

1 are you a member  2 campaign  3 same  4 volunteer work
5 flyers  6 that  7 however  8 involved  9 commit themselves
10 peace  11 against  12 hunger  13 fight  14 marched
15 rights  16 workers  17 demonstrations  18 student
19 again  20 increase  21 tuition fees  22 magnitude  23 to
cancel  24 high school students  25 organize themselves  26 by
getting organized  27 with which  28 to reckon

# Structure et Vocabulaire

## A. Les verbes *dire, lire* et *écrire*

The verbs **dire** *(to say, tell)*, **lire** *(to read)*, and **écrire** *(to write)* are irregular.

| infinitive | **dire** | **lire** | **écrire** |
|---|---|---|---|
| present | Je **dis** que j'ai raison. | Je **lis** un magazine. | J'**écris** une lettre. |
| | Tu **dis** une chose stupide. | Tu **lis** une annonce. | Tu **écris** à un ami. |
| | On **dit** que c'est vrai. | Il **lit** un article. | Elle **écrit** à une amie. |
| | Nous **disons** la vérité *(truth)*. | Nous **lisons** un livre. | Nous **écrivons** un poème. |
| | Vous **dites** que c'est facile. | Vous **lisez** le journal. | Vous **écrivez** un roman. |
| | Ils **disent** que j'ai tort. | Ils **lisent** une lettre. | Elles **écrivent** à un ami. |
| passé composé | J'**ai dit** la vérité. | J'**ai lu** ce journal. | J'**ai écrit** à un ami. |

## Vocabulaire:  *La lecture*

### Noms

| | | | |
|---|---|---|---|
| **un écrivain** | *writer* | **la lecture** | *reading* |
| **un mensonge** | *lie* | **la vérité** | *truth* |
| **un mot** | *word* | **une phrase** | *sentence* |
| **un article** | *article* | **une (petite) annonce** | *(classified) ad* |
| **un magazine** | *magazine* | **une bande dessinée** | *comic strip* |
| **un poème** | *poem* | **une carte (postale)** | *card (postcard)* |
| **un roman** | *novel* | **une histoire** | *story* |
| **un roman policier** | *detective novel* | **une lettre** | *letter* |
| | | **une nouvelle** | *(piece of) news, news item* |
| | | **les nouvelles** | *(the) news* |
| | | **une revue** | *(illustrated) magazine* |

### Verbes

| | | |
|---|---|---|
| **raconter** | *to tell (about)* | **Racontez** cette histoire. |
| **décrire** | *to describe* | **Décrivez** la ville où vous habitez. |
| **vouloir dire** | *to mean* | Que **veut dire** ce mot? |

**tout**
**montréal**
**lit**

## NOTES DE VOCABULAIRE

1. The verb **dire** means *to say* or *tell* someone something. The verb **raconter** means *to tell* in the sense of *to narrate* or *tell about* an event.

   Paul **dit** la vérité.
   Albert aime **raconter** des histoires drôles.

2. The verb **décrire** is conjugated like **écrire**.

   Marie **décrit** sa vie *(life)* à l'université.

**1. À la bibliothèque**   Les étudiants suivants sont à la bibliothèque. Dites ce qu'ils lisent et à qui ils écrivent.

> Henri (un journal français / à sa cousine)
> ***Henri lit un journal français. Après, il écrit à sa cousine.***

1. vous (*le Monde* / à vos parents)
2. je (*l'Express* / à un ami)
3. Nathalie (une revue féminine / à Paul)
4. nous (les nouvelles sportives / à nos cousins)
5. Pierre et François (les bandes dessinées / à leurs parents)
6. tu (les petites annonces / à ta sœur)

**2. Questions personnelles**

1. Lisez-vous beaucoup? Lisez-vous vite ou lentement? Qui est votre écrivain préféré *(favorite)*? Qu'est-ce qu'il/elle a écrit?
2. Quand vous achetez un journal, est-ce que vous lisez l'horoscope? les bandes dessinées? la page des sports? les petites annonces? les nouvelles?
3. Selon vous *(according to you)*, quel est le meilleur journal? la meilleure revue? Quel journal a les meilleures bandes dessinées? Quelle est votre bande dessinée favorite?
4. Quel journal lisent vos parents?
5. Est-ce que votre université a un journal? Comment s'appelle ce journal?
6. Avez-vous lu un livre récemment *(recently)*? Quel livre?
7. Aimez-vous écrire? Voulez-vous être écrivain? Avez-vous écrit des poèmes? un roman?
8. Pendant les vacances, écrivez-vous à vos amis? à vos grands-parents?
9. Écrivez-vous beaucoup de cartes de Noël? À qui?
10. Est-ce que vous dites toujours la vérité? Est-ce qu'il y a des occasions où vous ne dites pas la vérité? Quand et pourquoi?

# B.   La conjonction *que*

Note the use of the conjunction **que** in the following sentences.

Je dis **que** tu as tort.                    *I say **(that)** you are wrong.*
Paul écrit **qu'**il est à Nice.              *Paul writes **(that)** he is in Nice.*
Nous pensons **que** l'examen est facile.     *We think **(that)** the exam is easy.*

The conjunction **que** must be used after verbs such as **annoncer, apprendre, déclarer, dire, écrire, lire, penser, trouver, voir** to introduce a clause. In English, the corresponding conjunction *that* is often omitted.

**3. Communications** Quand on est à l'université on peut communiquer un grand nombre de choses. Exprimez cela d'après le modèle.

les étudiants / dire (les examens / n'être pas nécessaires)
***Les étudiants disent que les examens ne sont pas nécessaires.***

1. vous / dire (le cours de français / être intéressant)
2. Janine / écrire à sa famille (elle / obtenir de bonnes notes)
3. nous / lire dans les petites annonces (une firme internationale / chercher des étudiants bilingues)
4. les étudiants / apprendre (ils / être reçus à l'examen)
5. le professeur / déclarer (les étudiants d'aujourd'hui / étudier beaucoup)
6. tu / trouver (le système universitaire / n'être pas assez démocratique)
7. nous / penser (tu / avoir raison)
8. mon professeur / voir (je / faire beaucoup de progrès)

---

NOTE LINGUISTIQUE: *Le complément d'objet indirect*

The INDIRECT OBJECT of a verb answers the question **à qui?** *(to whom?)*.

**À qui** écrivez-vous?      ***To whom** are you writing?*
                            *[**Who(m)** are you writing **(to)**?]*
J'écris **à Sylvie.**        *I am writing **(to) Sylvie.***
Je **lui** écris.            *I am writing **(to) her.***

Note that in English the word *to* is sometimes left out.

Some French verbs take indirect objects while their English equivalents take direct objects. For example:

**téléphoner à:** Nous **téléphonons à** Daniel.     *We are **phoning** Daniel.*
**répondre à:**  Je n'ai pas **répondu à** Anne.     *I didn't **answer** Anne.*

---

# C.   Les pronoms *lui, leur*

In the questions below, the nouns in heavy print are indirect objects. Note the
forms and position of the pronouns that replace these indirect objects.

| | |
|---|---|
| Tu parles souvent **à Thomas?** | Oui, je **lui** parle souvent. |
| Tu as téléphoné **au professeur?** | Oui, je **lui** ai téléphoné. |
| Tu parles souvent **à Marie?** | Non, je ne **lui** parle pas souvent. |
| Tu as téléphoné **à sa mère?** | Non, je ne **lui** ai pas téléphoné. |
| Tu téléphones souvent **à tes cousines?** | Oui, je **leur** téléphone souvent. |
| Tu as répondu **à nos camarades?** | Oui, je **leur** ai répondu. |

INDIRECT-OBJECT PRONOUNS refer to PEOPLE. They have the following forms:

| | | | | |
|---|---|---|---|---|
| *singular* | **lui** | *(to) him*<br>*(to) her* | Tu écris à Paul?<br>Et à Charlotte? | Oui, je **lui** écris.<br>Je **lui** écris aussi. |
| *plural* | **leur** | *(to) them* | Et à tes cousins? | Je **leur** écris à Noël. |

▶ Like direct-object pronouns, the indirect-object pronouns usually come
BEFORE THE VERB.

J'ai vu Alain hier.    Je **lui** ai montré tes photos.

▶ In an infinitive construction, **lui** and **leur** come immediately BEFORE THE INFINITIVE.

Voici Jeanne.    Nous allons **lui** parler.    Nous n'allons pas **lui** téléphoner.

▶ Since **lui** and **leur** are INDIRECT objects, there is NO agreement with the
past participle in the passé composé. Compare:

**Anne et Lucie** sont **venues** au concert.    *(agreement with* SUBJECT:
*verb with* **être***)*

Je **les** ai **rencontrées.**    *(agreement with*
PRECEDING DIRECT OBJECT*)*

Je **leur** ai **parlé.**    *(no agreement with* INDIRECT OBJECT*)*

▶ **Lui** and **leur** cannot be used with certain verbs such as **penser à** and
**faire attention à.** Instead the construction **à** + *stress pronoun* is used to
replace a person.

Pensez **à vos amis.**    Pensez **à eux.**
Ne fais pas attention **à Robert.**    Ne fais pas attention **à lui.**

## Vocabulaire:  *Quelques verbes utilisés avec un complément d'objet indirect*

| parler | | *to speak* | Qui **a parlé à** Henri? |
|---|---|---|---|
| poser une question | | *to ask a question* | **As-tu posé** la question **au** professeur? |
| rendre visite | **à quelqu'un** | *to visit* | Hier, j'**ai rendu visite à** un ami. |
| répondre | | *to answer* | **Réponds à** Pierre. |
| téléphoner | | *to phone* | **Téléphonez à** vos amis. |

| demander | | *to ask (for)* | **Demande** des conseils **à** ton père. |
|---|---|---|---|
| dire | | *to tell* | **As-tu dit** la vérité **à** tes parents? |
| donner | | *to give* | Je **donne** un livre **à** Paul. |
| écrire | **quelque chose** | *to write* | J'**ai écrit** une lettre **à** Anne. |
| envoyer | **à quelqu'un** | *to send* | **As-tu envoyé** la carte **à** Éric? |
| montrer | | *to show* | J'**ai montré** mes photos **à** Albert. |
| prêter | | *to loan, lend* | Je **prête** mes disques **à** Albert. |
| rendre | | *to give back* | Je dois **rendre** ce disque **à** Pierre. |

## NOTE DE VOCABULAIRE

Note the constructions used with **demander**:

**Demandez à** Jacqueline **si** elle va au théâtre.    *Ask Jacqueline **whether (if)** she is going to the theater.*

**Demandez à** Paul **de** parler à Martine.    *Ask Paul **to** speak to Martine.*

**4. Les amis de Monique**  Monique a beaucoup d'amis qui font beaucoup de choses pour elle. Complétez les phrases suivantes avec *Monique* ou *à Monique.*

☐ Charles invite ...    *Charles invite Monique.*

1. Paul aide ...
2. Jacques téléphone ...
3. Albert parle ...
4. Suzanne répond ...
5. Michèle écoute ...
6. Henri regarde ...
7. Marc prête sa voiture ...
8. Anne pose une question ...
9. Éric donne un disque ...
10. Robert cherche ...
11. Irène demande un livre ...
12. Alain montre ses photos ...
13. Charles rend visite ...
14. François aime ...
15. Richard attend ...
16. Jacqueline voit souvent ...
17. Antoine dit toujours la vérité ...
18. Catherine envoie une lettre ...
19. Alice connaît bien ...
20. Paulette écrit souvent ...

**5. Oui ou non?**  Demandez à vos camarades de classe si oui ou non ils font les choses suivantes.

▯ téléphoner souvent à ton meilleur ami?
   —*Est-ce que tu téléphones souvent à ton meilleur ami?*
   —*Oui, je lui téléphone souvent.*   ou: —*Non, je ne lui téléphone pas souvent.*

1. téléphoner souvent à ta meilleure amie?
2. parler souvent à tes voisins?
3. rendre souvent visite à ton cousin?
4. rendre visite à tes grands-parents?
5. répondre en français au professeur?

6. écrire à tes amis pendant les vacances?
7. écrire à ta cousine pour son anniversaire?
8. parler en français à ton père?
9. poser beaucoup de questions à tes copains?

**6. Relations personnelles**  Informez-vous sur les personnes suivantes. Dites si oui ou non elles font les choses entre parenthèses pour les personnes soulignées. Utilisez les pronoms d'objet direct *(le, la, l', les)* ou indirect *(lui, leur)* qui conviennent.

▯ Paul n'aime pas <u>André.</u> (trouver sympathique? parler?)
   *Il ne le trouve pas sympathique. Il ne lui parle pas.*

1. Jean-Claude est amoureux *(in love)* de <u>Béatrice.</u> (regarder en classe? téléphoner souvent? écrire pendant les vacances?)
2. Lucie est fiancée avec <u>Antoine.</u> (aimer? trouver adorable? téléphoner souvent? écrire des poèmes?)
3. M. Normand a des <u>voisins</u> très sympathiques. (connaître bien? inviter à dîner? rendre visite?)
4. Jeanne est généreuse avec <u>ses amies.</u> (inviter au restaurant? prêter ses disques? donner des cadeaux *[gifts]*?)
5. Les étudiants admirent <u>le professeur.</u> (trouver incompétent? écouter? critiquer? demander des conseils?)
6. Le professeur a de bonnes relations avec <u>les étudiants.</u> (trouver stupides? donner de mauvaises notes? donner de bons conseils? aider?)
7. Henri n'est pas d'accord avec <u>sa cousine.</u> (écouter? comprendre? demander des conseils?)

**7. Quand?**  Monique demande à André s'il a fait certaines choses. Il répond négativement. Monique lui demande quand il va faire ces choses. André répond en utilisant les expressions entre parenthèses.

▯ téléphoner à Jacques (ce soir)     MONIQUE: *As-tu téléphoné à Jacques?*
                                      ANDRÉ: *Non, je ne lui ai pas téléphoné.*
                                      MONIQUE: *Quand est-ce que tu vas lui téléphoner?*
                                      ANDRÉ: *Je vais lui téléphoner ce soir.*

1. téléphoner à Nathalie (demain)
2. parler au professeur (avant l'examen)
3. répondre à tes amis (après la classe)
4. prêter ta guitare à Jacqueline (dans trois jours)

5. rendre visite à Pierre (ce week-end)
6. rendre visite à ta tante (le mois prochain)
7. écrire à tes amis (demain matin)
8. dire la vérité à tes parents (après le dîner)

**8. Au bureau**    Madame Leblanc demande à son assistant s'il a fait les choses suivantes. Il répond affirmativement ou négativement. Jouez les rôles de Madame Leblanc et de son assistant. Dans le rôle de l'assistant, utilisez le pronom d'objet direct ou indirect qui convient.

▢  téléphoner à M. Ledru? (non)
   MME LEBLANC:    *Avez-vous téléphoné à M. Ledru?*
   L'ASSISTANT:    *Non, je ne lui ai pas téléphoné.*

1. répondre à la présidente? (oui)
2. inviter les clients américains? (oui)
3. écrire à Madame Tabard? (non)
4. parler à l'agent commercial? (non)
5. envoyer le contrat? (oui)
6. réserver les billets (*tickets*) d'avion? (non)
7. rendre visite à nos clients japonais? (oui)
8. finir cette lettre? (oui)

# D.   Les pronoms *me, te, nous, vous*

Note the forms and position of the object pronouns in the following sentences.

Tu **me** trouves sympathique?          Oui, je **te** trouve sympathique.
Tu **m'**as téléphoné hier?             Oui, je **t'**ai téléphoné.
Tu vas **me** téléphoner ce soir?       Non, je ne vais pas **te** téléphoner.

Tu **nous** invites?                    Non, je ne **vous** invite pas.
Tu **nous** as écrit?                   Oui, je **vous** ai écrit.
Tu peux **nous** prêter ta voiture?     Non, je ne peux pas **vous** prêter ma voiture.

> The following OBJECT PRONOUNS correspond to **je, tu, nous, vous.** Note that the same pronoun can function as either a DIRECT or an INDIRECT object.

|          |                      |                         | Direct object                        | Indirect object                          |
|----------|----------------------|-------------------------|--------------------------------------|------------------------------------------|
| *singular* | **me (m')** <br> **te (t')** | *me, to me* <br> *you, to you* | Claire **me** voit. <br> Alain **t'**invite. | Elle **me** parle. <br> Il **te** téléphone. |
| *plural*   | **nous** <br> **vous**       | *us, to us* <br> *you, to you* | Marc **nous** aide. <br> Annie **vous** aime. | Il **nous** prête sa moto. <br> Elle **vous** écrit. |

▶  Like all object pronouns, **me, te, nous,** and **vous** usually come BEFORE THE VERB. In an infinitive construction, they come BEFORE THE INFINITIVE.

▶  Note the elision before a vowel sound: **me → m', te → t'.**

   Tu **m'**attends?    Bien sûr, je **t'**attends!

There is liaison after **nous** and **vous** before a vowel sound.

   Il nous invite.

▶ In the passé composé, the past participle agrees with **me, te, nous,** or **vous** only when these pronouns are direct objects of the verb. Contrast:

| *Indirect objects: no agreement* | *Direct objects: agreement* |
|---|---|
| Je **vous** ai téléphoné, Monsieur, ... | et je **vous** ai invit**é.** |
| Je **vous** ai téléphoné, Madame, ... | et je **vous** ai invit**ée.** |
| Je **vous** ai téléphoné, Marc et Paul, ... | et je **vous** ai invit**és.** |
| Je **vous** ai téléphoné, Anne et Édith, ... | et je **vous** ai invit**ées.** |

**9. Dialogue**   Demandez à vos camarades de faire les choses suivantes pour vous. Ils vont accepter ou refuser.

▢ prêter ton livre de français
　　　—*Tu me prêtes ton livre de français?*
　　　—*D'accord, je te prête mon livre de français.*
　　ou: —*Pas question! Je ne te prête pas mon livre de français.*

1. prêter dix dollars
2. inviter samedi chez toi
3. aider avec les devoirs
4. donner ton vélo
5. montrer tes notes
6. téléphoner ce soir
7. vendre ta mini-chaîne
8. attendre après la classe

**10. Reproches**   Les parents de Robert lui font des reproches. Robert se défend *(defends himself)*. Jouez le rôle du père et de Robert.

▢ téléphoner hier soir

LE PÈRE: *Tu ne nous as pas téléphoné hier soir!*

ROBERT: *Mais si, je vous ai téléphoné!*

1. écrire pendant les vacances
2. dire la vérité
3. parler de ton accident de moto
4. aider à nettoyer l'appartement
5. attendre après le concert
6. rendre visite le week-end dernier
7. montrer tes notes *(grades)* du trimestre
8. demander des conseils

**11. Pourquoi?**   Expliquez les sentiments des personnes suivantes. Pour cela, dites ce que les personnes entre parenthèses ont fait ou n'ont pas fait pour eux.

▢ Je suis furieux! (mes amis / attendre?)
**Mes amis ne m'ont pas attendu.**

▢ Vous êtes contents. (le professeur / donner une bonne note?)
**Le professeur vous a donné une bonne note.**

1. Tu es contente. (Daniel / inviter à sa fête d'anniversaire?)
2. Nous sommes heureux. (nos amis / envoyer de bonnes nouvelles?)
3. Vous êtes tristes. (vos copains / écrire?)
4. Tu es furieux. (ton meilleur ami / dire la vérité?)
5. Nous sommes de mauvaise humeur. (le professeur / donner beaucoup de travail?)
6. Vous êtes de bonne humeur. (vos parents / faire des compliments?)

# E.   La place des pronoms à l'impératif

In the sentences below, the verb is in the imperative (or command form). Contrast the position of the object pronouns in affirmative and negative commands.

|  | *Affirmative* | *Negative* |
|---|---|---|
| (Moi) | Répondez-**moi** demain. | Ne **me** répondez pas maintenant. |
|  | Invite-**moi** à dîner. | Ne **m'**invite pas à déjeuner. |
| (Paul) | Invitons-**le** vendredi. | Ne **l'**invitons pas dimanche. |
|  | Prête-**lui** tes livres. | Ne **lui** prête pas ta voiture. |
| (Michèle) | Attendons-**la** chez elle. | Ne **l'**attendons pas ici. |
|  | Donne-**lui** ce disque-ci. | Ne **lui** donne pas ce disque-là. |
| (Mes amis) | Invitez-**les** demain. | Ne **les** invitez pas ce soir. |
|  | Demande-**leur** d'aller au théâtre. | Ne **leur** demande pas d'aller au cinéma. |

When the verb is in the IMPERATIVE, the position of OBJECT PRONOUNS is:

| *affirmative:* | verb + **pronoun** | Écrivez-**nous.** |
|---|---|---|
| *negative:* | **ne** + **pronoun** + verb + **pas** | Ne **nous** écrivez pas. |

▶ In affirmative commands, the pronouns are linked to the verb with A HYPHEN.

**Écoute-moi.**

▶ In affirmative commands, **me** → **moi.**

**12. S'il te plaît**   Imaginez que vous passez l'année à Paris. Demandez à un ami français de vous aider.

▢  prêter ton plan (*map*) de Paris    *S'il te plaît, prête-moi ton plan de Paris.*

1. prêter ta voiture
2. aider
3. téléphoner ce soir
4. parler du cours d'histoire
5. montrer où est l'université
6. donner l'adresse d'un dentiste
7. attendre après la classe
8. dire où est la poste (*post office*)

**13. Déménagement (*Moving*)**   Vous aidez un ami à déménager. Vous lui demandez où vous devez mettre certaines choses. Il va vous répondre.

▢  la table / devant la fenêtre    *—Où est-ce que je mets la table?*
*—Mets-la devant la fenêtre.*

1. les plantes / sur la table
2. le bureau / près de la porte
3. la chaise / devant le bureau
4. la lampe / près du lit
5. les valises / dans ma chambre
6. les livres / sur le bureau

**14. Propositions**  Proposez à vos camarades de classe de faire certaines choses. Ils vont accepter ou refuser.

▯ téléphoner ce soir? (non / Je vais dormir.)
—*Je te téléphone ce soir?*
—*Non, ne me téléphone pas. Je vais dormir.*

1. téléphoner après le dîner? (non / Je vais sortir.)
2. écrire pendant les vacances? (oui / J'aime avoir des nouvelles.)
3. prêter des mes cassettes? (non, merci / Je n'ai pas de lecteur de cassettes.)
4. prêter mon vélo? (oui / J'adore faire des promenades à bicyclette.)
5. aider avec les devoirs? (non, merci / Je comprends tout.)
6. rendre tes livres? (oui / Je dois étudier ce soir.)
7. apporter de la bière? (oui, s'il te plaît / J'ai très soif.)
8. apporter un sandwich? (non, merci / Je n'ai pas faim.)

**15. Oui ou non?**  Informez-vous sur les personnes suivantes. Ensuite, dites à un(e) camarade de classe de faire ou de ne pas faire certaines choses pour ces personnes.

▯ Catherine est végétarienne. (servir du rosbif?)    *Ne lui sers pas de rosbif.*

1. Philippe ne comprend pas ce problème. (aider?)
2. Gisèle et Anne sont à l'hôpital. (rendre visite?)
3. Patrick dort. (téléphoner?)
4. Henri et Denis sont absents ce week-end. (inviter samedi?)
5. Thomas a besoin d'argent. (prêter dix francs?)
6. Anne-Marie et François suivent un régime très strict. (servir de la glace?)
7. Robert et Raymond sont partis. (attendre?)
8. Cette personne a raison. (écouter?)

**16. Qu'est-ce que tu attends?**  Catherine demande à sa camarade de chambre Nathalie si elle a fait certaines choses. Nathalie répond que non. Catherine lui demande de les faire.

▯ téléphoner à Christophe?
CATHERINE: *Est-ce que tu as téléphoné à Christophe?*
NATHALIE: *Non, je ne lui ai pas téléphoné.*
CATHERINE: *Bon alors, téléphone-lui.*

1. payer le loyer?
2. inviter ton copain?
3. nettoyer la chambre?
4. répondre à tes parents?
5. faire les courses?
6. écrire à ta tante?
7. finir tes devoirs?

**17. Conversation**    Choisissez l'une des situations suivantes. Demandez à l'autre personne (jouée par votre camarade) de vous rendre certains services. Pour cela, composez des dialogues de plusieurs phrases. Si vous voulez, vous pouvez utiliser les verbes entre parenthèses. Si vous préférez, utilisez votre imagination.

- Vous voulez faire une promenade à la campagne. Vous demandez la voiture à un copain. (prêter, donner les clés *[keys]*)
- Vous êtes dans un restaurant. Vous parlez à la serveuse. (montrer, apporter, donner, suggérer un plat *[dish]*)
- Vous voyagez à Paris en taxi. (montrer, amener)
- Vous organisez une fête. Vous demandez à un(e) ami(e) de vous aider. (aider avec, prêter, apporter)
- Vous n'avez pas été en classe de français. Vous demandez à un(e) camarade des explications *(explanations)* sur le cours. (parler de, dire, prêter, aider)
- Vous êtes à l'hôpital. Vous parlez à un(e) ami(e). (parler de, apporter, téléphoner, raconter)
- Vous visitez Paris pour la première fois *(time)*. Vous parlez à une amie parisienne. (montrer, dire, expliquer *[to explain]*, amener)

☐ Vous avez besoin d'argent. Vous parlez à votre mère. (prêter, donner)

VOUS:        *Dis, Maman, est-ce que tu peux me prêter 100 francs?*

VOTRE MÈRE:  *Comment? Mais je t'ai prêté 100 francs la semaine dernière!*

VOUS:        *Bon alors, donne-moi 50 francs.*

VOTRE MÈRE:  *D'accord, je vais te donner 50 francs.*

☐ Vous êtes au café. Vous parlez au garçon. (montrer, apporter, donner)

VOUS:        *S'il vous plaît! Montrez-moi le menu.*

LE GARÇON:   *Bien sûr! Le voilà.*

VOUS:        *Est-ce que vous pouvez m'apporter un sandwich au fromage?*

LE GARÇON:   *D'accord, je vais vous apporter un sandwich. Et avec ça?*

VOUS:        *Donnez-moi aussi de l'eau minérale, s'il vous plaît.*

# Communication

Choose a partner who will play the role of the other person in the conversation.

---

1. You and your partner are visiting Paris. Right now you are in a café and your partner is writing a postcard.

Ask your partner . . .

- to whom he/she is writing
- if he/she writes that person often
- what he/she is saying in the card (**dans la carte**)

---

2. You have heard that your partner is giving a party this weekend. At this moment you are phoning him/her, but you have a bad connection.

Ask your partner . . .

- if he/she hears you
- if you can bring your best friend
- if you can bring your cassettes or your CDs

---

3. While your partner was in Montréal last summer, he/she met Jean-Pierre, a Canadian student, and the two of them became good friends. You are curious about the current state of the relationship.

Ask your partner . . .

- if he/she often writes Jean-Pierre
- if he/she sent him a card for his birthday
- when he/she is going to see him again (**à nouveau**)

---

4. You are visiting Strasbourg and staying with a French friend. You are asking him/her to do quite a lot of favors for you. He/she will say yes to some of your requests and refuse others.

Ask your partner . . .

- to loan you his/her car
- to loan you his/her camera
- to show you the city
- to show you the university
- to take you to the museum
- to give you the name (**le nom**) of a good restaurant

—S'il te plaît, prête-moi ta voiture.
—D'accord, je vais te prêter ma voiture.
(Je regrette, mais je ne peux pas te prêter ma voiture.)

# Vivre en France:
## *Le courrier*

### Vocabulaire pratique:  *À la poste*

On va à la poste pour envoyer | **une lettre.**
**une carte.**
**un paquet.**
**un télégramme.**

On peut envoyer une lettre | **par avion.**
**en exprès** *(special delivery).*
**en recommandé** *(registered).*

On va aussi à la poste pour | **acheter** | **des timbres** *(stamps).*
**des aérogrammes.**
**chercher du courrier** *(mail)* **à la poste restante** *(general delivery).*

## TARIFS POSTAUX

### poste aérienne

|  |  | France | Canada | États-Unis |
|---|---|---|---|---|
| moins de | 5 gr. | 2 francs 20 | 2 francs 85 | 3 francs 85 |
|  | 10 gr. | 2 francs 20 | 3 francs 50 | 4 francs 50 |
|  | 15 gr. | 2 francs 20 | 4 francs 15 | 4 francs 95 |
|  | 20 gr. | 2 francs 20 | 4 francs 80 | 5 francs 80 |
| aérogrammes: |  | 3 francs 70 |  |  |

*LA POSTE*
BOUGEZ AVEC LA POSTE

# CONVERSATIONS: *À la poste*

*A. Juliette va à la poste pour acheter des timbres.*

**LE POSTIER:**  Oui, Mademoiselle?
  **JULIETTE:**  Je voudrais trois timbres à 2 francs 20.
**LE POSTIER:**  Voilà Mademoiselle. Ça fait 6 francs 60.
  **JULIETTE:**  Voilà dix francs.
**LE POSTIER:**  Et voilà votre monnaie *(change).*

*B. Robert voudrait acheter des timbres et un aérogramme.*

**LE POSTIER:**  C'est à votre tour *(turn)*, Monsieur.
  **ROBERT:**  Pouvez-vous me donner un timbre à 2 francs 20 et un autre
    à 1 franc 90.
**LE POSTIER:**  Voilà, Monsieur. C'est tout?
  **ROBERT:**  Non, je voudrais aussi un aérogramme.
**LE POSTIER:**  Ça fait 4 francs 10 pour les timbres et 3 francs 70 pour
    l'aérogramme. Au total, 7 francs 80.
  **ROBERT:**  Voilà dix francs.
**LE POSTIER:**  Voici votre monnaie, Monsieur.

*C. Marie-Claude voudrait envoyer une lettre à son cousin Charles qui habite aux États-Unis.*

**LE POSTIER:**  Mademoiselle!
**MARIE-CLAUDE:**  Je voudrais envoyer cette lettre par avion.
**LE POSTIER:**  C'est pour quel pays?
**MARIE-CLAUDE:**  C'est pour les États-Unis.
**LE POSTIER:**  Bon, votre lettre pèse *(weighs)* huit grammes. Ça fait
    4 francs 50.
**MARIE-CLAUDE:**  Voilà 5 francs.
**LE POSTIER:**  Et voici votre monnaie, Mademoiselle.

## Dialogues: *Au bureau de poste*

Les personnes suivantes vont à la poste. Composez les dialogues avec le postier (la postière). Jouez ces dialogues avec vos camarades de classe.

1. Jean-François achète dix timbres à 2 francs 50. Il paie avec un billet de 50 francs.
2. Anne-Marie achète un timbre à 2 francs 50 et deux aérogrammes. Elle paie avec une pièce de 10 francs.
3. Nadine envoie une lettre par avion à son oncle qui habite à Québec. Sa lettre pèse 11 grammes. Elle paie avec une pièce de 5 francs.
4. Antoine envoie une lettre à une copine qui étudie à l'université du Colorado. Sa lettre pèse 22 grammes. Il paie avec une pièce de 10 francs.

## Vocabulaire pratique:    *Comment écrire à des amis*

On met d'abord l'endroit et la date:

> *Marseille, le 2 juillet*

On commence par:

> *Cher Paul,*
> *Chère Nathalie,*

ou, si on connaît très bien la personne:

> *Mon cher Paul,*
> *Ma chère Nathalie,*

On écrit le texte.
On finit par une expression comme:

> *Amicalement*
> *Bien à toi*
> *Amitiés*

ou, si on connaît très bien la personne:

> *Affectueusement,*
> *Je t'embrasse,*

On prépare l'enveloppe:

*Mlle Christine Duval*
*24, boulevard Heurteloup*
*37000 Tours*

*l'adresse du destinataire*

*le code postal*

# CORRESPONDANCE: *Une lettre*

Paris, le 8 décembre

Chère Christine,

J'organise une petite fête chez moi lundi prochain à neuf heures pour célébrer l'anniversaire de ma soeur. Je voudrais t'inviter si tu es libre ce jour-là. Téléphone-moi pour me donner ta réponse avant samedi.

Je t'embrasse,
Danièle

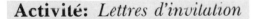

## Activité: *Lettres d'invitation*

Composez des lettres où vous invitez un(e) ami(e) à l'un des événements suivants.

1. un pique-nique
2. une fête pour célébrer la fin *(end)* des examens
3. votre fête d'anniversaire

# Hier et aujourd'hui

# 7

# La vie urbaine: pour ou contre?

*Habitez-vous dans une grande ville?*

    *Aujourd'hui, la majorité des Français habitent en ville. L'urbanisation a des avantages mais aussi des inconvénients°. Voici quelques réflexions sur la vie° en ville. Certaines° sont optimistes. Les autres°, au contraire°, sont pessimistes.*

    *Qu'est-ce que vous pensez de ces réflexions?*

*disadvantages / life*
*Some / Others / on the contrary*

## POUR

**DOMINIQUE BELLAMY** *(19 ans, étudiante, Strasbourg)*

Dans une grande ville il y a toujours quelque chose à faire. On peut aller au cinéma, visiter une exposition°, ou simplement aller dans un café et regarder les gens qui passent dans la rue. Personnellement, je ne perds jamais mon temps.

*exhibit*

**NELLY CHOLLET** *(28 ans, chef du personnel, Toulouse)*

Je suis originaire° d'une petite ville mais maintenant j'habite à Toulouse. Je gagne bien ma vie°. J'ai un travail qui est intéressant, des responsabilités que je n'avais pas° avant. Je connais des quantités de gens extraordinaires. Je ne voudrais pas habiter dans une autre ville!

*native*
*earn a good living*
*I did not have*

**PIERRE BARTHE** *(35 ans, photographe, Marseille)*
L'avantage des grandes villes, c'est l'indépendance et l'anonymat°. Personne ne°   *anonymity / No one*
vous connaît, personne ne fait attention à vous. Pour moi au moins°, c'est un   *at least*
avantage considérable!

CONTRE°   *against*

**CHRISTOPHE LEMAIRE** *(27 ans, employé de banque, Bordeaux)*
Regardez le journal! On parle uniquement de violence et de crimes.... Et je ne
mentionne pas la pollution, le bruit°, le coût de la vie.... En ville, tout est plus   *noise*
cher qu'ailleurs°. Où sont les avantages de la ville? Moi, je ne sais° pas!   *elsewhere / know*

**CHRISTINE LEROI** *(39 ans, employée de laboratoire, Paris)*
Je travaille en banlieue°. Le matin, je quitte mon appartement à sept heures pour   *suburb*
prendre le métro. Le soir, je ne rentre jamais chez moi avant huit heures. Je
dîne, je regarde la télé et je vais au lit ... Le week-end, je suis trop fatiguée° pour   *tired*
sortir. Bien sûr, il y a le cinéma, les musées, les concerts ... Mais c'est pour les
gens qui ne font rien° pendant la semaine.   *do nothing*

**SYLVIANE DUMOULIN** *(45 ans, employée des postes, Lyon)*
J'habite dans une ville d'un million d'habitants.... Cela ne veut pas dire que les
contacts humains sont plus faciles que dans les petites villes. Au contraire! Ici les
gens sont froids et distants. J'habite dans un immeuble° moderne et confortable.   *building*
J'ai des centaines° de voisins... mais je ne connais personne. Dans les grandes   *hundreds*
villes, le problème numéro un, c'est la solitude!

---

## Lecture culturelle: *L'urbanisation de la France*

En 1900, la France était[1] un pays essentiellement rural; 65% des Français habitaient[2] à la campagne ou dans des petites villes de moins de 2.000 habitants. Cette situation a radicalement changé après la guerre[3]. De très grandes zones urbaines se sont développées[4] autour[5] de villes plus anciennes, comme Marseille ou Lyon. Aujourd'hui, 80% des Français habitent dans des villes.

Voici quelques grands centres urbains:

**PARIS:** Avec 10 millions d'habitants, la région parisienne est la plus grande agglomération d'Europe.

**LYON:** Lyon était la capitale de la Gaule romaine. Aujourd'hui, Lyon est un centre industriel très important[6].

**MARSEILLE:** Fondée[7] au sixième siècle[8] avant Jésus-Christ par des marins[9] grecs, Marseille est la plus ancienne ville française. Située sur la Méditerranée, c'est le premier port de France et le centre de l'industrie pétrolière française.

**BORDEAUX:** Bordeaux doit son expansion économique au commerce des vins au Moyen Âge[10]. Aujourd'hui, Bordeaux est un centre industriel et commercial important.

**TOULOUSE:** Très actif centre culturel au Moyen Âge, Toulouse est aujourd'hui le centre de l'industrie aéronautique française.

**STRASBOURG:** Située sur le Rhin, Strasbourg est une ville-frontière[11] entre la France et l'Allemagne. Siège[12] de plusieurs institutions européennes, Strasbourg est devenue «la capitale de l'Europe».

1 *was*  2 *were living*  3 *war*  4 *have developed*  5 *around*
6 = grand  7 *founded*  8 *century*  9 *sailors*  10 *Middle Ages*
11 *border*  12 *seat*

# Structure et Vocabulaire

## Vocabulaire:   *La ville*

### Noms
**la ville**

| | | | |
|---|---|---|---|
| **un bâtiment** | *building* | **une avenue** | *avenue* |
| **un boulevard** | *boulevard* | **la banlieue** | *suburbs* |
| **un bureau (des bureaux)** | *office* | **une rue** | *street* |
| **un centre commercial** | *mall* | **une usine** | *factory* |
| **le centre** | *center* | **une ville** | *city* |
| **un habitant** | *inhabitant* | | |
| **un immeuble** | *apartment building* | | |
| **un parc** | *park* | | |
| **un quartier** | *district, area,* | | |
| | *neighborhood* | | |

**la vie urbaine**

| | | | |
|---|---|---|---|
| **le bruit** | *noise* | **la circulation** | *traffic* |
| **le crime** | *crime* | **la pollution** | *pollution* |
| **un problème** | *problem* | **la vie** | *life* |

### Adjectifs

| | |
|---|---|
| **agréable ≠ désagréable** | *pleasant, nice ≠ unpleasant* |
| **ancien (ancienne) ≠ moderne** | *old ≠ modern, new* |
| **propre ≠ sale** | *clean ≠ dirty* |

### Verbe

| | | |
|---|---|---|
| **gagner sa vie** | *to earn one's living* | Comment **gagnez-vous votre vie?** |

### Expressions

| | | |
|---|---|---|
| **à la campagne** | *in the country* | Nous habitons **à la campagne.** |
| **en ville** | *in the city, downtown* | Je préfère habiter **en ville.** |
| **pour ≠ contre** | *for ≠ against* | Êtes-vous **pour** ou **contre** la vie urbaine? |
| **au contraire** | *on the contrary* | J'aime la vie urbaine. Mon camarade de chambre, **au contraire,** déteste les grandes villes. |
| **au moins** | *at least* | La France a une population d'**au moins** 55 millions d'habitants. |

## 1. Questions personnelles

1. Décrivez la ville où vous habitez.
   Est-ce que c'est une grande ville ou une petite ville?
   Combien d'habitants est-ce qu'il y a?
   Est-ce que c'est une ville agréable? Pourquoi ou pourquoi pas?
2. Habitez-vous dans le centre ou dans la banlieue? Est-ce qu'il y a des bâtiments modernes dans le centre? Est-ce qu'il y a un parc?

3. Est-ce que vos parents habitent dans un immeuble ou dans une maison individuelle?
4. Dans quel bâtiment avez-vous votre classe de français?
   Est-ce qu'il est ancien ou moderne?
   Est-ce qu'il est propre?
5. Est-ce qu'il y a beaucoup de pollution dans votre ville? beaucoup de circulation? beaucoup de bruit? beaucoup de crimes?
6. Est-ce qu'il y a des usines dans la région où vous habitez?
   Quelle sorte d'usines?
   Où sont-elles situées *(located)?*
   Est-ce qu'elles sont une source de pollution?
7. D'après vous, quels sont les avantages et les désavantages d'habiter dans un quartier ancien? d'habiter dans un quartier moderne?
8. Préférez-vous la vie en ville ou la vie à la campagne? Pourquoi?
9. Est-ce que votre vie à l'université est agréable? intéressante? difficile?
   Expliquez pourquoi.
10. Est-ce que vous gagnez votre vie? Comment?
    Est-ce que vous allez gagner votre vie immédiatement après l'université?
    Qu'est-ce que vous allez faire pour gagner votre vie?
11. Êtes-vous pour ou contre l'énergie nucléaire? la construction de centrales atomiques *(power plants)* près des villes? l'interdiction *(prohibiting)* de la circulation dans le centre-ville?

# A.    Le verbe *savoir*

| The verb **savoir** *(to know, to know how to)* is irregular. | | |
|---|---|---|
| *infinitive* | **savoir** | Qu'est-ce que tu veux **savoir**? |
| *present* | je **sais** | Je **sais** parler français. |
| | tu **sais** | Tu **sais** parler espagnol. |
| | il/elle/on **sait** | On **sait** jouer au tennis. |
| | nous **savons** | Nous **savons** jouer de la guitare. |
| | vous **savez** | Vous **savez** faire du ski. |
| | ils/elles **savent** | Elles **savent** piloter un avion. |
| *passé composé* | j'**ai su** | J'**ai su** la réponse à cette question. |

▶ The main meaning of **savoir** is *to know*.

| | | |
|---|---|---|
| **Je sais ...** | *I know ...* | **Je sais** la réponse. |
| **Je sais que ...** | *I know that ...* | **Je sais que** vous n'aimez pas le bruit. |
| **Je ne sais pas si ...** | *I do not know if (whether) ...* | **Je ne sais pas si** vous aimez Paris. |
| **Sais-tu si ... ?** | *Do you know if (whether) ...?* | **Sais-tu si** tu vas venir avec nous? |

▶ When **savoir** is followed by an infinitive, it means *to know how to*.

**Sais-tu** nager? ⎰ *Do you know how to swim?*
⎱ *Can you swim?*

PROVERBE    *Savoir, c'est pouvoir.*                    *Knowledge is power.*

**2. Où est le restaurant?**  Un groupe d'amis a décidé d'aller dans un restaurant vietnamien. Certains savent où est le restaurant. Les autres ne savent pas. Exprimez cela.

▢ Paul (non)    ***Paul ne sait pas.***

1. Charles (oui)         3. je (oui)       5. vous (oui)       7. ma cousine (oui)
2. Anne et Claire (non)  4. tu (non)       6. mes cousins (non)  8. nous (non)

**3. Dialogue**  Demandez à vos camarades s'ils savent faire les choses suivantes.

▢ nager?    —***Sais-tu nager?***
            —***Oui, je sais nager.***     ou: —***Non, je ne sais pas nager.***

1. parler espagnol?         6. programmer?
2. faire du ski?            7. utiliser un ordinateur?
3. faire la cuisine?        8. taper à la machine *(to type)*?
4. piloter un avion?        9. danser le tango?
5. jouer de la guitare?    10. marcher sur les mains *(hands)*?

# B.   *Connaître* vs. *savoir*

Although **connaître** and **savoir** mean *to know,* they are not interchangeable.

> **Connaître** means *to know* in the sense of *to be acquainted or familiar with.* It cannot stand alone. It is used with nouns and pronouns designating:

| | |
|---|---|
| *People* | Je **connais** Alice. Est-ce que tu la **connais?** |
| *Places* | **Connais**-tu ce restaurant? Moi, je ne le **connais** pas. |

> **Savoir** is used in the sense of *to have knowledge of a fact* or *to know by heart* (as a result of having learned or studied). It can be used:

| | |
|---|---|
| *Alone* | Je **sais!** Vous ne **savez** pas? |
| *With a clause* | **Sais**-tu où j'habite?<br>Je ne **sais** pas à quelle heure vous partez.<br>**Savez**-vous combien coûte cet appartement? |
| *With an infinitive* | Je **sais** nager. **Savez**-vous danser? |

▶ Both **savoir** and **connaître** can be used with facts or things learned.

| | |
|---|---|
| Tu **connais** mon adresse?<br>Tu **sais** mon adresse? | *You **know** my address?* |
| Vous **connaissez** la vérité.<br>Vous **savez** la vérité. | *You **know** the truth.* |

## 4.  Questions personnelles

1. Connaissez-vous New York? Atlanta? la Nouvelle Orléans? le Canada? le Mexique?
2. Connaissez-vous bien votre ville? Savez-vous quand elle a été fondée (*founded*)? Savez-vous combien d'habitants il y a? Savez-vous qui est le maire (*mayor*)? Est-ce que vous le connaissez?
3. Connaissez-vous bien vos voisins? Savez-vous où ils travaillent? Savez-vous s'ils parlent français?
4. Connaissez-vous les bons restaurants de votre ville? Savez-vous s'il y a des restaurants français? Savez-vous s'ils sont chers?

**5. À Paris**    Un étudiant américain vient d'arriver à Paris. Il demande certains renseignements *(information)* à une étudiante française qui répond affirmativement ou négativement. Jouez les deux rôles. L'étudiant américain commence ses questions par **Sais-tu** ou **Connais-tu**.

◻ où il y a une banque? (oui)    L'AMÉRICAIN:  ***Sais-tu où il y a une banque?***
LA FRANÇAISE:  ***Oui, je sais où il y a une banque.***

1. où est l'Alliance Française? (oui); le directeur? (non); combien coûtent les cours? (non)
2. où est le consulat des États-Unis? (oui); s'il est ouvert *(open)* le samedi? (non); le consul? (non)
3. la Cité Universitaire? (oui); des étudiants américains à la Cité Universitaire? (oui); comment on va là-bas? (oui)
4. ce restaurant? (oui); le chef? (non); quelles sont ses spécialités? (non); si on accepte des cartes de crédit? (non)
5. où je peux trouver une chambre bon marché? (oui); cet hôtel? (non); cette agence immobilière *(real estate agency)*? (oui)
6. le Quartier latin? (oui); le boulevard Saint Michel? (oui); les étudiants dans ce café? (non)

---

## NOTE LINGUISTIQUE: *Les pronoms relatifs*

RELATIVE PRONOUNS are pronouns that RELATE or LINK two clauses. A clause that is introduced by a relative pronoun is called a RELATIVE CLAUSE. Note the use of the relative pronouns **qui** and **que** in the following sentences.

J'ai un ami. **Il** habite à Paris.    *I have a friend. **He** lives in Paris.*
J'ai un ami **qui** habite à Paris.    *I have a friend **who** lives in Paris.*

J'ai un ami. Je **l'**invite souvent.    *I have a friend. I often invite **him.***
J'ai un ami **que** j'invite souvent.    *I have a friend **whom** I often invite.*

Paris est une ville. **Elle** est très cosmopolite.    *Paris is a city. **It** is very cosmopolitan.*
Paris est une ville **qui** est très cosmopolite.    *Paris is a city **that** is very cosmopolitan.*

Paris est une ville. Je **la** connais bien.    *Paris is a city. I know **it** well.*
Paris est une ville **que** je connais bien.    *Paris is a city **that** I know well.*

▶ The ANTECEDENT of a relative pronoun is the noun (or pronoun) to which it refers. In the above sentences, **un ami** and **une ville** are the antecedents.

▶ The choice of the relative pronoun **qui** or **que** is determined by the function of the pronoun in the relative clause.

• **Qui** replaces a subject **(il, elle).** It is the SUBJECT of the verb in the relative clause.
• **Que** replaces a direct object **(le, la, l').** It is the DIRECT OBJECT of the verb in the relative clause.

# C.  Le pronom relatif *qui*

Note the use of the relative pronoun **qui** in the sentences on the right.

J'ai des amis.
Ces amis travaillent à Lyon. } J'ai des amis **qui** travaillent à Lyon.

Voici le train.
Ce train vient de Bordeaux. } Voici le train **qui** vient de Bordeaux.

> THE RELATIVE PRONOUN **qui** *(who, that, which)* is a SUBJECT pronoun. It replaces nouns (and pronouns) that designate people, things, or abstract ideas.

| | |
|---|---|
| J'écoute un journaliste **qui** parle des problèmes urbains. | *I am listening to a journalist **who** is talking about urban problems.* |
| Je lis un article **qui** parle des problèmes urbains. | *I am reading an article **that** talks about urban problems.* |

▶ The verb that follows **qui** agrees with its antecedent. Note that this antecedent may be a noun or a pronoun.

C'est moi **qui** ai raison.

C'est vous **qui** avez téléphoné, n'est-ce pas?

**6. Préférences**  Imaginez que vous avez le choix entre certaines possibilités. Exprimez votre préférence personnelle d'après le modèle.

▢ une maison / être moderne ou ancienne?
   *Je préfère la maison qui est ancienne.*
   ou: *Je préfère la maison qui est moderne.*

1. un appartement / avoir une belle vue *(view)* ou une grande terrasse?
2. une maison / être située dans le centre ou la banlieue?
3. des voisins / être discrets ou très sociables?
4. un ami / savoir jouer de la guitare ou faire la cuisine?
5. des cours / être faciles ou difficiles?
6. un professeur / donner de bonnes notes ou beaucoup de travail?

**7. Expression personnelle**  Complétez les phrases suivantes avec une expression de votre choix.

1. J'ai un ami qui ...
2. J'habite dans une maison qui ...
3. J'aime les gens qui ...

4. Je connais quelqu'un qui ...
5. J'ai des voisins qui ...

*Expressions pour la conversation*

To express an opinion:

| | | |
|---|---|---|
| **à mon avis** | *in my opinion* | **À mon avis,** Paris est la plus belle ville du monde. |
| **d'après** | *according to* | **D'après** vous, quelle est la plus belle ville des États-Unis? |
| **selon** | *according to* | **Selon** beaucoup de gens, c'est San Francisco. |

## NOTE DE VOCABULAIRE

Stress pronouns are used after **d'après** and **selon.**

Selon **moi,**
D'après **moi,** } la pollution est un problème très important.

**8. Opinions**  Exprimez votre opinion suivant le modèle.

▢ New York est une ville. / Elle est cosmopolite?
> *À mon avis (selon moi), New York est une ville qui est cosmopolite.*
ou: *À mon avis (selon moi), New York est une ville qui n'est pas cosmopolite.*

1. Washington est une ville. / Elle a beaucoup de monuments intéressants?
2. La pollution est un problème. / Il a une solution?
3. Le français est une langue. / Elle est facile?
4. Les journalistes sont des gens. / Ils disent toujours la vérité?
5. Les ordinateurs sont des instruments. / Ils sont indispensables aujourd'hui?
6. La pollution est un problème de l'environnement. / Il menace *(threatens)* les États-Unis?
7. Le président est un homme. / Il est trop conservateur?

# D.   Le pronom relatif *que*

Note the use of the relative pronoun **que** in the sentences on the right.

Voici des amies.
Nous invitons souvent ces amies. } Voici des amies **que** nous invitons souvent.

Voici un musée.
Je visite souvent ce musée. } Voici un musée **que** je visite souvent.

---

The RELATIVE PRONOUN **que** *(whom, that, which)* is a DIRECT-OBJECT pronoun. It replaces nouns or pronouns that designate people, things, or abstract ideas.

| | |
|---|---|
| Paul est un ami | *Paul is a friend* |
| **que** je trouve intéressant. | *(whom) I find interesting.* |
| *L'Express* est un magazine | *L'Express is a magazine* |
| **que** je trouve intéressant. | *(that) I find interesting.* |

---

▶ Although the direct-object relative pronoun *(whom, that, which)* is often omitted in English, **que** must always be expressed in French.

▶ If the relative pronoun **que** is followed by a verb in the passé composé, the past participle agrees with **que** since **que** is a preceding direct object. NOTE: The gender and number of **que** are determined by its antecedent.

Où est **le livre que** j'ai **acheté**?

Où sont **les cassettes que** j'ai **achetées**?

▶ Compare the constructions used after **qui** and **que**.

---

| | |
|---|---|
| antecedent + **qui** + (object pronoun) + verb | Comment s'appelle l'ami **qui** parle? <br> Comment s'appelle l'ami **qui** te parle? |
| antecedent + **que** + subject + verb | Comment s'appelle l'ami **que** tu vas inviter? |

---

**9. Dialogue**   Posez des questions à vos camarades. Ils vont vous répondre affirmativement ou négativement suivant le modèle.

▢   Tu connais Chicago? (une ville)   —*Tu connais Chicago?*
   —*Oui, c'est une ville que je connais.*
   ou: —*Non, c'est une ville que je ne connais pas.*

1. Tu aimes San Francisco? (une ville)
2. Tu connais la France? (un pays)
3. Tu lis *Time* magazine? (un magazine)
4. Tu parles espagnol? (une langue)
5. Tu trouves amusant Eddie Murphy? (un acteur)
6. Tu admires Madonna? (une chanteuse)
7. Tu aimes les snobs? (des gens)
8. Tu critiques le président? (une personne)

**10. Activités**    Dites ce que les gens suivants font d'après le modèle. Faites attention à l'accord du participe passé.

▢ Pierre / écouter la cassette / acheter hier    ***Pierre écoute la cassette qu'il a achetée hier.***

1. Robert et Denis / téléphoner aux filles / rencontrer samedi dernier
2. Isabelle / nettoyer la robe / mettre hier
3. nous / regarder les photos / prendre pendant les vacances
4. je / envoyer la lettre / écrire ce matin
5. vous / manger la tarte / faire pour le dessert
6. Monsieur Martin / parler de la nouvelle / apprendre au bureau

**11. En ville**    Les gens suivants sont à Paris. Dites ce qu'ils font en utilisant les pronoms **qui** ou **que (qu')**.

▢ Je dîne dans un restaurant. / Il sert des spécialités vietnamiennes.
***Je dîne dans un restaurant qui sert des spécialités vietnamiennes.***
▢ Je dîne dans un restaurant. / *Le Guide Michelin* le recommande.
***Je dîne dans un restaurant que* Le Guide Michelin *recommande.***

1. Je prends l'autobus. / Il va aux Champs-Élysées.
2. Paul va chez des amis. / Ils habitent dans le Quartier latin.
3. Nous allons à un cours. / Nous le suivons depuis septembre.
4. Nicole va au café avec des étudiants. / Elle les connaît bien.
5. Les touristes vont dans un magasin. / Il vend des cartes postales.
6. Jacqueline habite dans un appartement. / Elle le loue pour l'été.

**12. Pauvre Antoine**    Antoine a beaucoup de problèmes. Décrivez ses problèmes en complétant les phrases suivantes par **qui** ou **que (qu')**.

1. Il a un téléviseur _____ ne marche pas.
2. Il habite dans un appartement _____ il loue beaucoup trop cher.
3. Il a des professeurs _____ lui donnent trop de travail.
4. Il a donné rendez-vous à des amis _____ ont oublié de venir.
5. Il a perdu l'adresse de la jeune fille _____ il a rencontrée pendant les vacances.
6. Il a perdu la montre _____ sa mère lui a donnée pour son anniversaire.

**13. Conversation**    Demandez à un(e) camarade quelle est sa préférence dans l'un des domaines suivants. Demandez-lui aussi d'expliquer son choix. (Il/elle va répondre en utilisant les pronoms **qui** et **que**.)

▢ un acteur    —*Qui est ton acteur préféré?*    —*C'est un acteur qui joue bien.*
    —*C'est Robin Williams.*    *C'est un acteur que je trouve amusant.*
    —*Ah bon? Pourquoi?*

- une actrice
- un chanteur *(singer)*
- une chanteuse
- un groupe musical
- un(e) athlète
- un écrivain
- un film
- un livre
- une voiture
- un sport
- une ville
- un pays

# E.  Les expressions *quelqu'un, quelque chose* et leurs contraires

Note the meanings and the use of the following expressions.

| | | |
|---|---|---|
| **quelqu'un** | *someone* | Tu connais **quelqu'un** à Paris. |
| **ne ... personne** | *no one, not anyone* | Nous **ne** connaissons **personne** dans cet immeuble. |
| **quelque chose** | *something* | Est-ce que tu comprends **quelque chose?** |
| **ne ... rien** | *nothing, not anything* | Vous **ne** comprenez **rien.** |

**Ne ... personne** and **ne ... rien** are negative expressions consisting of two parts:

> **ne** comes before the verb
> **personne** and **rien** usually come after the verb

▶ When the verb is in the passé composé, **personne** comes AFTER the past participle and **rien** comes BETWEEN the auxiliary and the past participle.

As-tu invité **quelqu'un?**      Non, je n'ai invité **personne.**
As-tu entendu **quelque chose?**    Non, je n'ai **rien** entendu.

▶ When **personne** and **rien** are the subjects of the sentence, they come before the verb. The verb is always preceded by **ne.**

**Personne ne** vient.     **Personne n'**a téléphoné.
**Rien n'**est impossible.    **Rien n'**a été facile dans ce projet.

▶ **Quelqu'un, quelque chose, personne,** and **rien** are invariable expressions and can be used with the following constructions:

| | |
|---|---|
| **quelqu'un** **quelque chose** **personne** **rien** | + **de** + masculine adjective + **à** + infinitive |

Je connais **quelqu'un d'**intéressant.    Je **ne** connais **personne d'**intéressant.
As-tu fait **quelque chose de** spécial?    Je n'ai **rien** fait **de** spécial.

As-tu **quelque chose à** dire?    Non, je n'ai **rien à** dire.

**14. Non!**  Décrivez ce que les personnes suivantes ne font pas. Utilisez les expressions **ne ... personne** ou **ne ... rien** avec les verbes entre parenthèses.

☐ Je n'ai pas d'appétit. (manger)    *Je ne mange rien.*

1. Nous n'avons pas soif. (boire)
2. Vous êtes inactifs. (faire)
3. Charles est égoïste. (aider)
4. Ces garçons sont discrets. (dire)
5. Je fais des économies. (dépenser)
6. Hélène déteste les conseils. (écouter)
7. Tu n'es pas sociable. (inviter chez toi)
8. Je n'ai pas d'argent. (acheter)
9. Vous venez d'arriver dans ce quartier. (connaître)
10. Nous ne sommes pas très intelligents. (comprendre)

**15. L'étranger dans la ville**  Anne-Marie habite depuis longtemps *(for a long time)* dans cette ville. Jacques vient d'arriver. Lisez ce que dit Anne-Marie et jouez le rôle de Jacques. Pour cela, mettez les phrases à la forme négative.

☐ Je sors avec quelqu'un.    *Moi, je ne sors avec personne.*

1. Je connais quelqu'un dans cette banque.
2. Je fais quelque chose d'amusant le week-end prochain.
3. Ce soir je dîne avec quelqu'un d'intéressant.
4. Je commande quelque chose de spécial dans ce restaurant.
5. J'ai rencontré quelqu'un de sympathique le week-end dernier.
6. J'ai vu quelque chose d'intéressant.
7. Quelqu'un m'aide quand j'ai besoin d'un conseil.
8. Quelqu'un m'a téléphoné hier soir.
9. Quelqu'un va m'inviter ce week-end.
10. Quelque chose est arrivé pour moi dans le courrier *(mail)* ce matin.

# Communication

Choose a partner who will play the role of the other person in the conversation.

---

1. You are in charge of the talent show that the French Club is sponsoring. Right now you are trying to recruit participants.

Ask your partner . . .

- if he/she knows how to sing
- if he/she knows how to dance
- if he/she knows how to play the guitar **(la guitare)**
- what (other things) he/she knows how to do

---

2. You are the editor-in-chief of an international travel magazine. You are planning to hire a new staff member for your magazine. This afternoon you are interviewing a potential candidate (whom you address as **vous**).

Ask your partner . . .

- if he/she knows New York
- if he/she knows Montréal
- if he/she knows how to speak Spanish
- if he/she knows how to use **(utiliser)** a computer
- if he/she knows how to write well

---

3. You are a detective investigating a burglary that took place last night. You are talking to one of the neighbors (whom you address as **vous**). Unfortunately, you don't find out anything since this person answers all your questions negatively.

Ask your partner . . .

- if he/she heard anything
- if he/she saw anything unusual **(anormal)**
- if he/she talked to anyone
- if he/she saw anyone that he/she did not know

# La télévision: un bien ou un mal?

*Avez-vous la télévision? Aujourd'hui, la télévision fait partie de° notre existence. Mais la télévision n'a pas toujours existé. Deux habitants d'un petit village se souviennent° du temps où la télévision n'existait pas°.*

**MAURICE PÉCOUL** *(50 ans, instituteur°)*
Avant la télévision, nous vivions° dans l'isolement° absolu. Notre univers était° limité au village. Notre existence était monotone. Les gens travaillaient dur°, mais ils n'avaient pas° de distractions°. Le soir°, les vieux allaient° au café, mais les jeunes ne sortaient° jamais. Nous n'allions jamais au cinéma qui était à trente kilomètres. Heureusement, la télévision est arrivée. Elle nous a apporté les loisirs à domicile°. Elle a transformé notre existence.

**LOUIS JUÉRY** *(60 ans, agriculteur°)*
Avant, le village formait° une communauté où tout le monde connaissait° ses voisins. On travaillait dur, c'est vrai, mais il y avait° aussi les bons moments de l'existence. Le soir, on allait au café. On jouait° aux cartes et on buvait° ensemble le vin du pays°.... La conversation était toujours animée°.... Le samedi, tout le monde allait au bal.... Maintenant, c'est fini! Le soir, les gens restent chez eux pour regarder la télévision. Ils ne sortent plus°. Ils ne parlent plus à leurs voisins. L'art de la conversation n'existe plus.... C'est vrai, la télévision a changé notre existence. Hélas!°

is part of
remember
didn't exist

teacher
lived / isolation / was
worked hard
didn't have / amusements /
  In the evening / used to go /
  would never go out

at home

farmer
formed / knew
there were
would play / would drink
local wine / lively

no longer

Alas!

## Lecture culturelle: *La télévision en France*

Peu d'inventions ont transformé la vie des Français autant que[1] la télévision. Cette invention date des années 30, mais son développement commercial est assez récent. Il a commencé en 1953 avec la transmission en direct des cérémonies du couronnement[2] de la reine[3] d'Angleterre. À cette époque[4], la télévision était un véritable luxe[5]. Moins de 25.000 familles françaises possédaient alors un téléviseur. Aujourd'hui tout le monde, ou presque, a la «télé».

Le statut[6] de la télévision française a considérablement changé dans les dernières années. Il y a moins de dix ans[7] c'était encore[8] un monopole d'état. Ce système avait de nombreux inconvénients[9]: Les téléspectateurs avaient un choix limité entre les trois chaînes[10] du secteur public: TF 1 (Télévision Française 1), Antenne 2 et FR 3 (France-Régions 3). Comme[11] la concurrence[12] entre ces chaînes n'existait pas, les émissions[13] n'étaient pas toujours de bonne qualité. Mais l'inconvénient principal était de placer l'information[14] sous le contrôle plus ou moins direct de l'État. Cette situation mettait en question la liberté d'expression et l'indépendance de l'information. Est-ce que les journalistes de la télévision étaient des journalistes indépendants ou bien[15] étaient-ils des fonctionnaires[16] chargés de présenter le point de vue officiel?

Ces dangers de politisation ont provoqué des changements[17] très importants dans le statut de la télévision française. Des réformes récentes ont réduit[18] la part[19] du service public et ont ainsi rendu[20] la télévision beaucoup plus compétitive.

TF 1 a été «privatisée» (c'est-à-dire[21] vendue à un groupe privé). De nouvelles chaînes de télévision ont été créées[22]. Aujourd'hui les Français ont le choix entre cinq chaînes de statut différent et chacune est plus ou moins spécialisée dans un certain type d'émissions.

Les Français sont des téléspectateurs assidus[23] Ils passent en moyenne[24] deux heures 45 par jour devant le «petit écran[25]». Pour beaucoup de Français, la télévision est un rite familial: on regarde la télé en famille avant, après et souvent pendant le dîner. C'est aussi une nécessité de la vie quotidienne[26]. On regarde la télé pour s'informer[27], pour s'instruire[28] et aussi et avant tout pour se distraire[29] Les émissions favorites des Français sont les sports, les spectacles de variétés, le théâtre, les feuilletons[30] américains (comme *Santa Barbara*), les films (surtout[31] lorsque[32] y figurent[33] les vedettes[34] du cinéma français comme Jean-Paul Belmondo, Alain Delon ou Yves Montand) et de plus en plus les jeux télévisés (comme *La roue[35] de la fortune* et *Le prix est juste*). Pendant longtemps l'émission la plus populaire a été *Apostrophes,* une émission littéraire où les écrivains venaient présenter leurs livres et débattre[36] les grands problèmes de la société moderne avec conviction et passion.

Ainsi[37], pour la majorité des Français, la télévision est avant tout une forme de récréation à domicile[38]. Inexistante il y a 50 ans, elle est devenue le loisir numéro un des Français.

1 as much as  2 coronation  3 queen  4 at that time  5 true luxury  6 status  7 less than ten years ago  8 still
9 drawbacks  10 channels  11 since  12 competition
13 programs  14 news  15 or  16 public employees
17 changes  18 reduced  19 share  20 thus made  21 that is to say  22 created  23 untiring  24 on the average  25 screen
26 daily life  27 get informed  28 learn  29 be entertained
30 dramatic series  31 especially  32 when  33 appear
34 stars  35 wheel  36 to debate  37 thus  38 at home

| Chaînes | Statut | Type d'émissions |
| --- | --- | --- |
| TF 1 | chaîne privée | jeux, films, spectacles de variété |
| Antenne 2 | service public | films, émissions politiques |
| FR 3 | service public | informations régionales, films |
| Canal Plus | chaîne semi-privée | films, flashes d'information, sports |
| La Cinq | chaîne privée | variétés, informations, feuilletons américains |
| M 6 | chaîne privée | musique, émissions culturelles, informations |

# Structure et Vocabulaire

## Vocabulaire: *La télévision*

### Noms

| | | | |
|---|---|---|---|
| **un dessin animé** | *cartoon* | **une chaîne** | *channel* |
| **un documentaire** | *documentary* | **une émission** | *show, program* |
| **un feuilleton** | *TV series* | **les informations** | *news* |
| **un film** | *movie* | **la météo** | *weather forecast* |
| **des jeux télévisés** | *TV game shows* | **les nouvelles** | *news* |
| **un programme** | *program* | **la publicité** | *commercials* |
| **un spectacle** | *show* | **les variétés** | *variety shows* |

### Adjectifs

| | | |
|---|---|---|
| **favori (favorite)** | *favorite* | Quelles sont vos émissions **favorites?** |
| **préféré** | *favorite* | Quelles sont tes émissions **préférées?** |

### Expression

| | | |
|---|---|---|
| **à la télé** | *on TV* | Il y a un bon programme **à la télé** ce soir. |

## 1. Questions personnelles

1. Avez-vous un téléviseur? Est-ce un téléviseur couleur ou un téléviseur en noir et blanc?
2. Regardez-vous souvent la télévision? Combien d'heures par jour?
3. Regardez-vous les informations à la télé? Sur quelle chaîne?
4. D'après vous, quelle est la chaîne qui a les meilleurs films? les meilleures émissions sportives?
5. Regardez-vous les jeux télévisés? Quels sont vos jeux préférés? Quels sont les jeux que vous trouvez idiots?
6. Regardez-vous les émissions de variétés? Quelle est votre émission favo-rite?
7. Qui est votre comédien(ne) préféré(e)? Dans quelle émission est-ce qu'il/ elle joue?
8. Quel est votre feuilleton préféré? Quels acteurs et quelles actrices jouent dans ce feuilleton?
9. Est-ce que vous regardez la météo? Pourquoi? Qu'est-ce que la météo a prévu (*forecast*) hier soir?

TELEVISION LES FILMS À VOIR, À REVOIR, OU À ÉVITER

## A.     Le verbe *vivre*

| | |
|---|---|
| The verb **vivre** *(to live)* is irregular. | |

| | |
|---|---|
| *infinitive* | **vivre** |
| *present* | Je **vis** en France.          Nous **vivons** bien.<br>Tu **vis** à Paris.            Vous **vivez** mal.<br>Il/Elle/On **vit** en Italie.    Ils/Elles **vivent** confortablement. |
| *passé composé* | **J'ai vécu** trois ans en France. |

▶ Both **vivre** and **habiter** mean *to live.* Compare:

*To live or reside (in a place):*     **vivre**      Je **vis** à Paris.
                                       **habiter**    J'**habite** à Paris.

*To live (in a general sense):*       **vivre**      Je **vis** bien.

**2. Où et comment?**     Dites où les personnes suivantes habitent et comment elles
vivent. Votre seconde phrase peut être affirmative ou négative.

▢ Mademoiselle Richard / dans un beau château *(castle)* / mal?
   *Mademoiselle Richard habite dans un beau château. Elle ne vit pas mal.*

1. mes cousins / une ferme *(farm)*
   à la campagne / simplement?
2. je / avec ma famille / seul?
3. tu / dans une chambre minuscule
   et sans confort / bien?

4. nous / dans un bel appartement /
   confortablement?
5. Françoise / près d'un aéroport /
   dans le calme?
6. vous / près d'un volcan / dangereusement?

### 3. Questions personnelles

1. Vivez-vous bien ou mal? Vivez-vous confortablement? Vivez-vous seul(e)?
2. Est-ce qu'on vit bien aux États-Unis?
3. Selon vous, est-ce que les Américains vivent mieux *(better)* que les Français? Pourquoi?
4. Selon vous, est-ce qu'on vit mieux dans une grande ville ou à la campagne? Pourquoi?
5. Selon vous, dans quelle ville américaine est-ce qu'on vit le mieux *(best)*? Pourquoi?
6. Dans quelle ville habitent vos parents? Est-ce qu'ils ont toujours vécu dans cette ville?
7. Avez-vous vécu à l'étranger? en Europe? en Asie? en Afrique? en Amérique latine?
8. Dans quelles villes avez-vous vécu?

## B. Quelques expressions négatives

Note the following affirmative and negative expressions and their use in the sentences below. Pay particular attention to the position of these expressions in the present and the passé composé.

| Affirmative | | Negative | |
|---|---|---|---|
| **souvent** | *often* | **ne ... jamais** | *never, not ever* |
| **encore** | *still, again* | **ne ... plus** | *no longer, not anymore* |
| **déjà** | *already* | **ne ... pas encore** | *not yet* |

Tu voyages **souvent**?      Non, je **ne** voyage **jamais.**
Vous êtes **souvent** allé à Paris?      Non, je **ne** suis **jamais** allé à Paris.

Paul habite **encore** à Québec?      Non, il **n'**habite **plus** à Québec.
Éric a **encore** téléphoné à Anne?      Non, il **ne** lui a **plus** téléphoné.

Tu pars **déjà**?      Non, je **ne** pars **pas encore.**
Vous avez **déjà** visité ce musée?      Non, nous **ne** l'avons **pas encore** visité.

---

NEGATIVE EXPRESSIONS consist of two parts. The word order is:

| | |
|---|---|
| *present* | **ne** + verb + **jamais/plus/pas encore** |
| *passé composé* | **ne** + auxiliary verb + **jamais/plus/pas encore** + past participle |

---

▶ After these negative expressions, the indefinite and partitive articles become **de**.

Tu as **une** mobylette?      Non, je n'ai plus **de** mobylette.
Vous avez déjà bu **du** champagne?      Non, je n'ai jamais bu **de** champagne.

**4. Dialogue**   Demandez à vos camarades si oui ou non ils ont déjà fait les choses suivantes.

▢ visiter Paris?
   —*As-tu déjà visité Paris?*
   —*Oui, j'ai déjà visité Paris.*
ou: —*Non, je n'ai jamais visité Paris.*

1. vivre au Japon?
2. écrire au Président?
3. manger du caviar?
4. boire du champagne?
5. piloter un hélicoptère?
6. participer à un marathon?
7. faire du ski nautique *(waterski)?*
8. gagner un million de dollars à la loterie?

**5. Non!**   Alice pose des questions à Guy au sujet des activités suivantes. Guy va répondre négativement. Jouez les deux rôles. Utilisez **le présent** dans les phrases 1 à 5 et **le passé composé** dans les phrases 6 à 10.

▢ partir (déjà)
   ALICE: *Tu pars déjà?*
   GUY: *Non, je ne pars pas encore.*

▢ dîner (déjà)
   ALICE: *Tu as déjà dîné?*
   GUY: *Non, je n'ai pas encore dîné.*

1. regarder la météo (souvent)
2. voir des films d'horreur (souvent)
3. avoir ton diplôme (déjà)
4. fumer (encore)
5. vivre chez tes parents (encore)

6. déjeuner (déjà)
7. visiter Dakar (déjà)
8. faire du ski (souvent)
9. acheter des cigarettes (encore)
10. râter tes examens (encore)

# C.   L'imparfait

French, like English, uses different tenses to describe past actions and past events. One of these past tenses is the passé composé, which was presented in Lessons 11 and 12. Another common past tense is the IMPERFECT (**l'imparfait**), which is used to describe CONDITIONS that existed in the past.

Read the following descriptions, paying attention to the forms of the imperfect in the sentences in the middle column:

| Aujourd'hui … | Avant … | |
|---|---|---|
| **J'habite** à Paris. | **J'habitais** dans un village. | *I **used to live** in a village.* |
| Nous **allons** à l'université. | Nous **allions** à l'école secondaire. | *We **went** to high school.* |
| Mes amis **jouent** au tennis. | Ils **jouaient** au football. | *They **were playing** soccer.* |

## FORMS

Note the forms of the imperfect of three regular verbs (in **-er, -ir, -re**) and the irregular verb **faire.**

| infinitive | **parler** | **finir** | **vendre** | **faire** | |
|---|---|---|---|---|---|
| present | **nous parl**ons | **finiss**ons | **vend**ons | **fais**ons | |
| stem (from **nous**-form) | **parl-** | **finiss-** | **vend-** | **fais-** | endings |
| imperfect | je **parlais** | **finissais** | **vendais** | **faisais** | -ais |
| | tu **parlais** | **finissais** | **vendais** | **faisais** | -ais |
| | il/elle/on **parlait** | **finissait** | **vendait** | **faisait** | -ait |
| | nous **parlions** | **finissions** | **vendions** | **faisions** | -ions |
| | vous **parliez** | **finissiez** | **vendiez** | **faisiez** | -iez |
| | ils/elles **parlaient** | **finissaient** | **vendaient** | **faisaient** | -aient |
| negative | Je ne **parlais** pas. | | | | |
| interrogative | Est-ce que tu **parlais?** **Parlais**-tu? | | | | |

▶ In the imperfect, questions and negative sentences follow the same word order as in the present:

Est-ce que **tu regardais** souvent la télé?  
**Regardais-tu** souvent la télé?    } *Did you often watch TV?*

Non, **je ne regardais pas** souvent la télé.    *No, **I didn't** often watch TV.*

▶ The IMPERFECT is a simple tense which is formed as follows:

imperfect stem + imperfect endings

▶ For all verbs except **être,** the STEM of the imperfect is derived as follows:

imperfect stem = **nous**-form of present *minus* **-ons**

| | | | | | |
|---|---|---|---|---|---|
| **boire:** | nous **buv**ons → je **buv**ais | **acheter:** | nous **achet**ons | → j'**achet**ais |
| **prendre:** | nous **pren**ons → je **pren**ais | **manger:** | nous **mange**ons | → je **mange**ais |
| **lire:** | nous **lis**ons → je **lis**ais | **commencer:** | nous **commenç**ons | → je **commenç**ais |

▶ For all verbs, regular and irregular, the ENDINGS of the imperfect are the same.

▶ **Être** has an irregular imperfect stem: **ét-.** The endings are regular.

j'**étais,** tu **étais,** il/elle/on **était,** nous **étions,** vous **étiez,** ils/elles **étaient**

▶ Note the imperfect forms of the following impersonal expressions:

| | | | | | |
|---|---|---|---|---|---|
| il neige | **il neigeait** | *it was snowing* | il faut | **il fallait** | *it was necessary* |
| il pleut | **il pleuvait** | *it was raining* | il y a | **il y avait** | *there was (were)* |

## USES

Although the passé composé and the imperfect are both past tenses, they are used to describe different types of actions. In general, the IMPERFECT is used to describe:

• what people USED TO DO
• what they WERE DOING at a certain time.

Note that the IMPERFECT has several English equivalents:

Mes cousins **habitaient** à Paris. {*My cousins **lived** in Paris.*
*My cousins **used to live** in Paris.*
*My cousins **were living** in Paris.*

The uses of the IMPERFECT are presented in this lesson and in Lesson 21.

**6. Avant**  Les étudiants suivants font leurs études à l'Université de Paris. Dites où chacun *(each one)* habitait avant et si oui ou non il vivait en France.

▢ Paul (à Québec)    *Paul habitait à Québec. Il ne vivait pas en France.*

1. Philippe (à Montréal)
2. Michel et Antoine (à Genève)
3. Alice et Suzanne (à Tours)
4. Béatrice (à Lille)
5. je (en Normandie)
6. tu (à San Francisco)
7. nous (à Marseille)
8. vous (à Dakar)

**7. Aujourd'hui et autrefois** (*Now and then*)    Thérèse explique ce qu'elle fait à l'université. Son père, M. Moreau, dit qu'à son époque (*in his time*) il faisait les mêmes choses. Jouez les deux rôles.

▢    avoir des examens        THÉRÈSE:  ***Nous avons des examens.***
                         M. MOREAU:  ***Nous aussi, nous avions des examens.***

1. travailler beaucoup
2. choisir des cours difficiles
3. perdre rarement notre temps
4. aller au cinéma le week-end
5. faire du sport
6. sortir le samedi soir
7. boire de la bière avec nos amis
8. apprendre beaucoup de choses intéressantes
9. lire beaucoup
10. être idéaliste
11. vouloir changer le monde
12. avoir des idées anticonformistes

**8. À l'école secondaire**    Demandez à vos camarades s'ils faisaient les choses suivantes quand ils étaient à l'école secondaire.

▢    parler français?        —*Est-ce que tu parlais français?*
                          —*Oui, je parlais français.*
                    ou: —*Non, je ne parlais pas français.*

1. avoir un vélo?
2. jouer aux jeux électroniques?
3. regarder souvent la télé?
4. aller dans les discothèques?
5. utiliser un ordinateur?
6. faire du sport?
7. savoir programmer?
8. sortir le samedi soir?
9. connaître des gens intéressants?
10. être timide?
11. vouloir aller à l'université?
12. suivre un régime?

# D.    L'imparfait et le passé composé: conditions habituelles et événements spécifiques

The sentences below all describe actions that took place in the past. Compare the verbs in the sentences on the left (describing habitual conditions and actions) with those in the sentences on the right (describing specific events).

Habituellement …
… je **regardais** les programmes de sports.
… on **jouait** au volley.
… mes amis **allaient** au cinéma.

Un jour …
… j'**ai regardé** un excellent match de football.
… on **a joué** au tennis.
… ils **sont allés** au théâtre.

The IMPERFECT and the PASSÉ COMPOSÉ cannot be substituted for one another. The choice of tense depends on the type of action the speaker is describing.

> The IMPERFECT is used to describe HABITUAL ACTIONS and CONDITIONS that existed in the past. It describes WHAT USED TO BE.
>
> | | |
> |---|---|
> | Quand j'étais jeune, nous **habitions** en France. | *When I was young, we **lived** (we **used to live**) in France.* |
> | **J'allais** souvent au cinéma avec mes copains. | *I often **used to go (went)** to the movies with my friends.* |

> The PASSÉ COMPOSÉ is used to describe SPECIFIC PAST EVENTS. It describes WHAT HAPPENED, WHAT TOOK PLACE.
>
> | | |
> |---|---|
> | **J'ai passé** un an à Paris. | *I **spent** a year in Paris.* |
> | Cette semaine nous **sommes allés** deux fois au cinéma. | *This week we **went** twice to the movies.* |

**9. Vive le progrès!**   Dites si oui ou non on faisait les choses suivantes en 1900.

☐  on / regarder la télé?      ***Non, on ne regardait pas la télé.***

1. on / travailler beaucoup?
2. les enfants / travailler dans les usines?
3. les gens / gagner beaucoup d'argent?
4. on / avoir beaucoup de loisirs?
5. les femmes / être indépendantes?
6. on / voyager en voiture?
7. on / vivre dans de grands immeubles?
8. on / être plus heureux qu'aujourd'hui?
9. tout le monde / connaître ses voisins?
10. on / savoir vivre?

**10. Conversation**   Demandez à vos camarades de décrire leur vie maintenant et avant l'université. Vous pouvez utiliser les suggestions suivantes.

☐  où / habiter?
—*Où habites-tu maintenant?*
—*J'habite à San Francisco.*
—*Et avant où habitais-tu?*
—*J'habitais à Boston. (J'habitais à San Francisco aussi.)*

• à quelle école / aller?
• quels sports / pratiquer?
• que / faire le week-end?
• avec qui / sortir?
• qui / être ton acteur favori?
• qui / être ton actrice favorite?

## Vocabulaire:    *Expressions de temps*

(1) Description d'événements spécifiques

| | | | |
|---|---|---|---|
| **lundi** | *(on) Monday* | **une fois** | *once* |
| **un lundi** | *one Monday* | **deux fois** | *twice* |
| **un jour** | *one day* | **plusieurs fois** | *several times* |
| **le 3 juin** | *on June 3rd* | | |

(2) Description de conditions et d'actions habituelles

| | | | |
|---|---|---|---|
| **le lundi** | *(on) Mondays* | **d'habitude** | *usually* |
| **tous les lundis** | *every Monday* | **habituellement** | *usually* |
| **chaque jour** | *every day* | **autrefois** | *in the past, formerly* |
| **tous les jours** | *every day* | | |

(3) Description d'événements spécifiques ou d'actions habituelles

| | | | |
|---|---|---|---|
| **souvent** | *often* | **parfois** | *sometimes* |
| **rarement** | *rarely, seldom* | **quelquefois** | *sometimes, a few times* |
| **longtemps** | *for a long time* | | |
| **tout le temps** | *all the time* | | |
| **de temps en temps** | *from time to time, once in a while* | | |

## NOTES DE VOCABULAIRE

1. The expressions in the first group are generally used with the passé composé since they describe specific events.

   Lundi je **suis sorti** avec un copain.    *Monday I **went out** with a friend.*

2. The expressions in the second group are generally used with the imperfect since they are used to describe habitual conditions.

   Le lundi je **sortais** avec mes copains.    *Mondays I **used to go out** (went out) with my friends.*

3. The expressions in the third group may be used with the passé composé or the imperfect depending on what is being described.

   Je **suis** souvent **allé** à Paris.    *I went to Paris often. (This happened on several specific occasions.)*

   J'**allais** souvent à Paris.    *I used to go to Paris often. (This was a habitual activity.)*

4. Both **temps** and **fois** correspond to the English word *time*. The word **temps** refers to the *span of time* during which an action occurs.

   **Combien de temps** faut-il pour aller    *How much time does it take to go de New York à Paris?    from New York to Paris?*

   The word **fois** refers to the *number of times* an action or event occurs.

   **Combien de fois** as-tu été à Paris?    *How many times have you been to Paris?*

## DICTONS (SAYINGS)

*Une fois n'est pas coutume.*
*Une fois passe. Deux fois lassent.*
*Trois fois cassent.*

*Doing something once is not establishing a habit.*

*Once is all right. Twice is boring. Three times is too much.*

**11. Souvenirs**   Des amis discutent de l'époque où ils étaient «teenagers». Dites que chacun faisait ce qu'il aimait faire, en utilisant l'expression entre parenthèses.

▯ Paul aimait jouer au tennis. (tous les samedis)
*Il jouait au tennis tous les samedis.*

1. Jacqueline aimait jouer au volley. (assez souvent)
2. Suzanne aimait aller à la piscine. (le week-end)
3. Anne et Charles aimaient aller au cinéma. (le samedi soir)
4. Marc aimait faire du camping. (chaque été)
5. Lise et Sophie aimaient faire du ski en Suisse. (tous les hivers)
6. Albert aimait sortir avec ses amis. (le dimanche après-midi)
7. Ma cousine aimait prendre des photos. (quand il faisait beau)
8. Mes amis aimaient regarder les jeux télévisés. (tout le temps)

**12. Tout n'est pas routine**   Les gens ne font pas toujours la même (*same*) chose. Décrivez ce que ces personnes faisaient d'habitude et ce qu'elles ont fait en une occasion particulière.

▯ les Durand (tous les étés, aller en Espagne / un été, visiter la Grèce)
*Tous les étés, les Durand allaient en Espagne. Mais un été ils ont visité la Grèce.*

1. Jacques (habituellement, dîner chez lui / le jour de son anniversaire, aller au restaurant)
2. nous (tous les soirs, étudier / le soir après l'examen, sortir avec nos copains)
3. les employés (en général, rester au bureau jusqu'à (*until*) six heures / le jour de la tempête de neige, quitter le bureau à midi)
4. je (tous les ans, travailler pendant les vacances / l'année après l'université, faire un grand voyage)
5. nous (tous les jours, regarder la télé après le dîner / un jour, aller au théâtre)

**13. Pendant les vacances**    Des camarades parlent de leurs vacances. Dites ce que chacun faisait ou a fait. Pour cela, complétez les phrases avec **allait** ou **est allé(e)** suivant le cas.

☐ Le jeudi, Paul ... (au cinéma)    *Le jeudi, Paul allait au cinéma.*
☐ Un jeudi, il ... (au théâtre)    *Un jeudi, il est allé au théâtre.*

1. Une fois, Marc ... (faire du ski nautique)
2. Deux fois, Philippe ... (au casino)
3. Le soir, Hélène ... (au café)
4. Un soir, Monique ... (à Nice)
5. L'après-midi, Brigitte ... (à la plage)
6. Le samedi, Sylvie ... (dans une discothèque)
7. Un samedi, Pierre ... (au concert)
8. Habituellement, Louis ... (à la piscine)

9. Le 15 août, Max ... (à Cannes)
10. Le 30 juillet, Robert ... (en Italie)
11. Isabelle ... deux fois (en Espagne)
12. Un certain jour, Laurent ... (chez un ami)
13. Michel ... tout le temps (chez ses amis)
14. De temps en temps, il ... (au café)
15. Charles ... souvent (au restaurant)

**14. Les phases de la vie**    Complétez les phrases suivantes en décrivant une situation habituelle (à l'**imparfait**) et un événement particulier (au **passé composé**). Utilisez les ressources de votre mémoire ... et de votre imagination!

☐ Quand j'avais cinq ans ...
  *Quand j'avais cinq ans, j'avais une bicyclette.*
  *Un jour, j'ai eu un accident.*

1. Quand j'avais douze ans ...
2. Quand j'allais à l'école secondaire ...
3. Avant d'aller *(Before going)* à l'université ...
4. L'été dernier, pendant les vacances, ...

**15. Un trimestre à Paris**    Caroline, une étudiante américaine, a passé un trimestre à Paris. Racontez le séjour de Caroline au passé. Pour cela, mettez les verbes en gros caractères au **passé composé** ou à l'**imparfait.**

[1]J'*arrive* à Paris le 2 octobre. [2]La première semaine, je *trouve* un studio dans le Quartier latin. [3]Pendant mon séjour, je *suis* des cours dans un Institut d'Arts Graphiques. [4]J'*ai* des cours tous les jours sauf *(except)* le jeudi. [5]Le matin les cours *commencent* à neuf heures. [6]Ils *finissent* l'après-midi à quatre heures. [7]Nos professeurs *sont* intéressants, mais généralement ils nous *donnent* beaucoup de travail. [8]Le jeudi nous *visitons* les musées. [9]Un jour, nous *visitons* le musée Picasso. [10]La semaine d'après, nous *visitons* le musée d'Orsay.

[11]Le week-end, heureusement, je n'*étudie* pas. [12]Je *sors* avec Nadine, ma copine française. [13]En général, nous *allons* au cinéma. [14]Un samedi nous *allons* dans un club de jazz. [15]Là, je *rencontre* Jean-Pierre, un étudiant en droit. [16]Nous *sortons* plusieurs fois ensemble. [17]Pendant les vacances de Noël, je *fais* du ski dans les Alpes. [18]Je *passe* un excellent trimestre en France. [19]Finalement je *rentre* aux États-Unis le 15 janvier.

☐ *Je suis arrivée à Paris ...*

# Communication

Choose a partner who will play the role of the other person in the conversation.

1. You are a journalist for *Télé-magazine*. You have been assigned to do an article on television in the United States and are interviewing an American student.

Ask your partner . . .

- how many hours per **(par)** day he / she watches TV
- what channels he / she watches
- on which channel he / she watches the news
- what his / her favorite TV game show is
- what his / her favorite TV series is
- what movie he / she saw recently **(récemment)**

2. You are talking to a new student in your class who recently transferred from another university. You want to know about what he / she was doing before coming to your school.

Ask your partner . . .

- in which city he / she was living
- to which university he / she was going
- what languages he / she was studying
- if he / she played soccer
- if he / she sang in the choir **(la chorale)**

3. You are talking to a student in your dorm who took the same French class last year that you are taking this year. Right now you are comparing notes.

Ask your partner . . .

- if he / she was a good student
- if he / she did her homework every day
- if the teacher was strict **(strict(e))**
- if he / she gave exams every week
- if the students studied a lot
- if they spoke French all the time in class

# Un cambriolage

Il y a plusieurs semaines, un cambriolage° a eu lieu° à la galerie d'art Saint Firmin. Plusieurs tableaux° de grande valeur ont été volés°. Heureusement°, grâce à° la description d'un témoin°, la police a pu arrêter les cambrioleurs° et récupérer° les tableaux. Un journaliste interviewe ce témoin.

—Vous avez assisté° au cambriolage, n'est-ce pas?
—Bien sûr, c'est moi qui ai téléphoné à la police.
—Quel jour était-ce?
—C'était le 18 mars.
—Quelle heure était-il?
—Il était neuf heures du soir. Il faisait déjà nuit°.
—Quel temps faisait-il?
—Il pleuvait ... Il n'y avait personne dans les rues.
—Que faisiez-vous?
—Ce soir-là j'étais sorti°. J'avais dîné° au restaurant avec des amis. Je rentrais donc chez moi. Je passais dans la rue Saint Firmin quand j'ai remarqué° quelque chose d'étrange.

*burglary / took place*

*paintings / stolen / Fortunately thanks to*

*witness / burglars / to recover*

*were present*

*was dark*

*had gone out / had eaten*
*noticed*

—Qu'est-ce que vous avez remarqué?

—D'habitude la galerie Saint Firmin est fermée° à cette heure-là, mais ce soir-là, *closed*
j'ai remarqué qu'elle était ouverte°. À l'intérieur, j'ai vu un homme qui *open*
transportait un sac.

—Pouvez-vous le décrire?

—C'était un homme assez jeune. Il était très brun et il avait une moustache. Il
était assez petit. Il portait un pantalon et une veste de cuir°. *leather*

—Qu'est-ce qu'il a fait?

—Il est sorti précipitamment° et il a passé le sac à sa complice, qui attendait dans *hurriedly*
la rue.

—Sa complice?

—Oui, c'était une jeune femme blonde qui portait aussi une veste de cuir.

—Qu'est-ce qu'ils ont fait?

—Ils sont montés dans une voiture et ils sont partis à toute vitesse°. Malheu- *at high speed*
reusement°, je n'ai pas pu noter entièrement le numéro de la voiture. Il faisait *Unfortunately*
trop noir°. J'ai seulement remarqué que les deux derniers chiffres° étaient 73, *dark / numbers*
et par conséquent° que la voiture venait de la Savoie.° *therefore / Savoy*

—Qu'est-ce que vous avez fait alors?

—J'ai immédiatement téléphoné à la police et je leur ai donné le signalement° *description*
des cambrioleurs et de la voiture.

—Merci, c'est grâce à ce signalement qu'ils ont été arrêtés.

## Lectures culturelles: *Les Français en uniforme*

Un Français sur[1] vingt porte un uniforme. Quand on voyage en France, il est important de reconnaître ces uniformes.

### L'agent de police

Il porte un uniforme bleu et un bâton[2] blanc. Son rôle principal consiste à diriger[3] la circulation dans les grandes villes. Si vous avez besoin d'un renseignement[4], c'est à lui qu'il faut s'adresser[5].

### La contractuelle[6]

C'est une auxiliaire de la police. Elle porte un uniforme beige ou bleu. Son travail consiste à mettre des contraventions[7] aux voitures qui sont stationnées[8] illégalement.

### Le gendarme

Il porte un uniforme bleu et noir en hiver et beige en été. Il circule à moto ou en voiture. Il assure[9] la police[10] de la route et intervient[11] en cas d'accident. Il est aussi chargé d'arrêter[12] les criminels.

### Le garde républicain

Il porte un uniforme bleu et noir. Sa mission principale est d'assurer les services d'honneur pendant les cérémonies officielles à Paris. Il assure aussi la sécurité du Président de la République.

## Les départements français

La France est divisée administrativement en 95 départements. Chaque département est identifié par un numéro allant[13] de 01 à 95. Ce numéro figure sur les plaques d'immatriculation[14] des voitures. Le nombre 75 représente Paris. Le nombre 73 désigne la Savoie, un département au sud-est[15] de la France.

1 out of  2 stick  3 in directing  4 information  5 address
yourself  6 parking enforcement officer  7 tickets  8 parked
9 provides  10 policing  11 intervenes  12 to arrest  13 going
14 license plates  15 southeast

# Structure et Vocabulaire

## Vocabulaire:    *Événements*

Noms

| | | | |
|---|---|---|---|
| **un accident** | *accident* | **une époque** | *period, epoch, time* |
| **un cambriolage** | *burglary* | **une histoire** | *story* |
| **un événement** | *event* | **une scène** | *scene* |
| **un fait** | *fact* | | |
| **un siècle** | *century* | | |
| **un témoin** | *witness* | | |

Verbes

| | | |
|---|---|---|
| **arriver** | *to happen* | Qu'est-ce qui *(What)* est **arrivé** ce jour-là? |
| **assister (à)** | *to attend, to go to; to be present at* | Vas-tu **assister** au match de football? Hier, **j'ai assisté** à un accident. |
| **avoir lieu** | *to take place* | Quand **a eu lieu** le cambriolage? |
| **expliquer** | *to explain* | Peux-tu m'**expliquer** cette histoire? |
| **raconter** | *to tell* | Aimez-vous **raconter** des histoires drôles? |
| **remarquer** | *to notice* | Je n'**ai** rien **remarqué.** |

Expressions

| | | |
|---|---|---|
| **d'abord** | *first, at first* | **D'abord,** nous sommes allés au cinéma. |
| **puis** | *then* | **Puis,** nous sommes allés au café. |
| **ensuite** | *after, then* | **Ensuite,** nous avons joué aux cartes. |
| **enfin** | *finally, at last* | **Enfin,** nous sommes rentrés chez nous. |
| **finalement** | *finally* | **Finalement,** je suis allé au lit. |
| **pendant** | *during, for* | Nous avons raconté des histoires **pendant** deux heures. |
| **pendant que** | *while* | **Pendant que** tu parlais, Paul a pris une photo. |
| **soudain** | *suddenly* | **Soudain,** j'ai entendu un grand bruit. |
| **tout à coup** | *suddenly, all of a sudden* | **Tout à coup,** j'ai vu l'accident. |
| **tout de suite** | *immediately* | Nous avons **tout de suite** téléphoné à la police. |

## 1. Questions personnelles

1. Le mois dernier, avez-vous assisté à un match de football? à une confé-rence *(lecture)*? à un concert? à un événement sportif? à un événement culturel? Quels étaient ces événements?
2. Avez-vous été témoin d'un accident? Où et quand?
3. Connaissez-vous quelqu'un qui a été victime d'un cambriolage? Où et quand a eu lieu ce cambriolage? Quelle a été la réaction de la victime?
4. Quel est l'événement le plus important auquel *(at which)* vous avez assisté? Selon vous, quel est l'événement le plus important de ce siècle?
5. Quand a eu lieu votre anniversaire? l'anniversaire de votre meilleur(e) ami(e)?

# A.  Le passé composé et l'imparfait: événement spécifique et circonstances de l'événement

In the sentences on the left, certain events are described. In the sentences on the right, some of the background circumstances that accompanied these events are given. Compare the tenses of the verbs in heavy print.

| *Main events* | *Background circumstances* |
|---|---|
| Nous **sommes allés** à la plage. | **C'était** le 3 août. |
| | Il **faisait** très beau. |
| | Nous **avions envie de** nager. |
| Hélène **est restée** chez elle. | Il **pleuvait.** |
| | Elle **était** malade *(sick)*. |
| | Elle ne **voulait** pas sortir. |
| Sophie **a rencontré** un étudiant canadien. | Il **était** jeune et sympathique. |
| | Il **avait** les cheveux bruns. |
| | Il **portait** une veste bleue. |

The PASSÉ COMPOSÉ is used to describe SPECIFIC EVENTS that occurred in the past. In a narrative, the passé composé is used to describe ACTIONS that constitute the STORY LINE. The passé composé tells WHAT HAPPENED.

Hier nous **avons rencontré** nos amis au café.

The IMPERFECT is used to describe the CIRCUMSTANCES or CONDITIONS that accompanied these events. In a narrative, the imperfect is used to describe the BACKGROUND of the action, to SET THE SCENE.

More specifically, the IMPERFECT is used to describe:

1. EXTERNAL CIRCUMSTANCES, such as ...

   - *the date*       C'**était** le 3 juillet.
   - *time of day*    Il **était** midi.
   - *weather*        Il **faisait** chaud.
   - *the scene*      Il y **avait** beaucoup de gens dans la rue.

2. PERSONAL CIRCUMSTANCES, such as ...

   - *age*                    J'**avais** 18 ans.
   - *appearance*             Nathalie **portait** une jupe bleue.
   - *physical traits*        Le jeune homme **avait** les yeux bleus.
   - *physical conditions*    J'**étais** malade *(sick)* et je n'**avais** pas très faim.
   - *feelings*               Nous **étions** de bonne humeur.
   - *attitudes*              Nous **voulions** sortir avec nos amis.

**2. Pourquoi?**    Dites où les personnes suivantes sont allées et pourquoi.

▢    Martine / au restaurant / elle a faim
  *Martine est allée au restaurant parce qu'elle avait faim.*

1. Charles / au café / il a soif
2. Georges / chez le médecin (*doctor*) / il a une violente migraine
3. Sylvie / à la piscine / elle veut nager
4. Antoine / à la discothèque / il a envie de danser
5. Suzanne / à la bibliothèque / elle a l'intention d'étudier
6. Denis / au café / il espère rencontrer ses amis
7. Marc / dans sa chambre / il a sommeil
8. Nathalie / en Italie / elle veut apprendre l'italien
9. ma sœur / à l'université / elle veut être ingénieur

**3. Excuses**    Hier les personnes suivantes n'ont pas fait certaines choses. Expliquez pourquoi.

▢    Guillaume / sortir / il a la grippe
  *Guillaume n'est pas sorti parce qu'il avait la grippe.*

1. Georges / travailler / il a une migraine
2. Janine / faire les courses / elle est malade (*sick*)
3. Gilbert et Denis / assister aux cours / ils pensent que c'est samedi
4. Françoise / aller au cinéma / elle veut préparer l'examen
5. Albert / téléphoner à Jacqueline / il n'a pas son numéro
6. Michèle / nager / il fait trop froid

**4. Oui ou non?**   Dites si oui ou non les personnes suivantes ont fait les choses indiquées et expliquez pourquoi.

 nous / sortir? (il fait mauvais)
***Nous ne sommes pas sortis parce qu'il faisait mauvais.***

1. vous / aller à la plage? (il fait beau)
2. Paul / voir l'obstacle? (la visibilité est mauvaise)
3. Janine / envoyer une carte à son fiancé? (c'est la Saint Valentin)
4. je / mettre un manteau? (il fait froid)
5. nous / travailler? (c'est le 14 juillet: *Bastille Day*)
6. tu / déjeuner? (il est midi)
7. François / écrire à son cousin? (c'est son anniversaire)

**5. Une arrestation.**   Vous avez passé l'été à Paris. Un soir vous êtes allé(e) dans un café. Racontez ce qui *(what)* est arrivé au passé.

1. C'est le 20 juillet.
2. Il est neuf heures du soir.
3. Il fait chaud.
4. J'ai soif.
5. Je vais dans un café.
6. Je commande une bière.
7. Un homme rentre.
8. Il est assez jeune.
9. Il est élégant.
10. Il porte un costume marron.
11. Il porte aussi des lunettes noires.
12. Il commande un whisky.
13. Après un moment, il enlève (**enlever:** *to take off*) ses lunettes.
14. Je remarque qu'il a une cicatrice *(scar)*.
15. Je reconnais tout de suite Jean Lescroc, le fameux cambrioleur *(burglar)*.
16. Je parle au garçon.
17. Le garçon téléphone à la police.
18. La police arrive.
19. Elle arrête Jean Lescroc.

**6. Conversation**   Demandez à vos camarades de décrire la dernière fête où ils sont allés. Posez huit à dix questions.

*Par exemple:* Quand était-ce? Quelle était l'occasion de cette fête? Qui était l'hôte (l'hôtesse)? Qui étaient les invités *(guests)*? Quels vêtements portaient-ils? Est-ce qu'il y avait un buffet? Est-ce qu'il y avait de la musique? Qu'est-ce qu'ils ont fait? Est-ce qu'ils ont aimé cette fête? Pourquoi ou pourquoi pas?

## B.    L'imparfait et le passé composé: actions progressives et événements spécifiques

Read each pair of sentences carefully. One sentence describes a SPECIFIC EVENT. The other describes an ONGOING action. Note the tenses of the verbs in heavy print.

Pendant le cambriolage, les habitants de l'appartement **dormaient.**

*During the burglary, the inhabitants of the apartment **were sleeping.***

Après le cambriolage, ils **ont téléphoné** à la police.

*After the burglary, they **called** the police.*

Henri **est arrivé** en retard au théâtre.

*Henri **arrived** late at the theater.*

Heureusement, Nicole l'**attendait** encore.

*Fortunately, Nicole **was** still **waiting** for him.*

---

The IMPERFECT is used to describe ONGOING ACTIONS, that is, actions that were in progress at some point in the past. It describes WHAT WAS HAPPENING, WHAT WAS TAKING PLACE. In this usage, the imperfect corresponds to the English past progressive construction: *was/were ...ing.*

Nous **attendions** le bus.    *We **were waiting for** the bus.*

---

The PASSÉ COMPOSÉ is used to describe SPECIFIC EVENTS. It describes WHAT HAPPENED, WHAT TOOK PLACE.

Enfin le bus **est arrivé.**    *Finally the bus **arrived.***

---

▶ Note how the choice between the imperfect and the passé composé reflects how the speaker views the action being described.

—Qu'est-ce que vous **faisiez** hier à midi?

—*What **were** you **doing** yesterday at noon?*

—Nous **déjeunions.**

—*We **were having** lunch.*

—Qu'est-ce que vous **avez fait** hier à midi?

—*What **did** you **do** yesterday at noon?*

—Nous **avons déjeuné.**

—*We **had lunch.***

▶ In a narrative, the PASSÉ COMPOSÉ is used to describe the MAIN ACTIONS. The IMPERFECT is used to describe the BACKGROUND: what was GOING ON when the main events occurred. Note the use of tenses in the following narrative.

Je **suis arrivé** à l'aéroport à deux heures.
Beaucoup de voyageurs **attendaient** l'avion.
Certains **lisaient** le journal.
D'autres **parlaient** avec leurs amis.
Nous **avons attendu** l'avion pendant une heure.
Finalement quelqu'un **a annoncé** le départ.
Les voyageurs **ont pris** leurs bagages et **sont montés** dans l'avion.

**7. Le cambriolage**  Un cambriolage a eu lieu hier dans un immeuble parisien. La police interroge les voisins. Dites ce que chaque personne faisait au moment du cambriolage. Dites aussi si oui ou non cette personne était chez elle.

▮ Mademoiselle Chauvin (faire une promenade)
*Mademoiselle Chauvin faisait une promenade. Elle n'était pas chez elle.*

1. je (dormir)
2. M. Blanc (préparer le dîner)
3. tu (nettoyer ta chambre)
4. nous (dîner au restaurant)
5. les étudiants (étudier à la bibliothèque)
6. Gérard (attendre sa fiancée au café)
7. vous (faire la vaisselle)
8. Anne et Luc (rendre visite à des amis)

**8. Conversation**  Demandez à vos camarades ce qu'ils faisaient aux moments suivants.

▮ hier à midi    —*Qu'est-ce que tu faisais hier à midi?*
            —*J'étais en classe.*
        ou: —*Je déjeunais.*
        ou: —*J'attendais un ami.*

• hier à neuf heures du matin
• hier à une heure de l'après-midi
• hier à quatre heures et demie
• hier à huit heures moins le quart
• avant-hier à minuit
• ce matin à six heures

**9. Promenade dans un parc**  Racontez l'histoire suivante au passé. Pour cela, mettez les verbes en italique au **passé composé** ou à l'**imparfait**.

[1]Je *déjeune* au restaurant avec mon amie Caroline. [2]Après le déjeuner, nous *faisons* une promenade. [3]Nous *allons* au parc Monceau. [4]Il y *a* beaucoup de gens dans le parc. [5]Des enfants *jouent* dans le sable (*sand*). [6]Leurs mères *parlent* entre elles (*among themselves*). [7]Un vieil homme *dort* sur un banc (*bench*). [8]Caroline *prend* son appareil-photo. [9]Elle *prend* plusieurs photos. [10]Ensuite nous *rentrons* chez nous.

▮ *Hier j'ai déjeuné au restaurant ...*

**10. À la bibliothèque** Racontez l'histoire suivante au passé. Pour cela, mettez les verbes en italique au **passé composé** ou à l'**imparfait**.

¹Je *dîne* chez moi à sept heures. ²Je *vais* à la bibliothèque à huit heures. ³À cette heure-là, beaucoup d'étudiants *étudient*. ⁴Ils *préparent* leurs cours pour le lendemain *(next day)*. ⁵Dans une salle *(room)*, je *vois* mon ami Jean-Claude. ⁶Lui, il n'*étudie* pas. ⁷Il *lit* le journal. ⁸Je lui *parle* pendant dix minutes. ⁹Ensuite, il *sort*. ¹⁰Moi, je *prends* mes livres et j'*étudie*.

▯ *Mardi j'ai dîné chez moi ...*

**11. Au Marché aux puces** *(At the flea market)* Racontez l'histoire suivante au passé. Pour cela, mettez les verbes en italique au **passé composé** ou à l'**imparfait**.

¹C'*est* le 18 juin. ²Je *suis* en vacances. ³Il *fait* beau. ⁴Je ne *veux* pas rester chez moi. ⁵Je *téléphone* à mon amie Christine. ⁶Nous *décidons* d'aller au Marché aux puces. ⁷Nous *prenons* l'autobus. ⁸Nous *arrivons* au Marché aux puces à deux heures. ⁹À cette heure-là, il y *a* beaucoup de monde *(people)*. ¹⁰Les vendeurs *proposent* leurs marchandises aux touristes. ¹¹Les touristes *regardent*. ¹²Certains *dépensent* beaucoup d'argent pour de la camelote *(junk)*. ¹³Christine n'*achète* rien. ¹⁴Moi, j'*achète* un bracelet pour un très bon prix. ¹⁵Nous *avons* chaud. ¹⁶Nous *allons* dans un café. ¹⁷Nous *buvons* de la limonade. ¹⁸Ensuite, nous *rentrons* chez nous.

¹⁹Le lendemain je *montre* mon bracelet à ma tante Odile. ²⁰Elle le *regarde* attentivement. ²¹Elle me *dit* que c'*est* un bracelet ancien d'une très grande valeur. ²²Vraiment, je ne *perds* pas mon temps au Marché aux puces.

▯ *C'était le 18 juin ...*

Au Marché aux puces

# C.  L'imparfait et le passé composé dans la même phrase

When a single sentence describes both a specific past event and an ongoing background action, both the passé composé and the imperfect are used.

Les cambrioleurs *(burglars)* **sont entrés** pendant que nous **dormions**.
Quand Alain **a téléphoné,** nous **dînions.**
Dans la rue nous **avons vu** des gens qui **allaient** au cinéma.

The time relationship between the two actions in these sentences can be graphically depicted as follows:

| *Specific event* | Les cambrioleurs **sont entrés** | Quand Alain **a téléphoné** | Nous **avons vu** des gens |
|---|---|---|---|
| *Ongoing background action* | pendant que nous **dormions.** | nous **dînions.** | qui **allaient** au cinéma. |

► Two specific actions or two ongoing actions can be described in a single sentence. In such cases, the two verbs are in the same tense.

*Two **specific** actions*
Nous **sommes sortis**
   quand vous **êtes rentrés**.

Nous **sommes sortis**
quand vous **êtes rentrés**.

*Two **ongoing** actions*
Pendant que j'**étudiais**,
   vous **regardiez** la télé.

Pendant que j'**étudiais**
vous **regardiez** la télé.

**12. Rencontres**   Les personnes suivantes ont fait une promenade cet après-midi. Dites qui elles ont rencontré et ce que faisaient ces gens. Suivez le modèle.

▢ Paul rencontre une amie. Elle va à l'université.
*Paul a rencontré une amie qui allait à l'université.*

1. Je rencontre un ami. Il sort du cinéma.
2. Nous voyons des musiciens. Ils chantent dans la rue.
3. Vous écoutez un étudiant américain. Il joue de la guitare.
4. Jacques voit un agent de police. Il demande ses papiers à un automobiliste.
5. Hélène et Suzanne parlent à des touristes. Ils cherchent le musée.
6. Les touristes achètent des cartes postales à un marchand *(merchant)*. Il vend des souvenirs.
7. Tu vois une ambulance. Elle va sur la scène d'un accident.
8. M. Dupont remarque ses voisins. Ils attendent le bus.

**13. Qu'est-ce qu'ils faisaient?**   Dites ce que les personnes suivantes faisaient quand certaines choses sont arrivées.

▢ Béatrice / être étudiante / faire la connaissance de son fiancé
*Béatrice était étudiante quand elle a fait la connaissance de son fiancé.*

1. Robert / faire une promenade à pied / voir un cambriolage
2. Denis / travailler comme mécanicien / gagner un million à la loterie
3. Albert / aller à 100 kilomètres à l'heure / avoir un accident
4. cet écrivain / habiter à Paris / écrire son roman
5. Thérèse / regarder le ciel *(sky)* / voir un OVNI *(UFO)*
6. Vincent / regarder les filles / tomber dans la piscine
7. Alice / nettoyer le garage / trouver un bracelet en or *(gold)*
8. Charles / déjeuner / entendre une explosion

**14. Quand?**   Lisez la description des événements suivants. Racontez ces événements au passé en utilisant le passé composé et l'imparfait et l'expression *pendant que.*

▢ Jacques arrive. (nous dînons)
*Jacques est arrivé pendant que nous dînions.*

1. Jean-Pierre rencontre Stéphanie. (elle fait un voyage en France)
2. Nous prenons des photos des enfants. (ils jouent au football)
3. Les journalistes prennent des notes. (le président parle)
4. Ton cousin téléphone. (tu dors)
5. Nos amis passent. (nous faisons les courses)
6. Le cambriolage a lieu. (les voisins sont en vacances)
7. La police arrive. (les cambrioleurs [burglars] sont dans la maison)
8. Je rends visite à Denise. (elle habite à Québec)

**15. Où étiez-vous?**   André veut savoir où étaient ses amis et ce qu'ils faisaient hier. Jouez le rôle d'André et de ses amis.

▢ téléphoner (dans la cuisine / préparer le dîner)
ANDRÉ: *Où étais-tu quand j'ai téléphoné?*
L'AMI(E): *J'étais dans la cuisine.*
ANDRÉ: *Ah bon! Et qu'est-ce que tu faisais?*
L'AMI(E): *Je préparais le dîner.*

1. rentrer (dans ma chambre / dormir)
2. sortir (au garage / réparer mon vélo)
3. aller au café (à la bibliothèque / faire mes devoirs)
4. passer chez toi (au supermarché / faire les courses)
5. rencontrer ton frère (en ville / dîner avec mes amis)

**16. Un Américain à Paris**   Frank a passé les vacances en France. Mettez son histoire au passé.

[1]J'*arrive* à Paris le 14 juillet. [2]Mon ami Henri m'*attend* à l'aéroport. [3]Nous *prenons* un taxi. [4]Je *remarque* qu'il y *a* beaucoup de monde dans les rues. [5]Je *demande* à Henri pourquoi les gens ne *travaillent* pas. [6]Il me *répond* que *c'est* le jour de la fête *(holiday)* nationale. [7]Nous *arrivons* chez Henri. [8]Là, je *dors* un peu parce que je *suis* fatigué *(tired)*. [9]Mais le soir je *sors* avec Henri. [10]Nous *faisons* une promenade. [11]Sur une place, il y *a* un orchestre *(band)* qui *joue* du rock. [12]Beaucoup de gens *dansent* dans la rue. [13]Nous *invitons* deux jeunes filles à danser. [14]Nous *dansons* toute la nuit. [15]Je *suis* heureux. [16]Une nouvelle vie *commence* ...

▢ *Je suis arrivé à Paris ...*

# D.  Le plus-que-parfait

The PLUPERFECT tense, in French as in English, is used to describe a past action or event that had occurred BEFORE another past action or event. Compare:

| | |
|---|---|
| J'**ai bu** du champagne pour mon anniversaire. | I **drank** champagne for my birthday. |
| Je n'**avais** jamais **bu** de champagne avant. | I **had** never **drunk** champagne before. |
| Cet été, je **suis allé** au Pérou. | This summer I **went** to Peru. |
| L'été d'avant, j'**étais allé** au Mexique. | The summer before, I **had gone** to Mexico. |
| Quand Alice **est arrivée** à l'aéroport, son avion **était** déjà **parti**. | When Alice **arrived** at the airport, her plane **had already** left. |

Note the PLUPERFECT forms of **étudier** and **sortir**.

| infinitive | étudier | sortir |
|---|---|---|
| pluperfect | j'**avais** **étudié**<br>tu **avais** **étudié**<br>il/elle/on **avait** **étudié**<br><br>nous **avions** **étudié**<br>vous **aviez** **étudié**<br>ils/elles **avaient** étudié | j'**étais** **sorti(e)**<br>tu **étais** **sorti(e)**<br>il/elle/on **était** **sorti(e)**<br><br>nous **étions** **sorti(e)s**<br>vous **étiez** **sorti(e)(s)**<br>ils/elles **étaient** sorti(e)s |
| negative | Je n'**avais** pas **étudié**. | Je n'**étais** pas **sorti(e)**. |
| interrogative | Est-ce que tu **avais étudié?**<br>**Avais**-tu **étudié?** | Est-ce que tu **étais sorti(e)?**<br>**Étais**-tu **sorti(e)?** |

▶ The PLUPERFECT is formed as follows:

> imperfect of auxiliary verb + past participle

▶ The rules of AGREEMENT of the PAST PARTICIPLE are the same in the PLUPERFECT as in the PASSÉ COMPOSÉ.

| when the auxiliary verb is: | past participle agrees with: | |
|---|---|---|
| **avoir** | *preceding direct object* | Avais-tu **regardé** ces photos? <br> Oui, je **les** avais **regardées**. |
| **être** | *subject* | Georges était **sorti**. <br> **Ses cousines** étaient **sorties** avec lui. |

**17. Vive la différence!**   On aime faire des choses différentes. Lisez ce qu'ont fait les personnes suivantes et décrivez ce qu'elles avaient fait avant.

▫ Cette année Monique est allée à Québec. (l'année dernière / à Genève)
 *L'année dernière elle était allée à Genève.*

1. Ce matin les touristes ont visité le Louvre. (hier matin / le musée d'Orsay)
2. Ce week-end Catherine est sortie avec Robert. (le week-end dernier / avec Thomas)
3. Cet hiver nous avons eu la grippe. (l'hiver dernier / une pneumonie)
4. Vendredi vous avez assisté à un match de boxe. (jeudi / à un match de karaté)
5. Hier j'ai vu une comédie musicale. (la semaine dernière / un film d'horreur)
6. Cette semaine, mes amies sont allées dans un restaurant italien. (il y a deux semaines / dans un restaurant vietnamien)
7. En 1992, les Jeux Olympiques ont eu lieu à Barcelone. (en 1988 / à Séoul)

**18. Pourquoi pas?**   Dites ce que les personnes suivantes n'ont pas fait en utilisant le passé composé. Expliquez pourquoi en utilisant le plus-que-parfait dans des phrases affirmatives ou négatives.

▫ Les étudiants n'ont pas réussi à l'examen. (étudier?)
 *Ils n'avaient pas étudié.*

1. J'ai répondu correctement au professeur. (réfléchir à la question?)
2. Nous sommes allés au concert. (réserver des billets?)
3. Vous avez bien dormi. (boire trop de café?)
4. Tu as dîné chez toi. (faire les courses?)
5. Catherine a vu le programme de télé. (rentrer trop tard [late] chez elle?)
6. Paul et Denis sont venus au rendez-vous. (oublier la date?)

**19. Dommage!** *(Too bad!)*    Les personnes suivantes ont fait certaines choses, mais trop tard *(too late)*. Expliquez ce qui leur est arrivé, d'après le modèle.

▪ Charles arrive à la gare. Le train part.
   **Quand Charles est arrivé à la gare, le train était déjà parti.**

1. Philippe téléphone à Françoise. Elle est sortie avec Jean-Pierre.
2. Nous arrivons au cinéma. Le film a commencé.
3. Madame Lambert entre dans la cuisine. Le chat *(cat)* a mangé le bifteck.
4. La police arrive sur le lieu *(site)* de l'accident. Les témoins sont partis.
5. Le garçon apporte l'addition *(check)*. Les clients ont quitté le restaurant.
6. Monsieur Galand arrive au marché *(market)*. Le marchand a vendu toutes les fraises.
7. Je veux acheter la moto de Florence. Elle l'a vendue à Marc.

**20. Jamais avant!**    Denise demande à ses amis ce qu'ils ont fait et s'ils avaient fait ces choses avant. Jouez les rôles suivant le modèle.

▪ l'été dernier / aller en Grèce
   DENISE:   *Qu'est-ce que tu as fait l'été dernier?*
   L'AMI(E):   *Je suis allé(e) en Grèce.*
   DENISE:   *Ah bon! Est-ce que tu étais allé(e) en Grèce avant?*
   L'AMI(E):   *Non, je n'étais jamais allé(e) en Grèce.*

1. pendant les vacances d'hiver / faire du ski
2. le week-end dernier / voir *Les Misérables*
3. pendant les vacances / aller au Tibet
4. à Paris / monter à la Tour Eiffel
5. en Espagne / assister à une corrida *(bullfight)*
6. pour ton anniversaire / sauter *(jump)* en parachute

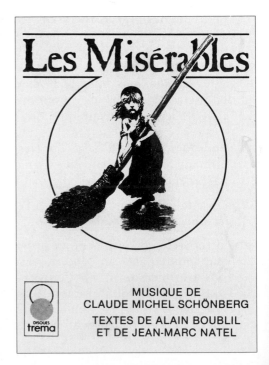

Les Misérables

MUSIQUE DE
CLAUDE MICHEL SCHÖNBERG

TEXTES DE ALAIN BOUBLIL
ET DE JEAN-MARC NATEL

DISQUES
trema

# Communication

Choose a partner who will play the role of the other person in the conversation.

---

1. Last night, around nine, you tried to phone your friend several times, but there was no answer. Today you meet your friend on campus and want to know why he/she was not in.

Ask your partner . . .

- where he/she was last night at nine
- what he/she was doing
- where his/her roommate (**un/une camarade de chambre**) was
- what he/she was doing

---

2. You are a police officer investigating a hit-and-run accident that occurred near campus last night. Now you are interviewing a student who witnessed the scene. Ask your witness, whom you naturally address as **vous,** for details about what happened.

Ask your partner . . .

- what time it was
- where he/she was at that moment (**à ce moment-là**)
- where he/she was going
- if he/she saw the car
- what color (**de quelle couleur**) it was
- if he/she wrote down (**noter**) the license number (**le numéro**) of the car
- if he/she saw the driver (**le conducteur**)
- what he was wearing
- if there were other witnesses

---

3. Last week your partner was with a friend when they saw a UFO (**un OVNI**). You are a journalist for *France-Soir* investigating the report.

Ask your partner (whom you address as **vous**) . . .

- what day it was
- what time it was
- where he/she was
- with whom he/she was
- what they were doing
- what they saw
- if he/she took pictures

# Vivre en France:
## *Les sorties*

## Vocabulaire pratique: *Les spectacles*

On va | **au cinéma** pour **voir un film.**
| **au théâtre** pour **voir une pièce de théâtre.**
| **au musée** pour | **voir une exposition** *(exhibit).*
| | **assister à une conférence** *(lecture).*
| **dans une salle de concert** pour | **assister à un concert.**
| | **écouter un récital.**
| **au music-hall** pour **voir un spectacle de variétés** *(show).*

Allons au cinéma
**Quelle sorte de film est-ce?**
**Qu'est-ce qu'on joue?**

C'est | **une comédie.**
On joue | **un western.**
| **un film d'aventures.**
| **un film de science-fiction.**
| **un film policier** *(detective).*
| **un drame psychologique.**

À quelle heure **commence la séance** *(performance)*?
Elle commence à neuf heures.

Où est-ce qu'**on peut se rencontrer** *(meet)*?
On peut se rencontrer | devant le cinéma.
**On se retrouve** *(meet)* |

## CONVERSATION: *Invitation au cinéma*

*Antoine invite Christine au cinéma.*

ANTOINE: Dis, Christine, est-ce que tu veux aller au cinéma avec moi?
CHRISTINE: Ça dépend! Qu'est-ce qu'on joue?
ANTOINE: On joue *Frankie et Johnny* à l'Odéon.
CHRISTINE: Bon, alors d'accord! J'adore les comédies. À quelle séance veux-tu aller?
ANTOINE: On peut aller à la séance de huit heures et demie. Ça te va *(is that okay with you)*?
CHRISTINE: Tout à fait *(absolutely)*!
ANTOINE: Bon, alors à ce soir! On se retrouve devant le cinéma.
CHRISTINE: D'accord.

ODEON

**Frankie et Johnny**

un film de Garry Marshall
avec Michelle Pfeiffer
et Al Pacino

*séances à 18h15  20h30  227h45*

## Dialogues: *Allons au cinéma*

Invitez un(e) camarade à l'un des films suivants. Pour cela, construisez un dialogue sur le modèle de la conversation entre Antoine et Christine. Jouez ce dialogue avec votre camarade.

**CLUNY-PALACE**

## À propos de Henry

avec Harrison Ford et Annette Bening

*séances à 16h et 19h30*

**PUBLICIS**

## ALIENS 3

**film américain
avec Sigourney Weaver**

*séances à 19h et 21h30*

*SAINT-GERMAIN-STUDIO*

*Toto le Héros*

*séance unique à 20 heures*

Le Cosmos

## La Double Vie de Véronique

*séances à 19h, 21h et 23h*

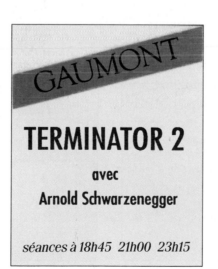

**GAUMONT**

## TERMINATOR 2

**avec
Arnold Schwarzenegger**

*séances à 18h45  21h00  23h15*

**La Pagode**

## Le Retour de Batman

avec Micheal Keaton, Danny DeVito, et Michelle Pfeiffer

*séances à 18h30 et 20h45*

## Vocabulaire pratique: *L'art de l'invitation*

Comment inviter

Es-tu **libre** *(free)* demain soir?

Est-ce que tu veux | **sortir** avec moi?
| **aller à l'exposition** avec moi?
| **prendre un verre** *(have a drink)*?

**J'aimerais** *(would like)* **t'inviter** | **au théâtre.**
| **au concert.**
| **à dîner.**

Comédie Française
**MOLIERE**
**LE BOURGEOIS GENTILHOMME**
mercredis
jeudis        à 14 h
dimanches

Comment accepter

**Oui, d'accord!**
**C'est d'accord!**
**Avec plaisir!** *(With pleasure!)*
**Volontiers!** *(Gladly!)*
**Je veux bien!**
**C'est entendu** *(agreed)***!**

Comment refuser poliment *(How to refuse politely)*

**Je regrette,** mais ... | **je dois** préparer mon examen.
**Je suis désolé(e)** *(very sorry)*, mais ... | **je suis occupé(e)** *(busy)*.
**J'aimerais bien** *(would like to)*, mais ... | **je ne suis pas libre.**
**Tu es gentil(le)** *(kind)*, mais ... | **j'ai d'autres projets.**
**Je te remercie** *(thank you)*, mais ... | **je n'ai pas le temps**
aujourd'hui.

**RESTAURANT** la **Méditerranée** spécialités de poissons ouvert tous les jours excepté le mercredi

GRAND PALAIS EXPOSITION
Matisse
tous les jours de 9 h à 17 h sauf mardi

Théâtre Musical de Paris
**ALEXIS MICHKINE** récital de piano
sonates de **BEETHOVEN**
6-8-10 mars

Discothèque
*Chicago*
Ambiance Rock Musique de Disco
"Les Chats Sauvages"
tous les soirs sauf [1] le jeudi

Opéra de Paris
**La Bohème** Puccini
avec Anna Fernandez
jeudi 12 avril
vendredi 13 avril

---

1  *except*

# CONVERSATIONS: *Invitations*

*A. Monique propose à Béatrice d'aller à une exposition.*

**MONIQUE:** Dis, Béatrice, est-ce que tu veux aller à l'exposition Picasso avec moi?

**BÉATRICE:** Avec plaisir. Quel jour?

**MONIQUE:** Samedi prochain. Ça va?

**BÉATRICE:** Oui, bien sûr.

**MONIQUE:** Bon. Alors je vais passer te prendre *(to pick you up)* chez toi vers trois heures. Ensuite, nous pouvons aller au cinéma, si tu veux.

**BÉATRICE:** Tu es gentille! Alors, à samedi!

*B. Pierre veut inviter Suzanne.*

**PIERRE:** Dis, Suzanne, est-ce que tu veux aller au concert avec moi?

**SUZANNE:** J'aimerais bien, mais en ce moment avec les examens j'ai beaucoup de travail. Enfin *(well)*, ça dépend. Quel jour?

**PIERRE:** Vendredi soir.

**SUZANNE:** Vendredi? C'est le jour après l'examen. Écoute, je suis libre ce jour-là. Alors, si tu veux, c'est d'accord pour vendredi. Est-ce que tu peux passer me prendre?

**PIERRE:** Oui, bien sûr! Vers huit heures.

**SUZANNE:** Entendu!

*C. Gérard a l'intention d'inviter Anne-Marie.*

**GÉRARD:** Dis, Anne-Marie, est-ce que tu veux aller au cinéma samedi soir? Il y a un film de Bogart dans le Quartier latin.

**ANNE-MARIE:** Écoute, Gérard, tu es gentil, mais samedi soir je suis occupée.

**GÉRARD:** Bon, alors on peut dîner ensemble dimanche. D'accord?

**ANNE-MARIE:** Je te remercie, mais lundi matin j'ai un examen important. Je dois absolument *(absolutely)* le préparer dimanche.

**GÉRARD:** Dans ce cas, est-ce que tu veux aller au concert lundi soir?

**ANNE-MARIE:** Écoute, Gérard, tu es bien gentil, mais tu n'as pas encore compris que je ne veux pas sortir avec toi!

# Dialogues: *Sorties*

Imaginez les dialogues entre les personnes suivantes. Basez ces dialogues sur les possibilités présentées dans «L'art de l'invitation.»

1. Éric et Sylvie, deux étudiants en beaux arts, sortent souvent ensemble. Sylvie téléphone à Éric et lui propose de sortir samedi prochain.

2. Jacques demande à Caroline si elle veut sortir avec lui. Caroline hésite un peu et accepte.

3. Patrick est un étudiant riche et snob. Il voudrait sortir avec Michèle, mais Michèle n'aime pas l'attitude de Patrick. Patrick est obstiné et Michèle aussi.

4. Proposez à vos camarades de classe de sortir ce week-end. Suivant ce que *(according to what)* vous suggérez, ils vont accepter ou refuser.

# Images
# de la vie

# 8

# Vive les loisirs!

*Voici comment quatre Français, âgés de moins de trente ans, ont répondu à la question:*
*«Avez-vous assez de loisirs?»*

**ANNE-MARIE** *(27 ans, décoratrice)*
Oui, j'ai assez de loisirs. Je suis inscrite° à un club de sport. J'y° vais le lundi et le *enrolled / there*
jeudi soir après mon travail°. Là, je fais de l'aérobic et de la gymnastique. Je *work*
cours° régulièrement. Je joue aussi au tennis. J'y joue tous les week-ends. Pour *run*
moi, le sport est une chose essentielle quand on veut rester en forme°. *shape*

**FRANÇOIS** *(25 ans, journaliste)*
Vous me demandez si j'ai assez de loisirs? On n'en a jamais assez! Il y a beaucoup
de choses que je voudrais faire. Du théâtre, par exemple. J'en faisais quand
j'étais étudiant. Maintenant, je n'en fais plus parce que je n'ai pas le temps.
Quand j'ai un peu de temps, je sors avec mes amis, mais quand je rentre chez moi
je suis plus fatigué° qu'avant. *tired*

**HENRI** *(19 ans, étudiant)*

Les loisirs? Il en faut si on ne veut pas devenir fou°. Mes loisirs dépendent de l'état° de mes finances. Quand j'ai de l'argent, je vais au cinéma. Quand je n'en ai pas, je reste chez moi. J'aime la lecture et la musique. Pendant les vacances, j'ai appris à jouer de la guitare. Maintenant j'en joue souvent. Pour mes amis ou pour moi seul°.

*crazy*
*depends on the state*

*myself*

**JOSIANE** *(29 ans, ouvrière°)*

En semaine je travaille dans une usine. Le week-end, il y a les enfants. Nous en avons quatre. Il y a aussi les travaux domestiques°, les courses, etc.... Les loisirs? Ne m'en parlez pas! Mon mari en a quand il va au café avec ses copains. Moi, je n'y vais pas. Je reste à la maison parce que je suis trop fatiguée.

*factory worker*

*housework*

## Lecture culturelle:  *La civilisation des loisirs*

«Si vous aviez le choix entre[1] plus de temps libre[2] ou plus d'argent, que choisiriez[3]-vous?» 72% des jeunes Français à qui un institut d'opinion publique avait posé la question n'ont pas hésité. Ils ont choisi le temps libre. La réponse de ces jeunes Français souligne[4] l'importance de la «civilisation des loisirs». Dans le monde mécanisé d'aujourd'hui, les loisirs réhumanisent notre existence. Pour la majorité des Français, les loisirs ne sont pas seulement une nécessité. Ils sont un droit[5].

En quoi consistent ces loisirs? Cela[6] dépend des préférences de chacun. Le cinéma, la musique, le théâtre restent des loisirs importants, mais la pratique du sport devient de plus en plus[7] populaire. Les Français et les Françaises d'aujourd'hui courent[8], skient, nagent.... Ils jouent au tennis et ils jouent au golf.... En pratiquant ces sports, ils mettent ainsi[9] en valeur[10] le vieux proverbe: «Un esprit sain dans un corps sain».[11]

Le gouvernement français a compris l'importance des loisirs dans la société contemporaine. Il a financé la construction de «Maisons des Jeunes» et de «Maisons de la Culture».... Il a encouragé le développement de piscines, de stades, de gymnases.... Il a créé[12] un Secrétariat d'État[13] de la Jeunesse et des Sports. En France, les loisirs ne sont pas seulement l'affaire des individus. Ils représentent aussi la politique[14] officielle du pays.

1 *between*  2 *free*  3 *would choose*  4 *underlines*  5 *right*
6 *that*  7 *more and more*  8 *run*  9 *thus*  10 *mettre en valeur = to stress*  11 *"A sound mind in a sound body."*
12 *created*  13 *department*  14 *policy*

# Structure et Vocabulaire

## Vocabulaire: *La santé, les sports et les loisirs*

### Noms

| | | | |
|---|---|---|---|
| un loisir | *leisure-time activity* | la forme | *shape* |
| un rhume | *cold* | la grippe | *flu* |
| un sport | *sport* | une maladie | *illness* |
| le temps libre | *free time* | la santé | *health* |

### sports et loisirs

| | | | |
|---|---|---|---|
| l'alpinisme | *mountain climbing* | la gymnastique | *gymnastics* |
| le camping | *camping* | la lecture | *reading* |
| le jogging | *jogging* | la marche à pied | *walking, hiking* |
| le patinage | *skating* | la natation | *swimming* |
| le ski | *skiing* | la planche à voile | *windsurfing* |
| le ski nautique | *water skiing* | la voile | *sailing* |

### Adjectifs

| | |
|---|---|
| bien portant ≠ malade | *healthy ≠ sick* |
| fatigué ≠ en forme | *tired ≠ in shape* |
| gros (grosse) ≠ mince | *fat ≠ thin* |

### Verbes et expressions

| | | |
|---|---|---|
| pratiquer | *to be active in (a sport)* | Quels sports **pratiques**-tu? |
| avoir l'air + *adjectif* | *to seem, to look* | Vous **avez l'air** fatigué. |
| être en bonne santé | *to be in good health* | Je **suis en bonne santé** parce que je fais du sport. |
| être en mauvaise santé | *to be in poor health* | Vous êtes pâle! **Êtes**-vous **en mauvaise santé?** |
| être en forme | *to be in good shape* | M. Renaud grossit. Il n'**est** pas **en forme.** |
| faire des exercices | *to exercise* | Quand **fais**-tu tes **exercices?** |

## NOTES DE VOCABULAIRE

1. French uses various verbs to talk about sports activities:

   - **pratiquer** (un sport): *to be active in sports,* is used to refer to athletic activity in general.

     Quels sports **pratiquez**-vous?

   - **jouer à** (un sport): *to play,* is used mainly with team and competitive sports.

     **Jouez**-vous **au** football ou **au** volley?

   - **faire du/de la/des** (un sport): *to do, to participate actively in a sport,* is used with most sports, and many other leisure activities.

     **Faites**-vous **du** jogging aujourd'hui?

2. The adjective used with the expression **avoir l'air** usually agrees with the subject.

     Paul a l'air **fatigué**.     Monique a l'air **fatiguée** aussi.

### 1. Questions personnelles

1. Quels sports regardez-vous à la télé?
2. Est-ce que vous faites du sport régulièrement?
3. Quels sports pratiquez-vous en été? en automne? en hiver? au printemps?
4. Quels sports d'hiver peut-on pratiquer dans la région où vous habitez? Quels sports d'été?
5. Selon vous, les loisirs sont-ils nécessaires? Pourquoi ou pourquoi pas?
6. Quels sont vos loisirs préférés? Que faites-vous pendant vos heures de loisirs?
7. Faites-vous du camping? Où et quand avez-vous fait du camping?
8. Qu'est-ce que vous faites pour rester en forme?
9. Est-ce que vous êtes bien portant(e)? Est-ce que vous avez été malade cet hiver? Est-ce que vous avez eu la grippe? Est-ce que vous avez eu un rhume?
10. Est-ce que vous êtes fatigué(e) maintenant? Est-ce que vous êtes fatigué(e) quand vous faites du sport? Après un examen?
11. Avez-vous beaucoup de temps libre? Comment utilisez-vous votre temps libre?

## A.    Le verbe *courir*

| | |
|---|---|
| The verb **courir** *(to run)* is irregular. | |

| *infinitive* | **courir** | |
|---|---|---|
| *present* | je **cours** | nous **courons** |
| | tu **cours** | vous **courez** |
| | il/elle/on **court** | ils/elles **courent** |
| *passé composé* | j'**ai couru** | |

▶ **Courir** *(to run)* is used when the subject is a person.
**Marcher** *(to run, to work)* is used when the subject is a thing.

Paul **court**.                              *Paul is **running**.*
Cette voiture ne **marche** pas bien.    *This car does not **run** well.*

**2. Questions personnelles**

1. Est-ce que vous aimez courir? Pourquoi?
2. Courez-vous souvent? Où courez-vous? Quand courez-vous? Combien de kilomètres courez-vous par jour? par semaine?
3. Avez-vous déjà couru dans une course *(race)*? Dans quelle course avez-vous couru? Est-ce que vous avez fait une bonne performance personnelle?
4. Avez-vous déjà couru dans un marathon? Avez-vous des amis qui ont couru dans un marathon? En combien de temps ont-ils couru?

# B.    Le pronom *y*

Note the form and position of the pronoun that replaces expressions indicating location.

| | | |
|---|---|---|
| Vas-tu **au cinéma?** | Oui, j'**y** vais. | *Yes, I'm going **there**.* |
| Est-ce qu'Alice est **chez elle?** | Non, elle n'**y** est pas. | *No, she is not **there**.* |
| Es-tu allé **en France?** | Oui, j'**y** suis allé. | *Yes, I went **there**.* |
| As-tu dîné **au restaurant** hier? | Non, je n'**y** ai pas dîné. | *No, I did not eat **there**.* |

### USES

> The PRONOUN **y** replaces phrases introduced by PREPOSITIONS OF PLACE such as **à, dans, en, sur,** or **chez** (but never **de**). In this usage it corresponds to the English *there*.

| | | |
|---|---|---|
| preposition of place + $\begin{Bmatrix}\text{noun} \\ \text{(pronoun)}\end{Bmatrix} \rightarrow$ **y** | Marc va **au café.** <br> Anne est **chez elle.** | Il **y** va. <br> Elle **y** est. |

▶ While *there* is often omitted in English, **y** must be used in French.

Vas-tu **au cinéma?** Oui, j'**y** vais.    *Yes, I'm going (**there**).*

> The PRONOUN **y** is also used to replace phrases introduced by **à** that refer to things other than places.

| | | |
|---|---|---|
| **à** + thing or concept → **y** | Tu réussis **à tes examens?** <br> Joues-tu **au tennis?** <br> As-tu répondu **à ma question?** | Oui, j'**y** réussis. <br> Non, je n'**y** joue pas. <br> Oui, j'**y** ai répondu. |
| BUT: **à** + person → **lui, leur** | As-tu répondu **au professeur?** | Je **lui** ai répondu. |

### POSITION

Like other object pronouns, the PRONOUN **y** usually comes BEFORE the verb. In an infinitive construction, it comes BEFORE the infinitive.

Quand vas-tu aller à Paris?    Je vais **y** aller cet été.

▶ In affirmative commands, the pronoun **y** comes AFTER the verb. In spoken French, the verb is linked to the pronoun by the liaison consonant /z/. Consequently, an **-s** is added to the **tu**-form of all **-er** verbs, including **aller.**

| | |
|---|---|
| Allons **au café.** | D'accord! Allons-**y**! |
| **Va au cinéma.** | **Vas-y** cet après-midi. |
| BUT: N'**y** va pas. | |

**3. Dialogue**   Demandez à vos camarades s'ils font souvent les choses suivantes.

▢   aller au cinéma?
>     —*Est-ce que tu vas souvent au cinéma?*
>     —*Oui, j'y vais souvent.*
>   ou: —*Non, je n'y vais pas souvent.*

1. aller au concert
2. aller chez le dentiste
3. passer à la poste
4. déjeuner à la cafétéria
5. dîner au restaurant
6. étudier à la bibliothèque
7. partir à la campagne le week-end
8. rester chez toi le soir

**4. Quand?**   Vous voulez savoir quand les personnes suivantes ont fait certaines choses. Un(e) camarade va vous répondre.

▢   François / aller au Canada (l'été dernier)
>     —*Quand est-ce que François est allé au Canada?*
>     —*Il y est allé l'été dernier.*

1. Michèle / rentrer chez elle (après les classes)
2. Antoine et Denis / aller au stade (lundi dernier)
3. ces étudiants / aller au laboratoire (hier soir)
4. Élisabeth / travailler dans ce supermarché (pendant les vacances)
5. tes amis / passer chez toi (cet après-midi)
6. tes parents / rester dans cet hôtel (quand ils étaient à Paris)

**5. Au bureau**   Monsieur Durand demande à son patron (*boss*) s'il doit faire certaines choses. Le patron répond affirmativement ou négativement, en utilisant les pronoms **y** ou **lui.** Jouez les deux rôles.

▢   passer à la banque? (oui)   M. DURAND:  *Je passe à la banque?*
                                LE PATRON:  *Oui, passez-y.*

1. aller au laboratoire? (oui)
2. rester au bureau ce soir? (non)
3. téléphoner à Madame Mercier? (non)
4. répondre à cette lettre? (oui)
5. répondre à ce client? (oui)
6. répondre à ce télégramme? (non)
7. écrire à Monsieur Moreau? (oui)
8. passer à la poste? (oui)

# C.   Le pronom *en*

Read the answers to the questions below, noting the pronoun that replaces the expressions in heavy print.

| | |
|---|---|
| Fais-tu **du sport?** | Oui, j'**en** fais. |
| Fais-tu **de la voile?** | Non, je n'**en** fais pas. |
| Tu ne prends pas **de vin?** | Non merci, je n'**en** prends pas. |
| As-tu acheté **des cassettes?** | Oui, j'**en** ai acheté. |
| As-tu commandé **de la bière?** | Non, je n'**en** ai pas commandé. |

## USES

> The PRONOUN **en** replaces DIRECT OBJECTS introduced by the articles **du, de la, de l', des** and the negative **de.**

| | | | |
|---|---|---|---|
| **du, de la (de l')**<br>**des**<br>**de (d')** | + noun → **en** | Éric boit **de l'eau.**<br>Éric fait **des exercices.**<br>Il n'a pas **d'argent.** | Il **en** boit.<br>Il **en** fait.<br>Il n'**en** a pas. |

▶ The pronoun **en** often is the equivalent of the English pronouns *some* and *any* (or *none*, in negative sentences). While these pronouns may sometimes be omitted in English, **en** must always be expressed in French.

Est-ce que Paul a **des loisirs?**     *Does Paul have **(any)** leisure activities?*
   Oui, il **en** a.               *Yes, he does **(have some).***
   Non, il n'**en** a pas.       *No, he doesn't **(have any).***

▶ Remember that the pronouns **le, la, les** are used to replace a direct-object noun introduced by a definite article, a demonstrative, or a possessive adjective. Compare:

Achetez **du fromage.**     Achetez-**en.**
Achetez **ce fromage.**     Achetez-**le.**

▶ In the passé composé, there is NO agreement of the past participle with **en.**

As-tu **acheté** des **livres?**     Non, je n'**en** ai pas **acheté.**

Now read the following questions and answers, paying attention to the words in heavy print.

Est-ce que Janine vient **de sa classe d'anglais?**
   Oui, elle **en** vient.                 *(She's coming **from there.**)*

Parles-tu souvent **de tes projets?**
   Non, je n'**en** parle jamais.       *(I never talk **about them.**)*

As-tu besoin **de ta raquette?**
   Oui, j'**en** ai besoin.             *(I need **it** [= have need **of it**].)*

> The PRONOUN **en** is also used to replace a noun phrase introduced by the preposition **de** *(of, from, about).*

| | |
|---|---|
| **de** + thing, place, or concept → **en** | —Tu parles **de la classe?**<br>—Oui, j'**en** parle. |
| BUT: **de** + person → **de** + stress pronoun | —Tu parles **de tes amis?**<br>—Oui, je parle **d'eux.** |

POSITION

Like other object pronouns, the PRONOUN **en** usually comes BEFORE the verb. In an infinitive construction, it comes BEFORE the infinitive.

Veux-tu **du vin?**                Non, je n'**en** veux pas.
Vas-tu commander **de la bière?**   Oui, je vais **en** commander.

▶ There is always liaison after **en** when the next word begins with a vowel sound.

As-tu du pain?   Je n'**en** ai pas.   Je vais **en** acheter.

▶ Note the position of **en** with **il y a.**

Est-ce qu'il y a du lait?   Oui, il y **en** a.   Non, il n'y **en** a pas.

▶ In affirmative commands, **en** comes AFTER the verb. In spoken French, **en** is linked to the verb by the liaison consonant /z/. Consequently an **-s** is added to the **tu**-form of all **-er** verbs when they are followed by **en**.

Apporte des cassettes!   Apportes-**en!**
BUT: N'**en** apporte pas!

**6. Activités**  Demandez à vos camarades s'ils font les choses suivantes. Ils vont vous répondre en utilisant des expressions comme *souvent, tous les jours, de temps en temps, rarement, ne ... jamais.*

du sport?        —*Fais-tu du sport?*
                 —*Oui, j'en fais tous les jours.*
        ou: —*Non, je n'en fais pas.*

1. de la marche à pied?   4. du yoga?        7. de la gymnastique?
2. du ski nautique?       5. du jogging?     8. du camping?
3. de la planche à voile? 6. des exercices?  9. du théâtre?

**7. Oui ou non?**  Informez-vous sur les personnes suivantes et répondez affirmativement ou négativement aux questions.

Catherine était en bonne forme physique. Elle faisait du sport?
*Oui, elle en faisait!*

1. Philippe suivait un régime très strict. Il mangeait des spaghetti?
2. Nous n'aimions pas les boissons alcooliques. Nous buvions du vin?
3. René était végétarien. Il commandait du rosbif?
4. Tu travaillais. Tu gagnais de l'argent?
5. Mon cousin était artiste. Il avait du talent?
6. Thérèse avait peur de l'eau. Elle faisait de la voile?
7. Vous étiez musiciens. Vous jouiez du piano?
8. Vous étiez discrets. Vous parliez des problèmes de vos amis?

**8. Chez le médecin**  Monsieur Pesant, un homme de quarante ans assez obèse, vient consulter son médecin, le docteur Lavie. Il lui demande s'il peut faire certaines choses. Le docteur Lavie lui répond affirmativement ou négativement selon le cas, en utilisant l'impératif. Jouez les deux rôles.

▌ faire des exercices?

M. PESANT: *Docteur, est-ce que je peux faire des exercices?*
DR LAVIE: *Bien sûr, faites-en!*
ou: *Non, n'en faites pas!*

1. faire du sport?
2. boire du vin?
3. boire de l'eau minérale?
4. manger des fruits?

5. manger du pain?
6. fumer des cigares?
7. prendre des vacances?
8. manger de la glace?

**9. En vacances en France**  Vous passez vos vacances dans une famille française. Vous offrez de faire les choses suivantes. Votre partenaire va accepter.

▌ faire les courses
—*Est-ce que je fais les courses?*
—*Oui, fais-les, s'il te plaît.*
—*Est-ce que j'achète du pain?*
—*Oui, achètes-en, s'il te plaît.*

1. acheter le journal
2. apporter de la glace
3. apporter de l'eau minérale
4. mettre la table
5. servir la salade
6. servir du café
7. faire la vaisselle
8. nettoyer la cuisine

**10. En vacances**  Demandez à vos camarades s'ils ont fait les choses suivantes pendant les vacances. Ils vont répondre affirmativement ou négativement en utilisant les pronoms **en** ou **y.**

▌ aller en Italie?
—*Tu es allé(e) en Italie?*
—*Oui, j'y suis allé(e).*
ou: —*Non, je n'y suis pas allé(e).*

▌ faire de la voile?
—*Tu as fait de la voile?*
—*Oui, j'en ai fait.*
ou: —*Non, je n'en ai pas fait.*

1. aller à la mer?
2. faire de la planche à voile?
3. rester chez toi?
4. gagner de l'argent?
5. aller chez tes cousins?

6. avoir des rendez-vous?
7. rencontrer des personnes intéressantes?
8. aller à la campagne?
9. faire du camping?
10. prendre des photos?

# D.    Le pronom *en* avec les expressions de quantité

Note the use of the pronoun **en** in the answers on the right.

| | |
|---|---|
| Avez-vous **une auto?** | Oui, j'**en** ai **une.** |
| Avez-vous **un vélo?** | Oui, j'**en** ai **un.** |
| **Combien de semaines de vacances** prenez-vous? | J'**en** prends **quatre.** |
| **Combien de frères** avez-vous? | J'**en** ai **trois.** |
| Avez-vous **beaucoup de loisirs?** | Non, je n'**en** ai pas **beaucoup.** |
| Avez-vous **trop d'examens?** | Oui, nous **en** avons **trop.** |
| As-tu acheté **plusieurs disques?** | Oui, j'**en** ai acheté **plusieurs.** |
| As-tu lu **d'autres livres?** | Oui, j'**en** ai lu **d'autres.** |
| Est-ce qu'il y a **une piscine** à l'université? | Non, il n'y **en** a pas, mais il y **en** a **une** en ville. |

> The pronoun **en** replaces a direct object introduced by **un, une,** a
> number, or an expression of quantity.

| | | As-tu pris des photos? |
|---|---|---|
| **en** + verb + | un/une | Oui, j'**en** ai pris **une.** |
| | number | Oui, j'**en** ai pris **cinq.** |
| | expression of quantity | Oui, j'**en** ai pris **beaucoup.** |

▶ In an *affirmative* sentence, the number **un/une** must be used with **en** if a
single object is referred to. In a *negative* sentence, however, the number
**un/une** is NOT used. Compare:

| | | | |
|---|---|---|---|
| As-tu une guitare? | Oui, j'**en** ai **une.** | | *Yes, I have (one).* |
| BUT: | Non, je n'**en** ai pas. | | *No, I don't (have one).* |

▶ In affirmative commands, **en** comes immediately after the verb.

| | |
|---|---|
| Achète **un appareil-photo.** | Achètes-**en** un. |
| Prends **plusieurs photos.** | Prends-**en** plusieurs. |

▶ The pronoun **en** corresponds to the English *of it, of them.* Although these
expressions are rarely used in English, **en** must be expressed in French.

| | | |
|---|---|---|
| Avez-vous **beaucoup de patience?** | Oui, j'**en** ai **beaucoup.** | *Yes, I have a lot (of it).* |
| Avez-vous **des sœurs?** | Oui, j'**en** ai **trois.** | *Yes, I have three (of them).* |

▶ When the pronoun **en** is used to replace an expression introduced by
**quelques, quelques** is replaced by **quelques-un(e)s.**

| | |
|---|---|
| Tu as acheté **quelques disques?** | Oui, j'**en** ai acheté **quelques-uns.** |
| Tu as pris **quelques photos?** | Oui, j'**en** ai pris **quelques-unes.** |

**11. Possessions**  Demandez à vos camarades s'ils ont les objets suivants.

▯ une guitare?    *—As-tu une guitare?*
                  *—Oui, j'en ai une.*
          ou: *—Non, je n'en ai pas.*

1. une auto?                    6. une chaîne-stéréo?
2. un vélo?                     7. une raquette de tennis?
3. une caméra?                 8. un ordinateur?
4. un téléviseur?              9. un lecteur de cassettes?
5. un appareil-photo?

**12. D'accord?**  Lisez les phrases suivantes et dites si vous êtes d'accord ou non.
    Si vous n'êtes pas d'accord, exprimez votre opinion en rectifiant la phrase.

▯ Nous avons beaucoup d'examens.
      *Je suis d'accord! Nous en avons beaucoup.*
  ou: *Je ne suis pas d'accord! Nous n'en avons pas beaucoup.*

1. Les étudiants américains boivent beaucoup de bière.
2. Les jeunes n'ont pas assez de responsabilités.
3. Les Américains consomment trop d'énergie.
4. Nous n'avons pas assez de loisirs.
5. Les athlètes professionnels gagnent trop d'argent.
6. J'ai beaucoup d'argent.
7. Je n'ai pas assez de temps libre.
8. Nos professeurs donnent trop de conseils.

**13. Questions personnelles**  Répondez aux questions suivantes, en utilisant le
    pronom **en.**

▯ Combien de frères avez-vous?    *J'en ai un (deux, trois ...).*
                          ou: *Je n'en ai pas.*

1. Combien de sœurs avez-vous?          4. Combien d'étudiants est-ce qu'il y a dans la classe?
2. Combien de disques avez-vous?         5. Combien de garçons est-ce qu'il y a?
3. Combien de cours avez-vous aujourd'hui?   6. Combien de filles est-ce qu'il y a?

**14. Au marché**  Jacqueline fait les courses. Elle veut acheter certaines choses. La
    marchande *(vendor)* lui demande en quelle quantité. Jouez les deux rôles.

▯ des oranges (un kilo)    JACQUELINE: *Je voudrais des oranges.*
                       LA MARCHANDE: *Combien en voulez-vous?*
                          JACQUELINE: *J'en veux un kilo.*

1. des bananes (2 kilos)        5. des tomates (6)
2. des camemberts (3)          6. de l'eau minérale (2 litres)
3. de la bière (1 litre)        7. des biftecks (4)
4. des œufs (une douzaine)

 **15. Conversation**    Posez des questions a vos camarades sur leur week-end. Demandez-leur où ils sont allés, ce qu'ils ont acheté, ce qu'ils ont mangé, ce qu'ils ont fait, etc. Vous pouvez utiliser les suggestions suivantes:

• aller au stade / faire ...
• aller au supermarché / acheter ...
• aller au café / boire, commander ...
• aller au gymnase / faire, jouer ...
• aller au restaurant / commander, manger ...
• aller à la campagne / faire, voir, prendre des photos ...

  aller en ville / acheter ...
  —*Est-ce que tu es allé en ville ce week-end?*
  —*Oui, j'y suis allé.*
  —*Ah bon. Est-ce que tu as acheté des vêtements?*
  —*Non, je n'en ai pas acheté.*

## Communication

Choose a partner who will play the role of the other person in the conversation.

---

1. You are a journalist for *France-Sports*. You are conducting interviews on an American campus in preparation for an article you are writing on the physical fitness of college students.

Ask your partner . . .

- if he/she jogs
- if so, how many times **(combien de fois)** per week he/she jogs
- how many miles **(un mile)** he/she runs
- what sports he/she plays **(pratiquer)** in summer
- what sports he/she plays in winter

---

2. You are spending your vacation in Saint-Tropez on the French Riviera. On the beach you meet a French student with whom you strike up a conversation.

Ask your partner . . .

- if he/she often goes to the beach
- if he/she plays volleyball
- if he/she windsurfs
- if he/she waterskis
- if he/she knows a good discothèque (of course, the answer is yes!)
- if he/she wants to go there with you tonight

---

3. You have a French friend who is always in great physical shape. You want to know what he/she does to look so good.

Ask your partner (who will use **y** and **en,** as appropriate) . . .

- if he/she exercises regularly **(régulièrement)**
- if he/she often goes to the gym **(le gymnase)**
- how many times **(combien de fois)** per week he/she goes to the swimming pool
- if he/she eats meat
- if he/she eats lots of fruit
- if he/she drinks mineral water
- if he/she drinks beer

# Une journée commence

*Habitez-vous dans un appartement?*

*Les appartements modernes ont des avantages, mais aussi des inconvénients°. Le bruit, par exemple.... Si votre appartement n'est pas bien insonorisé°, vous pouvez entendre tous les bruits de l'immeuble. Ce n'est pas toujours agréable....*

Il est sept heures du matin.

Dans l'appartement 101, un réveil° sonne°. Mademoiselle Legrand ouvre° les yeux° et se réveille°. Elle se lève° et va dans la cuisine. Là, elle se prépare° un toast, puis elle met la radio....

La radio de Mademoiselle Legrand réveille Monsieur Charron, le locataire° du 102. Monsieur Charron se lève et va dans la salle de bains. Là, il se lave°, puis il se rase° avec son rasoir° électrique. Zzzzzz....

Le rasoir de Monsieur Charron réveille Madame Dupont, la locataire du 103. Madame Dupont se lève et met la télévision....

| | |
|---|---|
| | inconveniences |
| | sound-proofed |
| | alarm clock / rings / opens |
| | eyes / wakes up / gets up / makes herself |
| | tenant |
| | washes up |
| | shaves / razor |

La télévision de Madame Dupont réveille Monsieur Dumas, le locataire du 104. Monsieur Dumas se lève et va dans la salle de bains. Il se regarde dans la glace°, puis il se rase avec son rasoir mécanique ... et il se coupe°! «Zut! C'est la troisième° fois cette semaine que je me coupe avec ce maudit° rasoir!» crie Monsieur Dumas.

*mirror / cuts himself*

*third / darn*

La voix° de Monsieur Dumas réveille Monsieur Imbert, le locataire du 106. Bientôt° tout l'immeuble est réveillé.... Une nouvelle journée commence!

*voice*

*Soon*

## Lecture culturelle: *La vie en appartement*

La majorité des Français qui habitent les grandes villes vivent en appartement. Ces appartements peuvent être situés dans des immeubles de grand luxe ou «résidences», ou au contraire, dans des immeubles plus modestes comme les HLM (habitations à loyer modéré[1]).

Après la guerre[2], le gouvernement français a financé la construction de milliers[3] de HLM dans toutes les grandes villes françaises. Le système des HLM représente une innovation sociale importante, car[4] il permet[5] aux gens de revenus modestes d'accéder[6] à la propriété[7]. Les HLM sont modernes et relativement confortables, mais ils ont aussi des inconvénients. En général, ils sont situés dans des zones industrielles et leurs habitants se plaignent[8] de nombreux problèmes: la pollution, le mauvais entretien[9], l'absence d'espaces verts[10] ou de terrains de jeux[11] ... et le bruit! Ainsi[12] les nouvelles cités de HLM sont souvent devenues des «cités-dortoirs[13]» où l'on vient uniquement pour dormir!

1 *low rent*  2 *war*  3 *thousands*  4 = parce que  5 *allows*
6 *to have access*  7 *property*  8 *complain*  9 *upkeep*  10 *open land*  11 *playgrounds*  12 *thus*  13 *bedroom communities*

# Structure et Vocabulaire

## Vocabulaire:    *Quelques activités*

### Verbes

| | | |
|---|---|---|
| **appeler** | *to call* | Je vais t'**appeler** demain. |
| **casser** | *to break* | Attention! Ne **casse** pas le vase! |
| **couper** | *to cut* | **Coupez** le pain, s'il vous plaît. |
| **fermer** | *to close, to shut* | **Fermez** vos livres! |
| **laver** | *to wash* | Je **lave** ma voiture assez souvent. |
| **réveiller** | *to wake up (someone)* | Il est huit heures. **Réveille** ton frère! |

### Adjectif

| | | |
|---|---|---|
| **prêt** | *ready* | Êtes-vous **prêts?** Je vous attends! |

### Expressions

| | | |
|---|---|---|
| **jusqu'à** | *until, up to* | Nous travaillons **jusqu'à** midi. |
| **tôt ≠ tard** | *early ≠ late* | Nous partons **tôt.** Nous rentrons **tard.** |

## NOTE DE VOCABULAIRE

In spoken French, the verb **appeler** is similar in its conjugation to the verb **acheter.** However, in written French the forms **je, tu, il,** and **ils** of the present tense have a double **l** rather than a grave accent.

| | |
|---|---|
| j' **appelle** | nous **appelons** |
| tu **appelles** | vous **appelez** |
| il/elle/on **appelle** | ils/elles **appellent** |

## 1. Questions personnelles

1. Avez-vous une voiture? Est-ce que vous la lavez souvent?
2. Est-ce que vos parents vous réveillent le matin? Qui vous réveille?
3. Allez-vous souvent chez le coiffeur *(hairdresser)?* Est-ce qu'il coupe bien les cheveux *(hair)?*
4. Quand vous sortez le samedi soir, est-ce que vous rentrez tôt ou tard? Jusqu'à quelle heure sortez-vous?
5. Est-ce que vous aimez dormir tard le dimanche? Jusqu'à quelle heure?
6. Fermez-vous la porte de votre chambre quand vous sortez? quand vous dormez?
7. Est-ce que vous êtes toujours prêt(e) quand vous passez un examen? quand vous allez au cinéma? quand vous sortez avec des amis?
8. Est-ce que vous êtes parfois maladroit(e) *(clumsy)?* Est-ce que vous avez cassé quelque chose récemment? Qu'est-ce que vous avez cassé?

## A.   L'usage de l'article défini avec les parties du corps

Note the words in heavy print in the sentences below.

| | |
|---|---|
| Elle a **les** yeux bleus. | *She has blue eyes. (**Her** eyes are blue.)* |
| J'ai **les** cheveux bruns. | *I have brown hair. (**My** hair is brown.)* |
| Fermez **les** yeux! | *Close **your** eyes!* |

In French, parts of the body are generally introduced by the DEFINITE article.

▶ French almost never uses the possessive adjective with parts of the body.

## Vocabulaire:   *Les parties du corps*

**la tête**   *(head)*

| | | | | |
|---|---|---|---|---|
| **les cheveux** | *hair* | **la bouche** | *mouth* | |
| **le cou** | *neck* | **les dents** | *teeth* | |
| **le nez** | *nose* | **la figure** | *face* | Also: **le visage** |
| **l'œil (les yeux)** | *eye(s)* | **la gorge** | *throat* | |
| | | **l'oreille** | *ear* | |

**le corps**   *(body)*

| | | | |
|---|---|---|---|
| **le cœur** | *heart* | **la jambe** | *leg* |
| **le doigt** | *finger* | **la main** | *hand* |
| **le dos** | *back* | | |
| **le genou** (les genoux) | *knee* | | |
| **le pied** | *foot* | | |
| **le ventre** | *stomach* | | |

**Adjectifs**

| | | |
|---|---|---|
| **court ≠ long (longue)** | *short ≠ long* | As-tu les cheveux **longs** ou **courts**? |

**Expression**

| | | |
|---|---|---|
| **avoir mal à (+ *part of body*)** | *to have a ... ache,* | As-tu **mal à la tête?** |
| | *to have (a) sore ...* | Claire **a mal aux pieds.** |

## NOTES DE VOCABULAIRE

1. In French, **les cheveux** is a plural expression.
2. Note the use of the definite article with parts of the body in the construction **avoir mal à.**

   André a mal **au** ventre.    *André has **a** stomachache. (**His** stomach hurts.)*
   Avez-vous mal **au** bras?    *Do you have **a** sore arm? (Does **your** arm hurt?)*

3. The expression **avoir mal au cœur** means *to have an upset stomach.*

### 2. Questions personnelles

1. Avez-vous les yeux bleus, noirs, verts ou gris? Et vos parents?
2. Avez-vous les cheveux noirs ou blonds? Et vos frères? Et vos sœurs?
3. Avez-vous les cheveux longs ou courts?
4. Pour une fille, préférez-vous les cheveux longs ou les cheveux courts? Et pour un garçon?
5. Prenez-vous de l'aspirine quand vous avez mal à la gorge? mal aux dents? mal au ventre?
6. Où avez-vous mal quand vous avez la grippe? quand vous avez un rhume?

### 3. Malaises *(Discomforts)*    Informez-vous sur les personnes suivantes et dites où elles ont mal.

▪ Georges a trop mangé.    ***Il a mal au ventre (au cœur).***

1. Mademoiselle Lebrun est allée chez le dentiste.
2. Nous avons fait du jogging pendant une heure.
3. J'ai une migraine terrible.
4. Tu es tombé de bicyclette.
5. Vous avez joué de la guitare.
6. Aïe! *(Ouch!),* j'ai des chaussures trop petites.
7. Monsieur Thomas porte une chemise qui est trop serrée *(tight).*
8. Il fait très froid aujourd'hui et j'ai oublié de mettre mes gants *(gloves).*
9. Hélène a porté deux valises énormes.
10. Tu as lu trop longtemps.

**JOGGEURS,**
**COURONS**
**ENSEMBLE DANS LES PARCS**
**DES HAUTS-DE-SEINE.**

## NOTE LINGUISTIQUE: *Les verbes pronominaux* (Reflexive verbs)

Compare the pronouns in heavy print in sentences A and B.

| | | |
|---|---|---|
| Marc lave sa voiture. | A. Il **la** lave. | *He washes **it**.* |
| | B. Puis il **se** lave. | *Then he washes **himself**.* |
| Hélène regarde Paul. | A. Elle **le** regarde. | *She looks at **him**.* |
| | B. Puis elle **se** regarde dans la glace. | *Then she looks at **herself** in the mirror.* |
| J'achète un livre à Sylvie. | A. Je **lui** achète un livre. | *I buy **her** a book.* |
| | B. Je **m**'achète un magazine. | *I buy **myself** a magazine.* |

Note that in each sentence A, the pronoun in heavy print represents a person or object different from the subject.

*Marc washes **his** car.     Hélène looks at **Paul**.     I buy a book for **Sylvie**.*

In each sentence B, on the other hand, the subject and object of the verb represent the same person.

*Marc washes **himself**.     Hélène looks at **herself**.     I buy **myself** a magazine.*

The object pronouns in sentences B are called REFLEXIVE PRONOUNS because the action is reflected on the subject. Verbs conjugated with reflexive pronouns are called REFLEXIVE VERBS.

Reflexive verbs are very common in French. They may be used with a strictly reflexive meaning, as well as in other ways where the equivalent English construction does not use a reflexive verb.

# B. Les verbes pronominaux: formation et sens réfléchi

REFLEXIVE VERBS in the present tense are conjugated like **se laver** (*to wash oneself*) and **s'acheter** (*to buy for oneself*).

| infinitive | **se laver** | **s'acheter** |
|---|---|---|
| present | Je **me lave.** <br> Tu **te laves.** <br> Il/Elle/On **se lave.** <br><br> Nous **nous lavons.** <br> Vous **vous lavez.** <br> Ils/Elles **se lavent.** | Je **m'achète** des disques. <br> Tu **t'achètes** un téléviseur. <br> Il/Elle/On **s'achète** un appareil-photo. <br><br> Nous **nous achetons** des vêtements. <br> Vous **vous achetez** un ordinateur. <br> Ils/Elles **s'achètent** une voiture. |
| negative interrogative | Je ne **me lave** pas. <br> Est-ce que tu **te laves?** | Je ne **m'achète** pas de cigarettes. <br> Est-ce que tu **t'achètes** des livres? |

▶ Reflexive pronouns come BEFORE the verb, according to the construction:

> subject + **(ne)** + reflexive pronoun + verb + **(pas)** ...

Ils **s'**achètent des disques.
Ils ne **s'**achètent pas de livres.

▶ The position and forms of reflexive pronouns are the same in the imperfect as in the present tense.

Je **m'**achetais tous les nouveaux disques de rock.

**4. Dialogue** Demandez à vos camarades s'ils s'achètent les choses suivantes quand ils ont de l'argent.

▢ des livres français? —*Est-ce que tu t'achètes des livres français?*
—*Oui, je m'achète des livres français.*
ou: —*Non, je ne m'achète pas de livres français.*

1. des compact disques?
2. des vêtements?
3. du chewing-gum?
4. de la bière?
5. des cigarettes?

6. des romans policiers?
7. des bonbons (*candy*)?
8. des plantes?
9. des magazines?

**5. Propreté (Cleanliness)**   Les personnes suivantes lavent certains objets. Ensuite (afterwards), elles se lavent. Pour chaque personne, faites deux phrases d'après le modèle.

▢   Nous avons une voiture.     ***Nous la lavons. Ensuite, nous nous lavons.***

1. Jacqueline a une bicyclette.
2. Hubert a une moto.
3. Mes cousins ont un chien (dog).
4. J'ai un pull.
5. Tu as un scooter.
6. Nous avons une auto.
7. Vous avez un vélomoteur.
8. Pierre a un blue jean.

SCOOTERS ST DE PEUGEOT.

**6. Joyeux anniversaire (Happy birthday!)**   Les personnes de la colonne A ont reçu (received) de l'argent pour leur anniversaire. Dites ce que ces personnes aiment faire (colonne B) et ce qu'ils s'achètent avec cet argent. Soyez logique.

▢   ***J'aime écrire. Je m'achète une machine à écrire.***

| A | B | C |
|---|---|---|
| Je | écrire | un appareil-photo |
| vous | lire | un VTT |
| nous | jouer au tennis | un téléviseur |
| Catherine | faire du ski | une chaîne-stéréo |
| mes cousines | écouter des disques | des skis |
| tu | prendre des photos | une nouvelle raquette |
| Daniel et Alain | faire des promenades | plusieurs romans |
| Marc | à la campagne | une machine à écrire |
| | regarder des matchs | |
| | de football | |

**7. Avant l'examen**   Lisez ce que faisaient les étudiants suivants quand ils avaient un examen d'anglais. Dites si oui ou non ils se préparaient pour l'examen. Utilisez la forme appropriée de l'imparfait du verbe **se préparer** dans des phrases affirmatives ou négatives.

▢   Jacques allait au cinéma.     ***Il ne se préparait pas pour l'examen.***

1. Anne allait au laboratoire de langues.
2. Henri étudiait les verbes irréguliers.
3. Nous allions à la bibliothèque.
4. Je parlais anglais avec un étudiant américain.
5. Mes amis sortaient.
6. Mes amies étudiaient.
7. Vous alliez au café.
8. Tu allais au concert.

# Vocabulaire:    *Quelques occupations de la journée*

## Noms

| | | | |
|---|---|---|---|
| **du dentifrice** | *toothpaste* | **une brosse** | *brush* |
| **un peigne** | *comb* | **une brosse à dents** | *toothbrush* |
| **un rasoir** | *razor* | | |
| **du savon** | *soap* | | |

## Verbes

| | | |
|---|---|---|
| **se réveiller** | *to wake up* | À quelle heure est-ce que tu **te réveilles?** |
| **se lever** | *to get up* | Je **me lève** à huit heures et demie. |
| **se brosser** | *to brush* | Tu **te brosses** les dents. |
| **se laver** | *to wash* | Nous **nous lavons** dans la salle de bains. |
| **se raser** | *to shave* | Paul **se rase** avec un rasoir électrique. |
| **s'habiller** | *to get dressed, to dress* | Anne **s'habille** toujours bien. |
| **se peigner** | *to comb one's hair* | Vous **vous peignez** souvent. |
| **se promener** | *to go for a walk* | Je **me promène** après la classe. |
| **se coucher** | *to go to bed* | Je ne **me couche** pas avant minuit. |
| **se reposer** | *to rest* | Je **me repose** après le dîner. |

## NOTES DE VOCABULAIRE

1. Note the use of the definite article with parts of the body in reflexive constructions.

   | | |
   |---|---|
   | Paul **se** lave **les** mains. | *Paul washes **his** hands.* |
   | Hélène **se** coupe **les** cheveux. | *Hélène is cutting **her** hair.* |

2. **Se lever** and **se promener** are conjugated like **acheter.**

   | | |
   |---|---|
   | Je me **lève.** | Nous nous **levons.** |
   | Je me **promène.** | Nous nous **promenons.** |

3. The listed verbs all express actions that the subject performs *on* or *for* himself. Many of these verbs may also be used non-reflexively. Compare:

   | | |
   |---|---|
   | Je réveille **mon camarade de chambre.** | *I wake up **my roommate.*** |
   | Je **me** réveille. | *I wake (**myself**) up.* |
   | Tu promènes **ton chien.** | *You walk **your** dog.* |
   | Tu **te** promènes. | *You go for a walk (**yourself**).* |

**8. Expression personnelle**  Complétez les phrases suivantes avec l'une des expressions entre parenthèses ou une expression de votre choix.

1. En semaine, je me réveille  ...  (à six heures, à sept heures, ??)
2. Le dimanche, je me lève  ...  (tôt, tard, ??)
3. En semaine, je me couche  ...  (avant onze heures, après onze heures, ??)
4. Le samedi soir, je me couche  ...  (avant minuit, après minuit, ??)
5. Le week-end, je me promène  ...  (en ville, à la campagne, ??)
6. Je m'habille bien quand je vais  ...  (à un concert, au restaurant, à un rendez-vous, ??)
7. Je m'habille de façon décontractée *(casually)* quand de vais  ...  (en classe, à un match de football, ??)
8. Je me repose  ...  (le samedi soir, le dimanche après-midi, ??)

**9. Qu'est-ce qu'ils font?**  Lisez ce que font les personnes suivantes. Décrivez leurs activités en utilisant un verbe réfléchi du Vocabulaire.

▯  François fait une promenade en ville.     *Il se promène en ville.*

1. Suzanne utilise du savon.
2. Monsieur Dumont utilise un rasoir.
3. Vous utilisez une brosse à dents.
4. Tu utilises un peigne.
5. Pierre et Jean mettent leurs vêtements.
6. Il est sept heures. Nous sortons du lit.
7. Il est minuit. Je vais au lit.
8. Le week-end nous ne travaillons pas.

**10. Conversation**  Qui dans la classe a besoin de beaucoup de sommeil *(sleep)*? Qui a besoin de peu de sommeil? Interviewez trois camarades et complétez le tableau suivant.

▮  VOUS:  *À quelle heure est-ce que tu te couches, Jennifer?*
JENNIFER:  *Je me couche à onze heures et quart.*
VOUS:  *Et à quelle heure est-ce que tu te lèves?*
JENNIFER:  *Je me lève à six heures et demie.*

| NOM | ☾ | ☀ | HEURES DE SOMMEIL |
|---|---|---|---|
| Jennifer | 11 h 15 | 6 h 30 | 7 heures et 15 minutes |
|  |  |  |  |
|  |  |  |  |
|  |  |  |  |

Puis, décrivez les résultats.

▮  *Jennifer se couche à onze heures et quart. Elle se lève à six heures et demie. Elle dort 7 heures et 15 minutes.*

## C.   L'infinitif des verbes pronominaux

Note the position of the reflexive pronouns in the following sentences.

| | |
|---|---|
| Je vais **me reposer.** | *I am going **to rest.*** |
| Je n'aime pas **me lever** tôt. | *I do not like **to get up** early.* |
| Nous voulons **nous promener.** | *We want **to go for a walk.*** |
| Tu ne dois pas **te coucher** tard. | *You should not **go to bed** late.* |

> In an INFINITIVE construction, the reflexive pronoun comes directly BEFORE the infinitive.

subject + **(ne)** + verb + **(pas)** + reflexive pronoun + infinitive

Je vais **me** reposer.     Je ne vais pas **me** promener.

▶ Note that the reflexive pronoun always represents the same person as the subject of the main verb.

Tu vas te promener.     Paul va se promener.

**11. Préférences**   Demandez à vos camarades s'ils aiment faire les choses suivantes.

▢ se promener          —*Est-ce que tu aimes te promener?*
                       —*Oui, j'aime me promener.*
                   ou: —*Non, je n'aime pas me promener.*

1. se promener à la campagne
2. se promener quand il pleut
3. se lever tôt le dimanche
4. se laver avec de l'eau froide
5. se reposer
6. s'acheter des vêtements chers

**12. Vive le week-end!**   Lisez ce que les personnes suivantes font d'habitude et dites ce qu'elles vont faire ce week-end.

☐  Je me lève à huit heures. (à midi)    *Ce week-end, je vais me lever à midi.*

1. Madame Fontaine se lève tôt. (tard)
2. Tu te réveilles à 7 heures. (à 9 heures)
3. Nous nous achetons du pain. (des croissants)
4. Je me prépare un repas simple. (un dîner de gourmet)
5. Vous vous reposez après le dîner. (toute la journée)
6. Monique et Sophie se promènent en ville. (à la campagne)
7. Je me couche tard. (tôt)

**13. Oui ou non?**   Informez-vous sur les personnes suivantes et dites si oui ou non elles font les choses entre parenthèses.

☐  Vous êtes très actifs. (vouloir se reposer?)
   *Vous ne voulez pas vous reposer.*

1. Jean-Louis est très fatigué. (devoir se reposer?)
2. J'ai un train à sept heures du matin. (devoir se lever tôt?)
3. Nous avons beaucoup de travail. (pouvoir se promener?)
4. Tu vas à un restaurant très élégant. (devoir s'habiller élégamment?)
5. Françoise veut regarder le film à la télé. (vouloir se coucher tôt?)
6. Tu n'as pas de savon. (pouvoir se laver?)
7. Zut! J'ai perdu mon peigne. (pouvoir se peigner?)

## D.   Le verbe *ouvrir*

The verb **ouvrir** *(to open)* is irregular.

| infinitive | **ouvrir** | |
|---|---|---|
| present | J' **ouvre** la porte. | Nous **ouvrons** la fenêtre. |
| | Tu **ouvres** le cahier. | Vous **ouvrez** le magazine. |
| | Il/Elle/On **ouvre** le livre. | Ils/Elles **ouvrent** le journal. |
| passé composé | J'**ai** **ouvert** votre lettre. | |

▶ In the present, **ouvrir** is conjugated like a regular **-er** verb.

▶ Note that the past participle **ouvert** is irregular.

## Vocabulaire:   *Verbes conjugués comme* ouvrir

| | | |
|---|---|---|
| **découvrir** | *to discover* | Les médecins vont **découvrir** une cure contre le cancer. |
| **offrir** | *to give, to offer* | Mes parents m'**ont offert** une nouvelle voiture. |
| **ouvrir** | *to open* | **Ouvrez** la fenêtre, s'il vous plaît. |
| **souffrir** | *to suffer* | **As**-tu **souffert** quand tu es allé chez le dentiste? |

### 14.  Questions personnelles

1. Est-ce que votre université offre beaucoup de cours intéressants?
2. Qu'est-ce que vous avez offert à votre père pour son anniversaire? à votre mère? à votre meilleur(e) ami(e)?
3. Dans quelle banque avez-vous ouvert un compte-chèques *(checking account)*?
4. Souffrez-vous beaucoup quand vous allez chez le dentiste? quand vous avez un examen? quand vous êtes en classe de français?
5. À l'université, avez-vous découvert l'amitié *(friendship)*? la tranquillité? la stabilité? le bonheur *(happiness)*?

# Communication

Choose a partner who will play the role of the other person in the conversation.

---

1. You are a reporter for *L'Étudiant international*. Today you are conducting interviews for an article you are writing on the daily routine of American students.

Ask your partner . . .

- at what time he/she gets up during the week **(en semaine)**
- at what time he/she goes to bed
- at what time he/she gets up on Sundays **(le dimanche)**
- at what time he/she goes to bed on Saturdays
- if he/she likes to go for walks
  (if so, where he/she goes for walks and when)

---

2. You have a French classmate who is usually lively and full of energy. Today, however, your friend does not look so good.

Ask your partner . . .

- if he/she is sick
- if he/she has a headache
- if he/she has a stomachache
- if he/she is going to rest after class
- at what time he/she is going to go to bed

---

3. You have been hired to do a market survey for a company that sells toiletry articles. Today you are interviewing college students.

Ask your partner . . .

- what brand **(une marque)** of soap he/she buys
- with what toothpaste he/she brushes his/her teeth
- with what shampoo **(un shampooing)** he/she washes his/her hair

# Quelle bonne surprise!

*Jean-Marc est assis° dans un café. Il lit le journal. Une jeune fille entre dans le café. Jean-Marc lève° les yeux et la regarde. Elle regarde aussi Jean-Marc. Elle hésite quelques instants, puis elle s'approche de° lui.*

—Tiens, bonjour Jean-Marc! Quelle bonne surprise!

C'est en effet une surprise pour Jean-Marc. Comment est-ce qu'elle connaît son nom? Est-ce qu'ils se sont rencontrés° quelque part°? Jean-Marc réfléchit. Non, vraiment, il ne reconnaît pas la jeune fille. Elle doit se tromper°.

La jeune fille se rend compte de° la perplexité de Jean-Marc. Alors, elle insiste....

—Comment? Vous ne me reconnaissez pas? Je m'appelle Catherine. Souvenez-vous°! Nous nous sommes rencontrés à une soirée° l'été dernier. C'était chez vos amis les Launay. Nous avons dansé et ensuite nous nous sommes promenés dans le jardin. Vous vous souvenez bien?

*seated*
*raises*
*comes over to*

*met / somewhere*
*be mistaken*
*realizes*

*Remember / party*

Non seulement Jean-Marc ne se souvient pas de la jeune fille, il n'a pas d'amis qui s'appellent Launay. Il n'y a pas de doute. La jeune fille s'est trompée. Mais elle a l'air sincère et sympathique.... Et elle est très jolie. Alors, Jean-Marc n'hésite pas.

—Mais oui, bien sûr. Maintenant je me souviens. C'est chez les Launay que nous nous sommes rencontrés. Quelle bonne surprise, Catherine.... Vous avez un peu de temps? Est-ce que vous voulez vous asseoir°?                    *to sit down*

La jeune fille s'assied° et la conversation continue.                    *sits down*

## Lecture culturelle: *Où et comment les jeunes Français se rencontrent-ils?*

Traditionnellement, le système français d'éducation ne favorisait pas les rencontres[1] entre filles et garçons. Il y a trente ans, chacun[2] allait à son école séparée: école primaire de garçons et école primaire de filles, lycée[3] de garçons et lycée de filles. Ce n'était qu'[4]à l'université que garçons et filles avaient finalement l'occasion[5] de se rencontrer[6].

Ce système a disparu[7] dans les années 60 avec le développement d'écoles et de lycées mixtes[8]. Aujourd'hui, les jeunes ont de nombreuses occasions de se rencontrer: en classe, d'abord, mais aussi au café, dans les clubs de sport, dans les stations[9] de ski en hiver, à la piscine ou à la plage en été.... Ils se rencontrent aussi à l'occasion de réunions[10] qu'ils organisent chez eux. Pour les lycéens[11], ce sont les «boums»[12]. Un garçon ou une fille invite quelques amis. Les amis amènent d'autres copains. Chacun apporte quelque chose à manger ou à boire. On fait connaissance. On mange des sandwichs. On boit des jus de fruits. On écoute de la musique et on danse, sous la surveillance[13] plus ou moins discrète des parents.

Plus tard, les jeunes adultes vont à des «fêtes»[14] ou à des «soirées»[15]. Les fêtes sont des réunions informelles où l'on se retrouve[16] «sans façon»[17] chez un ami. On se réunit[18] autour d'[19]un buffet. On discute[20]. On écoute de la musique. On danse aussi. L'atmosphère est détendue[21]. Les conversations sont libres[22] ... Les «soirées» sont plus formelles et plus cérémonieuses. Ces soirées ont lieu dans des maisons particulières[23] et parfois dans des clubs privés. L'atmosphère est élégante. Les invités sont bien habillés. (Si c'est une «grande soirée», les hommes sont en smoking[24] et les femmes sont en robe du soir[25].) Ils boivent du champagne et mangent des hors d'œuvre préparés spécialement. Ils dansent à la musique d'un orchestre.

Quelle que soit[26] l'occasion, les Français aiment se rencontrer pour échanger[27] des idées, pour se détendre[28] et pour s'amuser[29].

*1 meetings  2 each  3 high school  4 only  5 opportunity
6 meet  7 disappeared  8 coeducational  9 resorts
10 gatherings  11 high school students  12 parties
13 supervision  14 informal gatherings  15 formal parties
16 see each other  17 informally  18 meet  19 around
20 chat  21 relaxed  22 free flowing  23 private  24 tuxedo
25 evening dress  26 whatever may be  27 to exchange
28 relax  29 have fun*

# Structure et Vocabulaire

## Vocabulaire: *Entre amis*

### Noms

| | | | |
|---|---|---|---|
| **un rendez-vous** | *date, appointment* | **une fête** | *(informal) party* |
| | | **une rencontre** | *meeting (of people)* |
| | | **une réunion** | *meeting (organized)* |
| | | **une soirée** | *(formal) party* |

### Verbes

| | | |
|---|---|---|
| **avoir rendez-vous** | *to have a date, an appointment* | J'**ai rendez-vous** chez le dentiste. |
| **donner rendez-vous à** | *to make a date with* | Alice **donne rendez-vous à** Marc. |
| | *to arrange to meet* | Je vous **donne rendez-vous** à midi. |
| **s'entendre bien (avec)** | *to get along (with)* | Je **m'entends bien avec** mes amis. |
| **se disputer (avec)** | *to argue, quarrel (with)* | Je **me dispute avec** mon frère. |
| **se rencontrer** | *to meet (one another)* | Où est-ce que nous allons **nous rencontrer?** |

## 1. Questions personnelles

1. Est-ce que vous avez eu rendez-vous chez le dentiste récemment *(recently)?* Quand?
2. Est-ce que vous avez donné rendez-vous à un(e) ami(e) récemment? Quand? Est-ce que vous êtes sorti(e)s ensemble? Où?
3. Est-ce que vous aimez organiser des fêtes chez vous? Qui invitez-vous? Allez-vous aller à une fête ce week-end? Chez qui?
4. Êtes-vous allé(e) à une soirée récemment? Est-ce qu'il y avait beaucoup d'invités *(guests)?* Où a eu lieu cette soirée? Quelle était l'occasion?
5. Est-ce que votre université organise des rencontres sportives? Quelle sorte de rencontres? Avec quelles autres universités? Assistez-vous à ces rencontres sportives?
6. Est-ce qu'il y a des réunions politiques sur votre campus? Qui les organise? Assistez-vous à ces réunions?
7. Est-ce que vous vous entendez bien avec vos parents? avec vos professeurs? Est-ce qu'il y a des personnes avec qui vous ne vous entendez pas bien? Pourquoi?
8. Est-ce que vous vous disputez avec vos amis? avec vos frères et sœurs? Pourquoi?

## A. Les verbes pronominaux: sens idiomatique

Compare the meanings of the reflexive and non-reflexive constructions below.

| | |
|---|---|
| J'**appelle** mon frère. | *I am calling my brother.* |
| Je **m'appelle** Olivier. | *My name is Olivier. (I am called Olivier.)* |
| Vous **amusez** vos amis. | *You are amusing your friends.* |
| Vous **vous amusez.** | *You are having fun. (You are having a good time.)* |

There is a close relationship in meaning between **laver** and **se laver,** or **réveiller** and **se réveiller.** In the sentences on page 368, however, the relationship between the simple verb and the corresponding reflexive verb is somewhat more distant. Reflexive verbs like **s'appeler** and **s'amuser** may be considered to be IDIOMATIC EXPRESSIONS.

# Vocabulaire:    *Quelques verbes pronominaux*

| | | |
|---|---|---|
| s'approcher (de) | *to come close (to)* | Je ne t'entends pas. Peux-tu **t'approcher**? |
| s'arrêter | *to stop* | Est-ce que l'autobus **s'arrête** ici? |
| s'asseoir | *to sit down* | Je vais **m'asseoir** à cette table. |
| se dépêcher | *to hurry* | Pourquoi est-ce que tu **te dépêches**? |
| s'énerver | *to get nervous, upset* | Pourquoi est-ce qu'il **s'énerve**? |
| s'impatienter | *to get, grow impatient* | Je **m'impatiente** quand tu n'es pas prêt. |
| s'intéresser (à) | *to be, get interested in* | Les étudiants **s'intéressent** à la politique. |
| se mettre en colère | *to get angry* | Éric **se mettait** souvent **en colère.** |
| se préoccuper (de) | *to be, get concerned (about)* | Sylvie **se préoccupe des** problèmes de ses amis. |
| se préparer | *to get ready* | Nous **nous préparons** pour la fête. |
| s'amuser | *to have fun* | J'espère que nous allons **nous amuser.** |
| s'appeler | *to be called* | Comment **s'appelle** ce restaurant? |
| s'excuser | *to apologize* | Quand j'ai tort, je **m'excuse.** |
| s'occuper (de) | *to take care of, to be busy with* | Nous **nous occupons d'**un club sportif. Je **m'occupe de** ce problème. |
| se rendre compte (de) | *to realize* | Est-ce que tu **te rends compte de** ton erreur? |
| se souvenir (de) | *to remember* | Je **me souviens de** la date du rendez-vous. |
| se tromper | *to be mistaken, to make a mistake* | Ce n'est pas vrai. Tu **te trompes.** |

## NOTES DE VOCABULAIRE

1. **Se souvenir** is conjugated like **venir.**

   Je **me souviens.**    Nous **nous souvenons.**

2. The verb **s'asseoir** is irregular:

   | | |
   |---|---|
   | je **m'assieds** | nous **nous asseyons** |
   | tu **t'assieds** | vous **vous asseyez** |
   | il **s'assied** | ils **s'asseyent** |

3. Reflexive verbs are often used to express a change in emotional or physical state. As such, they correspond to the English construction *to get + **adjective.***

   Nous **nous impatientons.**    *We **are getting impatient.***

**2. Sujets d'intérêt**   Dites à quelle chose les personnes suivantes s'intéressaient quand elles étaient à l'université. Utilisez l'imparfait de **s'intéresser à.**

▮ Paul et Jacques (les sports)      *Ils s'intéressaient aux sports.*

1. Frédéric (le théâtre)
2. je (la politique)
3. vous (la psychologie)
4. mes amis (la nature)
5. tu (la philosophie orientale)
6. nous (les problèmes sociaux)

**3. L'ami(e) idéal(e)**   Dites si oui ou non l'ami(e) idéal(e) fait les choses suivantes.

▮ s'impatienter      *Non, il(elle) ne s'impatiente pas.*

1. s'énerver facilement
2. se mettre en colère
3. s'occuper de moi
4. s'amuser quand je suis triste
5. se souvenir de mon anniversaire
6. s'intéresser à mes problèmes personnels
7. s'excuser quand il/elle a tort
8. se disputer avec moi

**4. Dialogue**   Demandez à vos camarades s'ils font les choses suivantes.

▮ s'intéresser à la politique?      —*Est-ce que tu t'intéresses à la politique?*
                                     —*Oui, je m'intéresse à la politique.*
                              ou: —*Non, je ne m'intéresse pas à la politique.*

1. s'intéresser aux sports?
2. s'impatienter souvent?
3. s'énerver pendant les examens?
4. s'amuser à l'université?
5. s'entendre bien avec ses amis?
6. se mettre souvent en colère?
7. se préoccuper de l'avenir *(future)*?
8. se souvenir de ses amis d'enfance *(childhood)*?

**5. Oui ou non?**   Informez-vous sur les personnes suivantes et dites si oui ou non elles font les choses entre parenthèses.

▮ Philippe est triste. (s'amuser?)      *Il ne s'amuse pas.*

1. Nous ne voulons pas rater *(to miss)* le bus. (se dépêcher?)
2. Ces touristes continuent leur promenade. (s'arrêter au café?)
3. J'ai une excellente mémoire. (se souvenir de tout?)
4. Marc va aller à une soirée. (se préparer?)
5. Janine est la fille de Monsieur Dupont. (s'appeler Janine Durand?)
6. Le professeur est toujours calme. (s'énerver?)
7. Tu assistes à un match de tennis. (s'intéresser aux sports?)
8. Je suis discret. (s'occuper de la vie privée de mes amis?)
9. Vous êtes impoli! (s'excuser?)
10. Nous sommes très fatigués. (s'asseoir?)
11. Pierre arrive. (s'approcher?)
12. Vous dites la vérité. (se tromper?)
13. Tu es trop optimiste. (se rendre compte de la gravité de la situation?)

# B.    L'impératif des verbes pronominaux

Compare the position of the reflexive pronouns in the following affirmative and negative commands.

*Affirmative commands*
Lave-**toi** les mains avant le dîner.
Assieds-**toi** sur le sofa.

Occupez-**vous** de vos problèmes.
Promenons-**nous** en voiture.

*Negative commands*
Ne **te** lave pas les mains dans la cuisine.
Ne **t'**assieds pas sur cette chaise.

Ne **vous** occupez pas de mes problèmes.
Ne **nous** promenons pas à pied.

> In AFFIRMATIVE COMMANDS, the reflexive pronoun follows the verb and is attached to it by a hyphen.
> In NEGATIVE COMMANDS, the reflexive pronoun comes before the verb.
>
> Arrête-**toi**!     Ne **t'**arrête pas!
> Levez-**vous**!     Ne **vous** levez pas!

▶ The pronoun **te** becomes **toi** when it comes after the verb.

**6. Le jour de l'examen**   Il y a un examen aujourd'hui. Votre camarade de chambre a étudié toute la nuit et maintenant il/elle a des difficultés à se lever. Dites-lui de faire les choses suivantes.

▢ se réveiller
  *Réveille-toi!*

1. se lever
2. se laver
3. se brosser les dents
4. s'habiller
5. se préparer
6. se dépêcher

**7. Quelques conseils**   Imaginez que vous êtes médecin en France. Vous avez un patient très nerveux. Dites-lui de faire certaines choses et de ne pas faire d'autres choses.

▢ se reposer (oui)     *Reposez-vous!*
▢ s'énerver (non)      *Ne vous énervez pas!*

1. s'impatienter (non)
2. se mettre en colère (non)
3. se disputer avec ses amis (non)
4. se préoccuper inutilement (non)
5. s'acheter des cigarettes (non)
6. s'acheter une bicyclette (oui)
7. se promener à la campagne (oui)
8. s'amuser (oui)

**8. Que dire?**  Vous parlez à vos amis. Dites si oui ou non ils doivent faire les choses entre parenthèses.

▢ Tu as un bus dans vingt minutes. (se dépêcher?)          *Dépêche-toi!*
▢ Nous devons être calmes. (s'impatienter?)          *Ne nous impatientons pas!*

1. Vous êtes fatigués. (s'asseoir sur cette chaise?)
2. Nous avons soif. (s'arrêter dans ce café?)
3. Tu as tort. (s'excuser?)
4. Tu as une mauvaise grippe. (se lever?)
5. Tu as toujours froid. (se promener sans manteau?)
6. Nous ne sommes pas prêts. (se dépêcher?)
7. Nous avons un examen important. (se tromper dans les réponses?)
8. Vous allez à une fête. (s'amuser?)
9. Tu travailles trop. (se reposer?)
10. Vous avez rendez-vous chez le dentiste. (se souvenir de l'heure?)

**9. Réactions**  Qu'est-ce que vous pouvez dire dans les circonstances suivantes? Utilisez un verbe pronominal à la forme impérative, négative ou affirmative. Et n'oubliez pas d'utiliser votre imagination!

▢ Un ami part en week-end.      *Amuse-toi bien!*

1. Il est dix heures du matin et votre frère dort.
2. Votre sœur a les cheveux en désordre.
3. Vous avez eu un accident avec la voiture de votre père.
4. Vos amis travaillent trop.
5. Vos parents ne sont pas contents parce que vous partez en voyage.
6. Vos camarades se disputent dans votre chambre.
7. Vos amis Vincent et Paul sont en retard.

## C.  Les verbes pronominaux: sens réciproque

The sentences in heavy print describe RECIPROCAL ACTIONS. Note the use of reflexive constructions to express these actions.

| | | |
|---|---|---|
| Charles aime Monique. ⎫<br>Monique aime Charles. ⎭ | Ils **s'aiment.** | *They **love each other.*** |
| Robert rencontre Anne. ⎫<br>Anne rencontre Robert. ⎭ | Ils **se rencontrent.** | *They **meet (each other).*** |
| Je téléphonais à mes amis. ⎫<br>Mes amis me téléphonaient. ⎭ | Nous **nous téléphonions.** | *We **used to call one another.*** |

> Reflexive verbs may be used to express RECIPROCAL ACTIONS. Since reciprocity involves more than one person, the subject is usually PLURAL.
>
> Pierre et Marie **s'écrivent.**      *Pierre and Marie **write (to) each other.***
> Nous **nous voyons** souvent.      *We often **see each other.***

▶ In conversational usage, **on** may be used in a reciprocal construction:

   **On se voit** demain?      ***Shall we see each other** tomorrow?*

**10. Les amis**   Quand elles étaient plus jeunes, les personnes suivantes étaient d'excellents amis. Décrivez leurs relations en utilisant la forme pronominale des verbes suivants.

▢ Jacques et moi / inviter souvent      ***Nous nous invitions souvent.***

1. Paul et Marie / voir tous les week-ends
2. Philippe et Claire / écrire pendant les vacances
3. Antoine et moi / rendre visite tous les week-ends
4. Thérèse et toi / donner rendez-vous après les cours
5. Jean-Pierre et Cécile / rencontrer après les cours
6. Sylvie et Thomas / aimer bien
7. mes amis et moi / s'entendre bien
8. tes amies et toi / aider

# D.   Le passé composé des verbes pronominaux

The sentences below are in the passé composé. Note which auxiliary verb is used to form the passé composé of reflexive verbs.

| | |
|---|---|
| Alice **s'est levée** à six heures. | *Alice **got up** at six.* |
| Philippe et Alain **se sont promenés.** | *Philippe and Alain **took a walk.*** |
| Est-ce que vous **vous êtes reposés?** | ***Did** you rest?* |
| Non, nous **ne nous sommes pas reposés.** | *No, we **didn't rest.*** |

▶ The PASSÉ COMPOSÉ of REFLEXIVE verbs is formed as follows:

reflexive pronoun + present of **être** + past participle

Note the forms of the passé composé of **s'amuser** *(to have fun).*

| | Masculine | Feminine |
|---|---|---|
| *singular* | je **me suis amusé**<br>tu **t'es amusé**<br>il/on **s'est amusé** | je **me suis amusée**<br>tu **t'es amusée**<br>elle **s'est amusée** |
| *plural* | nous **nous sommes amusés**<br>vous **vous êtes amusé(s)**<br>ils **se sont amusés** | nous **nous sommes amusées**<br>vous **vous êtes amusée(s)**<br>elles **se sont amusées** |
| *negative* | je ne **me suis** pas **amusé(e)** | |
| *interrogative* | est-ce que tu **t'es amusé(e)?** | |

▶ The verb **s'asseoir** *(to sit down)* has an irregular past participle: **assis.**

Éric s'est **assis** à table.    Nicole s'est **assise** à côté de lui.

▶ When the reflexive verb is in the passé composé, the PAST PARTICIPLE generally AGREES with the REFLEXIVE PRONOUN. This pronoun has the same number and gender as the subject.

Jacqueline s'est amusée à la fête.    Hélène et Alice se sont **rencontrées** dans un café.

► EXCEPTION: The past participle does NOT agree with the reflexive pronoun when this pronoun functions as an INDIRECT OBJECT. This happens in the following cases:

- *reflexive verb + direct object*

  Caroline s'est **acheté** une montre.

- *reflexive verb + part of the body*

  Nous nous sommes **lavé** les mains.
  Janine s'est **brossé** les cheveux.
  Ma cousine s'est **cassé** la jambe.

- verbs like **se parler** that take an indirect object in a non-reflexive construction **(parler à quelqu'un)**

  Claire et Nicole se sont **parlé** après la classe.

  Other common verbs in this category are: **se téléphoner (téléphoner à), s'écrire (écrire à), se rendre visite (rendre visite à), se donner rendez-vous (donner rendez-vous à).**

**11. Week-end**   Dites ce que les personnes suivantes ont fait le week-end dernier et dites si oui ou non elles se sont amusées.

▯ Monique / étudier   *Monique a étudié. Elle ne s'est pas amusée*

1. François / nettoyer son appartement
2. Pauline / sortir avec son fiancé
3. je / faire les courses et le ménage
4. tu / faire une promenade avec tes amis
5. Anne et Stéphanie / aller au cinéma
6. ces étudiants / aller au laboratoire de langues
7. vous / aller à une fête
8. nous / travailler

**12. Vendredi treize**   Pour certains, le vendredi treize est un jour de malchance *(bad luck)*. Expliquez la malchance des personnes suivantes. ATTENTION: les phrases peuvent être affirmatives ou négatives.

▯ Janine / se souvenir de son rendez-vous avec Paul?
*Janine ne s'est pas souvenue de son rendez-vous avec Paul.*

1. les étudiants / se souvenir des verbes irréguliers?
2. notre professeur / s'impatienter?
3. les touristes / se perdre *(to get lost)* à Paris?
4. je / se réveiller pour l'examen de français?
5. Monsieur Lenormand / se couper avec son rasoir?
6. vous / se mettre en colère?
7. Catherine / se disputer avec son fiancé?
8. nous / s'entendre avec nos amis?
9. je / s'asseoir sur une chaise cassée?
10. les ingénieurs / se tromper dans leurs calculs *(calculations)*?

**13. Dialogue**   Demandez à un(e) camarade s'il (si elle) a fait les choses suivantes hier.

◻ se promener en ville?
    —*Est-ce que tu t'es promené(e) en ville?*
    —*Oui, je me suis promené(e) en ville.*
  ou: —*Non, je ne me suis pas promené(e) en ville.*

1. se lever avant huit heures?
2. se dépêcher pour être à l'heure en classe?
3. se reposer après les cours?
4. s'arrêter dans un café?
5. s'amuser?
6. se disputer avec ses amis?
7. se coucher tôt?

**14. Hier**   Paul demande à Suzanne ce qu'elle a fait hier. Jouez les deux rôles.

◻ à quelle heure / se lever? (à sept heures et demie)
    PAUL:   *À quelle heure est-ce que tu t'es levée?*
    SUZANNE:   *Je me suis levée à sept heures et demie.*

1. où / se promener après les cours? (au jardin du Luxembourg)
2. que / s'acheter Au Bon Marché? (une nouvelle robe)
3. dans quel café / s'arrêter après? (au Café de Cluny)
4. pourquoi / se dépêcher? (pour être à l'heure à un rendez-vous)
5. à quelle heure / se coucher? (à onze heures et quart)

**15. Pourquoi?**   Dites ce que les personnes suivantes ont fait et expliquez pourquoi. Utilisez votre imagination.

◻ Adèle / se dépêcher
  *Adèle s'est dépêchée parce qu'elle ne voulait pas rater son train.*

1. le professeur / se mettre en colère
2. ma cousine / s'excuser
3. je / s'impatienter
4. vous / se reposer
5. tu / s'arrêter au café
6. mes amis et moi, nous / se disputer
7. les étudiants / s'énerver
8. Jean-Claude / se lever tôt
9. Catherine / s'habiller
    élégamment *(elegantly)*

**16. Une histoire d'amour**   Racontez au passé composé l'histoire d'amour de Pierre et d'Annette. (NOTE: **se marier** = *to get married*)

1. Ils se rencontrent pendant les vacances.
2. Ils se parlent.
3. Ils se téléphonent.
4. Ils se voient le lendemain *(next day)*.
5. Ils se rencontrent à nouveau *(again)*.
6. Ils s'écrivent après les vacances.
7. Ils se rendent visite à Noël.
8. Ils s'entendent.
9. Ils se déclarent leur amour.
10. Ils se marient.

# Communication

Choose a partner who will play the role of the other person in the conversation.

---

1. You notice that the student next to you is yawning during class.

Ask your partner . . .

- if he/she went out last night (and if so, where he/she went)
- if he/she studied for the class
- at what time he/she went to bed
- at what time he/she got up this morning

---

2. Instead of going back to the dorm after class, your roommate went downtown to meet a friend. Your roommate is now back.

Ask your partner . . .

- where they met
- where they went for a walk
- if they stopped at a café (and if so, what they ordered)
- how he/she came back **(en bus? à pied? . . .)**

---

3. You and your partner are discussing what you did last Sunday.

Ask each other . . .

- at what time you got up
- if you went for a walk (and if so, where)
- if you rested
- if you studied
- if you had a date with someone (and if so with whom, and where you went)
- if you had fun Sunday

---

# Vivre en France:
## *Le sport et la santé*

### Vocabulaire pratique: *Le sport et les loisirs*

On va à **la mer** pour
| **faire de la voile** (*sailing*).
| **faire de la planche à voile** (*windsurfing*).

On va à **la plage** ou à **la piscine** pour
| **se baigner** (*to swim*).
| **se bronzer** (*to get a tan*).
| **prendre des bains de soleil** (*to sunbathe*).

On va à **la montagne** pour
| **faire du ski.**
| **faire du ski de fond** (*cross-country*).

On va à **la campagne** pour
| **faire du camping.**
| **faire des promenades** | **à pied.**
| **faire des randonnées** | **à vélo.**
| (*excursions*) | **à cheval**
| | (*horseback*).

On va au **stade** pour
| **courir** (*run*).
| **faire du jogging.**
| **s'entraîner** (*to train*).

On va à **la salle de gymnastique** pour
| **faire des exercices.**
| **faire de la culture physique** (*physical training*).
| **faire du yoga.**
| **faire de l'aérobic.**
| **lever des poids** (*weights*).

Quelques sports
Quels sports **pratiques-tu?**
Je **joue**
| **au tennis.**
| **au foot.**
| **au basket.**
| **au volley.**
| **au golf.**

**VIVE L'AÉROBIC**

Je **fais**
| **du vélo.** | **de la moto.**
| **du bateau** (*boating*). | **de l'athlétisme** (*track and field*).
| **du judo.** | **de l'aviron** (*crew*).
| **du karaté.** | **de l'équitation** (*riding*).
| **du deltaplane** (*hang gliding*). | **de la plongée sous-marine** (*scuba diving*).

## Activité: *Les sports*

Posez à vos camarades des questions sur
les sujets suivants.

1. Quels sports pratiquent-ils en été? en hiver?
   en toute saison *(the year round)*?
2. Quels sports peut-on pratiquer dans
   la région où ils habitent?
3. À leur avis, quel est le meilleur sport pour
   la santé? Pourquoi? Quel est le sport le plus
   dangereux? Pourquoi? Quel est le sport
   le plus fatigant *(tiring)*? Pourquoi? Quel est
   le sport le plus cher?

## Situations: *Loisirs*

Vous voulez savoir où sont allés vos camarades et ce qu'ils ont fait. Ils vont vous
répondre logiquement. Composez des dialogues suivant le modèle en utilisant
les expressions entre parenthèses.

▌ les vacances de printemps (en Floride)
   —*Où as-tu passé les vacances de printemps?*
   —*Je suis allé(e) en Floride.*
   —*Ah bon! Et qu'est-ce que tu as fait là-bas?*
   —*J'ai fait des promenades en bateau. (J'ai fait
   de la planche à voile. Je me suis bronzé(e)....)*

1. le week-end dernier (à la campagne)
2. le mois d'août (dans le Colorado)
3. la soirée (à la salle de gymnastique)
4. l'après-midi (au stade)
5. les vacances de Pâques *(Easter)* (dans les Bermudes)

## Vocabulaire pratique:   *La santé*

Ça va?
Comment vas-tu?
Comment **te sens-tu?**

| | | | | |
|---|---|---|---|---|
| Ça va | bien. | | Ça ne va pas | bien. |
| Je vais | | | Je ne vais pas | |
| **Je me sens** | | | Je ne me sens pas | |

| | | | | |
|---|---|---|---|---|
| Je suis | **en bonne santé.** | | Je ne suis pas | en bonne santé. |
| | **en forme.** | | | en forme. |

| | |
|---|---|
| Je suis | **malade.** |
| Je me sens | **fatigué(e).** |
| | **déprimé(e)** *(depressed)*. |

**Qu'est-ce que tu as?** *(What's wrong?)*
**J'ai mal** | **à la tête.**
         | **à l'estomac** *(stomach).*

J'ai **une douleur** *(pain)* | **à l'épaule** *(shoulder).*
                          | **au genou.**

J'ai | **une migraine.**
   | **un rhume.**
   | **la grippe.**
   | **la mononucléose.**

**Tu as eu un accident?**
**Qu'est-ce qui t'est arrivé?**
**Je me suis fait mal** *(hurt myself)* | **au** dos.
                                   | **à** l'épaule.
**Je me suis blessé(e)** *(wounded myself)* **à** la main.
**Je me suis cassé** | la jambe.
                 | le bras.
**Je me suis coupé(e)** *(cut)* | **au** pied.
                           | **au** genou.
**Je me suis foulé** *(sprained)* | **la cheville** *(ankle).*
                              | **le poignet** *(wrist).*

### Les PHARMACIENS
### de LOUHANS

À la pharmacie
Je vais **passer à** *(to go by)* la pharmacie pour acheter ...

**du tricostéril** *(Band-Aids).*
**du sparadrap** *(adhesive tape).*
**une bande Velpeau** *(Ace bandage).*
**des coton-tiges** *(cotton swabs).*

**des pastilles** *(lozenges)* pour la gorge.
**des cachets** *(tablets)* d'aspirine.
**des gouttes** *(drops)* pour les yeux.

## Situations: *Accidents*

Vous voulez savoir ce qui est arrivé aux personnes suivantes. Composez des dialogues suivant le modèle. Expliquez la cause de l'accident en utilisant votre imagination. Jouez les dialogues avec vos camarades.

🔳 Anne

VOUS: *Dis donc, Anne, qu'est-ce qui t'est arrivé?*
ANNE: *Tu vois, je me suis foulé la cheville (je me suis fait mal au pied).*
VOUS: *Ah bon? Comment est-ce que c'est arrivé?*
ANNE: *Je faisais une promenade à cheval (je faisais de l'alpinisme) et je suis tombée.*

1. Pierre    2. Caroline    3. Albert    4. Olivier    5. Stéphanie

## Situations: *Pourquoi?*

Les personnes suivantes vous demandent certains produits pharmaceutiques. Vous voulez savoir pourquoi. Composez des dialogues d'après le modèle en utilisant votre imagination. Jouez ces dialogues avec vos camarades.

🔳 Éric: du mercurochrome
ÉRIC: *Dis, est-ce que tu as du mercurochrome?*
VOUS: *Oui, pourquoi?*
ÉRIC: *Je me suis coupé à la main.*

1. Philippe: un cachet d'aspirine
2. Nicole: des gouttes pour le nez
3. Jean-Paul: un cachet d'Alka-Seltzer
4. Charlotte: un tube de Bacitracine
5. Gabrielle: du tricostéril
6. Marie-Claire: une bande Velpeau

# Perspectives d'avenir

## 9

# À quand le mariage?

*Quand allez-vous vous marier°? Nous avons posé cette question à plusieurs jeunes Français. Voici leurs réponses.* — to get married

**XAVIER** *(20 ans)*
J'ai une copine avec qui je sors depuis deux ans. Nous avons décidé de nous marier. Mais d'abord, nous devons finir nos études.

**CORINNE** *(21 ans)*
Je connais beaucoup de garçons, mais je n'ai pas de copain en particulier. Un jour, je compte° me marier et avoir une famille, mais je ne suis pas pressée°. — I hope / in a hurry

**DELPHINE** *(22 ans)*
J'ai un copain qui a toutes les qualités. Il est généreux, sincère et travailleur°. Il y a quelques semaines° il m'a demandé de l'épouser°. J'hésite ... Le mariage est une affaire° sérieuse! Et pourquoi prendre ce risque lorsque° nous sommes parfaitement heureux comme ça? — hard-working / A few weeks ago / to marry him / business / when

**ALAIN** *(19 ans)*

Aujourd'hui, on peut vivre ensemble et avoir des enfants sans être mariés°.     *without being married*
Alors, pourquoi se marier?

**JEAN-PIERRE** *(25 ans)*

Je ne suis pas spécialement conservateur, mais je considère que le mariage est     *still / way*
toujours° la façon° la plus normale de vivre à deux dans la société. J'aimerais me     *ideal (female) companion*
marier, mais je n'ai pas encore trouvé l'âme-sœur°.

## Lecture culturelle: *Les Français et le mariage*

Si pour beaucoup de jeunes Français le mariage représente la décision la plus importante de l'existence, c'est rarement la «grande aventure». En effet, les garçons et les filles qui se marient se connaissent généralement depuis longtemps (souvent depuis des années). Ils ont la même[1] religion, le même niveau d'instruction[2]. Souvent, ils appartiennent[3] au même milieu social et économique. En général, les Français se marient relativement tard: en moyenne[4] les hommes se marient à 27 ans et les femmes à 25 ans.

Avant le mariage, les futurs époux[5] doivent accomplir un certain nombre de formalités administratives (examen médical, publication des bans[6] du mariage, etc...). Le mariage est ensuite célébré à la mairie[7], et une deuxième fois à l'église (si les époux veulent avoir un mariage religieux). À l'issue[8] du mariage civil, le maire[0] remet[10] aux jeunes époux un «livret[11] de famille» où seront inscrits[12] les événements familiaux importants (naissances, décès[13] et, éventuellement[14], divorce).

Aujourd'hui, beaucoup de Français vivent en couples[15] sans être mariés. S'ils le désirent, ils peuvent obtenir un «certificat de concubinage» qui reconnaît officiellement l'existence du couple. La majorité de ces couples ont des enfants ou veulent en avoir.

*1 same   2 level of formal education   3 belong   4 on the average   5 spouses   6 = annonce officielle   7 town hall   8 = après   9 mayor   10 delivers   11 booklet   12 will be inscribed   13 deaths   14 should the occasion arise   15 live together*

# Structure et Vocabulaire

## Vocabulaire:     *L'amitié, l'amour et le mariage*

### Noms

| | | | |
|---|---|---|---|
| **l'amour** | *love* | **l'amitié** | *friendship* |
| **le mariage** | *marriage, wedding* | | |

### Adjectifs

| | | |
|---|---|---|
| **amoureux (amoureuse) (de)** | *in love (with)* | Georges est **amoureux** de Martine. |
| **célibataire** | *single* | Est-ce que tu vas rester **célibataire?** |
| **même** | *same* | Marc et moi, nous avons les **mêmes** amis. |

### Verbes

| | | |
|---|---|---|
| **aimer** | *to love* | Tu m'**aimes?** |
| **aimer bien** | *to like* | Je t'**aime bien.** |
| **se fiancer (avec)** | *to get engaged (to)* | Henri va **se fiancer avec** Louise. |
| **épouser** | *to marry* | Jean va **épouser** Éliane. |
| **se marier (avec)** | *to marry, to get married* | Alice va **se marier avec** André. |
| **divorcer** | *to divorce* | Mon oncle vient de **divorcer.** |

### Expressions

| | | |
|---|---|---|
| **entre** | *between, among* | Nous sommes **entre** amis. |
| **moi-même** | *myself* | J'ai réparé ma voiture **moi-même.** |

## NOTES DE VOCABULAIRE

1. The constructions **épouser** and **se marier avec** are synonymous:

Paul va **épouser** Jacqueline.
Paul va **se marier avec** Jacqueline.  } *Paul is going **to marry** Jacqueline.*

2. The ending **-même(s)** is sometimes used to reinforce a stress pronoun.

J'ai fait cela **moi-même.**     *I did that **myself.***
Pierre et Paul sont sûrs     *Pierre and Paul are sure*
   d'**eux-mêmes.**          *of **themselves.***

### 1. Questions personnelles

1. Êtes-vous marié(e) ou célibataire? Si vous êtes célibataire, avez-vous l'intention de vous marier? Quand? Selon vous, quel est l'âge idéal pour se marier? Pourquoi?
2. Avez-vous déjà assisté à un mariage? Où? Quand? Qui était le marié *(groom)?* Qui était la mariée *(bride)?* Quand est-ce qu'ils s'étaient fiancés?
3. Selon vous, quelle est la chose la plus importante dans la vie, l'amour ou l'amitié? Pourquoi?

# A.   Adjectifs irréguliers

Regular adjectives add an **-e** to the masculine to form the feminine. (If the masculine ends in **-e,** there is no change in the feminine.)

un ami **patient, poli** et **calme**          une amie **patiente, polie** et **calme**

Regular adjectives add an **-s** to form the plural. (If the masculine singular ends in **-s** or **-x,** the plural is the same.)

un professeur **français amusant**          des professeurs **français amusants**

Many IRREGULAR ADJECTIVES follow predictable patterns.

**Adjectives with irregular feminine forms**

| ending | | singular | | plural | |
|---|---|---|---|---|---|
| masculine | feminine | masculine | feminine | masculine | feminine |
| -eux | → -euse | sérieux | sérieuse | sérieux | sérieuses |
| -f | → -ve | actif | active | actifs | actives |
| -el | → -elle | cruel | cruelle | cruels | cruelles |
| -on | → -onne | bon | bonne | bons | bonnes |
| -(i)en | → -(i)enne | canadien | canadienne | canadiens | canadiennes |
| -er | → -ère | cher | chère | chers | chères |
| -et | → -ète | discret | discrète | discrets | discrètes |
| -eur | → -euse | travailleur | travailleuse | travailleurs | travailleuses |
| -ateur | → -atrice | créateur | créatrice | créateurs | créatrices |

**Adjectives with irregular masculine plural forms**

| singular | plural | masculine | feminine | masculine | feminine |
|---|---|---|---|---|---|
| -al | → -aux | loyal | loyale | loyaux | loyales |

▶ A few adjectives in **-eur,** such as **supérieur, inférieur, extérieur, intérieur,** and **meilleur,** are regular in the feminine: **une attitude *supérieure.***

▶ Nouns that have endings similar to the above adjectives usually follow the same patterns.

Irregular feminine forms
**un champion**        → **une championne**
**un programmeur** → **une programmeuse**
**un décorateur**    → **une décoratrice**
**un acteur**          → **une actrice**

Irregular plural forms
**un journal** → **des journaux**
**un animal** → **des animaux**

## Vocabulaire: *Quelques adjectifs irréguliers*

| Pattern | Non-cognates | | Cognates | |
|---|---|---|---|---|
| -eux → -euse | ennuyeux | *(boring)* | ambitieux | généreux |
| | heureux | *(happy)* | consciencieux | nerveux |
| | malheureux | *(unhappy)* | courageux | sérieux |
| | paresseux | *(lazy)* | curieux | superstitieux |
| -f → -ve | neuf | *(new)* | actif | intuitif |
| | sportif | *(athletic)* | attentif | naïf |
| | | | imaginatif | perceptif |
| | | | impulsif | |
| | | | cruel | naturel |
| -el → -elle | ponctuel | *(punctual, on time)* | intellectuel | superficiel |
| -(i)en → -(i)enne | musicien | *(musical)* | | |
| -er → -ère | étranger | *(foreign, from abroad)* | familier | régulier |
| -et → -ète | inquiet | *(worried)* | discret | |
| | secret | *(secretive)* | indiscret | |
| -eur → -euse | travailleur | *(hard-working)* | | |
| -ateur → -atrice | créateur | *(creative)* | | |
| | conservateur | *(conservative)* | | |
| -al → -aux *(pl.)* | égal | *(equal)* | libéral | original |
| | inégal | *(unequal)* | loyal | sentimental |
| | génial | *(brilliant)* | | |

## NOTE DE VOCABULAIRE

The adjectives **nouveau** and **neuf** both mean NEW. **Nouveau** comes before
the noun and means *new* in the sense of *recent* or *newly acquired*. **Neuf** comes
after the noun and means *new* in the sense of *brand new*.

> Jean a une **nouvelle** voiture.    *Jean has a **new** car.*
> Ce n'est pas une voiture **neuve**.    *It's not a (**brand**) new car.*

## Vocabulaire:  *D'autres adjectifs irréguliers*

| | | |
|---|---|---|
| gros → grosse | *(big, fat)* | net → nette | *(neat)* |
| gentil → gentille | *(nice)* | sot → sotte | *(dumb)* |

gros → grosse *(big, fat)*      net → nette *(neat)*
gentil → gentille *(nice)*      sot → sotte *(dumb)*

faux → fausse *(false)*      blanc → blanche *(white)*
roux → rousse *(redheaded)*      franc → franche *(frank)*

doux → douce *(sweet, soft)*      long → longue
jaloux → jalouse *(jealous)*      favori → favorite
      fou → folle *(crazy)*

**2. Vive la différence!**  Dites que les personnes entre parenthèses n'ont pas la même personnalité que les personnes suivantes.

▪ Cet étudiant est sérieux. (ces étudiantes)      *Ces étudiantes ne sont pas sérieuses.*

1. Madame Lombard est généreuse. (son mari)
2. Sylvie est ambitieuse. (ses cousins)
3. Henri est discret. (sa sœur)
4. Adèle est intellectuelle. (Paul et Georges)
5. Gisèle est intuitive. (Marc et Robert)
6. La secrétaire est travailleuse. (cet employé)
7. Philippe est musicien. (sa fiancée)
8. Madeleine est jalouse. (ses frères)
9. Ce jeune homme est franc. (cette jeune fille)
10. Jacques est roux. (Marthe)

**3. Descriptions**  Décrivez les personnes suivantes en utilisant les adjectifs entre parenthèses.

▪ mes amis (original?)      *Mes amis sont originaux.*
      ou: *Mes amis ne sont pas originaux.*

1. mes amis (loyal?)
2. mes amies (loyal?)
3. mes parents (libéral?)
4. les Américains (sentimental?)
5. les Américaines (sentimental?)
6. mes professeurs (génial?)
7. les femmes d'aujourd'hui (égal aux hommes?)

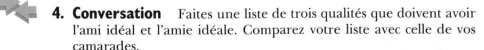

**4. Conversation**  Faites une liste de trois qualités que doivent avoir l'ami idéal et l'amie idéale. Comparez votre liste avec celle de vos camarades.

| L'ami idéal doit être ... | L'amie idéale doit être ... |
|---|---|
| • | • |
| • | • |
| • | • |

**5. Une question de personnalité** Lisez ce que font les personnes suivantes. Puis décrivez leur personnalité en utilisant un adjectif du Vocabulaire.

▯ Jacqueline ne sort jamais le vendredi treize.     ***Elle est superstitieuse.***

1. Madame Lamblet veut être la présidente de sa compagnie.
2. Pierre et Paul ne travaillent jamais.
3. Sylvie répète les secrets de ses amis.
4. Ce week-end-ci, mes cousines vont préparer leur examen.
5. En hiver, Thérèse fait du ski. En été, elle nage et elle joue au volley.
6. Ma sœur ne parle de ses problèmes à personne.
7. Alice ne se repose jamais.
8. Françoise aime discuter des grands problèmes philosophiques.
9. La secrétaire arrive toujours à l'heure *(on time)* au bureau.
10. Cette jeune artiste a un talent extraordinaire.
11. Ces étudiantes font toujours attention quand le professeur parle.
12. Ces sénateurs veulent changer les institutions.

**6. Expression personnelle** Complétez les phrases suivantes avec un ou plusieurs adjectifs du Vocabulaire de cette leçon.

1. Mes amis pensent que je suis ...
2. Mes parents pensent que je suis ...
3. Je n'aime pas les gens qui sont trop ...
4. À une fête, j'aime parler avec des gens ...
5. Je ne respecte pas les personnes ...
6. J'aime sortir avec des personnes ...
7. Je suis à l'aise *(at ease)* avec les personnes ...
8. Je ne suis pas à l'aise avec des personnes ...
9. Aujourd'hui, les femmes sont ...; les hommes sont ...
10. J'espère me marier avec une personne ...

# B.   Les adverbes en -*ment*

Many adverbs of manner end in **-ment** and correspond to English adverbs ending in -*ly*. In the sentences below, compare the adverbs in heavy print with the adjectives in parentheses.

| | | |
|---|---|---|
| (poli) | Jacques répond **poliment**. | *Jacques answers **politely**.* |
| (calme) | Nous avons parlé **calmement**. | *We spoke **calmly**.* |
| (sérieux) | Anne a étudié **sérieusement**. | *Anne studied **seriously**.* |
| (intuitif) | Je comprends **intuitivement**. | *I understand **intuitively**.* |
| (patient) | Tu attends **patiemment**. | *You wait **patiently**.* |
| (brillant) | Alice a répondu **brillamment**. | *Alice answered **brilliantly**.* |

ADVERBS OF MANNER are derived from the corresponding adjectives as follows:

| When the masculine adjective ends in ... | the adverb is formed ... | |
|---|---|---|
| *a vowel* | masculine adjective + **-ment** | poli → **poliment** |
| *a consonant* | feminine adjective + **-ment** | acti**f**, acti**ve** → **activement** <br> séri**eux**, séri**euse** → **sérieusement** |
| **-ent** | masculine adjective (minus **-ent**) + **-emment** | pati**ent** → **patiemment** |
| **-ant** | masculine adjective (minus **-ant**) + **-amment** | const**ant** → **constamment** |

► Adverbs in **-ment,** like other adverbs of manner, usually come immediately after the verb they modify.

André répond **intelligemment** à la question du professeur.

► The adjective **rapide** has two corresponding adverbs: **rapidement** and **vite,** which is more common.

Ces voitures de sport sont **rapides.**     *These sports cars are **fast**.*
Elles vont **vite.**     *They go **fast**.*

► The comparison with adverbs follows the same pattern as comparisons with adjectives.

Alain travaille **plus (moins, aussi) sérieusement que** moi.

► The comparative form of **bien** is **mieux.**

Nous chantons **mieux que** vous.     *We sing **better than** you.*

## Vocabulaire:  *Quelques adverbes en* -ment

| | | |
|---|---|---|
| **heureusement** | *fortunately* | **Heureusement,** Éric s'est souvenu de la date de l'examen. |
| **malheureusement** | *unfortunately* | **Malheureusement,** il l'a raté. |
| **vraiment** | *really* | **Vraiment,** il n'a pas de chance. |
| **évidemment** | *of course* | **Évidemment,** il n'étudie pas beaucoup. |
| **seulement** | *only* | Si **seulement** il étudiait plus! |

### NOTE DE VOCABULAIRE

These adverbs have a meaning somewhat different from the adjectives from which they are derived. They are often placed at the beginning of the sentence for emphasis.

**7. De quelle manière?**  Les personnes suivantes travaillent d'une manière qui reflète leur personnalité. Exprimez cela, en utilisant l'adverbe en **-ment** qui convient.

▨  Jacques est sérieux. (travailler)    *Il travaille sérieusement.*

1. Paul est généreux. (aider ses amis)
2. Thomas est ponctuel. (arriver au rendez-vous)
3. Albert et Roger sont actifs. (participer au débat)
4. Antoine est discret. (parler de ses amis)
5. Philippe est consciencieux. (suivre son régime)
6. Jean est attentif (écouter le professeur)
7. Madeleine est polie. (parler à ses voisins)
8. Éric est rapide. (courir)
9. Robert est franc. (répondre aux questions)

**8. Comment?**  Dites ce qu'ont fait les personnes suivantes et comment. Pour cela utilisez le passé composé des verbes suivants et l'adverbe dérivé de l'adjectif entre parenthèses.

▨  (brillant) les étudiants / répondre à la question du professeur
    *Les étudiants ont répondu brillamment à la question du professeur.*

1. (brillant) Nicole / réussir à l'examen de français
2. (impatient) tu / répondre à la question
3. (intelligent) Marc / répondre au professeur
4. (élégant) Monique / s'habiller pour la soirée
5. (patient) nous / attendre nos amis
6. (constant) ces gens / parler pendant le concert
7. (violent) vous / fermer la porte
8. (prudent) la police / entrer dans la maison abandonnée
9. (imprudent) ces ingénieurs / parler des secrets de leur entreprise *(company)*

**9. Dialogue**  Demandez à vos camarades s'ils font les choses suivantes. Utilisez l'adverbe en **-ment** dérivé de l'adjectif entre parenthèses.

▨  préparer tes leçons (consciencieux?)
        *—Est-ce que tu prépares consciencieusement tes leçons?*
        *—Oui, je prépare consciencieusement mes leçons.*
    ou: *—Non, je ne prépare pas consciencieusement mes leçons.*

1. faire tes devoirs (rapide?)
2. comprendre le français (intuitif?)
3. apprendre les langues étrangères (facile?)
4. connaître le président (la présidente) de l'université (personnel?)
5. aller au cinéma le samedi soir (régulier?)
6. chercher du travail pour l'été (actif?)
7. parler à tes amis (franc?)
8. écrire à tes cousins (fréquent?)

# C.   Les nombres ordinaux

Ordinal numbers (*first, second, ... tenth*) are used for ranking. Note the forms of these numbers in French.

| | | | | | |
|---|---|---|---|---|---|
| 1$^{er(ère)}$ | **premier (première)** | 6$^e$ | **sixième** | 11$^e$ | **onzième** |
| 2$^e$ | **deuxième** | 7$^e$ | **septième** | 20$^e$ | **vingtième** |
| 3$^e$ | **troisième** | 8$^e$ | **huitième** | 21$^e$ | **vingt et unième** |
| 4$^e$ | **quatrième** | 9$^e$ | **neuvième** | 22$^e$ | **vingt-deuxième** |
| 5$^e$ | **cinquième** | 10$^e$ | **dixième** | 100$^e$ | **centième** |

> ORDINAL NUMBERS are derived from cardinal numbers according to the pattern:
>
> | number (minus final **-e**, if any) + **-ième** | deux → **deuxième** <br> quatre → **quatrième** |
> |---|---|

▶ Exception: **un → premier, première**     BUT: **le vingt et unième,** <br> **le trente et unième,** etc.

▶ The **x** of **deuxième, sixième,** and **dixième** is pronounced /z/.

▶ Note the spelling modifications: cinq → cin**qu**ième     neuf → neu**v**ième.

▶ Ordinal numbers are adjectives and agree with the nouns they modify. Only **premier** has a different feminine form.

Le lundi mon **premier** cours est à neuf heures. <br> Le vendredi ma **première** classe est à dix heures.

▶ Ordinal numbers come BEFORE the noun they modify.

▶ There is no liaison or elision before **huitième** and **onzième**.

Quel est **le** huitième mois de l'année? **le** onzième mois?

**10. Le concours de photo (*The photo contest*)**   Vous êtes le juge d'un concours de photo. Donnez aux étudiants suivants leur classement (*ranking*).

▯ Henri (8$^e$)     *Henri, tu es huitième.*

1. Anne (1$^{ère}$)
2. Philippe (2$^e$)
3. Nathalie (6$^e$)
4. Charles et Louis (10$^e$)
5. Suzanne et Louise (15$^e$)
6. Jacques (18$^e$)
7. Jacqueline (21$^e$)
8. Michèle (32$^e$)
9. Jean-Marc (53$^e$)
10. Antoine (66$^e$)
11. Alice (74$^e$)
12. Émilie (100$^e$)

## D.   La construction verbe + infinitif

Note how the main verb is used with an infinitive in the sentences below.

| | |
|---|---|
| Éric **aime sortir** avec ses copains, | *Éric **likes to go out (going out)** with his friends,* |
| ... mais il **préfère sortir** avec Sylvie. | *... but he **prefers going out** with Sylvie.* |
| Nathalie **hésite à se marier.** | *Nathalie **hesitates to get married.*** |
| Elle **continue à faire** ses études. | *She **continues studying (to study).*** |
| Paul ne **cesse** jamais **de travailler.** | *Paul never **stops working.*** |
| **Acceptez**-vous **de participer** à son projet? | *Do you **agree to participate** in his project?* |

> When one verb follows another, the second verb is in the infinitive.
> Depending on the main verb, one of the following patterns is used:

| main verb + infinitive | Nous **devons** partir. |
|---|---|
| main verb + **à** + infinitive | Nous **hésitons à** partir. |
| main verb + **de** + infinitive | Nous **refusons de** partir. |

► In similar English constructions, the second verb is an INFINITIVE or a
  verbal form ending in *-ing: I like **to play** tennis. I like **playing** tennis.*
  In French, the second verb must be an infinitive.

# Vocabulaire:   *Verbes suivis de l'infinitif*

### Verbes suivis immédiatement de *l'infinitif*

| | | | |
|---|---|---|---|
| **aimer** | *to like, to love* | **espérer** | *to hope* |
| **aller** | *to go* | **pouvoir** | *can, to be able* |
| **détester** | *to hate, to detest* | **préférer** | *to prefer* |
| **devoir** | *must, to have to* | **vouloir** | *to wish, to want* |

### Verbes suivis de **à** + *l'infinitif*

| | | |
|---|---|---|
| **apprendre à** | *to learn* | Nous **apprenons à** jouer de la guitare. |
| **chercher à** | *to strive, try to* | Je n'**ai** pas **cherché à** gagner de l'argent. |
| **commencer à** | *to begin* | J'**ai commencé à** travailler lundi. |
| **continuer à** | *to continue* | **Continuez**-vous **à** étudier le français? |
| **hésiter à** | *to hesitate* | N'**hésitez** pas **à** parler. |
| **réussir à** | *to succeed in* | J'**ai réussi à** réparer ma voiture. |

### Verbes suivis de **de** + *l'infinitif*

| | | |
|---|---|---|
| **s'arrêter de** | *to stop* | Quand est-ce que tu **t'arrêtes d'**étudier? |
| **cesser de** | *to stop, quit* | J'**ai cessé de** fumer. |
| **choisir de** | *to choose, decide* | J'**ai choisi de** dire la vérité. |
| **décider de** | *to decide* | Nous **avons décidé de** faire plus de sport. |
| **essayer de** | *to try* | **Essayez de** jouer mieux! |
| **finir de** | *to finish* | J'**ai fini d'**étudier. |
| **oublier de** | *to forget* | As-tu **oublié de** fermer la porte? |
| **refuser de** | *to refuse* | Nous **refusons de** répondre à la question. |
| **regretter de** | *to regret* | Je ne **regrette** pas **d'**apprendre le français. |
| **rêver de** | *to dream of* | Caroline **rêve d'**acheter une voiture. |
| **se souvenir de** | *to remember* | Est-ce que tu **t'es souvenu de** téléphoner à Paul? |

### Verbes suivis de **à quelqu'un** et **de** + *l'infinitif*

| | | |
|---|---|---|
| **demander à** quelqu'un **de** | *to ask someone* | J'**ai demandé à** mon frère **de** m'aider. |
| **dire à** quelqu'un **de** | *to tell someone* | J'**ai dit à** Paul **de** partir. |
| **promettre à** quelqu'un **de** | *to promise someone* | J'**ai promis à** mes parents **de** travailler. |
| **permettre à** quelqu'un **de** | *to give permission, to allow someone* | J'**ai permis à** Jacques **de** prendre ma voiture. |
| **défendre à** quelqu'un **de**<br>**interdire à** quelqu'un **de** | *to forbid, to prohibit someone* | Je vous **défends d'**utiliser mon appareil-photo.<br>J'**interdis à** mes amis **de** fumer dans ma chambre. |

## NOTES DE VOCABULAIRE

1. **Interdire** is conjugated like **dire** except in the **vous**-form: **vous interdisez.**
2. **Permettre** and **promettre** are conjugated like **mettre.**

**11. Dialogue**    Demandez à vos camarades s'ils font les choses suivantes.

▌ regretter / apprendre le français?
> —*Est-ce que tu regrettes d'apprendre le français?*
> —*Oui, je regrette d'apprendre le français.*
> ou: —*Non, je ne regrette pas d'apprendre le français.*

1. regretter / être à cette université?
2. hésiter / parler français en classe?
3. rêver / être millionnaire?
4. chercher / gagner beaucoup d'argent?
5. refuser / étudier le week-end?
6. apprendre / jouer de la clarinette?

**12. Qu'est-ce qu'ils font?**    Informez-vous sur les personnes suivantes et dites si oui ou non elles font les choses entre parenthèses.

▌ René est franc. (hésiter / dire la vérité)
**Il n'hésite pas à dire la vérité.**

1. Vous êtes trop curieux. (chercher / savoir tout sur vos amis)
2. Ces étudiants sont paresseux. (refuser / étudier le week-end)
3. Hélène est persévérante. (continuer / suivre des cours de piano)
4. Je suis un étudiant brillant. (cesser / faire des progrès en français)
5. Ces filles sont courageuses. (décider / prendre des risques)
6. Vous êtes égoïstes. (essayer / aider vos amis)

**13. Expression personnelle**    Complétez les phrases suivantes avec une expression personnelle.

▌ Depuis que (*Since*) je suis à l'université, j'ai cessé  ...
**Depuis que je suis à l'université, j'ai cessé de fumer.**

1. En ce moment, j'apprends  ...
2. Je voudrais apprendre  ...
3. Parfois j'hésite  ...  mais je n'hésite jamais  ...
4. Parfois j'oublie  ...  mais je n'oublie jamais  ...
5. J'aime  ...  mais je préfère  ...
6. Je ne refuse jamais  ...
7. J'ai décidé  ...
8. Je rêve  ...
9. Je vais essayer  ...
10. Je cherche  ...
11. J'ai choisi  ...
12. Je regrette  ...  mais je ne regrette pas  ...

# Communication

Choose a partner who will play the role of the other person in the conversation.

---

1. At the International Club, your partner met a foreign student that he/she found very interesting and is planning to see again. You want to know more about this new friend.

Ask your partner . . .

- what his/her new friend's name is
- what his/her nationality is
- what he/she is like (**comment est-il/elle**) (your partner will describe the friend's qualities)

---

2. You and your partner are discussing your views about the ideal husband or wife.

With your partner, talk about . . .

- the personality traits that the ideal husband/wife should have
- the personality traits that he/she should not have

—*Le mari idéal doit être intelligent et généreux.*
—*C'est vrai, et il ne doit pas être ennuyeux. . . .*

---

3. Your best friend has just told you that he/she has decided to lead a better and healthier life. You want to know what things he/she is planning to change.

Ask your partner . . .

- what he/she is going to stop doing
- what he/she is going to try doing
- what he/she is going to learn to do
- what other things he/she has decided to do

---

4. It is the eve of graduation and you and your roommate are talking about your four years of college.

With your partner, discuss . . .

- what you have learned to do
- what you have succeeded in doing
- what you hope to do now

—*J'ai appris à parler français. Qu'est-ce que tu as appris?*
—*Moi, j'ai appris à être plus tolérant(e) avec mes amis. ...*

# Dans dix ans

*Deux filles et deux garçons parlent de l'avenir°.... Aujourd'hui ils ont vingt ans....*     *future*
*Comment considèrent-ils leur existence dans dix ans?*

**MICHÈLE** *(étudiante)*

Je suis étudiante en médecine. Si tout va bien, dans dix ans ma vie sera° certaine-    *will be*
ment plus facile qu'aujourd'hui. Je serai médecin.° Quand je serai médecin,    *doctor*
j'aurai° plus de responsabilités et plus d'argent ... mais est-ce que je serai plus    *will have*
heureuse?

**ANNE-MARIE** *(secrétaire)*

J'habite à Paris et je travaille pour une compagnie d'assurances°. Où est-ce que je    *insurance*
serai dans dix ans et qu'est-ce que je ferai°? Vraiment, je ne sais pas! Je sais    *will I do*
seulement que je ne serai plus secrétaire! Je sais aussi que je ne serai pas millionnaire et que je ne serai pas mariée, à moins que°...    *unless*

**JACQUES** *(employé de banque)*

J'ai un travail° monotone et je ne suis pas très bien payé. Voilà pourquoi je suis des cours d'informatique. Quand je serai informaticien°, je travaillerai° dans de meilleures conditions avec des gens plus intéressants ... et je recevrai° un meilleur salaire qu'aujourd'hui.... Dans dix ans, j'espère que je serai marié.

*job*
*computer scientist / will work*
*will receive*

**MARTIN** *(étudiant)*

Aujourd'hui, je suis étudiant en sociologie. Je suis relativement indépendant, plutôt° anti-conformiste, un peu rebelle comme tous les garçons de mon âge.... Eh bien, quand j'aurai trente ans, je serai comme les autres hommes de trente ans. J'aurai une bonne situation°. J'aurai peut-être une grosse voiture. Je serai marié. J'aurai deux enfants. En été, nous ferons des voyages ... Nous irons° en Grèce ou en Égypte.... En somme, je serai un affreux° bourgeois°!

*rather*
*job*
*will go*
*awful / member of the middle class*

---

## Lecture culturelle: *Stabilité et mobilité*

Pendant longtemps, la France est restée le pays de la stabilité. Stabilité politique: les gouvernements se succédaient[1] et se ressemblaient. Stabilité économique et professionnelle: les enfants héritaient[2] de leurs parents non seulement la fortune mais aussi la profession. Stabilité géographique: on naissait[3], on se mariait et on mourait[4] dans la même ville.

Cette situation a beaucoup changé. Aujourd'hui, les Français se déplacent[5]. Ils quittent leur ville ou leur village pour faire leurs études, pour se marier, pour travailler. Pourtant[6], la société française est beaucoup moins mobile que la société américaine. Il est rare, par exemple, qu'on change de profession et d'activité économique. On peut généralement prévoir son avenir[7] avec une assez grande certitude. Si on ne sait pas où l'on sera dans dix ans, on sait cependant[8] ce que[9] l'on fera!

1 *followed one another*   2 *inherited*   3 *was born*   4 *died*
5 *move around*   6 *nevertheless*   7 *future*   8 *however*   9 *what*

# Structure et Vocabulaire

## Vocabulaire: *Expressions de temps*

| | | |
|---|---|---|
| **bientôt** | *soon* | Je vous inviterai **bientôt.** |
| **alors** | *then, at that moment* | **Alors,** nous sortirons ensemble. |
| **dans un moment** | | |
| **dans un instant** | *in a short while* | Je téléphonerai à Suzanne **dans un moment (dans** |
| **dans une minute** | | **un instant, dans une minute).** |
| **de nouveau** | *again* | Ma sœur travaille **de nouveau.** |
| **en avance** | *early, ahead of time* | Nous sommes **en avance** pour notre rendez-vous. |
| **à l'heure** | *on time* | Soyez **à l'heure!** |
| **en retard** | *late* | Si tu ne pars pas maintenant, tu seras **en retard.** |

### NOTE DE VOCABULAIRE

**Tôt** and **en avance** both mean *early*. While **tôt** refers to absolute time, **en avance** refers to relative time. The same distinction exists between **tard** and **en retard** *(late)*.

| | |
|---|---|
| Je suis arrivé **tôt** à la gare. | *I arrived at the station **early** (i.e., at 6 A.M.).* |
| Je suis **en avance.** | *I am **early** (in relation to the train departure time).* |

**1. Quand?** Complétez les phrases suivantes avec l'expression de temps qui convient.

1. Monsieur Martin est arrivé _____ à l'aéroport. Voilà pourquoi il a raté *(missed)* son avion.
2. Je suis allé au cinéma le week-end dernier. J'y suis allé _____ hier soir.
3. Attendez-moi. Je suis presque prêt. J'arrive _____.
4. Nous sommes en mai. Les vacances vont commencer _____!
5. Je n'aime pas attendre. Sois _____ au rendez-vous.
6. Si nous arrivons _____ chez le dentiste, nous allons lire des magazines.
7. Monsieur Dupont a fait la connaissance de sa femme à Bordeaux. Elle était _____ étudiante.

## A.    Le verbe *recevoir*

The verb **recevoir** *(to receive, to get)* is irregular.

| infinitive | **recevoir** | Je voudrais **recevoir** ta réponse. |
|---|---|---|
| present | je **reçois** | Je **reçois** une lettre. |
| | tu **reçois** | Tu **reçois** un télégramme. |
| | il/elle/on **reçoit** | On **reçoit** son diplôme. |
| | nous **recevons** | Nous **recevons** cette revue. |
| | vous **recevez** | Vous **recevez** un bon salaire. |
| | ils/elles **reçoivent** | Elles **reçoivent** de l'argent de leurs parents. |
| passé composé | j'**ai reçu** | J'**ai reçu** une bonne note à l'examen. |

## Vocabulaire:    *Verbes conjugués comme* recevoir

| | | |
|---|---|---|
| **recevoir** | *to receive, to get* | Nous **recevons** le journal le matin. |
| | *to entertain* | Je **reçois** mes amis chez moi. |
| **décevoir** | *to disappoint* | Ne **décevez** pas vos amis. |
| **apercevoir** | *to see, to catch a glimpse of* | **Avez-vous aperçu** votre cousin ce matin? |
| **s'apercevoir (de)** | *to realize* | Je **me suis aperçu de** mon erreur. |

**2. De la Tour Eiffel**   Un groupe de touristes observe Paris du sommet de la Tour Eiffel. Dites ce que chacun aperçoit.

▢   Jacques (un monument)     *Jacques aperçoit un monument.*

1. Paul (une église)
2. Suzanne (Notre Dame)
3. Michèle et Anne (l'Arc de Triomphe)
4. Marc et Philippe (un bus)
5. nous (le Centre Pompidou)
6. vous (le musée d'Orsay)
7. je (les Invalides)
8. tu (le Louvre)

### 3. Questions personnelles

1. Recevez-vous souvent des lettres? des paquets *(packages)?* De qui?
2. Quand avez-vous reçu votre diplôme de high school?
3. Quand allez-vous recevoir votre diplôme de l'université?
4. Décevez-vous parfois vos parents? vos professeurs? vos amis? vos amies?
5. Aimez-vous recevoir des cadeaux *(presents)?* Quels cadeaux avez-vous reçus pour votre anniversaire?
6. Allez-vous recevoir des amis chez vous ce week-end?
7. Quand vous faites une erreur en français, est-ce que vous vous en apercevez immédiatement?

NOTE LINGUISTIQUE: *Le futur*

In French, as in English, there are several ways of referring to FUTURE events.

present tense:
Le train **part** dans 5 minutes.          *The train is leaving in 5 minutes.*

near future:
Je **vais partir** après le dîner.          *I am going to leave after dinner.*

future tense:
Nous **partirons** pour la France le 10 juin.    *We will leave for France June 10th.*

# B.   Le futur: formation régulière

The following sentences express what WILL HAPPEN. The verbs in heavy print are in the FUTURE tense. Note the forms of these verbs.

Je **partirai** à 6 heures.              *I will leave (will be leaving) at six.*
Nous **prendrons** le train.            *We will take the train.*

Est-ce que tu **travailleras** cet été?    *Will you work this summer?*
Non, je **ne travaillerai pas**.          *No, I won't (will not) work.*

Note the forms of the FUTURE tense of regular verbs (in **-er, -ir,** and **-re**) and of irregular verbs like **dire**.

| infinitive | habiter | finir | vendre | dire | |
|---|---|---|---|---|---|
| future stem | habiter- | finir- | vendr- | dir- | future endings |
| future | j' **habiterai** | **finirai** | **vendrai** | **dirai** | -ai |
| | tu **habiteras** | **finiras** | **vendras** | **diras** | -as |
| | il/elle/on **habitera** | **finira** | **vendra** | **dira** | -a |
| | nous **habiterons** | **finirons** | **vendrons** | **dirons** | -ons |
| | vous **habiterez** | **finirez** | **vendrez** | **direz** | -ez |
| | ils/elles **habiteront** | **finiront** | **vendront** | **diront** | -ont |
| negative | je n'**habiterai** pas | | | | |
| interrogative | est-ce que tu **habiteras**? **habiteras**-tu? | | | | |

▶ The FUTURE is a simple tense that is formed as follows:

> future stem + future endings

▶ The FUTURE STEM always ends in **-r**.

- For most regular verbs and many irregular verbs, the stem of the future is derived as follows:

> future stem = infinitive (*minus* final **-e,** if any)

- The future stems of verbs like **acheter, appeler,** and **payer** have the same spelling change as the **je**-form of the present tense.

| Infinitive | Present | Future stem | |
|---|---|---|---|
| acheter | j'**achète** | **achèter-** | Nous **achèterons** une voiture de sport. |
| appeler | j'**appelle** | **appeller-** | Je t'**appellerai** ce soir. |
| payer | je **paie** | **paier-** | Alain **paiera** pour moi. |

BUT: Verbs like **préférer** do not have a stem change in the future: **je préférerai.**

▶ The FUTURE ENDINGS are the same for ALL verbs, regular and irregular.

**4. Les vacances** Dites quelles villes les étudiants suivants visiteront cet été et quelle langue ils parleront: **français, anglais** ou **espagnol?**

▢ Jacques (Lima)
*Jacques visitera Lima. Il parlera espagnol.*

1. je (Québec)
2. nous (New York)
3. Élisabeth (Dakar)
4. vous (San Francisco)
5. tu (Paris)
6. Pierre et André (Mexico)
7. ma sœur (Marseille)
8. mes amis (Chicago)

**5. Prédictions**   Prédisez certaines choses aux personnes suivantes.

▯ Paul (rencontrer une Française / se marier avec elle)
  *Paul rencontrera une Française. Il se mariera avec elle.*

1. Janine (vivre à Québec / trouver un travail [*job*] intéressant)
2. tu (passer une année à Paris / s'amuser beaucoup)
3. nous (voyager / connaître des aventures extraordinaires)
4. vous (choisir une carrière scientifique / découvrir une cure contre le cancer)
5. je (écrire un grand roman / gagner le prix Nobel de littérature)
6. mes parents (gagner à la loterie / acheter un château [*castle*] en France)

**6. Après l'université**   Demandez à vos amis s'ils vont faire les choses suivantes après l'université.

▯ travailler       —*Est-ce que tu travailleras?*
                   —*Oui, je travaillerai.*
          ou: —*Non, je ne travaillerai pas.*

1. voyager en Europe                    6. écrire un roman
2. chercher du travail (*work*)          7. se reposer
3. gagner de l'argent                   8. s'amuser
4. acheter une voiture de sport          9. se marier
5. vivre à la campagne                  10. apprendre une autre langue

**7. Oui ou non?**   Informez-vous sur les personnes suivantes et dites si oui ou non elles vont faire les choses entre parenthèses.

☐   Anne-Marie étudie. (rater l'examen?)      ***Elle ne ratera pas l'examen.***

1. Vous suivez un régime très strict. (grossir? maigrir? perdre dix kilos?)
2. Tu bois trop de café. (se coucher tôt? dormir bien?)
3. Jean-Pierre est malade. (se lever? sortir? téléphoner au médecin [*doctor*]? prendre de l'aspirine?)
4. Ces gens vont dîner dans un restaurant français. (boire du lait? commander du vin? manger des spaghetti?)
5. Nous voulons être à l'heure pour le rendez-vous. (se dépêcher? s'arrêter dans un café? prendre un taxi?)
6. Je veux réussir à l'examen. (étudier? perdre mon temps? s'énerver pendant l'examen?)

**8. Procrastination!**   Demandez à vos camarades s'ils ont fait les choses suivantes. Ils vont répondre négativement et vous dire quand ils vont faire ces choses, en utilisant le futur et un pronom complément.

☐   nettoyer ta chambre (ce soir)      ***—Tu as nettoyé ta chambre?***
                                        ***—Non, je la nettoierai ce soir.***

1. laver ta voiture (ce week-end)
2. écrire à ton cousin (dimanche)
3. lire ce roman (après le dîner)
4. finir tes devoirs (avant le petit déjeuner)
5. rendre visite à tes amis (dans dix jours)
6. apprendre les verbes (avant l'examen)
7. passer à la poste (demain matin)
8. chercher du travail (*work*) (cet été)

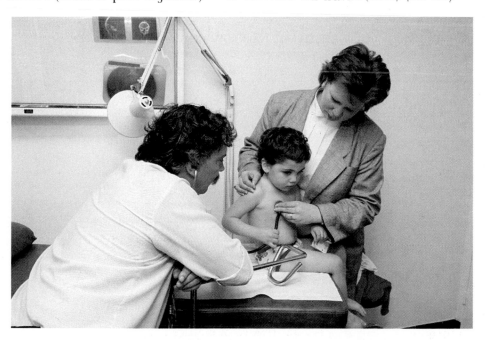

# C.   Futurs irréguliers

The following verbs have IRREGULAR FUTURE STEMS. Note, however, that their endings are regular.

| Infinitive | Future stem | |
|---|---|---|
| être | ser- | Nous **serons** à l'heure. |
| avoir | aur- | Éric **aura** vingt ans en juin. |
| aller | ir- | J'**irai** au Sénégal l'été prochain. |
| faire | fer- | Est-ce qu'il **fera** beau ce week-end? |
| courir | courr- | Est-ce que tu **courras** dans le marathon? |
| devoir | devr- | Tu **devras** prendre des photos. |
| envoyer | enverr- | Est-ce que tu m'**enverras** des cartes postales? |
| obtenir | obtiendr- | Anne **obtiendra** son passeport demain. |
| pouvoir | pourr- | Vous **pourrez** visiter le Louvre. |
| recevoir | recevr- | Nous **recevrons** notre diplôme en juin. |
| savoir | saur- | Je ne **saurai** jamais bien jouer au tennis. |
| venir | viendr- | **Viendrez**-vous avec nous? |
| voir | verr- | Nous **verrons** mes amies. |
| vouloir | voudr- | Mes cousins ne **voudront** pas venir avec nous. |

▶ Verbs conjugated in the present like the above verbs have similar irregular stems in the future.

**devenir** (like **venir**)        Ma cousine **deviendra** ingénieur.
**s'apercevoir** (like **recevoir**)   Tu **t'apercevras** de tes erreurs.

The following impersonal expressions have IRREGULAR FUTURE forms.

| Present | Future | |
|---|---|---|
| il y a | **il y aura** | **Il y aura** un concert dimanche. |
| il faut | **il faudra** | **Il faudra** acheter des billets *(tickets)*. |
| il pleut | **il pleuvra** | J'espère qu'**il** ne **pleuvra** pas. |

**9. Dans cinq ans**   Quelle sorte de personne serez-vous dans cinq ans? Faites des phrases selon le modèle.

avoir: plus de? moins de?        être: plus? moins?

□ temps libre
**J'aurai moins de
temps libre qu'aujourd'hui.**

□ riche
**Je serai plus riche qu'aujourd'hui.**

1. argent
2. patience
3. responsabilités
4. illusions

5. ambitieux / ambitieuse
6. sportif / sportive
7. paresseux / paresseuse
8. conservateur / conservatrice

**10. Ce soir**   Lisez ce que les personnes suivantes ont fait aujourd'hui. Décrivez leur situation ce soir, en utilisant le futur des expressions entre parenthèses dans des phrases affirmatives ou négatives. Soyez logique!

□ Nous avons acheté des billets *(tickets)* pour le concert. (être chez nous?)
**Ce soir nous ne serons pas chez nous.**

1. Catherine s'est levée à 5 heures du matin. (avoir sommeil?)
2. Philippe a participé à un marathon. (avoir mal aux jambes?)
3. Vous vous êtes reposés toute la journée. (avoir envie de dormir?)
4. Nous avons raté nos examens. (être de bonne humeur?)
5. Les joueurs ont perdu un match important. (avoir envie de célébrer?)
6. Nous n'avons pas déjeuné. (avoir faim?)
7. Madame Tournon est partie en vacances. (être chez elle?)
8. Mes voisins ont pris l'avion pour Montréal. (être au Canada?)

**11. Dialogue**   Demandez à vos camarades si un jour ils feront les choses suivantes. S'ils répondent affirmativement, demandez quand.

□ aller à Paris
—*Est-ce que tu iras à Paris?*
—*Oui, j'irai à Paris.*
—*Quand iras-tu à Paris?*
—*J'irai à Paris dans deux ans.*

1. aller à Moscou
2. faire un voyage en Chine
3. devenir très riche
4. obtenir ton diplôme
5. voir Rome
6. recevoir le prix Nobel de littérature
7. savoir faire du ski nautique
8. courir dans un marathon
9. envoyer tes enfants à l'université
10. pouvoir acheter une Rolls Royce
11. devoir chercher du travail *(work)*

**Manouchka**

Cuisine russe réputée
Musiciens renommés de Moscou
•

29, Ave Laurier O./W.  Rés.: 270-0758

# Vocabulaire:    *Quelques professions*

| | | |
|---|---|---|
| **un architecte** | **une architecte** | *architect* |
| **un avocat** | **une avocate** | *lawyer* |
| **un employé** | **une employée** | *employee* |
| **un fonctionnaire** | **une fonctionnaire** | *government employee* |
| **un homme d'affaires** | **une femme d'affaires** | *business person* |
| **un infirmier** | **une infirmière** | *nurse* |
| **un informaticien** | **une informaticienne** | *data processing specialist* |
| **un journaliste** | **une journaliste** | *journalist, reporter* |
| **un ouvrier** | **une ouvrière** | *worker* |
| **un patron** | **une patronne** | *boss* |
| **un secrétaire** | **une secrétaire** | *secretary* |
| **un vendeur** | **une vendeuse** | *salesperson* |
| **un cadre** | — | *executive* |
| **un écrivain** | — | *writer* |
| **un ingénieur** | — | *engineer* |
| **un médecin** | — | *doctor* |

## NOTES DE VOCABULAIRE

1. The names of certain professions are always masculine, even though they are used to refer to both men and women. If the reference to women must be made explicit, the prefix **femme-** is used.

   Cette **femme-ingénieur** est remarquable.

2. After **être** and **devenir,** nouns designating professions are generally used without the indefinite article (**un, une, des),** except when these nouns are modified by an ADJECTIVE or after **c'est (ce sont).**

   | | |
   |---|---|
   | Je suis **étudiant.** | *I am **a student.*** |
   | Charles veut devenir **ingénieur.** | *Charles wants to become **an engineer.*** |
   | BUT: Le docteur Caron est **un bon médecin.** | *Doctor Caron is **a good doctor.*** |

LES EMPLOIS FAMILIAUX

TOUT LE MONDE Y GAGNE

**12. Quelle sera leur profession?**    Lisez ce que les personnes suivantes vont faire plus tard et dites quelle sera leur profession. Utilisez le futur d'**être** et les professions du Vocabulaire.

 Gisèle ira à l'hôpital tous les jours.    *Elle sera infirmière (médecin).*

1. Nous deviendrons des spécialistes de l'information sur ordinateur.
2. Monique verra ses patients régulièrement.
3. Alice et Thérèse feront du droit international.
4. Tu devras travailler dans une usine.
5. Je pourrai interviewer des acteurs célèbres *(famous)*.
6. Vous aurez des responsabilités importantes dans votre entreprise *(company)*.
7. Alain devra taper *(to type)* et répondre au téléphone.
8. Nous saurons résoudre *(to resolve)* les problèmes techniques.
9. Ma cousine négociera des contrats importants.
10. Jacques travaillera dans un grand magasin où il servira la clientèle.

**13. Conversation**    Avec un(e) camarade, discutez comment vous envisagez votre vie dans dix ans d'ici. Par exemple  ...

| VIE PERSONNELLE ET FAMILIALE | VIE PROFESSIONNELLE |
|---|---|
| • Où habiterez-vous? | • Quelle sera votre profession? |
| • Serez-vous marié(e)? | • Que ferez-vous dans cette profession? |
| • Aurez-vous des enfants? Combien? | • Quelles responsabilités aurez-vous? |
| • Quel sera votre style de vie? | • Gagnerez-vous bien votre vie? |

# D.   La construction *si* + présent

The sentences below consist of two clauses: the *si clause*, introduced by **si** *(if )*, which expresses a certain condition, and the *result clause*, which expresses the result of the action. Note the verb tenses used in each clause.

**Si j'ai** de l'argent, **j'irai** en France.          *If I have money, I will go to France.*
**Si nous allons** en France, **nous visiterons** Paris.          *If we go to France, we will visit Paris.*

When the verb of the **si** clause is in the present, the sequence of tenses usually follows the pattern:

| *si* clause | Result clause | |
|---|---|---|
| *present* | *future* | **Si** je **sors,** je te **téléphonerai.** |

▶   **Si** becomes **s'** before **il** and **ils** (but not before **elle** and **elles**).

  **S'**il **pleut,** nous n'**irons** pas à la plage.

▶   If the **si** clause is emphasized, it may come AFTER the result clause.

  Je viendrai chez toi **si** j'ai le temps.

**14. S'ils ont ...**   Ce qu'on fait dépend souvent de ce qu'on a. Exprimez cela d'après le modèle.

  nous / de l'argent (aller au Canada cet été)
  *Si nous avons de l'argent, nous irons au Canada cet été.*

1. Paul / du temps libre (sortir ce soir)
2. je / de l'énergie (faire du jogging)
3. vous / une voiture ce week-end (aller à la campagne)
4. nous / notre diplôme (pouvoir trouver du travail *[work]* facilement)
5. tu / l'adresse de Catherine (lui envoyer une lettre)

**15. Expression personnelle**   Complétez les phrases suivantes en exprimant une réflexion personnelle. Utilisez votre imagination! Si vous voulez, vous pouvez aussi utiliser l'un des verbes entre parenthèses.

1. Si je vais en France cet été, je ... (visiter, aller, rencontrer)
2. Si j'ai mon diplôme, je ... (travailler, voyager, pouvoir)
3. Si je n'ai pas mon diplôme, je ... (travailler, faire, pouvoir)
4. Si un jour je gagne beaucoup d'argent, je ... (donner, acheter, s'intéresser à)
5. Si j'ai besoin d'argent cet été, je ... (travailler, vendre, chercher)
6. Si je me marie, je ... (acheter, être, avoir)
7. Si je ne trouve pas de travail *(work)* après l'université, je ... (voyager, aller, trouver)
8. Si j'ai le temps, je ... (faire, aller, apprendre à)

# E.   L'usage des temps après *quand*

The following sentences refer to FUTURE events and actions. Compare the use of
tenses in French and English.

| | |
|---|---|
| Quand j'**irai** à Paris, je te **téléphonerai**. | *When I go to Paris, I will phone you.* |
| Quand tu **auras** assez d'argent, tu **voyageras**. | *When you have enough money, you will travel.* |

To describe a FUTURE action or situation that will occur WHEN another event occurs, French
uses the pattern:

| *quand* clause | Main clause | |
|---|---|---|
| *future* | *future* | **Quand** nous **arriverons**, nous **passerons** chez vous. |

▶ The **quand** clause may also come after the main clause.

Je chercherai du travail *(work)* **quand j'aurai mon diplôme.**

▶ The main clause may be in the imperative.

**Téléphone**-moi quand tu seras à la maison.

**16. Projets de voyage**   Dites ce que les personnes suivantes feront quand elles
seront dans les endroits indiqués.

▌ nous / à Paris / faire une promenade en bateau-mouche *(sightseeing boat)*
*Quand nous serons à Paris, nous ferons une promenade en bateau-mouche.*

1. tu / en Égypte / voir les Pyramides
2. vous / en Grèce / visiter le Parthénon
3. je / en Espagne / assister à une corrida *(bullfight)*
4. mes cousins / au Mexique / prendre des photos des ruines aztèques
5. nous / en Inde / faire une promenade à dos d'éléphant
6. Charles / au Népal / faire du trekking dans l'Himalaya

**17. S'il te plaît!**   Demandez à un(e) camarade de faire certaines choses. Votre
camarade répondra affirmativement.

▌ fermer la fenêtre / sortir
*—S'il te plaît, ferme la fenêtre quand tu sortiras.*
*—D'accord! Je fermerai la fenêtre quand je sortirai.*

1. faire les courses / aller en ville
2. acheter le journal / rentrer ce soir
3. envoyer cette lettre / passer à la poste
4. rendre ces livres / être à la bibliothèque
5. donner ton adresse / partir en vacances
6. montrer tes photos / revenir de vacances

**18. Avec un peu de patience ...**    Dites que les personnes suivantes réaliseront *(will carry out)* leurs projets. Utilisez le futur des verbes soulignés. Étudiez le modèle attentivement.

▮ Denise veut <u>être</u> cadre pour <u>avoir</u> des responsabilités importantes.
*Quand Denise sera cadre, elle aura des responsabilités importantes.*

1. Jacques veut <u>travailler</u> pour <u>gagner</u> de l'argent.
2. Hélène veut <u>avoir</u> de l'argent pour <u>acheter</u> une voiture de sport.
3. Je veux <u>être</u> riche pour <u>être</u> indépendant.
4. Nous voulons <u>travailler</u> en France pour <u>apprendre</u> le français.
5. Tu veux <u>être</u> journaliste pour <u>voyager</u>.
6. Henri veut <u>être</u> pianiste pour <u>donner</u> des concerts.
7. Mes parents veulent <u>avoir</u> une nouvelle voiture pour <u>faire</u> un voyage.
8. Marc veut <u>être</u> président pour <u>réformer</u> la société.

**19. Expression personnelle**    Complétez les phrases suivantes avec une réflexion personnelle. Utilisez votre imagination!

1. Si je gagne à la loterie, ...
2. Quand je serai le(la) président(e) d'une compagnie internationale, ...
3. Si je me marie, ...
4. Quand je serai millionnaire, ...
5. Si j'ai besoin d'argent cet été, ...
6. Quand j'aurai mon avion personnel, ...
7. Si je ne trouve pas de travail *(work)* après l'université, ...

# Communication

Choose a partner who will play the role of the other person in the conversation.

---

1. A friend from Paris phones to say that his cousin Olivier will be coming to the United States. You have offered to pick Olivier up at the airport, but you need some more information.

Ask your partner . . .

- what airline (**une compagnie aérienne**) Olivier will take
- at what time he will arrive
- what he will be wearing
- how many suitcases (**une valise**) he will have

---

2. A classmate has just told you that he/she has bought a Eurail pass and plans to visit Europe next summer.

Ask your partner . . .

- when he/she will leave
- how he/she will stay in Europe
- what cities he/she will visit
  (your partner will mention three cities)
- what he/she will do in each of those cities

---

3. You and your partner are talking about plans for the future.

Ask your partner what he/she will do . . .

- when he/she gets his/her diploma
- when he/she finds a job (**un travail**)
- when he/she earns his/her first million
- when he/she is retired (**retraité**)

---

4. You and your partner are talking about weekend plans.

Ask your partner what he/she will do . . .

- if the weather is nice
- if it rains
- if he/she has an exam on Monday
- if his/her best friend comes to visit him/her

# Si vous aviez plus d'argent ...?

*Quatre Français d'origines diverses répondent à la question: «Que feriez-vous° si vous aviez plus d'argent?»*

would you do

### PAUL *(32 ans)*

Je m'achèterais° une voiture de sport. J'achèterais aussi une résidence secondaire°, une villa en Normandie, par exemple, où je passerais° mes week-ends.

would buy
vacation home / would spend

### JACQUELINE *(22 ans)*

Je viens de me marier. Si j'avais plus d'argent, je n'aurais aucun° problème à le dépenser. Nous commencerions à payer nos dettes°. Ensuite, nous équiperions° notre appartement. Nous achèterions un téléviseur-couleur, une machine à laver°.... Notre existence ne changerait pas tellement°, mais elle serait plus confortable.

wouldn't have any
debts / would equip
washing machine / that much

### ROBERT *(23 ans)*

Je travaille dans un laboratoire. Je préférerais faire autre chose°. Si j'avais plus d'argent, je pense que je changerais totalement d'existence. Je ne travaillerais plus. Je prendrais des vacances éternelles. Je commencerais par quitter Paris. Je voyagerais beaucoup. Un jour, peut-être, je m'installerais° à Tahiti ... parce que c'est au bout° du monde.

something else

would settle
end

**MARIE-FRANCE** *(35 ans)*

Mon mari est architecte. Il gagne bien sa vie. Nous ne sommes pas malheureux. Que ferions-nous avec plus d'argent? Je ne sais pas. Ce serait un problème. Nous ferions probablement des dépenses inutiles. Nous achèterions un plus grand appartement. Nous conduirions° une plus grosse voiture. Nous consommerions davantage°... et, bien sûr, nous paierions plus d'impôts°! Non, vraiment, nous ne serions pas plus heureux qu'aujourd'hui.

*would drive*

*would consume more / taxes*

---

## *Lecture culturelle: Vive les vacances!*

En principe, les Français ont cinq semaines de vacances ou «congés payés»[1] par an. En réalité, beaucoup de Français prennent cinq semaines de vacances en été et une semaine en hiver.

Pour la majorité des Français, le terme de «vacances» est synonyme d'évasion[2]. En été, 55 pour cent des Français quittent leur domicile[3]. Les «grands départs» ont lieu au premier juillet et au premier août. Ces jours-là, des millions de Français partent en vacances. Où vont-ils? Vers[4] le soleil, vers la montagne et surtout vers les plages de l'Atlantique et de la Méditerranée. Beaucoup vont à l'étranger, principalement en Espagne, en Italie, mais aussi au Portugal, en Grèce, en Yougoslavie....

La période de vacances dure[5] deux mois. Pendant cette période, la France vit au ralenti[6], car un grand nombre d'entreprises sont fermées.

Pour beaucoup de Français, les vacances constituent l'élément capital[7] de l'existence. Cette obsession des vacances est encouragée par la radio, la télévision, la presse, la publicité qui rappellent[8] continuellement l'importance de cette époque de l'année. Quelqu'un a remarqué avec humour que le calendrier[9] français était divisé en trois parties inégales: un mois, août, pendant lequel[10] les Français sont en vacances; deux mois, septembre et octobre, pendant lesquels ils parlent des vacances passées; et neuf mois pendant lesquels ils préparent les vacances suivantes. Pour les Français, «les vacances sont sacrées[11]». Et pour vous?

*1 paid holidays   2 escape, getting away   3 home   4 toward
5 lasts   6 at a slow pace   7 principal   8 remind   9 calendar
10 which   11 sacred*

# Structure et Vocabulaire

## Vocabulaire:  *Projets de vacances*

Noms

| | | | |
|---|---|---|---|
| **un départ** | *departure* | **une arrivée** | *arrival* |
| **le commencement** | *beginning* | **la fin** | *end* |
| **le hasard** | *chance* | **une occasion** | *chance, opportunity* |
| **l'avenir** | *future* | **la chance** | *luck* |
| **un jour de congé** | *day off* | **une fête** | *feast, holiday; party* |

Verbes

| | | |
|---|---|---|
| **avoir l'occasion (de)** | *to have the opportunity* | **As**-tu **eu l'occasion de** voir ce film sur Tahiti? |
| **durer** | *to last* | Les grandes vacances **durent** trois mois. |
| **réaliser** | *to carry out* | Je voulais aller au Japon cet été, mais je n'**ai** pas **réalisé** ce projet. |

Expressions

| | | |
|---|---|---|
| **chacun(e)** | *each one* | Est-ce que **chacun** a acheté son billet *(ticket)* d'avion? |
| **ailleurs** | *elsewhere* | L'année dernière, je suis allé au Canada. Cette année, je vais aller **ailleurs.** |
| **vers** | *toward (+ place)* | Il est allé **vers** la plage. |
| | *around (+ time)* | Il rentrera **vers** midi. |
| **à cause de** | *because of* | J'ai étudié **à cause de** l'examen. |
| **cependant** | *however, yet* | J'ai raté mon examen. **Cependant** j'avais beaucoup travaillé. |
| **pourtant** | *nevertheless* | Anne réussit toujours à ses examens. **Pourtant** elle ne travaille pas beaucoup. |

## NOTE DE VOCABULAIRE

**Parce que** *(because)* introduces a clause, whereas **à cause de** *(because of)* introduces a noun.

> Nous sommes restés chez nous **parce qu'il faisait mauvais.**
> Nous sommes restés chez nous **à cause du mauvais temps.**

### 1. Questions personnelles

1. Quand célèbre-t-on la fête nationale aux États-Unis? en France? Quelles sont les autres grandes fêtes qu'on célèbre aux États-Unis?
2. Combien de jours de congé avez-vous à Noël? au printemps? En général, combien de jours de congé est-ce que les Américains prennent par an?
3. Combien de temps dure la classe de français? un match de football? un match de basketball?
4. Est-ce que vous habitez sur le campus? Si vous habitez ailleurs, où habitez-vous?
5. Vers quelle heure déjeunez-vous? Vers quelle heure dînez-vous?
6. Quel projet voulez-vous réaliser avant la fin de l'année?
7. Avez-vous eu l'occasion de faire un voyage récemment? Où et quand?
8. Croyez-vous à (Do you believe in) la chance? au hasard? Expliquez.
9. Est-ce que vous pensez souvent à l'avenir? Voyez-vous votre avenir avec optimisme ou pessimisme? Pourquoi?

Paysage typique en Provence

# A.  Le conditionnel: formation

The sentences below express what WOULD HAPPEN if a certain condition were met. The verbs in heavy print are in the CONDITIONAL.

| | |
|---|---|
| Si c'était les vacances, ... | *If it were vacation time, ...* |
| ... je **voyagerais.** | *... I **would travel.*** |
| ... nous **visiterions** Paris. | *... we **would visit** Paris.* |
| ... mes amis **partiraient** à la Guadeloupe. | *... my friends **would leave** for Guadeloupe.* |
| ... je n'**étudierais** pas. | *... I **would** not **study.*** |
| ... est-ce que tu **voyagerais?** | *... **would** you **travel?*** |

Note the CONDITIONAL forms of regular verbs (in **-er, -ir,** and **-re**) and of the irregular verb **aller.**

| infinitive | **habiter** | **finir** | **vendre** | **aller** | imperfect endings |
|---|---|---|---|---|---|
| future stem | **habiter-** | **finir-** | **vendr-** | **ir-** | |
| conditional | je (j') **habiterais** | **finirais** | **vendrais** | **irais** | -ais |
| | tu **habiterais** | **finirais** | **vendrais** | **irais** | -ais |
| | il/elle/on **habiterait** | **finirait** | **vendrait** | **irait** | -ait |
| | nous **habiterions** | **finirions** | **vendrions** | **irions** | -ions |
| | vous **habiteriez** | **finiriez** | **vendriez** | **iriez** | -iez |
| | ils/elles **habiteraient** | **finiraient** | **vendraient** | **iraient** | -aient |
| negative | je n' **habiterais** pas. | | | | |
| interrogative | est-ce que tu **habiterais?** **habiterais**-tu? | | | | |

▶ The CONDITIONAL is a simple tense that is formed as follows:

> future stem + imperfect endings

▶ For all verbs, the conditional stem is the same as the future stem.

| Infinitive | Future stem | Conditional |
|---|---|---|
| être | **ser-** | **Seriez**-vous plus heureux avec plus d'argent? |
| aller | **ir-** | À ta place, je n'**irais** pas au cinéma ce soir. |

**2. Souhaits (Wishes)** Un groupe de jeunes disent ce qu'ils aimeraient faire dans la vie. Exprimez le souhait de chacun en utilisant le conditionnel d'**aimer**.

▮ Paul (être journaliste)    *Paul aimerait être journaliste.*

1. Christine (être architecte)
2. Jeannette (faire du théâtre)
3. je (être un grand artiste)
4. tu (gagner le prix Nobel)
5. ma sœur (donner un concert à Carnegie Hall)
6. vous (habiter à Tahiti)
7. mes cousins (se reposer)

**3. Bons conseils (Good advice)** Jeannette Bonconseil aime donner des conseils à ses amis. Jouez le rôle de Jeannette Bonconseil. Étudiez le modèle.

▮ Charles dépense tout son argent.    *À ta place, je ne dépenserais pas tout mon argent.*

1. Alain mange trop.
2. Philippe boit trop de bière.
3. Henri grossit.
4. Isabelle s'impatiente.
5. Caroline se dispute avec ses amis.
6. Robert se met en colère.
7. Thomas perd son temps.
8. Christine dort pendant la classe de français.

**4. Vacances à la Martinique** Les personnes suivantes discutent de ce qu'elles feraient si elles étaient à la Martinique. Exprimez l'idée de chacun en utilisant le conditionnel.

▮ Christine / aller à la plage tous les jours    *Christine irait à la plage tous les jours.*

1. nous / faire de la planche à voile
2. je / être bien bronzé (tanned)
3. Alice et Pascale / vouloir goûter (to taste) à la cuisine créole
4. vous / voir la ville de Saint Pierre
5. Gilbert / pouvoir faire de la voile
6. Hélène et Michel / envoyer des cartes à leurs amis
7. tu / devoir faire attention aux coups de soleil (sunburn)
8. nous / courir sur la plage tous les jours
9. je / savoir vite faire du ski nautique

**5. Dialogue** Supposons que vos camarades gagnent le gros lot (grand prize) à la loterie. Demandez-leur s'ils feraient les choses suivantes.

▮ acheter une voiture de sport?
   —*Est-ce que tu achèterais une voiture de sport?*
   —*Oui, j'achèterais une voiture de sport.*
ou: —*Non, je n'achèterais pas de voiture de sport.*

1. acheter une Jaguar?
2. quitter l'université?
3. aider les pauvres (the poor)?
4. mettre tout l'argent à la banque?
5. boire du champagne tous les jours?
6. te préoccuper de l'avenir?
7. envoyer des cadeaux (presents) à tes amis?
8. faire un voyage autour (around) du monde?

# B.    Le conditionnel: usage

The USES of the CONDITIONAL are generally similar in French and English.

- **Conditional constructions**    The conditional is used to express what WOULD HAPPEN if a condition were met. Often (but not always) this condition is expressed by the construction **si + *imperfect.***

Si j'étais riche, j'**achèterais** une voiture.      *If I were rich, I **would buy** a car.*
À ta place, je **serais** plus sérieux.      *In your place, I **would be** more serious.*

- **Indirect speech**    The conditional is used to describe what people said or thought IN THE PAST about a FUTURE event. It describes what they said WOULD HAPPEN. Compare the use of tenses in the following sentences:

Il **dit** qu'il **voyagera** cet été.      *He **says** that he **will travel** this summer.*
Il **a dit** qu'il **voyagerait** cet été.      *He **said** that he **would travel** this summer.*

- **Polite requests**    The conditional is used instead of the present to make a wish or a request sound more POLITE. Compare:

Je **veux** de l'argent.      *I **want** some money.*
Je **voudrais** de l'argent.      *I **would like** some money.*

**Pouvez**-vous me prêter 100 francs?      ***Can** you lend me 100 francs?*
**Pourriez**-vous me prêter 100 francs?      ***Could** you lend me 100 francs?*

Vous **devez** travailler.      *You **must** work.*
Vous **devriez** travailler.      *You **should (ought to)** work.*

**6. Suppositions**    Des étudiants et des étudiantes discutent de ce qu'ils feraient s'ils n'étaient pas étudiants ou étudiantes. Exprimez le choix de chacun en utilisant le conditionnel du verbe **être.**

□    Renée (photographe)
*Si elle n'était pas étudiante, Renée serait photographe.*

1. Paul (journaliste)
2. Nathalie (artiste)
3. François et Marc (acteurs)
4. nous (reporters)
5. vous (secrétaire)
6. je (pilote)
7. tu (interprète)

**7. On n'est jamais content ...**    On n'est pas toujours content de sa situation. Dites ce que feraient ces personnes si elles ne faisaient pas ce qu'elles font.

▢    Paul travaille. (voyager)    *Si Paul ne travaillait pas, il voyagerait.*

1. Michèle étudie. (aller à la plage)
2. Pierre travaille dans une banque. (être acteur)
3. Nathalie est étudiante. (faire de la politique)
4. Charles suit un régime. (manger des spaghetti)
5. Thomas étudie. (sortir avec Annie)
6. Yvonne a un examen. (partir en vacances)

**8. Promesses**    Monsieur Durand veut vérifier certaines informations. Sa secrétaire lui répond affirmativement. Jouez les deux rôles d'après le modèle.

▢    nos clients / venir cet après-midi?
    M. DURAND:    *Est-ce que nos clients viendront cet après-midi?*
    LA SECRÉTAIRE:    *Oui, ils ont dit qu'ils viendraient cet après-midi.*

1. l'avocat / apporter les documents?
2. le patron / signer le contrat?
3. le journaliste / écrire un article sur notre firme?
4. Madame Gilbert / envoyer un chèque *(check)*?
5. les vendeurs / venir demain matin?
6. les ouvriers / pouvoir travailler samedi?
7. les ingénieurs / construire une nouvelle usine?
8. l'architecte / voir les plans de l'usine?

**9. Nouvelles**    Certaines personnes ont annoncé des nouvelles. Décrivez ces nouvelles.

▢    Jean / téléphoner / il vient demain
    *Jean a téléphoné qu'il viendrait demain.*

1. le professeur / dire / il donne un examen facile
2. Francine / écrire à ses amis / elle rentre en septembre
3. mes cousins / téléphoner / ils nous invitent à dîner dimanche
4. les économistes / prédire / l'inflation continue l'année prochaine
5. je / lire dans le journal / il y a une grève *(strike)* demain
6. la radio / annoncer / il fait beau ce week-end

**10. Le savoir-vivre (Good manners)**    Montrez votre savoir-vivre. Pour cela, transformez les phrases suivantes en utilisant le conditionnel.

▢    Je veux vous parler.    *Je voudrais vous parler.*

1. Je veux aller au cinéma avec vous.
2. Nous voulons vous inviter.
3. Peux-tu m'aider?
4. Peux-tu me téléphoner demain?
5. Pouvez-vous venir à trois heures?
6. Tu dois être plus patient.
7. Tu dois aider tes amis.
8. Vous devez être plus généreux.

# C.  Résumé: L'usage des temps après *si*

The sentences below express certain conditions and their consequences. Compare the verbs used in each set of sentences.

| | |
|---|---|
| Si je **travaille** cet été, je **gagnerai** de l'argent. | *If I **work** this summer, I **will earn** money.* |
| Si je **travaillais** (maintenant), je **gagnerais** ma vie. | *If I **were working** (now), I **would earn** my living.* |
| Si nous **n'allons pas** au cinéma samedi, nous **irons** au concert. | *If we **do not go** to the movies Saturday, we **will go** to the concert.* |
| Si nous **n'allions pas** en classe (aujourd'hui), nous **irions** au café. | *If we **were not going** to class (today), we **would go** to the café.* |

In sentences containing **si** clauses, the sequences of tenses is as follows:

| To Describe: | Use: | | |
|---|---|---|---|
| | *si* clause | result clause | |
| *possibility concerning the future* *hypothesis contrary to reality* | present imperfect | future conditional | Si tu **étudies**, tu **réussiras**. Si tu **étudiais**, tu **réussirais**. |

▶ The **si** clause may either precede or follow the result clause.

**Si** je travaillais plus, j'obtiendrais de bonnes notes.
J'obtiendrais de bonnes notes, **si** je travaillais plus.

**11. Différences d'opinion**  Janine parle de ses projets. André dit qu'il ferait d'autres choses s'il était à sa place. Jouez les deux rôles.

▯  avoir de l'argent / acheter une auto (une moto)
JANINE:  *Si j'ai de l'argent, j'achèterai une auto.*
ANDRÉ:  *Eh bien, moi, si j'avais de l'argent, j'achèterais une moto.*

1. partir en vacances / aller en Italie
   (en Espagne)
2. voyager / prendre le train (l'avion)
3. aller à Paris / rester chez un ami
   (à l'hôtel Méridien)
4. être libre ce soir / voir un film (un opéra)
5. passer le week-end à la campagne / faire
   un pique-nique (du camping)
6. aller à l'université / étudier la médecine
   (l'histoire)

Les Meridien Paris.
Des hôtels qui
font aimer Paris.

**12. Conversation**    Avec un(e) camarade, discutez de ce que vous feriez dans l'une des circonstances suivantes.

• si vous trouviez un portefeuille *(wallet)* dans la rue
• si vous gagniez 10.000 dollars à la loterie
• si vous étiez millionnaire
• si vous étiez en vacances en France
• si vous assistiez à *(were present at)* un cambriolage
• si vous étiez à San Francisco pendant un tremblement de terre *(earthquake)*

## D.  Le verbe *conduire*

The verb **conduire** *(to drive)* is irregular.

| infinitive | conduire | Paul ne veut pas **conduire.** |
|---|---|---|
| present | je **conduis**<br>tu **conduis**<br>il/elle/on **conduit** | Je **conduis** bien.<br>Tu **conduis** mal.<br>On **conduit** vite. |
|  | nous **conduisons**<br>vous **conduisez**<br>ils/elles **conduisent** | Nous **conduisons** une Renault.<br>Vous **conduisez** une Ferrari.<br>Elles **conduisent** une Citroën. |
| passé composé | j'ai **conduit** | J'ai **conduit** la voiture de mon grand-père. |

## Vocabulaire:  *Verbes conjugués comme* conduire

| | | |
|---|---|---|
| **conduire** | *to drive* | Qui va **conduire** la voiture? |
| **construire** | *to build, construct* | Qui a **construit** la Tour Eiffel? |
| **détruire** | *to destroy* | Un cyclone **a détruit** cette maison. |
| **produire** | *to produce, create* | On **produit** beaucoup de vin en France. |
| **traduire** | *to translate* | Je **traduirai** cet article en français. |
| **se conduire (bien)** | *to behave (properly)* | En classe, nous **nous conduisons bien.** |
| **se conduire mal** | *to misbehave* | Pourquoi est-ce que Pierre **se conduit mal?** |

**13. Conduites**   Dites si oui ou non les personnes suivantes conduisent bien. Utilisez l'expression **conduire bien** aux mêmes temps que les phrases suivantes.

☐ Je serai prudent.     *Je conduirai bien.*

1. Je fais toujours attention.
2. Vous prenez des risques inutiles.
3. Tu as eu un accident.
4. Monsieur Marin s'est énervé.
5. Nous resterons calmes et attentifs.
6. Cécile respectera la limite de vitesse *(speed)*.

**14. D'accord?**   Dites si vous êtes d'accord ou non avec les opinions suivantes.

1. En général, les Américains conduisent bien.
2. Les femmes conduisent mieux que les hommes.
3. Aujourd'hui les jeunes se conduisent plus égoïstement qu'avant.
4. Il faut produire plus d'énergie solaire.
5. Il ne faut pas détruire nos ressources naturelles.
6. Au lieu de *(instead of)* construire des prisons, il faut construire des hôpitaux.
7. Un jour, nous détruirons nos stocks d'armes nucléaires.
8. Les États-Unis produisent trop de millionnaires et pas assez de philosophes.
9. Le matérialisme détruira nos valeurs *(values)* spirituelles.

# Communication

Choose a partner who will play the role of the other person in the conversation.

---

1. A classmate is talking about dropping out of school. You are wondering what he/she would do if he/she were not a student.

Ask your partner . . .

- if he/she would study French
- if he/she would work (and if so, where)
- where he/she would live
- what he/she would do during the week
- what he/she would do during the weekend

---

2. You and your partner have just bought lottery tickets. You are talking about what you would do if you won the grand prize **(le gros lot)** of one million francs (about $200,000).

With your partner, discuss . . .

- whether you would stay in school
- whether you would buy a new car (and if so, which car)
- what other things you would buy
- where you would travel
- to whom you would give money (and how much)
- what other things you would do

—*Si je gagnais un million de francs, je quitterais l'université. Et toi?*
—*Moi, je resterais à l'université ...*

---

3. Your university is searching for a new president. A friend of yours has decided to become a candidate.

Interview your partner about what he/she would do if he/she were chosen. For instance,

- if he/she would build new dormitories **(une résidence)**
- if he/she would build a new stadium
- if he/she would pay the professors better
- if he/she would give more scholarships
- if he/she would eliminate **(éliminer)** exams

# Vivre en France:
## *En voyage*

---

### Vocabulaire pratique:  *À l'aéroport*

On va à l'aéroport pour prendre un avion.

On va **au comptoir** (*counter*) de **la compagnie aérienne** pour ...
  choisir **un siège** (*seat*).
  obtenir **une carte** | **d'embarquement** (*boarding pass*).
  | **d'accès à bord.**
  **enregistrer** (*to check*) **ses bagages** (*luggage*).

À quelle heure part **le vol** (*flight*) pour Fort-de-France?
  Il part à 21 h 18.

**De quelle porte** (*gate*) part-il?
  Il part de la porte 17.

Est-ce que le vol est **direct?**
  Non, il y a **une escale** (*stop*) à Pointe-à-Pitre.

Est-ce que ce siège est **occupé?**
  Non, il est **libre** (*unoccupied*).

---

### Compréhension: *En avion*

Étudiez bien le document suivant et répondez aux questions.

1. De quelle porte part le vol?
2. Avec quelle compagnie aérienne est-ce que le passager voyage?
3. Quel est le numéro du vol?
4. Quelle est la date du vol?
5. Quel est le numéro du siège?
6. Est-ce que le voyageur a choisi la section fumeur (*smoking*) ou non-fumeur?
7. À quelle heure est-ce que les passagers vont embarquer (*to board*)?

## Vocabulaire pratique:   *À la gare*

On va à la gare pour prendre le train.

On va **au guichet** *(ticket window)* pour | **acheter un billet** *(ticket).*
| **réserver une place** *(seat).*

Je voudrais un billet pour Tours.

Voulez-vous | **un aller simple** *(one-way)?*
| **un aller et retour** *(round trip)?*
| **un billet de première (deuxième) classe?**

On va **au bureau des renseignements** *(information desk)* pour obtenir des renseignements sur les trains et **les horaires** *(schedules).*

À quelle heure est-ce qu'il y a un train pour Marseille?
Le **prochain train** est à 18 h 22.

Est-ce que le train est **direct?**
Non, il y a **une correspondance** *(change of trains)* à Valence.

Est-ce que le train est **à l'heure?**
Oui, il est à l'heure.
Non, il est **en retard.** Il a **dix minutes de retard.**
Non, il est **en avance.** Il a **cinq minutes d'avance.**

**De quel quai** *(platform)* part le train pour Marseille?
Il part du quai 8.

**Sur quel quai** arrive le train de Genève?
Il arrive sur le quai 12.

### Prenons le TGV

Le TGV (train à grande vitesse) est un train très rapide qui peut circuler *(travel)* à une vitesse *(speed)* supérieure à 300 kilomètres à l'heure. Le train relie *(connects)* Paris avec Lyon, Dijon, Marseille, Toulon, Montpellier, Genève.

## Situations: *Au guichet du TGV*

Les personnes suivantes veulent prendre le TGV pour certaines destinations. Composez les dialogues avec l'employé d'après le modèle en consultant le tableau du prix des billets. Jouez ces dialogues avec vos camarades de classe. (NOTE: Le prix d'un aller et retour est deux fois le prix d'un aller simple.)

◼️ Charlotte: Genève / aller et retour / deuxième classe

CHARLOTTE: *Bonjour, Monsieur. Je voudrais un billet de TGV pour Genève.*
L'EMPLOYÉ: *Voulez-vous un aller simple ou un aller et retour?*
CHARLOTTE: *Un aller et retour.*
L'EMPLOYÉ: *Voyagez-vous en première ou en deuxième classe?*
CHARLOTTE: *En deuxième classe.*
L'EMPLOYÉ: *Voilà votre billet, Mademoiselle. Ça fait 566 francs.*

1. Jean-Pierre: Dijon / aller et retour / deuxième classe
2. Madame Bonnet: Genève / aller simple / première classe
3. Monsieur Lanzac: Toulon / aller simple / deuxième classe
4. Isabelle: Annecy / aller et retour / première classe
5. vous: ?

## INDEX DES GARES ET PRIX DES BILLETS

| RELATIONS AU DÉPART DE PARIS Pages | | PRIX DU BILLET* Plein tarif Trajet simple | | | | | |
|---|---|---|---|---|---|---|---|
| | | 1re classe | 2e classe | | | | |
| AIME-LA-PLAGNE | 24 et 25 | 478 F | 319 F | GRENOBLE | 12 et 13 | 436 F | 291 F |
| AIX-LES-BAINS | 24 et 25 | 404 F | 269 F | LANDRY | 24 et 25 | 483 F | 322 F |
| ALBERTVILLE | 24 et 25 | 441 F | 294 F | LAUSANNE | 16 et 17 | 424 F | 279 F |
| ANNECY (1) | 20 et 21 | 425 F | 283 F | LE CREUSOT TGV | 6 et 7 | 293 F | 196 F |
| ANNEMASSE | 18 et 19 | 430 F | 287 F | LYON | 6 et 7 | 366 F | 244 F |
| ANTIBES | 30 et 31 | 659 F | 440 F | MÂCON TGV | 6 et 7 | 327 F | 218 F |
| AVIGNON | 32 et 33 | 489 F | 326 F | MARSEILLE | 30 et 31 | 553 F | 369 F |
| BEAUNE | 14 et 15 | 276 F | 184 F | MODANE | 26 et 27 | 462 F | 308 F |
| BELLEGARDE | 18 et 19 | 409 F | 273 F | MONTBARD | 14 et 15 | 208 F | 139 F |
| BERN | 16 et 17 | 510 F | 333 F | MONTÉLIMAR | 32 et 33 | 446 F | 298 F |
| BESANÇON | 14 et 15 | 305 F | 203 F | MONTPELLIER | 32 et 33 | 542 F | 361 F |
| BÉZIERS | 32 et 33 | 579 F | 386 F | MOUCHARD | 16 et 17 | 299 F | 199 F |
| BOURG-EN-BRESSE | 22 et 23 | 344 F | 230 F | MOUTIERS-SALINS | 24 et 25 | 468 F | 312 F |
| BOURG-SAINT-MAURICE | 24 et 25 | 489 F | 326 F | NEUCHÂTEL | 16 et 17 | 413 F | 273 F |
| CANNES | 30 et 31 | 654 F | 436 F | NICE | 30 et 31 | 670 F | 447 F |
| CHALON-SUR-SAÔNE | 14 et 15 | 293 F | 196 F | NÎMES | 32 et 33 | 515 F | 344 F |
| CHAMBÉRY (1) | 22 et 23 | 409 F | 273 F | PONTARLIER | 16 et 17 | 333 F | 222 F |
| CLUSES | 20 et 21 | 452 F | 301 F | ST-AVRE-LA CHAMBRE | 26 et 27 | 441 F | 294 F |
| CULOZ | 20 et 21 | 393 F | 262 F | SAINT-ÉTIENNE | 6 et 7 | 398 F | 266 F |
| DIJON | 14 et 15 | 254 F | 169 F | ST-GERVAIS-LES-BAINS | 20 et 21 | 462 F | 308 F |
| DÔLE | 14 et 15 | 282 F | 188 F | ST-JEAN-DE-MAURIENNE | 26 et 27 | 446 F | 298 F |
| ÉVIAN | 18 et 19 | 452 F | 301 F | ST-MICHEL-VALLOIRE | 26 et 27 | 452 F | 301 F |
| FRASNE | 16 et 17 | 322 F | 215 F | SAINT-RAPHAËL | 30 et 31 | 638 F | 425 F |
| GENÈVE | 18 et 19 | 425 F | 283 F | SALLANCHES | 20 et 21 | 462 F | 308 F |
| | | | | THONON-LES-BAINS | 18 et 19 | 446 F | 298 F |
| | | | | TOULON | 30 et 31 | 590 F | 393 F |
| | | | | VALENCE | 30 et 31 | 420 F | 280 F |
| | | | | VALLORBE | 16 et 17 | 339 F | 226 F |

## Situations: *Les horaires*

Les personnes suivantes sont à la Gare de Lyon à Paris au bureau des renseignements. Elles veulent prendre le TGV pour certaines destinations. Composez les dialogues avec l'employée en consultant l'horaire.

◻ Il est une heure de l'après-midi. Jean-Louis veut prendre le prochain train pour Nice.

JEAN-LOUIS: *Pardon, Mademoiselle. Je voudrais aller à Nice. À quelle heure est le prochain train?*

L'EMPLOYÉE: *Il y a un train à treize heures vingt-quatre.*

JEAN-LOUIS: *À quelle heure est-ce qu'il arrive à Nice?*

L'EMPLOYÉE: *À vingt heures vingt-deux.*

JEAN-LOUIS: *Merci, Mademoiselle.*

1. Il est six heures et demie du matin. Élisabeth veut aller à Marseille.
2. Il est dix heures du matin. Roland veut aller à Saint Rafaël.
3. Il est midi. Jacques veut aller à Avignon.
4. Il est une heure de l'après-midi. Thomas veut aller à Cannes.
5. Il est quatre heures de l'après-midi. Denise veut aller à Valence.
6. Il est sept heures et demie du soir. Monsieur Moreau veut aller à Lyon.

## PARIS ▶ VALENCE ▶ MARSEILLE ▶ TOULON ▶ NICE

**RESA TGV**

| 1 | 3 | Pour connaître le prix correspondant à la couleur de votre RESA TGV, |
| 2 | 4 | consultez le tableau "Prix des Relations" page 42. |
| | | TGV ne circulant pas ce jour-là. |

| N° du TGV | | (1) 803 | (1) 807 | (2) 811 | 845 | 815 | 819 | 847 | 805 | 827 | (3) 831 | 837 | 841 |
|---|---|---|---|---|---|---|---|---|---|---|---|---|---|
| Restauration | | 🛈 | 🛈 | 🛈 | ✕ 🛈 | 🛈 | | ✕ | | | | 🛈 | 🛈 |
| PARIS-GARE DE LYON | D | 7.00 | 7.40 | 10.23 | 10.41 | 11.40 | 12.55 | 13.24 | 13.29 | 15.40 | 16.49 | 17.47 | 18.35 |
| Le Creusot-TGV | A | | 9.05 | | | | | | | | 18.16 | | |
| Lyon-Part-Dieu | A | 9.00 | | | 12.43 | | | | | | 18.57 | | |
| VALENCE | A | 9.56 | 10.38 | | | 14.33 | 15.46 | | 16.21 | 18.34 | 19.54 | 20.41 | 21.31 |
| Montélimar | A | | 11.02 | | | a | a | | | | 21.03 | | |
| Avignon | A | 10.50 | 🛈 11.46 | 14.08 | | 15.27 | 16.42 | | 17.15 | 19.29 | 20.49 | 21.39 | 22.28 |
| MARSEILLE | A | 12.12 | 13.03 | 15.03 | | 16.22 | 17.39 | | 18.10 | 20.25 | 21.44 | 22.35 | 23.24 |
| TOULON | A | | b | 15.51 | 15.55 | b | b | 18.38 | b | b | b | 23.21 | b |
| Saint-Raphaël | A | | b | c | 16.46 | b | | 19.29 | b | b | b | | |
| Cannes | ◖ A | | b | c | 17.10 | b | | 19.53 | b | b | b | | |
| Antibes | ◖ A | | b | c | 17.22 | b | | 20.05 | b | b | b | | |
| NICE | A | | b | c | 17.38 | b | | 20.22 | b | b | b | | |

**SEMAINE TYPE**

| | 803 | 807 | 811 | 845 | 815 | 819 | 847 | 805 | 827 | 831 | 837 | 841 |
|---|---|---|---|---|---|---|---|---|---|---|---|---|
| **Lundi** | 4 | 2 | 1 | 4 | 1 | | 1 | 3 | 4 | 2 | 1 | 1 |
| **Mardi** | 2 | 1 | 1 | 4 | 1 | | 1 | 4 | 1 | 4 | 3 | 1 |
| **Mercredi** | 2 | 1 | 1 | 4 | 1 | | 1 | 4 | 1 | 4 | 3 | 1 |
| **Jeudi** | 2 | 1 | 1 | 4 | 1 | | 1 | 4 | 1 | 4 | 3 | 1 |
| **Vendredi** | 2 | 1 | 1 | 4 | 3 | 1 | 1 | 1 | 4 | 4 | 3 | 3 |
| **Samedi** | | 1 | 3 | 1 | 1 | | 1 | 1 | 1 | 1 | 1 | |
| **Dimanche** | | 1 | 1 | 4 | 1 | | 1 | 1 | 3 | 3 | 3 | 1 |

# Notre monde

# 10

431

# La réussite

*Comment réussir sa vie? Pour chacun de nous, la réussite° a un sens° différent. Nous avons demandé à cinq Français de nous expliquer ce que° signifie la réussite. Voici leurs réponses.*    success / meaning
what

### CHRISTINE THÉVENET *(18 ans, étudiante)*

De quelle réussite parlez-vous? De la réussite financière? De la réussite professionnelle? De la réussite sentimentale? De la réussite sociale? On ne peut pas réussir dans tous les domaines. Pour moi, la réussite, c'est d'abord d'obtenir mon diplôme en sciences économiques. Ensuite, ce sera d'avoir un travail° bien rémunéré° qui me donne la possibilité de voyager et l'occasion de rencontrer des gens intéressants. Un jour, ce sera peut-être d'avoir une famille, mais je ne suis pas pressée° de me marier.    job
paid

in a hurry

### JEAN-FRANÇOIS FOURNIER *(26 ans, employé de banque)*

Pour beaucoup de gens, réussir consiste à gagner beaucoup d'argent et à avoir assez de temps pour le dépenser. Mais, à mon avis, il est impossible de faire fortune sans être malhonnête° ou sans avoir une chance extraordinaire. Alors, pour moi, la réussite c'est d'avoir un travail où je gagne relativement bien ma vie sans trop me forcer°, et c'est surtout° d'avoir des loisirs et beaucoup de copains et de copines. Après tout, il n'est pas interdit de profiter de° la vie!    dishonest

to overexert myself / above all
to enjoy

**THÉRÈSE MAURY** *(37 ans, assistante sociale°)*                          social worker
Aujourd'hui, quand on parle de réussite, on parle surtout de réussite matérielle.
Évidemment, dans notre société moderne, il est indispensable de gagner assez
d'argent pour vivre. Mais ce n'est pas en gagnant° de l'argent qu'on réussit sa vie.    by earning
Il y a mille autres façons° plus importantes de réussir. On peut réussir en           ways
développant° ses talents et ses qualités°, en se développant intellectuellement ou    by developing / good points
plus simplement en faisant bien ce qu'on sait faire.... Sans être idéaliste, je pense
personnellement qu'on réussit sa vie en étant utile à la société, en plaçant le «tu»
avant le «je», en enrichissant l'existence des gens qui vivent autour de vous. C'est
ce que j'essaie de faire!

**ÉLISABETH RAYNAL** *(31 ans, chef d'entreprise°)*                         company head (CEO)
Pour moi, la réussite c'est la réussite de l'entreprise° de logiciel° que je viens de   company / software
créer°. J'y consacre° tout mon temps et toute mon énergie. Alors, au lieu de°          create / devote / instead of
passer les week-ends à la campagne comme mes employés, je les passe au bureau.
Au lieu de voyager pendant les vacances comme mes amis, je reste à Paris pour
créer de nouveaux produits. On me critique° parce que je suis passionnée par°         criticizes / enthusiastic about
mon travail. C'est vrai, la réussite pour moi est peut-être le contraire de la réus-
site des autres qui préfèrent une vie tranquille° et sans risque. Non, ce n'est pas le  quiet
désir de gagner de l'argent qui me motive, mais le désir d'entreprendre°.              to create a business
Évidemment je ne suis pas sûre de réussir, mais l'essentiel est d'avoir essayé! Au
moins une fois dans sa vie!

**ANTOINE VERDIER** *(61 ans, libraire°)*                                   bookseller
Réussir, réussir! Qu'est-ce que cela veut dire? Aujourd'hui tous les jeunes
veulent réussir, c'est-à-dire° gagner beaucoup d'argent très vite et sans faire      that is to say
d'effort! Comment peut-on réussir sans travailler et sans prendre de risques?

# Lecture culturelle: *Le désir d'entreprendre*

Selon vous, quelles sont les personnes qui symbolisent le génie[1] créateur français? Peut-être est-ce des écrivains (Molière, Victor Hugo ou Camus) ou des artistes célèbres[2] (Renoir, Matisse ou Toulouse-Lautrec)? Les Français, eux, associent généralement le génie créateur américain avec des personnes d'action plutôt[3] qu'avec des personnes d'idées: Hier, John D. Rockefeller ou J.P. Morgan; aujourd'hui, Steve Jobs, Mitch Kapor ou Bill Gates.* Pour beaucoup de Français, les États-Unis représentent en effet le pays de la liberté économique, de l'effort individuel et de la réussite[4] personnelle. «En Amérique on peut réussir parce que tout est possible!»

Et pourquoi pas en France? Pourquoi le désir d'entreprendre[5] qui semble[6] si[7] caractéristique des Américains semble-t-il si rare chez les Français? Un certain nombre de facteurs explique cette situation. Le facteur le plus important est lié[8] au rôle de l'État dans l'économie française. Ce rôle a commencé sous Louis XIV avec l'établissement[9] de manufactures royales qui fabriquaient[10] un certain nombre d'objets d'art pour le compte[11] du Trésor[12] Royal. À la suite[13] des nationalisations de 1936, 1945 et 1981, l'État contrôle aujourd'hui plus ou moins directement les plus grandes entreprises françaises: banques (Crédit Lyonnais, BNP**), chemins de fer[14] (SNCF**), transports aériens (Air France), automobiles (Renault), téléphone et communications (Télécom), distribution du gaz et de l'électricité (Gaz de France, EDF**), industrie pétrolière, industrie chimique, industrie sidérurgique[15], etc....

Aujourd'hui, un Français sur[16] cinq est fonctionnaire. Cette bureaucratisation de l'économie a créé un climat généralement peu favorable au développement de l'esprit d'entreprise: dépendance de l'individu vis-à-vis[17] de l'«État-providence»[18], déclin de l'esprit d'initiative, peur du risque, attitude ambiguë envers[19] le capitalisme en général et l'argent en particulier. Cette attitude s'exprime[20] en un certain nombre de proverbes: «L'argent ne fait pas le bonheur[21]»; «L'argent est bon serviteur[22] mais mauvais maître[23]». La méfiance[24] traditionnelle des Français vis-à-vis[25] de l'argent s'applique[26] aussi à la réussite matérielle. On soupçonne[27] souvent les gens riches d'avoir acquis[28] leur fortune par des procédés[29] malhonnêtes[30].

Paradoxalement, c'est sous le régime[31] d'un président socialiste, François Mitterand, que des mesures ont été prises pour réformer la structure économique de la France et stimuler la libre[32] entreprise. Certaines entreprises nationalisées ont été dénationalisées. D'autres entreprises publiques, comme certaines chaînes de télévision, ont été «privatisées». Ce nouveau climat économique a changé l'attitude des Français envers l'argent. Les jeunes d'aujourd'hui savent bien que celui-ci[33] n'est pas nécessairement immoral, mais qu'il est aussi un facteur de progrès et d'expansion. Le profit n'est plus anathème[34]. La réussite matérielle n'est plus suspecte mais désirable. Et l'initiative individuelle et le désir d'entreprendre sont officiellement encouragés par le gouvernement qui conseille[35] aux jeunes de «créer des entreprises». Ainsi[36], pour les nouvelles générations, les héros sont désormais[37] les jeunes chefs[38] d'entreprise qui s'enrichissent[39] en enrichissant le pays.

1 *genius* 2 *famous* 3 *rather* 4 *success* 5 *to create a business* 6 *seems* 7 *so* 8 *linked* 9 *creation* 10 *manufactured* 11 *account* 12 *treasury* 13 *following* 14 *railroads* 15 *steel* 16 *out of* 17 *on* 18 *"the Welfare State"* 19 *toward* 20 *is expressed* 21 *happiness* 22 *servant* 23 *master* 24 *distrust* 25 *toward* 26 *applies* 27 *suspects* 28 *having acquired* 29 *dealings* 30 *dishonest* 31 *government* 32 *free* 33 *it (money)* 34 *condemned* 35 *advises* 36 *Thus* 37 *from now on* 38 *heads* 39 *get rich*

---

\* The founders of Apple, Lotus, and Microsoft
\*\* BNP = Banque Nationale de Paris; SNCF = Société Nationale des Chemins de Fer Français; EDF = Électricité de France

# Structure et Vocabulaire

## Vocabulaire: *Le travail et la vie économique*

Noms

| | | | |
|---|---|---|---|
| **un chef** | head | **les affaires** | business |
| **un domaine** | field, domain | **une compagnie** | firm, company |
| **l'esprit** | spirit | **une entreprise** | company, enterprise, business |
| **le sens des affaires** | business sense | **une firme** | firm |
| **le travail** | work | **la réussite** | success |
| **un travail** | job | | |

Adjectif

| | | |
|---|---|---|
| **propre** | own | J'aimerais être mon **propre** patron. |

Verbes

| | | |
|---|---|---|
| **créer** | to create | Cette personne **a créé** sa propre entreprise. |
| **entreprendre** | to create a business | Avez-vous le désir d'**entreprendre?** |
| **établir** | to establish | Cette entreprise **a établi** des relations commerciales avec la Chine. |
| **réussir** | to be successful | Selon vous, est-il important de **réussir** financièrement? |

### NOTE DE VOCABULAIRE

The adjective **propre** changes meaning according to its position with respect to the noun it modifies.

| | | |
|---|---|---|
| Before the noun: | own | J'ai ma **propre** voiture. |
| After the noun: | clean | J'ai une voiture **propre**. |

## 1. Questions personnelles

1. Avez-vous un travail? Qu'est-ce que vous faites? Est-ce un travail où vous pouvez exercer votre initiative personnelle? Comment?
2. Préférez-vous travailler dans une grande entreprise ou dans une petite entreprise? Pourquoi?
3. Selon vous, quelle est la chose la plus importante dans la vie, la réussite professionnelle ou la réussite familiale? Expliquez votre position.
4. Aimeriez-vous être votre propre patron(ne)? Pourquoi? Quels sont les avantages et les désavantages d'être son propre patron (sa propre patronne)?
5. Aimeriez-vous créer votre propre entreprise? Dans quel domaine?
6. Est-ce que vous espérez réussir? Dans quel domaine et comment?
7. Avez-vous le sens des affaires? Avez-vous l'esprit d'entreprendre? Selon vous, est-ce que ces qualités sont importantes dans le monde moderne? Pourquoi?

# A.    L'infinitif

Note the use of the infinitive in the following sentences.

| | |
|---|---|
| **Être** riche n'est pas mon objectif. | **Being** rich is not my goal. |
| Je préfère **être** heureux. | I prefer **being (to be)** happy. |
| **Créer** sa propre entreprise n'est pas facile. | **Creating** one's own business is not easy. |
| J'aimerais **créer** ma propre entreprise. | I would like **to create** my own business. |

> In French, the INFINITIVE is often used as a subject or an object.

▶ The PAST INFINITIVE is formed according to the following pattern:

$$\left.\begin{array}{l}\textbf{avoir}\\\textbf{être}\end{array}\right\} + \text{past participle}$$

J'espère **avoir réussi** à mon examen.
Mes amis ne sont pas ici. Ils doivent **être sortis.**

**2. Opinions personnelles**    Lisez ce que font les personnes suivantes et exprimez votre opinion sur leurs activités en utilisant l'expression entre parenthèses.

▯ Sylvie voyage. (une chose utile)
  *Pour moi, voyager est une chose utile.*
  ou: *Pour moi, voyager n'est pas une chose utile.*

1. Robert étudie. (une nécessité)
2. Anne parle en public. (une chose difficile)
3. Nathalie maigrit. (une chose facile)
4. Henri fait la cuisine. (un passe-temps amusant)
5. Thérèse aide ses amis. (une obligation)
6. Isabelle écrit un poème. (une chose facile)
7. Jean regarde la télé. (une perte *[waste]* de temps)
8. Thomas va à l'université. (une perte d'argent)
9. Pauline a beaucoup d'argent. (une chose importante)
10. Bernard est son propre patron. (l'idéal)

# B.    La construction adjectif / nom + *de* + infinitif

Note the use of the infinitive in the following sentences.

Es-tu **sûr de réussir**?                     *Are you **sure to be successful?***

Je suis **content d'avoir trouvé**           *I am **happy to have found** an interesting*
un travail intéressant.                       *job.*

Il est **important de gagner** sa vie.        *It is **important to earn** one's living.*

Il n'est pas **indispensable d'être**        *It is not **indispensable to be** very*
très riche.                                    *rich.*

> Adjectives are often followed by infinitives. The most common pattern is:

| adjective + **de** + infinitive | Il est **utile de parler** français |
|---|---|

▶ When a noun introduces an infinitive, the most common pattern is:

> noun + **de** + infinitive

Je n'ai pas **le temps d'attendre.**         *I don't have **the time to wait.***

As-tu **l'occasion de voyager?**             *Do you have **the opportunity to travel?***

**3. Dialogue**    Lisez ce que font les personnes suivantes. Demandez à vos camarades d'exprimer leurs opinions sur ces actions. Utilisez l'adjectif entre parenthèses dans la construction impersonnelle **il est + *adjectif*.** Vos camarades
répondront affirmativement ou négativement.

▯ Suzanne étudie l'espagnol. (utile?)
    —*Est-ce qu'il est utile d'étudier l'espagnol?*
    —*Oui, il est utile d'étudier l'espagnol.*
    ou: —*Non, il n'est pas utile d'étudier l'espagnol.*

1. Henri gagne beaucoup d'argent. (indispensable?)
2. Ma cousine conduit vite. (dangereux?)
3. Françoise suit des cours d'informatique. (bon?)
4. Albert a beaucoup de diplômes. (important?)
5. Hélène réussit dans sa carrière. (difficile?)
6. Marc a le sens des affaires. (essentiel?)

**4. Pourquoi pas?** Marie-Laure demande à François pourquoi il ne fait pas certaines choses. Il répond en utilisant le verbe **avoir** et le nom entre parenthèses dans des phrases négatives. Jouez les deux rôles.

▢ attendre tes amis? (la patience)
MARIE-LAURE: *Pourquoi est-ce que tu n'attends pas tes amis?*
FRANÇOIS: *Je n'ai pas la patience d'attendre mes amis.*

1. faire du sport? (l'énergie)
2. nettoyer ta chambre? (le temps)
3. aller au cinéma le samedi? (l'habitude)
4. voyager? (l'occasion)
5. dire la vérité? (le courage)
6. voter? (l'âge)

**5. Leurs sentiments** Jacqueline demande à Charles si les personnes suivantes ont fait certaines choses. Charles répond affirmativement en expliquant leurs sentiments et en utilisant l'*infinitif passé.* Jouez les deux rôles.

▢ Thérèse / réussir à l'examen d'anglais (sûre)
JACQUELINE: *Thérèse a réussi à l'examen d'anglais, n'est-ce pas?*
CHARLES: *Oui, elle est sûre d'avoir réussi à l'examen d'anglais.*

1. Jean-Marc / trouver un travail intéressant (heureux)
2. André / sortir avec une fille sympathique (content)
3. Gisèle / rater l'examen de maths (furieuse)
4. Albert / aller à Paris pendant les vacances (enchanté: *delighted*)
5. Madame Lassalle / créer sa propre entreprise (fière: *proud*)

# C.   La construction préposition + infinitif

Note the use of the infinitive after the prepositions in heavy type.

| | |
|---|---|
| Je vais à l'université **pour étudier** les sciences. | *I go to the university* ***(in order) to study*** *science.* |
| On ne réussit pas **sans prendre** des risques. | *You cannot succeed* ***without taking*** *risks.* |
| Téléphonez-moi **avant de partir.** | *Call me* ***before leaving.*** |

> In French, all PREPOSITIONS (except **en**) are followed by the INFINITIVE.

| preposition + infinitive | Je viens **pour travailler.** |
|---|---|

▶ In English, most prepositions are followed by a verbal form in *-ing.*

Étudiez ⎰ **avant de sortir.**  *Study* ⎰ *before going out.*
        ⎱ **au lieu de sortir.**          ⎱ *instead of going out.*

▶ The PAST INFINITIVE is used after the preposition **après.**

Je chercherai du travail
   **après avoir obtenu** mon diplôme.

*I will look for work*
   ***after getting*** *my diploma.*

## Vocabulaire:   *Prépositions suivies de l'infinitif*

| | | |
|---|---|---|
| **pour** | *(in order) to* | J'apprends le français **pour aller** en France. |
| **sans** | *without* | **Sans étudier,** vous ne réussirez pas à l'examen. |
| **avant de** | *before* | Nous avons dîné **avant de partir.** |
| **au lieu de** | *instead of* | **Au lieu d'étudier,** Jacques est sorti. |
| **après** | *after* | Qu'est-ce que tu vas faire **après avoir obtenu** ton diplôme? |

### NOTE DE VOCABULAIRE

While the expression *in order* is often omitted in English, the preposition **pour** must be expressed in French.

> **Pour réussir,** il faut avoir     ***To be successful,*** *you*
> l'esprit d'initiative.              *must show initiative.*

## CITATION

*Il ne faut pas vivre pour manger, mais manger pour vivre.*
*— Molière.*

**6. Pourquoi?**   Dites où vont les gens suivants et dites pourquoi.

◻ nous / au stade   (Nous jouons au football.)
   ***Nous allons au stade pour jouer au football.***

1. Catherine / à l'université   (Elle prépare un diplôme d'ingénieur.)
2. tu / à la pharmacie   (Tu achètes de l'aspirine.)
3. je / à la poste   (J'envoie des cartes postales.)
4. vous / à Québec   (Vous apprenez le français.)
5. les journalistes / à la conférence de presse   (Ils posent des questions au président.)
6. Madame Gauthier / à Genève   (Elle établit des rapports commerciaux avec une banque suisse.)
7. Monsieur Lucas / à Montréal   (Il crée une filiale *[branch]* de sa compagnie.)

**7. L'ordre chronologique** Expliquez l'ordre dans lequel les personnes suivantes font certaines choses. Suivez le modèle.

☐  Paul prend ses livres et il va à l'université.
   ***Paul prend ses livres avant d'aller à l'université.***

1. Je me lave les mains et je mange.
2. Nous étudions et nous regardons la télé.
3. Tu mets un short et tu joues au tennis.
4. Ma mère cherche son passeport et elle part en voyage.
5. Mes amis téléphonent et ils viennent.
6. Je parle à mes parents et je prends des décisions importantes.
7. On réfléchit et on répond.
8. On va détruire cette vieille maison et on construit un grand immeuble moderne.

**8. Conseils** Votre camarade parle de ses activités. Dites-lui qu'il (elle) devrait faire autre chose en utilisant la construction **au lieu de** + *infinitif*.

☐  étudier l'allemand (le japonais)
   *—J'étudie l'allemand.*
   *—Au lieu d'étudier l'allemand, étudie le japonais!*

1. suivre un cours d'histoire (un cours de marketing)
2. faire une promenade (les courses)
3. acheter une machine à écrire (un ordinateur)
4. travailler pour une firme américaine (une compagnie multinationale)
5. lire les bandes dessinées (les petites annonces)
6. penser aux vacances (à ton avenir)

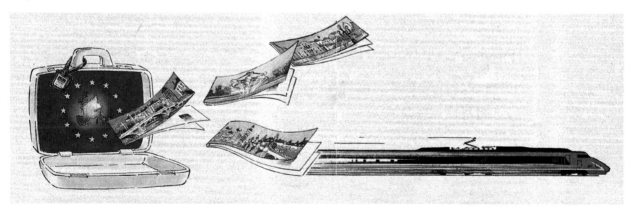

**9. Conversation**    Demandez à vos camarades quand ils ont fait les choses suivantes. Demandez-leur aussi ce qu'ils ont fait avant et après.

dîner
—*Quand as-tu dîné?*
—*J'ai dîné à six heures et demie.*
—*Ah bien! Et qu'est-ce que tu as fait avant de dîner?*
—*J'ai nettoyé ma chambre.*
—*Et après?*
—*Après avoir dîné, je suis sorti(e) avec mes copains.*

- prendre le petit déjeuner
- arriver en classe
- déjeuner
- faire tes devoirs
- regarder la télé
- faire une promenade en ville

**10. Expression personnelle**    Complétez les phrases avec une expression de votre choix.

1. Je vais à l'université pour ...
2. J'apprends le français pour ...
3. Je voudrais avoir de l'argent pour ...
4. Parfois je m'amuse au lieu de ...
5. Je ne veux pas me marier avant de ...
6. Je ne prends jamais de décisions importantes sans ...
7. Je chercherai du travail après ...
8. Selon moi, il est important de ..., mais il n'est pas essentiel de ...

# D.   Le participe présent

The sentences on the left describe two actions that occur simultaneously, or that are related through cause and effect. Note how the relationship between these two actions is expressed in the sentences on the right through the use of **en** + *present participle*.

Je travaille et j'écoute la radio.

Je travaille **en écoutant** la radio.
(*I work **while listening** to the radio.*)

On fait du sport et on reste en forme.

**En faisant** du sport, on reste en forme.
(***By doing** sports, one stays in shape.*)

Quand il est arrivé à Paris, Paul m'a téléphoné.

**En arrivant** à Paris, Paul m'a téléphoné.
(***Upon arriving** in Paris, Paul called me.*)

FORMS

The PRESENT PARTICIPLE of all regular and most irregular verbs is derived as follows:

**nous**-form of the present tense    *minus* **-ons**    + **-ant**

| Regular verbs | | Irregular verbs | |
|---|---|---|---|
| (écouter) | nous écoutons → **écoutant** | (faire) | nous faisons → **faisant** |
| (finir) | nous finissons → **finissant** | (lire) | nous lisons → **lisant** |
| (vendre) | nous vendons → **vendant** | (voir) | nous voyons → **voyant** |

▶ There are three irregular present participles:

avoir → **ayant**      **En ayant** de l'ambition, vous réussirez dans vos projets.
être → **étant**      **En étant** riche, vous ne serez pas nécessairement heureux.
savoir → **sachant**      **En sachant** parler français, vous aimerez votre visite à Paris.

▶ The reflexive pronoun of a present participle construction represents the same person as the subject.

En **me** promenant en ville, **j'**ai rencontré mes amis.

PROVERBE

C'est en forgeant qu'on devient forgeron.

*Practice makes perfect.*
*(Literally: It is by forging that one becomes a blacksmith.)*

## USES

The present participle is used to express a relationship of cause and effect or a (near) simultaneity between actions. It is frequently, but not always, introduced by **en.** In this usage, **en** has several English equivalents:

| cause or manner | *by* | C'est **en prenant** des risques qu'on réussit. |
|---|---|---|
| simultaneity | *while* <br> *upon (immediately after)* | **En allant** à l'université, j'ai rencontré Jacques. <br> **En rentrant** chez lui, Denis a mis la radio. |

---

### NOTE LINGUISTIQUE: *Le participe présent*

The French present participle in **-ant** is used much less frequently than its English counterpart in *-ing.*

• It is never used as a verbal noun. The infinitive is used instead.

**Voter** est un droit.    *Voting is a right.*

• It is never used after a preposition, other than **en.** The infinitive is used instead.

J'ai fait cela **sans penser** aux conséquences.    *I did that **without thinking** about the consequences.*

• It is not used to express a progressive action.

J'**étudie.**    *I am studying.*
J'**étudiais.**    *I was studying.*

---

**11. Études linguistiques**    On peut apprendre les langues de différentes façons. Dites comment les personnes suivantes ont appris certaines langues. Utilisez la construction **en** + *participe présent.*

▫ Alain / le russe / écouter des cassettes
*Alain a appris le russe en écoutant des cassettes.*

1. Pauline et Danièle / le japonais / passer un an à Tokyo
2. nous / l'espagnol / regarder la télé mexicaine
3. Jean-Pierre / l'allemand / sortir avec une étudiante de Berlin
4. vous / le français / suivre des cours à l'Alliance Française
5. je / l'italien / travailler pour une compagnie italienne
6. tu / le portugais / voir des films brésiliens

**12. Comment?**    Philippe demande à sa cousine Stéphanie comment elle fait certaines choses. Elle lui répond en utilisant la construction **en** + *participe présent.*

▮ gagner ton argent / travailler dans un supermarché
> PHILIPPE: *Comment est-ce que tu gagnes ton argent?*
> STÉPHANIE: *Je gagne mon argent en travaillant dans un supermarché.*

1. rester en forme / faire du jogging
2. étudier l'anglais / parler avec un étudiant américain
3. te reposer le soir / écouter de la musique classique
4. t'occuper le samedi / aller à un club de sport
5. t'informer / regarder la télé
6. faire des économies / prendre les repas au restaurant universitaire
7. employer ton temps libre / sortir avec mes amis
8. espérer réussir / créer ma propre compagnie

**13. Chacun à sa manière**    Dites quand ou comment les personnes suivantes font certaines choses.

▮ Vous écoutez la radio quand vous étudiez.
> *Vous écoutez la radio en étudiant.*

1. Je rencontre mes amis quand je vais au café.
2. Nous achetons le journal quand nous allons à l'université.
3. Nous nous amusons quand nous lisons les bandes dessinées.
4. Monsieur Duval écoute les nouvelles quand il se rase.
5. J'écoute mon Walkman quand je me promène.
6. Beaucoup de Français regardent la télé quand ils dînent.
7. Tu lis le journal quand tu bois du café.
8. Cette entreprise développe ses ventes *(sales)* quand elle crée de nouveaux produits *(products).*
9. On maigrit quand on mange moins.
10. On est heureux quand on a de bons amis.

Un jour à la Bourse

# Communication

Choose a partner who will play the role of the other person in the conversation.

---

1. You have a classmate who strikes you as being very organized. You want to find out how he/she plans things.

Ask your partner what he/she does . . .

- before going shopping
- before going to bed at night
- before leaving for class in the morning
- before taking an exam
- before going to a professional interview

—*Qu'est-ce que tu fais avant de faire des courses?*
—*Avant de faire des courses, je fais une liste ( je passe à la banque ... ).*

---

2. You and a French friend are talking about how you go about doing certain things. (Your friend uses the expression **en** + present participle.)

Discuss with your partner . . .

- how he/she relaxes **(se reposer)**
- how he/she stays in shape
- how he/she earns money **(de l'argent)**
- how he/she saves **(économiser)** money
- how he/she keeps busy **(s'occuper)** on weekends
- how he/she keeps busy during the vacation

—*Comment est-ce que tu te reposes?*
—*Je me repose en écoutant la musique (en regardant la télé ... ). Et toi?*

---

3. You and a French student are talking about your future professional plans.

Ask your partner . . .

- what he/she wants to be
- how he/she will be successful in his/her profession
- what he/she prefers: working for a company or being his/her own boss
- if he/she is going to look for a job immediately after college **(l'université)**
- if it is important to earn a lot of money and why

# Conversation avec un Québécois

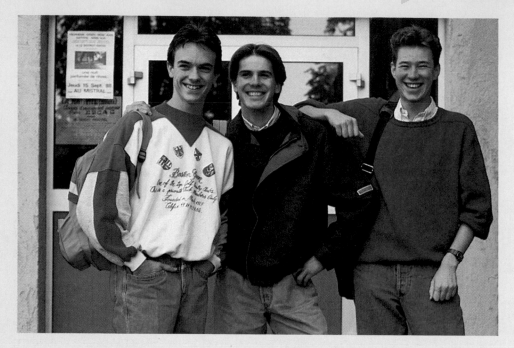

*Aujourd'hui 30 pour cent des Canadiens sont francophones, c'est-à-dire° d'expression française°. Ces Canadiens francophones résident principalement dans les provinces du Québec, de l'Ontario et du Nouveau Brunswick. Voici une conversation entre un étudiant français et un étudiant québécois.*

that is to say

French-speaking

—Comment t'appelles-tu?
—Denis Thibodeau.
—Tu es québécois?
—Oui, à 100 pour cent! Je suis né à Québec et j'habite à Québec.
—Est-ce que tu parles anglais?
—Oui, je suis bilingue comme beaucoup de Québécois. Mais je parle surtout° français ... même avec mes amis anglais.

mainly

—Pourquoi?
—À l'heure actuelle°, il est important que nous préservions notre identité et notre culture. Pour cela il est essentiel que nous maintenions° nos traditions.... En particulier, il faut absolument que nous continuions à parler français qui est notre langue.

At this time

maintain

—Penses-tu qu'il soit° possible de maintenir votre culture et votre personnalité françaises dans un pays où la majorité est d'origine anglaise?

is

—Bien sûr que oui! Il y a une dizaine° d'années, beaucoup de gens d'ici pen- *About ten*
saient que la solution était l'indépendance du Québec. Mais en 1980, les Qué-
bécois ont rejeté° l'idée du séparatisme en votant pour le maintien° de l'unité *rejected / maintaining*
du Canada. Aujourd'hui nous ne considérons plus la question de l'indépen-
dance de la même façon° qu'avant. En effet, si nous voulons maintenir notre *manner*
culture, il n'est pas essentiel que nous soyons° indépendants, mais il est indis- *be*
pensable que nous soyons politiquement organisés et que nous participions au
développement économique du Québec. Pour cela, il faut que nous ayons° les *have*
mêmes chances° que nos compatriotes. Autrefois, c'était difficile. Maintenant, *opportunities*
c'est possible.

—Et qu'est-ce que tu veux faire plus tard?

—J'aimerais travailler dans les affaires. J'aimerais aussi faire de la politique.

—Tes parents sont d'accord?

—Oui, je pense qu'ils sont assez favorables à cette idée, mais d'abord ils veulent
que je finisse mes études.

---

## Lecture culturelle: *Les Canadiens d'expression française*

Savez-vous que Montréal est la deuxième ville d'expression française[1] du monde, immédiatement après Paris? Aujourd'hui les Canadiens francophones sont plus de six millions et représentent presque 30 pour cent de la population canadienne.

La présence française au Canada est très ancienne. Elle date du voyage historique de Jacques Cartier, le premier homme blanc qui ait descendu[2] le Saint Laurent (en 1534). Peu[3] après 1600, les premiers colons[4] français sont arrivés au Canada. Ils se sont d'abord installés[5] en Acadie (aujourd'hui la Nouvelle Écosse[6] et le Nouveau Brunswick), puis ensuite dans la région du Saint Laurent. En 1608, Samuel de Champlain a fondé Québec; il est devenu gouverneur de la nouvelle colonie en 1633. Cette colonie, qu'on appelait alors la «Nouvelle France», s'est développée très rapidement. Les Français qui n'étaient que[7] quelques familles en 1600 étaient 70.000 en 1750.

Malheureusement la rivalité franco-anglaise a provoqué de nombreux conflits sur le continent américain. En 1713, les Anglais ont occupé l'Acadie. En 1755, ils ont déporté un grand nombre d'habitants français qui refusaient le «serment[8] d'allégeance» au roi[9] d'Angleterre. Une grande partie de ces habitants, les Acadiens, sont allés en Louisiane. L'exode[10] de ces malheureux Acadiens (ou «Cajuns») a été immortalisé par Longfellow dans son célèbre poème *Évangeline*.

À la même époque, un nouveau conflit a opposé les colons français de la Nouvelle France aux colons anglais de la Nouvelle Angleterre. Supérieurs en nombre, les Anglais ont battu[11] les Français et leurs alliés indiens. Ils ont pris Québec, puis Montréal. Finalement, par le traité[12] de Paris de 1763, la Nouvelle France a cessé d'exister et le Canada est devenu une colonie anglaise.

Malgré[13] cette défaite[14], la majorité des Canadiens français sont restés dans leur pays d'adoption où ils ont maintenu leur langue, leur culture et leurs traditions. Pendant de nombreuses années, ils ont cependant dû subir[15] la domination politique et économique des Canadiens d'origine anglaise. Pour protester contre cette situation, un certain nombre de Québécois ont cherché à obtenir l'indépendance de la province de Québec. En 1980, la question de l'indépendance a été soumise[16] à un référendum. Mais dans ce référendum la majorité des Québécois ont voté contre l'indépendance et pour le maintien[17] de leur province dans la Fédération canadienne. En 1981, les Canadiens ont approuvé une nouvelle constitution et une charte[18] des droits[19] et des libertés. En 1990, le Québec accepte d'adhérer à la constitution canadienne à condition d'obtenir le statut de «société distincte». Aujourd'hui, le Canada est un pays officiellement bilingue où le français est à égalité avec[20] l'anglais et où tous les citoyens[21] ont les mêmes droits et les mêmes possibilités.

1 French-speaking  2 went down  3 shortly  4 colonists
5 settled  6 Nova Scotia  7 numbered only  8 oath  9 king
10 exodus  11 defeated  12 treaty  13 in spite of  14 defeat
15 to suffer  16 submitted  17 maintaining  18 charter
19 rights  20 equal to  21 citizens

# Structure et Vocabulaire

## Vocabulaire:    *Traditions*

Noms

| | | | |
|---|---|---|---|
| **un échange** | *exchange* | **une langue** | *language* |
| **un rapport** | *relationship* | **une tradition** | *tradition* |

Adjectifs

| | | |
|---|---|---|
| **actuel (actuelle)** | *present, of today* | Quelle est la population **actuelle** du Canada? |
| **réel (réelle)** | *real, actual* | Est-ce que l'inflation est un problème **réel** aujourd'hui? |
| **seul** | *only* | Est-ce que le français est la **seule** langue officielle du Québec? |
| **véritable** | *true, real* | Est-ce qu'il y a une **véritable** solution à ce problème? |

Verbes

| | | |
|---|---|---|
| **conserver** | *to keep, save* | **Conservez** vos notes: elles peuvent être utiles plus tard. |
| **garder** | *to keep, preserve* | Allez-vous **garder** votre livre de français? |
| **organiser** | *to organize* | Il faut **organiser** des échanges entre les deux pays. |
| **maintenir** | *to maintain* | Est-ce que les Américains **maintiennent** leurs traditions? |

Expressions

| | | |
|---|---|---|
| **à l'heure actuelle** | *at the present time* | **À l'heure actuelle,** je n'ai pas de projets. |
| **absolument** | *absolutely* | Vous devez **absolument** lire ce livre. |
| **actuellement** | *at present* | **Actuellement,** mes cousins habitent à Montréal. |

## NOTE DE VOCABULAIRE

**Maintenir** is conjugated like **obtenir:** je **maintiens,** nous **maintenons;** j'ai **maintenu;** je **maintiendrai.**

### 1. Questions personnelles

1. Combien de langues parlez-vous? Quelles langues étrangères étudiez-vous? Est-ce que le français est la seule langue que vous étudiez? Est-ce que c'est la seule langue qu'on enseigne à votre université?
2. Où habitez-vous actuellement? Que faites-vous à l'heure actuelle? Quels cours suivez-vous actuellement?
3. Est-ce que vous allez conserver vos notes de français? Est-ce que vous allez garder votre livre de français? Qu'est-ce que vous allez en faire si vous ne le gardez pas? Est-ce que vous gardez toutes les lettres que vous recevez?
4. Plus tard, est-ce que vous allez maintenir des rapports avec vos amis d'université? Est-ce que vous allez maintenir une correspondance avec eux? Pendant combien de temps?

**NOTE LINGUISTIQUE:** *Temps et modes*

The verb of a sentence identifies an action. The verb is characterized by its *tense* and its *mood*.

- The TENSE of a verb indicates the TIME of the action.
  The *present,* the *imperfect,* the *future,* and the *passé composé* are all tenses.
- The MOOD of a verb reflects the ATTITUDE OF THE SPEAKER toward the action.
  The *imperative,* the *conditional,* the *indicative,* and the *subjunctive* are moods.

Note the use of the INDICATIVE and the SUBJUNCTIVE in the following English sentences:

| *Indicative* | *Subjunctive* |
|---|---|
| I **am** poor. | I wish I **were** rich. |
| You **are** not very punctual. | It is essential that you **be** at the airport on time. |

While the subjunctive is rarely used in English, it is used frequently in French.

| *Present indicative* | *Present subjunctive* |
|---|---|
| Tu **as** des amis français. | Il est bon que tu **aies** des amis canadiens. |
| Vous **visitez** Québec. | Il faut que vous **visitiez** Montréal ensuite. |
| Nous **parlons** anglais. | Le professeur veut que nous **parlions** français. |

In French, the subjunctive is used primarily in DEPENDENT CLAUSES, that is, in clauses that do not stand alone but are connected to a main clause. These dependent subjunctive clauses are usually introduced by **que.**

| Main clause | Dependent clause |
|---|---|
| Il faut | **que vous soyez** à l'heure. |
| *It is necessary* | *that you **be** on time.* |

In the next sections, you will learn how to form the present subjunctive and will practice its use after **Il faut que** and **Il est nécessaire que.**

# A.    La formation du subjonctif: verbes à un radical

The stem of the present subjunctive is derived from the stem used for the PLURAL FORMS of the present indicative.

Regular verbs like **parler, finir,** and **attendre,** and many irregular verbs like **partir** have ONE PLURAL STEM in the present indicative.

Note the forms of the PRESENT SUBJUNCTIVE of verbs with ONE STEM:

| infinitive | **parler** | **finir** | **attendre** | **partir** | |
|---|---|---|---|---|---|
| present indicative | ils **parl**ent | **finiss**ent | **attend**ent | **part**ent | subjunctive endings |
| | nous **parl**ons | **finiss**ons | **attend**ons | **part**ons | |
| present subjunctive | que je **parle** | **finisse** | **attende** | **parte** | -e |
| | que tu **parles** | **finisses** | **attendes** | **partes** | -es |
| | qu'il/elle/on **parle** | **finisse** | **attende** | **parte** | -e |
| | que nous **parlions** | **finissions** | **attendions** | **partions** | -ions |
| | que vous **parliez** | **finissiez** | **attendiez** | **partiez** | -iez |
| | qu'ils/elles **parlent** | **finissent** | **attendent** | **partent** | -ent |

The PRESENT SUBJUNCTIVE of verbs that have ONE PLURAL stem in the present indicative is formed as follows:

| stem | + endings |
|---|---|
| **ils**-form of the present indicative minus **-ent** } | + subjunctive endings |

**2. Tourisme**    Imaginez que vous travaillez pour le Bureau du Tourisme de Québec. Vous conseillez *(advise)* à des touristes français de visiter certaines choses de la province. Pour chaque personne, faites une phrase commençant par **il faut que.** Utilisez le subjonctif de **visiter.**

▢   Paul (Québec)        *Il faut que Paul visite Québec.*

1. Georges (Montréal)
2. Nathalie (l'Université Laval)
3. Pierre (Expo)
4. Isabelle (l'Université McGill)
5. Michèle et Françoise (le vieux Montréal)
6. Marc et Philippe (la Gaspésie)
7. vous (Trois Rivières)
8. nous (les musées)
9. tu (la citadelle de Québec)
10. Max (la place des Arts)

**3. Avant d'aller au Canada**   Les personnes suivantes vont aller au Canada cet été. Dites ce qu'elles doivent faire avant de partir. Utilisez la construction **il faut que** + *subjonctif.*

▣   Madame Durand / réserver un billet *(ticket)* d'avion
    *Il faut que Madame Durand réserve un billet d'avion.*

1. Claudine / téléphoner à l'agence de voyage
2. Philippe / trouver son passeport
3. Monsieur Rémi / choisir un hôtel confortable
4. Mademoiselle Simon / louer une voiture
5. Anne / répondre à l'invitation de son cousin canadien
6. André / réussir à ses examens
7. Nathalie / finir ses classes à l'université
8. mon cousin / vendre sa vieille voiture

**4. Conversation**   Un(e) camarade vous propose de faire certaines choses. Acceptez son invitation, mais dites-lui qu'avant, il faut que vous fassiez d'autres choses. Jouez ces rôles.

▣   dîner / finir mes devoirs
    *—Est-ce que tu veux dîner avec moi?*
    *—Oui, d'accord! Mais avant, il faut que je finisse mes devoirs.*

1. aller en ville / téléphoner à un ami
2. déjeuner / rendre ces livres à la bibliothèque
3. regarder la télé / finir la vaisselle *(dishes)*
4. jouer au tennis / rendre visite à une copine
5. aller au cinéma ce soir / lire ce livre
6. aller au café / écrire à mes cousins
7. sortir / mettre un manteau
8. aller dans les magasins / conduire ma sœur à l'aéroport

**5. Décisions!**   Informez-vous sur les personnes suivantes. Dites si oui ou non elles doivent faire les choses entre parenthèses. Utilisez les constructions **il faut que** ou **il ne faut pas que** + *subjonctif.*

▣   Tu es malade. (se reposer? sortir?)
    *Il faut que tu te reposes. Il ne faut pas que tu sortes.*

1. Nous sommes très fatigués. (travailler? dormir?)
2. Vous voulez maigrir. (manger beaucoup de pain? suivre un régime?)
3. Tu as froid. (ouvrir la fenêtre? mettre un pull?)
4. Vous ne voulez pas rater *(to miss)* votre bus. (courir? se dépêcher?)
5. Jacqueline est invitée à dîner par les parents d'un copain. (mettre une belle robe? offrir un cadeau *[gift]* à l'hôtesse?)
6. Nous passons les vacances en Angleterre. (louer une voiture? conduire à droite?)

## B.    La formation du subjonctif: verbes à deux radicaux

Verbs like **acheter, apprendre,** and **venir** have TWO PLURAL STEMS in the present indicative.

Note the forms of the PRESENT SUBJUNCTIVE of verbs with TWO STEMS:

| infinitive | | **acheter** | **apprendre** | **venir** | |
|---|---|---|---|---|---|
| present indicative | | ils **achèt**ent | **apprenn**ent | **vienn**ent | subjunctive endings |
| | | nous **achet**ons | **appren**ons | **ven**ons | |
| present subjunctive | | que j'**achète** | **apprenne** | **vienne** | -e |
| | | que tu **achètes** | **apprennes** | **viennes** | -es |
| | | qu'il/elle/on **achète** | **apprenne** | **vienne** | -e |
| | | que nous **achetions** | **apprenions** | **venions** | -ions |
| | | que vous **achetiez** | **appreniez** | **veniez** | -iez |
| | | qu'ils/elles **achètent** | **apprennent** | **viennent** | -ent |

▶ Some verbs have TWO PLURAL STEMS in the present indicative. These verbs also have two stems in the present subjunctive:

- the **ils**-stem of the present indicative—for the **je-, tu-, il-,** and **ils**-forms
- the **nous**-stem of the present indicative—for the **nous-** and **vous**-forms

▶ Note that these verbs have regular subjunctive endings.

▶ The following verbs also have two subjunctive stems.

| | Indicative | Subjunctive |
|---|---|---|
| **payer** | ils **paient** | que je **paie** |
| | nous **payons** | que nous **payions** |
| **préférer** | ils **préfèrent** | que je **préfère** |
| | nous **préférons** | que nous **préférions** |
| **appeler** | ils **appellent** | que j'**appelle** |
| | nous **appelons** | que nous **appelions** |
| **boire** | ils **boivent** | que je **boive** |
| | nous **buvons** | que nous **buvions** |
| **voir** | ils **voient** | que je **voie** |
| | nous **voyons** | que nous **voyions** |
| **recevoir** | ils **reçoivent** | que je **reçoive** |
| | nous **recevons** | que nous **recevions** |

**6. Expression personnelle**    Dites si oui ou non il est nécessaire que vous fassiez *(do)* les choses suivantes. Commencez vos phrases par **Il est nécessaire que +** *subjonctif.*

▮ obtenir mon diplôme?
> *Oui, il est nécessaire que j'obtienne mon diplôme.*
> ou: *Non, il n'est pas nécessaire que j'obtienne mon diplôme.*

1. payer ma scolarité?
2. nettoyer ma chambre tous les matins?
3. boire un bon café au petit déjeuner?
4. prendre des vitamines?
5. apprendre l'espagnol?
6. recevoir de bonnes notes?
7. voir le professeur avant l'examen?
8. devenir riche?
9. acheter des cadeaux *(presents)* pour mes amis?
10. me souvenir de la date de l'examen?

**7. Les obligations de Madame Duval**    Madame Duval est présidente d'une compagnie d'import-export. Elle dit à sa secrétaire ce qu'elle doit faire. Sa secrétaire lui rappelle *(reminds)* qu'elle doit faire aussi d'autres choses. Jouez les deux rôles d'après le modèle.

▮ écrire à Madame Smith / à Monsieur Mueller
> MME DUVAL:    *Il faut que j'écrive à Madame Smith.*
> SA SECRÉTAIRE:    *Il faut aussi que vous écriviez à Monsieur Mueller.*

1. appeler nos clients de San Francisco / nos clients de Montréal
2. obtenir un nouveau visa / un visa pour le Japon
3. acheter un billet *(ticket)* d'avion / des chèques de voyage *(traveler's checks)*
4. prendre ces documents / ce contrat
5. recevoir le président de France-Export / l'avocat de la société Excelsior
6. envoyer un télex à Londres / un télégramme à Hong Kong
7. voir Madame Takama / Monsieur Papadopoulos
8. payer la banque / nos fournisseurs *(suppliers)*

**8. Conversation** Vos camarades ont les problèmes suivants. Donnez-leur au moins trois conseils. Évitez *(avoid)* les verbes **avoir, être, aller** et **faire** qui ont un subjonctif irrégulier.

avoir très mal à la gorge
—*J'ai très mal à la gorge.*
—*Ah bon, alors dans ce cas il faut que tu boives du thé. Il faut aussi que tu prennes de l'aspirine. Et bien sûr, il faut que tu te reposes. Il ne faut pas que tu sortes aujourd'hui.*

- avoir mal au ventre
- me sentir fatigué(e)
- avoir de mauvaises notes en français
- avoir besoin d'argent pour les vacances
- avoir des problèmes avec mon (ma) camarade de chambre
- chercher du travail
- ne connaître personne à cette université

---

**NOTE LINGUISTIQUE:** *L'indicatif et le subjonctif*

Compare the use of the indicative and the subjunctive in the following sentences.

| Indicative | Subjunctive |
|---|---|
| Vous **parlez** bien français. | Il faut que vous **parliez** français. |
| Je sais que vous **parlez** français. | Je veux que vous **parliez** français. |
| Nous sommes sûrs que vous **parlez** français. | Nous doutons que vous **parliez** anglais aussi. |

- The INDICATIVE MOOD is used to describe *facts* or to express *knowledge of facts*. It can be used in *independent* and *dependent* clauses.
- The SUBJUNCTIVE MOOD is used to express certain *attitudes, feelings,* or *judgments* about an action. It is used mainly in *dependent* clauses.

Both the subjunctive and the indicative are used in dependent clauses introduced by **que.** The choice of mood is determined by what the verb of the main clause expresses.

| Main clause | Dependent clause |
|---|---|
| expression of **fact** | **indicative** |
| expression of { **necessity** or **obligation** / **will** / **emotion** / **doubt** } | **subjunctive** |

## C.   L'usage du subjonctif après certaines expressions d'obligation et d'opinion

Note the use of the subjunctive in the following sentences.

**Il faut que je parte.**      ***I have to leave.*** *(It is necessary that I leave.)*
**Il faut que nous obtenions**      ***We must get*** *a visa. (It is necessary*
    un visa.                      *that we get a visa.)*

---

PERSONAL OBLIGATIONS can be expressed by the construction:

**il faut que** + *subjunctive*     **Il faut que** tu **viennes.**

▶ General obligations, however, are expressed by the construction:

**il faut** + infinitive

*Infinitive:* En général, **il faut apprendre** les langues étrangères.
*Subjunctive:* En particulier, **il faut que** vous **appreniez** le français.

Note the use of the subjunctive in the sentences below.

**Il est important que vous respectiez**     ***It is important that you respect***
    nos traditions.                        *our traditions.*
**Il est possible que nous visitions**     ***It is possible that we will***
    le Canada cet été.                   ***visit*** *Canada this summer.*

---

The subjunctive is used after certain EXPRESSIONS OF OPINION according to the pattern:

**il est** + adjective + **que** + *subjunctive*     **Il est essentiel** que tu **viennes.**

▶ Note that in the above sentences, the opinions concern specific persons. If the opinion is a general one, the following construction is used:

**il est** + adjective + **de** + infinitive

*Infinitive*                      *Subjunctive*
En général ...                  En particulier ...
**il est utile de voyager.**        **il est utile que** je **voyage.**
**il est essentiel de maintenir**     **il est essentiel que** Paul **maintienne**
    nos traditions.                      les traditions de sa famille.

**Vocabulaire:    *Quelques expressions d'opinion***

| | | |
|---|---|---|
| Il est bon | Il est nécessaire | Il est dommage *(too bad)* |
| Il est essentiel | Il est normal *(to be expected)* | Il vaut mieux *(it is better)* |
| Il est important | Il est possible | |
| Il est indispensable | Il est préférable | |
| Il est inutile | Il est utile | |
| Il est juste | | |

**9. Expression personnelle**   Selon vous, est-ce que les étudiants de votre université doivent faire les choses suivantes? Répondez d'après le modèle, en commençant vos phrases par **il est normal que ...**

☐   passer l'après-midi à la bibliothèque
   *Il est normal que nous passions l'après-midi à la bibliothèque.*
   ou: *Il n'est pas normal que nous passions l'après-midi à la bibliothèque.*

1. étudier pendant la semaine
2. étudier le week-end
3. travailler pendant les vacances
4. se reposer le dimanche
5. dormir en classe
6. payer notre scolarité
7. apprendre une langue
8. boire de la bière
9. garder les traditions de l'école

**10. Opinions**   Est-ce que les Américains doivent faire les choses suivantes? Exprimez votre opinion personnelle en utilisant les expressions du Vocabulaire.

☐   respecter la loi *(law)*     *Il est (Il n'est pas) indispensable (important, utile) que les Américains respectent la loi.*

1. garder leurs traditions
2. respecter les minorités
3. aider les autres nations
4. conserver l'énergie
5. voter aux élections
6. développer leur armée
7. maintenir de bonnes relations avec la France
8. développer les échanges avec le Canada
9. respecter la Constitution
10. arrêter *(halt)* les expériences *(experiments)* nucléaires
11. s'intéresser à la politique

## D.   Le subjonctif d'*être* et d'*avoir*

The SUBJUNCTIVE forms of **être** and **avoir** have irregular stems and endings.

| être | avoir |
|------|-------|
| Il faut que je **sois** énergique.<br>Il faut que tu **sois** patient.<br>Il faut qu'il **soit** riche. | Il faut que j'**aie** de l'énergie.<br>Il faut que tu **aies** de la patience.<br>Il faut qu'il **ait** de l'argent. |
| Il faut que nous **soyons** ambitieux.<br>Il faut que vous **soyez** courageux.<br>Il faut qu'ils **soient** persévérants. | Il faut que nous **ayons** de l'ambition.<br>Il faut que vous **ayez** du courage.<br>Il faut qu'ils **aient** de la persévérance. |

**11. À l'agence de voyages**   Vous travaillez pour une agence de voyages. Dites à quelle heure les personnes suivantes doivent être à l'aéroport, en utilisant le subjonctif d'**être**. Dites aussi ce qu'elles doivent avoir, en utilisant le subjonctif d'**avoir**.

☐  Jacques (à deux heures / son passeport)
   *Il faut que Jacques soit à l'aéroport à deux heures.*
   *Il faut qu'il ait son passeport.*

1. Carole (à dix heures / son visa)
2. vous (à trois heures et demie / vos bagages)
3. ces touristes (à quatre heures dix / leurs billets
   [*tickets*] d'avion)
4. tu (à huit heures / ta carte d'embarquement:
   *boarding pass*)
5. nous (à six heures moins le quart / nos valises)
6. Monsieur et Madame Sénéchal (à sept heures et quart /
   leurs passeports)

## E.   L'usage du subjonctif après les verbes de volonté

Note the use of the subjunctive in the following sentences.

| | |
|---|---|
| Je voudrais que vous **soyez** heureux. | *I would like you to be happy.* |
| Je ne veux pas que tu **partes** maintenant. | *I do not want you to leave now.* |
| Le professeur souhaite que nous **réussissions** à l'examen. | *The professor wishes that we would pass the test.* |

---

The subjunctive is used after expressions of WILL, WISH, or DESIRE according to the construction:

subject + verb + **que** + someone (or something) + subjunctive . . .

**Je voudrais que** vous **visitiez** Québec avec nous.

► Note that in the above sentence, the wish concerns someone other than the subject of the main verb. When the wish concerns the subject, the construction is:

subject + verb + infinitive

Compare the following sentences:

| | |
|---|---|
| Je veux **partir.** | *I want **to leave.*** |
| Je veux que **tu partes.** | *I want **you to leave.*** |
| Anne souhaite **visiter** Québec. | *Anne wishes **to visit** Quebec City.* |
| Anne souhaite que **vous visitiez** Québec. | *Anne wishes **you to visit** Quebec City.* |

**46, boul. Champlain,
QUÉBEC G1K 4H7
418-692-2013**

**46, boul. St-Cyrille Ouest,
QUÉBEC G1R 2A4
418-523-2013**

# Vocabulaire:   *Verbes de volonté*

| | | | |
|---|---|---|---|
| accepter | *to agree* | J'accepte | |
| aimer mieux | *to prefer* | J'aime mieux | |
| désirer | *to wish* | Je désire | |
| permettre | *to allow, give permission* | Je permets | |
| préférer | *to prefer* | Je préfère | } que vous veniez au Canada avec moi. |
| souhaiter | *to wish* | Je souhaite | |
| vouloir | *to want* | Je veux | |
| vouloir bien | *to agree, to be willing* | Je veux bien | |

## NOTE DE VOCABULAIRE

These verbs are often used in the conditional to make the wish or request more polite.

> **J'aimerais mieux** que tu ne dises pas cela.   *I would prefer that you not say that.*

---

**12. Souhaits *(Wishes)*** Souhaitez du succès aux personnes suivantes.

☐ tu / réussir à tes examens   *Je souhaite que tu réussisses à tes examens.*

1. Paul / avoir son diplôme
2. vous / être célèbres *(famous)*
3. tu / devenir millionnaire
4. Florence et Nicole / connaître des aventures extraordinaires
5. Charlotte / écrire un best-seller
6. notre professeur / recevoir le prix Nobel de littérature

**13. Dialogue** Proposez à un(e) camarade de faire certaines choses en utilisant la construction **Veux-tu que nous** + *subjonctif.* Votre camarade va répondre affirmativement ou négativement.

☐ sortir ce soir
>   —*Veux-tu que nous sortions ce soir?*
>   —*Oui, d'accord, je veux bien sortir ce soir.*
> ou:—*Non, merci, je ne veux pas sortir ce soir.*

1. jouer au tennis
2. visiter un musée
3. organiser une fête
4. rendre visite à nos copains
5. boire une bière
6. déjeuner dans un restaurant
7. se promener en ville
8. voir un film d'aventure

**14. Rébellion**    Le père de Marc pense que son fils doit faire certaines choses. Marc n'est pas d'accord. Jouez les deux rôles, d'après le modèle.

☐ étudier        LE PÈRE:  *Je voudrais que tu étudies.*
                 MARC:  *Je ne veux pas étudier.*

1. travailler pendant les vacances
2. se lever à sept heures
3. respecter la discipline
4. finir ses études
5. se coucher avant minuit
6. choisir des amis sérieux
7. vendre sa moto
8. écrire à ses grands-parents
9. lire des livres sérieux
10. sortir moins souvent

**15. Exigences (*Demands*)**    Nous avons tous certaines exigences. Expliquez les exigences des personnes suivantes.

☐ le professeur / vouloir / les étudiants / étudier
   *Le professeur veut que les étudiants étudient.*

☐ nous / ne pas souhaiter / vous / boire du vin
   *Nous ne souhaitons pas que vous buviez du vin.*

1. les étudiants / souhaiter / le professeur / donner un examen facile
2. mon père / vouloir bien / je / choisir une profession intéressante
3. je / ne pas permettre / vous / prendre mes disques
4. Marc / souhaiter / ses parents / lui acheter une voiture
5. les parents de Jean-Pierre / préférer / leur fils / vendre sa moto
6. Jacques / ne pas accepter / sa fiancée / sortir avec d'autres garçons
7. Janine / désirer / son fiancé / apprendre à danser
8. le médecin / ne pas vouloir / nous / fumer
9. Paul / souhaiter / Monique / se souvenir de lui

**16. Souhaits personnels**    Faites des souhaits pour les personnes suivantes en complétant les phrases avec une expression de votre choix. (Évitez les verbes **aller** et **faire** qui ont un subjonctif irrégulier.)

1. J'aimerais que mes parents  ...
2. Je souhaite que mon meilleur ami  ...
3. Je désire que mes amis  ...
4. Je ne souhaite pas que le professeur  ...
5. Je voudrais que ma famille  ...
6. Je souhaite que le président  ...

# Communication

Choose a partner who will play the role of the other person in the conversation.

---

1. You are a manager in a French company and have just hired a new assistant. You are telling the assistant what you would like him/her to do and he/she, of course, says yes.

Tell your partner . . .

- to phone Madame Dumont
- to write Monsieur Laurent
- to buy stamps
- to send a fax (**un fax**) to Monsieur Picard
- to pay the invoices (**les factures**)
- to file these documents (**classer les documents**)

—*Il faut que vous téléphoniez à Madame Dumont.*
—*Bien, Monsieur (Madame), je vais lui téléphoner.*

---

2. You are planning to spend a week in Paris. You ask a French friend for advice and he/she tells you what you should do.

Ask your partner . . .

- what things you should bring
- what clothes you should take
- what places you should visit
- what monuments (**un monument**) you should see
- where you should have dinner

—*Qu'est-ce que je dois apporter?*
—*Il faut que tu apportes ton appareil-photo  ...*

---

3. You have a friend who loves to give advice. Every time you mention a problem, he/she tells you two or three things you have to do.

Tell your partner . . .

- you have a sore throat
- you have a very difficult exam tomorrow
- you want to lose weight
- you need money
- you don't know anyone at this university

—*J'ai très mal à la gorge.*
—*Alors, il faut que tu boives du thé et que tu prennes de l'aspirine. Il ne faut pas que tu sortes ce soir.*

# Français ou Européens?

*La France est une nation européenne. Depuis 1957, elle fait partie de° la Communauté Économique Européenne qui représente aujourd'hui le plus grand ensemble économique du monde. Elle est également° membre de nombreuses institutions européennes. Qu'est-ce que l'Europe représente pour les citoyens° français? Est-ce que c'est une réalité concrète ou une abstraction? Et d'abord, est-ce qu'ils se sentent° européens? Nous avons posé ces questions à plusieurs Français. Voici leurs réponses.*

is part of

also

citizens

feel

**JEAN-LOUIS LAROCHE** *(29 ans, cadre bancaire°)*

bank executive

Mais oui, l'Europe existe et les Français vivent à l'heure européenne. Aujourd'hui ils voyagent avec un passeport européen. Ils conduisent des Mercédès et s'habillent° chez Benneton*. Ils portent des chaussures italiennes et des imperméables anglais. Ils mangent des oranges espagnoles et boivent des vins italiens. L'Europe est une réalité économique très concrète et bénéfique° à tout le monde. Cela pourrait être aussi la plus grande puissance° du monde avant les

buy their clothes

profitable

power

---

*Benneton is an Italian clothing company.

États-Unis, à condition bien sûr que° les Européens veuillent bien d'°un gouver- *provided that / would accept*
nement commun. Personnellement j'aimerais que l'Europe soit aussi une
réalité politique.... Mais malheureusement je doute que cela soit une
possibilité immédiate.

**BRIGITTE GARCIA** *(21 ans, étudiante)*
Je suis française parce que je suis née en France. Est-ce que cela veut dire aussi
que je suis européenne parce que je suis née en Europe? Non, parce que je ne
pense pas qu'il y ait une identité européenne. Pour que° cette identité existe, il *In order for*
faudrait qu'il y ait une histoire commune. On ne peut pas construire cette histoire en dix ou vingt ans. Et puis°, Français, Allemands, Italiens, Anglais, *also*
Espagnols, nous sommes encore tellement° différents. L'important n'est pas que *so very*
nous soyons semblables° ou différents, mais que nous vivions en paix° avec nos *similar / peace*
différences!

**PHILIPPE SAINT MARTIN** *(16 ans, lycéen)*
Aujourd'hui les questions de nationalité n'ont pas l'importance qu'elles avaient
autrefois. Bien sûr, je suis français, mais cela n'a pas pour moi le sens° que cela *meaning*
pouvait avoir pour mes parents ou mes grands-parents. Je pourrais être anglais,
allemand, espagnol ou même américain ou russe sans que mon mode de vie° soit *lifestyle*
tellement différent de ce qu'il est. Je suis heureux de vivre en France mais je ne
suis pas particulièrement attaché à ma nationalité française et encore moins à
une possible supernationalité européenne.

**MONIQUE LESCURE** *(34 ans, présidente d'une compagnie de logiciel°)* *software*
Quand j'étais étudiante, j'ai passé un an en Angleterre. J'ai aussi vécu six mois en
Allemagne et six mois en Hollande. Aujourd'hui je vais souvent au Luxembourg,
au Danemark, en Belgique pour mes affaires. En été, je passe mes vacances en
Grèce ou au Portugal. Comme vous voyez, je voyage beaucoup et je me sens chez
moi partout° en Europe. Est-ce que cela signifie que je me sens européenne? Je *everywhere*
pense que oui. Je suis très optimiste pour l'avenir de l'Europe parce que cet
avenir est basé sur nos intérêts communs. Aujourd'hui il existe un esprit
européen et je crois que cet esprit européen conduira° éventuellement à la *will lead*
nationalité européenne.

**ANTOINE GUÉRIN** *(81 ans, retraité°)* *retired*
L'Europe est une excellente idée. Autrefois être français, c'était nécessairement
être anti-allemand ou anti-anglais. Vous connaissez les conséquences de cette
attitude. Deux terribles guerres° en l'espace° de quelques années. Mon père est *wars / space*
mort au front° en 1916, quand j'avais deux ans. Moi-même, j'ai été mobilisé en *battlefront*
1939. Fait prisonnier, j'ai passé quatre ans dans un camp en Allemagne.
Aujourd'hui, avec l'Europe unie, l'idée d'une guerre entre Européens est in-
concevable. C'est un progrès énorme. On parle d'établir un gouvernement
européen. Je suis d'accord pour que cela se fasse°. Pour l'avenir de mes petits- *should happen*
enfants et de mes arrière-petits-enfants°. *great-grandchildren*

## *Lecture culturelle: L'Europe unie*

Pendant longtemps, l'histoire du monde a été l'histoire des conflits qui opposaient les différents pays d'Europe d'une façon[1] plus ou moins continue[2]. En 1944, ces conflits avaient transformé l'Europe en un vaste champ[3] de ruines. La première question qui s'est posée aux gouvernements d'après-guerre[4] a été de décider comment reconstruire leurs pays. Ces gouvernements ont choisi une solution impensable[5] autrefois: la réconciliation et l'unité!

Aujourd'hui l'Europe est une Europe stable et unie. Voici les étapes[6] importantes qui ont marqué la construction de cette Europe unie.

1944   Trois pays (la Belgique, les Pays-Bas[7] et le Luxembourg) décident de former une zone de libre-échange[8] qui prend le nom de «Bénélux».

1946   Dans un discours[9], Winston Churchill suggère à la France et à l'Allemagne de former des «États-Unis d'Europe».

1950   La Création de la CECA (Communauté Européenne du Charbon[10] et de l'Acier[11]) crée une zone de libre-échange pour le charbon et l'acier entre la France, l'Allemagne, l'Italie et les pays du Bénélux, et permet le rapprochement politique entre l'Allemagne et la France.

1957   Le Traité[12] de Rome crée la CEE (Communauté Économique Européenne) ou «Marché Commun». En permettant la libre circulation des gens, des capitaux et des marchandises, ce traité facilite l'expansion économique de l'Europe.

1973   L'Angleterre, l'Irlande et le Danemark entrent dans le Marché Commun. «L'Europe des Six» devient «L'Europe des Neuf».

1979   Les citoyens[13] des pays du Marché Commun élisent un «Parlement européen». Une Française, Simone Veil, devient la première présidente de ce Parlement. L'ECU *(European Currency Unit)* devient l'unité monétaire commune en 1979.

1981   La Grèce entre dans le Marché Commun.

1986   Le Marché Commun s'agrandit[14] à nouveau[15] avec l'entrée de l'Espagne et du Portugal.

1992   La Communauté Européenne (LaCE) devient un vaste marché intérieur avec la libéralisation complète des échanges entre les pays membres.

*1 manner   2 continuous   3 field   4 post-war   5 unthinkable 6 stages   7 Netherlands   8 free trade   9 speech   10 coal 11 steel   12 treaty   13 citizens   14 expands   15 again*

# Structure et Vocabulaire

## Vocabulaire:  *La politique internationale*

### Noms

| | | | |
|---|---|---|---|
| un citoyen | *citizen* | une citoyenne | *citizen* |
| un allié | *ally* | la douane | *customs* |
| un ennemi | *enemy* | la frontière | *border* |
| un gouvernement | *government* | la guerre | *war* |
| un traité | *treaty* | la loi | *law* |
| | | la paix | *peace* |

### Verbes

| | | |
|---|---|---|
| menacer | *to threaten* | L'inflation **menace** la stabilité économique. |
| partager | *to share* | Les gens égoïstes ne **partagent** rien. |
| protéger | *to protect* | Les lois **protègent** les citoyens. |

## 1. Questions

1. Avec quels pays les États-Unis ont-ils une frontière commune?
2. Quels sont les pays qui ont une frontière commune avec la France?
3. Qui étaient les alliés des États-Unis pendant la Seconde Guerre mondiale *(World War II)*? Qui étaient leurs ennemis? Quels sont les alliés et les ennemis de États-Unis actuellement?
4. Selon vous, quels sont les pays qui menacent la paix dans le monde aujourd'hui? Quels sont les dangers qui menacent la sécurité des États-Unis?
5. Selon vous, est-ce que les États-Unis ont l'obligation de partager leur richesse *(wealth)* avec les autres pays? Pourquoi ou pourquoi pas?
6. Quelles sont les choses que vous partagez avec vos amis? Quelles sont les choses que vous ne partagez pas?

## A.   Le verbe *croire*

The verb **croire** *(to believe)* is irregular.

| infinitive | **croire** | |
|---|---|---|
| present | je **crois** | nous **croyons** |
| | tu **crois** | vous **croyez** |
| | il/elle/on **croit** | ils/elles **croient** |
| passé composé | j'**ai cru** | |

▶ Note the following constructions with **croire:**

| **croire** (+ ***noun***) | *to believe (somebody or something)* | Je **crois** Paul. Je le **crois.** Je ne **crois** pas cette histoire. Je ne la **crois** pas. |
|---|---|---|
| **croire à** (+ ***noun***) | *to believe in (something)* | Je **crois au** progrès. J'y **crois.** |
| **croire que** (+ ***clause***) | *to think, to believe (that)* | Je **crois que** vous avez raison. |

### PROVERBE

*Voir, c'est croire.*

                                                                          *Seeing is believing.*

**2. Croyances (*Beliefs*)**   Informez-vous sur les personnes suivantes et dites si oui ou non elles croient aux choses suivantes.

☐   Vous êtes trop réalistes. (le hasard?)
   ***Vous ne croyez pas au hasard.***

1. Ces gens sont superstitieux. (leur horoscope?)
2. Nous sommes idéalistes. (le progrès social?)
3. Je suis ambitieux. (mon succès personnel?)
4. Tu es trop pessimiste. (la chance?)
5. Francine est optimiste. (la possibilité d'une guerre nucléaire?)

# HOROSCOPE

POISSONS      BELIER      CANCER      BALANCE      SCORPION    SAGITTAIRE

# B.    Subjonctifs irréguliers

The following verbs have irregular subjunctive stems, but regular endings.

| Verbs with one subjunctive stem | | | Verbs with two subjunctive stems | |
|---|---|---|---|---|
| **faire** | **pouvoir** | **savoir** | **aller** | **vouloir** |
| que je **fasse** | **puisse** | **sache** | que j'**aille** | **veuille** |
| que tu **fasses** | **puisses** | **saches** | que tu **ailles** | **veuilles** |
| qu'il/elle/on **fasse** | **puisse** | **sache** | qu'il/elle/on **aille** | **veuille** |
| que nous **fassions** | **puissions** | **sachions** | que nous **allions** | **voulions** |
| que vous **fassiez** | **puissiez** | **sachiez** | que vous **alliez** | **vouliez** |
| qu'ils/elles **fassent** | **puissent** | **sachent** | qu'ils/elles **aillent** | **veuillent** |

**3. Expression personnelle**    Est-ce que les choses suivantes sont importantes pour vous? Exprimez votre opinion en commençant vos phrases par **il est important que** ou **il n'est pas important que** et utilisez la forme **je** du subjonctif.

☐    faire des projets pour cet été
> *Il est important que je fasse des projets pour cet été.*
> ou: *Il n'est pas important que je fasse des projets pour cet été.*

1. faire des économies
2. faire beaucoup de sport
3. aller au laboratoire régulièrement
4. aller souvent chez mes amis
5. savoir bien parler français
6. savoir piloter un avion
7. pouvoir obtenir mon diplôme
8. pouvoir être heureux (heureuse)

**4. Vous êtes le juge!**    Informez-vous sur les projets professionnels des personnes suivantes. Dites si elles doivent faire les choses entre parenthèses. Commencez vos phrases par **il faut que** ou **il n'est pas nécessaire que.**

☐    Jacques veut être photographe. (aller à l'université?)
> *Il faut qu'il aille à l'université.*
> ou: *Il n'est pas nécessaire qu'il aille à l'université.*

1. Tu veux être interprète. (savoir parler plusieurs langues? faire des progrès en français? aller à Paris cet été?)
2. Alice et Sylvie veulent être avocates. (aller à l'université? faire du droit? pouvoir obtenir leur diplôme?)
3. Nous voulons être représentants de commerce *(sales representatives)*. (vouloir voyager? savoir conduire?)
4. Monique veut faire de la politique. (savoir parler en public? vouloir gagner les élections? aller à l'Institut des Sciences Politiques?)
5. Vous voulez être le président de votre compagnie. (vouloir assumer des responsabilités importantes? pouvoir prendre des décisions importantes?)

## C.    L'usage du subjonctif après les expressions de doute

In the sentences on the left, a fact is expressed as being CERTAIN. In the sentences on the right, a fact is expressed as being DOUBTFUL. Compare the verbs in each set of sentences.

Certainty
Je **sais que** vous **parlez** français.
Je **pense que** vous **êtes** français.
Je **suis sûr** que tu **as** mon adresse.
Je **crois que** vous **habitez** à Paris.

Doubt
Je **doute que** vous **parliez** italien.
Je **ne pense pas que** vous **soyez** américain.
Je **ne suis pas sûr que** tu **aies** l'adresse de Paul.
Je **ne crois pas que** vous **habitiez** en Allemagne.

The SUBJUNCTIVE is used after EXPRESSIONS OF DOUBT.

► An expression of certainty may become an expression of doubt when it is used in the NEGATIVE or INTERROGATIVE forms. In that case, the subjunctive is generally used.

Certainty: indicative
Tu **crois** que Paul **est** ambitieux.
Je **pense** que Michel **est** très riche.
Vous **êtes sûr** que Jacques **a** son passeport.
**Il est vrai** que le français **est** utile.

Doubt: subjunctive
Tu **ne crois pas** qu'il **soit** patient.
**Penses**-tu qu'il **soit** généreux?
**Êtes**-vous **sûr** qu'il **ait** les visas nécessaires?
**Il n'est pas vrai** que le français **soit** inutile.

## Vocabulaire: *Le doute et la certitude*

| La certitude | | Le doute | |
|---|---|---|---|
| **Je sais que** | | **Je doute que** | |
| **Je pense que** | | **Je ne pense pas que** | |
| **Je crois que** | *+ indicative* | **Je ne crois pas que** | *+ subjunctive* |
| **Il est certain que** | | **Il est douteux** (*doubtful*) **que** | |
| **Il est sûr que** | | **Il n'est pas sûr** (*sure*) **que** | |
| **Il est vrai que** | | **Il n'est pas vrai que** | |

**5. Différences d'opinion**  Sylvie et Jacques discutent de l'Europe. Ils ne sont pas d'accord. Pour jouer le rôle de Sylvie, utilisez la construction **je pense que** + *l'indicatif*. Pour jouer le rôle de Jacques, utilisez la construction **je doute que** + *le subjonctif*.

▢  L'Europe est riche.     SYLVIE: *Moi, je pense que l'Europe est riche.*
     JACQUES: *Au contraire, moi, je doute que l'Europe soit riche.*

1. Les Européens sont heureux.
2. Les Européens sont indépendants.
3. Le cinéma italien est excellent.
4. La littérature anglaise est riche.
5. Les universités européennes sont excellentes.
6. Les journaux européens sont intéressants.
7. Les Français sont indépendants.
8. La cuisine française est excellente.

**6. Dialogue**  Demandez à vos camarades d'exprimer leur opinion sur les sujets suivants. Commencez vos questions par **Crois-tu que ...**

▢  la France / être un grand pays?
        —*Crois-tu que la France soit un grand pays?*
        —*Oui, je crois que la France est un grand pays.*
     ou: —*Non, je ne crois pas que la France soit un grand pays.*

1. le président / avoir de bons conseillers (*advisors*)?
2. les États-Unis / être un pays très prospère?
3. le Mexique / avoir une économie stable?
4. le Japon / vouloir améliorer (*to improve*) ses relations commerciales avec les États-Unis?
5. la Russie / être un pays démocratique?
6. on / pouvoir contrôler l'inflation?
7. la recherche médicale / faire de grands progrès?
8. les savants (*scientists*) / pouvoir expliquer tout?
9. une guerre nucléaire / être possible?

## D.  L'usage du subjonctif après les expressions d'émotion

In the sentences on the left, the subject expresses feelings (happiness, sadness) about his/her own actions. In the sentences on the right, the subject expresses feelings about the actions of someone else.

| | |
|---|---|
| Je suis content **d'aller** à Paris. | Je suis content que **mes amis aillent** à Paris. |
| Je suis heureux **de visiter** la France. | Je suis heureux que **vous visitiez** la France. |
| Je suis triste **de partir.** | Je suis triste que **vous partiez.** |

To express the subject's feelings about the actions of someone else, the following construction is used:

expression of emotion + **que** + subjunctive    **Je regrette que** tu **partes.**

▶ However, to express the subject's feelings about his or her own actions, the following construction is used:

expression of emotion + **de** + infinitive

## Vocabulaire:  *Expressions d'émotion*

**La satisfaction**

| | | |
|---|---|---|
| **être content** | *to be happy* | Je **suis content** que tu ailles en France cet été. |
| **être heureux** | *to be happy* | Êtes-vous **heureux** que vos amis aillent à Paris? |

**La tristesse** *(sadness)*

| | | |
|---|---|---|
| **être désolé** | *to be sorry* | Je **suis désolé** que vous ne veniez pas avec nous. |
| **être triste** | *to be sad* | Jacques **est triste** que Sylvie ne lui écrive pas. |
| **regretter** | *to regret* | Paul **regrette** que ses amis ne puissent pas voyager. |
| **déplorer** | *to deplore* | Je **déplore** que vous ayez cette attitude absurde. |

**La surprise**

| | | |
|---|---|---|
| **être surpris** | *to be surprised* | Jean **est surpris** que tu ne viennes pas avec nous. |

**La peur** *(fear)*

| | | |
|---|---|---|
| **avoir peur** | *to be afraid* | J'**ai peur** qu'il fasse mauvais ce week-end. |

**La fierté** *(pride)*

| | | |
|---|---|---|
| **être fier (fière)** | *to be proud* | Monsieur Durand **est fier** que sa fille soit médecin. |

**La colère** *(anger)*

| | | |
|---|---|---|
| **être furieux** | *to be mad, furious* | Philippe **est furieux** que tu ne l'attendes jamais. |

**7. Expression personnelle** Dites comment vous réagiriez dans les circonstances suivantes. Commencez vos phrases par **je suis content(e) que** ou **je regrette que ....**

☐ Votre meilleur ami est malade.
*Je regrette que mon meilleur ami soit malade.*

1. Le professeur est malade.
2. Les vacances commencent aujourd'hui.
3. Votre meilleur ami ne se souvient pas d'un rendez-vous.
4. Vos parents vont à la Martinique.
5. Il fait très beau.
6. Vos voisins font un voyage en France.
7. Votre meilleur ami ne veut pas sortir avec vous.
8. Vos camarades ne savent pas la date de votre anniversaire.

**8. Sentiments** Nos sentiments dépendent de ce que nous faisons mais aussi de ce que font d'autres personnes. Exprimez cela en faisant deux phrases d'après le modèle.

☐ Paul est content. Il va en vacances. (ses amis aussi)
*Paul est content d'aller en vacances.*
*Paul est content que ses amis aillent en vacances.*

1. Rosine est contente. Elle va en France. (son frère aussi)
2. Nous sommes heureux. Nous faisons des progrès en français. (vous aussi)
3. Henri est désolé. Il est en retard. (sa fiancée aussi)
4. Je suis triste. Je pars. (mes amis aussi)
5. Sylvie est surprise. Elle gagne le match. (toi aussi)
6. Marc a peur. Il a la grippe. (vous aussi)
7. Monsieur Moreau est fier. Il est le président de sa compagnie. (sa fille aussi)
8. Le professeur est furieux. Il perd son temps. (les étudiants aussi)

**9. Réactions personnelles** Exprimez vos réactions aux faits suivants. Pour cela, commencez vos phrases par l'une des expressions du Vocabulaire.

☐ Les femmes d'aujourd'hui sont très indépendantes.
*Je suis content(e) (je regrette, je déplore ...) que les femmes d'aujourd'hui soient indépendantes.*

1. Les étudiants sont idéalistes.
2. Les gens sont souvent égoïstes.
3. Les jeunes n'ont pas assez de responsabilités.
4. Il y a trop de violence à la télévision.
5. La vie est plus intéressante qu'avant.
6. Les États-Unis sont le premier pays du monde.
7. Les Américains sont généralement tolérants.
8. Nous sommes plus indépendants qu'avant.

## E.   L'usage du subjonctif après certaines conjonctions

In each of the sentences below, note the use of the subjunctive after conjunctions
that introduce conditions under which an action *may* occur.

| | |
|---|---|
| Le professeur répète | *The professor repeats* |
| **pour que** les étudiants comprennent. | *so that the students understand.* |
| Nous réussirons à l'examen | *We will pass the test* |
| **à condition qu**'il ne soit pas difficile. | *provided that it is not difficult.* |
| Nous resterons au café | *We will stay at the café* |
| **jusqu'à ce que** vous reveniez. | *until you come back.* |

The subjunctive is always used after the following conjunctions:

**à condition que, avant que, jusqu'à ce que, pour que, sans que**

## Vocabulaire:   *Quelques conjonctions*

Conjonctions + *indicatif*

| | | |
|---|---|---|
| **parce que** | *because* | Je me repose **parce que** je suis fatigué. |
| **pendant que** | *while* | Allez à la plage **pendant qu**'il fait beau. |
| **depuis que** | *since* | Charles cherche du travail **depuis qu**'il a son diplôme. |

Conjonctions + *subjonctif*

| | | |
|---|---|---|
| **à condition que** . | *on the condition that, provided that* | Charles ira en France **à condition qu**'il ait de l'argent. |
| **avant que** | *before* | Je lui téléphonerai **avant qu**'il parte. |
| **jusqu'à ce que** | *until* | Je resterai chez moi **jusqu'à ce que** vous téléphoniez. |
| **pour que** | *so that* | Je te prête le journal **pour que** tu lises cet article. |
| **sans que** | *without* | Alice est partie **sans que** je lui dise au revoir. |

### NOTE DE VOCABULAIRE

The constructions **avant que, pour que, sans que** + *subjunctive* are replaced
by the constructions **avant de, pour, sans** + *infinitive* when the subjects of
the main clause and the dependent clause are the same.

| | |
|---|---|
| Hélène est venue ... | Hélène est venue ... |
| ... **pour parler** de son voyage. | ... **pour que vous** lui **parliez** de votre voyage. |
| ... **avant de partir** de France. | ... **avant que vous partiez** en vacances. |
| ... **sans téléphoner**. | ... **sans que vous** lui **téléphoniez**. |

**10. Séjour en France**    Imaginez que vous êtes en voyage en France. Vous êtes si enthousiasmé(e) par votre voyage que vous désirez rester plus longtemps que prévu *(planned)*. Commencez vos phrases par **Je resterai en France jusqu'à ce que** + *subjonctif.*

☐  Je n'ai plus d'argent.
   *Je resterai en France jusqu'à ce que je n'aie plus d'argent.*

1. Mon visa expire.
2. Mes vacances sont finies.
3. Mes cours recommencent.
4. Mes amis partent.
5. Mon passeport n'est plus valable *(valid).*
6. Mes parents veulent que je rentre.
7. Je sais parler français parfaitement.
8. J'ai 30 ans.

**11. Permissions**    Albert demande à sa mère de faire certaines choses. Elle est d'accord à condition qu'il fasse d'autres choses. Jouez les deux rôles.

☐  sortir ce soir / rentrer avant une heure
   ALBERT:  *Est-ce que je peux sortir ce soir?*
   SA MÈRE:  *Oui, tu peux sortir ce soir à condition que tu rentres avant une heure.*

1. prendre la voiture / être prudent
2. inviter des amis / nettoyer ta chambre
3. organiser une fête / ne pas faire trop de bruit
4. aller au restaurant avec vous / mettre une cravate
5. mettre de la musique rock / fermer la porte de ta chambre
6. aller en Espagne cet été / réussir à tes examens

**12. Nous et les autres**    Nos actions concernent non seulement nous-mêmes mais aussi d'autres personnes. Exprimez cela d'après le modèle.

☐  Madame Grenier va à Munich pour apprendre l'allemand. (sa fille)
   *Madame Grenier va à Munich pour que sa fille apprenne l'allemand.*

1. Je prends mon appareil-photo pour prendre des photos. (tu)
2. Nous achetons le journal pour lire les nouvelles. (vous)
3. Je téléphonerai à Pierre avant de partir. (il)
4. Roland invite Sylvie avant d'aller en France. (elle)
5. Nous ne quitterons pas Paris sans visiter le Louvre. (vous)
6. Je ne vais pas partir sans savoir la vérité. (tu)

**13. Au travail!**    Dites que les personnes suivantes vont travailler et expliquez les circonstances.

☐  François (parce que / il a besoin d'argent)
   *François va travailler parce qu'il a besoin d'argent.*

1. Michèle (pendant que / elle est à l'université)
2. Alain (jusqu'à ce que / il a assez d'argent pour s'acheter une auto)
3. Jean-Pierre (à condition que / il a un bon salaire)
4. Christine (parce que / elle veut faire des économies)
5. Madame Lambert (pour que / sa fille va à l'université)

# F.   Résumé: Les principaux usages du subjonctif

The subjunctive usually occurs in dependent clauses introduced by **que.** The main uses of the subjunctive are summarized below.

|  | Uses of the subjunctive | Remarks |
|---|---|---|
| *will, wish, and desire* | The SUBJUNCTIVE is used after verbs or expressions denoting wish or will, such as **vouloir, pouvoir.**<br><br>Je *ne veux pas que* vous **fassiez** cela. | The INFINITIVE is used after these verbs and expressions when the wish concerns the subject itself.<br><br>Je *ne veux pas* **faire** cela. |
| *opinion and obligation* | The SUBJUNCTIVE is used after many impersonal expressions of opinion and obligation, such as **il faut, il est important, il est bon,** when the opinion or obligation concerns someone in particular.<br><br>*Il faut que* vous **travailliez.**<br>*Il est utile que* tu **apprennes** l'anglais. | The INFINITIVE is used after these expressions when the opinion or obligation is a general one.<br><br><br><br><br>*Il faut* **travailler.**<br>*Il est utile d'***apprendre** l'anglais. |
| *doubt* | The SUBJUNCTIVE is used after verbs and expressions of doubt, such as **douter, ne pas croire, ne pas être sûr.**<br><br>Je *doute que* vous **soyez** patient. | The INDICATIVE is used after verbs or expressions indicating certainty, such as **savoir, croire, être sûr.**<br><br>Je *crois que* vous **êtes** impatient. |
| *feelings and emotions* | The SUBJUNCTIVE is used after verbs and expressions denoting emotion, such as **être content, être triste, regretter.**<br><br>Nous *sommes contents que* vous **veniez.** | The INFINITIVE is used after these verbs and expressions when the emotion concerns the subject itself.<br><br>Nous *sommes contents de* **venir.** |
| *conjunctions* | The SUBJUNCTIVE is used after certain conjunctions such as **pour que, avant que, sans que.**<br><br>Je travaille *pour que* mes enfants **aient** de l'argent. | The INFINITIVE is used after **pour, avant de, sans,** when the subject does not change.<br><br>Je travaille *pour* **avoir** de l'argent.<br><br>The INDICATIVE is used after conjunctions such as **parce que, depuis que, pendant que.**<br><br>Je travaille *parce que* je n'**ai** pas d'argent. |

**14. Parlez-vous français?**  Complétez les phrases suivantes avec l'une des formes suivantes: **parler français, vous parlez français, vous parliez français:**

1. Nous sommes heureux que ...
2. Êtes-vous contents de ...
3. Paul n'est pas sûr que ...
4. Moi, je suis sûr(e) que ...
5. Il faut que ...
6. Il est utile de ...
7. Le professeur souhaite que ...
8. Pourquoi est-ce que vos amis veulent que ...
9. Quand vous serez au Canada, il sera essentiel que ...
10. Vous allez vous amuser à Paris parce que ...
11. Annette va vous inviter parce que ...
12. Mes cousins vont vous inviter aussi à condition que ...

# Communication

Choose a partner who will play the role of the other person in the conversation.

1. Your roommate always finds excuses for not doing what you tell him/her to do.

Tell your partner . . .

- to go shopping
- to do the dishes
- to do his/her homework
- to go to class
- to go to the language lab (**le laboratoire de langues**)
- to exercise

—*Dis, Bob, il faut que tu fasses les courses.*
—*Je regrette, mais ma voiture ne marche pas.*

2. You are talking to your roommate about some recent events (real or imaginary). Your roommate reacts, saying whether he/she is happy or sorry about what happened.

Tell your partner about four things that happened recently.

—*J'ai rendez-vous avec ma copine ce soir.*
—*Je suis content(e) que tu aies rendez-vous avec elle.*

—*Maman a téléphoné. Mon frère est malade.*
—*Je suis désolé(e) que ton frère soit malade.*

# Vivre en France:
## *L'achat des vêtements*

**Vocabulaire pratique:**  *Les vêtements et les accessoires*

Quelques vêtements

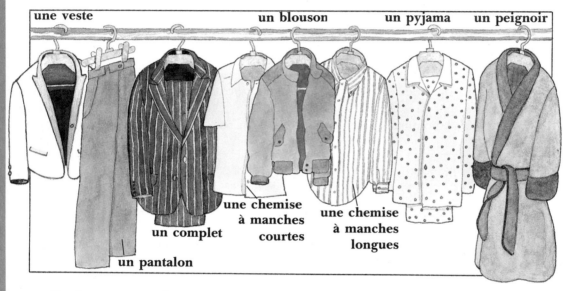

une veste · un blouson · un pyjama · un peignoir · une chemise à manches courtes · un complet · une chemise à manches longues · un pantalon

Quelques accessoires

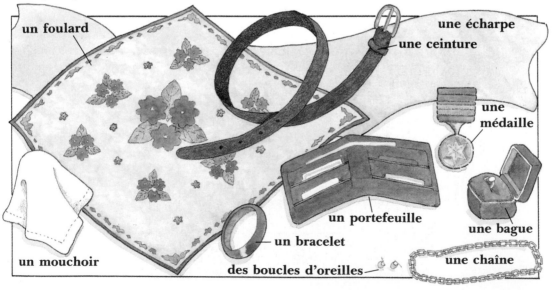

un foulard · une écharpe · une ceinture · une médaille · un portefeuille · une bague · un mouchoir · un bracelet · des boucles d'oreilles · une chaîne

La matière *(Material)*

| Cette chemise **est en** | **laine** *(wool).* | C'est une chemise **de laine.** |
| | **coton.** | |
| | **soie** *(silk).* | |
| | **nylon.** | |

| Cette veste **est en** | **lin** *(linen).* | C'est une veste **de lin.** |
| | **velours** *(corduroy).* | |

| Ces bottes **sont en** | **cuir** *(leather).* | Ce sont des bottes **en cuir.** |
| | **caoutchouc** *(rubber).* | |
| | **plastique.** | |

| Cette bague **est en** | **argent** *(silver).* | C'est une bague **en argent.** |
| | **or** *(gold).* | |

---

## Situations: *Joyeux anniversaire!*

Demandez à vos camarades ce qu'ils vont acheter aux personnes suivantes pour leur anniversaire. Composez des dialogues suivant le modèle.

⬛ ta sœur

—*Qu'est-ce que tu vas acheter à ta sœur pour son anniversaire?*
—*Je vais lui acheter des boucles d'oreilles.*
—*Ah bon! Quelle sorte de boucles d'oreilles est-ce que tu vas lui acheter?*
—*Je vais lui acheter des boucles d'oreilles en argent.*

1. ton frère　　3. ta mère　　5. ton copain
2. ton père　　4. ta cousine　　6. ta copine

## Situations: *Au Bon Marché*

Les personnes suivantes font des achats *(purchases)* Au Bon Marché. Composez les dialogues avec la vendeuse d'après les images.

▣ Chantal

cuir / plastique / 80 F

| | |
|---|---|
| VENDEUSE: | *Vous désirez, Mademoiselle?* |
| CHANTAL: | *Je cherche une ceinture.* |
| VENDEUSE: | *En cuir ou en plastique?* |
| CHANTAL: | *Je préfère les ceintures de cuir.* |
| VENDEUSE: | *Que pensez-vous de cette ceinture-ci?* |
| CHANTAL: | *Combien coûte-t-elle?* |
| VENDEUSE: | *Quatre-vingts francs.* |
| CHANTAL: | *Bon, je vais la prendre.* |

1. Joseph

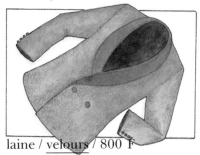

laine / velours / 800 F

2. Gilbert

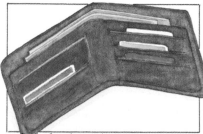

cuir / plastique / 150 F

3. Françoise

argent / or / 300 F

4. Claudine

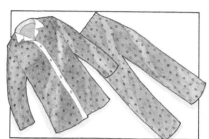

soie / coton / 200 F

5. Vincent

caoutchouc / cuir / 250 F

6. Geneviève

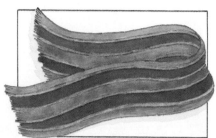

coton / laine / 120 F

# Vocabulaire pratique:  *Les magasins de vêtements*

Où acheter des vêtements?

Quand on veut acheter des vêtements, on peut aller dans ...
| **une boutique de vêtements.**
| **un grand magasin** *(department store).*
| **une boutique de soldes** *(discount shop).*

Si on veut acheter **des vêtements d'occasion** *(second-hand),*
on peut aller **au marché aux puces** *(flea market).*

Dans un magasin de vêtements
**Vous désirez,** Madame?
    Je cherche | une veste.
J'ai besoin d' |
J'aimerais voir cette veste.

Quelle est votre **taille** *(size)?*
  Je **fais** | un trente-huit.
    C'est |
  Je ne sais pas. Pouvez-vous **me prendre les mesures** *(take my measurements)?*

Voulez-vous **essayer** *(try on)* cette veste?
  Oui, je vais l'essayer.

Est-ce que ce pantalon **vous va** *(fits you)?*
  Oui, il **me va** | **bien.**
            | **à merveille** *(beautifully).*
  Non, il **ne me va pas.** Il est trop | **long.**
                             | **court.**
                             | **grand.**
                             | **large** *(wide).*
                             | **étroit** *(tight).*
                             | **serré** *(tight).*

Marie Mercié

56 rue Tiquetonne  75002 - Paris

Anthony Peto

Chapelier

12 rue Jean-Jacques Rousseau
75001 - Paris  Tél.: 42214715

## Les tailles

*femmes*

**robes et manteaux**

| tailles européennes | 38 | 40 | 42 | 44 | 46 | 48 |
|---|---|---|---|---|---|---|
| tailles américaines | 8 | 10 | 12 | 14 | 16 | 18 |

*hommes*

**chemises**

| tailles européennes | 37 | 38 | 39 | 40 | 41 |
|---|---|---|---|---|---|
| tailles américaines | 14.5 | 15 | 15.5 | 16 | 16 5 |

**complets et manteaux**

| tailles européennes | 46 | 48 | 51 | 54 | 56 |
|---|---|---|---|---|---|
| tailles américaines | 36 | 38 | 40 | 42 | 44 |

## Les Pointures

*femmes*

| tailles européennes | 36 | 37 | 38 | 39 | 40 | 42 | 44 | 45 |
|---|---|---|---|---|---|---|---|---|
| tailles américaines | 5 | 6 | 7 | 7½ | 8 | 9 | 10 | 10½ |

*hommes*

| tailles européennes | 40 | 42 | 44 | 45 | 46 | 48 | 50 | 52 |
|---|---|---|---|---|---|---|---|---|
| tailles américaines | 7 | 8 | 9 | 9½ | 10 | 11 | 12 | 13 |

## Situations: *Chez Dominique*

Les personnes suivantes font des achats *(purchases)* Chez Dominique. Composez les dialogues d'après le modèle. Jouez ces dialogues avec vos camarades.

▌ Richard: chemise / 48 / non, trop large

LE VENDEUR: ***Vous désirez, Monsieur?***
RICHARD: ***Je cherche une chemise.***
LE VENDEUR: ***Quelle est votre taille?***
RICHARD: ***C'est un quarante-huit, je pense.***
LE VENDEUR: ***Est-ce que vous voulez essayer cette chemise?***
RICHARD: ***Oui, je vais l'essayer.***
LE VENDEUR: ***Est-ce qu'elle vous va?***
RICHARD: ***Non, elle est trop large.***

1. Béatrice: une robe / 40 / non, trop serrée
2. Madame Lucas: un manteau / 48 / oui, très bien
3. Monsieur Bonnet: une veste / 44 / non, trop courte
4. Catherine: un blouson / 38 / oui, à merveille
5. Antoine: un complet / 48 / non, trop étroit

## Vocabulaire pratique:  *Les chaussures*

Quelques chaussures

**des chaussures**

**des souliers plats**

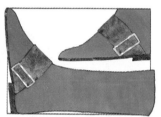

**des bottes**

**des mocassins**

**des souliers à talon**

**des tennis**

**des sandales**

**des espadrilles**

Chez le marchand de chaussures
Quelle est votre **pointure** *(shoe size)*?

| Je **fais** | **un quarante.** |
| C'est |  |

Je **chausse du** quarante.

## Situations:  *Chez le roi* (king) *de la chaussure*

Il y a des soldes *(sales)* chez *Le roi de la chaussure*. Des touristes américains veulent acheter les chaussures suivantes en pointures américaines. Composez des dialogues en utilisant les pointures françaises.

☐ Sue Jones

VENDEUR: *Vous désirez, Mademoiselle?*
SUE JONES: *Je cherche des souliers à talon.*
VENDEUR: *Quelle est votre pointure?*
SUE JONES: *Je chausse du trente-huit.*

7

6

1. Sally Brown

7

2. Nancy Clark

8

3. John Phillips

9

4. Sam Rogers

# Points de vue

# 11

# La nouvelle technologie

«On n'arrête° pas le progrès» dit un proverbe. Aujourd'hui, les progrès de la science sont extrêmement rapides et les innovations technologiques affectent tous les aspects de notre existence. Nous avons demandé à quatre Français de nous décrire ce que° la nouvelle technologie représente pour eux et ce qu'ils en pensent. Voici leurs réponses.

*stop*

*what*

### EMMANUEL FABRE (19 ans, étudiant)

Pour moi, la nouvelle technologie, c'est Watson, mon ordinateur. Je l'utilise tout le temps! Je m'en sers° pour étudier, pour préparer mon budget, pour appeler mes copains, pour m'amuser. Watson et moi, on est inséparables. Je crois bien que ma copine en est jalouse. Un jour elle a voulu l'emprunter°! Évidemment, je ne le lui ai pas prêté. Qu'est-ce qu'elle en ferait? Elle lc jetterait° probablement dans la Seine*! Mon pauvre Watson! Qu'est-ce que je ferais sans toi?

*use it*

*to borrow*
*would throw*

---

*The river that crosses Paris.

**MONIQUE GAUTHIER** *(40 ans, mère de famille)*

Qu'est-ce que c'est que la nouvelle technologie? Pour moi, c'est la télé-couleur avec la télé-commande°, le magnétoscope, le magnétophone, le répondeur téléphonique°, l'ordinateur et le Minitel ... sans parler de l'électroménager°. Au début°, je ne savais pas bien comment utiliser tous ces gadgets. J'en avais un peu peur. Mais maintenant que je m'y suis habituée°, je me demande° comment j'ai pu m'en passer° avant!

*remote control*
*answering machine / household appliances*
*At first*
*I've gotten used to them / wonder*
*do without them*

**MICHEL LESCURE** *(29 ans, ouvrier)*

La nouvelle technologie? Ne m'en parlez pas! Pour nous les ouvriers, c'est un piège°. D'accord, au début tout le monde trouve que ces super-machines sont fantastiques. Après tout, elles nous facilitent le travail. Mais n'oubliez pas que ces merveilleuses° machines ont aussi été construites pour nous remplacer. Alors, un beau jour°, c'est le chômage°. C'est ce qui° s'est passé récemment chez Renault. On a mis les ouvriers à la porte° et on leur a expliqué que c'était le progrès. Allez donc interviewer les ouvriers au chômage° et leur demander ce qu'ils pensent de votre «progrès»!

*trap*

*marvelous*
*suddenly one day / unemployment / what*
*fired*
*out of work*

**ANNE-LAURE DE LA SIMONE** *(36 ans, antiquaire)*

Ce que j'apprécie le plus dans la nouvelle technologie, c'est la rapidité dans les moyens° de communication et de transport. La semaine dernière, par exemple, mon agent à New York m'a téléphoné. Il m'a dit qu'il avait un acheteur° qui voulait absolument voir mes beaux vases de Gallé*. Je lui ai proposé de les envoyer par le premier avion. Mais il voulait que je les montre moi-même au client. Alors, le lendemain° j'ai pris le Concorde** pour les lui montrer. Le soir du même jour, je suis rentrée à Paris, sans les vases. Je les avais vendus! La nouvelle technologie, c'est vraiment formidable°!

*means*
*buyer*

*the next day*

*extraordinary*

*Émile Gallé (1846–1904), French artist known for his glasswork and cabinetry.

**The French-British plane that links Europe and the United States at supersonic speed.

## Lecture culturelle: *Les Français et la technologie*

On dit des Français qu'ils ont «l'esprit de finesse»[1] plutôt que «l'esprit de géométrie»[2], qu'ils s'intéressent aux constructions philosophiques plus qu'aux réalisations[3] scientifiques, qu'ils préfèrent la théorie à la pratique. La réalité est bien différente: Parmi[4] les inventions qui affectent notre vie de tous les jours, beaucoup sont d'origine française. Il suffit[5], par exemple, de rappeler[6] le rôle capital que les savants[7] et ingénieurs français ont joué dans des domaines aussi différents que la photographie, le téléphone, le cinéma, l'automobile*....

Aujourd'hui les réalisations françaises restent très importantes dans de nombreux domaines scientifiques (électronique, optique, informatique, recherche médicale). C'est peut-être dans le domaine des communications et des transports que la technologie française est la plus avancée et que les Français bénéficient le plus des progrès de la science. Avec le Concorde, l'avion supersonique produit en coopération par la France et la Grande Bretagne, on peut aller de Paris à New York en trois heures et demie. Avec le TGV (train à grande vitesse[8]), on peut aller de Paris à Lyon, Marseille et Genève à une vitesse de 250 kilomètres à l'heure. Avec le RER (Réseau Express Régional du métro parisien), on peut traverser[9] Paris du nord au sud ou de l'est à l'ouest en moins de dix minutes.

Une autre invention, celle[10] du Minitel, a simplifié l'existence des Français en leur permettant d'effectuer[11] à domicile[12] un grand nombre d'opérations de la vie quotidienne[13]. Le Minitel est un petit terminal d'ordinateur qui est branché[14] directement sur une ligne de téléphone. Tout en[15] restant chez soi, on peut avec l'écran[16] magique du Minitel consulter l'annuaire[17] électronique, réserver des billets[18] d'avion et de train, lire les petites annonces, acheter par correspondance, transférer des sommes[19] d'argent, connaître les programmes de cinéma et de théâtre de la semaine, choisir l'itinéraire le plus rapide pour la promenade en voiture du week-end, jouer à toutes sortes[20] de jeux électroniques, s'informer sur toutes sortes de sujets.... Au total, plus de 1.700 services sont offerts aux abonnés[21] du Minitel.

La technologie française a une longue histoire ... et un brillant avenir!

1 intuition  2 = logique  3 achievements  4 among  5 = on peut  6 = mentionner  7 scientists  8 speed  9 cross  10 that  11 to perform  12 at home  13 daily  14 plugged  15 while  16 screen  17 directory  18 tickets  19 sums  20 kinds  21 subscribers

---

*On doit la photographie à Niepce (1826), le téléphone à Bourseul (1854), le cinéma aux frères Lumière (1895), le moteur à explosion à l'ingénieur Beau de Rochas (1862).

# Structure et Vocabulaire

## Vocabulaire:  *La technologie*

### Noms

| | | | |
|---|---|---|---|
| **un appareil** | *piece of equipment* | **une découverte** | *discovery* |
| **un moyen** | *means, way* | **l'informatique** | *data processing, computer science* |
| **le progrès** | *progress* | **une invention** | *invention* |
| **un savant** | *scientist* | **la vitesse** | *speed* |
| **un sujet** | *topic, subject* | | |
| **un télécopieur** | *fax machine* | | |

### Verbes

| | | |
|---|---|---|
| **faire des progrès** | *to make progress* | **Faites**-vous **des progrès** en français? |
| **se passer de** | *to do without* | Je ne peux pas **me passer de** mon ordinateur. |
| **se servir de** | *to use* | Est-ce que tu **te sers d'**un ordinateur? |

## 1. Questions personnelles

1. Avez-vous un magnétophone? un magnétoscope? Quels autres appareils avez-vous? Quels appareils aimeriez-vous avoir? Quels appareils espérez-vous acheter?

2. Est-ce que vous vous servez d'un ordinateur? d'un télécopieur? Quand et pourquoi?

3. À votre avis, quelles sont les découvertes les plus importantes du vingtième siècle? Pourquoi ces découvertes sont-elles importantes? Dans quel domaine est-ce que la science fera des progrès importants dans les vingt prochaines années?

4. Selon vous, quels sont les avantages de l'informatique dans la vie moderne? Selon vous, est-ce que l'informatique est une menace possible pour la vie privée *(private)* des individus? Pourquoi ou pourquoi pas?

5. Selon vous, est-ce que la société moderne est trop mécanisée? Expliquez votre position. Est-ce que la vitesse est un avantage ou un désavantage? Expliquez votre position.

6. Pouvez-vous nommer *(name)* quelques grands savants français? Qu'est-ce qu'ils ont fait?

7. Selon vous, quelles grandes découvertes seront faites dans les dix prochaines années?

## A. Révision: les pronoms compléments d'objet direct et indirect

Review the DIRECT- and INDIRECT-OBJECT PRONOUNS in the chart below.

|  | Subject | Direct object | Indirect object |  |  |
|---|---|---|---|---|---|
| *singular* | je | me (m') | me (m') | Tu **m'**aides? | Tu **me** téléphones? |
|  | tu | te (t') | te (t') | Je **te** connais. | Je **te** parle souvent. |
|  | il | le (l') | lui | Je **le** connais. | Je **lui** prête mes notes. |
|  | elle | la (l') |  | Tu **la** connais? | Tu **lui** téléphones? |
| *plural* | nous | nous | nous | Henri **nous** aide. | Il **nous** téléphone. |
|  | vous | vous | vous | Je **vous** invite. | Je **vous** réponds. |
|  | ils | les | leur | Je **les** vois souvent. | Je **leur** rends visite. |
|  | elles |  |  | Je **les** invite. | Je **leur** parle. |

▶ Object pronouns usually come immediately BEFORE the verb.

Tu vois souvent Hélène?            Marc **la** voit souvent.        Je ne **la** vois jamais.
As-tu téléphoné à tes cousins?    Je **leur** ai téléphoné hier.    Je ne **leur** ai pas parlé
                                                                        aujourd'hui.

▶ In an infinitive construction, the object pronoun usually comes immediately BEFORE the infinitive.

Je vais voir Charles. Et toi?        Je ne vais pas **le** voir, mais je vais **lui** écrire.

▶ In an affirmative command, object pronouns come AFTER the verb and are attached to the verb by a hyphen. Note that **me** becomes **moi** after the verb.

Voici Jacques.    Invite-**le.**    Invite-**moi** aussi.

▶ When the verb is in the passé composé, the past participle agrees with a preceding direct object.

Tu as pris **l'ordinateur?**    Oui, je **l'**ai **pris.**
Tu as pris **ces photos?**       Oui, je **les** ai **prises.**

**2. Oui ou non?** Demandez à vos camarades s'ils font les choses suivantes. Ils vont répondre affirmativement ou négativement en utilisant des pronoms.

☐  étudier l'informatique?

—*Tu étudies l'informatique?*
—*Oui, je l'étudie.*
ou: —*Non, je ne l'étudie pas.*

1. connaître bien tes voisins?
2. rendre souvent visite à tes amis?
3. téléphoner souvent à ta copine?
4. aider tes camarades de classe?

5. prêter tes cassettes?
6. faire tes devoirs tous les jours?
7. parler souvent à ton professeur?
8. aimer ton cours de français?

**3. Dialogue** Demandez à vos camarades de faire les choses suivantes pour vous. Vos camarades vont accepter ou refuser. Étudiez le modèle.

☐  donner ton adresse

—*Donne-moi ton adresse!*
—*D'accord, je vais te donner mon adresse!*
ou: —*Non, je ne vais pas te donner mon adresse!*

1. inviter ce week-end
2. prêter ton auto
3. montrer tes photos
4. téléphoner ce soir
5. inviter à dîner demain

6. apporter une pizza
7. donner ton numéro de téléphone
8. montrer tes notes de français
9. écrire pendant les vacances
10. aider avec le devoir de français

**4. Procrastination** Alice demande à Pierre s'il a fait certaines choses. Pierre répond négativement et il dit quand il va faire ces choses. Jouez les deux rôles.

☐  faire les courses? (samedi)

ALICE: *Tu as fait les courses?*
PIERRE: *Non, je ne les ai pas faites. Je vais les faire samedi.*

1. téléphoner à tes parents? (ce soir)
2. aider les voisins? (dans deux jours)
3. laver ta voiture? (ce week-end)
4. nettoyer ta chambre? (après le dîner)

5. écrire à Jacqueline? (dimanche)
6. apprendre la leçon? (avant la classe)
7. rendre visite à ton cousin? (demain)
8. vendre ton vélo? (après les vacances)

**5. Au bureau** Un employé demande à son patron s'il doit faire certaines choses. Le patron répond affirmativement ou négativement. Jouez les deux rôles.

☐  écrire à M. Durand / non

L'EMPLOYÉ: *Est-ce que je dois écrire à M. Durand?*
LE PATRON: *Non, ne lui écrivez pas.*

1. téléphoner à Mlle Duval / oui
2. envoyer cette lettre / oui
3. répondre à ces clients / non

4. utiliser le télécopieur / non
5. chercher les billets (*tickets*) d'avion / oui
6. finir ce contrat / non

## B.    L'ordre des pronoms compléments

The sentences on the left below contain both a direct and an indirect object. In the sentences on the right, these objects have been replaced by pronouns. Note the sequence of these object pronouns.

Je prête **ma moto à Richard.**            Je **la lui** prête.
Alice rend **le magnétophone à Éric.**     Alice **le lui** rend.

Anne ne montre pas **ses photos à ses parents.**    Anne ne **les leur** montre pas.
Vous ne dites pas **la vérité aux étudiants.**       Vous ne **la leur** dites pas.

Note also the sequence of the pronouns in the following sentences.

Je **te** donne **mon numéro de téléphone.**     Je **te le** donne.
Charles ne **nous** prête pas **sa voiture.**     Il ne **nous la** prête pas.

> In sentences containing a direct- AND an indirect-object pronoun, the sequence is:

| me te nous vous | before | le (l') la (l') les | before | lui leur | + verb |

**6. Êtes-vous généreux (généreuse)?**    Imaginez que vous avez une nouvelle voiture de sport. Dites si oui ou non vous la prêtez aux personnes suivantes.

▯   à votre meilleur ami?        *Mais oui, je la lui prête.*
                    ou: *Mais non, je ne la lui prête pas.*

1. à votre meilleure amie?        5. à Jacqueline, une fille très sympathique?
2. à vos amis?                    6. à Jean-Louis, un garçon assez égoïste?
3. à vos parents?                 7. à Paul et à Claude, deux étudiants français?
4. à votre sœur?                  8. à Henri, un garçon qui conduit mal?

**7. Emprunts (Borrowed items)**    Jean-Paul a emprunté les choses suivantes à certaines personnes. Maintenant il les leur rend. Exprimez cela, en utilisant deux pronoms.

▯   le stylo / à Suzanne        *Il le lui rend.*

1. les cassettes / à Pierre            5. cent francs / à ses cousins
2. le lecteur de cassettes / à Claire  6. l'ordinateur / à moi
3. la voiture / à sa mère              7. les disques / à vous
4. la machine à écrire / à ses voisins 8. l'appareil-photo / à toi
                                       9. la chaîne-stéréo / à nous

**8. Bons services**   Lisez quels services les personnes suivantes rendent. Décrivez ces services en utilisant deux pronoms compléments.

◻ La secrétaire envoie la lettre à Monsieur Richard.
   ***Elle la lui envoie.***

1. Le garçon apporte le menu à la cliente.
2. Le professeur explique la leçon aux étudiants.
3. La guide montre les monuments aux touristes.
4. Les témoins décrivent l'accident au juge.
5. Madame Dubois prête sa voiture à sa fille.
6. Monsieur Durand raconte cette histoire à ses petits-enfants.
7. La serveuse sert le café à Madame Thibault.
8. L'architecte montre les plans de la maison à Monsieur et Madame Mercier.

**9. Au bureau**   Mademoiselle Leblanc demande à son assistant s'il a fait certaines choses. Il répond affirmativement ou négativement. Jouez les deux rôles.

◻ envoyer la lettre à Monsieur Martin (non)
   MLLE LEBLANC:  ***Vous avez envoyé la lettre à Monsieur Martin?***
   L'ASSISTANT:  ***Non, je ne la lui ai pas envoyée.***

1. envoyer le télégramme à nos clients (oui)
2. montrer le contrat à la directrice (oui)
3. rendre les documents à l'avocat (non)
4. donner notre adresse à cette cliente (oui)
5. emprunter *(borrow)* / la machine à écrire à Mademoiselle Dupont (oui)
6. apporter le télécopieur au réparateur *(repairman)* (non)

**10. Dialogue**   Demandez à vos camarades de faire les choses suivantes pour vous. Ils vont accepter ou refuser en utilisant deux pronoms.

◻ prêter ta voiture        —***Tu me prêtes ta voiture?***
                          —***D'accord, je te la prête.***
                 ou:  —***Pas question! Je ne te la prête pas!***

1. prêter dix dollars
2. apporter le journal
3. montrer tes photos
4. donner ta nouvelle adresse
5. vendre ton VTT
6. expliquer la leçon de grammaire

# C. L'ordre des pronoms à la forme affirmative de l'impératif

In the sentences below, the verbs are in the affirmative imperative. Note the sequence of the object pronouns in the sentences on the right.

Prête **ton ordinateur à Paul!**          Prête-**le-lui!**
Montre **tes notes à tes camarades!**     Montre-**les-leur!**

Vends-**moi tes disques!**                Vends-**les-moi!**
Donnez-**nous votre adresse!**            Donnez-**la-nous!**

> In affirmative commands, the direct-object pronoun comes BEFORE the indirect-object pronoun:

$$\text{verb} + \begin{Bmatrix} \textbf{le} \\ \textbf{la} \\ \textbf{les} \end{Bmatrix} + \begin{Bmatrix} \textbf{moi} \\ \textbf{nous} \\ \textbf{lui} \\ \textbf{leur} \end{Bmatrix}$$

**11. S'il te plaît**  Vous demandez à un ami français de faire certaines choses pour vous. Complétez vos requêtes *(requests)* en utilisant le verbe entre parenthèses.

▢  J'ai besoin de ce livre. (prêter)      *S'il te plaît, prête-le-moi!*

1. Je veux écouter cette cassette. (prêter)
2. Je n'ai pas ton numéro de téléphone. (donner)
3. J'ai besoin de ma machine à écrire. (rendre)
4. Je veux voir tes photos. (montrer)
5. Je ne comprends pas ce problème. (expliquer)
6. Je veux savoir la vérité. (dire)
7. Je veux connaître cette histoire. (raconter)

**12. Nettoyage (Cleaning)**  André et Nathalie nettoient le grenier *(attic)*. André demande à Nathalie s'il peut donner certains objets à certaines personnes. Nathalie répond affirmativement. Jouez les deux rôles.

▢  ces journaux / à Thomas?
   ANDRÉ:    *Regarde ces journaux. Est-ce que je les donne à Thomas?*
   NATHALIE: *Oui, donne-les-lui!*

1. ce fauteuil / à Alain?
2. ces chaises / aux voisins?
3. cette machine à écrire / à Thérèse?
4. ce vieux vélo / à nos cousins?
5. ces chaussures / à Gilbert?
6. ces skis / à Pauline?
7. cette table / à la nouvelle étudiante?
8. cette radio / au voisin?

**13. Bien sûr!**   Un ami vous demande s'il peut faire certaines choses. Répondez-lui affirmativement.

▪ Je prête ma mini-chaîne à André?     *Bien sûr! Prête-la-lui.*

1. Je prête mes cassettes à Marianne?
2. Je vends ma raquette à Denise?
3. Je demande la voiture aux voisins?
4. Je montre mes notes à mes parents?
5. Je rends le stylo à Thomas?
6. Je dis la vérité à Sophie?
7. J'apporte le magnétophone à Maurice?
8. Je raconte cette histoire à Mélanie?

# D.   L'ordre des pronoms avec *y* et *en*

Review the use of the pronouns **y** and **en** (pages 343–346). Note the position of these pronouns in the following sentences.

| | |
|---|---|
| Jean a invité **ses amis au cinéma?** | Oui, il **les y** a invités. |
| Tu **nous** amènes **chez tes amis?** | Non, je ne **vous y** amène pas. |
| Alain a demandé **des conseils à sa mère?** | Oui, il **lui en** a demandé. |
| Tu **me** prêtes **de l'argent?** | Non, je ne **t'en** prête pas. |

When **y** and **en** are used with another object pronoun, they always come in SECOND position.

▶ The same word order is used in reflexive constructions.

| | |
|---|---|
| Tu t'intéresses **à l'informatique?** | Oui, je m'**y** intéresse. |
| Tu te sers **de ton ordinateur?** | Oui, je m'**en** sers. |

▶ **Y** and **en** are also in final position in imperative constructions.

| | |
|---|---|
| Donne **de l'argent** à Olivier. | Donne-lui-**en.** |
| Donnez-nous **des oranges.** | Donnez-nous-**en** un kilo. |

▶ Note that there is liaison between an object pronoun and **y** or **en.**

| | |
|---|---|
| Il nous amène au cinéma. | Il **nous y** amène. |
| Il vous parle du film. | Il **vous en** parle. |

▶ **Me (moi)** and **te (toi)** followed by **en** become **m'en** and **t'en.**

Parle-moi de ce film.     Parle-**m'en.**

| When **y** and **en** occur together, the word order is: | | |
|---|---|---|
| **y** before **en** | Il y a du pain? | Oui, il **y en** a. |
| | Il y a du beurre? | Non, il n'**y en** a pas. |

**14. Dialogue** Demandez à vos camarades s'ils font les choses suivantes. Ils vont vous répondre en utilisant le pronom **en** et un autre pronom.

■ demander des conseils à tes professeurs?
> —*Est-ce que tu demandes des conseils à tes professeurs?*
> —*Oui, je leur en demande.*
ou: —*Non, je ne leur en demande pas.*

1. demander des conseils à ta mère?
2. donner des conseils à ton meilleur ami?
3. écrire des lettres à tes copains pendant les vacances?
4. envoyer des cartes de Noël à tes amis?
5. offrir des cadeaux *(presents)* à tes parents pour leur anniversaire?
6. prêter de l'argent à ton frère?

**15. Services professionnels** Répondez affirmativement aux questions suivantes en utilisant le pronom entre parenthèses et un autre pronom qui convient.

■ Le voyageur a montré des photos à ses voisins? (en)
*Oui, il leur en a montré.*

1. Le chauffeur de taxi a conduit les touristes à l'aéroport? (y)
2. Le vendeur a invité ses clients au restaurant? (y)
3. Le garçon a servi du café à Mme Simon? (en)
4. La serveuse a apporté du vin à M. Rimbaud? (en)
5. Le banquier *(banker)* a prêté de l'argent à Mme Dumas? (en)
6. Le boulanger *(baker)* a vendu du pain à la cliente? (en)
7. Le médecin a donné des conseils à ses malades *(patients)*? (en)
8. Le guide a amené les touristes au musée? (y)
9. Le chauffeur de la limousine a conduit les clients à l'hôtel? (y)

## Communication

Choose a partner who will play the role of the other person in the conversation.

---

1. You have been hired by the marketing department of a French computer firm to do a survey on the role of technology in the United States. Use the formal **vous**-form.

Ask your partner . . .

- if he/she uses a computer
- if he/she uses a fax machine
- if he/she has studied computer science (and, if not, if he/she will study it)
- what he/she thinks is the most important discovery of the century (**la découverte du siècle**) and why

---

2. You would like your friend to do the following things for you. He/she will accept or refuse. In case of refusal, he/she will give you an excuse.

Ask your partner . . .

- to loan you his/her mountain bike
- to loan you his/her camera
- to loan you 20 dollars
- to give you the address (**l'adresse**) of his/her friend
- to show you his/her notes
- to show you his/her diary (**le journal**)
- to give you back your walkman

> —*Dis, Marc, tu me prêtes ton VTT?*
> —*Oui, bien sûr, je vais te le prêter.*
> OU: —*Je regrette, je ne peux pas te le prêter.*
> —*Pourquoi?*
> —*J'en ai besoin cet après-midi pour aller en ville.*

---

# L'ordinateur, un jeu d'enfant ?

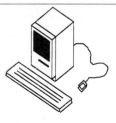

*Aujourd'hui, 1 famille sur 10*

*possède un micro-ordinateur*

*chez elle: 1 sur 4 aux USA !*

# Réflexions sur l'Amérique

*L'image que les Français ont des États-Unis est généralement positive. Les jeunes Français, en particulier, considèrent les Américains parmi° les meilleurs amis de la France. Cette admiration n'est cependant pas inconditionnelle°. Voici une interview avec une étudiante française.*

among
absolute

—Pour toi, l'Amérique, qu'est-ce que c'est?
—C'est un pays qui me fascine et que j'aimerais visiter.
—Aimerais-tu vivre là-bas?
—Je ne sais pas. La vie américaine a beaucoup d'aspects positifs. J'admire la créativité des Américains, leur enthousiasme, l'énergie avec laquelle° ils mènent° leur existence. J'admire aussi la générosité dont° ils sont capables. Mais il y a aussi des aspects négatifs.
—Lesquels°?

which
lead / of which

Which ones

—Il y a beaucoup de problèmes qui ne sont pas résolus°: celui° de la violence dans les rues, celui de la drogue°, celui de l'injustice sociale ... Et puis, je trouve que la société américaine est trop intense. Personnellement je ne comprends pas l'esprit de compétition continuelle dans laquelle les Américains vivent. Je ne suis pas faite pour cette course° à l'argent et au succès dont ils semblent° avoir besoin pour justifier leur existence. *resolved / that* *drugs* *race / seem*

—Tu généralises! Tous les Américains ne sont pas sous pression°. *pressure*

—Bien sûr, tous les Américains ne sont pas stressés. Je crois cependant que l'Amérique est un pays d'extrêmes dans le bien et dans le mal. Il n'y a pas d'équilibre, de «juste milieu»°, comme en France. *happy medium*

—Est-ce qu'il y a des Américains pour qui tu as une admiration particulière?

—Bien sûr, mais ce sont des Américains d'une autre génération: Steinbeck, Hemingway et aussi James Baldwin. Personnellement j'admire aussi les géants° du jazz: Louis Armstrong, Duke Ellington, Bessie Smith. *giants*

—Pourquoi?

—Parce qu'ils ont créé une musique à laquelle on ne peut pas rester insensible°. *indifferent*

---

## Lecture culturelle: *Les Français jugent[1] les Américains*

Il y a longtemps que la France s'est «américanisée». Aujourd'hui les jeunes Français boivent du coca-cola, s'habillent à la mode américaine, écoutent les derniers succès du «hit parade» sur leurs radio-cassettes et vont voir les films américains une semaine après qu'ils sont sortis à New York.

Si la France vit «à l'américaine», est-ce que cela signifie que les Français soient pro-Américains? Généralement oui! Mais l'admiration des Français n'est pas sans limite. Si les Français admirent le dynamisme, le courage et la sincérité des Américains, ils déplorent, à tort ou à raison[2], la superficialité des relations humaines, la violence, l'absence de traditions culturelles qui semblent caractériser les États-Unis.

Mais c'est surtout dans le domaine de la politique internationale que les Français tendent à être les plus critiques. D'après un sondage[3], voici comment les Français jugent les États-Unis et la politique américaine.

1. Dans l'ensemble[4], quelle opinion avez-vous sur la politique des États-Unis dans le monde?

| | |
|---|---|
| très bonne opinion | 1% |
| plutôt[5] bonne opinion | 45% |
| plutôt mauvaise opinion | 20% |
| très mauvaise opinion | 4% |
| sans opinion | 30% |

2. En cas de crise mondiale[6], feriez-vous confiance[7] au président des États-Unis?

| | |
|---|---|
| très confiance | 6% |
| assez confiance | 40% |
| peu confiance | 17% |
| pas confiance du tout | 8% |
| sans opinion | 29% |

1 *judge*   2 *wrongly or rightly*   3 *poll*   4 *on the whole*   5 *fairly*
6 *world crisis*   7 *trust*

# Structure et Vocabulaire

## Vocabulaire: *Analyse et évaluation*

### Noms

| | | | |
|---|---|---|---|
| **le pouvoir** | *power* | **une idée** | *idea* |
| **un sondage** | *poll, survey* | **une méthode** | *method* |
| **une analyse** | *analysis* | **la moitié** | *half* |

### Verbes

| | | |
|---|---|---|
| **admirer** | *to admire* | Quelle est la personne que vous **admirez** le plus? |
| **attirer** | *to attract* | Je voudrais **attirer** votre attention sur ce point. |
| **avoir tendance (à)** | *to have a tendency (to)* | Vous **avez tendance à** généraliser. |
| **critiquer** | *to criticize* | Pourquoi est-ce que tu **critiques** tout? |
| **juger** | *to judge* | Ne **jugez** pas les gens sur leurs apparences. |

### Expressions

| | | |
|---|---|---|
| **en cas de** | *in case of* | Que ferais-tu **en cas de** révolution? |
| **la plupart de** | *most, the greatest number* | **La plupart des** Américains sont idéalistes. |

**1. D'accord?**   Dites si vous êtes (partiellement, complètement, pas du tout) d'accord avec les opinions suivantes.

1. La plupart des Américains sont idéalistes.
2. Les États-Unis ne sont pas une véritable démocratie parce que moins de la moitié des gens votent aux élections.
3. Les sondages influencent l'opinion publique pendant les élections. Pour cette raison, il faut les interdire *(to prohibit)*.
4. Les Américains ont tendance à juger les gens sur les apparences.
5. Les sondages sont une méthode très précise pour connaître l'opinion publique à un moment donné.
6. Aux États-Unis, on a tendance à admirer les gens quand ils sont au pouvoir et à les critiquer quand ils ne sont plus au pouvoir.
7. En cas de crise *(crisis)* nationale ou internationale, les Américains ont tendance à soutenir *(to support)* leur président.
8. Les gens qui critiquent les autres sont des gens qui ne sont pas sûrs d'eux-mêmes.
9. La violence attire la violence.

# A.  Le pronom interrogatif *lequel*

In the middle column, the pronouns in heavy print replace nouns. They are called INTERROGATIVE PRONOUNS. Note the forms of these pronouns.

| | | |
|---|---|---|
| J'achète un journal. | **Lequel** achètes-tu? | *Which one ...* |
| J'invite une amie. | **Laquelle** invites-tu? | *Which one ...* |
| Je parle avec des amis. | Avec **lesquels** parles-tu? | *With which ones ...* |
| Je sors avec des amies. | Avec **lesquelles** sors-tu? | *With which ones ...* |

## FORMS

The interrogative pronoun **lequel** consists of two parts (**le** + **quel**), each of which agrees with its antecedent. It has the following forms:

| | Singular | Plural |
|---|---|---|
| *masculine* | **lequel** | **lesquels** |
| *feminine* | **laquelle** | **lesquelles** |

▶ When introduced by the prepositions **à** and **de, lequel** has the following forms:

| | Parler à | Parler de |
|---|---|---|
| J'ai deux frères. | **Auquel** as-tu parlé? | **Duquel** parles-tu? |
| J'ai deux sœurs. | **À laquelle** as-tu parlé? | **De laquelle** parles-tu? |
| J'ai beaucoup d'amis. | **Auxquels** as-tu parlé? | **Desquels** parles-tu? |
| J'ai beaucoup d'amies. | **Auxquelles** as-tu parlé? | **Desquelles** parles-tu? |

## USES

**Lequel** is an interrogative pronoun and replaces a noun that has already been expressed. It is used to refer to people and things. **Lequel** corresponds to the English *which one*. It never introduces a noun. Contrast the use of the interrogative adjective **quel** and the interrogative pronoun **lequel:**

Voici des revues françaises.

| | |
|---|---|
| **Quelles revues** lisez-vous d'habitude? | ***Which magazines*** *do you usually read?* |
| **Lesquelles** préférez-vous? | ***Which ones*** *do you prefer?* |

**2. Projets** Madeleine parle à André de ses projets. André demande des précisions. Jouez les deux rôles.

◻ voir un film américain
  MADELEINE: *Je vais voir un film américain.*
      ANDRÉ: *Ah bon? Lequel vas-tu voir?*

1. acheter des cassettes de jazz
2. inviter un copain anglais
3. visiter un musée
4. lire une revue américaine
5. inviter des amies
6. voir une exposition *(exhibit)*
7. regarder un feuilleton américain à la télé
8. rencontrer une amie

# HOLLYWOOD

## B.   Révision: les pronoms relatifs *qui* et *que*

Review the use of the relative pronouns **qui** and **que** in the following sentences.

| | |
|---|---|
| J'ai un ami ... | *I have a friend ...* |
| **qui** habite aux États-Unis. | ***who** lives in the United States.* |
| **que** je vais inviter cet été. | ***whom** I am going to invite this summer.* |
| Paris est une ville ... | *Paris is a city ...* |
| **qui** attire beaucoup de monde. | ***that** attracts lots of people.* |
| **que** les touristes trouvent belle. | ***that** tourists find beautiful.* |

▶ The choice between **qui** and **que** depends on the function of the relative pronoun in the clause:

- **Qui** is a subject pronoun. It is generally followed by a verb.
- **Que** is a direct-object pronoun. It is generally followed by a subject and a verb.

▶ Although in English the direct-object relative pronoun (*whom*—or *who* in conversations; *that; which*) is often omitted, **que** must be expressed in French.

**3. Une journée à Paris**  Complétez les phrases suivantes avec **qui** ou **que**.

1. Philippe a déjeuné dans un restaurant _____ sert des spécialités vietnamiennes.
2. Les touristes ont dîné dans un restaurant _____ le guide a recommandé.
3. Nous sommes allés dans un cinéma _____ joue des westerns.
4. Alice a acheté une robe _____ était en solde (on sale).
5. Tu es sorti avec l'ami _____ tu as rencontré hier.
6. Je suis passé chez les amis _____ je vais inviter ce week-end.
7. Pierre a téléphoné à une étudiante _____ suit des cours à l'Alliance Française.
8. Nicole a donné des renseignements (directions) à des touristes américains _____ cherchaient le musée d'Orsay.

**4. Commentaires**  Jean-Marc fait des commentaires sur certaines personnes ou sur certaines choses. Jouez le rôle de Jean-Marc selon les modèles.

▢ Voici une fille. Elle est très sympathique.
***Voici une fille qui est très sympathique.***

▢ Voici une fille. Je la trouve intelligente.
***Voici une fille que je trouve intelligente.***

1. Voici des artistes. Je les admire.
2. Voici des artistes. Ils n'ont pas de talent.
3. Voici une amie. Elle vient des États-Unis.
4. Voici une amie. Je l'invite souvent.
5. Voici un disque. Je l'écoute souvent.
6. Voici un disque. Il n'est pas à moi.
7. Voici des livres. Je les trouve idiots.
8. Voici des magazines. Je les lis souvent.

**5. Dialogue**  Demandez à vos camarades s'ils font les choses suivantes. Ils vont vous répondre affirmativement ou négativement.

▢ lire *People Magazine*? (un magazine)
—***Est-ce que tu lis* People Magazine?**
—***Oui, c'est un magazine que je lis.***
ou: —***Non, c'est un magazine que je ne lis pas.***

1. connaître Montréal? (une ville)
2. étudier la biologie? (un sujet)
3. aimer les épinards (spinach)? (un légume)
4. comprendre l'italien? (une langue)
5. pratiquer la natation? (un sport)
6. écouter Madonna? (une chanteuse: *singer*)
7. admirer le président? (une personne)
8. inviter tes voisins? (des personnes)

# C.   Le pronom relatif *lequel*

The sentences on the left have been combined to form the single sentence that appears on the right. Note that the relative pronouns which join these sentences are introduced by prepositions (**sur, pour, avec**). Note also the forms of these pronouns.

| | |
|---|---|
| Voici **un projet.**<br>Je travaille **sur ce projet.** | Voici un projet **sur lequel** je travaille.<br>*This is a project **on which** I am working (**that** I am working **on**).* |
| Connais-tu **la compagnie?**<br>Paul travaille **pour cette compagnie.** | Connais-tu la compagnie **pour laquelle** Paul travaille?<br>*Do you know the company **for which** Paul works (**that** Paul works **for**)?* |
| Tu critiques **les idées.**<br>Tu n'es pas d'accord **avec ces idées.** | Tu critiques les idées **avec lesquelles** tu n'es pas d'accord.<br>*You criticize ideas **with which** you do not agree (**that** you don't agree **with**).* |

### FORMS

The relative pronoun **lequel** has the same forms as the interrogative pronoun **lequel.** It agrees with the noun it represents.

▶ Note that after **à** and **de,** the relative pronoun **lequel** has the same contracted forms as the interrogative pronoun **lequel.**

| Tu as assisté **à ce concert?** | Oui, c'est le concert **auquel** j'ai assisté. |
|---|---|
| Tu habites près **de ce parc?** | Oui, c'est le parc près **duquel** j'habite. |

### USES

> **Lequel** is used after prepositions to refer to THINGS. The word order is:

> antecedent + preposition + **lequel** + subject + verb

> L'ordinateur avec **lequel** je travaille marche bien.

▶ **Lequel** may also be used to refer to PEOPLE, but **qui** is preferred.

Voici la personne pour $\begin{Bmatrix} \text{qui} \\ \text{laquelle} \end{Bmatrix}$ je travaille.

**6. Au travail**    Anne montre à un ami l'endroit où elle travaille. Complétez ses phrases.

▢   Voici le bureau dans ...       *Voici le bureau dans lequel je travaille.*

1. Voici le laboratoire dans ...       5. Voici les nouveaux instruments avec ...
2. Voici le projet sur ...             6. Voici l'objectif principal pour ...
3. Voici les problèmes sur ...         7. Comprends-tu la raison pour ...
4. Voici la compagnie pour ...         8. Comprends-tu les nouvelles méthodes avec ...

**7. Comment s'appellent-elles?**    Caroline veut connaître l'identité de certaines personnes et de certaines choses. Son ami André lui répond.

▢   la compagnie / tu travailles pour cette compagnie? (Publimax)
    CAROLINE:   *Comment s'appelle la compagnie pour laquelle tu travailles?*
    ANDRÉ:   *C'est la compagnie Publimax.*

▢   la patronne / tu travailles pour cette patronne? (Madame Lanvin)
    CAROLINE:   *Comment s'appelle la patronne pour qui tu travailles?*
    ANDRÉ:   *C'est Madame Lanvin.*

1. le café / nous sommes passés devant ce café? (le Café des Arts)
2. l'étudiante / tu es sortie avec cette étudiante? (Janine)
3. la revue / il y a un article sur New York dans cette revue? *(Paris-Match)*
4. l'ami / tu as déjeuné chez cet ami samedi? (Jean-Claude)

## D.   Le pronom *dont*

Note the use of the relative pronoun **dont** in the sentences on the right.

Voici **un jeune homme.** ⎫
Je vous ai parlé **de ce jeune homme.** ⎭

Voici le jeune homme **dont** je vous ai parlé.
*Here is the young man **about whom** I spoke to you
(**whom** I spoke to you **about**).*

La politique est **un sujet.** ⎫
Je ne parle jamais **de ce sujet.** ⎭

La politique est un sujet **dont** je ne parle jamais.
*Politics is a subject **about which** I never speak
(**that** I never talk **about**).*

Avez-vous **ces livres?** ⎫
J'ai besoin **de ces livres.** ⎭

Avez-vous les livres **dont** j'ai besoin?
*Do you have the books **that** I need
(= **of which** I have need)?*

► The relative pronoun **dont** replaces **de** + *noun* or *noun phrase.* It is
therefore used with verbs and verbal expressions that are followed by **de:**

avoir besoin de          se servir de
avoir envie de           se souvenir de
faire la connaissance de   s'occuper de
parler de

► **Dont** is invariable. It may refer to people or things.

As with other relative pronouns, the word order is:

antecedent + **dont** + subject + verb (+ rest of sentence)

La voiture **dont** j'ai envie est très chère.

**8. Expression personnelle**   Voici certains sujets de discussion. Dites si ce sont des sujets dont vous parlez avec les amis.

◻   la politique
   *La politique est un sujet dont je parle souvent (rarement, etc.) avec mes amis.*
ou: *La politique est un sujet dont je ne parle jamais avec mes amis.*

1. le sport         3. mon avenir       5. mes relations familiales
2. la religion      4. mes études       6. mes problèmes d'argent

**9. Activités de la journée**   Pauline raconte ce qu'elle a fait aujourd'hui. Jouez le rôle de Pauline d'après le modèle.

◻   trouver les livres (J'avais besoin de ces livres.)
   *J'ai trouvé les livres dont j'avais besoin.*

1. acheter la veste (J'avais envie de cette veste.)
2. voir le film (Je t'ai parlé hier de ce film.)
3. visiter l'exposition *(exhibit)* (Les journalistes ont parlé de cette exposition.)
4. rencontrer les amis (J'ai fait la connaissance de ces amis pendant les vacances.)
5. trouver le magazine (J'ai besoin de ce magazine.)
6. aller au club de sports (Je m'occupe de ce club de sports.)
7. rencontrer une amie d'enfance *(childhood)* (Je ne me souvenais pas de cette amie.)

# E.   Le pronom démonstratif *celui*

The words in heavy print replace nouns. They are called DEMONSTRATIVE PRONOUNS. Note the forms of these pronouns.

| | | |
|---|---|---|
| Quel journal lis-tu? | **Celui-ci!** | (= ce journal-ci) |
| Quelle amie vas-tu inviter? | **Celle-ci!** | (= cette amie-ci) |
| Quels disques veux-tu écouter? | **Ceux-ci!** | (= ces disques-ci) |
| Quelles filles invitons-nous? | **Celles-ci!** | (= ces filles-ci) |

## FORMS

The demonstrative pronoun **celui** agrees in gender and number with the noun it replaces. It has the following forms:

| | Singular | Plural |
|---|---|---|
| *masculine* | celui | ceux |
| *feminine* | celle | celles |

USES

The relative pronoun **celui** cannot stand alone. It is used in the following constructions.

### 1. **celui-ci** and **celui-là**

| | |
|---|---|
| Quelle revue vas-tu acheter? | *Which magazine are you going to buy?* |
| **Celle-ci** ou **celle-là?** | ***This one** or **that one**?* |

- **Celui-ci** refers to people or objects that are close by. It often corresponds to *this one, the one over here.*

- **Celui-là** refers to people or objects that are farther away. It often corresponds to *that one, the one over there.*

### 2. **celui de** + *noun*

| | |
|---|---|
| Est-ce que c'est ta voiture? | *Is that your car?* |
| Non, c'est **celle de Jeanne.** | *No, it's **Jeanne's.** (= **that of Jeanne**)* |
| Tu aimes les films de Steve Martin? | *Do you like Steve Martin's movies?* |
| Oui, mais je préfère **ceux de Woody Allen.** | *Yes, but I prefer **Woody Allen's.** (= **those of Woody Allen**)* |

### 3. **celui qui** and **celui que**

| | |
|---|---|
| Tu connais cette fille? | *Do you know that girl?* |
| Oui, c'est **celle qui** a étudié aux États-Unis, n'est-ce pas? | *Yes, she is **the one who** studied in the United States, isn't she?* |
| Tu as vu mes disques? | *Did you see my records?* |
| Lesquels? **Ceux que** tu as achetés hier? | *Which ones? **The ones that** you bought yesterday?* |

**10. Rien n'est parfait** La présidente et le vice-président d'une compagnie comparent certaines choses et certaines personnes. Ils ne sont pas d'accord. Jouez les deux rôles d'après le modèle.

☐ l'ordinateur (rapide / facile à utiliser)
    LA PRÉSIDENTE: *Cet ordinateur est rapide.*
    LE VICE-PRÉSIDENT: *D'accord, mais celui-ci est plus facile à utiliser.*

1. le bureau (confortable / spacieux)
2. la machine à écrire (bon marché / solide)
3. les ouvriers (travailleurs / consciencieux)
4. les secrétaires (intelligentes / loyales)
5. l'ingénieur (capable / imaginatif)
6. l'employée (sérieuse / qualifiée)
7. les vendeurs (dynamiques / ambitieux)
8. les avocates (connues / compétentes)

**11. Objets trouvés** (*Lost and found*)  Paul a trouvé certains objets. Il demande à Hélène si ces objets sont à elle. Hélène dit que non et elle identifie leurs propriétaires (*owners*). Jouez les deux rôles.

▨ une bicyclette (Henri)

PAUL: *C'est ta bicyclette?*
HÉLÈNE: *Non, c'est celle d'Henri.*

1. un magnétophone (Jacques)
2. une montre (Sylvie)
3. un anorak (Marc)
4. des livres (Philippe)
5. des disques (Martin)
6. une caméra (Michèle)
7. une machine à écrire (mes cousins)
8. des photos (mes amis)

**12. Préférences**  Demandez à vos camarades leurs préférences d'après le modèle.

▨ les romans (Hemingway / Steinbeck)?
    —*Préfères-tu les romans d'Hemingway ou ceux de Steinbeck?*
    —*Je préfère ceux d'Hemingway.*
ou: —*Je préfère ceux de Steinbeck.*

1. les articles (*Time / Newsweek*)?
2. les nouvelles (CBS / ABC)?
3. les bandes dessinées (Garfield / Charlie Brown)?
4. l'humour (Eddie Murphy / Steve Martin)?
5. les films (Jack Nicholson / Woody Allen)?
6. le style (les voitures américaines / les voitures européennes)?
7. la cuisine (la cafétéria / ta mère)?
8. le climat (la Floride / la Nouvelle Angleterre)?
9. les chansons (*songs*) (Prince / Michael Jackson)?

**13. Au choix**  Exprimez votre choix entre les choses ou les personnes suivantes.

▨ une voiture qui est rapide ou confortable?

    *Je préfère celle qui est confortable.*
ou: *Je préfère celle qui est rapide.*

1. un restaurant qui sert des spécialités françaises ou des spécialités chinoises?
2. un travail qui offre un bon salaire ou une grande variété de responsabilités?
3. une maison qui a une piscine ou un grand jardin?
4. des cours qui sont faciles ou intéressants?
5. des amies qui s'intéressent aux sports ou à la musique?
6. des voisins qui sont discrets ou très sociables?

**14. Pas de chance**    Amélie a passé un bon week-end. Alice a passé un mauvais
week-end. Jouez le rôle d'Alice.

▯  L'amie que j'ai invitée était sympathique. (snob)
***Celle que j'ai invitée était snob.***

1. Le roman que j'ai lu était intelligent. (stupide)
2. Le film que j'ai vu était intéressant. (absurde)
3. Les gâteaux que j'ai achetés étaient excellents. (mauvais)
4. L'exposition que j'ai visitée était exceptionnelle. (sans intérêt)
5. Les étudiants que j'ai rencontrés étaient intéressants. (désagréables)
6. Les cassettes que j'ai écoutées étaient très bonnes. (de mauvaise qualité)
7. Les photos que j'ai prises étaient belles. (mauvaises)

# Communication

Choose a partner who will play the role of the other person in the conversation.

1. You and a friend are comparing tastes in arts and entertainment. After you state what you like, your friend will say what he/she prefers.

Discuss with your partner your preferences in . . .

- operas
- paintings **(les tableaux)**
- novels **(les romans)**
- poetry **(la poésie)**
- plays **(les pièces de théâtre)**
- TV programs

—*J'aime les opéras de Mozart.*
—*Moi, je préfère ceux de Verdi.*

2. You and a French friend are passing time waiting for a bus. Your friend suggests you play a guessing game, in which one of you tries to identify the person the other one is thinking of by asking questions with **qui, que,** or **dont.**

You begin the game, and your partner asks the questions. Then you change roles.

—*Je pense à un Américain.* [le président des États-Unis]
—*Est-ce que c'est une personne que je connais personnellement?*
—*Non.*
—*Est-ce que c'est une personne qui a beaucoup de responsabilités?*
—*Oui.*
—*Est-ce que c'est une personne dont on parle dans les journaux?*
—*Oui. ...*

# Vive la liberté!

*Pour vous, en quoi consiste la liberté? Quelques Français répondent.*

**OLIVIER LECLERC** *(14 ans, lycéen°)*
Pour moi, la liberté c'est faire ce qui° me plaît°, quand cela me plaît. Ce que je voudrais, c'est mettre la stéréo à fond° toute la nuit et manger des frites-saucisses° à tous les repas. La liberté, cela consiste aussi à ne pas faire ce que je ne veux pas faire. Plus de° devoirs! Ne jamais nettoyer ma chambre! Ce serait chouette°!

**FLORENCE ARNAUD** *(19 ans, étudiante en médecine)*
La liberté, c'est le droit° de choisir. Pour nous, les étudiants en Faculté de médecine°, ce qui nous irrite le plus, c'est de ne pas pouvoir choisir nos cours. Pendant les deux premières années tout notre programme est établi par la Faculté. En ce moment, je suis obligée d'étudier le calcul°. Qu'est-ce que cela signifie°? À quoi est-ce que le calcul va me servir° dans ma profession future? Est-ce que cela va m'aider à soigner° les bronchites?

**DAMIEN GROULT** *(23 ans, militaire)*
Pour moi, c'est simple: la liberté, c'est de ne plus être à l'armée. J'ai encore trois mois de service militaire avant de retrouver° ma liberté. Je sais ce que vous allez me dire: que la liberté du pays passe par° le sacrifice de sa propre liberté. C'est peut-être vrai en période de guerre, mais actuellement, ça n'a pas de sens.

| |
|---|
| high school student |
| what / pleases |
| blast the stereo |
| sausages and French fries |
| No more |
| great |
| |
| right |
| medical school |
| |
| calculus |
| How meaningful is that? / to help / cure |
| |
| getting back |
| requires |

**MARIE-FRANCE GRANGER** *(35 ans, journaliste)*

Je suis journaliste. Alors, ce qui compte° le plus pour moi, c'est la liberté d'expression°. Pour la presse française, cette liberté existe réellement. Toutes les tendances° politiques peuvent s'exprimer librement° dans de nombreux journaux. Je ne suis pas sûre que cela soit le cas pour la télévision, en particulier pour les deux chaînes publiques°. Est-ce que les journalistes sont libres quand ils doivent défendre la position du gouvernement?

*counts*
*freedom of speech*
*trends / freely*

*government channels*

**JEAN-PIERRE GARAND** *(45 ans, juge)*

Pour moi, la liberté, c'est surtout une question de responsabilité. Quand on est libre de faire ce qu'on veut, on doit être responsable de ce qu'on fait. Je ne crois pas que les Français d'aujourd'hui aient autant conscience° de leurs responsabilités que de leurs libertés.

*are as aware*

**MARIE LOUISE WENINGER** *(88 ans, retraitée°)*

Je suis née dans un pays occupé*. Alors, pour moi, la liberté n'est pas un mot° creux°. Dans les années 30, j'ai milité° dans les syndicats° pour obtenir de meilleures conditions de travail. En 1943, j'ai travaillé pour la Résistance**. Dans les années 60, j'ai défilé° pour la libération des femmes. Et maintenant, je défends° les droits des personnes âgées. Vous voyez, la liberté et le respect des droits de chacun, ce sont les deux grandes passions de ma vie.

*retired*
*word*
*empty / was active / labor unions*

*marched / work to defend*

---

*Marie-Louise Weninger est née en Alsace avant 1918. À cette époque, l'Alsace était occupée par l'Allemagne.

**La Résistance des Français contre l'Allemagne pendant la guerre 1939–1945.

## *Lecture culturelle:* *Les Français et la liberté*

«Liberté, égalité, fraternité[1].» Telle[2] est la devise[3] que les Français ont choisie pour leur pays pendant la Révolution de 1789. En plaçant le mot «liberté» en tête[4] de cette fameuse trilogie, les Français de 1789 voulaient souligner[5] l'importance du droit[6] des individus à disposer[7] d'eux-mêmes et à être maîtres[8] de leur destinée. Cent ans plus tard, le peuple français offrait au peuple américain la Statue de la Liberté à l'occasion du centième anniversaire de la Révolution américaine. Cette statue était d'abord le symbole de l'amitié franco-américaine. Mais bientôt, elle allait devenir un signe universel d'espoir[9] pour tous les peuples opprimés[10] de la terre[11].

Pour les Français d'aujourd'hui, la liberté n'est pas un vain mot. Selon tous les sondages, la liberté est la valeur[12] à laquelle ils attachent le plus d'importance.

Si les Français sont toujours prêts à défendre les grandes libertés publiques (liberté d'association[13], liberté de la presse, liberté de religion, etc. …), ils sont encore plus attachés à la défense des libertés individuelles, et avant tout au respect de la vie privée. Celle-ci constitue en effet un domaine absolument sacré qu'il faut protéger contre les intrusions éventuelles[14] de la société en général et de l'État[15] en particulier. Cette conception individualiste de la liberté explique le grand débat qui règne[16] en France aujourd'hui sur les avantages et les désavantages de l'informatique[17]. Si les Français croient au progrès technologique, ils sont tout à fait[18] opposés à ce[19] que les détails de leur vie privée (revenus[20], situation de famille, état de santé, situation bancaire[21], montant[22] des impôts[23], casier judiciaire[24]) soient mis sur fiches informatisées[25] et deviennent ainsi[26] accessibles à trop de monde[27].

Chaque période a ses libertés et ses droits à défendre. Au dix-huitième siècle, les Français ont lutté[28] pour obtenir le droit au suffrage universel. Aujourd'hui, ils continuent à lutter pour le droit à la vie privée face à[29] la menace d'une technologie trop envahissante[30].

1 brotherhood   2 such   3 motto   4 in first place   5 to underline   6 right   7 to be in charge   8 masters   9 hope
10 oppressed   11 earth   12 value   13 assembly   14 possible
15 government   16 exists   17 computer files   18 absolutely
19 = la possibilité   20 income   21 bank balance   22 amount
23 taxes   24 criminal records   25 computer files   26 in that manner   27 too many people   28 fought   29 against
30 invasive

# Structure et Vocabulaire

## Vocabulaire: *La vie politique*

### Noms

| | | | |
|---|---|---|---|
| **un droit** | *right* | **l'égalité** | *equality* |
| **un impôt** | *tax* | **la liberté** | *freedom, liberty* |
| **un individu** | *individual, person* | **la responsabilité** | *responsibility* |

### Adjectifs

| | |
|---|---|
| **individuel (individuelle)** | *individual* |
| **libre** | *free* |
| **privé** | *private* |
| **public (publique)** | *public, government-controlled* |
| **responsable (de)** | *responsible (for)* |

### Verbes

| | | |
|---|---|---|
| **être obligé de** | *to have to* | Je ne peux pas sortir ce soir. |
| | | Je **suis obligé de** travailler. |
| **exprimer** | *to express* | En votant, nous **exprimons** nos opinions. |
| **lutter** | *to fight, to struggle* | **Luttons** pour la justice et contre les inégalités! |

## 1. Questions personnelles

1. Allez-vous à une université privée ou une université publique? Selon vous, quels sont les avantages des universités privées et des universités publiques?

2. Selon vous, est-ce que le gouvernement doit augmenter (*to increase*) ou diminuer les impôts? Pourquoi?

3. À votre université, est-ce que les étudiants ont le droit de contester leurs notes (*to challenge their grades*)? de critiquer leurs professeurs? Quels autres droits ont-ils?

4. Selon vous, quelles sont les libertés les plus importantes dans la société moderne?

5. À votre université, est-ce que vous êtes libre de choisir vos cours? de choisir la date de vos examens? Êtes-vous obligé(e) d'étudier beaucoup pour vos examens? Êtes-vous obligé(e) de préparer vos cours? Qu'est-ce que vous êtes obligé(e) de faire dans la classe de français?

6. Est-ce que vous exprimez souvent vos opinions? À quelles occasions et de quelle façon (*way*)?

7. Selon vous, est-ce que l'égalité entre les individus dans la société américaine est un mythe ou une réalité? Expliquez votre position.

8. Selon vous, quelles sont les grandes causes pour lesquelles on doit lutter? Expliquez pourquoi.

# A.  Les pronoms interrogatifs invariables

Interrogative pronouns *(who, whom, what)* may be used in sentences as subjects, direct objects, or objects of a preposition. Note the forms of these French pronouns as they refer to people or things. Also note the constructions in which they are used.

---

**Subject** *who, what*

| | | |
|---|---|---|
| *person* | **Qui** fait ce bruit?<br>**Qui est-ce qui** fait ce bruit? } | C'est **le voisin** qui ronfle *(is snoring)*. |
| *thing* | **Qu'est ce qui** fait ce bruit? | C'est **un avion** qui passe. |

---

**Direct object** *who(m), what*

| | | |
|---|---|---|
| *person* | **Qui** cherches-tu?<br>**Qui est-ce que** tu cherches? } | Je cherche **le professeur.** |
| *thing* | **Que** cherches-tu?<br>**Qu'est-ce que** tu cherches? } | Je cherche **mon livre de français.** |

---

**Object of a preposition** *(with) whom, (with) what*

| | | |
|---|---|---|
| *person* | Avec **qui** travailles-tu?<br>Avec **qui est-ce que** tu travailles? } | Je travaille avec **Paul.** |
| *thing* | Avec **quoi** travailles-tu?<br>Avec **quoi est-ce que** tu travailles? } | Je travaille avec **un ordinateur.** |

---

► When the interrogative pronoun is the object of a preposition, the preposition always comes BEFORE the pronoun. It never comes at the end of the sentence.

| | |
|---|---|
| **À quoi** penses-tu? | *What* are you thinking *of?*<br>*(= Of what are you thinking?)* |
| **Avec qui** as-tu dîné? | *Who(m)* did you have dinner *with?*<br>*(= With whom did you have dinner?)* |

**2. Curiosité**  Nadine veut savoir ce que Patrick fait. Jouez les deux rôles. Utilisez la construction interrogative **Qu'est-ce que** ou **Qui est-ce que**.

☐ attendre / le bus      NADINE: *Qu'est-ce que tu attends?*
                      PATRICK: *J'attends le bus.*

☐ attendre / Jacqueline     NADINE: *Qui est-ce que tu attends?*
                      PATRICK: *J'attends Jacqueline.*

1. écouter / le dernier album de Madonna
2. chercher / mon stylo
3. inviter à la fête / mes copains
4. rencontrer au café / ma copine Lucie
5. regarder / mon album de photos
6. faire ce soir / les courses
7. voir après la classe / le prof d'anglais
8. amener à l'aéroport / mes parents

**3. Répète, s'il te plaît!**  Un ami vous annonce les choses suivantes. Vous avez mal entendu et vous lui demandez de répéter. Commencez vos questions avec **Qu'est-ce qui** ou **Qui est-ce qui**.

☐ Nathalie a téléphoné ce matin.     *Pardon! Qui est-ce qui a téléphoné ce matin?*

1. Jean-Claude est parti à deux heures.
2. Le bus est parti à trois heures.
3. Cette lettre est arrivée ce matin.
4. Monsieur Martin est passé cet après-midi.
5. Le dernier film de Woody Allen est passé à la télévision.
6. Vraiment, ce radiateur fait du bruit.
7. Les voisins ont fait du bruit hier soir.
8. Le concert a fini à minuit.
9. Ton appareil-photo est tombé de la table.
10. La pauvre (poor) Madame Renaud est tombée dans les escaliers (stairway).

**4. Le week-end**    Danièle décrit ce qu'elle a fait ce week-end. Robert lui demande des précisions. Jouez les deux rôles. Notez que les questions de Robert commencent avec une préposition.

▢    parler avec mes parents (de mes études)
   DANIÈLE:    *J'ai parlé avec mes parents.*
   ROBERT:    *Ah bon! De quoi est-ce que tu as parlé?*
   DANIÈLE:    *J'ai parlé de mes études.*

1. sortir (avec un copain américain)
2. téléphoner (à mes grands-parents)
3. parler avec ma cousine (de mes projets de vacances)
4. prendre des photos (avec mon nouvel appareil)
5. dîner en ville (avec mes parents)
6. écrire des lettres (à mes amis anglais)
7. jouer avec ma petite sœur (aux dominos)
8. réparer ma voiture (avec les outils *[tools]* de mon père)

**5. Le président**    Imaginez que vous êtes le(la) président(e) d'une compagnie française. Vous vous êtes absenté(e) hier après-midi. Ce matin, votre secrétaire vous explique ce qui s'est passé *(what happened)* pendant votre absence. Demandez-lui des précisions en utilisant le pronom interrogatif qui convient.

▢    J'ai écrit une lettre à quelqu'un.
   *À qui avez-vous écrit?*

1. Quelqu'un a téléphoné.
2. Quelqu'un a envoyé un télégramme.
3. Quelque chose est arrivé au courrier *(in the mail)*.
4. Quelque chose a eu lieu pendant votre absence.
5. J'ai envoyé une lettre à quelqu'un.
6. J'ai téléphoné à quelqu'un.
7. J'ai acheté quelque chose pour le bureau.
8. J'ai eu besoin de quelque chose.
9. J'ai pensé à quelque chose.
10. J'ai parlé de quelque chose à nos clients.

# B.   Les pronoms *ce qui, ce que*

The sentences on the left are direct questions. The sentences on the right are indirect questions. Note the expressions in indirect speech that correspond to the interrogative pronouns **qu'est-ce qui** and **qu'est-ce que.**

| *Direct speech* | *Indirect speech* |
| --- | --- |
| **Qu'est-ce qui** est arrivé? | Dis-moi **ce qui** est arrivè. |
| **Qu'est-ce qui** vous amuse? | Je vous demande **ce qui** vous amuse. |
| **Qu'est-ce que** tu fais? | Je voudrais savoir **ce que** tu fais. |
| **Qu'est-ce que** Pierre pense de ce livre? | Dites-moi **ce que** Pierre pense de ce livre. |

▶ Both **ce qui** and **ce que** correspond to the English pronoun *what.*

| | |
| --- | --- |
| Dites-moi **ce qui** vous amuse. | *Tell me **what** amuses you.* |
| Dites-moi **ce que** vous voulez. | *Tell me **what** you want.* |

▶ **Ce qui** means **la chose qui** or **les choses qui,** and corresponds to the subject pronoun **qu'est-ce qui. Ce qui** is followed by a singular verb and is modified by a masculine adjective.

| | |
| --- | --- |
| J'aime **les belles choses.** | J'aime **ce qui est beau.** |
| Je déteste **les choses compliquées.** | Je déteste **ce qui est compliqué.** |

▶ **Ce que** means **la chose que** or **les choses que,** and corresponds to the direct-object pronoun **qu'est-ce que.**

▶ Both **ce qui** and **ce que** are often used as indefinite pronouns and do not refer to a specific antecedent.

| | |
| --- | --- |
| **Ce qui** est simple ne m'intéresse pas. | ***What** is simple does not interest me.* |
| **Ce que** tu dis n'est pas vrai. | ***What** you say is not true.* |

## PROVERBE

Tout ce qui brille n'est pas d'or.

*All that glitters is not gold.*

**6. Interview**   Imaginez que vous travaillez pour le magazine de votre université. Vous allez interviewer Annie, une étudiante française, et vous voulez obtenir les renseignements suivants. Posez vos questions d'une façon indirecte en commençant vos phrases par **dis-moi.**

▢ Qu'est-ce que tu étudies?          *Dis-moi ce que tu étudies.*
▢ Qu'est-ce qui est important pour toi?   *Dis-moi ce qui est important pour toi.*

1. Qu'est-ce que tu fais le week-end?
2. Qu'est-ce que tu as fait le week-end dernier?
3. Qu'est-ce que tu penses des Américains?
4. Qu'est-ce que tu vas faire l'année prochaine?
5. Qu'est-ce que tu trouves de bizarre ici?
6. Qu'est-ce qui t'intéresse?
7. Qu'est-ce qui t'amuse?
8. Qu'est-ce qui te préoccupe?

**7. Occupations**   Les amis de Martine lui disent où ils sont allés hier. Martine veut avoir des précisions sur ce qu'ils ont fait. Jouez les deux rôles d'après le modèle.

☐   au cinéma / voir (le dernier film de Kevin Costner)
UN AMI:   *Hier je suis allé au cinéma.*
MARTINE:   *Ah bon? Est-ce que tu peux me dire ce que tu as vu?*
L'AMI:   *Bien sûr! J'ai vu le dernier film de Kevin Costner.*

1. au théâtre / voir (Othello)
2. en ville / faire (les courses)
3. au stade / faire (du jogging avec mes copains)
4. dans une boutique de vêtements / acheter (un pull)
5. au restaurant / commander (un steak tartare)
6. au café / boire (de la bière allemande)
7. à une discothèque très élégante / porter (mon nouveau costume)

**8. Oui ou non?**   Informez-vous sur les personnes suivantes et décrivez ce qu'elles font ou ce qu'elles ne font pas d'après le modèle.

☐   Tu es discret. (répéter? / entendre)      *Tu ne répètes pas ce que tu entends.*

1. Nous sommes honnêtes. (payer? / acheter)
2. Je suis sincère. (dire? / penser)
3. Jean-Pierre est méfiant *(distrustful)*. (croire? / lire)
4. Tu as de la chance. (trouver? / chercher)
5. Vous êtes indécis et irrésolu *(wavering)*. (savoir? / vouloir)
6. Ces gens sont paresseux. (finir? / commencer)
7. Cécile est égoïste. (prêter? / avoir)
8. Nous sommes indépendants. (faire? / vouloir)

# Communication

Choose a partner who will play the role of the other person in the conversation.

---

1. You are talking with a friend about the latest movie he/she saw.

Ask your partner . . .

- with whom he/she went to the movies
- what he/she saw
- who was playing the main role **(le rôle principal)**
- what he/she thought of the movie
- what he/she did after the movie

---

2. Last night your roommate went to a lecture given by a well-known speaker. You want to know more about what went on.

Ask your partner . . .

- who was speaking
- what the person talked about
- what he/she thought of the lecture **(la conférence)**
- whom he/she met there
- what he/she did after the lecture

---

3. You are a police detective taking a deposition from a person who witnessed a burglary. Begin your queries with **Dites-moi ...**

Ask your partner . . .

- what he/she was doing at the time of the burglary **(au moment du cambriolage)**
- whom he/she saw
- what he/she saw
- what happened next **(ensuite)**
- what he/she did

# Reference Section

## Appendices

## Vocabulaire

# Appendices

## I. Expressions pour la classe

### A. Pour la compréhension: expressions utilisées par le professeur

| | | | |
|---|---|---|---|
| Écoutez (bien) | la bande.<br>la question. | Listen (carefully) to | the tape.<br>the question. |
| Répétez. | | Repeat. | |
| Ne répétez pas. | | Don't repeat. | |
| Tous ensemble. | | All together. | |
| Encore une fois. | | Once again. | |
| (Parlez) plus fort. | | (Speak) louder. Speak up. | |
| Répondez. | | Answer. | |
| Ne répondez pas. | | Do not answer. | |
| Commencez. | | Begin. | |
| Continuez. | | Continue. | |
| Ouvrez | votre livre. | Open | your book. |
| Fermez | votre cahier. | Close | your workbook. |
| Regardez | le tableau.<br>la page ... | Look at | the chalkboard.<br>page ... |
| Prenez | du papier.<br>un stylo.<br>un crayon. | Take | a sheet of paper.<br>a pen.<br>a pencil. |
| Écrivez. | | Write. | |
| Lisez. | | Read. | |
| Faites attention à | la prononciation.<br>l'orthographe. | Pay attention to | the pronunciation.<br>the spelling. |
| Pour la prochaine fois ... | | For the next time ... | |
| Faites l'exercice à la page ... | | Do the exercise on page ... | |

### B. Pour s'exprimer: expressions utilisées par les étudiants

| | | | |
|---|---|---|---|
| À quelle page | sommes-nous? | On what page | are we? |
| Où | | Where | |
| Je ne comprends pas. | | I don't understand. | |
| Je ne sais pas. | | I don't know. | |
| Comment dit-on (écrit-on) ... en français? | | How do you say (write) ... in French? | |
| Que veut dire ...? | | What does ... mean? | |

## C. Expressions grammaticales

| | |
|---|---|
| l'article / le nom / l'adjectif | *article / noun / adjective* |
| le pronom / le verbe / l'adverbe | *pronoun / verb / adverb* |
| le verbe réfléchi | *reflexive verb* |
| la préposition / la conjonction | *preposition / conjunction* |
| le sujet / l'objet (le complément d'objet) | *subject / object* |
| le singulier / le pluriel | *singular / plural* |
| une voyelle / une consonne | *vowel / consonant* |
| un mot / une expression | *word / expression* |
| une phrase / une question | *sentence / question* |
| l'accord / la terminaison | *agreement / ending* |

## D. Expressions pour les exercices

| | |
|---|---|
| Demandez (à quelqu'un) si ... | *Ask (someone) if, whether ...* |
| Dites que ... | *Say that ...* |
| Dites ce que chacun (fait). | *Say what each one (is doing).* |
| Expliquez ... | *Explain ...* |
| Suggérez ... | *Suggest ...* |
| Exprimez ┃ ceci. | *Explain ┃ this.* |
| ┃ cela. | *┃ that.* |
| Jouez le rôle de ... | *Play the role of ...* |
| Complétez les phrases suivantes. | *Complete the following sentences.* |
| Utilisez les mots ┃ entre parenthèses. | *Use the words ┃ in parentheses.* |
| ┃ soulignés. | *┃ underlined.* |
| ┃ en gros caractères. | *┃ in bold type.* |
| Lisez ┃ ce que ... | *Read ┃ what ...* |
| Décrivez ┃ | *Describe ┃* |

# II. Les sons français

|  | Son | Orthographe | Exemples |
|---|---|---|---|
| *Voyelles orales* | /a/ | **a, à, â** | banane, là, château |
|  | /i/ | **i, î** | Mimi, Philippe, Nîmes |
|  |  | **y** | Sylvie |
|  | /e/ | **é** | Léa |
|  |  | **e** (devant un **z, t** ou **r** final et non-prononcé) | chez, chalet, dîner |
|  |  | **ai** | français |
|  | /ɛ/ | **è** | chère, Michèle |
|  |  | **ei** | Seine |
|  |  | **ê** | tête |
|  |  | **e** (devant 2 consonnes) | Isabelle |
|  |  | **e** (devant une consonne finale prononcée) | cher |
|  |  | **ai** (devant une consonne finale prononcée) | française |
|  | /u/ | **ou, où, oû** | Loulou, où, coûter |
|  | /y/ | **u, û** | Lulu, dû |
|  | /o/ | **o** | auto |
|  |  | **au, eau** | loyaux, beau |
|  |  | **ô** | rôle |
|  | /ɔ/ | **o** | Nicole |
|  |  | **au** | Paul |
|  | /ø/ | **eu, œu** | neveu, vœux |
|  |  | **eu** (devant la terminaison **-se**) | sérieuse |
|  | /œ/ | **eu, œu** (devant une consonne finale prononcée excepté /**z**/) | moteur, sœur |
|  | /ə/ | **e** | le, René |
| *Voyelles nasales* | /ɑ̃/ | **an, am** | André, Adam |
|  |  | **en, em** | ensemble, emblème |
|  | /ɛ̃/ | **in, im** | instant, important |
|  |  | **yn, ym** | synthèse, symphonie |
|  |  | **ain, aim** | américain faim |
|  |  | **en** (dans la terminaison **-ien, -yen**) | bien, moyen |
|  | /ɛ̃/ or /œ̃/ | **un, um** | brun, humble |
|  | /ɔ̃/ | **on, om** | on, salon, bombe |

|  | Son | Orthographe | Exemples |
|---|---|---|---|
| *Semivoyelles* | /ɥ/ | **u** (devant une voyelle) | suave, Suisse |
|  | /j/ | **i, y** (devant une voyelle) | piano, Yolande, payer |
|  |  | **il, ill** (après une voyelle) | travail, travailler |
|  | /w/ | **ou** (devant une voyelle) | oui |
|  | /wa/ | **oi** (devant une consonne) | noir |
|  |  | **oy** | voyage |
|  | /wɛ̃/ | **oin** | loin |
| *Consonnes* | /b/ | **b** | barbare |
|  | /ʃ/ | **ch** | machine |
|  | /d/ | **d** | David |
|  | /f/ | **f, ph** | Fifi, photo |
|  | /g/ | **g** (devant **a, o, u** ou consonne) | garçon, Margot, Gustave |
|  |  | **gu** (devant **e, i, y**) | guerre, guitare, Guy |
|  | /ʒ/ | **j, je** (devant **a**) | Jacques, Jean |
|  |  | **g** (devant **e, i, y**) | danger, Gigi |
|  |  | **ge** (devant **a, o, u**) | changeant, Georges, courageux |
|  | /ɲ/ | **gn** | espagnol |
|  | /l/ | **l** | Lili, il |
|  | /m/ | **m** | maman |
|  | /n/ | **n** | ananas |
|  | /p/ | **p** | papa |
|  | /r/ | **r** | Robert |
|  | /k/ | **c** (devant **a, o, u** ou consonne) | cacao, Corinne, Hercule |
|  |  | **ch** (devant **r**) | Christine |
|  |  | **qu** | qualité |
|  |  | **k** | kilo |
|  | /s/ | **c** (devant **e, i, y**) | Cécile |
|  |  | **ç** (devant **a, o, u**) | garçon |
|  |  | **s** (au début d'un mot ou avant une consonne) | Suzanne, reste |
|  |  | **ss** | masse |
|  |  | **t** (devant **i** + voyelle) | solution |
|  | /z/ | **s** (entre deux voyelles) | rose |
|  |  | **z** | zéro, bronzer |
|  | /t/ | **t, th** | tante, théâtre |
|  | /v/ | **v** | Victor |
|  | /gz/ | **x** (devant **a, o, u**) | examiner |
|  | /ks/ | **x** (devant **e, i**) | taxi |

# III. Les verbes réguliers

## A. Conjugaison régulière

| Infinitif | Indicatif | | | |
| --- | --- | --- | --- | --- |
| | Présent | Passé composé | Imparfait | Plus-que-parfait |
| *Verbes en* **-er**<br>**parler** | je parle<br>tu parles<br>il/elle/on parle<br>nous parlons<br>vous parlez<br>ils/elles parlent | j' **ai** parlé<br>tu **as** parlé<br>il **a** parlé<br>nous **avons** parlé<br>vous **avez** parlé<br>ils **ont** parlé | je parlais<br>tu parlais<br>il parlait<br>nous parlions<br>vous parliez<br>ils parlaient | j' **avais** parlé<br>tu **avais** parlé<br>il **avait** parlé<br>nous **avions** parlé<br>vous **aviez** parlé<br>ils **avaient** parlé |
| *Verbes en* **-ir**<br>**finir** | je finis<br>tu finis<br>il/elle/on finit<br>nous finissons<br>vous finissez<br>ils/elles finissent | j' **ai** fini<br>tu **as** fini<br>il **a** fini<br>nous **avons** fini<br>vous **avez** fini<br>ils **ont** fini | je finissais<br>tu finissais<br>il finissait<br>nous finissions<br>vous finissiez<br>ils finissaient | j' **avais** fini<br>tu **avais** fini<br>il **avait** fini<br>nous **avions** fini<br>vous **aviez** fini<br>ils **avaient** fini |
| *Verbes en* **-re**<br>**répondre** | je réponds<br>tu réponds<br>il/elle/on répond<br>nous répondons<br>vous répondez<br>ils/elles répondent | j' **ai** répondu<br>tu **as** répondu<br>il **a** répondu<br>nous **avons** répondu<br>vous **avez** répondu<br>ils **ont** répondu | je répondais<br>tu répondais<br>il répondait<br>nous répondions<br>vous répondiez<br>ils répondaient | j' **avais** répondu<br>tu **avais** répondu<br>il **avait** répondu<br>nous **avions** répondu<br>vous **aviez** répondu<br>ils **avaient** répondu |
| *Verbes pronominaux*<br>**se laver** | je me lave<br>tu te laves<br>il/on se lave<br>elle se lave<br>nous nous lavons<br><br>vous vous lavez<br>ils se lavent<br>elles se lavent | je me **suis** lavé(e)<br>tu t'**es** lavé(e)<br>il s'**est** lavé<br>elle s'**est** lavée<br>nous nous **sommes** lavé(e)s<br>vous vous **êtes** lavé(e)(s)<br>ils se **sont** lavés<br>elles se **sont** lavées | je me lavais<br>tu te lavais<br>il se lavait<br>elle se lavait<br>nous nous lavions<br><br>vous vous laviez<br>ils se lavaient<br>elles se lavaient | je m'**étais** lavé(e)<br>tu t'**étais** lavé(e)<br>il s'**était** lavé<br>elle s'**était** lavée<br>nous nous **étions** lavé(e)s<br>vous vous **étiez** lavé(e)(s)<br>ils s'**étaient** lavés<br>elles s'**étaient** lavées |

|  | Conditionnel | Subjonctif | Impératif | Participes | |
|---|---|---|---|---|---|
| Futur | Présent | Présent |  | Présent | Passé |
| je parler**ai**<br>tu parler**as**<br>il parler**a**<br>nous parler**ons**<br>vous parler**ez**<br>ils parler**ont** | je parler**ais**<br>tu parler**ais**<br>il parler**ait**<br>nous parler**ions**<br>nous parler**iez**<br>ils parler**aient** | que je parl**e**<br>que tu parl**es**<br>qu'il/elle/on parl**e**<br>que nous parl**ions**<br>que vous parl**iez**<br>qu'ils/elles parl**ent** | parl**e**<br><br>parl**ons**<br>parl**ez** | parl**ant** parl**é** | |
| je finir**ai**<br>tu finir**as**<br>il finir**a**<br>nous finir**ons**<br>vous finir**ez**<br>ils finir**ont** | je finir**ais**<br>tu finir**ais**<br>il finir**ait**<br>nous finir**ions**<br>vous finir**iez**<br>ils finir**aient** | que je fin**isse**<br>que tu fin**isses**<br>qu'il/elle/on fin**isse**<br>que nous fin**issions**<br>que vous fin**issiez**<br>qu'ils/elles fin**issent** | fin**is**<br><br>fin**issons**<br>fin**issez** | fin**issant** fin**i** | |
| je répondr**ai**<br>tu répondr**as**<br>il répondr**a**<br>nous répondr**ons**<br>vous répondr**ez**<br>ils répondr**ont** | je répondr**ais**<br>tu répondr**ais**<br>il répondr**ait**<br>nous répondr**ions**<br>vous répondr**iez**<br>ils répondr**aient** | que je répond**e**<br>que tu répond**es**<br>qu'il/elle/on répond**e**<br>que nous répond**ions**<br>que vous répond**iez**<br>qu'ils/elles répond**ent** | répond**s**<br><br>répond**ons**<br>répond**ez** | répond**ant** répond**u** | |
| je me laverai<br>tu te laveras<br>il se lavera<br>elle se lavera<br>nous nous laverons<br><br>vous vous laverez<br>ils se laveront<br>elles se laveront | je me laverais<br>tu te laverais<br>il se laverait<br>elle se laverait<br>nous nous laverions<br><br>vous vous laveriez<br>ils se laveraient<br>elles se laveraient | que je me lave<br>que tu te laves<br>qu'il/on se lave<br>qu'elle se lave<br>que nous nous lavions<br><br>que vous vous laviez<br>qu'ils se lavent<br>qu'elles se lavent | lave-toi<br><br><br>lavons-nous<br><br>lavez-vous | se lavant lavé | |

## B. Verbes à modification orthographique

| Infinitif | Indicatif | | | |
| --- | --- | --- | --- | --- |
| | Présent | Passé composé | Imparfait | Plus-que-parfait |
| **acheter** | j' achète<br>tu achètes<br>il/elle/on achète<br>nous achetons<br>vous achetez<br>ils/elles achètent | j'ai acheté | j'achetais | j'avais acheté |
| **préférer** | je préfère<br>tu préfères<br>il/elle/on préfère<br>nous préférons<br>vous préférez<br>ils/elles préfèrent | j'ai préféré | je préférais | j'avais préféré |
| **payer** | je paie<br>tu paies<br>il/elle/on paie<br>nous payons<br>vous payez<br>ils/elles paient | j'ai payé | je payais | j'avais payé |
| **appeler** | j' appelle<br>tu appelles<br>il/elle/on appelle<br>nous appelons<br>vous appelez<br>ils/elles appellent | j'ai appelé | j'appelais | j'avais appelé |

| | Conditionnel | Subjonctif | Impératif | Participes | |
|---|---|---|---|---|---|
| Futur | Présent | Présent | | Présent | Passé |
| j'achèterai | j'achèterais | que j'achète<br>que tu achètes<br>qu'il/elle/on achète<br>que nous achetions<br>que vous achetiez<br>qu'ils/elles achètent | achète<br><br>achetons<br>achetez | achetant | acheté |
| je préférerai | je préférerais | que je préfère<br>que tu préfères<br>qu'il/elle/on préfère<br>que nous préférions<br>que vous préfériez<br>qu'ils/elles préfèrent | préfère<br><br>préférons<br>préférez | préférant | préféré |
| je paierai | je paierais | que je paie<br>que tu paies<br>qu'il/elle/on paie<br>que nous payions<br>que vous payiez<br>qu'ils/elles paient | paie<br><br>payons<br>payez | payant | payé |
| j'appellerai | j'appellerais | que j'appelle<br>que tu appelles<br>qu'il/elle/on appelle<br>que nous appelions<br>que vous appeliez<br>qu'ils/elles appellent | appelle<br><br>appelons<br>appelez | appelant | appelé |

# IV. Les verbes auxiliaires

| Infinitif | Indicatif | | | |
| | Présent | Passé composé | Imparfait | Plus-que-parfait |
| --- | --- | --- | --- | --- |
| **être** | je suis<br>tu es<br>il/elle/on est<br>nous sommes<br>vous êtes<br>ils/elles sont | j'ai été | j'étais | j'avais été |
| **avoir** | j' ai<br>tu as<br>il/elle/on a<br>nous avons<br>vous avez<br>ils/elles ont | j'ai eu | j'avais | j'avais eu |

# V. Les verbes irréguliers

| Infinitif | Indicatif | | Passé composé | Imparfait | Plus-que-parfait |
| | Présent | | | | |
| --- | --- | --- | --- | --- | --- |
| **aller** | je vais<br>tu vas<br>il/elle/on va | nous allons<br>vous allez<br>ils/elles vont | je suis allé(e) | j'allais | j'étais allé(e) |
| **s'asseoir** | je m'assieds<br>tu t'assieds<br>il/elle/on s'assied | nous nous asseyons<br>vous vous asseyez<br>ils/elles s'asseyent | je me suis assis(e) | je m'asseyais | je m'étais assis(e) |
| **boire** | je bois<br>tu bois<br>il/elle/on boit | nous buvons<br>vous buvez<br>ils/elles boivent | j'ai bu | je buvais | j'avais bu |
| **conduire** | je conduis<br>tu conduis<br>il/elle/on conduit | nous conduisons<br>vous conduisez<br>ils/elles conduisent | j'ai conduit | je conduisais | j'avais conduit |

| | Conditionnel | Subjonctif | Impératif | Participes | |
|---|---|---|---|---|---|
| Futur | Présent | Présent | | Présent | Passé |
| je serai | je serais | que je sois<br>que tu sois<br>qu'il/elle/on soit<br>que nous soyons<br>que vous soyez<br>qu'ils/elles soient | sois<br><br><br>soyons<br>soyez | étant | été |
| j'aurai | j'aurais | que j'aie<br>que tu aies<br>qu'il/elle/on ait<br>que nous ayons<br>que vous ayez<br>qu'ils/elles aient | aie<br><br><br>ayons<br>ayez | ayant | eu |

| | Conditionnel | Subjonctif | Participe | Autres verbes ayant une conjugaison semblable |
|---|---|---|---|---|
| Futur | Présent | Présent | Présent | |
| j'irai | j'irais | que j'aille<br>que nous allions | allant | |
| je m'assiérai | je m'assiérais | que je m'asseye<br>que nous nous asseyions | s'asseyant | |
| je boirai | je boirais | que je boive<br>que nous buvions | buvant | |
| je conduirai | je conduirais | que je conduise<br>que nous conduisions | conduisant | construire<br>détruire<br>produire<br>traduire |

| Infinitif | Indicatif | | Passé composé | Imparfait | Plus-que-parfait |
|---|---|---|---|---|---|
| | Présent | | | | |
| **connaître** | je connais<br>tu connais<br>il/elle/on connaît | nous connaissons<br>vous connaissez<br>ils/elles connaissent | j'ai connu | je connaissais | j'avais connu |
| **courir** | je cours<br>tu cours<br>il/elle/on court | nous courons<br>vous courez<br>ils/elles courent | j'ai couru | je courais | j'avais couru |
| **croire** | je crois<br>tu crois<br>il/elle/on croit | nous croyons<br>vous croyez<br>ils/elles croient | j'ai cru | je croyais | j'avais cru |
| **devoir** | je dois<br>tu dois<br>il/elle/on doit | nous devons<br>vous devez<br>ils/elles doivent | j'ai dû | je devais | j'avais dû |
| **dire** | je dis<br>tu dis<br>il/elle/on dit | nous disons<br>vous dites<br>ils/elles disent | j'ai dit | je disais | j'avais dit |
| **écrire** | j' écris<br>tu écris<br>il/elle/on écrit | nous écrivons<br>vous écrivez<br>ils/elles écrivent | j'ai écrit | j'écrivais | j'avais écrit |
| **envoyer** | j' envoie<br>tu envoies<br>il/elle/on envoie | nous envoyons<br>vous envoyez<br>ils/elles envoient | j'ai envoyé | j'envoyais | j'avais envoyé |
| **faire** | je fais<br>tu fais<br>il/elle/on fait | nous faisons<br>vous faites<br>ils/elles font | j'ai fait | je faisais | j'avais fait |
| **falloir** | il faut | | il a fallu | il fallait | il avait fallu |
| **lire** | je lis<br>tu lis<br>il/elle/on lit | nous lisons<br>vous lisez<br>ils/elles lisent | j'ai lu | je lisais | j'avais lu |

| Futur | Conditionnel Présent | Subjonctif Présent | Participe Présent | Autres verbes ayant une conjugaison semblable |
|---|---|---|---|---|
| je connaîtrai | je connaîtrais | que je connaisse<br>que nous connaissions | connaissant | disparaître<br>reconnaître |
| je courrai | je courrais | que je coure<br>que nous courions | courant | |
| je croirai | je croirais | que je croie<br>que nous croyions | croyant | |
| je devrai | je devrais | que je doive<br>que nous devions | devant | |
| je dirai | je dirais | que je dise<br>que nous disions | disant | contredire (vous contredisez)<br>interdire (vous interdisez)<br>prédire (vous prédisez) |
| j'écrirai | j'écrirais | que j'écrive<br>que nous écrivions | écrivant | décrire |
| j'enverrai | j'enverrais | que j'envoie<br>que nous envoyions | envoyant | |
| je ferai | je ferais | que je fasse<br>que nous fassions | faisant | |
| il faudra | il faudrait | qu'il faille | | |
| je lirai | je lirais | que je lise<br>que nous lisions | lisant | élire |

|  |  | Indicatif |  |  |  |
| --- | --- | --- | --- | --- | --- |
| Infinitif | Présent |  | Passé composé | Imparfait | Plus-que-parfait |
| **mettre** | je mets<br>tu mets<br>il/elle/on met | nous mettons<br>vous mettez<br>ils/elles mettent | j'ai mis | je mettais | j'avais mis |
| **ouvrir** | j' ouvre<br>tu ouvres<br>il/elle/on ouvre | nous ouvrons<br>vous ouvrez<br>ils/elles ouvrent | j'ai ouvert | j'ouvrais | j'avais ouvert |
| **partir** | je pars<br>tu pars<br>il/elle/on part | nous partons<br>vous partez<br>ils/elles partent | je suis parti(e) | je partais | j'étais parti(e) |
| **pleuvoir** | il pleut |  | il a plu | il pleuvait | il avait plu |
| **pouvoir** | je peux<br>tu peux<br>il/elle/on peut | nous pouvons<br>vous pouvez<br>ils/elles peuvent | j'ai pu | je pouvais | j'avais pu |
| **prendre** | je prends<br>tu prends<br>il/elle/on prend | nous prenons<br>vous prenez<br>ils/elles prennent | j'ai pris | je prenais | j'avais pris |
| **recevoir** | je reçois<br>tu reçois<br>il/elle/on reçoit | nous recevons<br>vous recevez<br>ils/elles reçoivent | j'ai reçu | je recevais | j'avais reçu |
| **savoir** | je sais<br>tu sais<br>il/elle/on sait | nous savons<br>vous savez<br>ils/elles savent | j'ai su | je savais | j'avais su |
| **suivre** | je suis<br>tu suis<br>il/elle/on suit | nous suivons<br>vous suivez<br>ils/elles suivent | j'ai suivi | je suivais | j'avais suivi |

| Futur | Conditionnel<br>Présent | Subjonctif<br>Présent | Participe<br>Présent | Autres verbes ayant une conjugaison semblable |
|---|---|---|---|---|
| je mettrai | je mettrais | que je mette<br>que nous mettions | mettant | permettre<br>promettre |
| j'ouvrirai | j'ouvrirais | que j'ouvre<br>que nous ouvrions | ouvrant | couvrir<br>découvrir<br>offrir<br>souffrir |
| je partirai | je partirais | que je parte<br>que nous partions | partant | dormir (j'ai dormi)<br>s'endormir (je me suis endormi)<br>mentir (j'ai menti)<br>sentir (j'ai senti)<br>servir (j'ai servi)<br>sortir (je suis sorti) |
| il pleuvra | il pleuvrait | qu'il pleuve | pleuvant | |
| je pourrai | je pourrais | que je puisse<br>que nous puissions | pouvant | |
| je prendrai | je prendrais | que je prenne<br>que nous prenions | prenant | apprendre<br>comprendre |
| je recevrai | je recevrais | que je reçoive<br>que nous recevions | recevant | apercevoir<br>s'apercevoir (je me suis aperçu)<br>décevoir |
| je saurai | je saurais | que je sache<br>que nous sachions | sachant | |
| je suivrai | je suivrais | que je suive<br>que nous suivions | suivant | |

| | Indicatif | | Passé composé | Imparfait | Plus-que-parfait |
|---|---|---|---|---|---|
| Infinitif | Présent | | Passé composé | Imparfait | Plus-que-parfait |
| **venir** | je viens<br>tu viens<br>il/elle/on vient | nous venons<br>vous venez<br>ils/elles viennent | je suis venu(e) | je venais | j'étais venu(e) |
| **vivre** | je vis<br>tu vis<br>il/elle/on vit | nous vivons<br>vous vivez<br>ils/elles vivent | j'ai vécu | je vivais | j'avais vécu |
| **voir** | je vois<br>tu vois<br>il/elle/on voit | nous voyons<br>vous voyez<br>ils/elles voient | j'ai vu | je voyais | j'avais vu |
| **vouloir** | je veux<br>tu veux<br>il/elle/on veut | nous voulons<br>vous voulez<br>ils/elles veulent | j'ai voulu | je voulais | j'avais voulu |

| Futur | Conditionnel<br>Présent | Subjonctif<br>Présent | Participe<br>Présent | Autres verbes ayant une<br>conjugaison semblable |
|---|---|---|---|---|
| je viendrai | je viendrais | que je vienne<br>que nous venions | venant | devenir (je suis devenu)<br>revenir (je suis revenu)<br>se souvenir (je me suis souvenu)<br>maintenir (j'ai maintenu)<br>obtenir (j'ai obtenu) |
| je vivrai | je vivrais | que je vive<br>que nous vivions | vivant | |
| je verrai | je verrais | que je voie<br>que nous voyions | voyant | prévoir (je prévoirai) |
| je voudrai | je voudrais | que je veuille<br>que nous voulions | voulant | |

# Vocabulaire

## Français-Anglais

This vocabulary includes all the words used in *Contacts* except compound numbers and grammatical terminology. The definitions given are limited to the context in which the words are used in this book. Lesson references are given for those words and expressions that are formally activated in **Vocabulaire** or **Structure** sections. If a word is formally activated in more than one lesson, a reference is given for each lesson.

Regular adjectives are given in the masculine form, with the feminine endings in parentheses. Irregular adjectives are given in both the masculine and feminine forms, separated by slashes. Irregular masculine plural forms are given in parentheses.

The gender of each noun is given in parentheses. Irregular feminine or plural nouns are also noted beside the singular form. Expressions are listed according to their key word. The symbol ~ indicates repetition of the key word.

The following abbreviations are used.

UP    Unité préliminaire
VF    Vivre en France

| | | | |
|---|---|---|---|
| *abbrev* | abbreviation | *mpl* | masculine plural |
| *adj* | adjective | *n* | noun |
| *adv* | adverb | *obj. pron* | object pronoun |
| *art* | article | *pc* | passé composé |
| *conj* | conjunction | *pl* | plural |
| *f* | feminine | *pp* | past participle |
| *fpl* | feminine plural | *prep* | preposition |
| *inf* | infinitive | *pron* | pronoun |
| *inv* | invariable | *qqch* | quelque chose |
| *m* | masculine | *qqn* | quelqu'un |
| *m/f* | masculine/feminine | *v* | verb |

**à** at, to, in 1; by 12
~ + *city* in/to/at + *city* 1
~ **bientôt!** see you soon! UP
~ **cause de** because of 27
~ **cette époque** at that time
~ **cheval** on horseback VF 8
~ **combien est le dollar?** what is the dollar worth? VF 3
~ **condition que** provided that, on the condition that 30
~ **côté de** beside 9; nearby, next to VF 2
~ **domicile** at home
~ **droite de** to the right of 9
~ **gauche de** to the left of 9
~ **... kilomètres/mètres/minutes** ... kilometers/meters/minutes away VF 2
~ **l'aise** at ease
~ **l'étranger** abroad 12
~ **l'extérieur** outside
~ **l'heure** on time 26
~ **l'heure actuelle** at the present time 29; at this time
~ **la campagne** in the country 19
~ **la fois** at the same time
~ **la suite de** following
~ **lundi!** see you (on) Monday! VF 1
~ **merveille** beautifully VF 10
~ **moins que** unless
~ **nouveau** again
~ **partir de** from
~ **pied** on foot 6
~ **raison** rightly
~ **tort** wrongly
~ **toute vitesse** at high speed
~ **vélo** by bicycle 6
~ **votre tour** your turn VF 5
**abonné/abonnée** (*m/f*) subscriber
**abord: d'~** at first 21
**absolument** absolutely 29
**accéder** to have access to
**accepter** to accept 29
**accès à bord: carte** (*f*) **d'~** boarding pass VF 9

**accessoires** (*mpl*) accessories VF 10
**accident** (*m*) accident 21
**accord** (*m*) agreement
d'~! agreed! OK! all right! 2
**être d'~** to be in agreement 2
**achat** (*m*) purchase VF 10
**acheter** to buy 8
s'~ to buy for oneself 13
**acheteur/acheteuse** (*m/f*) buyer
**acier** (*m*) steel
**acquis(e)** acquired
**actif/active** active 25
**actuel/actuelle** current, present, of today 29
**à l'heure** (*f*) ~ at this time
**actuellement** at present 29
**addition** (*f*) check, bill (*in a restaurant*)
**administration** (*f*) **des affaires** business administration 17
**admirer** to admire 32
**adresse** (*f*) address VF 1
**adresser: s'~ à** to address oneself to
**aérien/aérienne** (*adj*) air
**compagnie** (*f*) ~ airline company VF 9
**aéroport** (*m*) airport 6
**affaire** (*f*) bargain
**affaires** (*fpl*) business 28
**administration des ~** business administration 17
**femme** (*f*) **d'~** businesswoman 26
**homme** (*m*) **d'~** businessman 26
**sens** (*m*) **des ~** business sense 28
**affreux/affreuse** awful
**Afrique** (*f*) Africa
**agence** (*f*) **de voyages** travel agency
**agent** (*m*) **de police** police officer, policeman
**agglomération** (*f*) town, urban area
**agrandir: s'~** to expand
**agréable** nice, pleasant 19

**agriculteur** (*m*) farmer
**ah bon!** OK! 6
**aider** to help 17
**aïe!** ouch!
**ailleurs** elsewhere 27
**aimer** to like, to love 1, 17, 25
~ **bien** to like 25
~ **mieux** to prefer 29
**ainsi** in that manner, so, thus
**air** (*m*): avoir l'~ + *adj*. to look, to seem 22
~ **conditionné** air conditioning VF 4
**aise: à l'~** at ease
**alcool** (*m*) alcohol
**alcoolique** (*adj*) alcoholic
**alimentaire** dietary
**habitude** (*f*) ~ dietary habit
**produit** (*m*) ~ food
**Allemagne** (*f*) Germany 13
**allemand** (*m*) German (*language*)
**allemand(e)** (*adj*) German 5, 13
**aller** to go 6, 12, 25
~ + *inf* to be going to + *inf* 6
~ **à qqn** to fit someone VF 10
~ **et retour** round trip VF 9
~ **simple** one-way VF 9
**allergique** allergic VF 5
**allié** (*m*) ally 30
**allô** hello (*on the phone*) VF 1
**alors** then 1; at that moment 26
~? so? 9
**alpinisme** (*m*) mountain climbing 22
**ambitieux/ambitieuse** ambitious 25
**améliorer** to improve
**amener** to bring/take along 8, 15
**Américain/Américaine** (*m/f*) American
**américain(e)** (*adj*) American 5
**américaniser: s'~** to become Americanized
**Amérique** (*f*) America, the Americas
**ami(e)** (*m/f*) friend 4
**amitié** (*f*) friendship 25
**amour** (*m*) love 25

**amoureux/amoureuse de**   in love with 25

   **tomber ~ de**   to fall in love with

**ampleur** (*f*)   magnitude

**amusant(e)**   amusing 5

**amuser: s'~**   to have fun 24

**an** (*m*)   year 11

   **avoir ... ans**   to be ... years old 10

   **tous les ans**   every year

**analyse** (*f*)   analysis 32

**anathème** (*m*)   something condemned

**ancien/ancienne**   old 19; former

**anglais(e)** (*adj*)   English 5, 13

**Anglais/Anglaise** (*m/f*)   English person 5, 13

**Angleterre** (*f*)   England 13

**animé(e)**   full of life, lively

**année** (*f*)   year 11

   **~ de naissance**   year of birth

   **bonne ~!**   Happy New Year!

   **cette ~**   this year 11

**anniversaire** (*m*)   birthday 11

   **fête d'~**   birthday party VF 6

   **mon ~ est ...**   my birthday is ... 3

**annonce** (*f*)   ad (advertisement)

   **petite ~**   classified ad 18

**annuaire** (*m*)   directory

**annuler**   to cancel

**anonymat** (*m*)   anonymity

**anorak** (*m*)   parka 8

**Antenne 2**   *French TV channel*

**anthropologie** (*f*)   anthropology 17

**Antilles** (*fpl*)   West Indies

**antiquaire** (*m/f*)   antique dealer

**août** (*m*)   August 3

**apercevoir**   to catch a glimpse of, to see 26

   **s'~**   to realize 26

**apéritif** (*m*)   before-dinner drink

**appareil** (*m*)   camera; telephone; piece of equipment 31

   **~ ménager**   household appliance

   **qui est à l'~?**   who is calling? VF 1

**appareil-photo** (*m*)   camera 4

**appartement** (*m*)   apartment 9

**appartenir**   to belong

**appeler**   to call 23, 24

   **comment vous appelez-vous?**   What is your name? UP

   **s'~**   to be called, to be named 24

**appliquer: s'~**   to apply

**apporter**   to bring 15

**apprendre (à)**   to learn 14, 25

**approcher: s'~ de**   to come close to 24

**après**   after 11, 28

   **~ tout**   after all 14

   **d'~**   according to 19

   **d'~ vous**   in your opinion

**après-demain**   day after tomorrow 11

**après-guerre: d'~**   post-war

**après-midi** (*m*)   afternoon

   **cet ~**   this afternoon 11

   **de l'~**   in the afternoon (P.M.) 2

   **demain ~**   tomorrow afternoon 11

**Arc** (*m*) **de Triomphe**   Arch of Triumph (*monument in Paris*)

**arche** (*f*) **perdue**   lost ark

**architecte** (*m/f*)   architect 26

**architecture** (*f*)   architecture 17

**argent** (*m*)   money 7; silver VF 10

**armée** (*f*)   army 3

**arrêt** (*m*) **d'autobus**   bus stop VF 2

**arrêter**   to arrest, to halt

   **s'~ (de)**   to stop 24, 25

**arrière-petits-enfants** (*mpl*)   great-grandchildren

**arrivée** (*f*)   arrival 27

**arriver**   to arrive 1, 12, 21; to come 12; to happen

   **j'arrive**   I'm coming VF 5

**art** (*m*)   art 6

   **le septième ~**   the seventh art (*film making*)

   **beaux arts** (*mpl*)   fine arts 17

**article** (*m*)   article (*to read*) 18

**Asie** (*f*)   Asia

**asseoir: s'~**   to sit down 24

**assez**   enough 12; rather 2

   **~ (de)**   enough (of) 15

**assidu(e)**   untiring

**assiette** (*f*)   plate

**assis(e)**   seated

**assistant social/assistante sociale** (*m/f*)   social worker

**assister à**   to attend, to go to 21

**association: liberté** (*f*) **d'~**   freedom of assembly

**assurer**   to provide

**athlétisme: faire de l'~**   to do track and field VF 8

**atomique: centrale** (*f*) **~**   nuclear power plant

**atroce**   atrocious

**attendre**   to wait for, to expect 10, 17

**attentif/attentive**   attentive 25

**attention: faire ~ à**   to pay attention to 9

   **~!**   Careful! VF UP

**attentivement**   attentively

**attirer**   to attract 32

**au contraire**   on the contrary 19

**au début**   at first, in the beginning

**au lieu de**   instead of 28

**au revoir**   good-by UP

**auberge** (*f*)   inn

   **~ à la campagne**   country inn VF 4

   **~ de la jeunesse**   youth hostel VF 4

**aucun(e): ne ... ~**   none, not any

**audio-visuel: équipement** (*m*) **~**   audio-visual equipment 4

**augmentation** (*f*)   increase

**augmenter**   to increase

**aujourd'hui**   today, now, 3, 9, 11

**auquel (= à + lequel)**   32

**aussi**   also, too 2; as, so

   **~ ... que**   as ... as 8

   **moi ~**   me too 3

**Australie** (*f*)   Australia

**autant**   as much, as many 15

   **que** (*conj*)   as much as

**auteur** (*m*)   author

**auto** (*f*)   car 4

**autobus** (*m*)   bus
  **arrêt** (*m*) **d'**~   bus stop VF 2
**automne** (*m*)   fall, autumn 9
**autostop** (*m*)   hitchhiking
  **faire de l'**~   to hitchhike
**autour de**   around
**autre** (*adj*)   other 16
  ~ **chose**   something else
  **un(e)** ~ **...**   another ... 16
**autre** (*pron*)   other (one)
**autrefois**   formerly, in the past
  20; then
**Auvergne** (*f*)   *region in central
  France* VF 5
**auxquel/auxquelles** (= **aux** +
  **lesquels/lesquelles**) 32
**avance: avoir ... minutes d'**~   to
  be ... minutes early VF 9
  **en** ~   ahead of time, early 26
**avant**   before 11
  ~ **de**   before 28, 30
  ~ **que**   before 30
**avant-hier**   day before yesterday
  11
**avare**   stingy
**avec**   with 1
**avenir** (*m*)   future 27
**aventure** (*f*)   adventure
**avenue** (*f*)   avenue 19
**avion** (*m*)   airplane
  **en** ~   by airplane 6
  **par** ~   by air mail VF 6
**aviron: faire de l'**~   to row, to
  do crew VF 8
**avis** (*m*)   opinion 19
  **à mon** ~   in my opinion 19
**avocat/avocate** (*m/f*)   lawyer 26
**avoir**   to have 4
  ~ **... ans**   to be ... years old 10
  ~ **besoin de**   to need, to have
  to 10
  ~ **chaud**   to be hot 10
  ~ **confiance**   to trust
  ~ **conscience**   to be aware
  ~ **de la chance**   to be lucky
  ~ **faim**   to be hungry 10
  ~ **froid**   to be cold 10
  ~ **l'air** + *adj*   to seem 22; to
  look

  ~ **l'intention de**   to plan to, to
  intend to 10
  ~ **lieu**   to take place 21
  ~ **peur (de)**   to be afraid (of)
  10, 30
  ~ **raison**   to be right 10
  ~ **soif**   to be thirsty 10
  ~ **sommeil**   to be sleepy 10
  ~ **tort**   to be wrong 10
**avril** (*m*)   April 3
**aztèque** (*adj*)   Aztec

**bac** (*m*)   (*See* **baccalauréat**)
**baccalauréat** (*m*)   *exam at the end
  of high school that grants en
  trance to the university*
**bagages** (*mpl*)   luggage VF 9
**bague** (*f*)   ring VF 10
**baigner: se** ~   to swim VF 8
**baignoire** (*f*)   bathtub
**bâiller**   to yawn
**bain** (*m*)   bath
  **maillot** (*m*) **de** ~   swimming
  suit 8
  **prendre des bains de soleil**   to
  sunbathe VF 8
  **salle de bains**   bathroom 9
**bal** (*m*) **masqué**   masked ball
**baladeur** (*m*)   walkman, personal
  stereo 4
**ballon** (*m*)   balloon
**banane** (*f*)   banana 15
**banc** (*m*)   bench
**bancaire** (*adj*)   banking
  **situation** (*f*) ~   bank balance
**bande** (*f*): ~ **dessinée**   comic
  strip 18
  ~ **Velpeau**   Ace bandage VF 8
**banlieue**(*f*)   suburb 19
**banque** (*f*)   bank VF 3
**banquier/banquière** (*m/f*)   banker
**bar** (*m*)   bar 8
**bas** (*mpl*)   stockings 8
**bas/basse** (*adj*)   low
**basket** (*m*)   basketball
**basketball** (*m*)   basketball 8
**bateau** (*m*)   boat VF 8
  **faire du** ~   to go boating VF 8
  **bateau-mouche** (*m*)   sightseeing
  boat
**bâtiment** (*m*)   building 19

**bâton** (*m*)   stick
**battre**   to defeat, to beat
**battu(e)**   defeated
**bavardages** (*mpl*)   gossip
**beau/bel/belle/beaux/belles**
  beautiful, handsome, pretty 9
  **il fait beau**   it is beautiful 9
**beaucoup**   much, very much, a
  lot 2, 12, 15
  ~ **de**   much (many), very
  much (very many), a lot of,
  lots of 15
  ~ **trop (de)**   much too much,
  far too many 15
**beaujolais** (*m*)   *a French red wine*
**beaux arts** (*mpl*)   fine arts 17
**belge** (*adj*)   Belgian 13
**Belgique** (*f*)   Belgium 13
**bénéfique**   profitable
**Bénélux** (*m*)   *free trade zone formed
  by Belgium, Luxemburg, and the
  Netherlands*
**besoin: avoir** ~ **de**   to need 10
**beurre** (*m*)   butter 14
**bibliothèque** (*f*)   library 6
**bicyclette** (*f*)   bicycle 4
**bien** (*m*)   good, advantage
**bien** (*adv*)   fine UP; well 2, 12
  ~ **portant**   healthy 22
  ~ **sûr!**   of course! 2
  ~ **sûr que non!**   of course not!
  2
  ~ **vivre** (*m*)   good living
  **eh** ~ **...**   well ... 8
  **ou** ~   or
  **très** ~   very well UP
**bientôt**   soon 26
  **à** ~!   see you soon! UP
**bienvenus: soyez les** ~   welcome
**bière** (*f*)   beer 14
  ~ **pression**   draft beer VF 5
**bifteck** (*m*)   steak
**bilingue**   bilingual
**billet** (*m*)   bill (*currency*) VF 3;
  ticket
**biologie** (*f*)   biology 17
**bistrot** (*m*)   small café, bistro
**blanc/blanche**   white 8, 25
**blanchisserie** (*f*)   laundry
**blessé(e)**   hurt

**blesser: se ~** to wound oneself VF 8

**bleu(e)** blue 8

**blond(e)** blond 5

**blouson** (*m*) jacket, windbreaker VF 10

**BNP (Banque Nationale de Paris)** *a French bank*

**bœuf** (*m*) beef 14

**boire** to drink 14

  **prendre qqch à ~** to have something to drink 14

**boisson** (*f*) beverage, drink 14

**bon/bonne** (*adj*) good 5

  **ah ~!** OK! 6

  **il est ~** it is good 29

  **il fait ~** it is nice out 9

  **~ marché** (*adj/inv*) cheap, inexpensive 8

  **~ séjour!** have a nice stay! VF 4

  **~ vivant** (*adj*) jovial; (*m*) jovial fellow

**bonheur** (*m*) happiness

**bonjour** hello, good morning UP

**bottes** (*fpl*) boots 8

**bouche** (*f*) mouth 23

**boucle** (*f*) **d'oreille** earring VF 10

**bouillabaise** (*f*) *a fish soup*

**bouger** to move

**boulanger/boulangère** (*m/f*) baker

**boulevard** (*m*) boulevard 19

**boum** (*m*) party

**bourgeois/bourgeoise** (*m/f*) *member of the middle class*

**bourgeois(e)** (*adj*) middle-class VF 7

**bourse** (*f*) scholarship 7

**bout** (*m*) end

**bouteille** (*f*) bottle

**boutique** (*f*) **de soldes** discount shop

**boxe: match** (*m*) **de ~** boxing match

**branché(e)** plugged in

**bras** (*m*) arm 23

**Brésil** (*m*) Brazil 13

**brésilien/brésilienne** (*adj*) Brazilian 13

**bridge** (*m*) bridge (*game*) 6

**brillamment** brilliantly 25

**brillant(e)** brilliant 5

**bronchite** (*f*) bronchitis

**bronzé(e)** tanned

**bronzer: se ~** to get a tan VF 8

**brosse** (*f*) brush 23

  **~ à dents** toothbrush 23

**brosser: se ~** to brush 23

**brouillés: œufs ~** scrambled eggs

**bruit** (*m*) noise 19

**brun(e)** brown 5

**bureau** (*m*), **bureaux** (*pl*) desk 9; office 4, 6, 19

  **~ de change** currency exchange (office) VF 3

  **~ des renseignements** information desk VF 9

**bus** (*m*) bus 6

  **en ~** by bus 6

**business** (*m*) business 8

**ça (cela)** (*pron*) that

  **~, c'est vrai** that's true 15

  **~ fait ...** that makes .../you owe me ... VF 3

  **~ fait combien?** how much is it? VF 3

  **~ te va?** is that OK with you?

  **~ va?** How are you? UP

  **~ va...** things are going... UP

  **c'est ~!** Agreed! VF 1

  **non, ce n'est pas ~** No, that's not it VF UP

  **oui, c'est ~** yes, that's it VF UP

**cabinet** (*m*) **de toilette** bathroom 9

**cachet** (*m*) tablet VF 8

**cadeau** (*m*), **cadeaux** (*pl*) gift, present

**cadre** (*m*) executive 26

**café** (*m*) café 6

**café** (*m*) coffee 14

  **café-crème** (*m*) coffee with cream VF 5

**cahier** (*m*) notebook 4

**Caire: le ~** Cairo 13

**caisse** (*m*) cashier's desk, cash register

**calcul** (*m*) calculus, calculation

**calculatrice** (*f*) calculator 4

**calendrier** (*m*) calendar

**Californie** (*f*) California 13

**calme** calm 5

**calmement** calmly 25

**camarade** (*m/f*) friend 4

  **~ de chambre** roommate 4, 9

**cambriolage** (*m*) burglary 21

**cambrioleur/cambrioleuse** (*m/f*) burglar

**camelote** (*f*) junk

**camembert** (*m*) *type of French cheese*

**caméra** (*f*) movie camera 4

**campagne** (*f*) country, countryside 12; campaign

  **à la ~** in the country 19

  **auberge** (*f*) **à la ~** country inn VF 4

**camping** (*m*) camping 22

  **faire du ~** to go camping

**Canada** (*m*) Canada 13

**Canadien/Canadienne** (*m/f*) Canadian person

**canadien/canadienne** (*adj*) Canadian 5

**cantine** (*f*) school cafeteria 15

**caoutchouc** (*m*) rubber VF 10

**capital(e)** (*adj*) principal, main

**capitale** (*f*) capital 13

**car** (*conj*) because

**carotte** (*f*) carrot 15

**carrière** (*f*) career

**carte** (*f*) card; map VF 2

  **~ d'accès à bord** boarding pass VF 9

  **~ d'embarquement** boarding pass VF 9

  **~ de crédit** credit card VF 3

  **~ d'étudiant** student ID card

  **~ d'identité** ID card VF 3

  **~ postale** (*f*) postcard 18

**cartes** (*fpl*) cards (*game*) 6

**cas: en ~ de** in case of 32

**casier** (*m*) **judiciaire** criminal file

**casser**  to break 23
  **se ~**  to break
**cassette** (*f*)  cassette 4
**cauchemar** (*m*)  nightmare
**cause: à ~ de**  because of 27
**CD** (*m*)  compact disk 4
**ce** (*pron*)  it, that, this, he, she
  **~ que** (*pron*)  what 33
  **~ qui** (*pron*)  what 33
**ce/cet/cette/ces** (*adj*)  this, that 8
**ceci**  this
**CEE (Communauté Économique Européenne)**  European Economic Community (EEC)
**ceinture** (*f*)  belt VF 10
**cela**  that
**célèbre**  famous
**célébrer**  to celebrate 8
**célibataire**  single, unmarried 5, 25
**celui/celle/ceux/celles** (*pron*)  the one(s), this one, that one, these, those, 32
**cent**  one hundred 7
  **~ mille**  one hundred thousand 7
  **deux ~s**  two hundred 7
**centaines: des ~ de**  hundreds 19
**centime** (*m*)  centime (*1/100th of a franc*) VF 3
**centrale** (*f*) **atomique**  nuclear power plant
**centre** (*m*)  center 19
  **~ commercial**  mall 19
**cependant**  however, yet 27
**cerise** (*f*)  cherry 15
**certain(e)** (*adj*)  certain 16
  **un(e) ~ ...**  a certain ... 16
**certain(e)s ...** (*pron*)  some 16; some people
**cesser de**  to stop, to quit 25
**c'est**  it is UP, 3, 4
  **c'est-à-dire**  that is to say
  **~ ça!**  agreed! VF 1
  **~ possible**  it is possible 15
**ceux**  (*See* **celui**)
**chacun/chacune** (*pron*)  each one, every one 27
  **~ à son goût**  each to his/her own taste

**chaîne** (*f*)  chain VF 10; TV channel 20
**chaîne-stéréo** (*f*)  stereo 4
**chaise** (*f*)  chair 9
**chambre** (*f*)  bedroom 9
  **camarade de ~**  roomate 4, 9
  **~ à un lit**  (hotel) room with one bed VF 4
  **~ d'hôtel**  hotel room
**champ** (*m*)  field
**championnat** (*m*)  championship
**chance** (*m*)  luck 27; opportunity
  **avoir de la ~**  to be lucky
**change: bureau** (*m*) **de ~**  currency exchange office VF 3
  **service** (*m*) **des changes**  currency exchange office VF 3
**changement** (*m*)  change
**changer (son argent)**  to change (money from one currency to another) VF 3
**chanson** (*f*)  song
**chanter**  to sing 2
**chanteur/chanteuse** (*m/f*)  singer
**chapeau** (*m*), **chapeaux** (*pl*)  hat 8
**chaque** (*adj*)  each, every 16
  **~ jour**  each/every day 20
**charbon** (*m*)  coal
**chargé(e)**  full
**charmant(e)**  charming
**charte** (*f*)  charter
**chat** (*m*)  cat
**château** (*m*), **châteaux** (*pl*)  castle
**chaud**  warm, hot
  **avoir ~**  to be warm/hot 10
  **il fait ~**  it's warm out 9
**chauffeur** (*m*)  driver
**chausser**  to put shoes on
  **~ de +** *shoe size*  to take a certain shoe size VF 10
**chaussettes** (*fpl*)  socks 8
**chaussures** (*fpl*)  shoes 8
**chef** (*m*)  head (*person in charge*) 28; chef
  **~ d'entreprise**  company head (CEO)

**chemin** (*m*)  pathway, direction
  **~ de fer** (*m*)  railroad
  **demander son ~**  to ask for directions VF 2
**chemise** (*f*)  shirt 8
**chemisier** (*m*)  blouse 8
**chèque** (*m*)  check VF 3
  **~ de voyage**  traveler's check VF 3
  **compte** (*m*) **de ~**  checking account
**cher/chère**  expensive 8
**chercher**  to look for 9, 17; to get 17
  **~ à**  to try to, to strive 25
**cheval** (*m*), **chevaux** (*pl*)  horse
  **à ~**  on horseback VF 8
**cheveux** (*mpl*)  hair 23
**cheville** (*f*)  ankle VF 8
**chez ...**  at ...'s house 6
  **~ le médecin**  at the doctor's
  **~ moi**  at home 6; at my house
**chien** (*m*)  dog
**chiffre** (*m*)  number
**chimie** (*f*)  chemistry 17
**chimique** (*adj*)  chemical
**chimiste** (*m/f*)  chemist
**Chine** (*f*)  China 13
**chinois(e)** (*adj*)  Chinese
**chocolat** (*m*)  cocoa, hot chocolate
**choisir**  to choose, to select 10; to decide 25
**choix** (*m*)  choice
**chômage** (*m*)  unemployment
  **au ~**  out of work
**chose** (*f*)  thing 4
  **autre ~**  something else
**chouette**  great
**-ci**  (over) here 8
**ciel** (*m*)  sky
**cinéaste** (*m*)  moviemaker
**cinéma** (*m*)  movie theater 6
  **le ~**  the movies 6; film
  **~ de quartier**  local theater
**cinéphile** (*m*)  serious movie-goer
**cinq**  five 1
**cinquante**  fifty 2
**cinquième**  fifth 25
**circulation** (*f*)  traffic 19

**circuler**  to travel VF 9
**cité** (*f*)  community
  ~ **dortoir**  bedroom community
  ~ **universitaire**  student residence, group of dormitories
**citoyen/citoyenne** (*m/f*)  citizen 30
**citron** (*m*) **pressé**  (fresh) lemonade VF 5
**clair(e)**  well-lit; light
**classe** (*f*)  classroom 4; class 16
  **deuxième** ~  second class VF 9
  **première** ~  first class VF 9
**classement** (*m*)  ranking
**clé** (*f*)  key VF 4
**cœur** (*m*)  heart 23
  **avoir mal au** ~  to have an upset stomach 23
**coiffeur/coiffeuse** (*m/f*)  hairdresser
**colère** (*f*)  anger 30
  **se mettre en** ~  to get angry 24
**collège** (*m*)  junior high school
**colon** (*m*)  colonist
**combien (de)**  how many? how much? 7, 15
  **c'est** ~**?** **ça fait** ~**?**  how much is it? VF 3
**commander**  to order 15
**comme**  as, for, like, since 17
  ~ **les autres**  like others
  ~ **ci,** ~ **ça**  not too bad UP
**commencement** (*m*)  beginning 27
**commencer (à)**  to begin 16, 25
  ~ **par**  to begin by/with 16
**comment**  how 3
  ~ **allez-vous?**  how are you? UP
  ~ **dit-on ...?**  how do you say ...? VF UP
  ~ **vous appelez-vous?**  what is your name? UP
**commerçant/commerçante** (*m/f*)  shopkeeper
**commerce** (*m*)  business
    **représentant(e)** (*m/f*) **de** ~  sales representative

**commissariat** (*m*) **de police**  police station VF 2
**commun(e)**  common
**Commun: Marché** (*m*) ~  (European) Common Market
**Communauté** (*f*) **des états indépendants**  Commonwealth of Independent States
**compact disque** (*m*)  compact disk 4
**compagnie** (*f*)  company, firm 28
  ~ **aérienne**  airline company VF 9
**compétent(e)**  competent 5
**complet** (*m*)  suit VF 10
**complice** (*m/f*)  accomplice
**compliqué(e)**  complicated
**composer**  to compose, to make up VF 2
**comprendre**  to understand 14
**compris(e)**  understood; included VF 4
  **service** ~  tip (service charge) included VF 4
**compte** (*m*)  account
  ~ **de chèque**  checking account
**compter**  to count
**comptoir** (*m*)  counter VF 9
**concevoir**  to conceive, to view
**concilier**  to reconcile
**concombre** (*m*)  cucumber VF 5
**concours** (*m*)  contest
**concurrence** (*f*)  competition
**condition: à** ~ **que**  on the condition that, provided that 30
**conduire**  to drive 27; to lead
  **se** ~ **bien**  to behave properly 27
  **se** ~ **mal**  to misbehave, to behave badly 27
  **permis** (*m*) **de** ~  driver's license VF 3
**conférence** (*f*)  lecture
**confiance: faire** ~ **à**  to trust
**confiture** (*f*)  jam 14
**conflit** (*m*)  conflict
**conformiste** (*adj*)  conformist 5
**confort** (*m*)  comfort VF 4
**confortable**  comfortable 5
**congé** (*m*)**: jour** (*m*) **de** ~  holiday, day off 27

  ~ **payé**  paid holiday
**conjugaison** (*f*)  conjugation
**connaissance: faire la** ~ **de**  to make the acquaintance of 12; to meet for the first time 19
**connaître**  to be acquainted with, to be familiar with, to know, to meet 17
**connu(e)**  well-known
**consacrer**  to devote
**conscience: avoir** ~  to be aware
**consciencieux/consciencieuse**  conscientious 25
**conseil** (*m*)  piece of advice 16
  **donner des conseils**  to give advice
**conseiller/conseillère** (*m/f*)  advisor
**conséquent: par** ~  therefore
**conservateur/conservatrice**  conservative 25
**conserver**  to keep, to save 29
**considérer**  to consider 8
**consommations** (*fpl*)  beverages, snacks VF 5
**consommer**  to consume, to use
**construire**  to build, to construct 27
**consulat** (*m*)  consulate VF 1
**content(e)**  happy 5
  **être** ~  to be happy 30
**contestataire** (*m*)  activist
**contester**  to challenge
**continu(e)**  continuous
**continuer (à)**  to continue 25
**contractuel/contractuelle** (*m/f*)  parking enforcement officer
**contraire: au** ~  on the contrary 19
**contrat** (*m*)  contract
**contravention** (*f*)  ticket (*for a traffic violation*)
**contre**  against 19
**convenir**  to be suitable
**conversation: entamer la** ~  strike up a conversation
**copain/copine** (*m/f*)  friend 4
**corbeille** (*f*)  wastepaper basket
**corps** (*m*)  body 23
**correspondance** (*f*)  correspondence; change of trains VF 9

**corrida** (*f*) bullfight
**cosmopolite** cosmopolitan
**costume** (*m*) man's suit 8
**Côte** (*f*) **d'Ivoire** Ivory Coast
**côtelette** (*f*) cutlet, chop VF 5
**coton** (*m*) cotton VF 10
**coton-tige** (*m*) cotton swab VF 8
**cou** (*m*) neck 23
**coucher: se ~** to go to bed 23
**coup: tout à ~** suddenly 21
**couper** to cut 23
  **se ~** to cut oneself 23
**courageux/courageuse** brave, courageous 25
**courante: eau ~** running water 9
**courir** to run 22
**couronnement** (*m*) coronation
**courrier** (*m*) mail VF 6
**cours** (*m*) class, course 16
  **suivre un ~** to take a course 16
  **~ des changes** exchange rate VF 3
**course** (*f*) race
**courses: faire les ~** to go shopping 15
**court(e)** short 23
**cousin/cousine** (*m/f*) cousin 7
**coûter** to cost 7
**cravate** (*f*) tie 8
**crayon** (*m*) pencil 4
**créateur/créatrice** creative 25
**Crédit Lyonnais** *a French bank*
**crédit: carte** (*f*) **de ~** credit card VF 3
**créer** to create 28
**crème** (*f*) cream, custard 24
**creux/creuse** empty
**crime** (*m*) crime 19
**crise** (*f*) **mondiale** world crisis
**critique** (*adj*) critical
**critiquer** to criticize 32
**croire** to believe, to think 30
  **~ à** to believe in 30
  **~ que** to believe/think that 30
**croissant** (*m*) crescent-shaped roll
**croque-monsieur** (*m*) *grilled ham and cheese sandwich*

**croyance** (*f*) belief
**cruel/cruelle** cruel 25
**cuir** (*m*) leather
**cuisine** (*f*) cooking 6, 15; kitchen 9
  **faire la ~** to cook 15
**cultivé(e)** cultured
**culture** (*f*): **~ physique** physical training VF 8
  **maison de la ~** arts center
**curieux/curieuse** curious 25

**d'abord** at first 21
**d'accord: être ~** to agree 2
  **~! agreed!** OK! all right! 2
**dactylo** (*f*) typist
**dame** (*f*) lady 4
**dames** (*fpl*) checkers 6
**danois(e)** (*adj*) Danish
**dans** in 9
  **~ l'ensemble** on the whole
  **~ l'état de** in the state of 13
**danse** (*f*) dance 6
**danser** to dance 2
**d'après** according 19
  **~ vous** according to you, in your opinion
**date** (*f*) date (*calendar*) 11
  **quelle est la ~?** what is the date? 3
**davantage** more
**de (d')** about, from, of 1, 6
  **~ + *superlative*** in 9
  **~ plus en plus** more and more
  **~ temps en temps** once in a while 20
**DEA** *degree after 1 year of study beyond the* **maîtrise**
**débat** (*m*) debate
**débattre** to debate
**début** (*m*) beginning
  **au ~** at first, in the beginning
**décembre** (*m*) December 3
**décevoir** to disappoint 26
**décider (de)** to decide 25
**déclin** (*m*) decline
**décorateur/décoratrice** (*m/f*) (interior) decorator
**découverte** (*f*) discovery 31

**découvrir** to discover 23
**décrire** to describe 18
**dedans** inside
**défaite** (*f*) defeat
**défendre (à qqn de)** to forbid, to prohibit 25
  **se ~** to defend oneself
**défiler** to march
**degrés** (*mpl*) degrees (*weather*) 9
**déjà** already 12, 20; ever 12
**déjeuner** (*m*) lunch, noon meal 15
**déjeuner** (*v*) to have lunch 15
**deltaplane: faire du ~** to go hang gliding VF 8
**demain** tomorrow 3, 9
**demande** (*f*) request
**demander à qqn de (si) ...** to ask someone to (if) ... 18, 25
  **~ qqch à qqn** to ask for sth from someone 18
  **~ son chemin** to ask for directions VF 2
  **~ un renseignement** to ask for information VF 2
  **se ~** to wonder
**déménagement** (*m*) moving (*house*)
**demi(e): il est ... heure(s) et ~** it is half past ... ?
**dentifrice** (*m*) toothpaste 23
**dents** (*fpl*) teeth 23
**départ** (*m*) departure 27
**dépasser** to surpass
**dépêcher: se ~** to hurry 24
**dépendre** to depend VF 7
**dépense** (*f*) expense 7
**dépenser** to spend money 7
**déplacer: se ~** to move around
**déplorer** to deplore 30
**déprimé(e)** depressed VF 8
**depuis** (*adv*) for, since 13
**depuis que** (*conj*) since 30
**dernier/dernière** last 11; recent
**derrière** behind 9; in back, in back of VF 2
**désaccord** (*m*) disagreement
**désagréable** unpleasant 5, 19

**descendre** to get off, to go down, to stop at a place 12

**déshonneur** (*m*) disgrace

**désigné(e)** identified

**désirer** to wish, to want 29
**vous désirez?** may I help you? VF 4

**désolé(e)** very sorry VF 7
**être ~** to be sorry 30

**désordre: en ~** messy

**désormais** from now on

**desquels/desquelles** (= **de** + **lesquels/lesquelles**) 32

**dessert** (*m*) dessert 14

**dessin** (*m*) **animé** cartoon 20

**destinée** (*f*) destiny

**détendre: se ~** to relax

**détester** to detest, to hate 1, 25; to dislike 1

**détruire** to destroy 27

**dette** (*f*) debt

**DEUG** (*m*) *degree received after 2 years of university study*

**deux** two 1
**~ cents** two hundred 7
**~ cent un** two hundred one 7
**~ mille** two thousand 7

**deux roues** (*m*) two-wheeler

**deuxième** second 25

**devant** in front (of) VF 2

**devenir** to become 13

**devise** (*f*) motto

**devises** (*fpl*) currency VF 3

**devoir** (*v*) must, should, to have to, to be supposed to 16, 25
**~ + noun** to owe 16
**je dois** I must 2, 16
**vous devez** You should, must VF 2, 16

**devoir** (*m*) written assignment 16
**devoirs** (*mpl*) homework
**faire les devoirs** to do one's homework 9

**d'habitude** usually 20

**difficile** difficult, hard 16

**dimanche** (*m*) Sunday 3
**le ~** on Sundays

**diminuer** to diminish

**dîner** (*m*) dinner, supper 15
**~ seul** only dinner (is served) VF 4

**dîner** (*v*) to have dinner 1, 15

**diplôme** (*m*) diploma 16

**dire** (**qqch à qqn**) to say, to tell 18
**c'est-à-dire** that is to say
**que ~?** what to say? UP
**vouloir ~** to mean 18

**direct: vol ~** non-stop flight VF 9

**directions** (*fpl*) directions, compass points 13

**diriger** to direct, to manage

**dis!** hey! say! 5

**discours** (*m*) speech

**discret/discrète** discreet 25

**discuter** to chat
**~ de** to discuss, to talk about

**disparaître** to disappear

**disparu(e)** disappeared

**disponibilités** (*fpl*) number available

**disposer** to be in charge

**dispute** (*f*) argument

**disputer: se ~** (**avec**) to argue/quarrel (with) 24

**disque** (*m*) record 4
**tourne-disques** (*m*) record player 4

**distraction** (*f*) amusement

**distraire: se ~** to be entertained

**divorcer** to divorce 25

**dix** ten 1
**~ mille** ten thousand 7

**dix-huit** eighteen 2

**dixième** tenth 25

**dix-neuf** nineteen 2

**dix-sept** seventeen 2

**dizaine** (*f*) about ten

**docteur** (*m*) doctor 6
**chez le ~** at the doctor's office 6

**doctorat** (*m*) Ph.D. (*degree for 2–5 years of study beyond the maîtrise*)

**documentaire** (*m*) documentary film 20

**doigt** (*m*) finger 23

**dois** (*See* **devoir**)

**dollar** (*m*) dollar VF 3

**domaine** (*m*) domain, field 28

**domestiques: travaux** (*mpl*) ~ household chores

**domicile** (*m*) house
**à ~** at home

**dommage** too bad
**il est ~ que** it is too bad that 29

**donc** therefore

**donner** (**qqch à qqn**) to give 18
**~ rendez-vous à** to arrange to meet, to make a date/appointment with 24
**se ~ rendez-vous** to arrange to meet one another 24

**dont** about/of which, about/of whom, whose 32

**dormir** to sleep 12

**dos** (*m*) back 23

**d'où** from where 13

**douane** (*f*) customs 30

**douanier** (*m*) customs officer

**douche** (*f*) shower VF 4

**douleur** (*f*) pain VF 8

**douter** to doubt
**je doute que** I doubt that 30

**doute** (*m*) doubt
**sans ~** probably

**douteux: il est ~ que** it is doubtful that 30

**doux/douce** soft, sweet 25

**douze** twelve 1
**~ cents** (= **mille deux cents**) twelve hundred 7

**drame** (*m*) **psychologique** psychological drama VF 7

**drogue** (*f*) drugs

**droit** (*m*) law (*field of study*) 17; right (*to do something*) 33

**droit(e)** right (*direction*)
**à ~ de** to the right of/on the right 9

**droit** (*adv*): **tout ~** straight ahead VF 2

**drôle** funny 5

**dû** (*pp* of **devoir**)

**duquel** (= **de** + **lequel**) 32

**dur** (*adv*) hard

**durer** to last 27

**dynamique** dynamic, vigorous 5

eau (*f*)  water 14
  ~ **courante**  running water
  ~ **minérale**  mineral water 14
**échange** (*m*)  exchange 29
  **libre-échange** (*m*)  free trade
**échanger**  to exchange
**écharpe** (*f*)  scarf VF 10
**échecs** (*mpl*)  chess 6
**école** (*f*)  school 6
**économe**  thrifty
**économies: faire des** ~  to save
  money 9
**économiques: les sciences** (*fpl*)
  ~ economics 17
**écouter**  to listen to 1, 17
**écran** (*m*)  screen
**écrire (qqch à qqn)**  to write
  **machine à** ~  typewriter 4
  **s'**~  to write to each other 24
**écrivain** (*m*)  writer 18, 26
**effectuer**  to perform
**effet: en** ~  as a matter of fact
  14
**égal(e) (égaux** *mpl*)  equal 25
**également**  also
**égalité** (*f*)  equality 33
  **à** ~  equal
**église** (*f*)  church 6
**égoïste**  selfish 5
**Égypte** (*f*)  Egypt 13
**égyptien/égyptienne**  Egyptian 13
**électronique** (*f*)  electronics 17
**élégamment**  elegantly
**élevé(e)**  high
**élire**  to elect
**elle**  she, it 1; her 3
  **elle-même**  herself, itself
**elles**  they 1; them 3
  **elles-mêmes**  themselves
**embarquement: carte** (*f*) **d'**~
  boarding pass VF 9
**embarquer**  to go on board VF 9
**émission** (*f*)  TV program, show
  20
**empêcher**  to prevent
**employé/employée** (*m/f*)
  employee 26
**employer**  to employ, to hire, to
  use 7

**emprunt** (*m*)  borrowed item
**emprunter**  to borrow
**en** (*pron*)  some, any (of it, of
  them); from it (them); about
  it (them) 22
**en** (*prep*)  by 6, 28; in 9, 11, 12;
  while, upon 28
  ~ **avance**  ahead of time 26
  ~ **cas de**  in case of 32
  ~ **ce moment** (*m*)  at this
  time/moment
  ~ **désordre**  messy
  ~ **effet**  as a matter of fact,
  indeed 14
  ~ **exprès**  by special delivery
  VF 6
  ~ **face (de)**  across (from)
  VF 2; opposite 9
  ~ **faillite**  bankrupt
  ~ **moyenne**  on the average
  ~ **plus**  moreover
  ~ **recommandé**  by registered
  mail VF 6
  ~ **retard**  late
  ~ **semaine**  during the week
  ~ **solde**  on sale
  ~ **tête**  in first place
  ~ **vacances**  on vacation 12
  ~ **ville**  in the city 19; in town
  UP
  ~ **voyage**  on a trip 2
**enchanté(e)**  pleased to meet you
  VF UP; delighted
**encore**  again, still, yet 20
  ~ **une fois**  once more, again
  VF UP
  **ne ... pas** ~  not yet 12, 20
**endroit** (*m*)  place 12
**énergique**  energetic 5
**énerver: s'** ~  to get nervous/
  upset 24
**enfance** (*f*)  childhood
**enfant** (*m/f*)  child 7
  **petit-**~  grandchild
**enfin**  at last, finally 21; well ...
  VF 7
**engagé(e)**  involved
**enlever**  to take (sth) off
**ennemi** (*m*)  enemy 30
**ennuyeux/ennuyeuse**  boring 25

**enregistrement** (*m*)  recording
  **studio** (*m*) **d'**~  recording
  studio
**enregistrer**  to check (baggage)
  VF 9
**enrichir: s'**~  to get rich
**enseignement** (*m*)  education, instruction
**enseigner**  to teach 16
**ensemble**  together 16
  **dans l'**~  on the whole
**ensuite**  after, then 21; next; afterwards
**entamer la conversation**  to
  strike up a conversation
**entendre**  to hear 10
  **s'**~ **avec**  to get along with 24
**entendu**  heard; agreed VF 7
**entr'acte** (*m*)  intermission
**entraîner: s'**~  to train VF 8
**entre**  among 25; between 9, 25
**entreprendre**  to create a business 28
**entreprise** (*f*)  business, company, firm 28
  **chef d'**~  company head
  (CEO)
  **libre** ~  free enterprise
**entrer**  to come in, to enter (into)
  6, 12
**entretien** (*m*)  upkeep
**entrevue** (*f*)  interview
**envahissant(e)**  invasive
**envie: avoir** ~ **de**  to feel like, to
  want to 10
**environ**  approximately
  **carte** ~  menu (*prices*) approximately
**envoyer (qqch à qqn)**  to send 7,
  18
**épaule** (*f*)  shoulder VF 8
**épice** (*f*)  spice
**épinards** (*mpl*)  spinach
**époque** (*f*)  epoch, period, time
  21; era
  **à cette** ~  at that time
  **à son** ~  in his time
**épouser**  to marry 25
**épouvantable: il fait un temps** ~
  the weather is awful 9

époux/épouse (*m/f*)  spouse
équilibré(e)  balanced
équipement (*m*)  equipment
  ~ **audio-visuel**  audio-visual equipment 4
  ~ **ménager**  household appliances
équiper  to equip
équitation (*f*)  horseback riding
  **faire de l'**~  to go horseback riding VF 8
escale (*f*)  stop(over) VF 9
escaliers (*mpl*)  stairway
espace (*m*) **vert**  open land
espadrilles (*fpl*)  *rope-soled sandals* VF 10
Espagne (*f*)  Spain 13
Espagnol/Espagnole (*m/f*)  Spaniard
espagnol(e) (*adj*)  Spanish 13
espagnol (*m*)  Spanish (*language*) 5
espèces (*fpl*)  cash VF 4
  **en** ~  in cash VF 4
espérer  to hope 8, 25
espoir (*m*)  hope
esprit (*m*)  mind, spirit 28
  ~ **de finesse**  intuition
  ~ **de géométrie**  logic
essayer (de)  to try 25; to try on VF 10
essence (*f*)  gasoline
essentiel (*m*)  what counts
essentiel (*adj*)  essential
  **il est** ~  it is essential 29
est (*m*)  east 13
estudiantin(e) (*adj*)  student
et  and 1
  ~ **toi?**  and you? UP
  ~ **vous?**  and you? UP
établir  to establish 28, 33; to set up 33
établissement (*m*)  creation
étape (*f*)  stage
état (*m*)  state 13; government
  **dans l'**~ **de**  in the state of 13
  ~ **de santé**  state of (one's) health
  **État-providence** (*m*)  Welfare State

États-Unis (*mpl*)  United States 13
été (*m*)  summer 9
étoile (*f*)  star VF 5
  **restaurant à ... étoiles**  a ...-star restaurant VF 5
étranger/étrangère  foreign, from abroad 25
étranger: à l'~  abroad 12
être  to be 2
  ~ **à**  to belong to 7
  ~ **obligé(e) de**  to have to 33
  ~ **reçu(e) à un examen**  to pass an exam 16
étroit(e)  tight VF 10
études (*f*)  studies 16
  ~ **supérieures**  higher education 17
  **faire des** ~ **(de)**  to go to school 16; to specialize in 17
étudiant(e) (*m/f*)  student 4
étudier  to study 1
Europe (*f*)  Europe
européen/européenne (*adj*)  European
Européen/Européenne (*m/f*)  European person
eux  them 3
  **chez** ~  at their house
  **eux-mêmes**  themselves
évasion (*f*)  escape, getting away
événement (*m*)  event 21
éventuel/éventuelle  possible
évidemment  obviously, of course 15
évident: c'est ~  it's obvious
éviter  to avoid
examen (*m*)  exam 16; test
  **être reçu(e) à un** ~  to pass an exam 16
  **passer un** ~  to take an exam 16
  **préparer un** ~  to study for an exam 16
  **rater un** ~  to fail/flunk an exam 16
excepté  except VF 7
exclusivité: films en ~  newly released movies

excuser: s'~  to apologize 24
  **excusez-moi**  excuse me UP
exercices: faire des ~  to do exercises 22
exigence (*f*)  demand
exode (*m*)  exodus
expérience (*f*)  experiment
explication (*f*)  explanation
expliquer  to explain 21
exposition (*f*)  exhibit
exprès: en ~  by special delivery VF 6
express (*m*)  espresso
expression (*f*)  expression
  **d'**~ **française**  French-speaking
  **liberté** (*f*) **d'**~  freedom of speech
exprimer  to express 33
  **s'**~  to express oneself, to be expressed
extérieur: à l' ~  outside

fabriquer  to manufacture
face: en ~ **(de)**  across (from), opposite 9
  ~ **à**  against
  **faire** ~ **à**  to face up to
facile  easy, simple 16
faciliter  to make easier
façon (*f*)  way VF 2, 13; manner
facteur (*m*)  mailman; factor
facture (*f*)  invoice
faculté (*f*)  university
faible  weak 5
faillite (*f*)  bankruptcy
  **en** ~  bankrupt
faim (*f*)  hunger
  **avoir** ~  to be hungry 10
faire  to do, to make 9; to be active in 14
  ~ + *size*  to take a certain size VF 10
  ~ + *sport*  to play/practice/do a sport 14, 22, VF 8
  ~ + *subject*  to study 14
  ~ **attention (à)**  to pay attention (to) UP, 9
  ~ **confiance à**  to trust

**~ de la photo** to take pic-tures/photographs 14

**~ des économies** to save money 9

**~ des études (de)** to go to school, to study 16; to special-ize in 17

**~ des progrès** to improve 16; to make progress 16, 31

**~ du camping** to go camping

**~ face à** to face up to

**~ grève** to go on strike

**~ la connaissance de** to make the acquaintance of, to meet for the first time 12

**~ la cuisine** to cook, to do the cooking 15

**~ le tour** to go around

**~ les courses** to go shopping 15

**~ les valises** to pack 12

**~ noir** to be dark

**~ nuit** to be dark

**~ partie de** to be a member, to be part of

**~ un match (de)** to play a game (of) 9

**~ un séjour** to reside, to spend time 12

**~ un voyage** to go on/take a trip 9

**~ une promenade** to take/go for a ride/walk 9

**se ~** to happen

**se ~ mal** to hurt oneself VF 8

**fait** (*m*) act, fact 21

**falloir** to be necessary

**il faut** it is necessary, one must 16

**il fallait** it was necessary 20

**familier/familière** familiar 25

**famille** (*f*) family 7

**situation** (*f*) **de ~** marital sta-tus VF 1

**fantôme** (*m*) ghost

**farci(e)** stuffed VF 5

**fasciner** to fascinate

**fatigant(e)** tiring 6

**fatigué(e)** tired 22

**faut: il ~ +** *inf* it is necessary, one should 16

**faute** (*f*) lack

**~ d'argent** for lack of money

**fauteuil** (*m*) armchair 9

**faux/fausse** false, untrue 25

**c'est faux!** that's/it's false/wrong! 15; it's untrue! 25

**favori/favorite** favorite 20, 25

**femme** (*f*) woman 4; wife 7

**~ d'affaires** businesswoman 26

**femme-ingénieur** woman engi-neer 26

**fenêtre** (*f*) window 9

**ferme** (*f*) farm

**fermer** to close, to shut 23

**fermé(e)** closed VF 4

**festival** (*m*) **de Cannes** Cannes film festival VF 4

**fête** (*f*) feast 26; party 6, 24, 26; holiday 26; informal gather-ing

**~ d'anniversaire** birthday party VF 6

**~ de la Bastille** *French na-tional holiday (July 14)*

**~ nationale** national holiday

**feuille** (*f*) **de papier** sheet of paper VF UP

**feuilleton** (*m*) TV series 20

**février** (*m*) February 3

**fiancer: se ~ avec** to get en-gaged to 25

**fiche** (*f*) **informatisée** computer file

**fier/fière: être ~** to be proud 30

**fierté** (*f*) pride 30

**figure** (*f*) figure; face 23

**figurer** to appear

**se ~** to imagine

**filiale** (*f*) branch (*of a company*)

**fille** (*f*) girl 4; daughter 7

**jeune ~** (young) girl 4

**film** (*m*) movie 20

**~ comique** comedy

**~ en exclusivité** newly re-leased movie

**~ policier** detective movie

**fils** (*m*) son 7

**fin** (*f*) end 27

**finalement** finally 21

**finances** (*f*) **personnelles** personal finances 7

**finesse: esprit** (*m*) **de ~** intuition

**finir** to end, to finish 10

**~ de** to finish 25

**firme** (*f*) company, firm 28

**flash** (*m*) **d'information** news flash

**flic** (*m*) cop

**Floride** (*f*) Florida 13

**fois** (*f*) time 20

**à la ~** at the same time

**encore une ~** once more, again VF UP

**une ~** once 20

**fonctionnaire** (*m/f*) public em-ployee

**fond: mettre la stéréo à ~** to blast the stereo

**ski** (*m*) **de ~** cross-country ski-ing VF 8

**fondé(e)** founded

**foot** (*m*) soccer 6

**football** (*m*) soccer 6

**forcer: se ~** to exert oneself

**forêt** (*f*) forest

**forme** (*f*) shape 22

**en ~** in shape 22

**être en ~** to be in shape 22

**formidable** extraordinary

**fort(e)** strong 5; loud

**fou/fol/folle/fous/folles** crazy 25

**foulard** (*m*) head scarf VF 10

**fouler: se ~** to sprain VF 8

**fournisseur** (*m*) supplier

**FR 3 (France-Régions 3)** *French TV channel*

**frais** (*mpl*) expenses

**~ de scolarité** tuition fees

**~ médicaux** medical expenses

**fraise** (*f*) strawberry 15

**franc/franche** (*adj*) frank 25

**franc** (*m*) franc (*Belgian/French/Swiss monetary unit*) VF 3

**français(e)** (*adj*) French 1, 5, 13

**d'expression ~** French-speaking

**Français/Française**  French person 5, 13
**français** (*m*)  French (*language*)
**France** (*f*)  France 13
**France-Régions 3 (FR 3)**  a *French TV channel*
**francophone** (*adj*)  French-speaking
**fraternité** (*f*)  brotherhood
**fréquenter**  to attend
**frère** (*m*)  brother 7
**frites** (*fpl*)  French fries 15
  **frites-saucisses** (*fpl*) sausages and French fries
  **pommes** ∼  French fries VF 5
**froid** (*m*)  cold
  **avoir** ∼  to be cold 10
  **il fait** ∼  it is cold 9
**fromage** (*m*)  cheese 14
**front** (*m*)  (battle)front
**frontière** (*f*)  border 30
**fruits** (*mpl*)  fruit(s) 15
**fugitif/fugitive**  fleeting
**fumer**  smoke 15
**fumeur: section** (*f*) ∼  smoking section VF 9
  **section** (*f*) **non-fumeur**  non-smoking section VF 9
**furieux/furieuse**  furious 30
  **être** ∼  to be furious

**gagner**  to earn, to win 7
  ∼ **sa vie**  to earn one's living 19
  ∼ **bien sa vie**  to earn a good living
**gant** (*m*)  glove
**garage** (*m*)  garage 9
**garçon** (*m*)  boy, young man 4; waiter 15
**garde** (*m*) **républicain**  republican guard
**garder**  to keep 15, 29; to preserve 29
  ∼ **la ligne**  to keep one's figure, to watch one's weight
**gare** (*f*)  train station 6
**gâteau** (*m*)  cake 14

**gauche**  left
  **à** ∼ **de**  to the left of 9
**géant** (*m*)  giant
**gendarme** (*m*)  police
**généreux/généreuse**  generous 25
**génial(e) (géniaux** *mpl*)  bright, smart 25; great
**génie** (*m*)  genius
**genou** (*m*), **genoux** (*pl*)  knee 23
**genre** (*m*)  type VF 4
**gens** (*mpl*)  people 5, 13
**gentil/gentille**  nice 25; kind VF 7
**gentilhomme**  gentleman VF 7
**géométrie** (*f*)  geometry
  **esprit** (*m*) **de** ∼  logic
**gestion** (*f*)  management 17
**glace** (*f*)  ice cream 14; mirror
**golf** (*m*)  golf 8
**gorge** (*f*)  throat 23
**goût** (*m*)  taste
  **chacun à son** ∼  each to his/her own taste
  **une question de** ∼  a matter of taste
**goûter**  to taste
**gouttes** (*fpl*)  drops VF 8
**gouvernement** (*m*)  government 30
**grâce à**  thanks to
**gramme** (*m*) (*abbrev* **gr**)  gram VF 6
**grand(e)**  big, large, tall 5
  ∼ **magasin** (*m*)  department store
  **grandes marques** (*fpl*)  designer labels
**grand-mère** (*f*)  grandmother 7
**grand-père** (*m*)  grandfather 7
**grands-parents** (*mpl*)  grandparents 7
**gratuit(e)**  free (of charge) 16
**gravité** (*f*)  gravity, seriousness
**grec/grecque**  Greek 13
**Grèce** (*f*)  Greece 13
**grenier** (*m*)  attic
**grève** (*f*)  strike
  **faire** ∼  to go on strike
**grill** (*m*)  grill (*restaurant*) 8
**grippe** (*f*)  flu 22

**gris(e)**  gray 8
**gros/grosse**  big 25; fat 22, 25
  **gros lot** (*m*)  first prize (*in the lottery*)
**grossir**  to gain weight, to get fat 10
**guerre** (*f*)  war 30
  **seconde** ∼ **mondiale**  World War II
**guichet** (*m*)  ticket window VF 9
**guide** (*m*)  guidebook VF 4
**guide** (*m/f*)  guide (person)
**gymnase** (*m*)  gymnasium
**gymnastique** (*f*)  exercise, gymnastics 14, 22
  **faire de la** ∼  to do gymnastics/exercises 14

*The asterisk indicates an aspirate 'h'; no liaison or elision is made at the beginning of the word.*
**habiller: s'**∼  to dress, to get dressed 23
**habitant/habitante** (*m/f*)  inhabitant 19
**habiter**  to live (in) 1
**habitude** (*f*)  habit
  **d'**∼  usually 20
  ∼ **alimentaire**  dietary habit
  ∼ **de travail**  work habit
**habituellement**  usually 20
**habituer: s'**∼ **à**  to get used to
**haricots***  (*mpl*)  beans 15
  ∼ **verts**  green beans VF 5
**hasard*** (*m*)  chance 27; accident
  **par** ∼  by chance
**hauteur*** (*f*)  height
**hériter**  to inherit
**hésiter (à)**  to hesitate 25
**heure** (*f*)  hour, time 1
  **à ... heure(s)** (*abbrev* **h**)  at ... o'clock 1
  **à l'**∼  on time 26
  **à l'**∼ **actuelle**  at the present time 29; at this time
  **à quelle** ∼**?**  at what time? 1, 3
  **dans ... heure(s)**  in ... hours 1
  ∼ **de loisir**  free time
  **quelle** ∼ **est-il?**  what time is it? 1

**une ~ de libre** a free hour
**heureux/heureuse** happy 5, 25
**être ~** to be happy 30
**heureusement** fortunately 25
**hier** yesterday 11
**avant-hier** day before yesterday 11
**~ soir** yesterday evening, last night 11
**histoire** (*f*) history 17; story 18, 21
**hiver** (*m*) winter 9
**HLM (habitation** (*f*) **à loyer modéré)** low-rent housing
**hollandais(e)*** Dutch
**Hollande*** (*f*) Holland
**homme** (*m*) man 4
**~ d'affaires** businessman 26
**honnête** honest 5
**hôpital** (*m*) hospital 6
**horaire** (*m*) schedule VF 9
**hors saison** off-season VF 4
**hors d'œuvre*** (*m*) appetizer 14
**hôte/hôtesse** (*m/f*) host, hostess
**hôtel** (*m*) hotel VF 4
**~ de grand luxe** luxury hotel VF 4
**huit*** eight 1
**huitième*** eighth 25
**humeur** (*f*) mood
**de bonne/mauvaise ~** in a good/bad mood

**ici** here 6
**~ ...** This is ... (*on the phone*) VF 1
**idéaliste** (*adj*) idealistic 5
**idée** (*f*) idea 32
**identité** (*f*) identity
**carte d'~** ID card VF 3
**pièce d'~** proof of identity VF 3
**idiot(e)** stupid 5
**il** he, it 1
**il est** it is 5
**il faut +** *inf* it is necessary, you have to/must/should, one has to/must/should, 16
**il pleut** it is raining 9

**il vaut mieux** it is better 29
**il y a** there is/there are 4
**~ +** *elapsed time* ... ago 12
**il n'y a pas de quoi!** it's nothing! UP
**ils** they 1
**imaginatif/imaginative** imaginative 25
**immeuble** (*m*) building, apartment building 19
**impatient(e)** impatient 5
**impatienter: s'~** to get/grow impatient 24
**impensable** unthinkable
**impératif** (*m*) requirement; imperative
**imperméable** (*m*) raincoat 8
**important(e)** important
**il est ~** it is important 29
**plus ~ que** greater than
**impôt** (*m*) tax 33
**imprudent(e)** careless
**impulsif/impulsive** impulsive 25
**inclus(e)** included VF 4
**inconditionnel/inconditionnelle** absolute
**inconnu(e)** unknown
**inconvénient** (*m*) disadvantage, drawback
**indécis(e)** indecisive
**indépendant(e)** independent 5
**indiscret/indiscrète** indiscreet 25
**indispensable: il est ~** it is indispensable 29
**individu** (*m*) individual
**individualiste** (*adj*) individualistic 5
**individuel/individuelle** (*adj*) individual 33
**inégal(e) (inégaux** *mpl*) unequal 25
**infirmier/infirmière** (*m/f*) nurse 26
**informaticien/informaticienne** (*m/f*) data processing specialist 26; computer scientist
**information** (*f*) information; news (broadcast)
**flash d'~** news flash
**informations** (*fpl*) the news 20

**informatique** (*f*) computer science 17, 31; computer files; data processing 31
**informatisée: fiche** (*f*) **~** computer file
**informer: s' ~** to get informed
**s'~ (sur)** to find out (about)
**ingénieur** (*m*) engineer 26
**études d'~** engineering studies
**inquiet/inquiète** worried 25
**inscrire** to enroll
**s'~** to register, to sign up
**inscrit(e)** enrolled
**insensible** indifferent
**insonorisé(e)** sound-proofed
**installer: s'~** to settle, to get settled
**instant: dans un ~** in a short while 26
**instituteur/institutrice** (*m/f*) teacher
**instruire: s' ~** to learn
**intellectuel/intellectuelle** intellectual 25
**intelligent(e)** intelligent 5
**intention: avoir l'~ de** to intend 10
**interdiction** (*f*) **de stationner** no parking
**interdire (à qqn de)** to forbid, to prohibit 25
**intéressant(e)** interesting 5
**intéresser: s'~ à** to be interested in 24
**intérieur** (*m*) inside (section)
**interprète** (*m/f*) interpreter
**interroger** to question, to interrogate
**intervenir** to intervene
**interview** (*f*) interview
**interviewer** (*v*) to interview
**intuitif/intuitive** intuitive 25
**intuitivement** intuitively 25
**inutile** useless 16
**il est ~** it is useless 29
**inutilement** uselessly, in vain
**invention** (*f*) invention 31
**invité/invitée** (*m/f*) guest
**inviter** to invite 1

**invraisemblable**  unlikely
  **histoire** ~  unlikely story
**irlandais(e)** (*adj*)  Irish 13
**Irlande** (*f*)  Ireland 13
**irrésolu(e)**  wavering
**isolement** (*m*)  isolation
**Israël** (*m*)  Israel
**israélien/israélienne**  Israeli VF 3
**Italie** (*f*)  Italy 13
**italien** (*m*)  Italian (*language*)
**italien/italienne** (*adj*)  Italian 5,
  13
**Italien/Italienne** (*m/f*)  Italian
  person
**itinéraire** (*m*)  route, itinerary

**jaloux/jalouse**  jealous 25
**jamais**  ever, never
  **ne ...** ~  not ever, never 12, 20
**jambe** (*f*)  leg 23
  **se casser la** ~  to break one's
    leg
**jambon** (*m*)  ham 14
**janvier** (*m*)  January 3
**Japon**  Japan 13
**japonais** (*m*)  Japanese (*language*)
**japonais(e)** (*adj*)  Japanese 5
**Japonais/Japonaise** (*m/f*)
  Japanese person
**jardin** (*m*)  garden 9
**jaune**  yellow 8
**je (j')**  I 1
**jean** (*m*)  jeans 8
**jeter**  to throw
**jeu** (*m*)  game
  ~ **des acteurs**  acting
  **Jeux Olympiques**  Olympic
    Games
  **jeux télévisés**  TV game show
    20
  **Maison des Jeunes**  Youth
    Center 2
  **terrain** (*m*) **de jeux**
    playground
**jeudi** (*m*)  Thursday 3
**jeune**  young 5
  ~ **fille** (*f*)  young girl 4
  ~ **homme** (*m*)  young man 4
**jeunesse: auberge de la** ~  youth
  hostel

**jogging** (*m*)  jogging 22
  **faire du** ~  to go jogging
**joie** (*f*) **de vivre**  happiness
**joindre**  to join
**joli(e)**  pretty 5
**jouer**  to play 1
  ~ **à**  to play a sport/game 6, 22
  ~ **au tennis**  to play tennis
  ~ **de**  to play an instrument 6
  **qu'est-ce qu'on joue?**  what's
    playing? (*at the movies*) VF 7
**joueur/joueuse** (*m/f*)  player
**jour** (*m*)  day 11
  **chaque** ~  each/every day 20
  ~ **de congé**  day off, holiday
    27
  **par** ~  per day 7
  **quel** ~ **est-ce?**  what day is
    this? 3
  **quel** ~ **sommes-nous?**  what
    day is this? 3
  **tous les jours**  every day 20
  **un** ~  one day 20
  **un beau** ~  suddenly one day
**journal** (*m*), **journaux** (*pl*)
  newspaper(s) 12; diary, paper
**journaliste** (*m/f*)  journalist, reporter 26
**journée** (*f*)  (whole) day 11
**Joyeux:** ~ **Noël!**  Merry Christmas!
  ~ **anniversaire!**  Happy birth-
    day!
**judiciaire: casier** (*m*) ~  criminal
  file
**juge** (*m*)  judge
**juger**  to judge 32
**juillet** (*m*)  July 3
**juin** (*m*)  June 3
**jupe** (*f*)  skirt 8
**jus** (*m*)  juice
**jusqu'à** (*prep*)  until, up to 23
**jusqu'à ce que** (*conj*)  until 30
**juste**  fair, just, right
  **il est** ~  it is fair, just, right 29
  ~ **milieu** (*m*)  happy medium

**karaté: match** (*m*) **de** ~  karate
  match

**kilo(gramme)** (*m*) (*abbrev* **kg**)
  kilogram
**kilomètre** (*m*) (*abbrev* **km**)
  kilometer
  **à ... kilomètres**  ... kilometers
    away VF 2
**Kronenbourg** (*f*)  *a brand of
  French beer* VF 5

**la**  (*See* **le**)
**là**  there 6
  **-là**  (over) there 8
  **là-bas**  (over) there 6
**laboratoire** (*m*)  laboratory 6
**laine** (*f*)  wool VF 10
**laisser**  to leave
**lait** (*m*)  milk 14
**laitier: produit** (*m*) ~  dairy
  product
**lampe** (*f*)  lamp 9
**lancer**  to launch
**langue** (*f*)  language 13, 17, 29
**lapin** (*m*)  rabbit VF 5
**laquelle(s)**  (*See* **lequel**)
**laver**  to wash 23
  **se** ~  to wash oneself 23, to
    wash up
**lave-vaisselle** (*m*)  dishwasher
**le/la/l'/les** (*pron*)  him, her, it,
  them 17
**le/la/l'/les** (*art*)  the 5
  **le** + *day of the week*  on + *day
    of the week* 11
  **le soir**  in the evening (*habitu-
    ally*)
**lecteur** (*m*) **de cassettes**  cassette
  player 4
**lecteur** (*m*) **de compact disques**
  CD player 4
**lecture** (*f*)  reading 18, 22
**léger/légère**  light VF 5
  **quelque chose de** ~
    something light VF 5
**légume** (*m*)  vegetable 15
**lendemain** (*m*)  next day
**lent(e)**  slow 5
**lequel/laquelle/lesquels/lesquelles**
  (*pron*)  which, which one(s)
  32; who, whom, which 32
**les**  (*See* **le**)

**les disponibilités** (*fpl*)   the number available
**lesquel(le)s** (See **lequel**)
**lettre** (*f*)   letter 18
  **lettres** (*fpl*)   humanities 17
**leur** (*pron*)   to/for them 18
**leur(s)** (*adj*)   their 7
**lever**   to lift VF 8
  **~ des poids**   to lift weights VF 8
  **se ~**   to get up 23
**libéral(e) (libéraux** *mpl*)   liberal 25
**liberté** (*f*)   freedom, liberty 33
**libraire** (*m/f*)   bookseller
**librairie** (*f*)   bookstore UP
**libre**   free 33; free-flowing, unoccupied VF 9
  **une heure de ~**   a free hour
  **libre-échange** (*m*)   free trade
  **un moment de ~**   free time
  **temps ~**   free time 22
**librement**   freely
**licence** (*f*)   *equivalent to a B.A. degree; granted after 3–4 years of university study*
**lié(e)**   linked
**lier**   to link
**lieu** (*m*), **lieux** (*pl*)   site, place
  **avoir ~**   to take place 21
  **~ de naissance**   place of birth VF 1
  **~ de travail**   work place
**ligne**   figure, waistline 15
  **garder la ~**   to keep one's figure, to watch one's weight
**limonade** (*f*)   lemon soda 14
**lin** (*m*)   linen
**lire** (*f*)   lira (*Italian monetary unit*) VF 3
**lire** (*v*)   to read 18
  **lisez**   read! VF UP
**lit** (*m*)   bed 9
**littéraire**   literary
**littérature** (*f*)   literature 17
**litre** (*m*) (*abbrev* **l**)   liter
**livre** (*m*)   book 4
**livre** (*f*) **sterling**   pound (*British monetary unit*) VF 3
**locataire** (*m/f*)   tenant
**logement** (*m*)   housing 7

**logiciel** (*m*)   software
**loi** (*f*)   law 30
**loin (de)**   far (from) 9
**loisirs** (*mpl*)   leisure-time activities 6, 7, 22
**long/longue**   long 23, 25
**longtemps**   a long time 20
**lorsque**   when
**lot** (*m*): **gros ~**   first prize (*in the lottery*)
**loto** (*m*)   lottery
**louer**   to rent 9
**loyal(e) (loyaux** *mpl*)   loyal 25
**loyer** (*m*)   rent 7
**lui** (*pron*)   him, her 3; to (for) him/her 18
  **lui-même**   himself, itself
**lundi** (*m*)   Monday 3
**lune** (*f*)   moon
**lunettes** (*fpl*)   glasses 8
  **~ de soleil**   sunglasses 8
**lutte** (*f*)   fight
**lutter**   to fight, to struggle 33
**luxe** (*m*)   luxury VF 4
  **hôtel de ~**   luxury hotel VF 4
**lycée** (*m*)   secondary school
**lycéen/lycéenne** (*m/f*)   high school student

**M.** (*abbrev* **Monsieur**)   Mr. UP
**ma**   (See **mon**)
**machine** (*f*)   machine
  **~ à écrire**   typewriter 4
  **taper à la ~**   to type
**Madagascar** (*m*)   Malagasy Republic
**Madame** (*abbrev* **Mme**)   Mrs., Ma'am UP
**Mademoiselle** (*abbrev* **Mlle**)   Miss UP
**magasin** (*m*)   store 6
  **grand ~**   department store
**magazine** (*m*)   magazine 18
**magnétophone** (*m*)   tape recorder 4
**magnétoscope** (*m*)   VCR 4
**mai** (*m*)   May 3
**maigrir**   to get thin, to lose weight 10

**maillot** (*m*) **de bain**   swimming suit 8
**main** (*f*)   hand 23
**Maine** (*m*)   (*state of*) Maine 13
**maintenant**   now 2, 11
**maintenir**   to maintain 29
**maintien** (*m*)   upholding
**mairie** (*f*)   town hall
**mais**   but 1
  **~ non!**   of course not! 2
  **~ oui!**   of course! 2
**maison** (*f*)   home, house 1, 9
  **~ de la culture**   arts center
  **~ des jeunes**   youth center
**maître** (*m*)   master
**maîtrise** (*f*)   *equivalent to an M.A.; granted for 1 year of study beyond the* **licence**
**mal** (*m*)   evil, pain
  **avoir ~ à** + *part of body*   to have a sore ..., to have a ... ache 23
  **avoir ~ au cœur**   to have an upset stomach 23
  **il n'y a pas de ~**   there's no harm done UP
  **se faire ~**   to hurt oneself VF 8
**mal** (*adv*)   badly UP, 2, 12; not great UP; poorly 2
  **~ posé(e)**   badly phrased
  **pas ~**   not bad UP
**malade** (*m/f*)   patient
**malade** (*adj*)   sick 22
  **tomber ~**   to get sick
**maladie** (*f*)   illness 22
**maladroit(e)**   clumsy
**malaise** (*m*)   discomfort
**malchance** (*f*)   bad luck
**mâle** (*m*)   male
**malgré**   in spite of
**malheureusement**   unfortunately 25
**malheureux/malheureuse**   unhappy 25
**malhonnête**   dishonest
**management** (*m*)   management 8
**manche** (*f*)   sleeve VF 10
**manger**   to eat 14
**manière** (*f*)   manner, way

**manières** (*fpl*) manners (*etiquette*)
**manifestation** (*f*) (political) demonstration
**manteau** (*m*), **manteaux** (*pl*) coat 8
**manufacture** (*f*) factory
**marchand/marchande** (*m/f*) merchant, vendor
~ **de journaux** newsstand VF 2
**marche** (*f*) **à pied** hiking, walking 22
**marché** (*m*) market
~ **aux puces** flea market
**Marché Commun** (European) Common Market
**marcher** to run, work (*function*) 4, 22
**mardi** (*m*) Tuesday 3
**mari** (*m*) husband 7
**mariage** (*m*) marriage 25, wedding
**marié/mariée** (*m/f*) groom/bride
**jeunes mariés** newly-weds
**marié(e)** (*adj*) married 5
**marier: se** ~ **(avec)** to get married, to marry 25
**marin** (*m*) sailor
**mark** (*m*) mark (*German monetary unit*) VF 3
**marketing** (*m*) marketing (*sales*) 8
**Maroc** (*m*) Morocco
**marques** (*f*) brands
**grandes** ~ designer labels
**marron** (*adj/inv*) brown 8
**mars** (*m*) March 3
**match** (*m*) game
**faire un** ~ to play a game 9
~ **de boxe** boxing match
~ **de karaté** karate match
**mathématiques** (*fpl*) mathematics 17
**maths** (*fpl*) math 14
**faire des** ~ to study math 14
**matin** (*m*) morning 11
**ce** ~ this morning 11
**du** ~ in the morning, A.M. 2
**maudit(e)** darn

**mauvais(e)** bad 5
**il fait** ~ the weather is bad 9
**mayonnaise** mayonnaise 14
**me** (*pron*) (for/to) me 18
**mécanicien** (*m*) mechanic
**médaille** (*f*) medal VF 10
**médecin** (*m*) doctor 26
**médecine** (*f*) medicine (*subject of study*) 17
**médicament** (*f*) medicine (*drug*)
**méfiance** (*f*) distrust
**méfiant(e)** distrustful
**meilleur(e)** (*adj*) better 8
**le/la** ~ the best 9
**mélange** (*m*) mixing, mixture
**même** even 17; same 25
*stress pron* + **-même** ...self
~ **si** even if 17
**menace** (*f*) threat
**menacer** to threaten 30
**ménage** (*m*) housework 9
**faire le** ~ to do the housework 9
**ménager/ménagère:**
**appareil** (*m*) ~ household appliance
**équipement** (*m*) ~ household appliances
**mener** to lead
**mensonge** (*m*) lie 18
**-ment** (*adverbial ending*) -ly 12
**menu** (*m*) **à prix fixe** set-price menu VF 5
**mer** (*f*) sea 12
**merci** thanks UP
~ **bien** thank you UP
**mercredi** (*m*) Wednesday 3
**mère** (*f*) mother 7
**merveille: à** ~ beautifully VF 10
**merveilleux/merveilleuse** marvelous
**mes** (*See* **mon**)
**météo** (*f*) weather forecast 20
**méthode** (*f*) method 32
**métier** (*m*) trade (*profession*)
**mètre** (*m*) (*abbrev* **m**) meter
**à ... mètres** ... meters away VF 2
**métro** (*m*) subway 6
**en** ~ by subway 6

**station** (*f*) **de** ~ subway station VF 2
**mettre** to place, to put, to put on, to turn on, to wear 15
~ **en valeur** to stress
~ **la stéréo à fond** to blast the stereo
~ **la table** to set the table 15
~ **qqn à la porte** to fire someone
~ **une note** to give a grade 15
**se** ~ **en colère** to get angry 24
**meuble** (*m*) piece of furniture 9
**mexicain(e)** Mexican 5
**Mexico** Mexico City
**Mexique** (*m*) Mexico 13
**midi** (*m*) noon 1
**mien: le** ~ (*pron*) mine
**mieux** (*adv*) better 25
**il vaut** ~ it is better 29
**le** ~ the best
**milieu** (*m*) background, center, environment
**juste** ~ happy medium
**militer** to be active
**mille** (*n/inv*) thousand 7
**cent** ~ one hundred thousand 7
**deux** ~ two thousand 7
~ **cent** one thousand one hundred, eleven hundred 7
~ **un** one thousand one 7
**million** million 7
**mince** thin 22
**minérale: eau** (*f*) ~ mineral water 14
**mini-chaîne** (*f*) compact stereo
**Minitel** (*m*) *French home computer service linking householder to giant information & services network*
**minuit** midnight 1
**minute** (*f*) minute 1
**dans une** ~ in a minute 1, 26
**mise** (*f*) **en scène** directing (*of a film*)
**mixte** coeducational

**Mme** (*abbrev for* **Madame**)   Mrs.
   UP

**Mlle** (*abbrev for* **Mademoiselle**)
   Miss UP

**mobylette (mob)** (*f*)   moped 4

**mode** (*f*)   fashion
   **à la ~**   fashionable
   **~ de vie**   lifestyle

**modérément**   moderately

**moderne**   modern 5, 19; new 19

**moi** (*pron*)   me 3
   **chez ~**   at (my) home 6
   **~ aussi**   me too 3
   **moi-même**   myself 1, 25
   **~ non plus**   me neither 3

**moins**   less 8
   **à ~ que**   unless
   **au ~ at least**   19
   **le/la/les ~**   the least 15

**mois** (*m*)   month 11
   **par ~**   per month 7
   **tous les ~**   every month

**moitié** (*f*)   half 32

**moment** (*m*)   moment
   **dans un ~**   in a moment 1; in
     a short while 26
   **en ce ~**   at this moment/time
   **~ de libre**   free time
   **un ~ ...**   just a moment ...
     VF 1

**mon/ma/mes** (*adj*)   my 7

**monde** (*m*)   world 13, people
   **tout le ~**   everybody, everyone
     16
   **trop de ~**   too many people

**mondiale: crise** (*f*) **~**   world
   crisis

**monnaie** (*f*)   change, coins VF 3

**mononucléose** (*f*)   mononu-
   cleosis VF 8

**Monsieur** (*abbrev* **M.**)   Mister,
   Mr., Sir UP

**monsieur** (*m*)   gentleman 4

**montagne** (*f*)   mountain 12

**montant** (*m*)   amount

**monter**   to climb, to get on, to go
   up 12

**montre** (*f*)   watch 4

**montrer (qqch à qqn)**   to show
   18

**Moscou**   Moscow

**mot** (*m*)   word 18
   **~ apparenté**   cognate

**moto** (*f*)   motorcycle 4

**mouchoir** (*m*)   handkerchief
   VF 10

**mourir**   to die 12

**moutarde** (*f*)   mustard 14

**moyen** (*m*)   means, way 31

**Moyen Âge** (*m*)   Middle Ages

**moyen/moyenne** (*adj*)   average,
   middle
   **en ~**   on the average

**mur** (*m*)   wall 9

**musée** (*m*)   museum UP, 6

**music-hall** (*m*)   music hall, variety
   theater VF 7

**musicien/musicienne** (*m/f*)
   musician

**musicien/musicienne** (*adj*)
   musical 25

**musique** (*f*)   music 6


**nager**   to swim 2

**naïf/naïve**   naïve 25

**naissance** (*f*)   birth VF 1

**naître**   to be born 12

**natation**   swimming 22

**nationalité** (*f*)   nationality 13

**naturel/naturelle**   natural 25

**nautiques: skis** (*mpl*) **~**   water
   skis

**ne (n'): ~ ... aucun(e)**   none, not
   any
   **~ ... jamais**   not ever, never
     12, 20
   **~ ... pas**   not 1
   **~ ... pas du tout**   not at all 2
   **~ ... pas encore**   not yet 12, 20
   **~ ... personne**   no one, no-
     body 19
   **~ ... plus**   no longer, not any-
     more 20
   **~ ... que**   only
   **~ ... rien**   not anything,
     nothing 19

**n'est-ce pas?**   right? aren't you?
   don't you?

**~ quittez pas, s'il vous plaît**
   please hold VF 1

**né(e)**   born

**nécessaire: il est ~**   it is necessary 29

**neiger**   to snow 9
   **il neige**   it's snowing 9
   **il va ~**   it is going to snow 9

**nerveux/nerveuse**   nervous 25

**net/nette**   neat 25

**nettoyage** (*m*)   cleaning

**nettoyer**   to clean 7

**neuf**   nine 1

**neuf/neuve** (*adj*)   new 25

**neuvième**   ninth 25

**nez** (*m*)   nose 23

**ni**   nor

**niveau** (*m*)   level
   **~ d'instruction**   level of for-
     mal education

**Noël: Joyeux ~!**   Merry
   Christmas!

**noir(e)**   black 8
   **faire noir**   to be dark

**nom** (*m*)   noun; name, last name
   VF 1

**nombreux/nombreuses** (*adj pl*): **de
   ~**   many, numerous 16

**nommé(e): être ~**   to be named/
   designated

**nommer**   to name

**non**   no 2
   **mais ~!**   why no! of course
     not! 2
   **~ plus**   neither

**non-fumeur: section** (*f*) **~**
   non-smoking section VF 9

**nord** (*m*)   north 13

**normal: il est ~**   it is to be expected 29

**note** (*f*)   grade 16; bill, check (*in
   a restaurant*)
   **notes**   lecture notes 16

**noter**   to write down

**notre (nos** *pl*)   our 7

**nourriture** (*f*)   food

**nous**   we 1; us 3, 18

**Nouveau Brunswick** (*m*)   New
   Brunswick

**nouveau/nouvel/nouvelle/
   nouveaux/nouvelles**   new 9
   **à nouveau**   again

**nouvelle** (*f*)   news item, piece of news 18
  **les nouvelles** (*fpl*)   the news 18, 20
**Nouvelle: ~ Écosse** (*f*)   Nova Scotia
  **la ~ Orléans**   New Orleans 13
**novembre** (*m*)   November 3
**nucléaire**   nuclear
**nuit** (*f*)   night 11
  **faire ~**   to be dark
  **table** (*f*) **de ~**   night table 9
**numéro** (*m*)   number
  **~ de téléphone**   phone number VF 1

**obèse**   obese
**objectif** (*m*)   goal
**objet** (*m*)   object 4
  **objets trouvés**   lost and found
**obligé(e)**   obliged
  **être ~ de**   to be obliged to, to have to
**obtenir**   to get, to obtain 16; to receive
**occasion** (*f*)   chance, opportunity 27
  **avoir l'~ de**   to have the chance/opportunity to 27
  **d'~**   second-hand VF 10
**occupé(e)**   busy VF 7; occupied VF 9
**occuper: s'~ de**   to be busy with, to take care of 24
**octobre** (*m*)   October 3
**œil** (*m*), **yeux** (*pl*)   eye 23
**œuf** (*m*)   egg 14
  **œufs brouillés**   scrambled eggs
**offert(e)**   offered VF 7
**offrir**   to give, to offer 23
**oiseau** (*m*)   bird
**on**   one, people, they, you 3
**oncle** (*m*)   uncle 7
**onze**   eleven 1
  **~ cents (= mille cent)**   eleven hundred 7
**onzième**   eleventh 25
**opprimé(e)** (*adj*)   oppressed
**optimiste** (*adj*)   optimistic 5
**or** (*m*)   gold

**orange** (*m*)   orange *(color)*; (*f*) orange (*fruit*) 15
  **jus d'~**   orange juice 14
**orange** (*adj/inv*)   orange 8
**orchestre** (*m*)   band
**ordinateur** (*m*)   computer 4, 31
**oreille** (*f*)   ear 23
  **boucle** (*f*) **d'~**   earring VF 10
**organiser**   to organize 29
  **s' ~**   to get organized, to organize oneself
**originaire**   native
**original(e) (originaux** *mpl*)   original 25
**ou**   or 1
  **~ bien**   or
**où?**   where? 3
**oublier (de)**   to forget 12, 25
**ouest** (*m*)   west 13
**oui**   yes 2
  **mais ~!**   why yes! of course! 2
**ouragon** (*m*)   hurricane
**outil** (*m*)   tool
**ouvert(e)**   open
**ouvrier/ouvrière** (*m/f*)   worker 26, factory worker
**ouvrir**   to open 23
**OVNI (objet volant non-identifié)**   UFO

**pain** (*m*)   bread 14
**paix** (*f*)   peace 30
**palais** (*m*)   palace VF 7; palate, taste
**Palme** (*f*) **d'or**   Golden Palm (*award*)
**pamplemousse** (*m*)   grapefruit 15
**panneau** (*m*)   sign
**pantalon** (*m*)   pants 8
**papier**   document, paper
  **feuille** (*f*) **de ~**   sheet of paper VF UP
**Pâques** (*m*)   Easter VF 4
**paquet** (*m*)   package
**par**   by, through 9, 12; per 7
  **~ avion**   by air mail VF 6
  **~ conséquent**   therefore
  **~ jour**   per day 7
  **~ mois**   per month 7
  **~ plaisir**   for fun

  **~ semaine**   per week 7
  **~ tous les temps**   in any kind of weather
**parachutisme** (*m*): **faire du ~**   to go parachuting
**parc** (*m*)   park 19
**parce que**   because 3, 30
**pardon!**   excuse me! pardon me! VF 1
**parents** (*mpl*)   parents, relatives 7
**paresseux/paresseuse**   lazy 25
**parfait!**   perfect! VF 4
**parfois**   sometimes 20
**parfum** (*m*)   perfume
**parking** (*m*)   parking lot, parking space VF 4
**parler**   to speak, to talk 1
  **~ à**   to talk to 18
  **~ de**   to talk about
**parmi**   among
**part** (*f*)   share
**partager**   to share 30
**partie: faire ~ de**   to be a member, to be part of
**particulier/particulière**   private
**partir (de)**   to go away, to leave 12
**partout**   everywhere
**pas: ne ... ~**   not 1
  **~ du tout**   not at all 2
  **~ encore**   not yet 12, 20
  **~ mal**   not bad UP
**passeport** (*m*)   passport
**passer**   to pass 6, 12; to spend time 6; to go by/through 12
  **~ un examen**   to take an exam 16
  **se ~ de**   to do without 31
**passe-temps** (*m*)   hobby 6
**passionnant(e)**   exciting
**passionné(e)**   enthused
**pastille** (*f*)   lozenge VF 8
**patiemment**   patiently 25
**patient(e)**   patient 5
**patinage** (*m*)   skating 22
**pâtisserie** (*f*)   pastry shop
**patriote**   patriotic
**patron/patronne** (*m/f*)   boss 26
**pauvre** (*m/f*)   poor (person)
**pauvre** (*adj*)   poor

**payer**   to pay (for) 7

**pays** (*m*)   country 13

**Pays-Bas** (*mpl*)   the Netherlands

**peigne** (*m*)   comb 13

**peigner: se ~**   to comb 23

**peignoir** (*m*)   bathrobe VF 10

**peinture** (*f*)   painting 6, 17

**pellicule** (*f*)   film (*for a camera*)

**pendant**   during 9, 11, 21; for +
   *length of time* 13, 21

**pendant que** (*conj*)   while 21, 30

**pénible**   boring 5

**penser**   to believe, to think 6, 30
   **~ à**   to think about 6

**pension** (*f*)   boarding house
   VF 4

**perceptif/perceptive**   perceptive
   25

**perdre**   to lose 10
   **~ son temps**   to waste one's
   time 10
   **se ~**   to get lost

**perdu(e)**   lost

**père** (*m*)   father 7

**permettre (à qqn de)**   to allow, to
   give permission 25, 29

**permis** (*m*) **de conduire**   driver's
   license VF 3

**personne** (*f*)   person 4
   **ne ... ~**   no one, not anyone
   19

   **personne ... ne**   no one, no-
   body 19

**perte** (*f*) **de temps**   waste of time

**peser**   to weigh VF 6

**peseta** (*f*)   peseta (*monetary unit*
   *for Spain*) VF 3

**peso** (*m*)   peso (*Mexican monetary*
   *unit*) VF 3

**pessimiste** (*adj*)   pessimistic 5

**petit(e)**   small 5
   **petit déjeuner** (*m*)   breakfast 15
   **petite annonce** (*f*)   classified
   ad 18
   **petit-enfant** (*m*)   grandchild 7
   **petite-fille** (*f*)   granddaughter
   7
   **petit-fils** (*m*)   grandson 7
   **petits pois** (*mpl*)   peas 15

**pétrole** (*m*)   fuel, oil

**pétrolier/pétrolière** (*adj*)
   petroleum, oil

**peu (de)**   little, not many, not
   much 15; few, shortly
   **un ~ (de)**   a little (of), some 15

**peur** (*f*)   fear 30
   **avoir ~ de**   to be afraid of, to
   fear 10, 30

**peut-être**   maybe 7, perhaps

**peux** (*See* **pouvoir**)

**pharmaceutique**   pharmaceutical
   VF 8

**pharmacie** (*f*)   pharmacy, drug-
   store VF 2

**pharmacie** (*f*)   pharmacology 17

**philosophe** (*m/f*)   philosopher

**philosophie** (*f*)   philosophy 17

**photo** (*f*)   photograph 4; photography 4, 6
   **faire de la ~**   to take photo-
   graphs/pictures 14

**phrase** (*f*)   sentence 18

**physique** (*f*)   physics 17

**physique: culture** (*f*) **~**   physical
   training VF 8

**pièce** (*f*)   piece; coin VF 3; room
   (*of a house*) 9
   **~ (de théâtre)**   play VF 7
   **~ d'identité**   proof of identity
   VF 3

**pied** (*m*)   foot 23
   **à ~**   on foot 6

**piège** (*m*)   trap

**piéton** (*m*)   pedestrian VF 2

**piloter**   to fly a plane

**pique-nique** (*m*)   picnic VF 6

**piscine** (*f*)   pool 6

**place** (*f*)   public square VF 2
   **chaque chose à sa ~**   everything in its place
   **réserver une ~**   to reserve a
   seat VF 9

**plage** (*f*)   beach 6

**plaigner: se ~**   to complain

**plaire**   to please, to be pleasing
   **s'il te plaît/s'il vous plaît**
   please UP

**plaisir** (*m*)   pleasure
   **avec ~**   with pleasure VF 7
   **par ~**   for fun

**plan** (*m*)   map

**planche** (*f*) **à voile**   windsurfing
   22

**plaque** (*f*) **d'immatriculation**
   license plate

**plastique** (*f*)   plastic VF 10

**plat** (*m*)   dish
   **~ salé**   salty dish
   **~ sucré**   sweet dish

**pleuvoir**   to rain
   **il pleut**   it's raining 9

**plongée** (*f*) **sous-marine**   scuba
   diving
   **faire de la ~**   to go scuba diving VF 8

**plupart: la ~ de**   most, the
   greatest number of 32

**plus**   more 9; plus
   **de ~ en ~**   more and more
   **en ~**   moreover
   **le/la/les ~**   the most 15
   **ne ... ~**   no longer 20
   **~ (de) ... que**   more ... than 8,
   15
   **~ tard**   later, later on

**plusieurs**   several 16
   **~ fois**   several times 20

**plutôt**   fairly, rather

**pneumonie** (*f*)   pneumonia

**poème** (*m*)   poem 18

**poid** (*m*)   weight
   **lever des poids**   to lift weights
   VF 8

**poignet** (*m*)   wrist VF 8

**pointure** (*f*)   shoe size VF 10

**poire** (*f*)   pear 15

**pois: petits ~** (*mpl*)   peas 15

**poisson** (*m*)   fish 14
   **~ rouge**   goldfish

**poivre** (*m*)   pepper 14

**poker** (*m*)   poker 6

**poli(e)**   polite 5

**police** (*f*)   policing; police force
   **agent** (*m*) **de ~**   police officer
   **commissariat** (*m*) **de ~**   police
   station VF 2

**poliment**   politely 25

**politique** (*f*)   politics, policy
   **faire de la ~**   to be active/
   involved in politics 14

**politique** (*adj*)  political
  **émission** (*f*) ~  political program
  **sciences** (*fpl*) **politiques**  political science 17
**pollution** (*f*)  pollution 19
**pomme** (*f*)  apple 15
  **jus** (*m*) **de** ~  apple juice VF 5
  ~ **de terre** (*f*), **pommes de terre** (*pl*)  potato 15
  **pommes frites**  French fries VF 5
**ponctuel/ponctuelle**  punctual, on time 25
**porc** (*m*)  pork 14
  **côtelette de** ~  pork chop VF 5
**porte** (*f*)  door 9; gate (*in an airport*) VF 9
  **mettre qqn à la** ~  to fire someone
**portefeuille** (*m*)  wallet VF 10
**porter**  to wear 8
**portugais** (*m*)  Portuguese (*language*)
**Portugal** (*m*)  Portugal 13
**posé(e): mal** ~  badly phrased
**poser une question (à qqn)**  to ask (someone) a question 18
**posséder**  to own 8
**possible**  possible
  **c'est** ~  it's possible 15
  **il est** ~  it's possible 29
**postale: carte** (*f*) ~  postcard 18
**poste** (*f*)  post office 6; mail
  ~ **aérienne**  airmail VF 6
  ~ **restante**  general delivery VF 6
**poster**  to mail
**poulet** (*m*)  chicken 14
**pour**  for 1, 19
  ~ + *inf*  (in order) to 16, 28, 30
  ~ **que** (*conj*)  so that 30; in order for
  ~ **qui?**  for who(m)? 3
**pourboire** (*m*)  tip (*in a restaurant*)
**pourquoi**  why 3
**pourriez-vous me dire ...?**  could you tell me ...? VF 2

**pourtant**  nevertheless 27; however
**pouvoir** (*m*)  power 32
**pouvoir** (*v*)  can, may, to be able 16, 25
  **est-ce que vous pouvez ...?**  2
  **pouvez-vous me dire...?**  can you tell me...? VF 2
**pratiquer**  to be active in a sport, to practice a sport 22
**précipitamment**  hurriedly
**précisions** (*fpl*)  details
**préférable: il est** ~  it is preferable 29
**préféré(e)**  favorite 20
**préférer**  to prefer 8, 25, 29
**premier/première**  first 11, 25
  **première classe**  first class VF 9
**prendre**  to take, to take along 14
  ~ **des bains de soleil**  to sunbathe VF 8
  ~ **qqch à boire**  to have sth to drink 14
  ~ **qqch à manger**  to have sth to eat 14, 15
  ~ **un verre**  to have a drink VF 7
**prénom** (*m*)  first name VF 1
**préocupper: se** ~ **(de)**  to worry, to be/get concerned about 24
**préparer**  to make food, to prepare 15
  ~ **un examen**  to prepare/ study for an exam 16
  **se** ~  to get ready 24
**près**  nearby VF 2
  ~ **de**  near 9
  ~ **d'ici**  near here VF 2
  **tout** ~  nearby VF 2, very near
**présentation** (*f*)  introduction (*of people*)
**présenter**  to introduce VF UP
**président/présidente** (*m/f*)  president VF 4
**presque**  almost 12
**presse** (*f*)  press, newspapers
**pressé(e)** (*adj*)  in a hurry
**pression** (*f*)  pressure

**bière** ~ (*f*)  draft beer VF 5
**prestigieux/prestigieuse**  prestigious
**prêt(e)**  ready 23
**prêter (qqch à qqn)**  to loan 18
**prévoir**  to forecast, to foresee 17
**prévu(e)**  forecast, planned
**principal(e) (principaux** *mpl*)  principal; main VF 4
**printemps** (*m*)  spring 9
  **au** ~  in spring 9
**privatiser**  to hand over to a private concern
**privé(e)**  private 33
**prix** (*m*)  price 7; prize
  ~ **fixe**  set price VF 5
  ~ **réduit**  reduced price
**problème**  problem 19
**procédé** (*m*)  process
**prochain(e)**  next 11
**produire**  to create, to produce 27
**produit** (*m*)  product
  ~ **alimentaire**  food
  ~ **laitier**  dairy product
**professeur** (*m*)  professor UP, 4; teacher 4
**profiter de**  to enjoy
**programme** (*m*)  program 20
**progrès** (*m*)  progress 31
  **faire des** ~  to make progress 16, 31; to improve 16
**projet** (*m*)  plan 7
  **faire des projets**  to make plans
**promenade** (*f*)  walk, ride
  ~ **à cheval**  ride on horseback VF 8
  ~ **en bateau**  boat ride VF 8
  **faire une** ~  to go for/take a ride/walk 9
**promener**  to walk 23
  **se** ~  to go for/take a ride/walk 23
**promettre (à qqn de)**  to promise 25
**pronom** (*m*)  pronoun
**pronominal (pronominaux** *mpl*)  reflexive
**propre**  own 28; clean 19, 28

**propreté** (*f*)   cleanliness
**propriétaire** (*m/f*)   owner
**propriété** (*f*)   property
**protéger**   to protect 30
**prudent(e)**   careful
**psychologie** (*f*)   psychology 17
**public/publique**   government-controlled 3, 33; public 33
**publicité** (*f*)   advertising 17; commercials 20
**puis**   then 21
**puissance** (*f*)   power
**pull** (*m*)   sweater 8
**pull-over** (*m*)   sweater 8
**pyjama** (*m*)   pajamas VF 10

**qu'est-ce que**   what? 3, 33
 **~ c'est?**   what is it? what is that? 4
 **~ tu as?**   what's wrong? VF 8
**qu'est-ce qui**   what? 33
**quai** (*m*)   platform (*in a train station*) VF 9
**qualité** (*f*)   good point
**quand**   when 3, 26
**quarante**   forty 2
**quart** (*m*)   quarter
 **il est ... heures et ~**   it is quarter past ... 2
 **il est ... heures moins le ~**   it is quarter of ... 2
**quartier** (*m*)   area, district, neighborhood 19
 **cinéma** (*m*) **de ~**   local theater
**quatorze**   fourteen 2
**quatre**   four 1
**quatre-vingts**   eighty 2
**quatrième**   fourth 25
**que (qu')** (*pron*)   what? 3; that, which, whom 19
 **~ dire?**   What to say?
 **~ signifie ...?**   What is the meaning of ...? What does ... mean? VF UP
**que** (*conj*)   than 8; that 18
**québécois(e)** (*adj*)   from Quebec
**Québécois/Québécoise** (*m/f*)   person from Quebec
**quel/quelle/quels/quelles** (*adj*)   which, what 8

**~ + *noun***   what (a) ...! VF 8
**à ~ heure?**   at what time? 3
**~ est la date?**   What is the date? 3
**~ que soit**   whatever may be
**quelqu'un**   someone 12, 19; anyone
**quelque chose**   something 12, 15, 19; anything
**quelque part**   somewhere
**quelquefois**   sometimes
**quelques**   some 16
**quelques-un(e)s**   some
**question** (*f*)   question
 **poser une ~ (à qqn)**   to ask a question 18
 **une ~ de goût**   a matter of taste
**qui** (*pron*)   who? whom? 3; who, that, which 19
 **~ est à l'appareil?**   who's calling? VF 1
 **~ est-ce?**   who is it? UP
 **~ est-ce que**   who(m) 33
 **~ est-ce qui**   who 33
**quinze**   fifteen 2
**quitter**   to leave (behind) 12
 **ne quittez pas, s'il vous plaît**   please hold VF 1
**quoi**   what 4
 **il n'y a pas de ~!**   it's nothing! UP
**quotidien/quotidienne**   daily

**raconter**   to tell about 18, 21
**radio** (*f*)   radio 4
**radio-cassette** (*f*)   radio-cassette player 4
**raisin: jus** (*m*) **de ~**   grape juice VF 5
**raison** (*f*)   reason 2
 **à ~**   rightly
 **avoir ~**   to be right 10
**ralenti: au ~**   at a slow pace
**randonnée** (*f*)   excursion VF 8
**rapide** (*adj*)   fast, rapid 5, 25
**rapidement** (*adv*)   fast, rapidly 25
**rappeler**   to remind
 **se ~**   to remember
**rapport** (*m*)   relationship 29

**raquette** (*f*)   racket
 **~ de tennis**   tennis racket
**rarement**   rarely 12, 20
**raser: se ~**   to shave 23
**rasoir** (*m*)   razor 23
**rater**   to miss
 **~ un examen**   to fail/flunk an exam 16
**ravin** (*m*)   ditch
**réalisation** (*f*)   achievement
**réaliser**   to carry out 27
**réaliste**   realistic 5
**rebelle**   rebellious
**récemment**   recently
**réception** (*f*)   reception desk (*in a hotel*) VF 4
**recevoir**   to get, to receive 26
**recherche** (*f*)   research 17
 **faire des recherches**   to do research 17
**réciproque**   reciprocal
**recommandé: en ~**   by registered mail VF 6
**reconnaître**   to recognize 17
**rectifiant: en ~**   by rectifying/fixing
**reçu(e)**   received
 **être ~ à un examen**   to pass an exam 16
**récupérer**   to recover
**redoubler**   to repeat a year of study
**réduit(e)**   reduced
**réel/réelle**   actual, real 29
**réfléchir à**   to think about 10
**refléter**   to reflect
**réflexion** (*f*)   thought
**refuser de**   to refuse 25
**regarder**   to look at, to watch 1, 17
 **regardez!**   look! VF UP
**régime** (*m*)   diet; government
 **être au ~**   to be on a diet 15
 **suivre un ~**   to be on a diet 16
**règlement** (*m*)   the rules
**régner**   to exist; to reign
**regretter de**   to regret 25, 30
**régulier/régulière**   regular 25

**réhumaniser**  to rehumanize, to make more humane
**reine** (*f*)  queen
**rejeter**  to reject
**relations** (*fpl*)  relations 7; connections
**relier**  to connect VF 9
**remarquer**  to notice 21
**remboursé(e)**  reimbursed
**remercier**  to thank VF 2
**remplacer**  to replace
**rémunéré(e): bien ~**  well-paid
**rencontre** (*f*)  meeting (*by chance*) 24; encounter
  **~ sportive**  sporting event, match
**rencontrer**  to meet, to run into, to see by chance 12
  **se ~**  to meet, to meet one another 24
**rendez-vous** (*m*)  appointment, date 24
  **avoir ~**  to have an appointment/a date 24
  **donner ~ à**  to make an appointment/date with, to arrange to meet 24
  **j'ai ~**  I have an appointment/a date 1
  **se donner ~**  to arrange to meet each other; to make a date/appointment with each other 24
**rendre**  to give back 10, 18; to make (render)
  **~ visite à**  to visit a person 10, 18
  **se ~ compte de**  to realize 24
  **se ~ visite**  to visit each other 24
**renseignement** (*m*)  information VF 2
  **bureau des renseignements**  information desk VF 9
  **demander un ~**  to ask for information VF 2
**renseigner**  to give information, to inform VF 2
**rentrer**  to go back, to get back, to return 12

**réparateur/réparatrice** (*m/f*)  repair person
**repas** (*m*)  meal 7, 15
**répéter**  to repeat 8
  **répétez**  repeat VF UP
**répondeur** (*m*) **téléphonique**  answering machine
**répondre à**  to answer 10, 18
  **répondez**  answer VF UP
**reposer: se ~**  to rest 23
**représentant(e)** (*m/f*) **de commerce**  sales representative
**reprocher**  to find (something) wrong with
**requête** (*f*)  request
**RER (Réseau Express Régional du métro parisien)**  *suburban subway service*
**réservé(e)**  reserved 5
**réserver**  to reserve VF 4
**résidence** (*f*)  dormitory 9; residence
  **~ secondaire**  vacation home
**résolu(e)**  resolved
**résoudre**  to resolve, to solve
**responsabilité** (*f*)  responsibility 33
**responsable de**  responsible for 33
**ressembler à**  to resemble, to look like
  **se ~**  to resemble each other
**restaurant** (*m*)  restaurant 6
**rester**  to remain 12; to stay 6, 12
**résultat** (*m*)  result
**retard: avoir ... minutes de ~**  to be ... minutes late VF 9
  **en ~**  late 26
**retour** (*m*)  return VF 7
  **de ~**  back from VF 7
**retourner**  to go back, to return 12
**retraité/retraitée** (*m/f*)  retired person
**retrouver**  to meet, to rediscover
  **se ~**  to meet VF 7
**réunion** (*f*)  (organized) meeting 24; gathering
**réunir: se ~**  to meet

**réussir à**  to succeed, to be successful in 10, 16, 25, 28
  **~ à un examen**  to pass an exam 10
**réussite** (*f*)  success 28
**rêve** (*m*)  dream
**réveil** (*m*)  alarm clock
**réveiller**  to wake (someone) up 23
  **se ~**  to wake up 23
**revenir**  to come back 13
**revenu** (*m*)  income
**rêver (de)**  to dream 25
**revoir: au ~**  good-by UP
**revue** (*f*)  illustrated magazine 18
**rhume** (*m*)  cold (*illness*) 22
**riche**  rich 5
**richesse** (*f*)  wealth
**rien**  nothing UP
  **de ~!**  it's nothing UP
  **ne ... ~**  nothing 19
**risque** (*m*)  risk
  **prendre des risques**  to take risks
**robe** (*f*)  dress
  **~ du soir**  evening dress
**robinet** (*m*)  faucet
  **fermer le ~**  to shut off the faucet
**roi** (*m*)  king
**roman** (*m*)  novel 18
  **~ policier**  detective novel 18
**rosbif** (*m*)  roast beef 14
**rose**  pink 8
**rôti(e)**  roasted
**roue** (*f*)  wheel
**rouge**  red 8
  **poisson** (*m*) **~**  goldfish
**roux/rousse**  red-headed 25
**rue** (*f*)  street 19
**rugby** (*m*)  rugby 8
**russe** (*m*)  Russian (*language*) 13
**Russe** (*m/f*)  Russian person
**russe** (*adj*)  Russian 13
**Russie** (*f*)  Russia 13

**sa**  his, her, its 7
**sable** (*m*)  sand
**sac** (*m*)  bag, purse
**sacré(e)**  sacred

**sain(e)**  healthy, sound
**saison** (*f*)  season 9, 11
  **hors ~**  off season VF 4
**salade** (*f*)  salad 14
**sale**  dirty 19
**salé(e)**  salted
**salle** (*f*)  hall, large room 6
  **~ à manger**  dining room 9
  **~ de bains**  bathroom 9
  **~ de classe**  classroom
  **~ de concert**  concert hall
    VF 7
  **~ de gymnastique**  gymnasium
    VF 8
  **~ de séjour**  living room 9
**salon** (*m*)  formal living room 9
**salut!**  hi! UP
**samedi** (*m*)  Saturday 3
  **le ~**  on Saturdays
**sandwich** (*m*) **au jambon**  ham
    sandwich
**sang-froid** (*m*)  cool, composure
**sans** (*prep*)  without 17, 28, 30
**sans que** (*conj*)  without 30
**santé** (*f*)  health 22
  **état** (*m*) **de ~**  state of health
  **être en bonne ~**  to be in good
    health 22
  **être en mauvaise ~**  to be in
    poor health 22
**satisfaction** (*f*)  satisfaction 30
**saucisson** (*m*)  salami 14
**sauf**  except
**saumon** (*m*)  salmon 14
**sauter**  to jump
**savant** (*m*)  scientist 31
**Savoie**  *region in Eastern France*
**savoir**  to know, to have knowl-
    edge of, to know how to, to
    know by heart 19
  **je sais que**  I know that 30
  **savez-vous ...?**  do you know
    ...? VF 2
**savoir-faire** (*m*)  "know-how"
**savoir-vivre** (*m*)  good manners
**savon** (*m*)  soap 23
**scène** (*f*)  scene 21
  **la mise en ~**  directing (*of a
    film/play*)
**sciences** (*fpl*)  science(s) 17

  **~ politiques**  political science
    17
  **~ sociales**  social sciences 17
**scolarité** (*f*)  tuition 7
**scooter** (*m*)  motorscooter
**sculpture** (*f*)  sculpture 17
**séance** (*f*)  performance, show-
    ing VF 7
**sec/sèche**  dry
**secret/secrète**  secret 25
**secrétaire** (*m/f*)  secretary 26
**Secrétariat** (*m*) **d'État**  (federal)
    department
**section** (*f*)  section
**Seine** (*f*)  *river flowing through
    Paris*
**seize**  sixteen 2
**séjour** (*m*)  stay 12
  **bon ~!**  have a nice stay! VF 4
  **faire un ~**  to reside, to spend
    time 12
**sel** (*m*)  salt 14
**self-service** (*m*)  self-service res-
    taurant 8
**selon**  according to 19
**semaine** (*f*)  week 11
  **en ~**  during the week
  **jour de la ~**  day of the week
    3
  **par ~**  per week 7
**semblable**  similar
**sembler**  to seem
**sénateur** (*m*)  senator
**sénégalais(e)**  from Senegal, Sen-
    egalese
**sens** (*m*)  meaning, sense
  **~ des affaires**  business sense
    28
**sensibilité** (*f*)  sensitivity
**sentimental(e) (sentimentaux** *mpl*)
    sentimental 25
**sentir**  to feel, to smell 12
  **se ~**  to feel
**sept**  seven 1
**septembre** (*m*)  September 3
**septième**  seventh 25
  **~ art** (*m*)  seventh art (= *film*)
**sérieux/sérieuse**  serious 25
**sérieusement**  seriously 25

**serment** (*m*) **d'allégeance**  oath of
    allegiance
**serré(e)**  tight
**serveuse** (*f*)  waitress 15
**service** (*m*)  service, service
    charge, tip VF 4
  **à votre ~!**  at your service! UP
  **self-service** (*m*)  self-service
    restaurant 8
  **~ compris/inclus**  tip included
    VF 4
  **station** (*f*) **~**  service station
    VF 2
**servir**  to serve 15
  **~ à + *inf***  to be used for
  **~ à qqn**  to help someone
  **se ~ de**  to use 31
**serviteur** (*m*)  servant
**ses**  his, her, its 7
**seul(e)** (*adj*)  only 29; alone 16
**seulement** (*adv*)  only 16, 25
**shopping** (*m*)  shopping 8
**short** (*m*)  shorts 8
**si**  if 9, 26; whether 18; so
**si**  yes (*to a negative question*) 17
  **mais ~!**  why yes! 17
**sidérurgique** (*adj*)  steel-making
**siècle** (*m*)  century 21
**siège** (*m*)  seat
**signalement** (*m*)  description
**signifier**  to mean, to signify
  **que signifie ...?**  what is the
    meaning of ...? what does ...
    mean? VF UP
**situation** (*f*)  job; situation
  **~ bancaire**  bank balance
  **~ de famille**  marital status
    VF 1
**situé(e)**  located, situated
**six**  six 1
**sixième**  sixth 25
**ski** (*m*)  skiing 22
  **~ de fond**  cross-country ski-
    ing VF 8
  **~ nautique**  water skiing 22
  **station** (*f*) **de ~**  ski resort
**skier**  to ski
**skis** (*mpl*) **nautiques**  water skis
**smoking** (*m*)  tuxedo

**snack** (*m*)   snack 8; fast-food place VF 5
**SNCF (Société Nationale des Chemins de fer français)** French national railroad system
**sociable**   friendly, sociable 5
**sœur** (*f*)   sister 7
**sofa** (*m*)   sofa 9
**soi**   oneself VF 5
  **soi-même**   oneself
**soie** (*f*)   silk VF 10
**soif: avoir** ~   to be thirsty 10
**soigner**   to cure
**soir** (*m*)   evening 11
  **ce** ~   this evening, tonight 11
  **demain** ~   tomorrow evening 11
  **du** ~   in the evening; P.M. 2
  **hier** ~   last night
  **le** ~   in the evening, evenings
**soirée** (*f*)   evening 11; formal party 24
**soixante**   sixty 2
**soixante-dix**   seventy 2
**soixante-douze**   seventy-two 2
**soixante et onze**   seventy-one 2
**soixante-treize**   seventy-three 2
**solde** (*m*)   sale
  **boutique de soldes**   discount shop
  **en** ~   on sale VF 10
**sole** (*f*)   sole 14
**soleil** (*m*)   sun 12
  **prendre des bains de** ~   to sunbathe VF 8
**somme** (*f*)   sum
**sommeil: avoir** ~   to be sleepy 10
**sommet** (*m*)   summit, top
**son/sa/ses** (*adj*)   his, her, its 7
**sonate** (*f*)   sonata VF 7
**sondage** (*m*)   poll, survey 32
**sonner**   to ring
**sorte** (*f*)   kind
**sortie** (*f*)   date, outing VF 7
**sortir:** ~ **avec**   to date, to go out with 12
  ~ **de**   to go out of, to leave 12
**sot/sotte**   dumb 25

**soudain**   suddenly 21
**souffrir**   to suffer 23
**souhait** (*m*)   wish
**souhaiter**   to wish 29
**souliers** (*mpl*)   shoes VF 10
  ~ **à talon**   high heels VF 10
  ~ **plats**   flat shoes VF 10
**souligné(e)**   underlined
**souligner**   to underline
**soumettre**   to submit
**soumis(e)**   submitted
**soupçonner**   to suspect
**sous**   under 9
**sous-marin** (*m*)   submarine
**sous-marin(e)** (*adj*)   underwater
  **plongée** (*f*) **sous-marine**   scuba diving
**souvenir** (*m*)   memory
**souvenir: se** ~ **de**   to remember 24, 25
**souvent**   often 2, 12, 20
**Soviétique: Union** (*f*) ~   Soviet Union 13
**sparadrap** (*m*)   adhesive tape VF 8
**spectacle** (*m*)   show 6; entertainment VF 7; TV show 20
  ~ **de variété**   variety show VF 7
**sport** (*m*)   sport 6, 22
  **faire du** ~   to be active in a sport, to do sports 14
**sportif/sportive**   athletic 25
**stade** (*m*)   stadium 6
**station** (*f*)   station
  ~ **de métro**   subway station VF 2
  ~ **service**   gas/service station VF 2
  ~ **de ski**   ski resort
**stationner**   to park
  **interdiction** (*f*) **de** ~   no parking
**statut** (*m*)   status; statute
**stressé(e)**   under stress
**studio** (*m*)   studio apartment 9
  ~ **d'enregistrement**   recording studio
**stylo** (*m*)   pen 4
**subir**   to suffer

**succéder: se** ~   to follow one another
**sucre** (*m*)   sugar 14
**sucré(e)**   sweet
**sud** (*m*)   south 13
**sud-est** (*m*)   southeast
**suffire**   to be enough, to suffice
**Suisse** (*f*)   Switzerland 13
**suisse** (*adj*)   Swiss 5, 13
**suite: à la** ~ **de**   following
**suivi(e) par**   followed by
**suivre**   to follow 16
  ~ **un cours**   to be enrolled in/take a course 16
  ~ **un régime**   to be on a diet 16
  ~ **un sujet**   to keep abreast of a topic 16
**sujet** (*m*)   subject 31, topic
  **à ce** ~   on this topic
  **au** ~ **de**   on the subject of
  **suivre un** ~   to keep abreast of a subject 16
**superficiel/superficielle**   superficial 25
**supermarché** (*m*)   supermarket
**superstitieux/superstitieuse**   superstitious 25
**sur**   on 9; out of (+ *number*)
**sûr(e)**   sure
  **bien sûr!**   of course! 2
  **bien sûr que non!**   of course not! 2
  **il est sûr que**   it is sure that 30
**surpris(e)** (*adj*)   surprised
  **être** ~   to be surprised 30
**surprise** (*f*)   surprise 30
**surtout**   above all, especially, mainly
**surveillance** (*f*)   supervision
**sympa**   nice
**sympathique**   nice 5
**syndicat** (*m*)   labor union
  ~ **d'Initiative**   tourist office VF 2

**ta**   your 7
**table** (*f*)   table 9
  ~ **de nuit**   night table 9
  **mettre la** ~   to set the table 15

**tableau** (*m*), **tableaux** (*pl*) painting
**taille** (*f*) size
**tailleur** (*m*) woman's suit 8
**taire: se ~** to be quiet
 **tais-toi!** be quiet!
**tante** (*f*) aunt 7
**taper** to type
 **~ à la machine** to type
**tard** late 23, 26
 **plus ~** later, later on
 **trop ~** too late
**tarif** (*m*) price list, rate VF 6
 **tarifs postaux** postage rates VF 6
**tarte** pie 14
**te** (*pron*) you 18
**tee-shirt** (*m*) T-shirt 8
**tel/telle** (*pron*) such
**télé** (*f*) television 6
 **à la ~** on television 20
**télé-commande** (*f*) remote control
**télécopieur** (*m*) fax machine 31
**télégramme** (*m*) telegram VF 6
**téléphone** (*m*) telephone 4
**téléphoner (à)** to call, to phone 1, 18
 **se ~** to call/phone each other 24
**téléviseur** (*m*) TV set 4
**télévision** (*f*) television 6
**Télévision Française 1 (TF 1)** *French TV channel*
**tellement** (*adv*) so very, that much
**témoin** (*m*) witness 21
**température: quelle ~ fait-il?** what's the temperature? 9
**tempête** (*f*) storm
**temps** (*m*) time 9
 **de ~ en ~** once in a while, from time to time 20
 **~ libre** free time 22
 **tout le ~** all the time 20
**temps** (*m*) weather 9
 **il fait un ~ épouvantable** the weather is awful 9
 **par tous les ~** in any kind of weather

**quel ~ fait-il?** what's the weather? how is the weather? 9
**tendance** (*f*) tendency, trend
 **avoir ~ à** to have a tendancy to 32
**tendre à** to tend to
**tennis** (*m*) tennis 6, 8
 **des ~** (*mpl*) tennis shoes VF 10
**terrain** (*m*) **de jeux** playground
**terrasse** (*f*) *sidewalk section of a café*
**terre** (*f*) earth
**tes** your 7
**tête** (*f*) head 23
 **en ~** in first place
**texan(e)** (*adj*) from Texas, Texan VF 4
**Texas** (*m*) Texas 13
**TF 1 (Télévision Française 1)** *French TV channel*
**TGV** (*m*) **(train à grande vitesse)** *high speed train* VF 9
**thé** (*m*) tea 14
 **thé-citron** (*m*) tea with lemon VF 5
 **thé-nature** (*m*) plain tea VF 5
**théâtre** (*m*) theater 6
 **faire du ~** to be active/ involved in, to do theater 14
**thon** (*m*) tuna 14
**tiens!** hey! look! 5
**timbre** (*m*) stamp VF 6
**timide** timid 5
**toi** (*pron*) you
 **et ~ ?** and you? UP
**toilette: cabinet** (*m*) **de ~** bathroom 9
**toilettes** (*fpl*) toilets 9
**tomate** (*f*) tomato 15
**tomber** to fall 12
 **~ amoureux/amoureuse de** to fall in love with
 **~ malade** to get sick
**ton/ta/tes** (*adj*) your 7
**tort** (*m*) wrong
 **à ~** wrongly
 **avoir ~** to be wrong 10
**tôt** early 23

**toujours** always 2; still
**tour** (*f*) tower
**tour** (*m*) turn VF 5
 **à votre ~** it's your turn
 **faire le ~** to go around
**tourner** to turn VF 2
**tout/toute/tous/toutes** (*adj*) all, every 16
 **~ le/la/les** all (of) the ..., the whole, every
 **tout le monde** everybody, everyone 16
 **tout le temps** all (of) the time 20
 **~ les + *day of the week*** every + *day of the week* 20
 **~ les jours** every day 20
 **toutes sortes** all kinds
**tout** (*adv*): **~ à coup** all of a sudden, suddenly 21
 **~ à fait** absolutely VF 7
 **~ de suite** immediately 21
 **~ droit** straight ahead VF 2
 **~ en + *pres. participle*** while (at the same time), by, in
 **~ près** nearby VF 2
**tout** (*pron/inv*) all, everything
 **après ~** after all 14
 **pas du ~** not at all 2
**tract** (*m*) flyer
**tradition** (*f*) tradition 29
**traduire** to translate 27
**train** (*m*) train 6
 **en ~** by train 6
 **~ à grande vitesse (TGV)** *high speed train* VF 9
**traité** (*m*) treaty 30
**traitement de texte: machine** (*f*) **à ~** word processor 31
**tranquille** quiet
**transformer** to transform
**transport(s)** (*m*) transportation 4
**travail** (*m*), **travaux** (*pl*) job, work 28
 **travail volontaire** volunteer work
 **travaux domestiques** household chores

**travaux publics**  public works
**travailler**  to work 1
**travailleur/travailleuse** (*adj*)
    hard-working 25
**traverser**  to cross VF 2
**treize**  thirteen 2
**trekking: faire du** ~  to trek
**trente**  thirty 2
**trente-deux**  thirty-two 2
**trente et un**  thirty-one 2
**très**  very 2
    ~ **bien**  very well UP
**trésor** (*m*)  treasure, treasury
**tricostéril** (*m*)  Band-Aids VF 8
**triste**  sad 5
    **être** ~  to be sad 30
**tristesse** (*f*)  sadness 30
**trois**  three 1
**troisième**  third 25
**tromper: se** ~  to be mistaken, to
    make a mistake 24
**trop (de)**  too, too many, too
    much 12, 15
    ~ **tard**  too late
**trouver**  to find 9, 17
    **se** ~  to be located VF 2
**trouvés: objets** ~  lost and found
**tu**  you (*familiar*) 1

**un(e)** (*art*)  a, an 4
    ~ **autre**  another 16
    **un moment ...**  Just a moment
        ... VF 1
    **un peu de**  some 15
**un(e)** (*number*)  one 1
    **un** + *day of the week*  one + *day*
        *of the week* 20
    **un beau jour**  suddenly one
        day
**uni(e)**  united
**uniquement**  only
**université** (*f*)  university UP, 6
**urbain(e)**  urban
**urbanisation** (*f*)  urbanization
**usine** (*f*)  factory 19
**utile**  useful 16
    **il est** ~  it is useful 29
**utilisant: en** ~  by using
**utiliser**  to use 4

**va** (*imperative*)  go
**vacances** (*fpl*)  vacation 7
    **en** ~  on vacation 12
**vaisselle** (*f*)  dishes
    **faire la** ~  to do/wash the
        dishes 9
**valable**  valid
**valeur** (*f*)  value
    **mettre en** ~  to stress
**valise** (*f*)  suitcase 12
    **faire les valises**  to pack 12
**valoir**  to be worth
    **il vaut mieux**  it is better 29
**variétés** (*fpl*)  variety show 20
    **spectacle** (*m*) **de** ~  variety
        show
**vaut: il** ~ **mieux**  it is better 29
**vedette** (*f*)  film star
**végétarien/végétarienne** (*adj*)
    vegetarian VF 5
**vélo** (*m*)  bicycle 4
**vélo tout terrain** (*m*)  mountain
    bike
**vélomoteur** (*m*)  motorbike 4
**velours** (*m*)  corduroy VF 10
**vendeur/vendeuse** (*m/f*)  sales
    person 26
**vendre**  to sell 10
**vendredi** (*m*)  Friday 3
**venir**  to come 13
    ~ **de** + *inf*  to have just + *pp*
        13
**vent** (*m*)  wind 9
    **il fait du** ~  it is windy 9
**ventes** (*fpl*)  sales; selling 11
**ventre** (*m*)  stomach 23
**véridique**  realistic
**véritable**  real, true 29
**vérité** (*f*)  truth 18
**Vermont** (*m*)  Vermont 13
**verre** (*m*)  glass VF 5
    **prendre un** ~  to have a drink
        VF 7
**vers** (*with time*)  around 27; (*with
    direction*)  toward 27
**vert(e)**  green 8
**veste** (*f*)  jacket 8
**vêtement** (*m*)  piece of clothing 8
    **vêtements** (*mpl*)  clothing

**veux**  (*See* **vouloir**)
**viande** (*f*)  meat 14
**vie** (*f*)  life 19
    **gagner sa** ~  to earn one's liv-
        ing 19
    ~ **quotidienne**  daily life
    ~ **urbaine**  urban life 19
**vietnamien/vietnamienne** (*adj*)
    Vietnamese
**vieux/vieil/vieille/vieux/vieilles**
    old 9
**vignoble** (*m*)  vineyard
**ville** (*f*)  city 13, 19
    **en** ~  in town UP; in the city
        19
**vin** (*m*)  wine 14
**vingt**  twenty 2
**vingt-deux**  twenty-two 2
**vingt et un**  twenty-one 2
**vingt et unième**  twenty-first 25
**vingt-quatre**  twenty-four 2
**vingt-trois**  twenty-three 2
**violet/violette**  purple 8
**vis-à-vis de**  on, compared to,
    toward
**visiter**  to visit a place 1, 10
**vite**  fast 16, 25
**vitesse**  speed 31
    **à toute** ~  at high speed
**vivant: bon** ~ (*adj*)  jovial
    **bon** ~ (*m*)  jovial fellow
**vive** + *noun*  hurrah for ...! long
    live ...!
**vivre**  to live 20
    ~ **bien** (*m*)  good living
    **joie** (*f*) **de** ~  happiness
**vocabulaire** (*m*)  vocabulary
**voici**  here is, here are, here
    comes, here come UP
**voilà**  there is, there are, there
    comes, there come UP
**voile** (*f*)  sailing 22
**voir**  to see 17
**voisin/voisine** (*m/f*)  neighbor 7
**voiture** (*f*)  car 4
    **en** ~  by car 6
**voix** (*f*)  voice
**vol** (*m*)  flight VF 9
    ~ **direct**  non-stop flight VF 9
**volé(e)**  stolen

**voler**   to steal, to fly
**volley** (*m*)   volleyball 6
**volleyball** (*m*)   volleyball 6
**volontaire: travail** (*m*) ~
   volunteer work
**volontiers**   gladly VF 7
**votre (vos** *pl*)   your 7
**voudrais: je** ~   I would like 16
   **je** ~ **vous présenter ...**   I
      would like you to meet ...
      VF UP
**vouloir**   to want 16
   ~ **bien**   to accept; to agree, to
      be willing, to want 16, 29
   ~ **dire**   to mean 18
   **est-ce que tu veux?**   do you
      want? 2
   **est-ce que vous voulez?**   do
      you want? 2
   **je veux**   I want 2, 16
   **je veux bien**   I'd be glad to,
      I'm willing VF 7
   **je voudrais**   I would like 2

**vous**   you (*formal or plural*) 1, 3,
   18
   **et** ~ **?**   and you? UP
**voyage** (*m*)   trip 12
   **agence** (*f*) **de voyages**   travel
      agency
   **chèque de** ~   traveler's check
      VF 3
   **en** ~   on a trip
   **faire un** ~   to take/go on a
      trip 9
   ~ **organisé**   tour
**voyager**   to travel 2
**voyageur/voyageuse** (*m/f*)
   traveler
**vrai(e)**   true 5
   **c'est vrai**   it's true 15
   **il est vrai que ...**   it is true
      that ... 30

**vraiment**   really 12, 25
   ~**?**   really? 11
**VTT** (*m*)   mountain bike 4
**vue** (*f*)   view

**walkman** (*m*)   walkman, personal
   stereo 4
**WC** (*mpl*)   bathroom, toilet(s) 9
**week-end** (*m*)   weekend 11
**western** (*m*)   western (*movie*) VF 7

**y** (*pron*)   it, there 22
   **allons-y**   let's go
   **il y a**   there is/there are
   **il y a deux ans**   two years ago
   **y a-t-il?**   is there? are there?
**yaourt** (*m*)   yogurt 14
**yen** (*m*)   yen (*Japanese monetary
   unit*) VF 3
**yeux** (*mpl*)   eyes 23

**zéro**   zero 1
**zut**   darn

# Anglais-Français

This English-French listing includes all the active vocabulary formally presented in the **Structure** and **Vocabulaire** sections. Only those French equivalents that occur in the text are given. Expressions are listed according to the key word. The symbol ~ indicates repetition of the key word.

The following abbreviations are used.

| | | | |
|---|---|---|---|
| *abbrev* | abbreviation | *mpl* | masculine plural |
| *adj* | adjective | *n* | noun |
| *adv* | adverb | *obj. pron* | object pronoun |
| *art* | article | *pc* | passé composé |
| *conj* | conjunction | *pl* | plural |
| *f* | feminine | *prep* | preposition |
| *fpl* | feminine plural | *pron* | pronoun |
| *inf* | infinitive | *rel. pron* | relative pronoun |
| *int* | interrogative | *qqch* | quelque chose |
| *inv* | invariable | *qqn* | quelqu'un |
| *m* | masculine | *sth* | something |
| *m/f* | masculine/feminine | *v* | verb |

**a, an** un(e)

**able: be ~** pouvoir

**about** de

**above all** surtout

**abreast: keep ~ of a topic** suivre un sujet

**abroad** à l'étranger

**from ~** étranger/étrangère (*adj*)

**absolutely** absolument

**accept** accepter

**accident** l'accident (*m*)

**accidentally** par hasard

**according to** d'après, selon, suivant

**-ache: have a ...~** avoir mal à + *part of body*

**achieve** réussir, réaliser

**acquaintance: make the ~ of** faire la connaissance de

**acquainted: be ~ (with)** connaître

**across (from)** en face (de)

**active** actif/active

**be ~ in (a sport)** pratiquer

**actual** réel/réelle

**ad (advertisement)** l'annonce (*f*)

**classified ~** la petite annonce

**address** l'adresse (*f*)

**admire** admirer

**advertising** la publicité

**advice: piece of ~** le conseil

**afraid: be ~** avoir peur

**after** après, ensuite

**~ all** après tout

**afternoon** l'après-midi (*m*)

**in the ~** de l'après-midi

**this ~** cet après-midi

**tomorrow ~** demain après-midi

**again** à nouveau, de nouveau, encore

**against** contre

**ago** il y a + *elapsed time*

**agree** accepter, être d'accord, vouloir bien

**agreed!** d'accord!

**agreement** l'accord (*m*)

**be in ~** être d'accord

**ahead of time** en avance

**airplane** l'avion (*m*)

**by ~** en avion

**airport** l'aéroport (*m*)

**all** (*pron/adj*) tout/toute/tous/toutes

**after ~** après tout

**~ of a sudden** tout à coup

**~ right!** d'accord!

**~ the ...** tout le/toute la/tous les/toutes les ...

**~ the time** tout le temps

**not at ~** pas du tout

**allow** permettre (à qqn de)

**ally** l'allié (*m*)

**almost** presque

**alone** seul(e)

**a lot (of)** beaucoup (de)

**already** déjà

**also** aussi

**always** toujours

**A.M.** du matin

**ambitious** ambitieux/ambitieuse

**American** (*n*) l'Américain/Américaine (*m/f*)

**American** (*adj*) américain(e)

**among** parmi, entre

**amusing** amusant(e)

**analysis** l'analyse (*f*)

**and**  et
  **~ you?**  et toi? et vous?
**anger**  la colère
**angry**  furieux/furieuse
  **to get ~**  se mettre en colère
**another**  un(e) autre
**answer**  répondre (à)
**anthropology**  l'anthropologie (*f*)
**any** (*pron*)  en
**anyone**  quelqu'un
  **not ~**  ne ... personne
**anything**  quelque chose
**apartment**  l'appartement (*m*)
  **studio ~**  le studio
**apologize**  s'excuser
**appetizer**  le hors d'œuvre (*m*)
**apple**  la pomme
**appointment**  le rendez-vous
  **have an ~**  avoir rendez-vous
  **make an ~ with**  donner
    rendez-vous à
**April**  avril (*m*)
**architect**  l'architecte (*m/f*)
**architecture**  l'architecture (*f*)
**area** (*field*)  le domaine; (*neighborhood*)  le quartier
**aren't you (we, they, etc.)?**
  n'est-ce pas?
**argue (with)**  se disputer (avec)
**arm**  le bras
**armchair**  le fauteuil
**around**  vers + *time*
**arrange to meet (each other)**  (se)
  donner rendez-vous
**arrival**  l'arrivée (*f*)
**arrive**  arriver
**art**  l'art (*m*)
  **arts**  les arts (*mpl*)
  **fine arts**  les beaux arts (*mpl*)
**article**  l'article (*m*)
**as**  comme
  **~ ... ~**  aussi ... que
  **~ a matter of fact**  en effet
  **~ much ... ~**  autant de ...
    que
**ask**  demander
  **~ for sth from someone**
    demander qqch à qqn
  **~ someone a question**  poser
    une question à qqn

  **~ someone if/to ...**  demander
  à qqn si/de ...
**assignment: written ~**  le devoir
**at**  à
  **~ ...'s house**  chez ...
  **~ ... o'clock**  à ... heures
  **~ last**  enfin
  **~ present**  actuellement
  **~ that moment**  alors
  **~ the present time**  à l'heure
    actuelle
  **~ what time ...?**  à quelle
    heure ...?
  **~ your service**  à votre service
**athletic**  sportif/sportive
**attend**  assister à
**attention: pay ~ (to)**  faire attention (à)
**attentive**  attentif/attentive
**attract**  attirer
**August**  août (*m*)
**aunt**  la tante
**avenue**  l'avenue (*f*)
**awful: the weather is ~**  il fait
  un temps épouvantable

**back**  le dos
**bad**  mauvais(e)
  **it is ~ weather**  il fait mauvais
  **it is too ~ que**  il est dommage
    that
  **not ~**  pas mal
  **not too ~**  comme ci, comme
    ça
**badly**  mal
  **behave ~**  se conduire mal
**banana**  la banane
**bar**  le bar
**basketball**  le basket, le basketball
**bathroom**  le cabinet de toilette,
  la salle de bains, les WC
**be**  être
  **~ ... years old**  avoir ... ans
  **~ able to**  pouvoir
  **~ active in a sport**  pratiquer,
    faire du/de la/des + *sport*
  **~ active/involved in politics**
    faire de la politique
  **~ afraid of**  avoir peur de
  **~ born**  naître

  **~ busy with**  s'occuper de
  **~ called**  s'appeler
  **~ careful**  faire attention
  **~ cold**  avoir froid (*person*);
    faire froid (*weather*)
  **~ concerned about/with**  se
    préoccuper de
  **~ enrolled in a course**  suivre
    un cours
  **~ hot**  avoir chaud (*person*);
    faire chaud (*weather*)
  **~ hungry**  avoir faim
  **~ interested in**  s'intéresser à
  **~ located**  se trouver
  **~ lucky**  avoir de la chance
  **~ mistaken**  se tromper
  **~ necessary**  être nécessaire, il
    faut
  **~ on a diet**  suivre un régime,
    être au régime
  **~ right**  avoir raison
  **~ scared of**  avoir peur de
  **~ sleepy**  avoir sommeil
  **~ successful at**  réussir à
  **~ supposed to**  devoir
  **~ thirsty**  avoir soif
  **~ warm**  avoir chaud
  **~ willing**  vouloir bien
  **~ wrong**  avoir tort
**beach**  la plage
**beans**  les haricots (*mpl*)
**beautiful**  beau/bel/belle/beaux/
  belles
  **it is ~**  il fait beau (*weather*)
**because**  parce que
  **~ of**  à cause de
**become**  devenir
**bed**  le lit
  **go to ~**  se coucher
**bedroom**  la chambre
**beef**  le bœuf
**beer**  la bière
**before:** (*adv*)  avant; (*prep*)  avant
  de; (*conj*)  avant que
  **... minutes ~ ...**  ... heures
    moins ...
**begin**  commencer (à)
  **~ by/with**  commencer par
**beginning**  le commencement

**behave (well/badly)**  se conduire bien/mal
**behind**  derrière
**Belgian**  belge
**Belgium**  la Belgique
**believe**  croire, penser
  **~ in**  croire à
  **~ that**  croire que
**belong to**  être à
**beside**  à côté de
**best** (*adj*)  le/la meilleur(e)
**best** (*adv*)  mieux
**better** (*adj*)  meilleur(e)
  **it is ~**  il vaut mieux
**between**  entre
**beverage**  la boisson
**bicycle**  la bicyclette, le vélo
  **by ~**  à vélo
**big**  grand(e), gros/grosse
**bilingual**  bilingue
**bill**  l'addition (*f*), la facture, la note
**biology**  la biologie
**birthday**  l'anniversaire (*m*)
**black**  noir(e)
**blond**  blond(e)
**blouse**  le chemisier
**blue**  bleu(e)
**body**  le corps
**book**  le livre
**bookstore**  la librairie
**boots**  les bottes (*fpl*)
**border**  la frontière
**boring**  ennuyeux/ennuyeuse, pénible
**born**  né(e)
  **I was ~**  je suis né(e)
  **be ~**  naître
**borrow (from)**  emprunter (à)
**boss**  le chef, le patron/la patronne
**boulevard**  le boulevard
**boy**  le garçon
**brave**  courageux/courageuse
**Brazil**  le Brésil
**Brazilian**  brésilien/brésilienne
**bread**  le pain
**break**  casser, se casser
**breakfast**  le petit déjeuner
**bridge** (*game*)  le bridge

**bright**  génial(e) (géniaux *pl*), intelligent(e)
**brilliant**  brillant(e)
**brilliantly**  brillamment
**bring**  apporter
  **~ along**  amener
**brother**  le frère
**brown**  brun(e), marron (*inv*)
**brush** (*n*)  la brosse
**brush** (*v*)  se brosser
**build**  construire
**building**  le bâtiment
  **appartment ~**  l'immeuble (*m*)
**burglary**  le cambriolage
**bus**  le bus
  **by ~**  en bus
**business**  les affaires (*fpl*), le business, l'entreprise (*f*)
  **~ administration**  l'administration (*f*) des affaires
  **businessman/woman**  l'homme/la femme d'affaires
  **~ sense**  le sens des affaires
  **create a ~**  entreprendre
**busy: be ~ with**  s'occuper de
**but**  mais
**butter**  le beurre
**buy**  acheter
  **~ for oneself**  s'acheter
**by**  à, en, par

**café**  le café
**cafeteria: school ~**  la cantine
**cake**  le gâteau
**calculator**  la calculatrice
**California**  la Californie
**call**  appeler, téléphoner à (qqn), se téléphoner
**called: be ~**  s'appeler
**calm**  calme
**calmly**  calmement
**camera**  l'appareil-photo (*m*)
  **movie ~**  la caméra
**camping**  le camping
**can** (*be able to*)  pouvoir
**Canada**  le Canada
**Canadian** (*adj*)  canadien/canadienne
**capital**  la capitale
**car**  l'auto (*f*), la voiture
  **by ~**  en voiture

**card**  la carte
  **post ~**  la carte postale
**care: take ~ of**  s'occuper de
**career**  la carrière
**carrot**  la carotte
**carry out**  réaliser
**cartoon**  le dessin animé
**case: in ~ of**  en cas de
**cassette**  la cassette
  **~ player**  le lecteur de cassettes
  **~ radio**  la radio-cassette
**catch: ~ a glimpse of**  apercevoir
**CD**  le CD, le compact disque
**CD player**  le lecteur de compact disques
**celebrate**  célébrer
**center**  le centre
**century**  le siècle
**certain**  certain(e)
**chair**  la chaise
**chance** (*luck*)  le hasard; (*possibility*)  l'occasion (*f*)
  **by ~**  par hasard
  **have the ~ to**  avoir l'occasion de
**channel: TV ~**  la chaîne
**cheap**  bon marché (*inv*)
**check**  le chèque
  **traveler's ~**  le chèque de voyage
**checkers**  les dames (*fpl*)
**cheese**  le fromage
**chemistry**  la chimie
**cherry**  la cérise
**chess**  les échecs (*mpl*)
**chicken**  le poulet
**child**  l'enfant (*m/f*)
**China**  la Chine
**Chinese** (*adj*)  chinois(e)
**Chinese** (*language*)  le chinois
**Chinese person**  le Chinois/la Chinoise
**choice**  le choix
**choose**  choisir (de)
**church**  l'église (*f*)
**citizen**  le citoyen/la citoyenne
**city**  la ville
  **in the ~**  en ville
**class**  la classe, le cours
**classified ad**  la petite annonce

**classroom**  la (salle de) classe
**clean** (*v*)  nettoyer
**clean** (*adj*)  propre
**climb**  monter
**close**  fermer
**clothing**  les vêtements (*mpl*)
  **piece of** ~  le vêtement
**coat**  le manteau (manteaux *pl*)
**coffee**  le café
**cold** (*illness*)  le rhume
**cold** (*temperature*)  le froid
  **be** ~  avoir froid
  **it is** ~  il fait froid
**comb** (*n*)  le peigne
**comb** (*v*)  se peigner
**come**  venir, arriver
  ~ **back**  revenir
  ~ **close to**  s'approcher de
  ~ **in**  entrer
**comfortable**  confortable
**comic strip**  la bande dessinée
**commercial(s)**  la publicité
**compact disk**  le compact disque,
  le CD
**compact stereo**  la mini-chaîne
**company** (*firm*)  la compagnie,
  l'entreprise (*f*)
**competent**  compétent(e)
**computer**  l'ordinateur (*m*)
  ~ **science**  l'informatique (*f*)
  ~ **scientist**  l'informaticien/
  informaticienne (*m/f*)
**concerned: be/get** ~ **about**  se
  préoccuper de
**condition: on the** ~ **that**  à condition que
**conformist** (*adj*)  conformiste
**conscientious**  consciencieux/
  consciencieuse
**conservative**  conservateur/
  conservatrice
**consider**  considérer
**construct**  construire
**content**  content(e)
**continue**  continuer à
**contrary: on the** ~  au
  contraire
**controlled: government-** ~
  public/publique
**cook** (*v*)  faire la cuisine
**cooking** (*n*)  la cuisine

**cost**  coûter
**country** (*countryside*)  la campagne
  **in the** ~  à la campagne
**country** (*nation*)  le pays
**courageous**  courageux/
  courageuse
**course**  le cours, la classe
  **take a** ~  suivre un cours
**course: of** ~!  bien sûr! mais oui!
  **of** ~ **not!**  bien sûr que non!
  mais non!
**cousin**  le/la cousin(e)
**crazy**  fou/fol/folle/fous/folles
**cream**  la crème
**create**  créer, produire
  ~ **a business**  entreprendre
**creative**  créateur/créatrice
**crime**  le crime
**criticize**  critiquer
**cruel**  cruel/cruelle
**curious**  curieux/curieuse
**custard**  la crème
**customs**  la douane
**cut**  couper
  ~ **oneself**  se couper

**dance** (*n*)  la danse
**dance** (*v*)  danser
**data processing**  l'informatique
  (*f*)
  ~ **specialist**  l'informaticien/
  l'informaticienne
**date** (*n*) (*calendar*)  la date
  **what is the** ~?  quelle est la
  date?
**date** (*n*) (*appointment*)  le rendez-
  vous
  **have a** ~  avoir rendez-vous
  **make a** ~ **with**  donner
  rendez-vous à
**date** (*v*)  sortir avec
**daughter**  la fille
**day**  le jour, la journée
  ~ **after tomorrow**
  après-demain
  ~ **before yesterday**  avant-hier
  ~ **off**  le jour de congé
  **every** ~  chaque jour, tous les
  jours

  **per** ~  par jour
  **what** ~ **is this?**  quel jour est-
  ce? quel jour sommes-nous?
**December**  décembre (*m*)
**decide**  décider (de), choisir (de)
**degree**  le diplôme
**degrees** (*weather*)  les degrés (*mpl*)
  **it is ... degrees out**  il fait ...
  degrés
**departure**  le départ
**deplore**  déplorer
**describe**  décrire
**desk**  le bureau (bureaux *pl*)
**dessert**  le dessert
**destroy**  détruire
**detective novel**  le roman policier
**detest**  détester
**die**  mourir
**diet**  le régime
  **be on a** ~  être au régime,
  suivre un régime
**difficult**  difficile, dur(e)
**diminish**  diminuer
**dining room**  la salle à manger
**dinner**  le dîner
  **eat/have** ~  dîner
**diploma**  le diplôme
**directions**  les directions (*fpl*)
**dirty**  sale
**disappoint**  décevoir
**discover**  découvrir
**discovery**  la découverte
**discreet**  discret/discrète
**disease**  la maladie
**dishes**  la vaisselle
  **do the** ~  faire la vaisselle
**dislike**  détester
**district**  le quartier
**divorce**  divorcer
**do**  faire
  ~ **without**  se passer de
**doctor**  le docteur, le médecin
  **at the** ~**'s office**  chez le doc-
  teur/le médecin
**documentary film**  le
  documentaire
**domain**  le domaine
**don't you (we, they, etc.)?**
  n'est-ce pas?
**door**  la porte

**dormitory**   la résidence
**doubt: I ~ that**   je doute que
**doubtful**   douteux/douteuse
**downtown**   en ville
**dream (about/of)**   rêver (de)
**dress** (*n*)   la robe
**dress** (*v*)   s'habiller
**dressed: get ~**   s'habiller
**drink** (*n*)   la boisson
**drink** (*v*)   boire
   **have something to ~**   prendre
   qqch à boire
**drive**   conduire
**dumb**   sot/sotte
**during**   pendant
**dynamic**   dynamique

**each**   (*adj*)   chaque
**each (one)**   (*pron*)
   chacun/chacune
**ear**   l'oreille (*f*)
**early**   en avance, tôt
**earn**   gagner
   **~ a good living**   gagner bien
   sa vie
   **~ one's living**   gagner sa vie
**easily**   facilement
**east**   l'est (*m*)
**easy**   facile
**eat**   manger, prendre
   **~ dinner**   dîner
   **~ lunch**   déjeuner
   **have sth to ~**   prendre qqch à
   manger
**economics**   les sciences (*fpl*)
   économiques
**education: higher ~**   les études
   (*fpl*) supérieures
**egg**   l'œuf (*m*)
**Egypt**   l'Égypte (*f*)
**Egyptian** (*adj*)   égyptien/
   égyptienne
**eight**   huit
**eighteen**   dix-huit
**eighth**   huitième
**eighty**   quatre-vingts
**elect**   élire
**electronics**   l'électronique (*f*)
**eleven**   onze

**~ hundred**   onze cents
   (= mille cent)
**eleventh**   onzième
**elsewhere**   ailleurs
**employ**   employer
**employee**   l'employé/l'employée
   (*m/f*)
   **public/state ~**   le/la
   fonctionnaire
**end** (*n*)   la fin
**end** (*v*)   finir
**enemy**   l'ennemi (*m*)
**energetic**   énergique
**engaged: get ~ to**   se fiancer
   avec
**engineer**   l'ingénieur (*m*)
**engineering studies**   les études
   (*fpl*) d'ingénieur
**England**   l'Angleterre (*f*)
**English** (*language*)   l'anglais (*m*)
**English** (*adj*)   anglais(e)
**enough (of)**   assez (de)
**enrolled: be ~ in a course**
   suivre un cours
**enter**   entrer (dans)
**enterprise**   l'entreprise (*f*)
**epoch**   l'époque (*f*)
**equal**   égal(e) (égaux *mpl*)
**equality**   l'égalité (*f*)
**equipment**   l'équipement (*m*)
   **audio-visual ~**   l'équipement
   audio-visuel
   **piece of ~**   l'appareil (*m*)
**especially**   surtout
**essential**   essentiel/essentielle
**establish**   établir
**even**   même
**evening**   le soir, la soirée
   **evenings**   le soir
   **in the ~**   du soir, le soir (*habit-
   ually*)
   **this ~**   ce soir
   **tomorrow ~**   demain soir
**event**   l'événement (*m*)
**ever**   déjà, jamais
   **not ~**   ne ... jamais
**every**   chaque
   **~ day**   chaque jour, tous les
   jours

**~ + day of the week**   tous les +
   *day of the week*
**everybody**   tout le monde
**everyone**   tout le monde
**exam**   l'examen (*m*)
**exchange**   l'échange (*m*)
**excuse me**   excusez-moi, pardon
**excuse oneself**   s'excuser
**executive**   le cadre
**exercise**   (*n*)   les exercices (*mpl*)
**exercise** (*v*)   faire des exercices,
   faire de la gymnastique
**expected: it is to be ~**   il est
   normal
**expense**   la dépense
**expensive**   cher/chère
**experiment**   l'expérience (*f*)
**explain**   expliquer
**express**   exprimer
   **~ oneself**   s'exprimer
**eye**   l'œil (*m*)   (yeux *pl*)

**face**   la figure
**fact**   le fait
   **as a matter of ~**   en effet
**factory**   l'usine (*f*)
**fail an exam**   rater un examen
**fair** (*adj*)   juste
**fall** (*n*)   l'automne (*m*)
   **in ~**   en automne
**fall** (*v*)   tomber
**false**   faux/fausse
**familiar**   familier/familière
   **be ~ with**   connaître
**family**   la famille
**famous**   célèbre, connu(e)
**far (from)**   loin (de)
**fast** (*adj*)   rapide; (*adv*)   rapidement, vite
**fat**   gros/grosse
   **get ~**   grossir
**father**   le père
**favorite**   favori/favorite,
   préféré(e)
**fax machine**   un télécopieur
**fear** (*n*)   la peur
**fear** (*v*)   avoir peur de
**feast**   la fête
**February**   février (*m*)
**feel**   sentir, se sentir
   **~ like**   avoir envie de

**feeling** (*n*) le sentiment
**feet** les pieds (*mpl*)
**few** peu (de)
  **a ~** quelques
  **a ~ times** quelquefois
**field** le domaine
**fifteen** quinze
**fifth** cinquième
**fifty** cinquante
**fight** (*v*) lutter
**figure** (*body*) la ligne
**finally** enfin, finalement
**finances: personal ~** les finances (*fpl*) personnelles
**find** trouver
**fine** (*adv*) bien
  **~ arts** les beaux arts (*mpl*)
**finger** le doigt
**finish** finir (de)
**firm** (*company*) la compagnie,
  l'entreprise (*f*), la firme
**first** premier/première
  **~ of all** d'abord
  **at ~** au début, d'abord
**fish** le poisson
**five** cinq
**Florida** la Floride
**flu** la grippe
**flunk an exam** rater un examen,
  échouer à un examen
**follow** suivre
**following** suivant(e)
**foot** le pied
  **on ~** à pied
**for** depuis, pendant, pour
  **~ how long?** depuis combien
  de temps?; depuis quand?
  pendant combien de temps?
  **~ +** *length of time* depuis +
  *length of time*
  **~ whom?** pour qui?
**forbid** défendre (à qqn de),
  interdire (à qqn de)
**forecast** (*n*) (*weather*) la météo
**forecast** (*v*) prévoir
**foreign** étranger/étrangère
**foresee** prévoir
**foretell** prédire
**forget** oublier (de)
**formerly** autrefois
**fortunately** heureusement

**forty** quarante
**four** quatre
**fourteen** quatorze
**fourth** quatrième
**France** la France
**frank** franc/franche
**free** (*of charge*) gratuit(e)
**free** (*at liberty*) libre
  **~ time** le temps libre
**freedom** la liberté
**French** (*adj*) français(e)
  **~ fries** des frites (*fpl*)
**French** (*language*) le français
**French person** le/la Français(e)
**Friday** vendredi (*m*)
**friend** l'ami(e), le/la camarade, le
  copain/la copine
**friendly** sociable
**friendship** l'amitié (*f*)
**fries: French ~** les frites (*fpl*)
**from** de
  **~ time to time** de temps en
  temps
  **~ where** d'où
**front: in ~ (of)** devant
**fruit** le fruit (*m*)
**fun** amusant(e)
  **have ~** s'amuser
**funny** drôle, amusant(e)
**furious** furieux/furieuse
**furniture: piece of ~** le meuble
**future** l'avenir (*m*); (*tense*) le
  futur

**gain weight** grossir
**game** le jeu (jeux *pl*)
  **play a ~** faire un match,
  jouer
  **TV ~ show** les jeux télévisés
**garage** le garage
**garden** le jardin
**generous** généreux/généreuse
**gentleman** le monsieur
**German** (*adj*) allemand(e)
**German** (*language*) l'allemand (*m*)
**German person** l'Allemand/
  Allemande (*m/f*)
**Germany** l'Allemagne (*f*)
**get** obtenir, recevoir, chercher
  **~ acquainted (with)** faire la
  connaissance (de)

  **~ along (with)** s'entendre
  (avec)
  **~ back** rentrer
  **~ down/off** descendre (de)
  **~ on** monter
**gift** le cadeau (cadeaux *pl*)
**girl** la fille
  **young ~** la jeune fille
**give** donner (qqch à qqn), offrir
  **~ back** rendre
  **~ a gift** offrir un cadeau
  **~ a grade** mettre une note
  **~ permission** permettre
  (à qqn de)
  **~ sth back** rendre qqch
  (à qqn)
**glasses** les lunettes (*fpl*)
  **sun ~** les lunettes de soleil
**glimpse: catch a ~ of**
  apercevoir
**go** aller
  **~ away** partir (de)
  **~ back** rentrer, retourner
  **~ by/through** passer (par)
  **~ down** descendre
  **~ for a ride/walk** faire une
  promenade, se promener
  **~ home** rentrer
  **~ on a trip** faire un voyage
  **~ out (of)** sortir (de)
  **~ out with** sortir avec
  **~ to** assister à
  **~ up** monter
**golf** le golf
**good** (*adj*) bon/bonne
  **in a ~ mood** de bonne
  humeur
  **it is ~** il est bon
  **~ morning** bonjour
**good-by** au revoir
**government** le gouvernement
  **~-controlled** public/publique
**grade** la note
**grandchild** le petit-enfant
  (petits-enfants *pl*)
**granddaughter** la petite-fille
**grandfather** le grand-père
**grandmother** la grand-mère
**grandparent** le grand-parent
  (grands-parents *pl*)

**grandson** le petit-fils
**grapefruit** le pamplemousse
**gray** gris(e)
**Greece** la Grèce
**Greek** (*adj*) grec/grecque
**Greek** (*language*) le grec
**green** vert(e)
**grill** le grill
**grow impatient** s'impatienter
**gymnastics** la gymnastique

**hair** les cheveux (*mpl*)
**half** (*n*) la moitié
**half** (*adj*) demi(e)
  ~ **past ...** il est ... heure(s) et
  demie
**hall** la salle
**ham** le jambon
**hand** la main
**handsome**
  beau/bel/belle/beaux/belles
**happen** arriver, se passer
**happy** content(e), heureux/
  heureuse
**hard** difficile, dur(e)
**hard-working** travailleur/
  travailleuse
**harm: there's no ~ done** il n'y a
  pas de mal
**hat** le chapeau (chapeaux *pl*)
**hate** détester
**have** avoir
  ~ **dinner** dîner
  ~ **fun** s'amuser
  ~ **just** + *pp* venir de + *inf*
  ~ **knowledge of** savoir
  ~ **lunch** déjeuner
  ~ **sth to eat/drink** prendre
  qqch à boire/à manger
  ~ **the opportunity/the chance**
  **to** avoir l'occasion de
  ~ **to (must)** avoir besoin de,
  devoir, il faut + *inf*, être obli-
  gé(e) de
**he** il
**head** (*person in charge*) le chef
**head** (*part of the body*) la tête
**headache: to have a ~** avoir mal
  à la tête

**health** la santé
  **be in good ~** être en bonne
  santé
  **be in poor ~** être en mauvaise
  santé
**healthy** bien portant
**hear** entendre
**heart** le cœur
**hello** bonjour; salut (*informal*);
  allô (*on telephone*)
**help** aider
**her** (*pron*) elle, lui
**her** (*adj*) son/sa/ses
**here** ici
  ~ **is, ~ are, ~ comes,**
  ~ **come** voici, voilà
**hesitate** hésiter (à)
**hey!** dis! tiens!
**hi!** salut!
**hifi** la chaîne-stéréo
**hiking** (*n*) la marche à pied
**him** (*pron*) lui
**hire** employer
**his** (*adj*) son/sa/ses
**history** l'histoire (*f*)
**hitchhike** faire de l'autostop
**hobby** le passe-temps
**holiday** la fête, le jour de congé
**home** la maison
  **at ~** à la maison, chez + *stress
  pron*
**homework** les devoirs (*mpl*)
  **do ~** faire les devoirs
**honest** franc/franche, honnête
**hope** espérer
**hospital** l'hôpital (*m*)
**hot** chaud(e)
  **it's ~ out** il fait chaud
**hour** l'heure (*f*)
  **in ... hour(s)** dans ... heure(s)
**house** la maison
  **at ...'s ~** chez + *person*
**housework** le ménage
  **do the ~** faire le ménage
**housing** le logement
**how** comment
  ~ **are you?** comment allez-
  vous? ça va?
  ~ **many** combien (de)
  ~ **much** combien (de)

**however** cependant, pourtant
**humanities** les lettres (*fpl*)
**hundred** cent
  **one ~ thousand** cent mille
  **one thousand one ~** mille
  cent, onze cents
  **two ~** deux cents
**hungry: be ~** avoir faim
**hurry** se dépêcher
**husband** le mari

**I** je
**ice cream** la glace
**idea** l'idée (*f*)
**idealistic** idéaliste
**if** si (s')
**ill** malade
**illness** la maladie
**imaginative** imaginatif/
  imaginative
**immediately** tout de suite
**impatient** impatient(e)
  **get/grow ~** s'impatienter
**impolite** impoli(e)
**important** important(e)
**improve** améliorer, faire des
  progrès
**impulsive** impulsif/impulsive
**in** dans, en, à
  ~ + *city* à + *city*
  ~ + *country* en + *fem. country* /
  au + *masc. country*
  ~ + *month* en + *month*
  ~ + *season* en/au + *season*
  ~ **case of** en cas de
  ~ **fact** en effet
  ~ **order to** pour
  ~ **the evening** le soir
  ~ **the state of ...** dans l'état
  de ...
**increase** augmenter
**indeed** en effet
**independent** indépendant(e)
**indiscreet** indiscret/indiscrète
**indispensable** indispensable
**individual** (*n*) l'individu
**individual** (*adj*)
  individuel/individuelle
**individualistic** individualiste
**inexpensive** bon marché (*inv*)

**information** les renseignements (*mpl*)
**inhabitant** l'habitant(e)
**inside** à l'intérieur (de), dedans
**instead of** au lieu de
**intellectual** intellectuel/ intellectuelle
**intelligent** intelligent(e)
**intend** avoir l'intention de
**interested: be ~ in** s'intéresser à
**interesting** intéressant(e)
**intuitive** intuitif/intuitive
**intuitively** intuitivement
**invention** l'invention (*f*)
**invite** inviter
**Ireland** Irlande (*f*)
**Irish** irlandais(e)
**it** (*pron*) cela (ça); il, elle, ce;
**it is** c'est, il est
  **~ ... degrees** il fait ... degrés
  **~ bad out** il fait mauvais
  **~ beautiful** il fait beau
  **~ better** il vaut mieux
  **~ cold** il fait froid
  **~ necessary** il faut + *inf*, il est nécessaire
  **~ nice out** il fait bon
  **~ raining** il pleut
  **~ warm, hot** il fait chaud
  **~ windy** il fait du vent
**Italian** (*adj*) italien/italienne
**Italian** (*language*) l'italien (*m*)
**Italian person** l'Italien/l'Italienne (*m/f*)
**Italy** l'Italie (*f*)
**its** son/sa/ses

**jacket** la veste
**jam** la confiture
**January** janvier (*m*)
**Japan** le Japon
**Japanese** (*adj*) japonais(e)
**Japanese** (*language*) le japonais
**Japanese person** le Japonais/la Japonaise
**jealous** jaloux/jalouse
**jeans** le jean
**job** le travail (travaux *pl*)
**jogging** le jogging
**journalist** le/la journaliste

**judge** juger
**juice** le jus
  **orange ~** le jus d'orange
**July** juillet (*m*)
**June** juin (*m*)
**junior high school** le collège
**just** juste

**keep** conserver, garder
  **~ abreast of a topic** suivre un sujet
**kilogram** le kilo(gramme)
**kilometer** le kilomètre
**kind** gentil/gentille, sympathique
**kitchen** la cuisine
**knee** le genou (genoux *pl*)
**know** connaître, savoir
  **~ by heart** savoir
  **~ how to** savoir + *inf*.
  **I ~ that** je sais que
**knowledge: have ~ of** savoir
**known** connu(e)
  **well-known** connu(e)
  **unknown** inconnu(e)

**laboratory** le laboratoire
**lady** la dame
**lamp** la lampe
**language** la langue
**large** grand(e)
**last** (*v*) durer
**last** (*adj*) dernier/dernière
  **at ~** enfin
  **~ night** hier soir
**late** en retard, tard
  **it is ~** il est tard
  **to be ~** être en retard
**law** la loi; le droit (*field of study*)
**lawyer** l'avocat/l'avocate (*m/f*)
**lazy** paresseux/paresseuse
**learn** apprendre (à)
**least** le/la/les moins
  **at ~** au moins
**leave** partir de, sortir de; quitter
**leave** (*holiday*) le jour de congé
**lecture** conférence (*f*)
**left: on/to the ~ of** à gauche de
**leg** la jambe
**leisure-time activities** les loisirs (*mpl*)
**lemon soda** la limonade

**lend** prêter (qqch à qqn)
**less** moins
  **~ than** moins ... que
**letter** la lettre
**liberal** libéral(e) (libéraux *mpl*)
**liberty** la liberté
**library** la bibliothèque
**lie** (*n*) le mensonge
**life** la vie
**like** (*v*) aimer, aimer bien
  **I would ~** je voudrais
**like** (*conj*) comme
**listen to** écouter
**liter** le litre
**literature** la littérature
**little** (*adj*) petit(e)
**little** (*adv*) peu (de)
  **a ~** un peu
  **a ~ bit of** un peu de
**live** (*v*) habiter, vivre
**living: earn one's ~** gagner sa vie
  **~ room** la salle de séjour, le salon
**long** long/longue
  **a ~ time** longtemps
**longer: no ~** ne ... plus
**look**
  **~ (at)** regarder
  **~ for** chercher
  **~ like** ressembler à
  **~ (seem)** avoir l'air + *adj*
  **~!** tiens!
**lose** perdre
  **~ weight** maigrir
**lot: a ~ (of)** beaucoup (de)
**love** (*n*) l'amour
**love** (*v*) aimer
**loyal** loyal(e) (loyaux *mpl*)
**luck** la chance
**lucky: be ~** avoir de la chance
**lunch** le déjeuner
  **have ~** déjeuner
**-ly** (*adverbial ending*) -ment

**Ma'am** Madame (Mme)
**mad** (*crazy*) fou/folle; (*angry*) furieux/furieuse
**magazine** le magazine
  **illustrated ~** la revue

**Maine** (*the state of*)  le Maine
**maintain**  maintenir
**make**  faire, rendre (+ *adj*), pré-
    parer
  ~ **a date/an appointment**
      donner rendez-vous à
  ~ **a mistake**  se tromper
  ~ **progress**  faire des progrès
  ~ **the acquaintance of**  faire la
      connaissance de
**mall**  centre (*m*) commercial
**man**  l'homme (*m*)
  **business**~  l'homme (*m*)
      d'affaires
  **young** ~  le garçon, le jeune
      homme
**management**  la gestion,
    le management
**many**  beaucoup (de), de nom-
    breux/de nombreuses
  **far too** ~  beaucoup trop de
  **how** ~  combien (de)
  **not** ~  peu (de)
  **too** ~  trop (de)
  **very** ~  beaucoup (de)
**March**  mars (*m*)
**marketing**  le marketing
**marriage**  le mariage
**married**  marié(e)
  **get** ~  se marier (avec)
**marry**  épouser, marier, se
    marier avec
**math**  les maths (*fpl*)
  **study** ~  faire des maths
**mathematics**  les mathématiques
    (*fpl*)
**matter: as a ~ of fact**  en effet
**May**  mai (*m*)
**may** (*be able to*)  pouvoir
**maybe**  peut-être
**mayonnaise**  la mayonnaise
**me** (*pron*)  me, moi
  ~ **neither**  moi non plus
  ~ **too**  moi aussi
**meal**  le repas
**mean** (*v*)  vouloir dire
**means** (*n*)  le moyen
**meat**  la viande
**medicine** (*subject of study*)  la
    médecine
**medicine** (*drug*)  le médicament

**meet**  rencontrer, connaître (*in pc*)
  ~ **for the first time**  faire la
      connaissance de
  ~ **one another**  se rencontrer
  **arrange to** ~  donner rendez-
      vous à
**meeting** (*by chance*)  la rencontre
  **organized** ~  la réunion
**meter**  le mètre
**method**  la méthode
**Mexican** (*adj*)  mexicain(e)
**Mexican person**  le Mexicain/la
    Mexicaine
**Mexico**  le Mexique
**micro-computer**  le micro-
    ordinateur
**middle**  le milieu
  **in the** ~ **of**  au milieu de
**midnight**  minuit
**milk**  le lait
**million**  million
**mineral water**  l'eau (*f*)
    minérale
**minute**  la minute
  **in a** ~  dans une minute
  **in ... minutes**  dans ... minutes
**misbehave**  se conduire mal
**Miss**  mademoiselle (Mlle)
**mistake: make a** ~  se tromper
    de
**mistaken: be** ~  se tromper
**Mister**  monsieur (M.)
**modern**  moderne
**moment: in a** ~  dans un mo-
    ment
**Monday**  lundi (*m*)
**money**  l'argent (*m*)
  **save** ~  faire des économies
**month**  le mois
  **per** ~  par mois
  **this** ~  ce mois-ci
**mood**  l'humeur (*f*)
  **in a good** ~  de bonne
      humeur
  **in a bad** ~  de mauvaise
      humeur
**moped**  la mobylette
**more**  plus
  ~ **... than**  plus ... que

**morning**  le matin
  **in the** ~  du matin
  **this** ~  ce matin
**most**  la plupart (de)
  **the** ~ **...**  le/la/les plus ...
**mother**  la mère
**motorbike**  le vélomoteur
**motorcycle**  la moto
**mountain**  la montagne
**mountain climbing**  l'alpinisme (*m*)
**mountain bike**  le VTT, le vélo
    tout terrain
**mouth**  la bouche
**movie**  le film
  ~ **camera**  la caméra
  ~ **theater**  le cinéma
**movies**  le cinéma
**Mr.** (*abbrev*)  M.
**Mrs.** (*abbrev*)  Mme
**much**  beaucoup (de)
  ~ **too** ~  beaucoup trop (de)
  **as** ~ **... as**  autant de ... que
  **how** ~**?**  combien?
  **not** ~  peu (de)
  **too** ~  trop (de)
  **very** ~  beaucoup (de)
**museum**  le musée
**music**  la musique
**musical**  musicien/musicienne
**must**  devoir, il faut + *inf*
  **I** ~  je dois
**mustard**  la moutarde
**my** (*adj*)  mon/ma/mes
**myself**  moi-même

**naive**  naïf/naïve
**name** (*n*)  le nom
  **first** ~  le prénom
  **my** ~ **is ...**  je m'appelle ...
  **what is your** ~**?**  comment
      vous appelez-vous?
**name** (*v*)  nommer
**named: be** ~  s'appeler
**nationality**  la nationalité
**natural**  naturel/naturelle
**near**  près (de)
**neat**  net/nette
**necessary**  nécessaire
  **it is** ~  il est nécessaire, il faut
      + *inf*
**neck**  le cou

**need** (*v*) avoir besoin de
**neighbor** le/la voisin(e)
**neighborhood** le quartier
**nervous** nerveux/nerveuse
  **get ~** s'énerver
**never** ne ... jamais
**nevertheless** pourtant
**new** moderne, neuf/neuve, nouveau/nouvel/nouvelle/nouveaux/nouvelles
**news** les informations (*fpl*), les nouvelles (*fpl*)
  **~ item, piece of ~** la nouvelle
**newspaper** le journal (journaux *pl*)
**next** (*adj*) prochain(e)
**next** (*adv*) ensuite
  **~ to** à côté de
**nice** agréable, gentil/gentille, sympathique
  **it is ~ out** il fait beau/bon
**night** la nuit
  **last ~** hier soir
  **~ table** la table de nuit
  **tonight** ce soir
**nine** neuf
**nineteen** dix-neuf
**ninth** neuvième
**no** non
  **~ longer** ne ... plus
  **~ one** ne ... personne
  **why ~!** mais non!
**noise** le bruit
**noon** midi (*m*)
  **~ meal** le déjeuner
**no one** ne ... personne
**north** le nord
**nose** le nez
**not** ne ... pas
  **~ anymore** ne ... plus
  **~ anyone** ne ... personne
  **~ anything** ne ... rien
  **~ at all** ne ... pas du tout
  **~ bad** pas mal
  **~ ever** ne ... jamais
  **~ many, much** peu (de)
  **~ too bad** comme ci, comme ça
  **~ yet** ne ... pas encore
**notebook** le cahier

**notes: lecture ~** les notes (*fpl*)
**nothing** ne ... rien, rien
  **it's ~!** de rien! il n'y a pas de quoi!
**notice** remarquer
**novel** le roman
  **detective ~** le roman policier
**November** novembre (*m*)
**now** maintenant
**number** le numéro
  **the greatest ~** la plupart de
**numerous** de nombreux/de nombreuses
**nurse** l'infirmier/l'infirmière

**object** l'objet (*m*)
**objective** l'objectif (*m*)
**obtain** obtenir
**obviously** évidemment
**o'clock** heures (h)
  **at ... ~** à ... heure(s)
  **it is ... ~** il est ... heure(s)
**October** octobre (*m*)
**of** de
  **~ course!** bien sûr! évidemment!
  **~ course not!** bien sûr que non! mais non!
**offer** offrir
**office** le bureau (bureaux *pl*)
**often** souvent
**OK!** d'accord! ah bon!
**old** ancien/ancienne, vieux/vieil/vieille/vieilles
**on** sur
  **~ +** *day of the week* le ...
  **~ foot** à pied
  **~ the condition that** à condition que
  **~ the contrary** au contraire
  **~ this topic** à ce sujet
  **~ time** à l'heure
  **~ top of** au-dessus de
  **~ vacation** en vacances
**once** une fois
  **~ in a while** de temps en temps
**one** (*number*) un(e); (*subject pron*) on

**only** (*adj*) seul(e); (*adv*) seulement
**open** ouvrir
**opinion** l'avis (*m*)
  **in my ~** à mon avis
**opportunity** l'occasion (*f*)
  **have the ~ to** avoir l'occasion de
**opposite** en face (de)
**optimistic** optimiste
**or** ou, ou bien
**orange** (*n*) (*fruit*) l'orange (*f*)
  **~ juice** le jus d'orange
**orange** (*n*) (*color*) orange (*m*)
**orange** (*adj*) orange (*inv*)
**order** (*v*) commander
**organize** organiser
**original** original(e) (originaux *mpl*)
**other** (*adj*) autre
**other (one)** (*pron*) l'autre (*m/f*)
**our** notre (nos *pl*)
**outside** dehors
  **~ of** à l'extérieur de
**owe** devoir + *noun*
**own** (*v*) posséder
**own** (*adj*) propre

**pack** (*v*) faire les valises
**painting** la peinture
**pants** le pantalon
**paper** le papier; journal (*m*) (*newspaper*)
  **sheet of ~** la feuille de papier
**parents** les parents (*mpl*)
**park** le parc
**parka** l'anorak (*m*)
**participate actively in a sport** faire du + *sport*
**party** la fête
  **formal ~** la soirée
**pass (by)** passer (par)
  **~ an exam** être reçu(e) à un examen, réussir à
**past: in the ~** autrefois
  **half ~ ...** ... heures et demi(e)
**patient** patient(e)
**patiently** patiemment
**pay (for)** payer
  **~ attention to** faire attention à

**peace** la paix
**pear** la poire
**peas** les petits pois (*mpl*)
**pen** le stylo
**pencil** le crayon
**people** (*n*) les gens (*mpl*)
**people** (*pron*) on
**pepper** le poivre
**per** par
   ~ **cent** pour cent
**perceptive** perceptif/perceptive
**perhaps** peut-être
**period** l'époque (*f*) (*of time*)
**permission: give** ~ permettre
**person** la personne
**personal stereo** le walkman, le baladeur
**pessimistic** pessimiste
**pharmacology** la pharmacie
**philosophy** la philosophie
**phone** téléphoner (à)
**photograph** la photo
  **take photographs** faire de la photo; prendre des photos
**photography** la photo
**physics** la physique
**picnic** le pique-nique
**pictures: take** ~ faire de la photo; prendre des photos
**pie** la tarte
**pink** rose
**place** (*n*) l'endroit (*m*), le lieu
  **take** ~ avoir lieu
**place** (*v*) mettre
**plan** (*n*) le projet
**plan** (*v*) avoir l'intention de
**play** jouer
  ~ **a game** faire un match; jouer à
  ~ **an instrument** jouer de
  ~ **a sport** faire du/de la/des + *sport*; jouer à
**pleasant** agréable
**please** s'il vous plaît (*formal*), s'il te plaît (*informal*)
**P.M.** de l'après-midi, du soir
**poem** le poème
**poker** le poker
**polite** poli(e)
**politely** poliment
**political science** les sciences (*fpl*) politiques

**politics: be active/involved in** ~ faire de la politique
**poll** le sondage
**pollution** la pollution
**pool** la piscine
**poor** (*penniless*) pauvre; (*in quality*) mauvais(e)
**poorly** mal
**pork** le porc
**Portugal** le Portugal
**possible** possible
**post office** la poste
**postcard** la carte postale
**potato** la pomme de terre
**power** le pouvoir
**practice** pratiquer
  ~ **a sport** pratiquer, faire du/de la/des + *sport*
**prefer** aimer mieux, préférer
**preferable** préférable
**prepare** préparer
**present** (*n*) le cadeau (cadeaux *pl*)
**present** (*adj*) actuel/actuelle
**preserve** garder
**pretty** beau/bel/belle/beaux/belles, joli(e)
**price** le prix
**pride** la fierté
**private** privé(e)
**problem** le problème
**probably** probablement, sans doute
**processor: word** ~ la machine à traitement de texte
**produce** produire
**product** le produit
**professor** le professeur
**program** le programme
  **TV** ~ l'émission (*f*)
**progress** le progrès
  **make** ~ faire des progrès
**prohibit** défendre de, interdire
**promise** promettre (à qqn de)
**protect** protéger
**proud** fier/fière
**provided that** à condition que
**psychology** la psychologie
**public** public/publique
**punctual** ponctuel/ponctuelle

**purchase** (*n*) l'achat (*m*)
**purchase** (*v*) acheter
**purple** violet/violette
**put (on)** mettre

**quarrel with** se disputer avec
**quarter** le quart
  **it is** ~ **of ...** il est ... heures moins le quart
  **it is** ~ **past ...** il est ... heures et quart
**question** la question
  **ask someone a** ~ poser une question à qqn
**quickly** rapidement, vite
**quiet** calme
**quit** cesser de

**radio** la radio
  **cassette-radio** la radio-cassette
**rain** pleuvoir
  **it's raining** il pleut
**raincoat** l'imperméable (*m*)
**rapid** rapide, vite
**rapidly** rapidement
**rarely** rarement
**rather** assez, plutôt
**razor** le rasoir
**read** (*v*) lire
**reading** la lecture
**ready** prêt(e)
  **get** ~ se préparer
**real** réel/réelle, véritable, vrai(e)
**realistic** réaliste
**realize** s'apercevoir de, se rendre compte de
**really** vraiment
  ~**?** ah bon? vraiment?
  ~**!** ah bon!
**receive** recevoir
**recognize** reconnaître
**record** le disque
**red** rouge
  **red-headed** roux/rousse
**refuse** (*v*) refuser de
**regarding** à l'égard de
**regret** (*v*) regretter de
**regular** régulier/régulière

**relations: personal** ~ les relations (*fpl*) personnelles
**relationship** le rapport
**relatives** les parents (*mpl*)
**remain** rester
**remember** se souvenir de
**render** rendre + *adj*
**rent** (*n*) le loyer
  **low** ~ le loyer modéré
**rent** (*v*) louer
**repeat** répéter
**reporter** le/la journaliste
**research** la recherche
  **do** ~ faire des recherches
**reserved** réservé(e)
**reside** habiter
**responsibility** la responsabilité
**responsible for** responsable de
**rest** (*v*) se reposer
**restaurant** le restaurant
**return** rentrer, retourner; (*give
  back*) rendre à
**rich** riche
**ride** la promenade
  **take/go for a** ~ faire une
  promenade
**right** (*n*) (*entitlement*) le droit
  **be** ~ avoir raison
  **it is** ~ il est juste
  ~ ? n'est-ce pas?
**right** (*adj*) (*direction*) droit(e)
  **on/to the** ~ à droite de
**roast beef** le rosbif
**room** la pièce, la salle, la chambre
  **bed**~ la chambre
  **dining** ~ la salle à manger
  **large** ~ la salle
  **living** ~ la salle de séjour, le
  salon
**roommate** le/la camarade de
  chambre
**rugby** le rugby
**run** courir; (*function*) marcher
  ~ **into** rencontrer
**Russia** la Russie
**Russian** (*adj*) russe
**Russian** (*language*) le russe

**Russian person** le Russe/la
  Russe

**sad** triste
**sadness** la tristesse
**sailing** la voile
  **to go** ~ faire de la voile
**salad** la salade
**salami** le saucisson
**salesperson** le vendeur/la vendeuse
**salmon** le saumon
**salt** le sel
**same** même
**satisfied** satisfait(e), content(e)
**satisfaction** la satisfaction
**Saturday** samedi (*m*)
**save** conserver
  ~ **money** faire des économies
**say** dire (qqch à qqn)
  ~ ! dis!
**scene** la scène
**scholarship** la bourse
**school** l'école (*f*)
  **go to** ~ faire des études
  **junior high** ~ le collège
  **secondary** ~ le lycée
**science** les sciences (*fpl*)
  **political** ~ les sciences
  politiques
  **social** ~ les sciences humaines
  et sociales
**scientist** le savant
**sculpture** la sculpture
**sea** la mer
**season** la saison
**second** deuxième
**secret** secret/secrète
**secretary** le/la secrétaire
**see** apercevoir, voir
  ~ **by chance** rencontrer
  ~ **you soon!** à bientôt!
**seem** avoir l'air + *adj*, sembler
**select** choisir
**-self** -même
**selfish** égoïste
**self-service restaurant** le self-
  service
**sell** vendre
**send** envoyer (qqch à qqn)
  ~ **back** renvoyer

**sense: business** ~ le sens des
  affaires
**sentence** la phrase
**sentimental** sentimental(e)
  (sentimentaux *mpl*)
**September** septembre (*m*)
**series: TV** ~ le feuilleton
**serious** sérieux/sérieuse
**seriously** sérieusement
**serve** servir
**service: at your** ~! à votre service!
  **self-service restaurant** le self-
  service
**set** (*v*): ~ **the table** mettre la
  table
  ~ **up** établir
**seven** sept
**seventeen** dix-sept
**seventh** septième
**seventy** soixante-dix
  **seventy-one** soixante et onze
  **seventy-three** soixante-treize
  **seventy-two** soixante-douze
**several** plusieurs, quelques
  ~ **times** plusieurs fois
**shape** la forme
  **be in** ~ être en forme
**share** (*v*) partager
**shave** se raser
**she** elle
**shirt** la chemise
**shoe** la chaussure
**shopping** le shopping
  **go** ~ faire les courses
**short** (*length*) court(e); (*height*)
  petit(e)
**shorts** le short
**should** devoir, il faut
**show** (*n*) le spectacle
**show** (*v*) montrer (qqch à qqn)
  **TV game** ~ les jeux télévisés
  **TV** ~ le spectacle, l'émission
  (*f*)
  **variety** ~ les variétés (*fpl*)
**shut** fermer
**sick** malade
**silver** l'argent (*m*)
**simple** facile

**since** (*adv*) depuis; comme (*because*); (*conj*) depuis que
  ~ **when?** depuis combien de temps? depuis quand?
**sing** chanter
**single** célibataire
**Sir** Monsieur
**sister** la sœur
**sit down** s'asseoir
**six** six
**sixteen** seize
**sixth** sixième
**sixty** soixante
**skating** le patinage
**ski** faire du ski, skier
**skiing** le ski
  **water** ~ le ski nautique
**skirt** la jupe
**sleep** dormir
**sleepy: be** ~ avoir sommeil
**slow** lent(e)
**small** petit(e)
**smart** intelligent(e), génial(e) (géniaux *mpl*)
**smell** sentir
**smoke** fumer
**snack** le snack
**snow** neiger
**so** alors
  ~ **then** alors
  ~ **that** pour que
**soap** le savon
**soccer** le foot, le football
**sociable** sociable
**sock** la chaussette
**soda: lemon** ~ la limonade
**sofa** le sofa
**soft** doux/douce
**sole** (*fish*) la sole
**some** (*partitive art*) du, de la, de l', des; (*adj*) certain(e)s; (*pron*) en; (*adj*) quelques; un peu (de)
  ~ **day** un jour
**someone** quelqu'un
**something** quelque chose
**sometimes** parfois, quelquefois
**somewhere** quelque part
**son** le fils

**soon** bientôt
  **see you** ~! à bientôt!
**sore: have a** ~ ... avoir mal à + *part of body*
**sorry** désolé(e)
**south** le sud
**Spain** l'Espagne (*f*)
**Spaniard** l'Espagnol/l'Espagnole (*m/f*)
**Spanish** (*adj*) espagnol(e)
**Spanish** (*language*) l'espagnol (*m*)
**speak** parler (à qqn)
**specialize in** faire des études de
**speed** la vitesse
**spend:** ~ **money** dépenser
  ~ **time** faire un séjour, passer du temps
**spirit** l'esprit (*m*)
**sport** le sport
  **be active in a** ~ faire du sport
**sports** le sport
**spring** le printemps
  **in** ~ au printemps
**stadium** le stade
**state** (*geographical division*) l'état (*m*)
  **in the** ~ **of** dans l'état de
**station: train** ~ la gare
**stay** (*n*) le séjour
**stay** (*v*) rester
**stereo** la chaîne-stéréo
**still** encore
**stockings** les bas (*mpl*)
**stomach** le ventre
  **have an upset** ~ avoir mal au cœur/au ventre
**stop** arrêter, s'arrêter de, cesser de
  ~ **at a place** descendre
**store** le magasin
  **department** ~ le grand magasin
**story** l'histoire (*f*)
**strawberry** la fraise
**street** la rue
**strive** chercher à
**strong** fort(e)
**struggle** lutter

**student** l'étudiant(e) (*m/f*)
**studies** les études (*fpl*)
  **scientific** ~ les études scientifiques
  **engineering** ~ les études d'ingénieur
  **literary** ~ les études littéraires
  **professional** ~ les études professionnelles
  **artistic** ~ les études artistiques
  **business** ~ les études commerciales
**studio apartment** le studio
**study** étudier, faire des études; faire + *subject*
  ~ **math** faire des maths
  ~ **for an exam** préparer un examen
**stupid** idiot(e)
**subject** le sujet
  **keep abreast of a** ~ suivre un sujet
**suburbs** la banlieue
**subway** le métro
  **by** ~ en métro
**succeed in** réussir à
**success** la réussite
**successful: be** ~ **in** réussir à
**suddenly** soudain, tout à coup
**suffer** souffrir
**sugar** le sucre
**suit: man's** ~ le costume
  **woman's** ~ le tailleur
  **bathing** ~ le maillot de bain
**suitcase** la valise
**summer** l'été (*m*)
  **this** ~ cet été
  **next** ~ l'été prochain
**sun** le soleil
**Sunday** dimanche (*m*)
**sunglasses** les lunettes (*fpl*) de soleil
**superficial** superficiel/superficielle
**supermarket** le supermarché
**superstitious** superstitieux/superstitieuse
**supper** le dîner
**supposed: be** ~ **to** devoir

**sure**  sûr(e), certain(e)
  **it is (is not) ~ that**  il est (n'est pas) sûr que
**surprise**  la surprise
**surprised**  surpris(e)
**survey**  le sondage
**sweater**  le pull, le pull-over
**sweet**  doux/douce
**swim**  nager
**swimming**  la natation
**swimming suit**  le maillot de bain
**Swiss** (*adj*)  suisse
**Switzerland**  la Suisse

**T-shirt**  le tee-shirt
**table**  la table
  **night ~**  la table de nuit
  **set the ~**  mettre la table
**take**  prendre
  **~ along**  amener, prendre
  **~ care of**  s'occuper de
  **~ a course**  suivre un cours
  **~ an exam**  passer un examen
  **~ pictures/photographs**  faire de la photo
  **~ place**  avoir lieu
  **~ a trip**  faire un voyage
  **~ a ride/a walk**  faire une promenade
**talk**  parler (à qqn)
**tall**  grand(e)
**tape recorder**  le magnétophone
**tax**  l'impôt (*m*)
**tea**  le thé
**teach**  enseigner
**teacher**  le professeur
**tee-shirt**  le tee-shirt
**teeth**  les dents (*fpl*)
**telephone**  l'appareil (*m*), la téléphone
**television**  la télévision, la télé
  **on ~**  à la télé
  **~ series**  le feuilleton
  **~ set**  le téléviseur
**tell**  dire (à qqn de)
  **~ about**  raconter (de)
**temperature: what's the ~?**  quelle température fait-il? quel temps fait-il?

**ten**  dix
  **~ thousand**  dix mille
**tendency: have a ~ to**  avoir tendance à
**tennis**  le tennis
  **play ~**  jouer au tennis
**tenth**  dixième
**test**  l'examen (*m*)
**Texas**  le Texas
**than** (*in comparisons*)  que
**thank you (thanks)**  merci (bien)
**that:** (*adj*) ce/cet/cette/ces; (*conj*) que; (*pron*) ce, cela, ça; (*relative pron*) que, qui
  **~ is to say**  c'est-à-dire
  **~ one** (*pron*)  celui-là/celle-là
  **~'s true**  ça, c'est vrai
**the**  le/la/l'/les
**theater**  le théâtre
  **be active/involved in ~**  faire du théâtre
  **movie ~**  le cinéma
**their** (*adj*)  leur(s)
**them**  elles, eux; les, leur
**then**  alors, ensuite, puis
**there**  là, y, là-bas
  **~ is, ~ comes, ~ are, ~ come**  voilà, voici
  **~ is/are**  il y a
  **~ was/were**  il y avait
**these:** (*adj*) ces; (*pron*) ceux, celles
**they**  ils, elles, on
**thin**  mince
  **get ~**  maigrir
**thing**  la chose; l'objet (*m*)
**think**  penser, croire, réfléchir
  **~ about**  penser à, réfléchir à
  **~ that**  penser que, croire que
**third**  troisième
**thirsty: be ~**  avoir soif
**thirteen**  treize
**thirty**  trente
**thirty-one**  trente et un
**thirty-two**  trente deux
**this** (*adj*)  ce/cet/cette/ces
  **~ one** (*pron*)  celui-ci/celle-ci
**those** (*adj*) ces; (*pron*) ceux, celles

**thousand**  mille (*inv*)
  **one hundred ~**  cent mille
  **one ~ one hundred**  mille cent
  **one ~ one**  mille un
  **two ~**  deux mille
**threaten**  menacer
**three**  trois
**throat**  la gorge
  **to have a sore ~**  avoir mal à la gorge
**through**  par
**Thursday**  jeudi (*m*)
**thus**  ainsi, donc
**tie** (*n*)  la cravate
**time**  le temps, l'époque (*f*), la fois, l'heure (*f*)
  **ahead of ~**  en avance
  **all the ~**  tout le temps
  **at the present ~**  à l'heure actuelle
  **at what ~?**  à quelle heure?
  **a long ~**  longtemps
  **free ~**  le temps libre
  **from ~ to ~**  de temps en temps
  **on ~**  à l'heure, ponctuel/ponctuelle
  **one ~**  une fois
  **spend ~**  passer, faire un séjour
  **waste one's ~**  perdre son temps
  **what ~ is it?**  quelle heure est-il?
  **several times**  plusieurs fois
**timid**  timide
**tired**  fatigué(e)
**to**  à, en
  **~ ...'s house**  chez + *person*
  **~ the left of**  à gauche de
  **~ the right of**  à droite de
**today**  aujourd'hui
**together**  ensemble
**toilet(s)**  les toilettes (*fpl*), les WC (*mpl*), le cabinet de toilette
**tomato**  la tomate
**tomorrow**  demain
  **~ afternoon**  demain après-midi
  **~ evening**  demain soir

**tonight**  ce soir
**too:** (*also*) aussi
  ~ **much, many**  trop (de)
  **me** ~  moi aussi
**tooth**  la dent
**toothbrush**  la brosse à dents
**toothpaste**  le dentifrice
**toward**  vers
**town**  la ville
  **in** ~  en ville
**tradition**  la tradition
**traffic**  la circulation
**train**  le train
  ~ **station**  la gare
  **by** ~  en train
**translate**  traduire
**transportation**  le transport, les
    transports
**travel**  voyager
**traveler's check**  le chèque de
    voyage
**treaty**  le traité
**trip**  le voyage
  **take/go on a** ~  faire un
    voyage
**true**  véritable, vrai(e)
**truth**  la vérité
**try**  essayer de
  ~ **to**  chercher à
**Tuesday**  mardi (*m*)
**tuition**  la scolarité
**tuna**  le thon
**turn on** (*the TV*)  mettre
**TV**  la télé (*See also* **television**)
**twelve**  douze
  ~ **hundred**  douze cents
    (= mille deux cents)
**twenty**  vingt
  **twenty-first**  vingt et unième
  **twenty-four**  vingt-quatre
  **twenty-one**  vingt et un
  **twenty-three**  vingt-trois
  **twenty-two**  vingt-deux
**twice**  deux fois
**two**  deux
  ~ **thousand**  deux mille
  ~ **hundred**  deux cents
  ~ **hundred one**  deux cent un
**typewriter**  la machine à écrire

**uncle**  l'oncle (*m*)
**under**  sous
**understand**  comprendre
**unequal**  inégal(e) (inégaux *mpl*)
**unfortunately**  malheureusement
**unhappiness**  le malheur
**unhappy**
  malheureux/malheureuse
**United States**  les États-Unis
  (*mpl*)
**university**  l'université (*f*)
**unknown**  inconnu(e)
**unless**  à moins que
**unmarried**  célibataire
**unpleasant**  désagréable
**until:** (*prep*) jusqu'à; (*conj*)
  jusqu'à ce que
**untrue**  faux/fausse
**urban**  urbaine
**up to**  jusqu'à
**up: get** ~  se lever
**upset: have an** ~ **stomach**  avoir
  mal au cœur/au ventre
  **get** ~  s'énerver
**us**  nous
**use**  employer, se servir de,
  utiliser
**useful**  utile
**useless**  inutile
**usually**  d'habitude,
  habituellement

**vacation**  les vacances (*fpl*)
  **on** ~  en vacances
**variety show**  les variétés (*fpl*)
**VCR**  le magnétoscope
**vegetables**  les légumes (*mpl*)
**Vermont**  le Vermont
**very**  très
  ~ **many, much**  beaucoup (de)
  ~ **well**  très bien
**vigorous**  dynamique
**visit:** ~ **each other**  se rendre
  visite
  ~ **a person**  rendre visite à
  ~ **a place**  visiter
**volleyball**  le volley, le volleyball

**waistline**  la ligne
**wait for**  attendre

**waiter**  le garçon
**waitress**  la serveuse
**wake (up)**  réveiller (qqn), se
  réveiller
**walk**  marcher, promener
  **go for/take a** ~  faire une
    promenade, se promener
**walking**  la marche à pied
**wall**  le mur
**want**  vouloir (bien), désirer,
  avoir envie de
**war**  la guerre
**warm**  chaud
  **be** ~  avoir chaud
  **it's** ~ **out**  il fait chaud
**wash**  laver, se laver
**waste one's time**  perdre son
  temps
**watch** (*n*) la montre
**watch** (*v*) regarder
**water**  l'eau (*f*)
  **mineral** ~  l'eau minérale
**waterskiing**  le ski nautique
**way**  la façon, la manière, le
  moyen
**we**  nous
**weak**  faible
**wear**  porter, mettre
**weather**  le temps
  ~ **forecast**  la météo
  **what's the** ~**? how is the** ~**?**
    quel temps fait-il?
  **the** ~ **is awful**  il fait un temps
    épouvantable
**Wednesday**  mercredi (*m*)
**week**  la semaine
**weekend**  le week-end
**weight: gain** ~  grossir
  **lose** ~  maigrir
**welcome: you're** ~  de rien, il
  n'y a pas de quoi
  ~**!**  soyez le/la/les
    bienvenu(e)(s)!
**well**  bien
  **very** ~  très bien
  ~ **...**  eh bien ...
  ~**-known**  connu(e)
**west**  l'ouest (*m*)

**what:** (*pron*) que, qu'est-ce que,
 qu'est-ce qui; ce qui, ce que;
 quoi; (*adj*) quel/quelle/
 quels/quelles
  **~ is it? ~ is that?** qu'est-ce
  que c'est?
  **~ is your name?** comment
  vous appelez-vous?
  **~ is the date?** quelle est la
  date?
  **at ~ time?** à quelle heure?
**when** quand
**where** où?
  **from ~** d'où
**whether** si
**which:** (*adj*) quel/quelle/quels/
 quelles; (*pron*) qui, que
**while** (*conj*) pendant que
  **once in a ~** de temps en
  temps
  **in a short ~** dans un instant,
  dans une minute, dans un
  moment
**white** blanc/blanche
**who** qui, qui est-ce qui
  **~ is it?** qui est-ce?
**whole: the ~** tout le/toute la
**whom** (*int. pron*) qui, qui est-ce
 que
  **for ~?** pour qui
  **with ~?** avec qui
  **to ~?** à qui
**why** pourquoi
  **~ yes!** mais oui!, mais si! (*to a
  negative question*)
  **~ no!** mais non!

**wife** la femme
**willing: be ~** vouloir bien
**win** gagner
**wind** le vent
**window** la fenêtre
**windsurfing** la planche à voile
**windy: it is ~** il fait du vent
**wine** le vin
**winter** l'hiver (*m*)
  **in ~** en hiver
**wish** désirer, souhaiter, vouloir
**with** avec
  **~ regard to** à propos de
  **~ respect to** à l'égard de
**without:** (*prep*) sans; (*conj*) sans
 que
  **do ~** se passer de
**witness** le témoin
**woman** la femme
  **businesswoman** la femme
  d'affaires
  **(~) engineer** la femme-
  ingénieur
**word** le mot
**work** (*v*) (*function*) marcher; (*do
 a job*) travailler
**work** (*n*) le travail (travaux *pl*)
**worker** l'ouvrier/l'ouvrière
**world** le monde
  **~ war** la guerre mondiale
**worried** inquiet/inquiète
  **to be ~** s'inquiéter

**would: I ~ like** je voudrais
**write** écrire (qqch à qqn)
  **~ to each other** s'écrire
**writer** l'écrivain (*m*)
**wrong** le tort
  **be ~** avoir tort
  **that's ~!** c'est faux!

**year** l'an (*m*), l'année (*f*)
  **in the ~ ...** en ...
  **this ~** cette année
  **be ... years old** avoir ... ans
**yellow** jaune
**yes** oui; si (*to a negative question*)
  **why ~!** mais oui! mais si!
**yesterday** hier
  **day before ~** avant-hier
  **~ afternoon** hier après-midi
  **~ evening** hier soir
  **~ morning** hier matin
**yet** cependant, encore, pourtant
  **not ~** ne ... pas encore
**yogurt** le yaourt
**you** (*subject pron*) tu, vous, on;
  (*obj. pron*) te; (*stress pron*)
  toi
  **and ~?** et toi? et vous?
**young** jeune
  **~ girl** la jeune fille
  **~ man** le jeune homme
**your** ton/ta/tes; votre/ vos

**zero** zéro

# Index

# Credits

## Photos

Page 1: **David Simson;** p. 4: **David Frazier;** p. 7: **Snider/Image Works;** p. 11: **Kevin Galvin;** p. 14: **Ulrike Welsch;** p. 16 left: **David Simson,** right: **Beryl Goldberg;** pp. 19, 20, 21: **David Simson;** p. 24: **David Frazier;** p. 28: **Antman/Image Works;** p. 32: **David Simson;** p. 33: **Barry Iverson/TIME;** p. 40: **Ulrike Welsch;** p. 43: **Mario Ruiz;** p. 46: **Doug Guy;** p. 47: **Kevin Galvin;** p. 51: **Beryl Goldberg;** p. 56: **David Simson;** p. 59: **David Frazier;** p. 61: **Kathy Squires;** pp. 62, 63: **Kevin Galvin;** p. 75: **David Frazier;** p. 76: **Beryl Goldberg;** p. 77: **Ulrike Welsch;** p. 81: **David Simson;** p. 87: **Ted Thai/ TIME;** p. 89: **Sipa;** p. 94: **David Simson;** p. 102: **Doug Guy;** p. 103: **David Frazier;** p. 107: **David Simson;** p. 108: **Kathy Squires;** p. 113: **David Frazier;** pp. 120, 121: **David Simson;** pp. 132, 133: **David Frazier;** p. 135: **Kevin Galvin;** p. 146 top: **Richemond/ Image Works,** bottom: **David Frazier;** p. 148: **David Simson;** p. 151: **David Simson;** p. 152: **Ulrike Welsch;** p. 153: **Beryl Goldberg;** p. 155: **Doug Guy;** p. 156: **Kevin Galvin;** pp. 164, 165: **David Frazier;** p. 176: **St. Clair-Renard/Image Bank;** p. 177: **Ulrike Welsch;** p. 184: **David Frazier;** p. 188: **Beryl Goldberg;** p. 189: **David Frazier;** p. 195: **Nacivet/Leo de Wys;** p. 196: **Kevin Galvin;** p. 197: **David Simson;** p. 203: **Peterson/ Stock Market;** pp. 206, 207: **David Simson;** p. 208: **Gontier/Image Works;** p. 209: **David Frazier;** p. 217: **Kathy Squires;** p. 219: **David Frazier;** p. 220: **Kevin Galvin;** p. 221: **Ulrike Welsch;** p. 223: **Vidler/Leo de Wys;** p. 234: **Eckersley/Tony Stone Worldwide;** p. 239: **Beryl Goldberg;** pp. 240, 241, 243: **Ulrike Welsch;** pp. 248, 251, 254, 255: **Beryl Goldberg;** p. 261: **Ulrike Welsch;** p. 262: **Beryl Goldberg;** p. 263: **Ulrike Welsch;** pp. 266, 268: **Beryl Goldberg;** p. 269: **Tabuteau/Image Works;** p. 280: **Ulrike Welsch;** p. 282: **David Frazier;** p. 285: **Kevin Galvin;** p. 287: **French Rail/Great Lakes Lithograph;** p. 289: **Zaunders/Stock Market;** p. 291: **Kevin Galvin;** p. 296: **Beryl Goldberg;** p. 300: **David Frazier;** p. 302: **Antman/Image Works;** p. 305: **Ulrike Welsch;** p. 307: **Kathy Squires;** pp. 316, 320: **David Frazier;** p. 324: **Kevin Galvin;** p. 327: **Gontier/Image Works;** p. 332: **Ulrike Welsch;** p. 337: **Kevin Galvin;** p. 338: **David Frazier;** p. 339: **Vesel/Adventure Photo;** pp. 340, 342: **David Simson;** p. 350: **Richemond/Image Works;** p. 352: **Beryl Goldberg;** p. 353: **Antman/Image Works;** pp. 357, 362: **Ulrike Welsch;** p. 363: **Gontier/Image Works;** p. 366: **Beryl Goldberg;** p. 367: **David Simson;** p. 372: **David Frazier;** p. 373: **David Simson;** p. 379: **Stott/Image Works;** p. 383: **Pieuchot/ Image Bank;** p. 384: **Lucas/Image Works;** p. 385: **David Simson;** p. 394: **G & M David de Lossy/Image Bank;** p. 398: **Meola/Image Bank;** p. 399: **David Frazier;** p. 403: **Ulrike Welsch;** p. 404: **Richemond/Image Works;** p. 405: **Beryl Goldberg;** p. 409: **David Simson;** p. 414: **Seaward/Tony Stone Worldwide;** p. 415: **Kaufman/Stock Market;** p. 417: **Kevin Galvin;** p. 424: **Beryl Goldberg;** p. 427: **David Frazier;** p. 431: **Newman/Image Bank;** p. 432: **Kristofik/Image Bank;** p. 433: **Kevin Galvin;** p. 434: **Choisnet/Image Bank;** p. 441: **Kevin Galvin;** p. 444: **Giry/REA/SABA;** p. 446: **Lucas/Image Works;** p. 457: **Stott/Image Works;** p. 462: **Kristofik/Image Bank;** p. 464: **Kevin Galvin;** p. 465: **Paul Conklin;** pp. 468, 477: **David Frazier;** p. 483: **Gontier/Image Works;** p. 484: **Thompson/Stock Market;** p. 485: **Beryl Goldberg;** p. 486: **Gonzalez/Image Works;** p. 494: **David Frazier;** p. 496: **Lucas/Image Works;** p. 497: **David Frazier;** pp. 503, 504: **Beryl Goldberg;** p. 508: **Ulrike Welsch;** p. 510: **Gontier/Image Works;** p. 511: **Barnes/ Stock Market;** pp. 512, 515: **David Simson;** p. 518: **Antman/Image Works.**

## Realia

The authors and editors of *Contacts, Fifth Edition* would like to thank the following companies and organizations for granting permission to use copyrighted material:

p. 31,   Québec Government Tourist Office
p. 35,   *Jeune Afrique* Magazine
p. 65,   Neubauer PEUGEOT
p. 69,   Sony International
p. 73,   Galleries Lafayette
p. 126,  Boucheron
p. 192,  Michelin Corporation
p. 200,  Les Deux Magots
p. 228,  Evian
p. 422,  Le Meridien
p. 453,  Crédit Commerciale France

# AFRIQUE

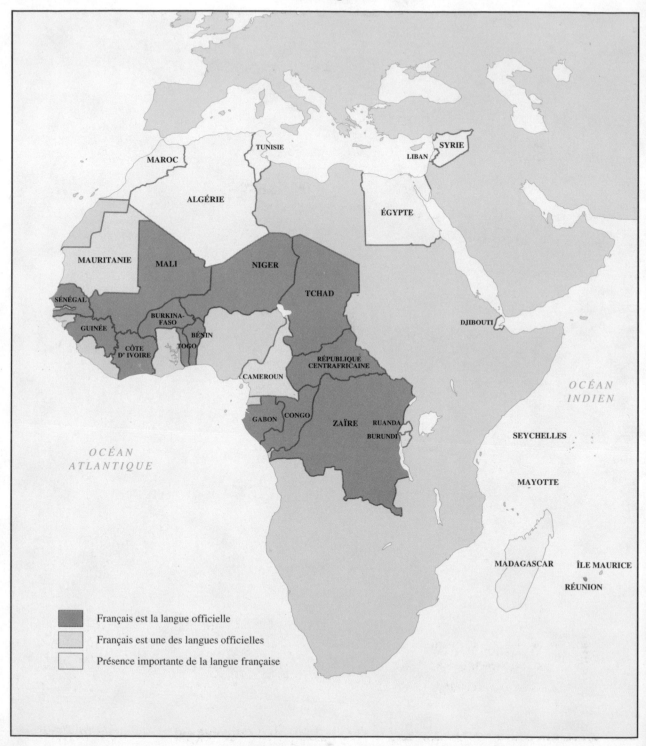

MAROC

TUNISIE

SYRIE

LIBAN

ALGÉRIE

ÉGYPTE

MAURITANIE

MALI

NIGER

TCHAD

SÉNÉGAL

DJIBOUTI

GUINÉE

BURKINA-FASO

BÉNIN

CÔTE D'IVOIRE

TOGO

RÉPUBLIQUE CENTRAFRICAINE

CAMEROUN

OCÉAN INDIEN

GABON

CONGO

ZAÏRE

RUANDA

BURUNDI

SEYCHELLES

OCÉAN ATLANTIQUE

MAYOTTE

MADAGASCAR

ÎLE MAURICE

RÉUNION

Français est la langue officielle

Français est une des langues officielles

Présence importante de la langue française